隋唐五代教育研究

孙培青 著

隋唐五代教育与考试研究丛书

前言

本书所探讨的是隋唐五代时期(581—960)三百八十年间教育实践与教育思想发展变化过程中的一些重要的教育问题。其任务在于尽力做好断代专题性研究,要求有新的开拓、新的考察、新的见解。

隋唐重建统一的中央集权国家,使中国古代封建社会制度发展达到鼎盛时期。新当权的统治集团为了争取较广泛的社会支持,在政治上改革用人制度,采用科举考试选士的办法,向庶族出身的士人打开入仕参政的通道,使平民能由读书参加科举而做官,有机会提高社会地位。科举制度激发了平民追求现实功利的热情,为隋唐教育事业发展增添了新的动力。隋代独立设置教育管理机构,建立学校教育制度,为唐代所继承和发展。唐代不仅建立学校教育系统,而且官学内部管理也形成较完善的制度。隋唐文化多元化的发展,为教育思想多元化并存提供了条件,儒学、道学、佛学在各家理论基础上发展各自的教育学说,指导和影响各派的教育事业。儒道佛三教的教育思想彼此斗争,结果相互渗透而融合,在这种背景下,出现三教调和的教育思想,预示着古代教育思想酝酿三教新的综合。

经过反复考虑商讨,本著把隋唐五代时期的主要教育问题归并为四大专题,进行较深入的探讨,把研究的结果汇集为四编。

第一编,隋唐五代文教政策研究。本编通过考察文教政策发展变化的历程,阐明政治对教育的制约是通过统治集团制定教育政策指导教育发展来体现的。教育政策对教育事业的发展具有重大影响。不同的教育政策所产生的作用大不相同,有的顺应历史潮流,促进教育事业迅速发展;有的违反历史潮流,造成教育事业停滞或倒退。

第二编,隋唐五代官学教育研究。本编阐明隋代开始进入官学教育新阶段,所创立的官学制度和中央教育行政管理机构独立设置有重要的历史意义。重点论述唐承隋制之后按新时期的需要发展中央官学,贞观年间实现官学教育系统化,开元年间实现官学教育管理制度化。唐前期有关的学令,经综合整理,纳入《唐六典》,这一"法典"成为长期教育行政管理的依据。中央官学的任务是培养统治者,入学条件的等级限制、教学内容的儒家经学灌输、出路与科举考试连接都是其显著特点。地方官学依附于地方州县两级行政机构,形成遍布全国的官学网点,与科举考试制度密切结合,为中央集权统治服务。

第三编,隋唐五代私学教育研究。本编对隋唐五代私学教育区分初等、高等两个层次进行历史考察,展示它不仅继承历代私学教育的传统,而且适应社会时代发展变化的客观需要,继续有新的发展。重点论述高等私学多学科的新发展,对唐代文化学术发展繁荣起了重大促进作用。书院产生于唐代,它是适应时代发展需要而出现的新教育组织形式,其性质是民间的高等私学。封建政府总是把官学作为教育系统的主干,当官学受重视而蓬勃发展时,民间的私学只能作为官学的补充;而当国家处于战乱状态时,官学衰废,私学的作用就凸显出来,担负起传承民族文化的历史责任。

第四编,隋唐教育思想研究。教育思想的存在与发展取决于社会条件,隋唐时期文教政策的三教并用,为教育思想领域多元化准备了条件。本编考察隋唐时期社会影响较大的教育思想流派,重点是儒家在不同阶段教育思想的主要代表人物。不同阶段有不同的社会需要,需要解决不同的教育问题,他们贡献了自己的教育理论主张,并有不同程度的创新。

隋唐五代还有一些教育问题没有单独列为专题研究,这是出于多方面因素的考虑。如科举考试制度,虽然与学校教育培养人才有极为密切的关系,但学术界对科举考试有较多研究,而且本著所属系列中有《隋唐五代考试研究》专门加以详细研究,可供参考,本著就不再重复研讨。

本书由孙培青负责撰写,参与相关工作的有张建仁、李剑萍、胡国勇、黄碧霞、孙璟、李露、牟映雪等同志,诸位协助搜集和提供史料、制作表格、核查数据、校阅引文,使本著工作顺利进行,确保一定的质量。

由于我们业务水平有限,差错之处必然不少,希望读者批评指正。

2020年6月

目录

第一编 隋唐五代文教政策研究

第一章 隋代文教政策的变化 / 3
第一节 复兴佛教 / 3
一、隋文帝深信"我兴由佛法" / 3   二、重兴佛法的措施 / 4
三、抑制道教 / 6
第二节 发展儒学 / 7
一、招用儒生 / 7   二、建置庠序 / 9   三、恢复礼乐 / 12
四、大备经籍 / 14
第三节 实行科举 / 15
一、用人的旧制度需革除 / 15   二、采用考试选士的方法 / 16
三、以文章为仕进的工具 / 17

第二章 唐前期（618—755）文教政策的确立和演变 / 19
第一节 唐高祖的文教政策 / 19
一、抑佛以维护国家利益 / 20   二、为巩固皇权而崇道教 / 21
三、以儒学为统治的指导思想 / 22

第二节　唐太宗贞观年代的文教政策 / 24

一、继续崇道的政策，提高道教的地位 / 24　二、限制佛教的过度膨胀 / 25　三、崇儒学，兴学校 / 27　四、统一经学 / 30　五、发展科举 / 47

第三节　唐高宗及武则天的文教政策 / 51

一、唐高宗继续兴道崇儒的文教政策 / 51　二、武则天兴佛、抑道、贬儒的文教政策 / 53

第四节　唐玄宗开元天宝年代的文教政策 / 62

一、抑制佛教 / 62　二、尊崇道教 / 64　三、复兴儒学 / 68　四、重视乡学 / 74　五、鼓励文化教育交流 / 75

第三章　唐后期（756—907）文教政策的变化 / 77

第一节　从至德至贞元年间文教政策的变化 / 77

一、唐肃宗在文教上采取的措施 / 77　二、唐代宗在文教上采取的措施 / 78　三、唐德宗在文教上采取的措施 / 82

第二节　从元和至长庆年间文教政策的变化 / 84

一、唐宪宗在文教上采取的措施 / 84　二、唐穆宗在文教上采取的措施 / 87

第三节　从大和至天祐年间文教政策的变化 / 89

一、唐文宗在文教上采取的措施 / 89　二、唐武宗在文教上采取的措施 / 92　三、唐懿宗、唐昭宗在文教上采取的措施 / 94

第四章　五代（907—960）文教政策的变化 / 97

第一节　重视招贤用儒 / 97

一、后梁太祖求贤 / 98　二、后唐宣布求贤任贤为国策 / 98　三、后晋求贤不限门资 / 99　四、后周下诏求贤 / 100　五、南唐

为以德化民而用儒 / 100

第二节 沿用唐科举,补充新规定 / 101

一、五代科举延续未断 / 102 二、严格贡举解送 / 103 三、进士科考试项目基本照旧而限额录取 / 104 四、覆审覆试为严格录取手段 / 106 五、明经衰微而诸科增长 / 107 六、多方利用制科为调节 / 108

第三节 维持国子监 / 109

一、尊崇先圣 / 110 二、提高祭酒地位 / 111 三、生员的限额与优待 / 112 四、规定监生交费额度 / 113 五、监中受业方能解送 / 113

第四节 雕版印刷经籍以广流传 / 114

第二编 隋唐五代官学教育研究

第五章 隋唐五代中央官学 / 119

第一节 隋唐五代中央教育行政机构 / 119

一、尚书省为国家最高行政机关 / 120 二、礼部为中央管理礼乐文教的行政机构 / 121 三、国子寺(国子监)为独立的中央教育行政机构 / 123

第二节 隋代的中央官学 / 125

一、隋文帝开皇年间的中央官学 / 125 二、隋炀帝大业年间的中央官学 / 127

第三节 唐代的中央官学 / 129

一、国子监的教育行政组织 / 130 二、国子监直接隶属的学校 / 132 三、广文馆 / 134 四、律学 / 145 五、书学 / 149 六、算学 / 153 七、弘文馆 / 157 八、崇文馆 / 163 九、崇玄

馆 / 169　　十、小学 / 177　　十一、政府机构附设的学校 / 179

第四节　五代的中央官学 / 186

一、参照唐制设置国子监 / 187　　二、学官的设置 / 188　　三、监生的限员 / 189　　四、根据新情况制定新制度 / 190　　五、国子监崇圣 / 192　　六、经费的筹措 / 193

第六章　中央官学的教育管理 / 195

第一节　学官 / 196

一、学官任职的条件 / 196　　二、学官的编制与品级 / 202　　三、学官的俸禄 / 205　　四、学官的考核 / 214　　五、学官的退休 / 218

第二节　学生的管理 / 220

一、入学的管理权限 / 220　　二、入学的身份规定 / 220　　三、入学的年龄限制 / 223　　四、入学的智力和文化要求 / 224　　五、学生的补阙 / 224　　六、学生的服装 / 227

第三节　学礼 / 228

一、束脩礼 / 228　　二、释奠礼 / 230　　三、谒先师礼 / 232　　四、蕃客观礼 / 233

第四节　教学 / 234

一、课程的设置 / 234　　二、通经的要求 / 237　　三、教法 / 238　　四、会讲 / 240

第五节　考试 / 242

一、旬试 / 243　　二、月试 / 243　　三、季试 / 244　　四、岁试 / 245　　五、毕业试 / 246

第六节　奖惩 / 249

一、管理人员 / 250　　二、奖励 / 250　　三、惩罚 / 251

第七节　休假 / 254

一、制约休假的多种因素 / 254　　二、法定的休假 / 255　　三、特殊

情况的休假 / 256

第七章　隋唐五代地方官学 / 259

第一节　影响地方官学发展的重要因素 / 259

一、政府的政策和制度 / 259　　二、科举考试制度的制约 / 263

三、战争的冲击与天灾的影响 / 266　　四、地方长官的作为 / 268

第二节　地方官学行政机构和学校类型 / 271

一、地方官学行政机构 / 271　　二、地方官学的类型 / 275

第三节　地方官学的教育管理 / 280

一、教师 / 280　　二、学生 / 284　　三、学规 / 286　　四、课程 / 289　　五、考试 / 290　　六、经费 / 292

第三编　隋唐五代私学教育研究

第八章　隋唐五代私学概要 / 297

第一节　继承前代私学传统 / 297

一、自主办学 / 298　　二、聚徒教授 / 299　　三、自由求学 / 302

第二节　私学适应时代需要的发展 / 306

一、私学办理趋于多样化 / 306　　二、私学的地区分布更广泛 / 308

三、私学规模有所扩大 / 309　　四、私学传授内容趋于专门化 / 311

五、私学自选教材更加丰富 / 314

第三节　私学的职能与历史地位 / 315

一、承担起初等教育的任务 / 315　　二、补充官学单一化的不足 / 316

三、为科举选拔不断输送人才 / 318　　四、维系文化的传承 / 319

五、成为学术创新园地 / 320

第九章　初等私学 / 323

第一节　私塾 / 323

一、私塾的基本任务 / 323　二、私塾的入学年龄 / 325　三、私塾的教学制度 / 328　四、私塾的教师 / 330

第二节　家塾 / 332

一、聘师教其子弟 / 333　二、聚亲属或族人而教 / 334　三、由父母兄姐亲教 / 336

第十章　高等私学 / 342

第一节　师资的多种来源 / 342

一、私人以讲学为业 / 342　二、离去官职者以教授为务 / 345　三、隐逸之士聚徒讲授 / 348　四、现任官员业余授徒 / 352　五、有学养之父自教其子 / 355　六、女性学者的传授 / 357

第二节　多种学科的私学 / 358

一、经学 / 359　二、史学 / 374　三、文学 / 388　四、书法 / 404　五、天文历数 / 412　六、医药 / 417　七、道教之学 / 421　八、佛教之学 / 429

第三节　书院的产生及初期概况 / 441

一、书院产生的历史条件 / 442　二、唐代书院概况 / 455　三、五代书院的继续发展 / 461

第十一章　私学教材的发展 / 466

第一节　启蒙教材 / 466

一、《急就篇注》/ 467　二、《千字文》/ 470　三、《开蒙要训》/ 474　四、《蒙求》/ 477　五、《咏史诗》/ 481

第二节　道德教材 / 484

一、《百行章》/ 484　二、《太公家教》/ 489　三、《女孝

经》/ 498　　四、《女论语》/ 503

第三节　应试教材 / 508

第四编　隋唐教育思想研究

第十二章　隋及初唐的王道教育思想 / 517

第一节　王道教育思想的发展 / 517

一、隋代兴儒学，行礼教 / 517　　二、初唐兴化崇儒，广设庠序 / 519

第二节　王通的教育思想 / 522

一、生平和著作 / 522　　二、王道的政治理想 / 523　　三、论教育的作用 / 525　　四、论培养君子的道德教育 / 527　　五、编纂"续六经"并论其教育价值 / 531　　六、因材施教的方法 / 535　　七、"度德而师"的师道观 / 537

第三节　魏徵的教育思想 / 539

一、生平 / 539　　二、王道的政治观 / 540　　三、和平时期应转变路线，实行文治 / 544　　四、论人性、教育与环境 / 546　　五、论德行修养 / 549　　六、以理服人的教育方法 / 552　　七、论尊师 / 553

第四节　孔颖达的教育思想 / 555

一、生平和教育活动 / 555　　二、编撰《五经正义》的意义 / 556　　三、论教育的作用 / 558　　四、论学与教 / 561　　五、论道德教育 / 566

第五节　李世民的教育思想 / 570

一、个人经历对重教思想的影响 / 570　　二、教育思想的理论基础与政治基础 / 572　　三、教育思想的几个主要方面 / 579　　四、李世民教育思想的特点 / 595

第十三章 隋唐佛教的教育思想 / 599

第一节 隋唐佛教发展与宗派的形成 / 599

一、隋代佛教受到扶植 / 599　二、唐代佛教发展的起伏 / 600

三、佛教宗派学说形成，佛教教育思想发展 / 602

第二节 天台宗的教育思想 / 603

一、天台宗的创立和发展 / 603　二、"无情有性"的人性论 / 604

三、"止观并重"的修养说 / 606　四、"八教"的内容和方法 / 607

第三节 禅宗的教育思想 / 609

一、禅宗的建立和发展 / 609　二、教育理论以佛性论为基础 / 610

三、修养的根本宗旨在于"观心""识心" / 612　四、顿悟的方式方法 / 613　五、制定清规 / 617

第十四章 隋唐道教的教育思想 / 619

第一节 道教的发展和道教教育 / 619

一、道教的发展 / 619　二、道教的教育 / 621

第二节 司马承祯的教育观 / 625

一、生平 / 625　二、教育的目标 / 626　三、修道的阶次 / 627

第三节 吴筠的教育观 / 630

一、教化人民 / 631　二、修心至静 / 632　三、神仙可学 / 633

第十五章 唐后期复兴儒学的教育思想 / 636

第一节 唐后期复兴儒学教育思想的发展 / 636

一、维护中央集权需要以儒学为精神支柱 / 636　二、复兴儒学从经学文学发动 / 637　三、复兴儒学渐成声势 / 639

第二节 韩愈的教育思想 / 640

一、复兴儒学，反对佛老 / 642　二、论性三品与教育的作用 / 645

三、论学校教育 / 648　　四、论道德修养 / 651　　五、论教学 / 655　　六、论师道 / 659

第三节　李翱的教育思想 / 664

一、生平 / 664　　二、尊圣人之道而反佛 / 666　　三、性善情恶的"复性说" / 669　　四、论教育的目的与内容 / 671　　五、论德行修养 / 673　　六、论文学教学 / 676

第四节　皮日休的教育思想 / 679

一、生平 / 679　　二、民本政治思想 / 679　　三、复兴儒道 / 681　　四、重视教化 / 685　　五、整顿学校 / 686　　六、修养道德 / 688　　七、礼教移风 / 691

第五节　林慎思的教育思想 / 693

一、生平和著作 / 693　　二、志在发扬儒学 / 694　　三、改造社会需依赖教化 / 695　　四、教育的功能在化迁 / 697　　五、以道德教育为中心 / 699

第十六章　儒道佛调和的教育思想 / 702

第一节　儒道佛调和与教育思想 / 702

一、隋代重佛轻儒条件下调和思想的产生 / 702　　二、唐代儒道佛调和思想的形成 / 704

第二节　柳宗元的教育思想 / 708

一、柳宗元教育思想的形成过程 / 708　　二、主张儒道佛三教调和 / 710　　三、教育的目的在于培养行道的君子 / 713　　四、学习内容要在"五经"的基础上扩大 / 715　　五、论修养德行 / 718　　六、自然主义的教育法 / 720　　七、论师道 / 721

第三节　白居易的教育思想 / 725

一、生平 / 725　　二、从尊儒排佛到三教调和的转变 / 727　　三、"性由习分"的人性理论 / 729　　四、"由教不由时"的教化作用

论 / 731　　五、"君子不器"的理想人格论 / 732　　六、"动静交相养"的修养论 / 734　　七、整顿学校教学以救学者之失 / 736

结语 / 739

附录　唐代教育大事记（618—907）/ 743

参考文献 / 797

第一编

隋唐五代文教政策研究

文教政策是政府根据总的政治路线而确定的文化教育施政的策略,对教育事业的发展直接起制约作用。封建时代的文教政策,是由封建统治阶级的思想代表研究讨论,提出建议,由当政者权衡利害而选择决定的。不同朝代的当政者有不同的实际利益和思想认识,也就确定不同的文教政策,并随着社会条件的变化,作出相应的变更调整。每个时期的文教政策,总会造成与前一时期有一定差别的社会效果。以下按朝代的先后,对隋唐五代的文教政策作一些初步的探讨。

第一章

隋代文教政策的变化

隋代的开国皇帝杨坚,趁北周政权衰落之机,发动宫廷政变而夺取政权。他要改造旧政权而建设新政权,所以其政教制度与北周的社会政治制度有密切联系。隋代的文教政策主要就是处理儒道佛三教的关系,从总体来说是制定和实行调和三教的统治政策。在其发展过程中,各阶段有些不同变化。

第一节 复兴佛教

一、隋文帝深信"我兴由佛法"

隋文帝杨坚,生于贵族之家,幼年寄养在尼姑智仙的尼寺里,长期生活在佛教环境中。他的启蒙之师智仙的思想灌输深入他的心灵,虽然他后来以贵族子弟的身份入太学受过几年儒学教育,具有一定的文化知识,但他对佛教的信仰是无法消除的。

北周武帝下令禁佛时,智仙躲藏到杨家,得到保护。她不甘心佛教被禁,就编造并宣传北周将被取代的预言。她还预言杨坚日后会做皇帝,重兴佛法。这种预言对杨坚产生很大影响,他由此深信自己得佛法保佑。得到以皇后的父亲身份辅政的机会后，他就壮着胆进行篡位活动，轻易地坐上皇帝宝座，史称隋文帝。

隋文帝对群臣宣称："我兴由佛法。"他认为新朝的建立是依靠佛法的保佑，因此他要感谢和报答佛，就全力去实现"重兴佛法"的预言，着意要复兴佛教。隋文帝这样做，首先是凭他深厚的宗教感情，其次是有深远的政治考虑。在周武帝禁佛伤害佛教徒的宗教感情之后，隋文帝起来复兴佛教，在政治上会得到佛教信徒的拥护，可以大大收买人心，召唤流民回归乡土安居，恢复农业经济，为社会的和平发展创造条件。

二、 重兴佛法的措施

杨坚位居大丞相掌握朝政时，就采取新的宗教政策，明令恢复佛、道两教，旧时沙门、道士重入寺观授业。即位后，他借皇帝的权力采取进一步发展佛教的措施。《隋书》卷三五《经籍志四》载："开皇元年，高祖普诏天下，任听出家，仍令计口出钱，营造经像。而京师及并州、相州、洛州等诸大都邑之处，并官写一切经，置于寺内；而又别写，藏于秘阁。天下之人，从风而靡，竞相景慕，民间佛经，多于六经数十百倍。"据《释迦方志》卷下《教相篇》载，隋文帝登位，二十年间就已"度僧尼二十三万人，立寺三千七百九十二所，写经四十六藏，一十三万二千八十六卷，治故经三千八百五十三部，造像十万六千五百六十躯"。皇帝运用行政力量直接帮助佛教，把佛教势力的发展推向新高潮。

隋文帝要求佛教"为国行道"，使宗教服务于国家。他在京城建大兴善寺，在该寺由二十五位学问僧组成一个机构，作为国家管理全国僧尼和领导佛教的中心。

开皇九年(589年),隋灭陈,隋文帝下诏慰问住在陈境内的天台宗创始人智𫖮和尚,与有广泛影响的佛教宗派建立联系,鼓励其发展。晋王杨广迎智𫖮为师;智𫖮尊杨广为"总持菩萨",杨广尊智𫖮为"智者大师";智𫖮请杨广作天台宗庐山、荆州诸寺的施主,杨广请智𫖮撰写《净名经疏》。你来我往,实际上是皇权和教权的相互利用,佛教要求皇权给予政治保护,皇权要求佛教维护国家秩序,最后是佛教服务于皇权。

隋文帝要使全国信佛,首先要求大臣们信佛,树起榜样。开皇十二年(592年),隋文帝令徐孝克于尚书都堂讲《金刚般若经》。在政府的行政中枢所在地进行佛教讲演,意义不同寻常。

隋文帝至晚年,尤崇佛教。开皇二十年(600年),为表示对宗教的尊崇,隋文帝下令严禁毁坏神像,诏曰:"佛法深妙,道教虚融,咸降大慈,济度群品,凡在含识,皆蒙覆护。所以雕铸灵相,图写真形,率土瞻仰,用申诚敬。其五岳四镇,节宣云雨,江河淮海,浸润区域,并生养万物,利益兆人,故建庙立祀,以时恭敬。敢有毁坏偷盗佛及天尊像,岳镇海渎神形者,以不道论。沙门坏佛像,道士坏天尊者,以恶逆论。"① 用立法的手段,保护宗教。

仁寿元年(601年)六月,隋文帝"颁舍利于诸州"。② 前后营造寺塔五千余所。为了敬佛求福,耗费资财在所不惜。

隋炀帝继续大力兴佛。他修治旧经六百一十二藏,二万九千一百七十二部,九十万三千零八十五卷,还建置翻译馆,共译典九

---

① 《隋书》卷二《高祖纪下》。
② 《隋书》卷二《高祖纪下》。

十部,五百一十五卷,为佛教达于极盛阶段创造了条件。

三、抑制道教

道教是产生于本土的宗教,它在与主要对立面佛教争地位高低时,多方反对佛教。但统治阶级对符合他们利益的宗教都加以利用,基本上是采取调和的态度,不仅要道与佛调和,而且还要求道与儒也调和。隋文帝沿袭传统思想,表示三教并重,容纳了道教。他于开皇二十年(600年)下令保护宗教,已将道教包括在内。不过,从诏令上看,佛在先,道在后,这就反映了统治阶级给道教排定的地位低于佛教。道教徒为了自己的利益,也积极参加政治活动。早在杨坚夺取北周政治权力时,有部分道士曾加以关心,著名道士焦子顺就曾向杨坚密告受命之符。杨坚夺权取得胜利,登上皇帝位,论功行赏,尊焦子顺为天师,经常找焦子顺商议军国大事,并在皇宫附近建五通观,作为焦子顺的居所,以便就近请教。

由于魏晋以后历史上改朝换代以及禁佛的行动都有道教人士参与鼓动,因此极端崇佛的隋文帝对于道教始终不太放心,时存戒心。为预防道教人士与野心家勾结,散布谣言惑众,开皇十三年(593年)二月,他下令禁谶纬,"私家不得藏纬候图谶"。炀帝即位后也继续贯彻这种措施,大业元年(605年)再下令严禁图谶,凡与谶纬有关的书,一概烧毁,私藏禁书者犯死罪。他又在东都洛阳建立道术坊,令以五行、占候、卜筮、医药为业者集中居住,加强管理,防止道术之士与政治野心家联系。

第二节 发展儒学

隋文帝认真考虑三教实际的社会政治作用,认为佛教要人忍受今生苦难,追求来世幸福,道教要人炼丹长生,得道成仙,都不是面对现实来治理国家、处理社会问题的好办法。为了维护皇权,建立等级制的社会秩序,组织社会的经济生活,隋文帝不得不利用儒家学说作为统一国家的指导思想,于是在谋臣们的劝导下,形成以儒学为实际核心,以佛道为重要辅助,调和三教思想的统治政策。贯彻这种统治政策,隋代在文教以至政治等方面,采取发展儒学和发挥儒学作用的一些行动。

一、招用儒生

隋文帝为加强中央集权而进行官制改革,确立新的官员任用制度,全国任何小官都由尚书省的吏部选派,因此需要相当数量的官员加入官僚系统,使国家行政机器得以正常运转。他采纳谋臣建议,招收社会上有文化知识的儒生,量才使用。正如《隋书》卷七五《儒林传》所记载的:"高祖膺期纂历,平一寰宇,顿天网以掩之,贲旌帛以礼之,设好爵以縻之,于是四海九州强学待问之士,靡不毕集焉。天子乃整万乘,率百僚,遵问道之仪,观释奠之礼。博士罄悬河之辩,侍中竭重席之奥,考正亡逸,研核异同,积滞群疑,涣然冰释。于是超擢奇隽,厚赏诸儒。"这种以招贤为号,招徕网罗人才的办法,历史上曾多次采用,它能解决近期统治集团对人才的急需,同时又能调动社会各阶层学习儒学的积极性。隋文帝对招贤办法的运用比较一贯,仁寿三年(603年)七月的《搜扬贤哲诏》对招贤的政治意图说得较为明显。诏书说:"况以一人,君于四海,睹物欲运,独见致治,不藉群才,未之有也。是以唐尧钦明,命羲和以居岳;虞舜睿德,升元凯而作相。伊尹鼎俎之媵,为殷之阿衡;吕望渔钓之夫,为周之尚父。此则鸣鹤在阴,其子必和,风云之从龙虎,贤哲之应圣明,君德不回,臣道以正,故能通天地之和,顺阴阳之序,岂不由元首而有股肱乎?"在王道衰落、政治混乱的年代,贤才受屈,不能发挥作用,"是以行歌避代,辞位灌园,卷而可怀,黜而无愠,放逐江湖之上,沈赴河海之流,所以自洁而不悔者也。至于间阎秀异之士,乡曲博雅之儒,言足以佐时,行足以厉俗,遗弃于草野,湮灭而无闻,岂胜道哉!所以览古而叹息者也"。国家既已统一,不能让贤能再受屈,所以隋文帝决定采取措施,"其令州县搜扬贤哲,皆取明知今古,通识治乱,究政教之本,达礼乐之源。不限多少,不得不举。限以三旬,咸令进路,征召将送,必须以礼"。可见其网罗人才的要求比较迫切。

　　隋炀帝继承了帝位,也公开声明其统治政策以儒学思想为核心,强调网罗有儒学素养的贤能对国家的治理有重要意义。大业元年(605年)的诏书说:"朕纂承洪绪,思弘大训,将欲尊师重道,用阐厥猷,讲信修睦,敦奖名教。方今宇宙平一,文轨攸同,十步之内,必有芳草,四海之中,岂无奇秀!诸在家及见入学者,若有笃志好古,耽悦典坟,学行优敏,堪膺时务,所在采访,具以名闻,即当随其器能,擢以不次。若研精经术,未愿进仕者,可依其艺业深浅,门荫高卑,虽未升朝,并量准给禄。庶夫恂恂善诱,不日成器,济济盈朝,何远之有!"[①]大业三年四月的诏书又一次申明:"天

---

① 《隋书》卷三《炀帝纪上》。

下之重，非独治所安，帝王之功，岂一士之略？自古明君哲后，立政经邦，何尝不选贤与能，收采幽滞？周称多士，汉号得人，常想前风，载怀钦伫。朕负扆夙兴，冕旒待旦，引领岩谷，置以周行，冀与群才共康庶绩。"这说明，只有网罗贤能，才能治理国家，这是巩固政权的需要。隋炀帝用征召的办法选用部分儒生，但没有把儒生真正作为一个特殊阶层从而改变儒生的政治地位。儒生与政府的关系疏远，那些不受重视而不能发挥作用的儒生怀有失望情绪。一旦农民起义发生，儒生就可能成为反隋力量的一部分，这为以后的皇朝留下教训。

二、建置庠序

国家所需要的统治人才，数量较多，而且需要源源补充，没有固定的来源加以保证是不够妥善的，因此需要设立教育机构，传授儒家经典，以培养后备的统治人才。开皇三年(583年)四月，隋文帝下令劝学行礼，诏曰："建国重道，莫先于学；尊主庇民，莫先于礼。……然其维持名教，奖饰彝伦，微相弘益，赖斯而已。……古人之学，且耕且养。今者民丁非役之日，农亩时候之余，若敦以学业，劝以经礼，自可家慕大道、人希至德。岂止知礼节，识廉耻，父慈子孝，兄恭弟顺者乎？始自京师，爰及州郡，宜祗朕意，劝学行礼。"此诏令对学校发展起了推动作用，"自是天下州县皆置博士习礼焉"[①]。从京都到州县都设有学校，人们重视学习儒家经典，社会风气起了很大变化。《隋书》卷七五《儒林传》说："京邑达

---

① 《隋书》卷四七《柳昂传》。

乎四方,皆启黉校。齐鲁赵魏,学者尤多,负笈追师,不远千里,讲诵之声,道路不绝。中州儒雅之盛,自汉魏以来,一时而已。"大体反映当时的景象。

开皇九年(589年),隋平陈,全国南北归于统一,转入和平发展阶段,国家辽阔的国土需要更多的统治人才来参加管理。于是,隋文帝又一次下诏,再促劝学。诏曰:"往以吴、越之野,群黎涂炭,干戈方用,积习未宁。今率土大同,含生遂性,太平之法,方可流行。凡我臣僚,澡身浴德,开通耳目,宜从兹始。……代路既夷,群方无事,武力之子,俱可学文,人间甲仗,悉皆除毁。有功之臣,降情文艺,家门子侄,各守一经,令海内翕然,高山仰止。京邑庠序,爰及州县,生徒受业,升进于朝,未有灼然明经高第。此则教训不笃,考课未精,明勒所由,隆兹儒训。"①隋文帝对学校培养人才的效果不甚满意,要求主管者加强督责。

隋文帝在晚年沉迷于佛教,精神状态发生较大的变化,这使他掌握的文教政策发生重大转折。此时他公然反对儒学,下令关闭所有州县学,并大大裁减国子学。仁寿元年(601年)六月的诏书说:"儒学之道,训教生人,识父子君臣之义,知尊卑长幼之序,升之于朝,任之以职,故能赞理事务,弘益风范。朕抚临天下,思弘德教,延集学徒,崇建庠序,开仕进之路,伫贤隽之人。而国学胄子,垂将千数,州县诸生,咸亦不少。徒有名录,空度岁时,未有德为代范,才任国用。良由设学之理,多而未精。今宜简省,明加奖励。"②诏书先肯定儒学的作用,言不由衷地表示对儒学的重视,然后就指责学校的学生都是空挂名录,毫不用功,培养不出为国

---

① 《隋书》卷二《高祖纪下》。
② 《隋书》卷二《高祖纪下》。

家所用之人才,只能是浪费国家财赋。列举学校不是之处,处置儒学也就有了理由,办法谓之"简省"。结果是国子学唯留学生七十余人,太学、四门及州县学校并废。刘炫上书切谏,隋文帝根本听不进,一意孤行。《隋书》卷七五《儒林传》谈及隋文帝废学校的原因:"及高祖暮年,精华稍竭,不悦儒术,专尚刑名,执政之徒,咸非笃好。暨仁寿间,遂废天下之学,唯存国子一所,弟子七十二人。"隋文帝是因巩固中央集权的需要而利用儒学,一旦感到政权已巩固,皇帝至高无上的权威已树立,也就认为不尊儒没有太大的利害关系,他不悦儒术的态度也就不再掩饰,有了适当的机会,就表露在政治上或文化上。隋文帝改变对儒学的态度,阻塞了儒生的出路,引起儒生们的普遍反感。

隋炀帝登位以后,为了消除因废除学校、排斥儒生所产生的消极影响,采取纠偏的政策措施,与其父四年前发布废学诏书相反,他于大业元年(605年)七月颁布了《劝学诏》,诏书说:"君民建国,教学为先,移风易俗,必自兹始。而言绝义乖,多历年代,进德修业,其道浸微。汉采坑焚之余,不绝如线,晋承板荡之运,扫地将尽,自时厥后,军国多虞,虽复黉宇时建,示同爱礼,函丈或陈,殆为虚器。遂使纡青拖紫,非以学优,制锦操刀,类多墙面。上陵下替,纲维靡立,雅缺道消,实由于此。……其国子等学,亦宜申明旧制,教习生徒,具为课试之法,以尽砥砺之道。"①诏书强调教育是为政的首要任务,是移风易俗的根本,废学造成严重的社会后果,社会的秩序不能保证,所以要求国子等学恢复旧制。这样一来,表面形式上学校得以恢复,并扩大了规模,但学校管理不善,空有建学之名,而无弘道之实。

---

① 《隋书》卷三《炀帝纪上》。

隋炀帝较重表面形式，以张皇帝的声威，他还做出关心儒生的姿态，征召一批儒生，集中到东都讲论，从中选用一部分人。而学校培养人才的作用，并未得到充分发挥和体现。

三、恢复礼乐

隋文帝为改变自己的统治形象，声明"以德代刑"是自己的政治目标，这就要侧重道德教化，实施礼教，要利用儒家的礼乐。从历史上来看，儒家以讲究礼乐为专业，积累起一套非常详备的分类的礼仪规定。要想在社会舆论上占据优势，为民众心理所接受，都得遵照一定的礼仪。所以，历代的统治者都重视礼乐的精神作用，隋文帝从自己的利益需要出发，也无例外地加以重视。开皇元年（581年）夺得帝位后，隋文帝下诏，祭天祭祖都必须依照《礼经》，他要借此公开举行隆重典礼，向世人显示自己恢复了华夏正统。

开皇三年（583年），潞州刺史柳昂上书，建议"劝学行礼"，他说："臣闻帝王受命，建学制礼，故能移既往之风，成惟新之俗。……往者周室颓毁，区宇沸腾，圣策风行，神谋电发。端坐廊庙，荡涤万方，俯顺幽明，君临四海。择万古之典，无善不为，改百王之弊，无恶不尽。至若因情缘义，为其节文，故以三百三千，事高前代。然下土黎献，尚未尽行。臣谬蒙奖策，从政藩部，人庶轨仪，实见多阙，儒风以坠，礼教犹微，是知百姓之心，未能顿变。……若行礼劝学，道教相催，必当靡然向风，不远而就。家知礼节，人识义方，比屋可封，辄谓非远。"①柳昂的建议正符合隋文

---

① 《隋书》卷四七《柳昂传》。

帝的心意,于是被采纳。隋文帝下诏劝学行礼,重点在于强调实行礼教。诏书说:"尊主庇民,莫先于礼。自魏氏不竞,周、齐抗衡,分四海之民,斗二邦之力,递为强弱,多历年所。务权诈而薄儒雅,重干戈而轻俎豆,民不见德,唯争是闻。朝野以机巧为师,文吏用深刻为法,风浇俗弊,化之然也。……王者承天,休咎随化,有礼则祥瑞必降,无礼则妖孽兴起。人禀五常,性灵不一,有礼则阴阳合德,无礼则禽兽其心。治国立身,非礼不可。朕受命于天,财成万物,去华夷之乱,求风化之宜。戒奢崇俭,率先百辟,轻徭薄赋,冀以宽弘。而积习生常,未能惩革,闾阎士庶,吉凶之礼,动悉乖方,不依制度。执宪之职,似塞耳而无闻,莅民之官,犹蔽目而不察。宣扬朝化,其若是乎?……始自京师,爰及州郡,宜祗朕意,劝学行礼。"①隋文帝要利用儒家礼教,达到维持名教与移风易俗的政治目的。但完全遵照《礼经》,在某些方面已不能适应时代的发展变化。为适应时代发展,开皇五年,隋文帝命礼部尚书牛弘修五礼(吉、凶、军、宾、嘉),修成新礼一百卷,下诏施行。实行十多年后,隋文帝觉得这与南方保存的传统礼仪相比,不尽完善,于是仁寿二年(602年)命当朝大臣杨素、苏威、牛弘、薛道衡共同修订五礼,同时吸收南方士族的文化人参加修订。隋朝的新礼既反映时代发展的需要,也反映全国统一要求,有统一礼制的需要。既有礼,也需要乐,礼部尚书牛弘承担主持议定雅乐的任务,因下属人员音乐素养不够,议多年而未能成。隋灭陈后,得了一批南朝的乐工和乐器,吸收南朝音乐进行融合。开皇十三年,雅乐成。隋文帝并不研究礼乐,这样重视制礼作乐,目的在于恢

---

① 《隋书》卷四七《柳昂传》。

复华夏正统地位。隋文帝于开皇十四年颁《施用雅乐诏》，说明议定雅乐的目的和过程："在昔圣人，作乐崇德，移风易俗，于斯为大。自晋氏播迁，兵戈不息，雅乐流散，年代已多，四方未一，无由辨正。赖上天鉴临，明神降福，拯兹涂炭，安息苍生，天下大同，归于治理，遗文旧物，皆为国有。比命所司，总令研究，正乐雅声，详考已讫，宜即施用，见行者停。人间音乐，流僻日久，弃其旧体，竞造繁声，浮宕不归，遂以成俗。宜加禁约，务存其本。"①隋代对当时保存的传统音乐进行了搜集、鉴定、整理，施行议定的雅乐，使音乐发展史进入一个新阶段。

四、大备经籍

要使儒学得到恢复和发展，求访和搜集经过长期战乱而遗存下来的经籍，是一项非常必要的工作。开皇三年(583年)，秘书监牛弘上书请开献书之路，他讲明国家大备图书的意义、国家现有图书状况、求访图书的办法。奏书称："今御书单本，合一万五千余卷，部帙之间，仍有残缺。……方当大弘文教，纳俗升平，而天下图书尚有遗逸，非所以仰协圣情，流训无穷者也。臣史籍是司，寝兴怀惧。昔陆贾奏汉祖云'天下不可马上治之'，故知经邦立政，在于典谟矣。为国之本，莫此攸先。今秘藏见书，亦足披览，但一时载籍，须令大备。不可王府所无，私家乃有。然士民殷杂，求访难知，纵有知者，多怀吝惜，必须勒之以天威，引之以微利。若猥发明诏，兼开购赏，则异典必臻，观阁斯积，重道之风，超于前

---

① 《隋书》卷二《高祖纪下》。

世,不亦善乎!"①隋文帝重视牛弘的建议,下令派使者到各地求访遗书,规定"每书一卷,赏绢一匹,校写既定,本即归主"。② 此次求访,搜集到不少民间异书。开皇九年,隋平陈,又获得江南一大批图书。于是分散的图书总集于朝廷,除去重复本,尚有三万七千多卷。隋文帝令人总集编次,存为古本。召集工书之士,写出正副本,藏于宫中。隋炀帝即位,又令写副本,分甲乙丙丁,藏于东都观文殿的东西厢。他又令人搜集南北两朝所有书籍,于观文殿统一编目,称《观文殿书目》。此书目,是唐魏徵撰《隋书·经籍志》的依据。《隋书·经籍志》是隋以前著述的总录,对目录学有重大的贡献。经籍大备为儒学发展提供条件,经籍得到传播,较容易读到,这对儒家私学的发展、讲学风气的形成起了推动作用。

第三节 实行科举

一、用人的旧制度需革除

隋建立初期,用人还是沿用旧制度,主要是用北周的旧贵族做官,以门阀的高低来任用。山东的士族虽有传统的社会声望,但他们原是北齐的臣民,政治上没有特殊权利。南朝的士族原是陈的臣民,是陈灭亡之后归于隋朝统治的,政治上也无特殊的权利。隋是统一的中央集权国家,为了维护中央集权,对内必须削

---

① 《隋书》卷四九《牛弘传》。
② 《隋书》卷三二《经籍志一》。

弱门阀世族和地方豪强的政治势力,因此要罢除由门阀世族控制的九品中正制,把选举人才和任用官员的权力收归中央政府的吏部。吏部选举人才和任用官员,不能只维护统治阶级内部一部分人享有特殊权利,而排斥其他人,统治阶级内部权利不平等,就不能团结整个统治阶级,而只能增加内部矛盾。中央集权制度要获得巩固,还要缓和阶级矛盾,代表更广泛的社会利益,让其他阶级的优秀分子也有参加政治以提高社会地位的机会,就需要实行用人的新制度。这种新制度必须能够吸纳各个阶级的优秀分子,扩大中央集权的社会基础,使中央集权获得较广泛的社会支持,这就是需要创建用人新制度的实际动因。

二、 采用考试选士的方法

中国历史上已有多种选用人才的方法和标准,隋朝对这些历史经验进行了比较和取舍,继承了考试方法,举行定期或不定期的考试,让全国南北士人都有机会凭个人的才能来参与竞争,朝廷择优选用,由此开辟出士人入仕的途径,逐渐形成科举制度。

隋文帝开皇七年(587年)定制,各州每岁贡士三人。贡士是由州县官负责选拔的,选拔的主要标准不是德行,也不是经学,而是文章华美。被选贡士,地方依礼发送,集中到京都,由朝廷再加以考试甄选。文才尤其杰出的士人,各州可个别推荐应秀才科,政府另外组织特别考试。追求文章华美是南朝士人积久成俗的风气,随着南朝士习影响的扩大,成为由南到北的风气,也成为这一时代文化的一种趋势,必然要反映到选才取士的标准上。当时对选才取士的标准存在不同认识。御史李谔上书要求正文体,他提出:"如闻外州远县,仍踵敝风,选吏举人,未遵典则。至有宗党称孝,乡曲归仁,学必典谟,交不苟合,则摈落私门,不加收齿;其学不稽古,逐俗随时,作轻薄之篇章,结朋党而求誉,则选充吏职,举送天朝。盖由县令、刺史未行风教,犹挟私情,不存公道。"①李谔反对以文章华美作为选士标准,鄙视"作轻薄之篇章",而主张以传统的德行为选士标准。隋文帝赞赏李谔的主张,把李谔的奏书颁示天下,想借此制造社会舆论,改变以文章华美为选士标准的时代风气。开皇十八年,"诏京官五品已上②,总管、刺史,以志行修谨、清平干济二科举人"。③所谓"志行修谨"要求有德行,所谓"清平干济"要求有才能,就是以德才为取士标准。这可以偶尔为之,难以普遍推行,以后也没有再坚持。对选士标准虽有不同认识,但用考试作为选士方法则已是一致的主张。

三、以文章为仕进的工具

南朝士人追求文章华美,自然要以文章作为仕进的工具,这种风气影响全国,成为时代发展趋势。隋炀帝是个文学家,他赞成以文章华美为选才标准,并以此独设一科。唐杜佑《通典》卷一四记载:"炀帝始建进士科。"宋朱熹《通鉴纲目》卷三六记载:大业二年(606年)秋七月,"始建进士科"。大业三年,隋炀帝令十科举人,诏书说:"夫孝悌有闻,人伦之本;德行敦厚,立身之基。或节义可称,或操履清洁,所以激贪厉俗,有益风化。强毅正直,执宪

---

① 《隋书》卷六六《李谔传》。
② 已上,即"以上","已"通"以"。后引文中"已上""已下""已后""已前""已来"等类此情况,不再标注。——编校者
③ 《隋书》卷二《高祖纪下》。

不挠,学业优敏,文才美秀,并为廊庙之用,实乃瑚琏之资。才堪将略,将拔之以御侮;膂力骁壮,则任之以爪牙。爰及一艺可取,亦宜采录,众善毕举,与时无弃。以此求治,庶几非远。文武有职事者,五品已上,宜依令十科举人。有一于此,不必求备。朕当待以不次,随才升擢。"①所设科目众多,可选拔各类人才,其中"文才美秀"科,以考试文章为主,当即进士科,这是科举制建立的标志。大业五年,隋炀帝又令四科举人,"诏诸郡学业该通、才艺优洽,膂力骁壮、超绝等伦,在官勤奋、堪理政事,立性正直、不避强御四科举人"。② 其中,才艺优洽包容了"文才美秀"的要求,内容相近,措辞不同而已。唐朝人谈及进士科时,都说是隋炀帝创始的,这不是捕风捉影,肯定有他们的根据。唐朝的进士科是继承隋朝而加以发展的。

设科举士的科举制度,形成于隋朝,初时科目虽然没有定型,但是用考试作为选才的办法却得到普遍的认可。科举制度的建立产生了重大的社会作用,体现为:第一,取代了以门阀高低来任官的制度,而代之以按文才高低来任官的制度;第二,使全国南北的士人不分地域、不论门第、不问贫富,都有平等的机会来参与入仕的竞赛;第三,人们向往参加科举考试以提高社会地位,学习文章成为社会风气,促进了当时文学的发展,也推动了学校教育的发展。

科举考试制度用以选拔人才,有利于封建中央集权,又有利于新的政权扩大社会基础,为历朝封建统治集团所采用,延续了一千三百多年,对中国封建社会的发展产生了重大的影响。

---

① 《隋书》卷二《高祖纪下》。
② 《隋书》卷三《炀帝纪上》。

第二章

唐前期（618—755）文教政策的确立和演变

唐朝是继隋朝而起的一个新皇朝，从618年至907年，存在二百九十年之久，是中国封建社会历史上一个非常强盛的朝代。唐朝的历史，以始于天宝十四载(755年)的"安史之乱"为标志，分为前后两个时期。前期一百多年，从总体来说是走向强盛，政治上统一，经济上繁荣，文教上昌盛；后期的总趋势是走向衰弱，政治上由统一走向封建割据，经济上由于黄河流域受多次战争破坏的影响，全国经济重心南移至长江流域，文教上发展与停滞交替，几度试图复兴又衰落，学术、文化、教育都在酝酿适应时代的新变化。

第一节 唐高祖的文教政策

隋朝在农民起义的革命浪潮中覆亡，其在文教政策上对待儒道佛三教的经验教训，留供唐朝借鉴。唐朝开国皇帝李渊，承袭历代统治经验，对三教采取调和态度，他在《兴学敕》中认为"三教虽异,善归一揆"。① 他注意佛道儒三种势力的均衡,从巩固皇权、加强中央集权的根本利益出发而权衡三教的利弊,在不同情况下采取于皇权有利的对策和措施,其总的特点是抑佛、崇道、崇儒。

一、 抑佛以维护国家利益

李渊出身贵族,原本是笃信佛教的唐人。他起兵反隋时,也想借助佛的威力来取得成功,曾对佛许下大愿,只要做成皇帝,一定要大弘三宝,来作为对佛的报答。所以,做成皇帝之后,他对佛寺有所施舍,对僧尼有所优待,其意在于安抚,朝臣中也有部分佛教信徒加以推动。待国家统一完成之后,要进一步稳定社会秩序,力求国家的富强,注意核算国家的赋税丁役,这使他逐渐感到沙门、道士苟避徭役,不守戒律,扰乱社会秩序,对中央集权国家造成很大危害。武德七年(624年)七月,太史令傅奕上疏,建议去释教。唐高祖交付群臣详议。佛教的忠实信徒、右仆射萧瑀持反对意见,傅奕加以批驳,指出佛徒出家,违背中国传统礼教,不尽子臣的社会义务,乃无父无君之徒,是国家不容许的。傅奕认为佛教的存在,"于百姓无补,于国家有害"。唐高祖深以为然,武德九年五月下诏,对违戒犯法的现象严加斥责。诏书指出:"释迦阐教,清净为先,远离尘垢,断除贪欲。所以弘宣胜业,修植善根,开导愚迷,津梁品庶。是以敷演经教,检约学徒,调忏身心,舍诸染著,衣服饮食,咸资四辈。……乃有猥贱之侣,规自尊高;浮惰之

---

① 《唐大诏令集》卷一〇五。

人，苟避徭役。妄为剃度，托号出家，嗜欲无厌，营求不息。出入闾里，周旋阛阓，驱策田产，聚积货物。耕织为生，估贩成业，事同编户，迹等齐人。进违戒律之文，退无礼典之训。至乃亲行劫掠，躬自穿窬，造作妖讹，交通豪猾。每罹宪网，自陷重刑，黩乱真如，倾毁妙法。辟兹稂莠，有秽嘉苗；类彼淤泥，混夫清水。"因此，对沙门、道士要采取整顿措施，有区别地对待。"朕膺期驭宇，兴隆教法，志思利益，情在护持。欲使玉石区分，薰莸有辨，长存妙道，永固福田，正本澄源，宜从沙汰。诸僧、尼、道士、女冠等，有精勤练行、守戒律者，并命大寺观居住，给衣食，勿令乏短。其不能精进、戒行有阙、不堪供养者，并令罢遣，各还桑梓。所司明为条式，务依法教，违制之事，悉宜停断。京城留寺三所，观二所。其余天下诸州，各留一所。余悉罢之。"①此诏对传播不广的道教影响不大，而对无限制发展的佛教则是一大打击。但不久因争帝位继承权的矛盾尖锐化，发生了玄武门事件，为稳定社会，朝廷就停止此诏的执行。总的来看，唐初的统治者对佛教没有提倡，也没有限制，只是任其发展。当察觉到佛教无限制发展与国家利益有矛盾时，欲施加一定限制，因发生政治事件的影响，结果也未能实行限制。

二、为巩固皇权而崇道教

在隋末社会发生动荡的时候，不大受隋朝重视的道教人士以李渊为新的政治依靠，加强了联系。起兵前，著名道士王远知给

---

① 《旧唐书》卷一《高祖本纪》。

李渊密传符命;起兵后,有些道徒也参加反隋的唐军,这些举动都博得李渊好感。李渊出身关陇贵族,虽然夺得帝位,但并未完全巩固。当时社会上门第观念还是强烈存在的,陇西李姓与山东士族相比,门第并不算高,难免觉得有些心虚,气势不壮。李渊为巩固皇权,认为道教更有利用价值。因为与道教始祖李耳同姓李,如能"攀亲",是提高门第最简便的方法。武德三年(620年),李渊听到晋州吉善行的报告,在羊角山遇到老君,要他转告唐天子:"吾,汝祖也。今年平贼后,子孙享国千岁。"[①]李渊听说后极为高兴,借此大肆宣传道教始祖与唐天子是祖孙关系,在羊角山立老君庙,对各处道观也礼敬有加,并诏令修葺终南山楼观,亲谒楼观,改楼观为宗圣观,赐田十顷,米二百石,帛千匹。出于维护皇权的政治需要,皇帝的始祖地位应该是崇高的,与此相连的教主地位也应该是崇高的,所以李渊要提高道教的地位。武德八年,他亲自到国子监,正式宣布三教的地位:道教第一,儒教第二,佛教第三。这完全是依据现实的政治需要而作的一种安排。

三、 以儒学为统治的指导思想

为了显示唐朝是革除隋朝暴政,救民于水火,施行的是仁政,李渊听从谋臣的建议,要选择"王道"为政治路线,在国家的治理和社会关系的处理上,还是要利用儒学为统治的指导思想。思想路线一定,尊崇儒学的思想也就体现在了文教政策措施上。

武德二年(619年)六月,唐高祖为了兴教化、崇儒学,令有司

---

① 《唐会要》卷五〇《尊崇道教》。

于国子学立周公、孔子庙各一所,四时致祭。这给全国的知识分子一个重要信号:儒家的创始人受到尊崇,儒家的学说又要行时了,儒家的经籍又该重视钻研了。

武德五年(622年)三月,唐高祖下诏举贤能。诏书说:"择善任能,救民之要术;推贤进士,奉上之良规。自古哲王,弘风阐教,设官分职,唯才是与。……朕膺图驭宇,宁济兆民,思得贤能,用清治本。招选之道,宜革前弊;惩劝之方,式加常典。苟有才艺,所贵适时;洁己登朝,无嫌自进。"①举贤能的目的在于选拔统治人才,其实际作用是对儒生中优秀分子加以奖励,扩大儒学的影响,提高儒学的地位。

唐高祖重视学校的恢复和发展,并且把兴办学校作为政治上的重要政策加以强调。武德七年(624年)二月颁《兴学敕》,宣称:"自古为政,莫不以学为先。学则仁义礼智信五者俱备,故能为利深博。朕今欲敦本息末,崇尚儒宗,开后生之耳目,行先王之典训。"观察当时的状况,学校未兴,生徒尚少,经术未隆,学礼将坠,唐高祖对此深为不满,愤然责问:"岂有沙门事佛,灵宇相望,朝贤宗儒,辟雍顿废,王公以下,宁得不惭?"②王公大臣多数信佛求福,乐向佛寺捐献,所以寺院遍布全国,香火甚盛。王公大人对学校停废并不在意,学校萧条,相比于佛教兴旺的景象来说,儒学处于衰萎状态。唐高祖要求改变这种状况,立即采取措施,扩大国子学的规模,诏曰:"其有吏民子弟,识性开敏,志希学艺,亦具名状,申送入京,量其差品,并即配学,明设考课,各使励精,琢玉成器,庶其非远。"不仅京都的国子学应充实生员,培养国家需用的人,

---

① 《册府元龟》卷六七《帝王部·求贤》。
② 《唐大诏令集》卷一〇五。

而且自州县到乡里也应普遍设学,且应早日建立。① 唐初确立地方普遍兴学的政策,虽然由于各种条件的限制,只能逐步实现,但作为计划的目标,是很有历史意义的。一个国家不仅仅是要办几所学校,而且是要结合基层的行政组织,建立分层次而遍及全国的学校网。

第二节　唐太宗贞观年代的文教政策

唐太宗李世民未登帝位之前就以秦王的身份参与国家大政,即位后基本承袭唐高祖在唐王朝建立初期形成的文教政策。但武德年代统一国家的战争还在进行,社会不稳定,政权未完全巩固,经济尚处于恢复阶段,文教政策只是部分实行,并未全面贯彻。贞观年代则开始进入了发展时期,在中央集权统治加强、经济初步繁荣、国家财富有了积累的条件下,文教政策得到认真贯彻,教育事业获得较全面发展,因崇儒而兴学有更突出的表现。随着教育事业规模的扩大,教育工作要有序地进行,也就需要建立一定的管理制度。贞观年代,封建教育体系形成,封建教育管理制度建立,是唐代教育发展的高潮。

一、继续崇道的政策,提高道教的地位

李世民在争夺帝位继承权时,交错着宗教势力的斗争。宗教势力想寻找新的政治依靠,以王远知为首的道教徒拥护唐太宗,

---

① 《唐大诏令集》卷一〇五《置学官备释奠礼诏》。

以法琳为首的佛教徒拥护皇太子李建成。李世民获胜后,为了维护皇权,稳固自己的地位,继续兴道的政策,扶植道教的发展,对王远知加以封赏,在茅山为王远知特造太平观,表示崇敬,这有利于道教地位的提高。

唐太宗尊崇道教教主李耳,还需要理顺道教与儒学的关系,对先圣先师重新加以安排。早在武德二年(619年),朝廷为周公、孔子立庙各一所,并称先圣;武德中,以周公为先圣,孔子为先师。周公活动的时代在西周初,与武王共同创建了西周,在成王年幼时,曾位居摄政。李耳活动的时代在东周,不过是一个史官,地位无法相比。若要周公屈居李耳之下,道理上不顺。孔子活动的时代也在东周,比李耳稍后一些,周游访学时曾向李耳请教有关礼的问题。把李耳与孔子比,李耳是先辈,是老师,要孔子屈居李耳之下,道理上还说得通。由于以上的原因,唐太宗接受房玄龄等人建议,对先圣先师重新加以安排。贞观二年(628年),取消周公先圣的名义,改为以孔子为先圣,颜回为先师。提高孔子在儒学中的地位,并不影响道教第一、儒学第二的排序,反而使这个排序更加顺理成章。唐太宗尊崇道教,完全是一种政治行为,目的是提高李姓的地位。贞观十二年,唐太宗令高士廉等人编《氏族志》,皇族最终能列居第一位,原因有二:首先是皇权巩固,这是最主要的;其次是道教教主姓李。可见,提倡道教发挥了重要作用。

二、限制佛教的过度膨胀

唐太宗年轻时受佛教流行的影响,也曾笃信佛教,初登帝位时也有佞佛的行动。但后来他改变对佛教的态度,限制普遍流行而过度膨胀的佛教,这不是根据个人感情的好恶,最根本的是出于维护统治阶级利益的考虑。唐太宗当初并不了解佛教在社会上流行与地主阶级统治的实际利害关系,在与坚决反佛的太史令傅奕见面时,曾质问傅奕为何不研究佛学,他说:"佛之为教,玄妙可师,卿何独不悟其理?"傅奕回答说:"佛乃胡中桀黠,诳耀彼土。中国邪僻之人,取庄、老玄谈,饰以妖幻之语,用欺愚俗,无益于民,有害于国,臣非不悟,鄙不学也。"① 这些话深深打动了唐太宗,与佛教徒的现实表现和产生的后果联系起来,他认识到佛教对地主阶级统治实际有不利的一面。他又回顾梁朝笃信佛教的历史教训,"至如梁武帝父子,志尚浮华,惟好释氏、老氏之教,武帝末年,频幸同泰寺,亲讲佛经,百寮皆大冠高履,乘车扈从,终日谈论苦空,未尝以军国典章为意。及侯景率兵向阙,尚书郎已下,多不解乘马,狼狈步走,死者相继于道路。武帝及简文卒被侯景幽逼而死"。② 这种笃信宗教而致国家破亡的事,足以作为鉴戒。权衡利害之后,在贞观前期,唐太宗没有利用皇权来推广佛教。他说:"朕于佛教,非意所遵。"③ 长孙皇后曾说:"道、释异端之教,蠹国病民,皆上素所不为。"④ 这说明唐太宗不利用佛教作为统治国家的工具,而是把佛教的作用限制在一定范围内,在他认为必要的时候,才采用行政措施。

贞观十一年(637年),唐太宗下诏,确定道士女冠位在僧尼之前。在佛道两教争夺独尊地位的斗争中,佛教一时失去了优势。

贞观十三年(639年),道士控告僧人法琳作《辩正论》毁谤皇

---

① 《资治通鉴》卷一九二《唐纪八》。
② 《贞观政要》卷六《慎所好》。
③ 《资治通鉴》卷一九八《唐纪十四》。
④ 《资治通鉴》卷一九四《唐纪十》。

宗。唐太宗派大臣查勘,判定法琳有罪,流放益州,法琳死在半路,这对佛教是一次沉重的政治打击。

贞观十九年(645年),唐太宗欢迎玄奘从天竺取经回国,支持他翻译佛经,为他提供条件。玄奘从事佛经翻译十九年,译出七十五部,一千三百三十五卷。他译书最多,译文最精,在当时没有人超过他。在唐代传译佛学贡献最大的当数玄奘。唐太宗之所以优礼玄奘,不是因为信佛,而是因为敬重玄奘的人品和学问。

三、崇儒学,兴学校

唐太宗李世民一生的政治生涯,从打天下开始到争夺皇位继承权,以及后来登皇帝位管理国家,都得力于文士的启发和辅助。在武德四年(621年),他以秦王的身份,安排十八位文士为文学馆学士,名为供咨询,实则任参谋,听他们讲经论道,请他们出谋划策。文士基本上都自认为儒生,李世民任用文士,自然也会受其思想影响而重视儒学。

李世民"登位之后,益崇儒术"①。他首先采取的措施就是设置聚集图书的弘文馆和配备学士。武德九年(626年)九月,"上于弘文殿聚四部书二十余万卷,置弘文馆于殿侧,精选天下文学之士虞世南、褚亮、姚思廉、欧阳询、蔡允恭、萧德言等,以本官兼学士,令更日宿直,听朝之隙,引入内殿,讲论前言往行,商榷政事,或至夜分乃罢"②。

一国的最高统治者,既要巩固皇位,又要长治久安,还想传之

---

① 《新唐书》卷一〇二《褚亮传》。
② 《资治通鉴》卷一九二《唐纪八》。

子孙万代,选择统治思想是很关键的。唐太宗在衡量比较之后,看重在文化思想上具有传统力量的儒学。贞观元年(627年),唐太宗对大臣们说:"朕看古来帝王以仁义为治者,国祚延长,任法御人者,虽救弊于一时,败亡亦促。既见前王成事,足是元龟。今欲专以仁义诚信为治,望革近代之浇薄也。"①他的主张得到大多数朝臣支持,认为要有儒学的思想和政风。黄门侍郎王珪说:"汉家宰相,无不精通一经,朝廷若有疑事,皆引经决定,由是人识礼教,理致太平。近代重武轻儒,或参以法律,儒行既亏,淳风大坏。"②唐太宗选择儒学作为统治思想,以它为理论依据来指导制定各方面政策。他说:"朕今所好者,惟在尧舜之道、周孔之教,以为如鸟有翼,如鱼依水,失之必死,不可暂无耳。"③儒学就如中央集权统治的精神支柱,没有精神支柱,中央集权统治也就不能维持。

儒学传统的政治主张就是王道仁政,行王道施仁政,以仁义为治,就是推行道德教化来达到治国平天下的政治目标。仁政与依靠刑法惩罚和武力征服的暴政相反,简称为"文治"。贞观初,统治集团内部对于以儒学为统治思想并未达成一致认识,对要不要实行文治存在不同的主张,因而展开了一场讨论,争论颇为激烈。史书记载,"贞观初,人皆异论,云当今必不可行帝道、王道"。④"上书者皆云:'人主当独运威权,不可委之臣下。'又云:'宜震耀威武,征讨四夷。'"⑤根据这些主张,君主应当依靠武力,

---

① 《贞观政要》卷五《论仁义》。
② 《贞观政要》卷一《政体》。
③ 《贞观政要》卷六《慎所好》。
④ 《贞观政要》卷一《政体》。
⑤ 《资治通鉴》卷一九三《唐纪九》。

实行"霸道",权力高度集中,实行君主专制,对四方民族炫耀威力,用武力进行征讨。当时廷臣中只有谏议大夫魏徵认为,经长期战乱之后,全国统一,形势起了变化,人心思治,政治上应适应新阶段情况,实行政策变化。魏徵向唐太宗提出"偃武修文,中国既安,四夷自服"作为治国的政策。右仆射封德彝等人认为,武力作为统治手段是文治所不能比拟的,社会人心越来越坏,若采用文治,将贻乱国家。魏徵根据历史经验,加以批驳。唐太宗受其启发,认识到"戡乱以武,守成以文,文武之用,各随其时"。① 唐太宗听从魏徵的建议,实行政策转变,使国家富强,这是出现"贞观之治"的关键。

唐太宗以儒学为统治思想,以文治为和平建设新历史阶段的政策,必然要任用儒生为官员,以执行文治的政策。他说:"为政之要,惟在得人。用非其才,必难致治。今所任用,必须以德行、学识为本。"②所谓德行,在于能遵循儒学的道德原则;所谓学识,在于能勤读经史,多识前言往行。根据这个选才标准,自然以儒生为选才的主要对象。贞观元年(627年),唐太宗下令征召儒生赴长安听选,集中了七千多人,随才录用;贞观二年,又大收天下儒士,通一大经以上,咸得署吏。多次征召儒生加以任用,产生极大的社会影响,愿入学受教的人多起来,成为推动官学发展的动力。社会风气转变,兴起入学热潮,州县学容纳不了,只能限额考选生员。

官学的根本任务,在于以儒学思想培养统治人才,而如何传授培养,主要取决于教师。著名的学者担任教师,能树立好的学

---

① 《资治通鉴》卷一九二《唐纪八》。
② 《贞观政要》卷七《崇儒学》。

风，对学生有吸引力和号召力。贞观年代重视选拔教师，并给予高度的尊重。随着官学的发展，需要越来越多的教师，而解决这一问题，就是在全国范围内选取教师。史书上有记载的如：贞观六年（632年），"尽召天下惇师老德以为学官"。[①] 贞观十一年又令诸州采访"儒术该通，可为师范"的学者，"各给传乘，优礼发遣，当随其器能，擢以不次"。[②] 贞观十四年，"是时上大征天下名儒为学官"。[③] 经过多次征召，官学中集中了一批著名的学者，史书中有记载的如陆德明、邓世隆、王恭、朱子奢、侯孝遵、孔颖达、司马才章、刘伯庄、谷那律、马嘉运、盖文达、盖文懿、张后胤、赵弘智、梁述、王真如、王德韶、李子云、朱长才、苏德融、隋德素、王士雄、齐威、赵乾叶、贾普曜、李善信、贾公彦、周玄达、赵君赞、杨士勋等。他们富于学识，勤于教学，吸引四方学生不远千里而至，学生以入学受教为荣。在他们具体领导下接受教育，学生比较专心学业，官学日益发展。

唐太宗崇儒学、兴学校的政策产生了积极的结果，官学制度已经确立，形成学校教育系统，发展规模也最大。贞观年间是唐代教育事业发展的黄金时代。

四、统一经学

唐太宗以"尧舜之道，周孔之教"的儒学作为统治思想，自然也以儒学来教育统治人才和选拔统治人才。《诗》《书》《礼》《易》

[①] 《新唐书》卷一九八《儒学传上》。
[②] 《唐大诏令集》卷一〇二《采访孝悌儒术等诏》。
[③] 《资治通鉴》卷一九五《唐纪十一》。

《春秋》是儒学传统的经典,是学校的基本教材。自西汉独尊儒学以来,"五经"的传授与政治的关系极为密切,先有师法、家法之分别,后有今文经学、古文经学之争议。至南北朝,中国南北的政治、经济、文化条件形成差别,经学也就产生不同学风,北学固守章句训诂的传统,南学受玄学影响而讲究义理。《北史》卷八一《儒林传》曾有评说"南人约简,得其英华;北学深芜,穷其枝叶",指出了南北经学主要特点的差别。不同地区有不同的经学派别,传本不一,代代相传,文字讹谬甚多。文本不同,训解难以统一,一字之差可导致事实相反、是非颠倒。儒家经典是国家政令的重要理论依据,因经文不一而解释有别,受教内容不一,思想认识有距离,官员思想不统一,影响到政令的贯彻。唐朝建立政治上统一的中央集权国家,相应地需要统治阶级的学术思想归于统一,首先要结束经学纷争,以统一的经学、统一的思想,为统一的国家政治服务。唐太宗就是根据这种时代需要来看待统一经学的,并分两个阶段来达到统一经学的目标,这既是文化上的大事,也是教育上的大事。

贞观四年(630年),"太宗以经籍去圣久远,文字讹谬,诏前中书侍郎颜师古于秘书省考定'五经'"。①

贞观七年(633年),颜师古新定"五经"获颁。其时,颜师古经三年的辛勤努力,考定"五经"告成。上复诏尚书左仆射房玄龄集诸儒重加详议,这实际上是一次公开严格的评审与答辩。"时诸儒传习师说,舛谬已久,皆共非之,异端蜂起。而师古辄引晋、宋已来古本,随方晓答,援据详明,皆出其意表,诸儒莫不叹服。太

---

① 《贞观政要》卷七《崇儒学》。

宗称善者久之,赐帛五百匹,加授通直散骑常侍,颁其所定书于天下,令学者习焉。"①《五经定本》既经著名经学家三年考定,又经朝廷审查答辩通过,这是"五经"正文的标准本,是统一经学第一阶段的成果。

贞观十二年(638年),唐太宗诏孔颖达为国子祭酒,仍兼东宫侍讲;又以儒学多门、章句繁杂、训释不一,诏孔颖达与颜师古、司马才章、王恭、王琰等名儒撰定"五经"义训。② 这是统一经学第二阶段工作的开始,延续十五年,至永徽四年(653年)才完成。

唐太宗为统一经学,在"五经"文字有了标准本之后,进一步要求对"五经"有统一的解释,以结束儒学多门、章句繁杂的状态。儒学多门,指的是经学的传授,到唐初有许多派别。儒学多门的事实,必然造成章句繁杂的结果。各个经学学派都有自己的章句和解析,竞相传授,力争扩大影响,存在门户之见,难以统一。

儒学多门和章句繁杂,是政治不统一而在文化上的反映。这种情况,在国家统一之后,就会给教育和考试带来很大矛盾。隋文帝开皇初年就已显露出这种矛盾。隋文帝重新统一南北之后,中央集权的封建国家需要许多官员,他曾令国子学保荐学生四五百人参加考试,准备从中选取一些人在各级政权机构做官。诸生考试经义,所据经说有南有北,各加发挥,出入颇大。一堆考卷,博士无法评定高低,好久不得解决。幸有一位博学的国子博士房晖远出来评卷,才勉强解决这一矛盾。《隋书》卷七五《房晖远传》对这件事有较完整的介绍:"会上令国子生通一经者,并悉荐举,将擢用之。既策问讫,博士不能时定臧否。祭酒元善怪问之,晖

---

① 《旧唐书》卷三《太宗本纪》、《贞观政要》卷七《崇儒学》。
② 《旧唐书》卷七三《孔颖达传》。

远曰:'江南、河北,义例不同,博士不能遍涉。学生皆持其短,称己所长,博士各各自疑,所以久而不决也。'祭酒因令晖远考定之,晖远览笔便下,初无疑滞。或有不服者,晖远问其所传义疏,辄为始末诵之,然后出其所短,自是无敢饰非者。所试四五百人,数日便决,诸儒莫不推其通博,皆自以为不能测也。"只有极少数学识通博的人才能处理这种疑难,多数人总是认识有限,对这种情况束手无策。

经学的不统一有其政治原因。在国家处于分裂的状态下,各地区的统治者可根据自己的利益,自主地选择某一学派作为统治思想,这一学派就因为有政权的扶植而成为主流,而其他学派虽不居主流,但并不妨碍其存在和传播。

国家统一之后,这些在地区居主流或非主流的经学学派并处于一个国家,学派之间的矛盾表现较为显著,竞争加剧。这种情况使封建政府无法以统一的思想来教育学生,也无法以统一的标准来选用人才。

统一的中央集权国家的重建,要求有统一的思想来为统一的政治服务,重新定于一尊,因此经学必须结束章句繁杂的局面,走向统一,由国家制定权威性的解析。隋朝是统一的中央集权国家,已开始提出统一经学的问题,但隋朝的存在比较短促,没有完成这一任务。继起的唐朝仍然面临着这个问题,并受到困扰。到了贞观年代,唐太宗提出统一经学的问题,并着手加以解决。

归结起来,当时需要解决的问题是较为明确的,在政治上统一之后,对文化教育提出了新要求,文化教育要为政治服务,需要统一学术思想。而编写统一教材,规定对"五经"的统一解释,就是一种有效的实际措施。在当时儒道佛三者并立而争夺统治思想地位的情况下，儒学内部需要统一，才能加强斗争力量。这也可说是外部矛盾突出而居于主要地位，内部矛盾降居次要地位，在共同维护封建国家利益的要求下，儒学思想要实行统一。

（一）组织

"五经"的义疏，在南北朝时实际已经都有了，只是门派太多，章句繁杂，虽然有个别义疏显然占优势，但还没有由国家政权规定作统一教材，未成为公认的权威。唐太宗提出要重新撰定义疏，以取代民间的其他义疏，实是一项浩大的文化工程。

要实施这项工程，必须由有威望的学术权威来领导，也还要有许多经学家来参与，相互结合，才能计日程功。两方面人物，缺乏哪一方面都难成功。

当时的国子祭酒孔颖达，是较有威望的经学权威。《旧唐书》卷七三《孔颖达传》称：孔颖达"尤明《左氏传》《郑氏尚书》《王氏易》《毛诗》《礼记》，兼善算历，解属文"。能兼通"五经"，是比较博学的学者。当时有的学者虽然在某经上有专深的钻研，但在博学方面很少有超过孔颖达的。孔颖达不仅"五经"兼通，还精历算；不但深于经术，还善于写作。在当时指派孔颖达领导编写《五经正义》，确是最合适的人选。

以孔颖达为主编，同时被派参与教材编写讨论的还有颜师古、司马才章、王恭、王琰等著名经师，类似一个编委会。编写人员主要是国子监的学官。国子监是最高学府，是经学专家最集中的地方，这些专家首先被注意，优先受到邀请。此外，有些在朝廷任职的经学家也被组织到编写组中。他们依据专长，参加到某一经的实际编写工作中。

参加编写的经学家完成工作之后,在序言中都加以列名介绍,并不因为职位较低就被埋没。现逐经查考一下,就能加以证实。

《周易正义》 参加者为孔颖达、颜师古、司马才章、王恭、太学博士马嘉运、太学助教赵乾叶、王琰、于志宁等。

《尚书正义》 参加者为孔颖达、太学博士王德韶、四门助教李子云等。

《毛诗正义》 参加者为孔颖达、太学博士王德韶、四门博士齐威等。

《礼记正义》 参加者为孔颖达、国子司业朱子奢、国子助教李善信、太学博士贾公彦、太常博士柳士宣、魏王东阁祭酒范义頵、魏王参军事张权等。

《左传正义》 参加者为孔颖达、国子博士谷那律、四门博士杨士勋、四门博士朱长才等。

由上列名单可以清楚地了解,《五经正义》的编写,以国子祭酒为领导,以国子监为基地,以国子监的学官为编写的基本人员。国家统一教材的编写,由当时的最高学府来承担,这也是理所当然的。

(二) 初编

统一教材的编写,依靠政权力量来组织,并不就能保证一帆风顺,实际上还经历了一个曲折的过程。

孔颖达在贞观十二年(638年)被任命为国子祭酒,过后不久,皇帝就以"五经""章句繁杂,训释不一"等原因,诏命孔颖达与颜师古等名儒共同撰定"五经"义训,企求对经文有符合于统治阶级利益的统一解释。

孔颖达受命以国子祭酒的身份兼任总编,随即组成编写队伍。每经实际参加者并不太多,思想观点易于统一,体例能够比较一贯。编写工作有一定的步骤。

首先是调查已有的经学研究成果。汉魏的经注有哪几家保存下来,南北朝以来有多少种"五经"义疏,都加以调查。如《毛诗》,汉代能承继其学而著名的,有贯长卿传之于前,郑康成笺之于后。在晋及南北朝之时,其学在南方已占优势,在北方也颇流行。为《毛诗》作义疏的有全缓、何胤、舒瑗、刘轨思、刘瑗、刘焯、刘炫等。实际还有多少家存在,都调查清楚。

其次是进行比较研究。哪一家经注是最好的,就决定用哪一家注;哪一种义疏是最好的,就采哪一种义疏作为主要依据,其他义疏只是备供参考。如关于《尚书》的注和疏,《尚书正义序》就说:汉孔安国传"其辞富而备,其义弘而雅,故复而不厌,久而愈亮,江左学者,咸悉祖焉,近至隋初,始流河朔";其为正义者,"唯刘焯、刘炫最为详雅",所以选为主要依据。再如《周易》的注和疏,《周易正义序》说:"唯魏世王辅嗣之注,独冠古今。所以江左诸儒,并传其学,河北学者,罕能及之。其江南义疏,十有余家,皆辞尚虚玄,义多浮诞。"所以,对《周易》的解释就以王辅嗣的注为主要根据。这些都是经过比较研究之后才确定的。

最后是由各经的编写人员分头进行编写。大量的实际工作是章句训诂,既复杂而又细致,费时较多,大约花了三年工夫,终于发挥各人专长,写成初稿,奠定了较好的基础。

贞观十五年(641年),总主编孔颖达审阅了各经的义疏,经部分修改而定稿,于是"五经"义疏撰成。计《周易》义疏十四卷,《尚书》义疏二十卷,《毛诗》义疏四十卷,《礼记》义疏七十卷,《春秋》义疏三十六卷,合一百八十卷。初称《五经义赞》,进呈皇帝之后,奉命名为《五经正义》。

皇帝诏书对《五经正义》有一最初评价:"卿等博综古今,义理该洽,考前儒之异说,符圣人之幽旨,实为不朽",对编者大加鼓励赞扬之后,认为这是不朽的教材著作,下令"付国子监施行"。①

(三)争论

历史上任何专家权威编写的教材,总难十全十美,必然会存在某些缺点乃至错误,这与编者个人的条件有关。孔颖达到了唐初,已经年老体衰,作为一个博学的总主编,只能总揽大纲而已,不可能逐条推敲而使每一问题的判断都绝对准确。实际上,各个专家小组分工负责一经,各取一书以为底本,名义上是自加创定,说到底仍是依照旧作。孔颖达以年辈在先,国子祭酒名位独重,负责呈奏,列名居前。一般人只注意主编,而忽略其他,所以书成而孔颖达居其功,论定而孔颖达负其过。就事实而论,审定义疏的任务,其他经学专家都难以独力承担,孔颖达也不可能一人全部包揽。因此,《五经正义》的功过也不应归一人所独占。

批评《五经正义》的缺点,大致有三点意见:

(1)曲徇注文。有的批评者认为《五经正义》过于迁就注文,而不能分辨注文的是非。如《春秋左传正义》,专宗杜预注,刘炫

---

① 《旧唐书》卷七三《孔颖达传》。

的义疏批评杜注,有许多意见是很中肯的。但孔颖达却批驳刘炫,维护杜预注,勉强为之解释。刘炫的批评确有根据,但却应该分析。按经学家著书的先例,注不驳经,疏不驳注,不取异学,专宗一家。因之曲徇注文,这种做法是可以理解的,并非严重的毛病。

(2)杂引谶纬。谶纬源于汉代的今文经学,贯穿其中的是神学迷信思想,这些不科学的材料是不值得宣传的。《五经正义》引用了谶纬材料,但这些材料中也保存了不少古代的史料和解释,有区别地利用其中的史料应该是容许的。

(3)彼此互异。《五经正义》多处存在这种现象,在这本书是这样说,在那一本书却是那样说,彼此矛盾,不能统一。对谶纬的引用就是如此,《诗》《礼》两经选定从郑玄之说,就以郑玄所引用的谶纬材料为是,而《书》经不从郑玄之说,又以引用谶纬材料为非。一以为是,一以为非,相互之间存在矛盾。如果是独家的经学著作,出自一人之手,思想首尾一贯,或许可以免除彼此矛盾。但《五经正义》是大部头的官书,杂出众手,各人的思想观点不尽相同,彼此产生矛盾是难免的。

对《五经正义》提出不同意见,最为强烈的是太学博士马嘉运,史书说:"嘉运以颖达所撰《正义》颇多繁杂,每掎摭之,诸儒亦称为允当。"①马嘉运参加《周易正义》的编写,他是有特殊经历和广博学问的人。他少年时当过和尚,后来出佛入儒,从事儒学的钻研。当他隐居白鹿山的时候,从学者达千余人之多。马嘉运相当博学,他能对《五经正义》提出一些批评意见,因而在编写组内

---

① 《旧唐书》卷七三《马嘉运传》。

部存在思想矛盾,特别是与孔颖达,在学术上有不同的见解,许多问题出现相互辩驳,有时颇为激烈。

对马嘉运提出的批评意见,存在着相反的两种评论。有人对马嘉运的表现甚为赞赏,说他学术造诣精深。有人却说马嘉运为了炫耀自己,对别人求全责备,批评的动机不纯,完全是多此一举。其实,应该着重肯定的是马嘉运不顾职位高低,坦率发表个人不同学术见解的勇敢精神。

(四)修订

马嘉运对《五经正义》提出的批评意见产生了一定的社会效果。皇帝重视不同意见的争论,虽已命令将《五经正义》"付国子监施行",但认为事关国家利益,需要慎重处理。到贞观十六年(642年),唐太宗仍下令复审裁定,除了原来参与各经编写的人员之外,还增派了不少学官参与讨论审查,务求更加完善。参加的学官,如《周易正义》增派四门博士苏德融;《尚书正义》增派四门博士朱长才、四门博士苏德融、太学助教隋德素、四门助教王士雄;《毛诗正义》增派太学助教周立达、四门助教赵乾叶、四门助教贾普曜;《礼记正义》增派太学助教周立达、四门助教赵君赞、四门助教王士雄;《左传正义》增派太学博士马嘉运、太学博士王德韶、四门博士苏德融、太学助教隋德素;还有敕使赵弘智,他相当于审稿特派专员。贞观十六年,《五经正义》进行第一次修订,修订完毕,仍由孔颖达奏上。现在所见《五经正义》中的五篇序言,就是第一次修订后所写的编辑说明。

事情并没有就此完满结束,延至永徽二年(651年),唐高宗又提出《五经正义》"虽加讨覆,尚有未周",下令第二次刊定。此时孔颖达已卒,一些当政的高官都奉命参与领导,有太尉长孙无忌、司空李勣、尚书左仆射于志宁、尚书右仆射张行成、侍中高季辅、吏部尚书褚遂良、中书令柳奭。还组织了十六名经学专家参与刊定,他们是弘文馆学士谷那律、国子博士刘伯庄、国子博士王德韶、太学博士贾公彦、太学博士范义颙、太常博士柳士宣、太学博士齐威、国子助教史士弘、太学博士孔志约、弘文馆直学士薛伯珍、太学助教郑祖玄、太学助教隋德素、四门博士赵君赞、太学助教周玄达、四门助教李玄植、四门助教王真儒,阵容相当强大。参与刊定讨论的还有当时一些著名的学者,如御史大夫崔义玄等。[①]

这次修订扩大了文献参考范围,据长孙无忌等《进五经正义表》说,"释左氏之膏肓,剪古文之烦乱",在思想内容方面有所加强,排除佛道的思想渗透,在文字方面也更加精练,更有条理,而编写体例则不再变更。

第二次修订费时两年,永徽四年(653年)二月完成刊定及缮写,进呈给高宗皇帝,这就是留传至今的刊定本。虽经修订,但不因为疏文有缺点,主编人已逝世,权位已转移,就把前人除名,由新权贵占有成果,题署仍称"国子祭酒上护军曲阜县开国子臣孔颖达疏",这也是尊重历史的体现。后世很少采取这种做法,特别是朝廷命令编辑的书籍,其题署往往根据当时的权势而转移,真正的编者反被埋没。

《五经正义》编写的历史意义,主要体现为以下两方面:

其一,在经学历史上是划时代的总结。

---

① 《旧唐书》卷七七《崔义玄传》。

唐朝是继隋朝之后统一的封建中央集权国家。政治上的统一，也要求统治阶级的思想归于统一。儒家经典是统治阶级的思想工具，阐释经典的经学也必须统一，才能发挥统治思想的强大作用。孔颖达主编的《五经正义》就是在这种政治背景下产生的。它的历史任务就是对汉以来的经学进行一次全面清理，鉴别优劣，择优采用，使经学达于统一，以加强儒学统治思想的力量。

《五经正义》成为国家规定的教材，从它颁布施行之日起，经学多门统于一尊，东汉以来儒家内部相互矛盾的异说一扫而空，宗派门户的对立也因此消除。

以规定一种注疏为标准，从而使经学统于一尊，结束了数百年来异说纷争的局面，这与汉武帝"罢黜百家，独尊儒术"具有同样重要的历史意义。汉代的官学只统一课程，承认十四家经说，并未编出统一教材，而唐代的《五经正义》不仅使儒家经学归于统一，并且其使用范围遍及官学。这在空间上扩大了影响，数百年又持续使用统一教材，从时间上看长期发挥作用，是不宜低估的。

唐初的经学，从其基本特性来看，仍然是汉学系统。"汉学"的特点就是限于名物训诂，哲学理论色彩极淡。《五经正义》虽不是创造性的著作，也谈不上是经学的重要发展，但它是"汉学系统"的历史阶段总结。它综合"汉学"发展的历史成果，标志着"汉学"发展的最后一次高潮。

旧阶段的结束，同时也预示着新阶段的开始。由于对经典规定了统一的解释，严重地束缚自由思想，有创造性的士人不满这种状态，为了挣脱思想束缚，他们撇弃章句训诂，转而探求思想内容，从分析微言大义开始，发展至穷理尽性，新的学术风气一开并逐步扩大影响，汉学占据垄断地位的时代也就逐渐酝酿转入宋学占据垄断地位的时代。

其二,使用千余年,学术价值不磨灭。

《五经正义》自永徽四年(653年)刊定颁行之后,不仅在学校被用作统一教材,而且科举也用以取士,因此被奉为标准。自唐至宋数百年,士人皆谨守此官书,莫敢异议。元明清三代,程朱学派处于统治思想地位,宋学的经学受到重视,但《五经正义》并未被取消,仍然作为重要的依据。

《五经正义》确定的编写体例产生了重大影响,以后编的教材,有的就仿照它的体例,比较著名的有贾公彦的《周礼疏》《仪礼疏》,杨士勋的《春秋穀梁传疏》,唐后期徐彦的《春秋公羊传疏》,这四经的疏文也被政府承认作为统一教材。

宋人在唐人九经的基础上,又提升《论语》《孝经》《尔雅》《孟子》为经,仿《五经正义》的体例,均重新作疏,这样就合成十三经,均有注疏。虽号称"十三经",实际上仍然以《五经正义》为其主干。

《五经正义》的重要学术价值在于:

第一,保存古代史的基本史料。

第二,保存汉及魏晋经学的重要成果。皮锡瑞在《经学历史》中说:"当古籍沦亡之后,欲存汉学于万一,窥郑君之藩篱,舍是书无征焉。"[①]

第三,保存南北朝各家义疏的学术资料。

从学术上来看,这些材料的学术价值具有永久性,不因时代变迁而磨灭。为了研究古代文化,仍然要印刷出版。今后作为历

---

① 皮锡瑞.经学历史[M].周予同,注释.北京:中华书局,1959:207.

史古籍,将会永远保存下去。

《五经正义》的编写,为后世提供历史经验:

第一,上层重视。

唐初学官、学生需要教材,教育行政领导部门想编教材,但限于条件难以实施,能使之实施的关键在领导。当时封建国家最高统治者唐太宗是较有政治远见的人物,他重视文教的作用,认识到儒学能为巩固封建统治服务。要发挥这种作用,只有儒学自身达到统一,结束"儒学多门,章句繁杂"的局面。因此,他从政治需要出发,下令编写"五经"义疏。

对主编人的选择也颇慎重,既不用皇亲国戚,也不用权势显赫的宰相来当主编,而是挑选学识广博的国子祭酒孔颖达来主持,这是用经学家来领导经学家进行编写。内行当学术领导,不至于搞瞎指挥,所以能产生重大的文化成果。

编写统一教材这种历史任务,学者能认识实际需要,能提建议,但没有权力采取实际行动组织编写。当政者对统一教材意义的认识程度至为重要,如果缺乏足够认识,不仅不会采取强有力的实际行动,而且会制造重大的障碍,也就难以产生有历史意义的文化成果。

第二,使用专家。

一位主编,不论其学识多么广博,也很难对自然、社会、历史等问题都作全面深入的研究,不可能遍注"五经",对每一问题、每一字句都作出切实正确的解释。

一个人的力量不够,就需要集合一些专家共同研究编写问题。受命撰定"五经"义训的,除孔颖达之外,还有颜师古、司马才章、王恭、王琰,这五人类似于最初的编委会,他们讨论决定大纲、原则、体例以及重大学术问题。至于具体工作,则分经进行编写,还要组织经学专家参加。参加每经编写的人数并不多,但参加者必定是学有专长的经学专家。

编写需要依靠专家,审查修订已编成的教材也离不开专家,第一次修订是如此,第二次修订仍然如此。要重视专家的意见,尽量吸收其合理建议,这是统一教材编写成功的一个基本条件。如贾公彦,是"三礼"的专门家,孔颖达编写《礼记正义》就把他组织在内,有关的问题都与他商讨。贾公彦始终参加《礼记正义》的修订,所以在《五经正义》之中,《礼记正义》的内容最为翔实,疏解亦条理明晰,是比较优良的一部教材。具体的事实证明了使用专家的成效。

第三,确定原则。

拟定编写原则,对于教材以何种面貌出现,关系至为重大。皮锡瑞说:"《正义》者,就传注而为之疏解者也。所宗之注不同,所撰之疏亦异。"[1]《五经正义》的注与疏有极为密切的联系,其所定的原则最基本的是两条。

首先一条是注宗一家。他们认为注必须选汉魏较完善的、经得起时间检验的、有代表性的一家为主。比较的结果,确定《周易》用魏王弼注,《尚书》用汉孔安国传,《毛诗》用汉毛公传、郑玄笺,《礼记》用汉郑玄注,《左传》用晋杜预注。据《隋书·经籍志》介绍,这几家都是在隋代盛行的。经过评选而确定的,都具有较大优点。如《春秋正义序》说:"今较先儒优劣,杜为甲矣。"杜预注被选用,因为比较起来,它的优点更多。注有南学、北学之分,南

---

[1] 皮锡瑞.经学历史[M].周予同,注释.北京:中华书局,1959:203.

学具相对优势。

其次一条是"疏不破注"。他们认为疏只能为注文作疏通解释，需要顺着注的思想，不能提出自己的新见解；对注只能加以维护，不能矫正注的错误。如《春秋正义》以刘炫的义疏为根据，而刘炫在义疏中违背"疏不破注"的基本原则，孔颖达就加以批评："规杜氏之失，凡一百五十余条，习杜义而攻杜氏，犹蠹生于木而还食其木，非其理也。"又如《礼记正义》以梁皇侃的义疏为根据，而皇侃的义疏既有遵循郑氏注文的，也有违背郑氏注文的，孔颖达批评这种背离"疏不破注"基本原则的做法是"木落不归其本，狐死不首其丘"。

规定这种基本原则，完全是汉学的风格，主要倾向是保守的，不利于新思想的发展。但在整理古籍方面，其经验还有一定可取之处。古籍与古注，是一个历史时代的文化记录。要继承历史遗产，就应当保护其原貌，不能随意删改，而要探索吸收利用。如刘焯和刘炫的《尚书》义疏、《毛诗》义疏，与其他人的义疏比较起来，"最为详雅"，"为诸儒所不及"。《尚书正义》《毛诗正义》以二刘的义疏为根据是合理的。如果不尊重历史，强行推陈出新，结果可能是割裂原著，歪曲原意，造成对历史文化的破坏。

第四，容纳异见。

《五经正义》的编写，吸收一批著名的经学家参加，他们虽然保持汉学的学风，却又都是具有广博学识的积极研究者，而不是因循守旧的章句师。他们对学术的见解不完全一致，特别是在关系到政治制度、伦理道德等问题上有不同的解释，牵涉到统治集团的利益，这引起了一定的重视。

马嘉运作为当时的太学博士，官居七品，地位并不高，但在学术上有不同见解。他敢于批评,敢于坚持,这种辨明是非的精神在封建时代是难能可贵的。

孔颖达担任主编,虽德高望重,位居祭酒,但他不采取学阀的态度,以权势压人,而是容许不同意见发表,然后进行辩论。未被说服的时候,他决不迁就调和,不轻易改变自己的观点。

统治集团之所以听取异见,也是为了统治阶级本身的利益,而非偏向某人。因为一种经说可以为政治服务,也可能起反作用而损害统治阶级利益,不能不加重视。所以,要让内部不同的意见都摆出来,并特别加以重视,这正是为了维护统治阶级的长远利益。内部的这种学术民主是有前提的,也是有一定限度的。

第五,求其完善。

《五经正义》初次编写,基本符合要求,但又存在缺点,不尽完善,因此对它不是否定、推翻,而是进一步修改,求其完善。

修改工作不能撇开原来的主编和编者,又要避免原来的局限,扩大听取意见的范围,所以增添了修订人员,还派了审稿的专员赵弘智。赵弘智任黄门侍郎兼弘文馆学士,这位学者的专长是"三礼"《史记》《汉书》,曾参加过《六代史》和《艺文类聚》的编撰。这次修订审稿在审稿专员手里通过,经过认真复查、详细审稿才得出合格可行的结论。审稿在贞观十六年(642年)开始进行,何时结束则缺乏明确记载。但进呈之后,尚有不同意见反映,朝廷认为"虽加讨覆,尚有未周",没有批准颁发,而是暂时搁置起来。到永徽二年(651年),国学还是要求有经审核的统一教材,朝廷也感到统一教材关系重大,搁置着并非善策,于是下令当政的大臣要管其事,并从当时国子监在任学官中组织第二次修订班子,分经修订,到永徽四年二月才完成。

从贞观十二年(638年)到永徽四年(653年)的十五年间,朝廷为《五经正义》组织了一次编写、两次修订,直到认为合格,才重新颁令施行。可见,封建统治者对教材既重视,也非常郑重其事地审核修订,力求完善,达到其所要求的质量。

综上所述,唐代《五经正义》的编写,为后世提供了一些可供总结的历史经验,在组织统一教材编写方面可以从中得到一些启示。社会科学教材有重要的社会影响,不应轻视,要发挥学有专长的各科专家的作用,请他们贡献力量,承担编写任务。为了达到观点一贯,提高效率,实行主编负责制是符合时代需要的。但强调主编负责制而排除不同学术观点的存在,则是值得商榷的。在主编包办不了的情况下,必然需要合作者,合作者未必在学术观点上都完全一致,有的正是在看到弱点时提出自己的创见,可以起互补作用。国家教材不应只反映一人的观点,只为眼前的政治需要服务,而是要吸收综合各派的合理部分,保证其科学性,为长远的根本利益服务,经得起时间的考验。对不同意见,应该重视进行讨论,不应轻易用行政手段排除。领导者应发挥学术民主的精神,不怕反复讨论修订,应当取长补短,求其完善,这才有利于学术的发展和提高。

五、发展科举

唐承隋制,实行科举考试选士制度。但武德初年内战未宁,待大局已定,方于武德四年(621年)四月下令贡举。《唐摭言》卷一载:"始自武德辛巳岁四月一日,敕诸州学士及早有明经及秀才、俊士、进士,明于理体,为乡里所称者,委本县考试,州长重覆,取其合格,每年十月随物入贡。斯我唐贡士之始也。"明确规定由地方发动士人,按明经、秀才、俊士、进士四科推选,先由本县考试,再由州长复试,选取合格者为贡士,十月进京,集于尚书省吏部考试。四年下诏,而举人至次年始集。武德五年十月,"诸州共贡明经一百四十三人,秀才六人,俊士三十九人,进士三十人。十一月引见,敕付尚书省考试;十二月吏部奏付考功员外郎申世宁考试,秀才一人,俊士十四人,所试并通,敕放选与理入官;其下第人各赐绢五匹充归粮,各勤修业。自是考功之试,永为常式"。① 俊士十四人,《登科记考》作"进士四人"。以后几年,均依令贡举。六年取进士四人;七年取秀才二人,进士六人;八年取秀才一人,进士五人;九年取秀才二人,进士七人。秀才科地位最高,获选极难,每年仅取一二人。进士次之,每年所取四至七人而已,五年累计仅二十六人。

唐太宗即位之后,因为选择文治的政治路线,需要贤人参政,管理国家,所以高度重视选拔人才的科举制度,对科举进行了调整和改革,吸引庶族出身的士人都来参加科举考试。为此,他采取了一些行政措施,促进科举发展,以适应社会政治需要。

其一,使科举真正成为常设的选拔人才制度。

贞观二十三年间,除了因特殊缘故停举两年外,年年定期举行贡举考试,计二十一次。作为一种常行的选拔制度,科举产生了巨大吸引力。

其二,惩罚滥举,促使明经、进士成为科举基本科目。

唐朝法律规定:"诸贡举非其人及应贡举而不贡举者,一人徒

---

① 《唐摭言》卷一五《杂记》。

一年,二人加一等,罪止徒三年。"用这条法律惩罚贡举失职或滥举的官员。贞观年间曾用此追究滥举的官员,给地方官员造成精神压力。《通典》卷一五载:"初秀才科等最高。贞观中有举而不第者,坐其州长,由是废绝。自是士族所趣向,唯明经、进士二科而已。"秀才科等级最高,每年所取仅一至二人,只与少数人有关。因所取数量极少,秀才科与国家选拔统治人才要求有一定批量发生脱节,存亡都无关大局。而地方长官出于自己利害考虑,害怕得罪,为保险起见,就以无合适人选为由,避免推荐秀才。如此发展下去,各地都不推举,秀才科缺乏举人,终于走上绝路。废止秀才科,士人自然趋向明经和进士,多数举人集中在这两科开展竞争。

其三,看重进士,提高要求,增加名额。

唐代进士科开始只"试时务策五道",到了贞观八年(634年)三月,下诏加进士试读经史一部。加试的方式仍是策试,也就是从经史中命策题,经策一道,史策一道。这就要求应进士科考试的人必须具备一定的经史知识。此外,贞观年间也增加进士科的录取名额。根据《登科记考》统计,贞观年间举行科举二十一次,进士科每次录取名额少至三人,多至二十四人,合计二百零五人。相比武德年间只举行五次科举,录取进士仅二十六人,贞观年间进士科有较大发展。《唐摭言》卷一载:"进士科始于隋大业中,盛于贞观、永徽之际。……以至岁贡常不减八九百人。"进士科到贞观年代开始发展,虽然要求较高,录取的比例不高,但越来越成为士人坚持追求的热点,其艰难谓之"三十老明经,五十少进士",甚至六七十尚未能得,有老死于文场者,亦无所恨。每年应进士科试,常不减八九百人,这正符合统治者笼络士人的心意。"贞观初,放榜日,上私幸端门,见进士于榜下缀行而出,喜谓侍臣曰:'天下英雄,入吾彀中矣!'"①天下精英受其控制,也将任其使用,其喜悦之情,溢于言表。

科举考试成为庶人入仕为官的门径,激发庶民为参加科举考试而学习文化的热情,这种社会需要不断增长,成为一种强劲的动力,促进学校教育的发展,贞观时已有显著的表现。

其四,巧妙利用制举以达广泛网罗人才的目的。

唐太宗多次下诏,命各地官员推荐各类人才。贞观十一年(637年)四月,诏曰:"朕以寡薄,嗣守鸿基,实资多士,共康庶政。虚己侧席,为日已久,投竿舍筑,罕值其人。……宜令河北、淮南诸州长官,于所部之内,精加采访。其有孝悌淳笃,兼闲时务,儒术该通,可为师范,文词秀美,才堪著述,明识治体,可委字民,并志行修立,为乡闾所推者,举送洛阳宫,□给传乘,优礼发遣。当随其器能,擢以不次。"②又贞观二十一年六月,诏曰:"……可令天下诸州,明扬侧陋。所部之内,不限吏人,其有服道栖仁,澄心砺操,出片言而标物范,备百行以综人师,质高视于琳琅,人不间于曾、闵,洁志丘园,扬名里闬;或甄明政术,晓达公方,禀木铎于孔门,受金科于郑相,奇谋间发,明略可以佐时,识鉴清通,伟才堪于干国;或含章杰出,命世挺生,丽藻遒文,驰楚泽而方驾,钩深睹奥,振梁苑以先鸣,业擅专门,词抽载笔;或辩雕春囿,谈莹秋天,发研几于一言,起飞电于三寸,蓄斯奔箭,未遂扬庭:并宜推择,咸同举荐,以礼将送,具状表闻。限以今冬,并与考使同赴。"③

---

① 《唐摭言》卷一五《杂记》。
② 《唐大诏令集》卷一〇二《采访孝悌儒术等诏》。
③ 《唐大诏令集》卷一〇二《搜访才能诏》。

根据历史记载,唐太宗在位二十三年,下诏实行制举十二次,可见这也是他反复使用的手段。

第三节　唐高宗及武则天的文教政策

一、唐高宗继续兴道崇儒的文教政策

唐高宗在贞观二十三年(649年)继承帝位。他的性格懦弱,自己没有政治主见,依靠别人来提出主张,在先朝旧臣辅助之下维持原来的政治路线。他读唐太宗所赐的《帝范》,继续的是兴道崇儒的文教政策。但他当政至显庆五年(660年),大权就旁落于皇后武则天,朝政逐步被武则天操纵。失权的皇帝所宣布的文教政策,表面上还在升级,实际上已向相反方向转化。

唐高宗以道教徒为自己的拥护者,想进一步提高道教地位。乾封元年(666年)三月,他到亳州老君庙行礼,为老君上尊号为"太上玄元皇帝"。这种提高虚名的做法,并无多少社会实效。

唐高宗令道士隶属宗正寺,班在诸王之次。这种特殊处置,意思是说,凡道士都是李耳的儿孙,都是皇族,都应该拥护李姓的皇帝。

上元元年(674年),唐高宗令王公百官都学《老子》。二年,他令明经加试《老子》策二条,进士加试《老子》策三条。

仪凤三年(678年),唐高宗又令列《道德经》为上经,贡举人必须兼通,每年贡举人依《孝经》《论语》例考试。以《老子》为科举考试项目,此动议来自武则天,后来的结果说明这仅是表面文章,她

骨子里是反道教的,但她很讲策略,时候未到就先扬一阵,时候一到就抑之不留情。

唐高宗依赖旧臣的维护,在崇儒方面有一些积极性行动,选用人才侧重儒生,累次制举诏书都有明显的体现,多行制举是其特色。

唐高宗即位后,颁《令内外官举人诏》,规定举荐人才的范围是"其有经明行修、谈讲精熟、具此师严、才堪教胄者;志节高妙、识用清通、博闻强正、终堪卿辅者;游情文藻、下笔成章、援心处事、端平可纪者;疾恶扬善、依忠履义、执持典宪、始终不移者"。

永徽元年(650年),《补受儒官诏》强调要用儒学之士,"思辕固以加班,想高堂以授秩","儒官员阙,即宜补授"。三馆学生如有"业科高第景行淳良者,所司简试,俱以名闻"。

显庆五年(660年),《四科举人诏》规定举荐的范围是"或孝悌可称、德行夙著、通涉经史、堪居繁剧;或游泳儒术、沉研册府、下帷不倦、博物驰声;或藻思清华、词锋透免、誉标文雅、材堪远大;或廉平处事、强直为心、洞晓刑书、兼苞文艺者"。

乾封二年(667年),《令诸州举鸿儒硕学》要求荐举"鸿儒硕学博闻强记之士"。

调露元年(679年),诏令洛州荐举人才,其中一类是"学艺该博,业标儒首"。

唐高宗在选用人才方面,重视以学识才干和道德品格为标准,倾向于用文儒之士。其崇儒的另一项重要举措是令州县建造庙学。咸亨元年(670年),《营造孔子庙及学馆诏》曰:"宣尼有纵自天,体膺上哲,合两仪之简易,为亿载之师表。顾唯寝庙,义在钦崇。如闻诸州县孔子庙堂及学馆,有破坏并向来未造,生徒无肄业之所,先师阙奠祭之仪,久致飘零,深非敬本。宜令诸州县官司,速加营葺。"①其目的是保证祭祀有庙堂,肄业有学馆。这一措施在一定程度上促进了地方官学的发展。

由上可考察到唐高宗崇儒的一面。

二、 武则天兴佛、抑道、贬儒的文教政策

武则天从成为皇后开始,就用计谋争夺权力。她以佛教徒为拥护者,利用自己的特殊地位和已夺得的权力,逐步改变自唐高祖以来的文教政策,反其道而行之,实施兴佛教、抑道教和贬儒生、废学校的政策。她利用佛教,扶植佛教,把佛教作为自己手中的政治工具。

武则天召集僧道百官辩《化胡经》,下令《化胡经》不得被列在道经之内,民间不得存留,一概收缴。这一限令使佛教徒大占优势,使道教徒失去贬抑佛教的重要依据。

佛教的僧尼在与道士女冠为地位而斗争的过程中,得到武则天的保护,也想报效武则天,为她做皇帝而大造舆论。载初元年(689年)七月,东魏国大云寺僧法明等十人伪造《大云经》四卷,谎言武则天是弥勒佛降生,来代唐为阎浮提(世间)主。武则天大喜,认为这是制造称帝舆论的最好材料。第二年,武则天自立为皇帝,改国号为周,改元天授,下令将《大云经》颁发天下。为进一步扩大影响,她又令两京诸州各建置大云寺,各藏《大云经》,使僧人升高座宣讲,度僧尼千人。

---

① 孙培青.隋唐五代教育论著选·唐高宗(李治)[M].北京:人民教育出版社,1993.

佛教徒帮助武则天夺位有功,武则天当然要利用手中权力提高佛教的地位。天授二年(691年)四月,武则天特别下令,释教居于道教之上,僧尼处于道士女冠之前。制曰:"朕先蒙金口之记,又承宝偈之文。历教表于当今,本愿标于曩劫。大云阐奥,明王国之祯符;方等发扬,显自在之丕业。驭一境而敦化,宏五戒以训人。爰开革命之阶,方启惟新之运。宜叶随时之义,以申自我之规。虽实际如如,理忘于先后;翘心恳恳,畏展于勤诚。自今已后,释教宜在道法之上,缁服应处黄冠之前。庶得道有识以皈依,极群生于回向。布告遐迩,知朕意焉!"①谁给她尽心拥护,就给谁优先地位,这就是女皇帝的意志。

武则天助兴佛教,是根据自己利益来选择的一种政治行动,并一直持续到下台。她有一系列的措施,有些具有较大的社会影响,下举几件以见一斑。

天授二年(691年),武则天召沙门神秀入京师,令肩舆上殿,亲加跪礼。内道场丰其供养,时时问道。神秀是弘忍的弟子,禅宗北宗的创始者。神秀被迎入京行道,受武则天特殊礼待,从此禅宗的势力扩大影响,闻名于全国。

天授三年(692年),武则天下敕,禁断天下屠钓,前后共八年之久。这是重视佛法的典型表现。

长寿三年(694年),武则天敕天下僧尼隶祠部,不须属司宾。祠部是主管祭天地、祠祖宗的部门,把佛教划归这个部门管理,是提高其地位的表现。

证圣元年(695年),义净法师留学天竺二十五年后归国,带回

---

① 武则天.武则天集[M].太原:山西人民出版社,1987:79.

经律论近四百部,武则天亲至上东门迎劳,令于佛授记寺翻译,显示对佛教的重视与对译经事业的支持。

圣历二年(699年),武则天于洛阳城北邙山白马坂建造大佛像,令天下僧人出钱。群臣上疏谏阻不纳,耗钱一十七万余贯。长安四年(704年)冬,像成,武则天率百僚行礼。为了敬佛,不惜劳民害国。

武则天在称帝之前为夺权而利用《道德经》,建言王公百官要读,贡举人要兼通,按《论语》《孝经》例试策。因为《道德经》有清静无为的思想,强调这种思想就可以要求唐高宗无为,而她自己却要有为,成了篡权的理论依据。但在唐高宗死后,武则天本人想当皇帝,就再也不能继续利用《道德经》,因为《道德经》是道教教主李姓始祖李耳的著作,非但不能为武则天当女皇来造舆论,而且会唤起人们回忆李姓皇统,所以武则天既当了女皇,就要抛弃《道德经》。长寿二年(693年),武则天下令贡举人停习《道德经》,而改习以她名义编撰的《臣轨》。《臣轨》成为贡举人必读必考的教科书,向他们灌输忠于女皇的思想,让他们认识为官的守则。

有些著作或文章说《臣轨》是武则天自己撰写的,这种说法并不真实。这种说法可能是根据《旧唐书》卷二四《礼仪志四》:"则天长寿二年,自制《臣轨》两卷,令贡举人为业,停《老子》。"武则天自制《臣轨》两卷的说法,与其他文献记载有显然矛盾。《旧唐书》卷八七《刘祎之传》载:刘祎之"上元中,迁左史、弘文馆直学士,与著作郎元万顷,左史范履冰、苗楚客,右史周思茂、韩楚宾等,皆召入禁中,共撰《列女传》《臣轨》《百僚新诫》《乐书》,凡千余卷。时又密令参决,以分宰相之权,时人谓之'北门学士'"。又,《新唐书》卷五七《艺文志一》载:"武后《字海》一百卷。"其下注释说:"凡武后所著书,皆元万顷、范履冰、苗神客、周思茂、胡楚宾、卫业等撰。"尽管参与者名字记载不一,详略有些差别,但说法较为一致,女皇自己不会去撰写,全是由特别组织的"北门学士"们撰写的,他们完成任务后把著作权奉送给女皇。据此可知,《臣轨》是"北门学士"们奉命编撰的,只是经武则天批准,用武则天的名义颁行,强令天下人学习,目的是要控制官吏队伍的思想行为。

武则天根据自己的政治需要把佛教提升到第一位,道教降为第二位,儒学就贬居第三位。她要由皇后步步上升为至高无上的皇帝,感到儒学是最大的思想障碍。儒学自唐高祖即位以来就被尊为统治思想,经过三朝,已成为传统势力。儒学主张"三纲五常"、名分之教,强调忠君孝亲、男尊女卑,这些思想对武则天做皇帝掌朝政都不利。武则天就要贬抑儒学,抬高异端思想,摆脱儒学思想的束缚。在文教政策方面,就要反传统,反常规,反其道而行之。所以,在武则天当政阶段,文教方面的变化最多。《新唐书》卷四四《选举志上》曰"武后之乱,改易旧制颇多",指的就是此类现象。以下举其影响较大的几项。

儒学主张用人唯贤,反对用人唯亲,主张选用人才以德才为标准,反对追逐势利与不学无术。而武则天则用人先其亲,不考其德才,先察其忠心。这种用人路线,武则天把它贯彻到教育行政管理中。《旧唐书》卷一八九上《儒学传上》载:"及则天称制,以权道临下,不吝官爵,取悦当时。其国子祭酒,多授诸王及驸马都尉。准贞观旧事,祭酒孔颖达等赴上日,皆讲'五经'题。至是,诸王与驸马赴上,唯判祥瑞按三道而已。至于博士、助教,唯有学官之名,多非儒雅之实。"这段史料有几点值得注意:

以武氏诸王及驸马都尉为国子祭酒。这就是指女皇任命自己外家侄子和女婿为国子祭酒。据《新唐书》卷四《则天皇后本纪》，武则天于天授元年（690年）九月壬午，改国号为周。丙戌，封兄弟之子为王，堂兄为郡王。《新唐书》卷二〇六《外戚传》载，武则天改国号为周，封了外家二十一个王。二十一个不一定都轮做国子祭酒，其中有部分先后被派任国子祭酒，一来由皇亲国戚控制教育行政权，国子监就不会成为反对派舆论的大本营，女皇可以比较放心；二来亲属有领国家俸禄的部门，混个四品官的资历，以此为台阶，还可以往上提升。

武氏诸王无学术素养，极不称职。外戚贵族子弟多数不重学习，无学术素养，只因是女皇亲属，依靠女皇权势，被照顾任命为祭酒，实际上不懂儒学教育，外行充当领导，极不称职。依照贞观年代的定例，国子祭酒受命后，就职并主持释奠仪式，都要作经学专题学术讲演。武氏诸王仗女皇之势任国子祭酒，有胆量去上任主持仪式，却没有水平在学官生徒面前作学术讲演，只能以判祥瑞案三道来代替。这是预先做好了布置，到场履行一下仪式，表示新任国子祭酒可以批公文，敷衍过去了事。判祥瑞案是宣传迷信的举动，不能发挥鼓励生员向学的作用。祭酒缺乏学问，自己不能讲学，也不欢迎属下学官讲学，而且对想讲学的还要加以压制，从此国子监再也没有讲学活动。

武则天"不吝官爵，取悦当时"，她放手招官，滥于任用，以满足社会上部分人求官的欲望。凡是勇于自荐，拥护女皇，愿效忠女皇者，都奖以不等的官职。官多了，各个部门都要接受和安排，并加快周转，国子监也成了安置滥官的部门，旧的任用标准都被打破，不管担任学官的条件够不够，就让新来者充数，坐个位置。

这个阶段进入国子监充当学官的,有真才实学的名学者很少,多数是求官心切,奉迎拍马,滥竽充数,占据位置,所以《旧唐书》卷一八九上《儒林传上》才会感慨地说:"至于博士、助教,唯有学官之名,多非儒雅之实。"因为学官任职的条件大大降低,有名无实,没有从事实际的教学活动,所以他们在人们心目中的威信也就不高。女皇对他们轻视,社会上对他们也轻视。史书有"时轻儒学之官"的记载,这是当时社会舆论的共识,也是降低学官任用标准的必然结果。

武则天早涉文史,喜雕虫之技,她重视引用文辞之士,因他们能以诗赋来为女皇歌功颂德,粉饰升平;她不乐意使用儒学之士,因他们以周孔的礼教限制女皇,议论是非。在武则天当政的年代,用人方面发生明显倾斜,文学之士受赏识,优先得到提拔。最特殊的就是那一批"北门学士",得到武则天信任,"朝廷奏议及百司表疏,时密令参决,以分宰相之权"。他们官品虽不高,却能与宰相抗衡。武则天要草拟制令,"独与北门学士议其制,不问诸儒"。统治者的思想倾向于以文章选人,影响了社会风气。《通典》卷一五《选举三·历代制下》论及此事:"太后君临天下二十余年,当时公卿百辟无不以文章达,因循遐久,浸以成风。"

重文学、轻经学,表现在科举制度上就造成重进士、轻明经。选用人才,侧重进士,进士较受重视,易于当官,提升也快,政治前途更宽广。明经被轻视,不容易当官,即使当官也只能当下级小官。这种政治出路上的明显区别,诱使知识分子竞趋于文学,以文学为工具去博取功名。所以,天下之士不重经学,舍德行而趋文艺成为社会风气。

武则天重视科举,积极利用科举选用符合自己意志的人才。

为显示自己的权威,她不愿按旧章办事,随时根据自己的政治需要废除旧制度、创设新制度,糊名考试、殿试是她自创的新形式,武举是她自创的新科目,这一阶段制度变化较多。

武则天当政时长期放任官学荒废。武则天虽未公开宣布废官学为其政策,但官学长期荒废的确是她实行的政策造成的结果。官学的荒废受用人制度、科举制度的影响较大,原因是多方面的,当时关心国家发展状态的观察家对此有所揭示。

第一,贵戚少仕而废学。官学原来首先是为贵族官僚子弟服务的,他们享有特权,应该先受教育,然后做官,这就是"学以从政"。武则天为了笼络贵族官僚,把先学习后从政的次序颠倒,先给贵族官僚子弟分配好官位,已有官位,然后再去学习,变为"以政入学"。永淳元年(682年),同平章事魏玄同就指出如此为之的毛病:"今贵戚子弟一皆早仕,弘文、崇贤、千牛、辇脚之类,程较既浅,技能亦薄,而门阀有素,资望自高。夫所谓胄子者,必裁诸学,少则受业,长而入官,然后移家事国,谓之德进。夫少仕则不务学,轻试则无才。"①贵族子弟少年就做官,既做了官就不想求学。即使有部分人肯入学,因给特殊照顾,要求极低,也不认真学习,培养不出人才。这是官学荒废的原因之一。

第二,多途招官而废学。官学是培养未来官员的教育机关,学校培养人才,科举选拔人才,两者相互配合,所以贞观年代兴学校与行科举并进。武则天当政,改变育才与选才之间的适当联系。她以禄位为诱饵,放手招官,笼络人心。她将科举、荐举、自举等选才方式一齐开动,求官者源源而来,可供任意选用。《新唐书》卷七六《后

---

① 《新唐书》卷一一七《魏玄同传》。

妃传上》载:"太后不惜爵位,以笼四方豪桀自为助,虽妄男女,言有所合,辄不次官之。"如投机人物傅游艺,上书请武则天称帝改国号,说出了武则天想说的话,武则天特别高兴,立即给他封官,不久又一再升迁,一年之间,自九品升至三品,穿过青、绿、朱、紫四色官服,人称"四季仕宦"。《资治通鉴》卷二〇五记载:"长寿元年春一月丁卯,太后引见存抚使所举人,无问贤愚,悉加擢用。高者试凤阁舍人、给事中,次试员外郎、侍御史、补阙、拾遗、校书郎。试官自此始。"试官这种政策诱惑力极大,求官的人源源而来,政府不再觉得要依靠学校来培养做官人才,从此不再认真管理官学。知识分子眼见招官的社会现实,也形成勤奋读书没出路,而投机钻营出路好的思想,缺乏学习动力。这是官学荒废的第二个原因。

第三,期待侥幸而废学。封建朝廷举行大祭典都需要庞大的仪仗队,人员不足就派学过礼仪的学生去充当斋郎。祭典过后,皇帝照例颁赐,也给充当斋郎的学生一些好处,分派一定官职。武则天当政时,为了显声势、树权威,祭典频繁,也须利用学生充当斋郎,祭典过后,就用赏官加以刺激。圣历二年(699年),凤阁舍人韦嗣立上疏说:"垂拱以后,文明在辰,盛典鸿休,日书月至,因藉际会,入仕尤多。"《旧唐书》卷一八九上《儒学传上》载:"是时复将亲祠明堂及南郊,又拜洛,封嵩岳,将取弘文、国子生充斋郎行事,皆令出身放选,前后不可胜数。因是生徒不复以经学为意,唯苟希侥幸。二十年间,学校顿时隳废矣。"武则天诱以官禄,给学生提供了做官捷径,使学生产生侥幸心理,期待多搞祭典活动,增加做官机会,不再重视学习经典。学生的思想被赏官给败坏了。这是官学荒废的第三个原因。

官学的核心国学荒废,是当时实况。陈子昂上疏指出:"臣窃独有私恨者,陛下方欲兴崇大化,而不知国家太学之废,积以岁月久矣。学堂芜秽,略无人踪,诗书礼乐,罕闻习者。"①圣历二年(699年),韦嗣立上疏指出:"国家自永淳已来,二十余载,国学废散,胄子衰缺,时轻儒学之官,莫存章句之选。贵门后进,竞以侥幸升班;寒族常流,复因凌替弛业。考试之际,秀茂罕登,驱之临人,何以从政?"②

统治集团中的一些有识之士看到学校荒废,不能造就封建统治所需要的人才,满怀忧虑地劝说武则天要重视国学,把它重新恢复起来。韦嗣立建议的方案是较具体的,他说:"陛下诚能下明制,发德音,广开庠序,大敦学校,三馆生徒,即令追集。王公已下子弟,不容别求仕进,皆入国学,服膺训典。崇饰馆庙,尊尚儒师,盛陈奠菜之仪,宏敷讲说之会,使士庶观听,有所发扬,弘奖道德,于是乎在。则四海之内,靡然向风。"③这些建议与武则天的思想相抵触,她根本听不进。武则天不认为办国学是得人才的基本途径,她要反对儒学,哪会强令贵族子弟去受儒学教育?所以她把官学完全抛弃在一旁,让它荒废。

武则天当政时奖励儒学内部异见。贞观年代,皇帝关注统一儒家经学,消除儒家内部意见分歧。武则天视儒学为思想障碍,要使统一的经学内部产生分化。当时有的人不满足于《五经正义》的解说,寻究前人未知的义理,发挥新的思想,这样就在儒家经学家之间产生了学术思想斗争。新思想的突出人物是王元感,他是濮州鄄城人,其时任职四门博士,虽年纪已大,思想仍然活跃,颇有独立见解,著述不倦。长安三年(703年),他上表呈献所

---

① 《唐会要》卷三五《学校》。
② 《旧唐书》卷八八《韦嗣立传》。
③ 《旧唐书》卷八八《韦嗣立传》。

撰之书，计有《尚书纠缪》十卷、《春秋振滞》二十卷、《礼记绳愆》三十卷，并所注《孝经》《史记》《汉书》稿草，请官给纸笔，写存秘阁。女皇见王元感所上表，甚感新奇，自己不可能审查，就下令弘文馆、崇贤馆学士及成均博士详议其可否，拿出结论来。这样一来就激起儒学争议的波澜，固守经学传统的弘文馆学士祝钦明，崇贤馆学士李虑、赵元亨，成均博士郭山恽等，讽刺王元感纠缠细节问题，歪曲字句解释。王元感当面逐一回答，竟不理屈。朝臣中赞赏王元感有新见解的人，如凤阁舍人魏知古、司封郎中徐坚、左史刘知幾、右史张思敬等，均发表意见给予支持。争论的结果是，王元感的论点并未动摇，武则天决定给王元感奖励，下制说："王元感质性温敏，博闻强记，手不释卷，老而弥笃。掎前达之失，究先圣之旨，是谓儒宗，不可多得。可太子司议郎，兼崇贤馆学士。"[①]因此，她提拔王元感为太子司议郎加朝散大夫、崇贤馆学士。武则天利用此次学术争议的处理，实际鼓励儒家内部不同的思想争论，再次打破经学统一的局面，宣布经学是可以怀疑的，动摇了儒家思想的权威地位。

第四节　唐玄宗开元天宝年代的文教政策

一、抑制佛教

唐玄宗的青少年时期，是在武后、韦后专权的压力下度过的，长期处于忧危的境地。他亲见武则天、韦后利用佛教和僧人来实

---

① 《旧唐书》卷一八九下《王元感传》。

现称帝专权的野心,内心十分不满。他创造机会即位之后,既要改变武则天兴佛抑道的政策,也要改变中宗、睿宗实行的佛道并崇的政策。他考虑文教政策主要出于政治的需要。他感到佛教势力无限制地发展对唐皇朝是一种巨大的威胁,对统一中央集权国家也是一种不容忽视的威胁。这种威胁由来已久。武则天时,为了达到称帝的政治目的,积极扶植佛教,不顾佛教的膨胀会严重危害国家的利益,使得佛教发展与国家利益存在严重矛盾。矛盾延续下来,忠于唐皇朝且比较刚正的官员曾予以揭发。景云二年(711年)七月,左拾遗辛替否上疏指出:"当今出财依势者,尽度为沙弥;避役奸讹者,尽度为沙弥。其所未度,惟贫人与善人耳。将何以作范乎?将何以租赋乎?将何以力役乎?……今天下佛寺,盖无其数,一寺堂殿,倍陛下一宫,壮丽甚矣,用度过矣。是十分天下之财,而佛有其七八,陛下何有之矣,百姓何食之矣。"①唐玄宗即位后面对的就是这种社会局面,他采取的是抑佛崇道的政策,严厉限制佛教的发展,从几方面着手进行。首先是限制其人员。开元二年(714年)春正月,姚崇言,佛寺度人为僧,使富户强丁多避徭役。于是,唐玄宗命令全国沙汰僧尼,还俗者二万余人。随后,他又下令严禁剃度僧尼。开元十九年七月,唐玄宗颁《不许私度僧尼及住兰若敕》,称佛教"非所以叶和至理,弘振王猷,宜有澄清,以正风俗。朕先知此弊,故预塞其源,不度人来,向二十载。访闻在外有三十已下小僧尼,宜令所司及府县,括责处分",再一次加以清查。由此可见,不许私度僧尼是其一贯坚持的政策。其次是限制其财源。唐玄宗曾先后颁布《禁士女施钱佛寺诏》《分散

---

① 《唐会要》卷四八《议释教下》。

化度寺无尽藏财物诏》,禁止佛寺敛财,佛寺已积累的财物,令其分散。再次是限其社会活动。唐玄宗曾先后颁布诏令加以限制,如《毋得创建佛寺敕》《诫励僧尼诏》《断书经及铸佛敕》《禁百官家与僧尼往还敕》,尽量把僧尼的活动限在佛寺之内,缩小社会影响。最后是降低其社会地位。唐玄宗颁布《僧尼拜父母敕》,要求僧尼不得妄自尊大,要遵世俗礼教,拜见父母。又令"道士女冠,宜隶宗正寺;僧尼令祠部检校"。道士女冠被作为皇族看待,社会地位提高,僧尼的社会地位相对降低。

二、尊崇道教

唐玄宗继承唐初尊崇道教的政策,在他登上帝位并掌握最高统治权后就开始推行,这既是出于李唐皇朝加强统一中央集权的政治需要,又是皇帝个人的宗教信仰。所以,在开元天宝年代,道教得到政府的扶植,各地人民被鼓励崇奉,道教全面发展繁荣。唐玄宗认定道教地位最崇高,他在开元三年(715年)所作《玄元皇帝赞》中称:"万教之祖,号曰玄元,东训尼父,西化金仙。"以历史发展的本源而论,道教地位处于儒教、佛教之上,当居三教之首。唐玄宗利用道教,对于经过统治集团内部争权的政治危机之后,重新巩固李唐皇朝起了积极作用。他以《老子》"清静无为"的思想作为治国的理论依据,使国家休养生息、恢复元气而走向繁荣昌盛。他个人也以"清静无为"作为延年长生的养生之道。

唐玄宗为崇奉道教采取种种措施,主要有以下几项:

一是崇奉老子。

崇奉道教以崇奉教主、崇奉圣祖为中心,皇帝作为圣裔,祈求圣祖保佑，每天晚上对老子顶礼膜拜，而且不断地追加封号。老子原先已有唐高宗追封的尊号"玄元皇帝"，天宝二年（743年）被追尊为"大圣祖玄元皇帝"，天宝八载被加封为"圣祖大道玄元帝"，天宝十三载又再加封号为"大圣祖高上大道金阙玄元天皇大帝"，经过多次册封，已被推到至高无上的地位。老子既成为道教至高神，也成为唐皇朝的护国神。

二是尊崇道经。

唐玄宗将《老子》一书奉为经典，十分推崇，认为其是自古以来最根本最高深的理论，其理论地位远在"六经"之上，为百家之首。他在诏书中说："化之原者曰道，道之用者为德，其义至大，非圣人孰能章之。……我烈祖玄元皇帝，乃发明妙本，汲引生灵，遂著玄经五千言，用救时弊。义高象系，理贯希夷，非万代之能俦，岂六经之所拟。"他特别强调《老子》的理论精髓在于"清静无为"。他亲自为《老子》一书作注疏，着重阐发以"清静无为"的思想作为治国理身的基本理论。他下诏将《老子》颁布于全国，令家家必具此书，士庶皆读，使《老子》的思想应用于日常的社会生活。《老子》如此重要，作用如此之大，被尊为《道德真经》。与之相关，道家人物被尊为真人，其著作被尊为真经。如庄子被尊为南华真人，所著为《南华真经》；文子为通玄真人，所著为《通玄真经》；列子为冲虚真人，所著为《冲虚真经》。全社会都要读《老子》，以便统一思想，形成淳朴风俗。为此，王公大臣要带头读《老子》，贡举人也要读《老子》并加以策试。

三是整理道籍。

汉代开始有道教书籍，历代道士著述越来越多。理论著作的丰富程度是三教竞争的一个方面。道教信徒个人受条件限制，无法做到全备,但国家可依行政力量做到这一点。唐玄宗个人信仰道教,并利用权力提倡推广,对道书当然关注。他下令对道书进行收集整理,并编成总集,名《一切道经》。他于天宝八载(749年)令内出《一切道经》,缮写分送诸道采访使,由管内诸郡转写,以广流传。

四是广置宫观。

开元初,为节省国家财物,唐玄宗曾令停止建造寺观宫殿。但随着国家的繁荣与道教的提倡,根据皇帝的旨意,各处建造宫观,以敬奉玄元皇帝。开元二十九年(741年)正月,两京及诸州各置玄元皇帝庙一所。天宝元年(742年)九月,玄元庙改为太上玄元宫。天宝二年三月,西京玄元宫改为太清宫,东京玄元宫改为太微宫,诸郡玄元宫改为紫极宫。两京宫内道士三十七人为定额,仍各赐近城庄园一所,并量赐奴婢等。天宝七载二月诏,天下有洞宫山各置坛祠宇。① 宫观分布各地,成为宣传道教以扩大影响的据点。

五是度人入道。

开元二十六年(738年)正月诏,天下道观不论大小,各度十七人。天宝六载(747年)正月诏:"诸观道士等,如闻人数全少,修行多阙。其欠少人处,度满七人,并取三十以上灼然有道行经业者充。仍令所繇长官精加试练,采访重复,勿使踰滥。"道教的信徒要出家为道士,需要经过地方政府考试,复审后才能认定其资格。天宝七载三月诏:"其天下有洞宫山各置坛祠宇,每处度道士五人。并取近山三十户,蠲免租税差科,永供洒扫。"② 度为道士者,

---

① 《册府元龟》卷五四《帝王部·尚黄老二》。
② 《册府元龟》卷五四《帝王部·尚黄老二》。

享受国家规定的优待,免除租税和徭役。

六是设崇玄学。

提倡道教,研究道教理论,扩大道教的社会影响,需要成批专业人才,因此学习道学,采取庙学并置的办法。开元二十九年(741年)正月诏,"两京及诸州各置玄元皇帝庙一所,每年依道法斋醮。兼置崇玄学,生徒于当州县学士数内均融量置,令习《道德经》及《庄子》《文子》《列子》。待习业成后,每年随贡举人例送至省",准明经例考试。① 天宝元年(742年),两京崇玄学各置博士、助教,又置学生一百员。诸州崇玄学各置博士、助教一人,委所在州长官于诸色人内精加选择补授。天宝二年正月,改崇玄学为崇玄馆,博士为学士,助教为直学士,置大学士二员。天下诸郡崇玄学改称通道学,博士为学士。崇玄学的设立和推广到地方,是唐代特殊的政治历史条件下的产物,是宗教直接影响学校教育的表现。

七是增道举科。

为鼓励人们钻研道经,特增道举科,最初以制科的形式出现。开元二十九年(741年)五月,制令说:"所置道学,须倍加敦劝,使有成益。是知真理深远,弘之在人,不有激扬,何以励俗。诸色人有能明《道德经》及《庄子》《列子》《文子》者,委所由长官访择,具以名闻,朕当亲试,别加甄奖。"②各地依令访择,推荐至京。同年九月,玄宗"御兴庆门,数亲试明《道德经》及《庄》《文》《列子》举人。……有姚子彦、靳能、元载等策入第,各授之以官"。③ 以后则

---

① 《册府元龟》卷五三《帝王部·尚黄老一》、《全唐文》卷三一《元宗·命两京诸路各置元元皇帝庙诏》。
② 《唐大诏令集》卷一一三《玄元皇帝临降制》。
③ 《册府元龟》卷五三《帝王部·尚黄老一》。

按常科考试,每年随举人例送名至省,准明经例考试,通者准及第人处分。对于应道举者,为了鼓励,有时降低考试要求,有时缩短候官的时间。天宝二年(743年)三月制令:"崇元生试及帖策各减一条,三年业成,始依常式。"天宝七载五月制令:"崇元生出身,至选时,宜减于常例一选,以为留放。"①道举的设置极为罕见,是唐代科举的特点。

三、复兴儒学

唐玄宗从三教的比较中,认识到儒学的特点。儒学主张道德教化,有利于巩固李唐皇朝的中央集权统治,所以他在居太子之位时,就开始实行尊儒重学的政策,即位之后掌握最高统治权力时,更是凭借皇帝的权势,颁发诏令来推行尊儒重学的政策。唐玄宗采取的措施主要有以下几项:

一是尊孔行礼。

李隆基身为皇太子时,已是主要执政者,他用自己的实际行动表示尊儒,为此用睿宗的名义发布了《皇太子国子监释奠诏》,诏书说:"庠序之兴,教自元子。礼经之最,奠始先师。中古迄今,斯道无替。皇太子隆基,天资圣敬,日就文明,弦诵之业已高,元良之德斯茂。自升储博望,主器承华,执经之问虽勤,用币之仪未展。今仲丁献吉,有事两塾,备礼三尊,宜遵旧章,俾缉徽典。"②当他以皇太子的身份再次参加释奠礼时,颁发命令,强调务必求实讲论,不可浮华虚张,命令:"夫谈讲之务,贵于名理,所以解疑辩

---

① 《唐会要》卷七七《崇元生(道举附)》。
② 《唐大诏令集》卷二九《皇太子国子监释奠诏》。

惑,凿瞽开聋,使听者闻所未闻,视者见所未见。爰自近代,此道渐微,问礼言诗,惟以篇章为主;浮词广说,多以嘲谑为能。遂使讲座作俳优之场,学堂成调弄之室。啬夫利口,可以骧首先鸣;太元俊才,自当俯首垂翅。舍兹确实,竞彼浮华,取悦无知,见嗤有识。假令曹张重出,马郑再生,终亦藏锋匿锐,闭关却扫者矣。寡人今既亲行齿胄,躬诣讲筵,思闻启沃之谈,庶叶温文之德。其侍讲等,有问难释疑,不得别构虚言,用相凌忽。如有违者,所司量事纠弹。"①事先重申讲论的要求,对于夸夸其谈、利口诡辩者提出警告,使参与者有认真的态度、切实的准备,问难释疑,得到启发。举行释奠礼不是虚应故事,而是借此机会,发扬正气,端正学风。

尊儒的中心是尊孔,在老子已被追封为玄元皇帝并被肯定为孔子的老师的前提下,在道教居第一、儒学居第二的格局中,提高孔子的地位,形成道教与儒学的联盟也是政治的需要。开元二十七年(739年)八月,唐玄宗采取行动,追赠孔子为文宣王,制令称:"弘我王化,在乎儒术。能发挥此道,启迪含灵,则生人以来,未有如夫子者也。所谓自天攸纵,将圣多能,德配乾坤,身揭日月,故能立天下之大本,成天下之大经,美政教,移风俗,君君臣臣,父父子子,人到于今受其赐,不其猗欤。……朕以薄德,祇膺宝命,思阐文明,广被华夏,时则异于今古,情每重于师资,既行其教,合旌厥德,爰申盛礼,载表徽猷。夫子既曰先圣,可追谥为文宣王,宜令三公持节册命。……自今以后,两京国子监及天下诸州,夫子南面坐,十哲等东西列侍。"②孔子获文宣王的封号就是由此开始的,提高孔子的地位,起到了振作儒生士气的作用。

---

① 《全唐文》卷二〇《元宗皇帝·将行释奠礼令》。
② 《册府元龟》卷五〇《帝王部·崇儒术二》。

唐玄宗为使尊孔制度化,采取多项措施,其中较重要的还有一项:下令所有参加科举考试的贡举人,集体到国子监行谒先师礼,听学官讲论。开元五年(717年)九月,《令明经进士就国子监谒先师敕》称:"古有宾献之礼,登于天府,扬于王庭,重学尊儒,兴贤造士,能美风俗,成教化,先王之所由焉。……其诸州乡贡明经进士见讫,宜令引就国子监谒先师,学官为之开讲,质问其义。仍令所司优厚设食。两馆及监内得举人,亦准此。其清资官五品已上及朝集使,并往观礼,即为常式。"①谒先师的仪式从此成为唐代长期的制度,凡参加此仪式的贡举人,都加深了尊孔子、重儒学的意识。

二是设立侍读。

唐玄宗为了治理国家,需要知道历代治国经验教训,所以重视学习经史,需要有博学鸿儒作为顾问,以供日常咨询。开元二年(715年),他下令设立侍读,制令称:"朕听政之暇,常览史籍,事关理道,实所留心,中有阙疑,时须质问,宜选耆儒博学一人,每日入内侍读。"②唐玄宗选择了褚无量和马怀素两人为侍读,轮日入讲,待以师傅之礼。实际上,他们介绍儒学思想,提供历史经验,除了作为学习经史的顾问之外,还起了政治顾问的作用。开元年代,唐玄宗求治心切,颇能尊师敬学,听从建议,以儒术指导政事。

三是选用儒士。

唐玄宗认识到"儒道为百王之政","弘我王化,在乎儒术",既然以儒术为中兴唐室、治理国家的指导,就要任用学习儒术的人为官,才能在思想上没有抵触,思想与行动一致,实际贯彻。即位

---

① 《唐大诏令集》卷一〇五。
② 《旧唐书》卷八《玄宗本纪》。

之初,他颁《诸州举实才诏》,宣称"致化之道,必于求贤,得人之要,在于征实"①,以后连续用科举考试的方式网罗人才。但他觉得这还不够,认为还有相当数量有才德的儒士隐藏于民间,于是于开元十四年(726年)六月颁《求儒学诏》,诏书称:"朕闻以道得人者谓之儒,切问近思者谓之学。故以阳礼教让,则下不争,以阴礼教亲,则远无怨,岂无习不利,教所由生者乎!朕所以厚儒林、辟书殿,讨论易象,研核道源,冀淳风大行,华胥非远。而承平日久,趋竞岁积,谓儒官为冗列,视之若遗,谓吏职为要津,求如不及。顷亦开献书之路,观扬己之人,阙下之奏徒盈,席上之珍盖寡,岂弘奖之义,或有未孚,将敦本之人,隐而未见。天下官人百姓,有精于经史,道德可尊,工于著述,文质兼美者,宜令本司本州长官,指陈艺业,录状送闻。其吏部选人,亦令所由铨择,各以名荐,朕当明试,用观其能。若行业可甄,待以不次。如妄相褒进,必加明罚。"②唐玄宗有较明确的人才标准,诚心实意求贤,发动中央和地方行政部门负责推荐,应征者中当然不乏贤才。

四是发展国学。

唐代国学,贞观时发展到高峰,规模最大。至武则天当政时,因政策变化,儒学受抑制,学校未被重视,国学处于停废状态。到了中宗复位,才宣布恢复旧制,但韦后、太平公主相继乱政,未能真正加以整顿。只有到了唐玄宗当政,效法贞观之治,力图政治清明、国家富强、社会安定、风俗良好,对学校的恢复发展加以重视。他强调"风化之本,其在庠序","夫国学者,立教之本",因此抓学校首先着手的是国学。为发展国学,他发布了一些命令,采

---

① 《唐大诏令集》卷一〇二。
② 《唐大诏令集》卷一〇五。

取了多种措施。较重要的是以下几点：其一，重视师资，多方补充。国学要开展教学活动，培养国家所需的人，需要有才德兼优的师资。国学原有的师资有限，需要有一定的补充，补充的来源有二，从朝官中选用，或从社会中选聘。对后一方面，曾在招贤才时作为一类加以强调，"天下有业擅专门，学优重席，□堪师授者，所在具以名闻"。①隐于民间的学者，经州县访择推荐，中央政府主管选人的吏部再加覆查，而后任用。其二，充实学员，规定条件。开元七年（719年），国学生员未充，下令四类人可以补充生员，"州县学生年二十五已下，八品子若庶人二十一已下，通一经及未通经而聪悟有文辞、史学者，入四门学为俊士。即诸州贡举省试不第，愿入学者，亦听"。②开元二十一年，对此项规定又一次重申："诸州县学生，年二十五已下，八品九品子，若庶人生年二十一已下，通一经已上，及未通经，精神通悟，有文词史学者，每年铨量举选，所司简试，听入四门学充俊士。即诸州人省试不第，情愿入学者听。国子监所管学生，尚书省补；州县学生，长官补。"③此命令规定了生员的来源、年龄、文化条件，成为制度继续下去。先后颁布的有关国学和其他官学的法令，对官学的设置、学生的入学、课程的门类、教学的方式、考试的办法、奖惩的实施、假期的安排，都有较详细的规定，经过整理，成为较完备的管理制度，被载入《唐六典》。所以，《唐六典》也是官学的法规，成为此后唐政府发展官学、管理官学的法律依据。

五是提倡忠孝。

---

① 《唐大诏令集》卷一○六《令贡举人勉学诏》。
② 《新唐书》卷四四《选举志上》。
③ 《唐会要》卷三五《学校》。

唐玄宗强调学习古圣人以孝治国,提倡将孝的思想灌输给臣民,有孝道为根本,由家而移于国则表现为忠,因此要用儒家的《孝经》作为德育教材,"《孝经》者,德教所先"。他在开元十年(722年)、天宝二年(743年)两次下令注释《孝经》,颁行天下。《重注孝经颁天下诏》称:"化人成俗,率由于德本;移忠教敬,实在于《孝经》。朕思畅微言,以理天下,先为注释,寻亦颁行。犹恐至赜难明,群疑未尽。近更探讨,因而笔削,兼为叙述,以究源流。将发明于大顺,庶开悟于来学。宜付所司,颁示中外。"①他感到光是提倡还不能保证,必须落实措施,加以推动,于是又下令:"自古圣人,皆以孝理,五常之本,百行莫先。移于国而为忠,事于长而为顺,永言要道,实在人弘。自今已后,令天下家藏《孝经》一本,精勤诵习。乡学之中,倍赠教授,郡县官吏,明申劝课。百姓间有孝行过人,乡闾钦服者,所由长官,具以名荐。"②按命令的要求,《孝经》成为社会教育的中心教材,又是地方学校的主要课程,孝行突出而得到公认的还将受到表彰,以扩大社会影响。这些安排在化民成俗、治理国家方面起了重要作用。

六是整理图书。

开元五年(717年)十二月,秘书监马怀素奏:"省中书散乱讹缺,请选学士之士二十人整比校补。"唐玄宗从之,于是下令搜访逸书,选吏缮写,命国子博士尹知章、桑泉尉韦述等二十人同刊正,以左散骑常侍褚无量为修书使,于东都乾元殿前编校群书。开元七年五月,唐玄宗又令于秘书省、昭文馆、礼部、国子监、太常寺及诸司,并官及百姓等,就借缮写之。数年后,整比四部书成,

---

① 《册府元龟》卷四〇《帝王部·文学》。
② 《唐大诏令集》卷七四《亲祭九宫坛大赦天下敕》。

藏东都乾元殿东廊。上令百姓官人入乾元殿观书,无不惊奇赞叹。唐玄宗还京后,徙书于丽正殿,继续派人编校,因称丽正殿为丽正书院。开元十三年,丽正书院改为集贤殿书院,经史子集四库完备,各于本库每部为目录。开元十九年十二月,皇帝自京师往东都,随车驾有集贤院四库书总八万多卷:经库一万三千七百五十二卷,史库二万六千八百二十卷,子库二万一千五百四十八卷,集库一万七千九百六十卷。其中杂有南北朝及隋代古书。

四、重视乡学

历代封建国家的地方教育,只顾及州学以至县学,限于国家的财力和人力,对州县以下则无力顾及,听由民间私学自由发展,任其自生自灭。开元年代,国家强盛,改变对地方教育的态度,不仅命令督促州县学的发展,还要州县以下的乡里办学,明确无误地以法令的形式公开倡导。开元二十一年(733年),朝廷宣告"许百姓任立私学,欲其寄州县学受业者亦听"。① 至开元二十六年正月,唐玄宗在所颁发的命令中,把发展地方教育的要求具体化,提出"宜令天下州县,每一乡之内,别各置学,仍择师资,令其教授"。② 有的文献记载的文字稍有不同:"天下州县,每乡之内,各里置一学,仍择师资,令其教授。"③基本意思相同。

按唐代地方行政的组织管理制度,四家为邻,五邻为保,五保

---

① 《唐会要》卷三五《学校》。
② 《唐大诏令集》卷七三《亲祀东郊德音》。
③ 《唐会要》卷三五《学校》。

为里,五里为乡,若干乡为县,若干县为州。照这样的制度,百户为一里,里有里正,仍是基层的管理单位。法令要求里各置一学,就是按最基层的行政单位设学,目的是使全国居民区普遍设立学校,以学校为传播文化的中心,由学徒而及于民众,推广德教,由此而达到化民成俗的目的。但是,由于里学根据法令而办,是官督民办,民众根据自己的经济条件自愿办理,这就出现了有的办而有的未办的情况,因此贯彻命令是有限度的。即使如此,法令本身的历史意义还是很大的,比起北魏禁办私学,无疑是重大的进步,承认按行政基层办学、民众普遍受教育的必要性。

重视发展地方基层的学校教育,这是出现开元盛世的原因之一。

五、鼓励文化教育交流

唐玄宗对国家的繁荣昌盛有信心,对邻国采取开放政策,欢迎相互交往,以礼相待。他要求主管部门积极向邻国来的使者宣传中国礼教。开元二年(714年)十二月,颁《令蕃客国子监观礼教敕》:"夫国学者,立教之本,故观文字可以知道,可以成化。庠序爰作,皆粉泽于神灵;车书是同,乃范围于天下。自戎夷纳款,日夕归朝,慕我华风,敦先儒礼。由是执于干羽,常不讨而来宾;事于俎豆,庶既知而往学。彼蓬麻之自直,在桑葚之怀音,则仁岂远哉,习相近也。自今已后,蕃客入朝,并引向国子监,令观礼教。"[①]此令为来唐的各国宾客提供了解中华礼教的机会,到国子监观礼

---

① 《唐大诏令集》卷一二八。

成为接待过程中必行的基本项目。

  唐朝对邻国派来的留学生,都让他们进入国学,附学读书,享受一些特殊的优待,在学期间,为之解决住宿,提供衣粮文具。学成之后,愿留者,也准其参加科举,欲回国者,发给通行证,赠予旅费,提供交通便利,使其顺利归国;需携带经书文集者,也听其便。

  开元天宝年间是中外文化教育交流活跃的一个阶段,唐朝的政制、法令、文教、艺术、医药等,因留学生来华学习后回国介绍而传播移植于朝鲜半岛、日本及其他国家和地区。

第三章

唐后期（756—907）文教政策的变化

唐代以天宝十四载（755年）发生"安史之乱"为转折标志，开始转入后期，因为战争连续发生，学校教育多次受到破坏，以后虽有恢复，也难以达到贞观、开元年代的规模和水平。在破坏、恢复、停滞和再破坏、再恢复、再停滞的过程中，总的趋势不是往上发展，而是越来越走下坡路。

第一节　从至德至贞元年间文教政策的变化

一、唐肃宗在文教上采取的措施

唐肃宗是在官军溃败、皇室政治逃难过程中登上帝位的，他的任务是组织力量打败叛军，恢复唐皇朝的中央集权统治。效忠唐皇室的将士经过无数次奋力拼杀，终于击败叛军，收复长安，恢复李唐皇朝的统治。经过战争的破坏，往日的繁荣已经过去，一切都需要恢复，但朝廷又力不从心，无力再创辉煌，只能是急事先办，量力而行。

首先,维持中央官学。

唐肃宗在至德二载(757年)所颁《收复两京大赦》的命令中已把恢复中央官学提上日程,提出"学官即宜精选,务令讲习简择"。有经过选择的具有一定人数的学官,是恢复中央官学的基本条件。对于在战乱后返回学校继续学业的国子监学生,要给予鼓励优待,让他们较容易得到科举出身。乾元元年(758年)四月诏令:"国子监学生,明经法帖、策、口试各十并通四已上,进士通三,与及第。乡贡明经准常式。"原来对明经、进士考试通过规定的标准较高,现为优待而调低,明经十通六改为十通四,进士十通四改为十通三。降低标准,考生就较容易获得科举出身,并可较早补充官员队伍。

其次,疏散地方官学。

长安收复,并不是战争都已结束,有的地方还在叛军的控制之中。即使在已收复的地区,政府为筹集军费,也顾不上地方官学,权衡轻重,作出取舍,"州县学生放归营农,待贼平之后,任依常式"。① 解散地方官学,这是暂时性的,待平定叛军之后,政治经济情况好转,再恢复办理。这就把地方官学的恢复不定期地推延到以后去解决。

二、唐代宗在文教上采取的措施

唐代宗当政的时候,中央集权统治已大为削弱,节度使在地方拥兵自重,不听中央政府号令,形成独立的割据状态。中央政

---

① 《唐大诏令集》卷六九《乾元元年南郊赦》。

府与地方军阀、军阀与军阀之间，开始武力争斗，以重新划分势力范围，社会处于新的动荡之中，既影响经济的恢复，也影响文教的恢复。处在不同的条件下，朝廷对三教的态度也起了变化，唐代宗在形式上保持崇道，而实际上听从大臣王缙等的劝说，宫中设内道场，亲自礼佛，祈求佛力助唐军获胜，保佑国家安宁。上行下效，佛教又得到发展的好时机。但在国家政治制度和人事制度方面，还是以儒学为指导。在文教方面，唐代宗适应形势，采取了一些措施，引人注目的有以下几项。

一是科举与选举兼行。

"安史之乱"引起的持续多年的内战，是社会问题的大暴露，也是用人问题的大考验。真面目的显现，引起人们对用人标准的再思考。宝应二年（763年）六月，礼部侍郎杨绾上疏提出自己的主张："国之选士，必资贤良。盖孝友纯备，言行敦实，居常育德，动不违仁。体忠信之资，履谦恭之操，藏器则未尝自伐，虚心而所应必诚。夫如是，故能率己从政，化人镇俗者也。"他反对以文章为取士的标准，要求加以改变。他主张以道德为首要，才能也重要，应该实行选举制度，"令县令察孝廉，审知在乡间有孝友信义廉耻之行，加以经业，才堪策试者，以孝廉为名，荐之于州。刺史当以礼待之，试其所通之学，其堪者，送名于省。自县至省，不得令举人辄自陈牒"。① 省试经义与对策两项，评为三第，上第便与官，中第与出身，下第罢归。明经、进士、道举并停。经朝廷讨论，形成两种意见，一种赞成，一种反对。反对的理由是，进士、明经行来已久，旧业已成，难于速改，不可顿令改业。最后来个折中，

---

① 《册府元龟》卷六四〇《贡举部·条制二》。

令选举与科举兼行。实行的结果还是支持科举的占优势,最终仍然继续科举。

二是恢复国学。

在政治形势渐趋稳定之时,大臣建言不宜让国学停废,影响贤才的培养。唐代宗接受建议,于广德二年(764年)七月颁《追集学生敕》:"古者立大学,教胄子,所以延俊造,扬王庭。虽年谷不登,兵甲或动,而俎豆之事,未尝废焉。顷年以来,戎车屡驾,天下转输,公私匮竭。带甲之士,所务赢粮,鼓箧之徒,未能仰给,由是诸生辍讲,弦诵蔑闻。宣父有言,是吾忧也。投戈息马,论道尊儒,用弘庠序之风,俾有箪瓢之乐。宜令所司,量追集贤学生,精加选择,使在馆习业。仍委度支,准给厨米,敦兹儒术,庶有大成。甲科高悬,好学者中,敷求茂异,称朕意焉。"①国学要恢复,但聚集师生,国家要有供给,当时财力有限,只能精加选择,控制学生的规模。此次下令恢复国学,成效有限,学生稀少,缺乏人气。

永泰二年(766年),形势又进一步好转,国学有条件更大程度地恢复。唐代宗于正月颁《崇太学诏》,称:"理道同归,师氏为上,化人成俗,必务于学。俊造之士,皆从此途,国之贵游,罔不受业。修文行忠信之教,崇祗庸孝友之德,尽其师道,乃谓成人。然后扬于王庭,考以政事,征之以理,仕之以官,置于周行,莫匪邦彦,乐得贤也,其在兹乎!"首先讲的是治理国家需要依靠学校,学校培养有德行的贤才,将在国家政治上发挥重要作用。接着讲到国学的现状:"朕志于求理,尤重儒术,先王设教,敢不底行。顷以戎狄多虞,急于经略,太学空设,诸生盖寡,弦诵之地,寂寥无声,函丈

---

① 《唐大诏令集》卷一〇五,原标题为"选集贤学士敕",有些差错,现据敕文的实情,修改为"追集学生敕"。

之间,殆将不扫,上庠及此,甚用悯焉!今宇县乂宁,文武兼备,方投戈而讲艺,俾释菜以行礼,四科咸进,六艺复兴,神人以和,化风浸美,日用此道,将无间然。"①统治集团全力应付军事,不能顾及教育,使得"太学空设,诸生盖寡,弦诵之地,寂寥无声",实际上教育活动已停止。现在安全的威胁已解除,"方投戈而讲艺",要从注重军事转移到注重文教。恢复国学,必须补国子学生,首先想到的就是保证统治集团子弟的教育特权,所以诏令规定"诸道节度观察都防御使等""宰相朝官及神策六将军子弟",并令补国子学生。恢复国学,学官也是重要条件,此事由中书门下"简择行业堪为师范者充"。其他较为次要的事务,"学生员数多少,所习经业考试等,并所供粮料,及缘学馆破坏,要量事修理,各委本司作条件闻奏",要主管部门考虑具体条件,上报计划。这说明在唐代宗当政阶段,国学有所恢复。

三是统一"五经"文字。

当时学校教育中,基本课程统一为"五经",但每个人的课本都是手抄本,有的购自书市,有的借人书抄。抄本不一,则文字有出入,考试时,容许学生以自己所学的抄本为准。张参《五经文字序例》言及当时情况:"自顷考功、礼部课试贡举,务于取人之急,许以所习为通。人苟趋便,不求当否,字失六书,犹为壹事,'五经'本文,荡而无守矣。"②"五经"文字不统一,产生了不少矛盾。大历十年(775年)六月,国子监上言"五经"文字不统一的情况。诏委国子监儒官负责校勘经本,然后送尚书省审定。翌年六月,勘校"五经"文字之事完毕,并以所刊正"五经"文字,书于国子监

---

① 《唐大诏令集》卷一○五。
② 《全唐文》卷四五八。

论堂东西厢之壁,便于学者共观以为准。壁经之设,暂时缓和了"五经"文字不统一的矛盾。

三、唐德宗在文教上采取的措施

唐德宗当政时,中央集权统治更为削弱,藩镇割据势力更为嚣张,国家多忧患,政治更腐败,对于文教,不能有大作为,只能维持和小调整。值得提起的有如下几项措施。

一是整顿弘文馆和崇文馆。

弘文馆附属于门下省,崇文馆附属于东宫,招收的是皇亲、国戚、三品以上高官的子弟,是高级贵族学校,完全按等级亲疏来入学。从这两所学校出来的学生,在科举考试和任官中都有特殊优待。由于政治腐败,原定的制度渐被权势破坏,有些不属入学范围的,也千方百计走门路补阙。补阙名额有限,而要求入学者至多,造成尖锐矛盾,申诉到皇帝那里,最终要由皇帝裁决。贞元四年(788年)正月,颁《宏文崇文生员阙敕》:"应补宏文崇文学生,员阙至少,请补者多,就中商量,须有先后。伏请准建中三年十一月敕,先补皇缌麻已上亲,及次宰辅子孙,仍于同类之内,所用荫先尽门地清华、履历要近者,其余据官荫高下类例处分。"①这无非是重申,在统治阶级内部,还是按等级享受教育权,皇亲及高官子弟获优先照顾。

两馆学生都是贵族子弟,凭借其高贵门第,按门荫制都有做官的资格。因此,贵族子弟并不感到有学习的必要,而把学习知识视为不必要的负担,普遍缺乏学习动力。平时不学习,如何能

---

① 《唐会要》卷七七《宏文崇文生举》。

应付定期的考试？即使是受特殊照顾而降低要求，也过不了关，打歪主意就是设法作弊。所以，两馆作弊成风，由来已久，人所共知。若事被告发，学官管不了，只有靠皇帝的权威才能遏制住。贞元六年(790年)九月，颁《两馆学生宜据式考试敕》："本置两馆学生，皆选勋贤胄子，盖欲令其讲艺，绍习家风，固非开此幸门，堕紊典教。且令式之内，具有条章，考试之时，理须精核。比闻此色幸冒颇深，或假市门资，或变易昭穆，殊亏教化之本，但长浇漓之风。未补者务取阙员，已补者自然登第。用荫既已乖实，试艺又皆假人，诱进之方，岂当如此！自今已后，所司宜据式文考试，定其升黜，如有假代，并准法处分。"①此项命令无非是对贵族子弟进行一次警告，过去放松管理，今后要加强管理，严格按考试条规考试，谁敢作弊，依法律处分。

二是调整科举。

国学所学的儒家经典"五经"为基本课程，实际为九经。这些古典都是古代的文史知识，讲的都是深远的道理，现实生活中所需要的当代礼仪制度知识反而没有学习。为了鼓励学习当代的礼仪制度，唐德宗想出了设新科《开元礼》的办法。贞元二年(786年)六月，颁《令举选人习开元礼诏》："《开元礼》，国家盛典，列圣增修。今则不列学官，藏在书府，使效官者昧于郊庙之仪，治家者不达冠婚之义。移风固本，合正其源。自今已后，举选人有能习《开元礼》者，举人同一经例，选人不限选数，许集，但问大义一百条，试策三道。全通者，超资与官；义通七十条、策通二道已上者，放及第。已下不在放限。"《开元礼》从此成了科举的新科目，也成

---

① 《册府元龟》卷六四〇《贡举部·条制二》。

了国学中的新课程。

唐德宗对科举的明经科较重视礼经,这是为了适应反对藩镇割据、加强中央集权的政治需要。他于贞元九年(793年)五月颁《条流习礼经人敕》:"王者设教,劝学攸先,生徒肄业,执礼为本。故孔子曰:'不学礼,无以立。'又曰:'安上理人,莫善于礼。'然则礼者,盖务学之本,立身之端,居安之大猷,致理之要道。……自今已后,明经习《礼记》及第者,亦宜冬集。如中经兼习《周易》若《仪礼》者,量减一选。应诸色人中习三礼者,前资及出身人,依科目例,白身人,依贡举例。每经问大义三十条,试策三道。仍主司于朝官学官中,简选精通经术三五人闻奏,主司与同试问,质定通否。义策全通为上等,转加超奖。大义每经通十五条已上,策通两道已上为次等,依资与官。如先是员外试官者,听依正员例。其习《开元礼》人,问大义一百条,试策三道,全通者,为上等;大义通八十条已上,策通两道已上,为次等。余一切并准习三礼例处分。其诸馆学士,愿习三礼及《开元礼》者,并听。仍永为恒式。"①这些规定强调礼经的重要作用,对学习礼经的人给予一定的奖励。

第二节　从元和至长庆年间文教政策的变化

一、唐宪宗在文教上采取的措施

唐宪宗是唐后期一位年轻有为的皇帝,眼见贞元年代宦官干政,政治腐败,他力图扫除弊政,刷新政治,加强中央集权,再树皇

---

① 《唐大诏令集》卷一〇六。

帝的权威。他在整顿政治的同时,也对教育进行一些整顿,使官学有所振作,其措施较为重要的有以下几项。

一是慎择学官。

唐宪宗在元和元年(806年)正月《改元元和敕》的文告中宣称:"国子监祭酒、司业及学官,并先取朝廷有德望举职者充。"①唐宪宗刷新政治,把国子监的整顿列为内容之一,整顿国子监首要的是领导和师资队伍的更新,优先从朝官中选调德才兼备者充任。

二是严肃学规。

元和元年(806年),新任国子祭酒冯伉上任视事,发现国子监中有些老学生不勤学业,把国子监视为免费食宿之地,长年在监,不务正业,不服管教,制造争端,败坏学风,对此非严申学规,加强管理不可。于是,他在元和元年四月上书,《奏请整顿学事》称:"国家崇儒,本于劝学,既居庠序,宜在交修。有其艺业不勤,游处非类,樗蒲六博,酗酒喧争,凌慢有司,不修法度,有一于此,并请解退。又有文章帖义不及格限,频经五年,不堪申送者,亦请解退。其礼部所补学生,到日,亦请准格帖试,然后给厨。后每月一度试,经年等第不进者,停厨,庶以止奸,示其激劝。又准格,九年不及第者,即出监。访闻比来多改名却入。起今已后,如有此类,请送法司,准式科处。"②冯伉以学规为管理手段,也以考试为管理手段,指出对严重违反学规的,要毫不手软地加以清除,学业成绩未能达到标准且超过规定期限的,亦请解退。这些请求得到皇帝批准,立即付诸实行,使学风有较显著转变。

---

① 《唐大诏令集》卷五。
② 《册府元龟》卷六〇四《学校部·奏议三》。

三是控制规模。

国子监有西京国子监和东都国子监,以西京国子监为主。由于处在战争年代,军事为先,国家财政困难,难以保证充足的物质供应,学生人数逐步减少,国子监规模萎缩,各馆学生名额也变得不成比例。元和二年(807年)十二月,国子监上奏:"伏见天宝以前,国馆学生,其数至多,并有员额。至永泰后,西监置五百五十员,东监近置一百员,未定每馆员额。今谨具定额如后,伏请下礼部,准额补置。"敕旨"依奏"。国子监奏定学生员额:两京诸馆学生总六百五十员。西监学生总五百五十员,国子馆八十员,太学馆七十员,四门馆三百员,广文馆六十员,律馆二十员,书馆十员,算馆十员。东监学生总一百员,国子馆十员,太学馆十五员,四门馆五十员,律馆十员,广文馆十员,书馆三员,算馆二员。[①] 当时在监的学生并未达到六百五十员的规模,所以唐宪宗要求礼部准额补置,以补足员额为限。这是唐后期两京国子监法定的名额,确定了基本的规模。这是和平时期争取达到的目标,若发生战争或人事变动,也就难以保证。

四是抽俸修监。

元和十三年(818年)十一月,国子祭酒郑馀庆奏言:"太学荒坠日久,生徒不振。请率文官俸禄,修广两京国子监。"时论美之。次年十二月,郑馀庆又奏:"请京见任文官一品以下、九品以上及外使兼京正员官者,每月所请料钱,请率计每贯抽一十文,以充国子监修造先师庙及诸室宇,缮壁经、公廨,杂用之余,益充本钱,诸色随便宜处置。……伏望天恩,便赐允许,仍令户部每月据数并

[①] 《册府元龟》卷六〇四《学校部·奏议三》、《唐摭言》卷一《西监》和《东监》、《新唐书》卷四四《选举志上》。

以实钱付国子监。其东都留司京官,亦准数率钱,便充东都国子监修理。""制可。"①国学之所以毁坏,毁坏之后未能及时修复,有其实际原因。唐宪宗即位以后,决心恢复中央政府的权威,削平藩镇割据,致力于用兵征讨,坚持十来年,军费开支巨大,财政出现困难,权衡轻重,则置教育于不顾,正如郑馀庆所说:"国学毁坏荒芜,盖以兵戎日久,而葺修未暇也。"内战暂时平定,但财政并未立即好转,郑馀庆的建言既不增加国家财政负担,又可解决国学的修复,当然得到皇帝的批准。由此开了一个先例,政府官员为国学的恢复作捐献,后来真有仿效者,用此办法来解决学校的恢复问题。

二、唐穆宗在文教上采取的措施

唐穆宗在位时间不长,只有四年,但在当政年间,文教上有两项比较有影响的措施。

一是整顿监规。

穆宗即位,征袁州刺史韩愈为国子祭酒。长庆元年(821年)正月,《南郊改元赦》宣称:"三代致理,皆重学官;两汉用人,盖先经术。天下诸色人中,有能精通一经,堪为师法者,委国子祭酒访择,具以名闻,将加试用。"②根据赦文的委权,国子祭酒可以选择学官。因此,新的国子祭酒韩愈首先对吏部选派学官的标准提出改革意见:"近年吏部所注,多循资叙,不考艺能,至今生徒不自劝励。伏请非专通经传,博涉坟史,及进士五经诸色登科人,不以比

---

① 《册府元龟》卷六〇四《学校部·奏议三》。
② 《登科记考》卷一九。

拟。其新受官,上日必加研试,然后放,上以副圣朝崇儒尚学之意。"①韩愈自己也寻访和推荐学官,他认为张籍的条件是"学有师法,文多古风,沉默静退,介然自守,声华行实,光映儒林",②可以委派为国子博士,担任训导生徒的责任。他的奏请得到批准。国子祭酒在选择学官方面得到授权,提出学官的标准是通经、博学、科举出身。国子祭酒可以自己选择推荐,只要对皇帝负责,由皇帝批准。这在当时应算是一大改革。

学官问题解决了,进一步应该解决的是学生问题。社会变化直接影响学校,工商阶层有了财力,凭借财力,使他们的子弟进入国学。处理这种局面所考量的是严格入学的等级限制或是放宽入学的等级限制。韩愈既要维护等级制度,又要考虑社会变化的现实,他在《请复国子监生徒状》中提出具体主张:"国家典章,崇重庠序,近日趋竞,未复本源。至使公卿子孙,耻游太学,工商凡冗,或处上庠。今圣道大明,儒风复振,恐须革正,以赞鸿猷。今请国子馆并依《六典》,其太学馆,量许取常参官八品已上子弟充;其四门馆,亦量许取无资荫有才业人充;如有资荫,不补学生应举者,请礼部不在收试限。其新补人有冒荫者,请牒送法司科罪。"③除了国子学入学的等级照旧保证贵族及高级官僚的教育特权,太学放宽入学等级限制,由五品官子弟放宽到接受八品官子弟入学,四门学则由接受七品官子弟放宽为接受无资荫有才业的人入学。其倾向非常明显,放宽等级限制,这是符合历史发展趋势的。四门学凭个人的才学就可以入学,实际上免除了身份限制,这是

---

① 《韩昌黎集》卷四〇《国子监论新注学官牒》。
② 《韩昌黎集》卷三九《举荐张籍状》。
③ 《韩昌黎集》卷三七。

教育制度顺应时代发展的进步。

二是补阙条规。

长庆二年(822年),国子祭酒更换,新祭酒韦乾度认为国子监所属四馆学生每年补阙,权归礼部,国子监作为直接负责培养的机构却被排除在外,这种情况应当改变,要更大地发挥国子监的作用。他上书《条制四馆学生补阙等奏》,提出实际建议:第一,四馆学生有阙,请补学生者,须先向国子监陈状请替某人阙,经国子监考试合格,具姓名申送礼部,才可充当学生。第二,进士明经入监,须重试及格后,才给厨房(优待免费膳食)。第三,四馆学生有及第出监者,不得将本房任意转与亲故,应由馆方先收房,待有新补学生,便令居住。第四,设知馆博士,以监规督促在馆生徒。第五,学生犯小过错,由监司自议科决;犯大过错,即加清除,押送回乡。这个条规体现了发展趋势,权力逐步下放国子监,国子监从多方面加强管理。

从以上几项措施来看,教育整顿的重点在中央官学,中心问题是官学法规适应社会变化,需要进一步补充完善和具体化,办学的权力和责任渐次下移,入学的等级限制趋于放松。

第三节 从大和至天祐年间文教政策的变化

一、唐文宗在文教上采取的措施

唐文宗之前的几个皇帝都是为宦官所包围,宦官弄权干政,皇帝大权旁落,生命安全也掌握在宦官手中,这样一来又形成宦官与朝官的矛盾。唐文宗为维护自己的地位,有时利用朝官去抵制宦官。他在文教方面就更多地听取朝官的意见,并采取了两项措施。

一是置五经博士。

文宗颇想振兴国子监,认为最重要的条件是要有学问高深的教师,他先后多次下令征召。大和元年(827年)二月,令内外官举经学优深、可为师法者,"无人举者,亦听自举,并限来年正月到上都"。① 大和四年正月,又委常参官及方牧郡守举经术优深、可为师法者,"无人举者,亦听自举,限来年正月至上都"。② 此次无非重申前令,表明问题没有解决,还有需求等待满足。大和七年八月,《册皇太子德音》又强调精通儒术的重要性:"汉代用人,皆由儒术,故能风俗深厚,教化兴行。近日苟尚浮华,莫修经艺,先圣之道,湮郁不传。……宜令国子监于诸道搜访名儒,置五经博士各一人。"③ 此次授权给国子监,职责比较明确,不至于相互推诿;任务比较专一,就是要选择五位名儒充任五经博士,经过一段时间的调查、比较、选择,人选终于确定。由于五经博士是新的职位,因此在职官序列中的品位待遇需要奏请批准。国子监为此先提出意见:"准今月九日德音节文,今监司于诸道搜访名儒,置五经博士[各]一人者。伏以劝学专门,复古之制,博采儒术,以备国庠,作事之初,须有奖进。伏请五经博士,秩比国子博士。"④ 这次奏请获得批准。五经博士的品位与国子博士同。凡未规定的事项,都得重新奏请。开成元年(836年)五月,国子祭酒郑覃奏:"太学新置五经博士各一人,请依王府官例,赐以禄粟。"从之。⑤ 日久

---

① 《唐大诏令集》卷五《改元太和敕》。"太和"又作"大和"。
② 《唐会要》卷七六《制科举》。
③ 《唐大诏令集》卷二九。
④ 《唐会要》卷六六《国子监》。
⑤ 《旧唐书》卷一七下《文宗本纪下》。

之后如何补阙，又是一个新问题。这次是中书门下怕破坏任官的老秩序，提出意见："伏以朝廷兴复古制，置五经博士，以奖颛门之学，为训胄之资。必在得人，不限官次。今定为五品俸入。四方有经术相当而秩卑身贱者，不可以超授；有官重而通《诗》达《礼》者，不可以退资。从今已后，并请敕本色人中选择，据资除授，令兼博士。其见任博士，且仍旧。"①这是对于奖专门之学，不限官次而任命五经博士的做法加以否定，不容许破格任用，而是要恢复据资除授，可见存在着两种思想主张的对立。

二是创立石经。

经书是封建统治的理论依据，又是所有官办学校的教材，受到李唐皇朝的重视。当时学生读的经书全是手抄本，存在讹谬。工部侍郎郑覃，专长经学，稽古守正，以前曾在皇帝周围任散骑常侍，后又兼充翰林侍讲学士，为皇帝所信任和敬重。郑覃等待合适时机，从容奏议说："经籍讹谬，博士相沿，难为改正。请召宿儒奥学，校定六籍，准后汉故事，勒石于太学，永代作则，以正其阙。"帝从之。② 于是，大和七年（833年）开始了刻石经的工作。二月五日，敕令复定九经字体。③ 由于刻成石经，将长期作为钦定的唯一范本，故对石经文字特别重视，要经过多道校勘程序。除九经之外，还有《孝经》《论语》《尔雅》也是官学规定必修的课程，自当作为经书看待，共有十二经。校后恐尚有差错，又派翰林待诏唐玄度为复定石经字体官，复校完成后，十二月敕令于国子监讲堂两廊创立石壁九经并《孝经》《论语》《尔雅》，共一百五十九卷，字样

---

① 《唐会要》卷六六《国子监》。
② 《旧唐书》卷一七三《郑覃传》。
③ 《册府元龟》卷六〇四《学校部·奏议三》。

四十卷。据说还有舛误,再令率更令韩泉充详定石经官,就集贤再校勘,校毕即送国子监上石。① 至开成二年(837年)冬十月,石经建成,刻经书十二种,用一百一十四石,两面皆刻,共二百二十八面,每面分八段,每段三十五至三十九行不等,每行十字,共计六十五万二百五十二字。宰相兼国子祭酒郑覃进《石壁九经》一百六十卷。② 清皮锡瑞著《经学历史》,称唐开成石经乃"此一代之盛举,群经之遗则也",认为开成石经完备保存,可供后学研究,有功于经学。开成石经现存于西安碑林,是我国古代七次刻石经中保存完好的一部。

五经博士的设置和石经的建造,都是崇儒的体现,也是政府为振兴中央官学所作的重大努力。

二、唐武宗在文教上采取的措施

唐武宗即位后,颇想使唐朝重振雄风,起用李德裕为宰相,对宦官和藩镇都加以抑制,在政事上多采纳李德裕的主张。唐武宗不仅崇道,而且是道教信徒,在宗教问题上深受道士影响。他在文教上值得重视的措施有两项:

一是使贡举与官学结合。

在科举制度中,进士科目占优势之后,几代当政者都侧重科举以吸纳人才,忽视学校在培养人才方面的作用。贡举人自己读书钻研,又自我推荐,视学校可有可无,这使学校进一步衰落。为改革科举,发挥学校一定的作用,唐武宗时采取兼顾两者的措施,

---

① 《册府元龟》卷六〇八《学校部·刊校》。
② 《旧唐书》卷一七下《文宗本纪下》。

于会昌五年(845年)正月下令:"武功既畅,经术是修,宜阐儒风,以宏教化。应公卿百僚子弟,及京畿内士人寄客,修明经进士业者,并隶名太学,每一季一度,据名籍分番于国子监试帖。三度帖经全通者,即是经艺已熟,向后更不用帖试。如三度全不通,及三度托事故不就试者,便落下名籍,至贡举时,不在送省之限。其外寄居及土著人修进士明经业者,并隶名所在官学,仍委长吏于见任官及本土著学行人中,选一人充试官,亦委每季一试,余并准前处分。如无经艺,虽有文章,不在送省之限。所冀人皆向道,学务通经。"①此项命令强调经学,贬抑诗赋,反映统治集团上层一部分人的思想倾向。为迫使贡举人通经,朝廷强令贡举人必须归附中央官学或地方官学,参加规定的经艺考试合格,才有资格进入省试行列。

二是毁佛寺,令僧尼还俗。

唐武宗即位前颇好道术,即位后即召道士赵归真等八十一人入禁中,于三殿修金箓道场。后命赵归真为左右街道门教授先生,以赵归真为师,学神仙术。会昌二年(842年),唐武宗又召衡山道士刘玄靖至京师,授银青光禄大夫、崇玄馆学士,赐号广成先生,令其与赵归真同修法箓。赵归真凡有推荐,唐武宗都遣使迎至宫中。唐武宗在崇道的同时,对佛教采取贬毁的政策。《旧唐书》卷一八上《武宗本纪》载:会昌四年三月,"时帝志学神仙,师归真。归真乘宠,每对,排毁释氏,言非中国之教,蠹耗生灵,尽宜除去,帝颇信之"。同年七八月,唐武宗下令毁佛,寺庙被拆,僧尼还俗,寺院财产充公。会昌五年八月,他向全国下《拆寺制》,制文谈

---

① 《全唐文》卷七八《武宗·加尊号后郊天赦文》。

及毁佛的缘由："洎于九州山原，两京城阙，僧徒日广，佛寺日崇。劳人力于土木之功，夺人利于金宝之饰，遗君亲于师资之际，违配偶于戒律之间。坏法害人，无逾此道。且一夫不田，有受其饥者；一妇不蚕，有受其寒者。今天下僧尼，不可胜数，皆待农而食，待蚕而衣。寺宇招提，莫知纪极，皆云构藻饰，僭拟宫居。……贞观开元，亦尝厘革，划除不尽，流衍转滋。朕博览前言，旁求舆议，弊之可革，断在不疑。……其天下所拆寺四千六百余所，还俗僧尼二十六万五百人，收充两税户，拆招提、兰若四万余所，收膏腴上田数千万顷，收奴婢为两税户十五万人。隶僧尼属主客，显明外国之教。"①佛教在中国的普遍发展，造成与本土道教的宗教矛盾，它深入渗透社会生活，也产生一些与传统格格不入的弊端，不仅在文化思想上存在矛盾，而且在伦理道德上存在矛盾，在经济利益上也存在矛盾。佛教寺院与世俗政权争夺劳动人力，争夺社会财富的分配，关系协调时，矛盾相对缓和；关系紧张时，会激起政府的抑制或打击。唐武宗听信道士赵归真等的鼓动，他实施的政策不是崇道抑佛或是道佛兼容，而是完全站到道教一边，崇道而毁佛，命令全国拆毁寺院，僧尼还俗，没收寺院财产，使佛教受到沉重打击。但唐武宗的文教政策不久就受到继位的唐宣宗的否定，反转过来，禁佛的命令被废除，佛教又获恢复发展的机会。这些曲折自然会影响道教和佛教的宗教教育。

三、唐懿宗、唐昭宗在文教上采取的措施

唐末，中央政府的力量进一步削弱，藩镇的割据势力拥兵自

---

① 《旧唐书》卷一八上《武宗本纪》。

大,朝廷政令能推行的范围越来越小,财政收入也就有限,大半用于军费,其次支付官吏俸禄,余下可供教育的经费已极少。政府办的官学难以维持,学校受到战争破坏或年久倾坏,政府也难以出钱来修复。官学的教学活动陷于停顿,封建教育事业出现了危机。解决教育经费问题,是延续官学教育的大问题。

唐懿宗咸通九年(868年),国子祭酒刘允章上书提出建议,令群臣捐输"光学钱"以修庠序,宰相五万,节度使四万,刺史一万,得到皇帝的批准。这次是按官职级别定额派捐,让高级朝官和地方行政首长出钱来修复学校,美其名曰"光学钱"。① 修理的学舍只使用了十多年,后黄巢农民起义军占据长安。起义军失败退出长安后,军阀争夺控制权,长安沦为战场,国学遭受战火的严重破坏,数年难以恢复。

至唐昭宗大顺元年(890年),宰相兼国子祭酒孔纬感到国家财政拮据,难以出钱修学,他想起"光学钱"的经验,以及郑馀庆按比例抽官员料钱百分之一的经验,都可学习变通。于是,他上书建言:"孔子庙经兵火,有司释奠无所。请内外文臣自观察使、制使,下及令佐,于本官料钱上缗抽十文,助修国学。"②此建议获皇帝批准。唐昭宗于同年二月颁《令诸道官吏抽俸助修国学诏》:"有国之规,无先学校。理官之要,莫尚儒宗。故前王设塾庠,陈齿胄,所以敷扬至道,弘阐大猷者也。国学自朝廷丧乱以来,栋宇摧残之后,岁月斯久,榛芜可知。宜令诸道观察使、刺史与宾幕、州县文吏等,同于俸料内量力分抽,以助修葺。"③此次派捐的范围

---

① 《新唐书》卷一六〇《刘允章传》。
② 《旧唐书》卷二〇上《昭宗本纪》。
③ 《册府元龟》卷五〇《帝王部·崇儒术二》。

扩大到地方官的令佐,捐献者没有例外,按比例从料钱中抽取。

唐末,李姓皇朝的统治已日薄西山,控制不住局面,财政严重困难,以致要采取措施克扣地方官吏的料钱。这些地方官员也会自谋利益,被上面克扣料钱,则到下面去索取补偿,一切负担都转移到老百姓头上。

唐末收取"光学钱",是教育危机明显的表露,也为后代策划教育捐提供了先例。

第四章

五代（907—960）文教政策的变化

五代始于907年朱温灭唐建梁，史称后梁（907—923），此后相继在中原地区出现后唐（923—936）、后晋（936—947）、后汉（947—950）、后周（951—960），统称为五代。同时，中国南部、西南部和山西地区先后出现吴、南唐、吴越、楚、闽、南汉、前蜀、后蜀、荆南（南平）、北汉等国，称为十国。这五十三年间，中国处在南北分裂割据的状态，形成各个独立政权，都依靠军事力量来维护自己的存在和统治权，改朝换代频繁，这些因素都影响了这一时期文教政策的变化。以下讨论影响较大的几个主要方面。至于有些政权的文教政策成效不显、历史影响不大的，则不一一评述。

第一节　重视招贤用儒

五代军阀纷争，强有力者压倒群雄，夺得帝位，并以武力维护统治权。一旦当政，就不是单一的军事问题，而是要治国安民，巩固统治，增强实力。较有作为的帝王都适应新的形势，学懂治国之术，他们依靠谋士的帮助，提高思想认识，采纳新的主张。在夺取政权和巩固政权的过程中,他们对于"得士则昌,失士则亡"的历史经验更有深刻的体会,因此招贤用儒也往往成为先行的政策。以下选取几个显例,略作说明。

一、后梁太祖求贤

朱温是怀野心谋篡位的军阀,与五代几位开国皇帝相比较,可算是略懂治国之术的人。他以敬翔等为谋臣,能采纳他们的主张,减少一些政治失误。即位的第二个月,他就郑重其事地颁发《求贤制》,宣称:"自开创以来,凡有赦书德音,节文内皆委诸道搜访贤良,尚虑所在长吏,未切荐扬。其有卓荦不羁,沉潜用晦,负王霸之业,蕴经济之谋,究古今刑政之源,达礼乐质文之奥,机筹可以制变,经术可以辨疑,一事轶群,一才拔俗,并令招聘,旋具奏闻。然后试其所长,待以不次,所贵牢笼俊杰,采摭英翘。"[①]所求贤才,方面较广,有一才可用,就要招揽,由各级行政长吏搜访举送,集中京都后进行考试,以了解其所长,然后依才任用。其政治目的是笼络贤才,为后梁皇朝所用。求贤令产生积极的社会影响,对读书人有鼓励作用,也间接促进了私学的恢复和发展。

二、后唐宣布求贤任贤为国策

沙陀族的军阀李存勖做了后唐的开国皇帝,同光元年(923年)十月就下了求贤诏:"侧席求贤,将臻至理,悬旌进善,式赞鸿

---

① 《全唐文》卷一〇一。

猷。应名德有称,才艺可取,或隐朝市,遁迹林泉,并委逐处长吏,遍加搜扬,津致赴阙,朕当量才任使。"①继位者明宗李嗣源,虽也是行伍出身,但他有较牢固的"以民为本"的思想,为发展生产、安定人民生活,诚意求贤。他于长兴二年(931年)下令求贤,宣称:"朝臣相次敷陈,请搜沉滞,簪缨之内,甚有美贤,山泽之中,非无俊彦,若令终老,乃是遗才。郑云叟顷自乱离,久从隐逸,近颁特敕,除授拾遗,不来赴京,自缘抱病,非朝廷之不录,在遐迩以皆知。宜令诸道藩侯专切搜访,如有隐逸之士,艺行可称者,当具奏闻,必宜量才任使。"②搜访贤才是建立国家行政机构、推行中央政府政令、巩固国家政权的政治需要,以德行和才艺为标准,所招收的自然是文儒之士。

三、后晋求贤不限门资

后晋的创立者石敬瑭,为了稳定国内统治,采取了若干政治措施,求贤是其中之一。他于天福元年(936年)十一月下令:"应有怀才抱器,隐遁山林,方切务于旁求,宜遍行于搜访,委所在长吏,备达朝旨,具以名闻。……士流之内,有怀才抱器、硕学殊能者,委中书门下搜访任使,勿拘门地资历。应致仕官或筋力未衰、才能可任者,将表乞言之敬,难从归老之心,委中书门下商量奏闻,当议升擢。"③所谓"怀才抱器、硕学殊能",包容范围甚广,取决于各级官员的理解和执行。

---

① 《册府元龟》卷六八《帝王部·求贤二》。
② 《册府元龟》卷六八《帝王部·求贤二》。
③ 《册府元龟》卷六八《帝王部·求贤二》。

四、后周下诏求贤

后周两位皇帝都是较有作为的,在内政上进行改革,成就颇大,周世宗柴荣尤其注意求贤任贤。显德四年(957年),柴荣下诏举贤:"制策悬科,前朝盛事,莫不访贤于侧陋,求谠正于箴规,殿廷之间,帝王亲试。其或大裨于国政,有益于时机,则必待以优恩,縻之好爵。拔奇取异,无尚于兹,得士者昌,于是乎在。爰从近代,久废此科,怀材抱器者郁而不伸,隐耀韬光者晦而不出。遂致翘翘之楚,多至于弃捐;皎皎之驹,莫就于縻紲。遗才滞用,阙孰甚焉。应天下诸色人中,有贤良方正能直言极谏,经学优深可为师法,详闲吏理达于教化者,不限前资,见任职官,黄衣草泽,并许应诏。其逐处州府依每年贡举人式例,差官考试,解送尚书吏部,仍量试策论三道,共三千字已上,当日内取文理具优,人物爽秀,方得解送。取来年十月集上都。其登朝官亦许上表自举。"① 后周仿效唐朝举行制举以求贤才,贤良方正、经学优深、详闲吏理就是唐朝多次举行的制举科目,由这些科目选拔了不少优秀人才。

五、南唐为以德化民而用儒

南唐代吴而立,从937年至975年,存在三十八年。前二十年,政局基本稳定,皇帝的注意力集中于改革内政。李昪下诏举

---

① 《五代会要》卷二二《制举》。

用儒者，诏书称："前朝失御，强梗崛起，大者帝，小者王，不以兵戈，利势弗成，不以杀戮，威武弗行，民受其弊，盖有年也。或有意于息民者，尚以武人用事，不能宣流德化。其宿学巨儒，察民之故者，嵁岩之下，往往有之。彼无路光亨，而进以拊伛为嫌，退以清宁为乐。则上下之情，将何以通；简易之政，将何所议乎！昔汉世祖数年之间，被坚执锐，提戈斩馘，一日晏然。而兵革之事，虽父子之亲，不以一言及之。则兵为民患，其来尚矣。今唐祚中兴，与汉颇同。而眇眇之身，坐制元元之上，思所以举而错之者，茕茕在疚，罔有所发。三事大夫，可不务乎！自今宜举用儒者，以补不逮。"①五代时期的军阀战争，使民众深受其害。武人专政，民众遭受压迫。长时间战乱之后，民众的愿望是休养生息，安居乐业。政治需要改革，官员需要更易，弃武夫，用儒者，是当政者认清现实后拿定的主张，具有一定代表性。儒者以实施仁政为理想，以德教为治国的手段，要化民成俗，教学为先，必然会走兴学的道路。

第二节 沿用唐科举，补充新规定

从907年至960年，五十三年间先后存在五个朝代，有十四位帝王，存在时间长一点的朝代不过十六年，短一点的朝代仅四年。这些帝王依靠武力夺得统治权，认为自己是继承中央集权国家的正统，是中国的当然代表。自从科举制度产生以来，举行科举考试以选拔统治人才，是中央政府的职权，所以自认为正统继

---

① 《全唐文》卷一二八《南唐先主李昇·举用儒吏诏》。

承者的五代各朝帝王都继续采用科举。《旧五代史》卷一四八《选举志》载:"按《唐典》,凡选授之制,天官卿掌之,所以正权衡而进贤能也;凡贡举之政,春官卿掌之,所以核文行而第隽秀也。洎梁氏以降,皆奉而行之,纵或小有厘革,亦不出其轨辙。"

一、五代科举延续未断

五代沿用唐代的科举制度,虽有多次战争造成干扰,频繁改朝换代的影响,但科举考试基本上都定期举行,除了个别因故暂停之外,其他都照常进行,延续未断。清代徐松对五代的科举有详细考查,将结果载入《登科记考》,现根据该书卷二四所提供的各项数字,整理成表。

五代科举统计

朝代	年代	开科次数	进士	明经	诸科	博学宏词	上书拜官	备注
后梁	907—923	十三	一百八十九人	一人	三十三人	二人		
后唐	923—936	十二	一百五十人	四人	一百零四人			
后晋	936—946	九	一百二十五人		二百三十六人			
后汉	947—950	四	八十四人	一人	四百九十八人			
后周	951—960	九	九十二人		六百五十九人		二人	
五代	907—960	四十七	六百一十人	六人	一千五百三十人	二人	二人	

五十三年间,科举按年举行了四十七届,足以说明各朝都很重视科举。后唐同光二年(924年)十月,中书奏请停举选一年。敕令说:"举、选二门,国朝重事,但要精确,难议权停,宜准常例处分。"非有特殊情况,万不得已才暂停一二届,以后又恢复正常。因为如不恢复,人们会对政府产生疑问。

十国的情况稍有不同,大部分没有科举考试的记载,有科举考试记载的只有南唐、南汉及前后蜀。南唐初期并未开科取士,从保大十年(952年)开始才走上制度化,在自此至开宝八年(975年)的二十三年间,开科十七届,进士及第九十三人,九经一人。南汉从乾亨四年(920年)开始科举,岁以为常。前后蜀有科举考试,而未有详细记载。但既然举行科举考试,必然会选拔一些人才,以补充官员队伍。

二、 严格贡举解送

唐代科举有不少弊端,其中之一就是"外府不试而贡者,谓之拔解"。不试而贡,何以知其应当被贡?这种滥举现象,因为府州批准放行,就习以为常。后梁建国,决定开科取士,就态度明确地反对拔解的做法,敕令说:"近年举人,当秋荐之时,不亲试者号为拔解。今后宜止绝。"①后梁规定举人须经州刺史亲自考试,及格者方许贡举,其目的是加强管理,杜绝地方滥举。后唐也把拔解作为弊端,加以革除。天成三年(928年),工部侍郎任赞上言"宜立新规","自今后,诸举人不是家在远方、水陆隔越者,望委令各

---

① 《旧五代史》卷一四八《选举志》。

于本贯选艺学精通宾僚一人考试。如非通赡,不许妄荐"。明宗因此下令州府:"宜令今后诸色举人,委逐道观察使慎择有词艺及通经官员,各据所业考试。及格即与给解。……未及格者不得徇私发解。兼承前诸道举人多于京兆府寄应,例以洪固乡胄贵里为户,一时不实,久远难明。自此各于本道请解,具言本州县某乡某里某为户。……文解到省后,据所称贯属州府户籍内,如是无名,本人并给解处官吏,必加罪责。"①这项命令对有关问题作了原则性规定:第一,贡举人应于本道取解;第二,观察使选派有词艺及通经的官员主试;第三,及格者即与给解,不及格者不得发解;第四,文解到省要逐一复查,凡本籍贯无名者,即属冒籍或冒名,本人及发解官吏必追究罪责。因此,取消拔解,重视地方的认真初选,从贡举人的来源加强管理,革除滥解的弊端。

三、 进士科考试项目基本照旧而限额录取

五代的科举考试,皆奉行唐制,纵或小有厘革,亦不出其轨辙。进士科的考试就是如此,从考试项目进行考察,便足以说明问题。进士科在唐前期就受统治者重视,出路好,提拔快,政治发展前途远大,成为多数人向往的具有代表性的科目。进士科考试项目随时代发展而变化,后来形成相对稳定的三场试,即帖经、杂文、对策。社会舆论虽对这三项有所评说,议其利弊,其间偶有改革尝试,对考试要求有些调整,但最终还是回归原项目。五代既奉行唐制,进士科的考试仍然是按三场试进行。历史文献中,未

---

① 《册府元龟》卷六四一《贡举部·条制三》。

见后梁对进士科项目有更动的记载，大概是依旧例进行，而后唐及后周则有所议论或作出新的调整。

后唐天成五年（930年）正月二十三日，礼部贡院奏："当司准天成三年十二月十八日敕文内，准近敕，自此进士试杂文后，据所习本经，一一考试，须帖得通三已上者，即放及第者。奉敕：'进士帖经，本朝旧制，盖欲明先王之旨趣，阅多士之文章。近代已来，此道稍坠。今且上从元辅，下及庶僚，虽百艺者极多，能明经者甚少。恐此一节，或滞群才，既求备以斯难，庶观光而甚广。今年凡应进士举，所试文策及格，帖经或不及通三，与放第。来年秋赋，词人所习一本经，许令对义目，多少次第，仍委所司条例闻奏。'其今年本经内对义，义目五道，考试通二通三，准帖经例放入策，其将来秋赋，诸寺监及诸州府所解送进士第，亦准去年十月一日敕，考其诗赋、义目、帖由等，并解送赴省。如或不依此解送当司，准近敕并不引送试。"奉敕："宜依。"根据礼部奏文分析，进士科考试项目先杂文、次帖经、后对策。新规定对帖经放低要求，通二，也与放及第。秋赋所习本经令对经义五道，通三或通二，准放入策。可见，杂文与对策两项未有改变，所改变的是帖经降低要求，或帖经改变形式为对经义而已。

后周广顺三年（953年）正月，礼部侍郎赵上交奏请："进士元试诗赋各一首，帖经二十帖，对义五通。今欲罢帖经、对义，别试杂文二首、试策一道。"上从之。①若将原规定项目与天成五年（930年）比较，帖经要求提高，而对策省去。赵上交新的改革方案，罢去帖经、对义，加重杂文，虽恢复试策，只试一道，要求也低。

---

① 《旧五代史》卷一四八《选举志》。

此方案中,只要文学,不要经学。赵上交的方案只实行一届。其年八月,刑部侍郎、权知贡举徐台符奏:"请别试杂文外,其帖经、墨义,仍依元格。"上从之。① 赵上交的主张被否定,恢复帖经、墨义的考试项目,就是要求进士应具备经学知识。

进士科是科举考试的主要科目,录取标准仍然较为严格,为防止滥进,对名额予以限制,主考根据考试成绩提出录取名额,要经报批和复审,名额最后取决于皇帝。所以,进士科的名额每年不等,少则不满十名,一般是十几或二十几名,至多不超过三十名。

四、覆审覆试为严格录取手段

五代对科举考试录取,也曾采取防止滥选的措施,尤其是全社会关注的进士科。后唐同光三年(925年),进士科录取放榜只取四名,舆论加以批评。三月,朝廷下令派员覆试:"今年新及第进士符蒙正等,宜令翰林学士承旨卢质,就本院覆试,仍令学士使杨彦璐监试。"试后重评,作出新的结论,同月颁布敕令:"礼部所放进士符蒙正等四人,既慊群情,实干浮议,诗赋果有疵瑕,若便去留,虑乖激劝,倘无升降,即昧甄明。况王彻体物可嘉,属词甚妙,桑维翰差无纰缪,稍有词华。其王彻升为第一,桑维翰第二,符蒙正第三,成僚第四。礼部侍郎裴皞放。今后应礼部每年所试举人杂文策等,候过堂日,委中书门下子细详覆奏闻。"② 可见,后唐政权对社会舆论加以重视,有所怀疑,就派高级官员进行覆试,

---

① 《旧五代史》卷一四八《选举志》。
② 《五代会要》卷二二《进士》。

最后以皇帝的名义宣布覆试的结果,表明考试录取是较为严格的。

后周政权对进士录取也较重视。显德二年(955年),礼部贡院上奏新及第进士一十六人所试诗赋、文论、策文等,周世宗令人阅卷复查,结果重新决定录取名单。周世宗为此下令宣布复查的结果:"国家设贡举之司,求俊茂之士,务询文行,以中科名。比闻近年以来,多有滥进,或以年劳而得第,或因媒势以出身。今岁所贡举人,试令看详,果见纰缪,须至去留。其李覃、何俨、杨徽之、赵邻几等四人宜放及第。其严说、武允成、王汾、闾丘舜卿、任惟吉、周度、张慎徽、王鬻、马文、刘选、程浩然、李震等一十二人,艺学未精,并宜黜落,且令苦学,以俟再来。礼部侍郎刘温叟失于选士,颇属因循,据其过尤,宜令谴谪,尚示宽容,特与矜容。刘温叟放罪。将来贡举公事,仍令所司据条理闻奏。"①复查被录取者的试卷,只有四分之一被认为合格可放及第,四分之三被黜落。这样筛选,近于苛求。皇帝是科举考试最后裁决者,他出面过问,只能按他的命令来处理。这个结果对考官是警告,对举人也是警告,防止滥选,有利于科举制度的稳固。

五、 明经衰微而诸科增长

在唐代,明经是常科,年年开科考试,是考生最多的科目,也是录取人数最多的科目,它对考生的吸引力仅次于进士。唐代尊儒读经,经学在一定程度上受重视,读经应试有政治出路,所以明

---

① 《五代会要》卷二二《进士》。

经科能发展。明经科随后发生分化,按不同的程度有不同的分科,如学究一经、二经、三经、五经、九经、三传、三礼等,考生可选择所长而应试。到了五代,时代不同,情况变化,在军阀割据、相互征战的条件下,经学地位下降,在科举中地位也下降,出路越来越差,因此研究经学的人越来越少。由于应举的人少,明经不是每年都举行,录取的名额也极稀少,五个朝代中,后梁、后汉仅各录取一名,后唐多一点,也只有四名,全部只有六名,与唐朝简直无法比,客观事实是明经衰微了。

  与明经衰微相反,诸科因为需要的方面广而有所增长。所谓诸科,乃指明法、明字、明算、史科、道举、《开元礼》、童子等。诸科不像进士科那样受统治集团重视,也不像进士科那样为多数知识分子所热衷追求,它分属不同门类,学者有所专,考试要求的难度比进士、明经低,竞争没有进士科那样激烈,勤学专攻者也会有所获。后唐长兴二年(931年),复置明法科,其考试要求为"试律令十条,以识达义理、问无疑滞者为通"。① 明经科所要求的"识达义理、问无疑滞"并不太难,存在较大伸缩性,肯下功夫也能达到。明字、明算、史科、道举、《开元礼》、童子等其他科的要求比明法更低。避难就易者转向诸科,且诸科名额无严格限制,可少至一二人,亦可多至一百多人。机遇功名的吸引,使诸科应举人员和录取人数累计远超进士科。

六、多方利用制科为调节

  天子自诏者曰制举,所以待非常之才也。五代十国斗争激

---

① 《册府元龟》卷六四二《贡举部·条制四》。

烈,形势多变,当感到人才不够任用时,不能等待定期的科举,或为了收买人心,笼络知识分子,常采用制举的方式。梁太祖开平四年(910年)九月,诏曰:"如有卓荦不羁,沉潜自负,通王霸之上略,达文武之大经,究古今刑政之源,达礼乐质文之变,朕则待以不次,委以非常。"①制举自唐以来已成为传统的基本科目:贤良方正、经学优深、详闲吏理等,还可以根据实际需要创立新科目,具有较大的灵活性。后唐、后周都实行制举来搜罗人才。南唐、前蜀等国都采用制举。前蜀高祖武成元年(908年),颁发赦文,其中包括制举的内容:"诸州府或有贤良方正能直言极谏,达于教化,明于吏才,政术精详,军谋宏远,韬光待用,藏器俟时,或智辨过人,或辞华出格,或隐山林之迹,或闻乡里之称,仰所在州府奏闻,当与量材叙用。"②前蜀后主乾德五年(923年),诏置贤良方正、博通经史、明达吏治、识洞兵机、沉滞丘园五科,"令黄衣选人、白衣举人投策就试"。③这些科目均非常科所有,起着补充调节的作用。

第三节 维持国子监

五代时,后梁、后晋、后汉、后周皆建都于开封,唯后唐建都于洛阳。朝代变动后,都重建国子监,庙学并设,庙以尊先圣,学以育人才,其建筑规模与学生的人数都远不如唐代。五代武人相继专政,出于政治上利用的需要,采纳谋臣意见而偶加关注的或有

---

① 《册府元龟》卷六四五《贡举部·科目》。
② 《十国春秋》卷三六《前蜀·高祖本纪下》。
③ 《十国春秋》卷三七《前蜀·后主本纪》。

其人,主动提倡建设学校、振兴教育的则极少见,所以国子监谈不上发展,只能说是维持。

一、 尊崇先圣

后梁虽有国子监,但尚未完备。开平三年(909年)十二月,国子监奏:"创造文宣王庙,仍请率在朝及天下现任官僚俸钱,每贯每月克一十五文,充土木之值。"允之。是岁,以所率官僚俸钱修文宣王庙。① 此后每年春秋二仲月上丁行释奠礼。

前蜀王建亦重视文教,他于《郊天改元赦文》中提出:"国之教化,庠序为先;民之威仪,礼乐为本。废之则道替,崇之则化行。其国子监直令有司约故事速具修之。兼诸州应有旧文宣王庙,各仰崇饰,以时释奠,应是前朝旧制。"②前蜀诸州有文宣王庙,以时释奠,其新修国子监依旧制,也必立文宣王庙,春秋释奠。

南唐于升元二年(938年)冬十月立太学。③ 关于南唐的太学,马令有一段议论:"呜呼!学校者,国家之矩范,人伦之大本也。唐末大乱,干戈相寻,而桥门璧水鞠为茂草。驯至五代,儒风不竞,其来久矣!南唐跨有江淮,鸠集典坟,特置学官,滨秦淮开国子监,复有庐山国学,其徒各不下数百。所统州县,往往有学。方是时,废君如吴越,弑主如南汉,叛亲如闽楚,乱臣贼子,无国无之。唯南唐,兄弟辑睦,君臣奠位,监于他国,最为无事,此好儒之效也。"④

---

① 《册府元龟》卷一九四《崇儒》。
② 勾延庆《锦里耆旧传》卷五。
③ 陆游《南唐书》卷一。
④ 马令《南唐书》卷二三《朱弼传》。

国子监释奠之礼，也有所兴废。"后唐长兴三年五月七日，国子博士蔡同文奏：'伏见每年春秋二仲月上丁释奠于文宣王，以兖国公颜子配坐，以闵子骞等为十哲，排祭奠，其有七十二贤图行于四壁，面前皆无酒脯。……'中书帖太常礼院，检讨礼例分析申者。今礼院检《郊祀录》，释奠文宣王并中祀例，祭以少牢。其配座十哲，见今行释奠之礼。伏自丧乱以来，废祭四壁英贤。……当司详《郊祀录》，文宣王从祀诸座，各笾二，实以栗、黄牛脯；豆二，实以葵菹、鹿醢；簠、簋各一，实以黍、稷饭；酒爵一。礼文所设，祭器无一豆一爵之仪者。奉敕：'其文宣王四壁英贤，自此每释奠，宜准《郊祀录》各陈脯醢诸物以祭。'"①由此可见，释奠礼是每年春秋必行礼仪，不过有些部分被简省，经整顿又恢复。

五代时，贡举人见讫，引就国子监行谒先师之礼，停废已久。后唐始复。长兴元年（930年）八月六日，尚书比部员外郎知制诰崔棁奏："臣伏见开元五年敕：'每见贡举人，见讫，宜令引就国子监，谒先圣先师，学者谓之开讲质疑义，所司设食，其监内得举人，亦准此例。其日，清资官五品已上，并朝集使，并往观礼，永为常式。'自经多故，其礼久废，请再举行。"从之。②

二、提高祭酒地位

五代战乱年代，唯武是尚，尊师敬长的传统已被遗忘，祭酒也未被重视，何况其他。后唐明宗改革政治，以图中兴，颇想扭转时风。天成三年（928年），"中书门下奏：'伏以祭酒之资，历朝所贵，

---

① 《五代会要》卷八《释奠》。
② 《五代会要》卷八《褒崇先圣》。

爰从近代，不重此官。况属圣朝，方勤庶政，须宏雅道，以振时风。望令宰臣一员兼判国子祭酒。'敕宜令宰臣崔协兼判"。① 兼判是一种权宜的办法，宰相兼管，是借助宰相的权力和影响去解决一些本该解决的问题，并不等于国子祭酒就有这种权力和影响。兼判不是一种持久的制度，需要兼判就证明提高国子祭酒地位的必要性。只有提高国子祭酒的地位，才有利于争取各方的力量来支持中央官学的教育事业。

三、生员的限额与优待

后唐的国子监虽已创设，但管理制度并不健全，国子祭酒根据实际需要，提出几项规定。天成三年（928年）八月，宰臣兼判国子祭酒崔协奏："请国子监每年只置监生二百员，候解送至十月三十日满数为定。又请颁下诸道州府，各置官学，如有乡党备诸文行可举者，录其事实申监司，方与解送。但一身就业，不得影庇门户，兼太学书生，亦依此例，不得因此便取公牒，辄免本户差役。又每年于二百人数内，不系时节，有投名者，先令学官考试，校其学业深浅，方议收补姓名。"敕："宜依。"② 这一奏书中有几项重要规定直接与国子监有关。（1）规模：原来人数不多，现要增加，以二百员为定额。（2）生源：地方有备诸文行可举者，先以事实申报国子监，可以解送。（3）优待：只免生员本人差役，不能影庇门户而免本户差役。（4）收补：不限时节，来报名即试其学业，择优收补，满二百人为止。这些规定使国子监的管理有了一些依据。

---

① 《五代会要》卷一六《国子监》。
② 《五代会要》卷一六《国子监》。

四、 规定监生交费额度

五代规定生员要交费,这是官学教育制度的一项重要变革。在唐代,国子监生员入学受教全部是官费的,个人不用交钱,只是在初入学的仪式上须送束脩礼(按等级送绢三至一匹,各有酒脯一份,共三样实物)。五代不要生员送束脩礼,而要生员交束脩钱。后唐天成五年(930年)正月五日,国子监奏:"当监旧例,初补监生有束脩钱二千,及第后光学钱一千。窃缘当监诸色举人及第后,多不于监司出给光学文抄,及不纳光学钱,祗守选限年满,便赴南曹参选。南曹近年磨勘选人,并不收监司光学文抄为凭。请今后欲准往例,应诸色举人及第后,并先于监司出给光学文抄,并纳光学钱等,各自所业等第,以备当监逐年公使。"奉敕:"宜准往例……"[①]《旧五代史》卷四一《唐书·明宗纪》对此事亦有简要记录:"长兴元年春正月……乙亥,国子监请以监学生束脩及光学钱备监中修葺公用。从之。"这说明五代国子监创立了收费制,并完全货币化,入学时要交束脩钱二千,及第后光学钱一千。光学钱本来是向官员派捐的,现在改变为转向学生收取。所收的钱充作监中逐年修葺公用。

五、 监中受业方能解送

后周显德元年(954年)十一月敕:"国子监所解送广顺三年已

---

① 《五代会要》卷一六《国子监》。

前监生人数,宜令礼部贡院收纳文解。其今年内新收补监生,并仰落下。今后须是监中受业,方得准令式收补解送。"①新规定的原则是,监生必须在监中受业,国子监才能准予向礼部贡院解送。虽已收补入监,名义上已是监生,但是新收补的尚未在监中受业,则不能解送。此项规定促使监生归监受业,消除在国子监挂名学籍而不在国子监修业的现象。

第四节　雕版印刷经籍以广流传

据历史文献的考证,雕版印刷开始于隋代。隋费长房《历代三宝记》卷一二载,开皇十三年(593年)十二月八日敕:"废像遗经,悉令雕撰。"研究者认为这就是印书的开始。

雕版印刷术在唐代逐渐流行,尤其是唐后期,历史文献中印书的记载逐渐增多。长庆四年(824年)元稹所作《白氏长庆集序》注:"扬越间多作书,模勒乐天及予杂诗,卖于市肆之中也。"这表明印书已在市场上出售。

咸通六年(865年),日本僧人宗睿携带回国的书籍目录中有西川印子《唐韵》及《玉篇》各一部。所谓印子,就是印本。

咸通九年(868年)四月十五日,王玠为二亲敬造普施之《金刚经》用纸七张,连缀成卷子本,第一张纸画佛教故事,这是现存最早的兼有插画的印本。

柳玭随唐僖宗入蜀,在成都城东南,见"阴阳杂记、占梦、相宅、九宫、五纬之流"及"字书、小学",皆是印版书。

---

① 《五代会要》卷一六《国子监》。

以上的记载说明印书分布的地域较广,印书的种类甚多。

五代在唐的基础上又进一步推广雕版印书,更重要的是,政府出面,要国子监负责雕印九经,大批印刷,在市场上作为商品出售,使民众只要付钱就能得到作为教材的书本,有利于文化的传播。

后唐长兴三年(932年),宰相冯道、李愚请令国子监校定九经,雕版印卖。二月,中书门下奏:"请依石经文字刻九经印板。敕:'令国子监集博士儒徒,将西京石经本,各以所业本经勾度,抄写注出,子细看读,然后顾召能雕字匠人,各部随帙刻印板,广颁天下。如诸色人要写经书,并须依所印敕本,不得更使杂本交错。'其年四月敕:'差太子宾客马缟,太常丞陈观,太常博士段颙、路航,尚书屯田员外郎田敏充译勘官,兼委国子监于诸色选人中,召能书人端楷写出,旋付匠人雕刻,每日五纸,与减一选。如无选可减,等第据与改转官资。'"①

"九经"印版先集中刻印"五经",费时十六年。至后汉乾祐元年(948年),先刻成"五经"印版,也就有了成批"五经"印本先出售,并可作为颁赐之物或赠送礼品。

乾祐元年(948年)闰五月,国子监奏:"见在雕印板'九经',内有《周礼》《仪礼》《公羊》《穀梁》四经未有印本,今欲集学官校勘四经文字镂板。"从之。②

后周广顺三年(953年),"九经"全书刻成,又刻成《五经文字》《九经字样》两书。六月,尚书左丞兼判国子监事田敏进印版"九经"书、《五经文字》以及《九经字样》各二部,共一百三十册。

---

① 《五代会要》卷八《经籍》。
② 《五代会要》卷八《经籍》。

后周显德二年(955年)二月,中书门下奏:"国子监祭酒尹拙状称:'准敕校勘《经典释文》三十卷,雕造印板,欲请兵部尚书张昭、太常卿田敏同校勘。'敕:'其《经典释文》已经本监官员校勘外,宜差张昭、田敏详校。'"①

由朝廷支持,国子监负责雕版印刷成套儒家经籍,在社会上产生重大影响。国子监由此增加一项职能,也是编书、印书、售书的机构。印书也是其重要事业,售书的收入可以补充国子监的经费。

十国有印书记载的有后蜀和南唐。后蜀后主孟昶曾在成都立石经,又担心石经流传不广。广政十六年(953年),宰相毋昭裔请刻"九经",蜀主允之。后来蜀"九经"本刻成,广为流传,被称为最精品。毋昭裔又乘发展之势,扩大刻印的种类,令门人句中正、孙逢吉写《文选》《初学记》《白氏六帖》,镂版印行。南唐印《史通》《玉台新咏》等,也产生一定的社会影响。

雕版印刷得到推广,刻一版就可印刷几百本、上千本,使书籍数量增多,品种增多,容易获得,又比以前价廉,促进了私人藏书事业,为书院进一步发展创造了条件。

---

① 《五代会要》卷八《经籍》。

第二编 隋唐五代官学教育研究

官学是由政府举办和管理的各类学校,由于办理学校的政府层级不同,又分为中央官学和地方官学两级。官学举办的目的,主要是通过培养治国人才为朝廷和国家服务。官学成为古代中国教育事业发展的主干力量。不同朝代的统治者在治国理念上往往各有倾向,造成了教育指导思想和政策选择上的差异,加之由于各种原因造成社会动荡,又会直接影响到官学的办理,导致不同时期官办学校发展或顺利或迟滞、或兴或废的不同状况。隋唐是中国古代官学发展的重要时期,尤其是唐代官学,不仅形成了中央官学和地方官学的体系,也形成了以经学学校为主体,其他各种专门学校协同发展的局面,中国传统官学达到鼎盛。以下以朝代为序,依次论述中央官学和地方官学。

第五章

隋唐五代中央官学

隋唐五代的统治集团为了实施维护本阶级利益的文教政策，以便为政府机关不断提供经过有计划训练而具有德行和学识的统治人才，特由中央政府设置了高等专门教育机构，以负责培养此类人才，并由中央政府直属管理。这些机构随着教育事业的发展而具有较大的规模和较强的专业性，是培养统治人才的主要基地，受到统治集团的特别重视，开始从专责总办礼乐文教事务机关的太常寺分离出来，成为独立设置培养统治人才的专门机构——国子寺。进入这一教育机构，以专心完成学业为唯一职责，经过一定的培养过程，最终考试合格而毕业的学生，以参加选拔人才的科举考试为重要出路，以入仕从政为基本目标。

第一节　隋唐五代中央教育行政机构

隋唐五代，中国封建教育进入繁荣发展的重要历史阶段。在整个封建教育体系中，官学是重要组成部分。官学由政府来办理，与行政管理层次相适应而设立不同层次的官学，也就依行政层次进行官学教育行政管理。现先探讨中央教育行政机构，以了解中央教育行政管理系统。

一、尚书省为国家最高行政机关

隋文帝即位后,废除北周的官制,综合汉魏官制而有沿有革,制定了隋朝新官制。唐、五代基本沿袭隋朝官制,也先后适应时代形势发展需要,进行了一些改革。隋朝官制的主要精神是君主专制下的中央集权,中央政务管理机关主要是三省六部,三省首长行使宰相职责,共议国政,提供的建议由皇帝最后审定,交尚书省贯彻执行。尚书省作为国家最高行政机关,是上承下达、综理政务的中心枢纽。

《隋书》卷二八《百官志下》:"尚书省,事无不总。置令、左右仆射各一人,总吏部、礼部、兵部、都官、度支、工部等六曹事,是为八座。属官左右丞各一人,都事八人,分司管辖。"尚书省长官一正二副,总管六大部门,属官左右丞类似于国务助理,都事类似于国务秘书协助管理。六大部门中,礼部是分工管礼乐文教的。

唐朝沿袭隋朝的三省六部官制,尚书省仍是国家最高行政机关。《唐六典》卷一《尚书都省》载:"尚书令掌总领百官,仪刑端揆,其属有六尚书,法周之六卿:一曰吏部,二曰户部,三曰礼部,四曰兵部,五曰刑部,六曰工部。凡庶务皆会而决之。""左右丞相掌总领六官,纪纲百揆,以贰令之职,今则专统焉。""左右丞掌管辖省事,纠举宪章,以辨六官之仪制,而正百僚之文法,分而视焉。"尚书令缺之时,左右丞相(或左右仆射)则总领尚书省事。都堂居中,左右分司。都堂之东,有吏部、户部、礼部三行,每行四司,左丞统之;都堂之西,有兵部、刑部、工部三行,每行四司,右丞统之。二十四司分曹共理，天下之事尽于此矣。尚书省是封建国家的最高行政机关，其作用是统领中央政府按纪纲行政，向全国发布行政命令。《唐六典》卷一宣称："凡都省，掌举诸司之纲纪与其百僚之程式，以正邦理，以宣邦教。""凡制敕施行，京师诸司有符移关牒下诸州者，必由于都省以遣之。"命令都经由尚书省发出，各地方有未决问题也上报尚书省，如《新唐书》卷四六《百官志一》所说："天下大事不决者，皆上尚书省。"最高行政机关既然统理国家一切事务，自然也包括国家的教育行政事务。

二、礼部为中央管理礼乐文教的行政机构

隋代改革官制，设礼部，以礼部尚书为首长。《隋书》卷二八《百官志下》："礼部尚书统礼部、祠部侍郎各一人，主客、膳部侍郎各二人。"此处只简略地讲了礼部的组织。唐沿袭隋的官制，组织结构没有大变化，而其职能在个别方面却有重要变化。《唐六典》卷四《尚书礼部》："礼部尚书一人，正三品。侍郎一人，正四品下。礼部尚书、侍郎之职，掌天下礼仪、祠祭、燕飨、贡举之政令。其属有四：一曰礼部，二曰祠部，三曰膳部，四曰主客。尚书、侍郎总其职务而奉行其制命。凡中外百司之事，由于所属，皆质正焉。"所讲礼部尚书、侍郎职责的四个方面及其下属四司的分工，与中央教育行政都存在不等的关系，有的关系密切，有的关系不大。探究这些关系可以了解到，教育行政管理是礼部的重要职能之一。

《通典》卷二三《礼部尚书》中，在侍郎之下有一段值得注意的说明："今侍郎则隋炀帝置，大唐因之。龙朔二年改为司礼少常伯，咸亨元年复旧。他时曹名或改，而官号不易。掌策试、贡举及

斋郎、弘、崇、国子生等事。旧制考功员外郎掌贡举。开元二十三年，考功员外郎李昂为进士李权所诋，朝议以考功位轻，不足以临多士。至二十四年，遂以礼部侍郎掌焉。开元、天宝之中，升平既久，群士务进，天下髦彦，由其取舍，故势倾当时，资与吏部侍郎同。"这段说明提供了重要的材料，侍郎历来就是掌管中央官学弘文、崇文、国子等学培养人才的有关事务，是礼部分管学校教育的领导。贡举原来由吏部掌管，吏部考功员外郎实际负责，相沿百余年不变。至开元二十三年（735年），考功员外郎与进士李权发生争议，结果考功员外郎作为主考的威信大受影响，因而朝廷决定改由品级较高的礼部侍郎来掌管贡举考试，主持选拔人才。贡举从原来由吏部主管改由礼部主管，意义非常重大。培养人才和选拔人才是关系极为密切的两件大事，人为地通过制度加以分割，分别独立管理，造成相互脱节。开元二十四年正式作了调整，学校和贡举都归礼部掌管，由礼部侍郎统一领导管理。这就可以要求一贯，加强协调，更加密切学校教育与科举考试的关系，防止各行其是、相互脱节。

礼部所属四司，第一司为礼部司，主持者为礼部郎中。据《通典》卷二三所载，礼部郎中"掌礼乐、学校、仪式、制度、衣冠、符印、表疏、册命、祥瑞、铺设、丧葬、赠赙及宫人等"。据《新唐书》卷四六《百官志一》所载，礼部郎中与员外郎所掌管事务除上述十三项之外，还有"图书"一项。以上材料表明，礼部郎中和员外郎是多项文教事务的实际主管者，他们作为礼部尚书、侍郎领导下的属官，履行掌管礼乐、学校、仪式、制度、衣冠、图书等职责。礼部司的职能是多方面的，具体管理官学教育是其职能之一。

三、国子寺（国子监）为独立的中央教育行政机构

隋初设国子学,置国子祭酒,从三品,隶太常寺。《通典》卷二七载:"凡国学诸官,自汉以下,并属太常,至隋始革之。"改革发生在隋开皇十三年(593年),国子学从太常寺分离独立,改称国子寺。这是国子学发展导致的结果。此时国子学已实际发展成国子学、太学、四门学、书学、算学等五学,有专职的管理人员与教学的学官四十一人,生员达九百八十人,全部人员总额超过千人。作为培养统治人才的中央教育机构,国子学受到统治集团上层的重视,人员多,规模大,还要继续发展,仍由太常寺领导管理可能已不合适,只有独立成为专门的教育机构,才能加强领导,有利于发展,这或许是国子学不再隶属太常寺而独立的客观原因。

国子寺作为专门的教育行政兼教学的机构,从行政关系来看,归属礼部管理,礼部再统由尚书省总管。国子寺在礼部的行政管理下,统领五学,其长官为国子祭酒,从三品。属官协助行政管理的有主簿、录事各一人。

隋代教育制度与行政机构累有变动,名称也随之改易。隋炀帝大业三年(607年),国子学改称国子监。"国子监依旧置祭酒,加置司业一人,从四品,丞三人,加为从六品,并置主簿、录事各一人。"①国子监作为独立教育机构,组织有所发展,内部分工更细,为发挥其职能准备了条件。

---

① 《隋书》卷二八《百官志下》。

唐初重建中央政府机构时,对于国子监是否作为独立教育行政机构存在,曾有过摇摆、倒退。"武德初,以国子监曰国子学,隶太常寺。"①取消国子监的独立地位,使之回归太常寺属下。不过,这种状态只维持了几年。武德七年(624年),定令设置九寺,国子学又从太常寺分离独立,与太常寺、太仆寺、将作监等都是平行关系。

唐太宗当政时,总结国子学归并和独立的经验,对名称又作变革,"贞观元年五月,改为监"。② 在此之后,国子监作为独立设置的中央教育行政机构成为定制,但国子监的名称还是有所变动。"龙朔二年,改为司成馆,又改祭酒为大司成,咸亨初复旧。光宅元年,改国子监为成均监,神龙元年复旧。"③以后国子监的名称长期沿用不改。

唐国子监归尚书省礼部领导,重要的事情要经礼部批准,或向礼部上报。国子监学生入学要经尚书省礼部批准才能收补。每年国子监六学学生完成学业后考试登第的名单,也上报尚书省礼部。若国子监有重大的事情,国子祭酒也可以给皇帝上奏书。如永泰二年(766年),要恢复受战争影响的国子监,皇帝查问情况,敕曰:"……学生员数多少,所习经业,考试等第,并所供粮料及缘学馆破坏,要量事修理,各委本司作事件闻奏。"④国子祭酒可就需办的具体事件上奏请示。

唐代国子监官员有一定编制。国子监设祭酒一人,从三品;司业二人,从四品下。"国子祭酒、司业之职,掌邦国儒学训导之

---

① 《新唐书》卷四八《国子监》。
② 《唐会要》卷六六《国子监》。
③ 《通典》卷二七《国子监》。
④ 《通典》卷五三《大学》。

政令,有六学焉:一曰国子,二曰太学,三曰四门,四曰律学,五曰书学,六曰算学。"①丞一人,从六品下,丞掌判监事。主簿一人,从七品下,主簿掌印,勾检监事。录事一人,从九品下,录事掌受事发辰。从官员的职责来看,国子祭酒与司业掌管中央儒学训导的政令,负责全监的领导事务。监丞掌判监事,参加主持国子监的毕业考试。主簿掌印,执行监规,对违规者决定处治。录事掌管文书往来,负责及时处理,防止延误。这就是当时中央的教育行政机构,职权分明,专人负责,责任无可推诿,人员精干,没有人浮于事的现象。这种组织结构以后长期沿用。

第二节　隋代的中央官学

一、隋文帝开皇年间的中央官学

开皇初年,隋文帝致力于政治改革,尽心于国家治理,重视对士人的使用,下诏招贤加以搜罗,给予荣耀,以礼聘请,任以官职而展其才能,因此对士人产生莫大的吸引力,鼓起他们的希望。在有道的时代,积极以学为世所用,一时全国士人多数响应号召,群集京都。隋文帝多次为全国做出尊师重道的示范行动,"天子乃整万乘,率百僚,遵问道之仪,观释奠之礼"。②每次国学行释奠礼,都由国子祭酒讲经,学官质疑问难,开展辩论,然后皇帝对学官、学生颁发奖赏,以激励认真教学,并期待有优秀表现。京都首

---

① 《唐六典》卷二一《国子监》。
② 《隋书》卷七五《儒林传》。

先发展学校,"延集学徒,崇建庠序,开进仕之路,伫贤隽之人"。①京都学校发展取得较明显的成效,"国学胄子,垂将千数",国学规模扩大,学生人数将近千人。

开皇年代的京都国学,据《隋书》卷二八《百官志下》所载,设有五学:

国子学　原来是为"殊其士庶,异其贵贱"而设置的,专收贵族与官僚子弟。贵族与官僚子弟既享有政治特权,也享有教育特权,借其门第入学。学官设有国子博士五人,负责分经教授;助教五人,助博士分经教授。国子学生定额一百四十名,有缺则补。在五学中比较,国子学生皆是贵族高官子弟,出身等级最高,待遇最好,但他们学习的积极性最低,考试的成绩最差。后来隋文帝因此批评国学教训不笃,考课未精,未有灼然明经高第,指斥国学的学生"徒有名录,空度岁时,未有德为代范,才任国用"。设学育才的主要目标没有达到,令皇帝不满。

太学　与国子学并设,而培养对象与要求则不同,"国学以教胄子,太学以选贤良"。设太学博士五人,分经进行教授;太学助教五人,助太学博士授经。太学以"五经"为主要传授内容。太学生限额三百六十人,对出身的门第品级要求低于国子生。

四门学　与国子学、太学属于同类型学校,都以传授"五经"为主要教学内容。设四门博士五人,分经教授;四门助教五人,助四门博士授经。四门学生限额三百六十人。从地方州县选送的学生,进入四门学,多属于庶族子弟。

书学　前代国学之中无书学,至隋代才开始创设。书为"六艺"

---

① 《隋书》卷二《高祖纪下》。

之一,儒家学者历来倡导"六艺之教",颇加重视。《周礼》载:"保氏教以六艺,其五曰六书。"郑司农注云:"象形、会意、转注、处事、假借、谐声也。"此乃解释文字构造的六条根本原则。研究文字之学,古时称之为"小学"。中国文字有发展演变,不同用途有不同写法,有多种字体流传。秦书有八体:一曰大篆,二曰小篆,三曰刻符,四曰虫书,五曰摹印,六曰署书,七曰殳书,八曰隶书。书学的主要教学内容就是传授文字学和各种书体,培养这一专业的人才。书学有博士二人,助教二人。学生限额四十人,多数来自庶族子弟。

算学 前代国学之中无算学,至隋代才开始创设。算学也简称"数",古代"六艺"教育内容之一,为儒家学者所重视。《周礼》所载"保氏教以六艺,其六曰九数",即九章:一曰方田,二曰粟米,三曰差分,四曰少广,五曰商功,六曰均输,七曰方程,八曰赢不足,九曰旁要。秦汉以来,数学研究有些重要发展,学者著有数学专书,选择其中有代表性的作为数学教材。算学有博士二人,助教二人。学生限额八十人,大多数来自庶族子弟。

自汉代设太学,立五经博士,招博士弟子以来,历代国学皆以传授经学、培养通经致用的人才为主要任务。"五经"是基本课程内容,偶或扩及文学与史学,而实科知识被忽视,在国学中难以占有地位。这种偏向造成人才存在知识局限。把算学作为专业在国学中设置,隋代首开先例,讲授实科知识,培养实用人才,这是中国教育史上重大的进步。

二、隋炀帝大业年间的中央官学

隋文帝时,国学比前代有较大的发展,他对国学培养统治人才寄予殷切的期望。而实际的结果未能满足他的愿望,没能提供他所要求的"德为代范,才任国用"的理想人才,因此他要对国学实施整顿。在未作多方详细调查,未听取群臣的意见和建议,未采取改革制度加强管理的条件下,皇帝头脑一热,自己专断,作出了处理决定。仁寿元年(601年)六月,隋文帝下诏简省学校。中央官学唯留国子学生七十人,太学、四门学及地方州县学并废,使博士、学生并回归社会。其时,殿内将军刘炫上表切谏,隋文帝不能听纳。秋七月,他又改国子学为太学。隋文帝历史性的错误决策,造成隋代中央官学遭受重大挫折。

隋炀帝即位后,主政者的更替导致政策变化,隋代官学的发展出现新转机。隋炀帝对仁寿年间的施政改弦更张,下令恢复庠序学校,使国学、郡县之学盛于开皇之初。他还下令征召儒生,集于东都讲论,选其中出类拔萃者任为学官。大业年间,杨汪、崔仲方先后为国子祭酒,陈伯智为国子司业,徐文远为国子博士,褚辉、陆德明、刘焯、刘炫先后为太学博士,包恺、鲁世达为国子助教,孔颖达为太学助教,皆对儒学有所专攻,为一时之选。

隋炀帝下诏强调"申明旧制",而实际上他不仅恢复学校制度,而且有所改革。对中央官学所进行的改革,重要的有以下几项:第一,大业三年(607年),国子学首次改称国子监,在历史上开始作为中央独立的教育行政机构,并兼国家最高学府,产生长远的历史影响,其名称、制度一直沿用到清末成立学部为止。第二,国子监加强领导力量,充实管理人员。除依旧设祭酒作为主管的长官之外,还加置司业一人,从四品,作为副职,协同管理;又加置监丞三人,从六品,有权进行督察,处理监中事务。这样一来,就加强了教育行政机构的管理职能。第三,对学校的规模根据需要作了调整。国子生按父辈的品级而进，没有限额。太学的入学对象较多，扩大名额至五百人。第四，订立课试的法规，用考试评定成绩，作为激励手段。

大业年间，中央官学恢复，规模有所扩大，行政管理也大为加强。但是，隋炀帝未能将此局面坚持到底，他的心思都倾注于享乐和军事，对中央官学的关心和督促少了，国子监的管理趋于松懈，学风日益败坏。这说明中央官学的兴与衰，与政治局势密切关联，而且受到重大影响。

第三节 唐代的中央官学

唐代中央官学的发展有一个曲折的过程。武德年间，处于建国初期，一切均沿袭隋制，恢复国子学、太学、四门学，奠定了中央官学发展的基础。贞观年代，才建立独立的教育行政机构，发展新的学校，形成新的中央学校系统。中央官学的主干国子监，其发展达隋唐时期的最大规模，培养的人才均为国家所用，显示唐代官学教育进入昌盛阶段。中央官学经过唐高宗、武则天当政年代的一段曲折起伏，证明它对于封建中央集权国家的兴衰至关重要。进入开元年代，中央官学的发展与封建国家政权建设相适应，有比较稳定的规模，在总结历来教育管理经验的基础上，订立各方面的法规，形成一套较为完备的管理制度，其概要被载入国家法典《唐六典》，成为以后教育行政管理经常引用的法律依据。"安史之乱"使中央官学的发展一度处于停废状态，经此严重挫折，唐后期的当政者，有的有所作为，努力光复旧物；有的毫无作为，未有积极的实际措施。中央官学虽未停废，但处于时而恢复、时而整顿、时而停滞这样一种往复徘徊的状态,缺乏创新性的发展。

本节侧重讨论国子监行政机构和中央官学的学校系统。

一、国子监的教育行政组织

贞观元年(627年)以后,国子监既是独立的教育行政机构,又是国家的最高学府,兼具教育行政和办学育才的职能。从教育行政职能来看,国子监只直接管理京都的儒学系统,培养统治人才与科举考试选拔统治人才相衔接,不负责管理儒学系统之外各行政事务部门设置的附属学校,也不直接管理地方官学,更不管理民间私学,所以它的教育行政管理有明确的范围,行使权力有一定限度。

现在着重从国家最高学府这一方面来考察,以《唐六典》作为主要依据,也参照《通典》与两唐书。

国子监设祭酒一人,从三品,负责管理国子监属下各学,是正职领导。国子司业二人,从四品下,作为祭酒的副手,通判监内诸事,是副职领导。

《唐六典》卷二一《国子监》对祭酒、司业的重要职责作了规定:其一,掌邦国儒学训导之政令。虽称掌邦国儒学,但并不是全国儒学,而只掌京都儒学,他们所管的主要是训导政令,而不是生活事务。其二,统领监中各学。贞观年代已有六学:一曰国子,二曰太学,三曰四门,四曰律学,五曰书学,六曰算学。至天宝九载(750年),国子监置广文馆,专领学生修习应进士科的学业,自此之后称七学或七馆。其三,主持监中举行的典礼。每年春秋仲月上丁日,释奠先圣先师,祭酒为初献,司业为亚献;若皇太子释奠,则赞相礼仪;若皇帝视学或皇太子齿胄,则执经讲义。凡释奠之日,则集合诸生,执经论义,奏请京中文武七品以上清官并从观礼。其四,监督经学课程教授。儒学以九经为根本,以《周易》《尚书》《周礼》《仪礼》《礼记》《毛诗》《春秋左氏传》《公羊传》《穀梁传》各为一经,《孝经》《论语》《老子》兼习之。各经有规定的注本,每经又按经文字数多少分为大经、中经、小经,规定不同的学习年限。其五,考核学官。每年岁终,考核监中各学官训导功业多或少,评定等级有殿有最。祭酒与司业作为最高学府的领导人要抓大纲要领,在儒学方面要有高深的素养并有较高的威望,所以这两职的任命极为慎重。《通典》说:"凡祭酒、司业,皆儒重之官,非其人不居。"①例外的只有武则天当政的阶段。

监丞一人,从六品下,其职责主要有三:其一,掌管监内的日常行政事务。监丞当时总管全面事务,类似于办公厅主任,与后代监丞在分管方面有些不同。其二,组织管理每年的毕业考试。毕业考试主持者为祭酒、司业,而具体组织操办的是监丞,完全按照科举考试分科目进行的方式方法来要求,分明经、进士、明法、明书、明算等科,也实行三场试,实际是参加科举考试的预演。其三,主持评定成绩,确定登第名单。凡成绩合格者,列入登第行列,先禀祭酒作最后审查,然后上报尚书省礼部,人才的培养过程才告一段落。

主簿一人,从七品下,其职责有三:其一,掌管国子监大印,按规定在重要文件上用印。其二,训导学生并进行督察。其三,执

---

① 《通典》卷二七《国子监》。

行学规。凡学生违反学规,或学业不能进步应限令退学者,均由其处理。

录事一人,从九品下,其职责"掌受事发辰",管理来往的文书,收发都要记录时间,要落实并有所交代。

以上品官共六人。此外,还有非品官的事务人员,府七人,史十三人,亭长六人,掌固八人,共三十四人。品官与事务人员总共四十人,包揽了全监的一切管理工作。

唐代实际有两个国子监,一是西京国子监,一是东都国子监。上面所介绍的是西京国子监,接下再看东都国子监。《唐会要》卷六六《国子监》载:"东都国子监,龙朔二年正月十八日置,学官学生,分于两教授。"《通典》卷五三《大学》载:"龙朔二年,东都置国子监,丞、主簿、录事各一员,四门博士、助教、四门生三百员,俊士二百员。"可见,东都国子监的机构不同于西京国子监,专职的行政管理官员仅有三人,是较为精简的。①

二、国子监直接隶属的学校

国子监是在贞观元年(627年)由国子学改制而成的。武德初,国学始置国子生七十二员,太学生一百四十员,四门生一百三十员。② 国子监所属只有三学,学生规模只有三百四十二人,但已有了基础,其后渐有发展。贞观元年,改国子学为国子监,为以后

---

① 《唐摭言》卷一:"东监,元和二年十二月敕,东都国子监,量置学生一百员:国子馆十员,太学十五员,四门五十员,律馆十员,广文馆十员,书馆三员,算馆二员。"此敕令只规定东监各馆学生的数量,未规定行政管理人员。依常理而论,学生的数量没有超过龙朔二年(662年),行政管理人员的数量大概也不会超过。
② 《旧唐书》卷一八九上《儒学传上》。

发展准备了条件。贞观二年十二月,增置书学、算学。① 贞观六年二月,再添置律学。② 至此,隶属于国子监的已有六学,规模有了较大发展。《旧唐书》卷一八九上《儒学传上》载:"又于国学增筑学舍一千二百间,太学、四门博士亦增置生员,其书算各置博士、学生,以备艺文,凡三千二百六十员。"在六学的框架里,增置生员,十余年间,学生人数达三千二百六十员。贞观年间是中央官学昌盛的时候。《通典》卷五三《大学》载:"于是国学之内八千余人。国学之盛,近古未有。"唐高宗、武则天当政时,中央官学极不稳定,制度多变,教学停滞,学生数量下降。直到唐玄宗开元年代,形势才重新归于稳定。西京国子监统领六学:国子学,学生三百人;太学,学生五百人;四门学,学生一千三百人;律学,学生五十人;书学,学生三十人;算学,学生三十人,共二千二百一十人。开元、天宝年间,唐朝处于鼎盛阶段,几十年和平发展,有条件支持这样的办学规模,所以能保持稳定。天宝九载(750年),增置广文馆,以修进士业者为学生。"安史之乱"给唐代的中央官学造成大破坏,由此开始走下坡路。"安史之乱"结束后,朝廷采取一些措施恢复被破坏而停顿的国学,虽然根据行政命令恢复了国子监的七学,但国家财政困难,社会继续动荡,学生的数量大大缩减了。永泰、元和、长庆、大和年间,政府数度想进行整顿,力求恢复,但由于中央集权势力日渐衰落,社会条件起了变化,中央官学已难再创昔日的辉煌。如元和二年(807年)曾有一次整顿,其成果是两京诸馆学生定额总数为六百五十员,萎缩已成难以扭转的

---

① 《唐会要》卷六六《广文馆》。
② 《旧唐书》卷三《太宗本纪下》。

趋势。

据《通典》卷二七《职官九·国子监》和《新唐书》卷四八《百官志三》所载，直接隶属国子监的学校，至天宝九载（750年）已为七学，简图如下：

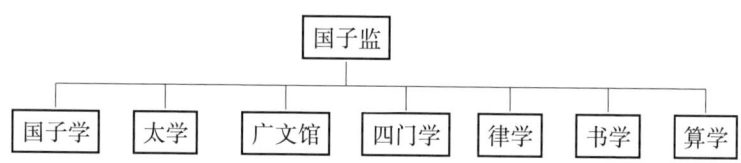

七学有不同的培养对象和任务。国子学、太学、四门学设置较早，以培养统治人才为目标，学生占国子监的大多数，以学习儒家经典为基本内容，以参加科举为正常出路，是国子监最主要的组成部分。律学、书学、算学设置略后，学生占国子监的少数，以培养国家行政机关专业人才为目标，以学习专科知识为基本内容，也以科举为重要出路，是国子监次要的组成部分。广文馆设置较后，对学生数量有一定控制，它是进士科应试者再进修的学校，以应试项目所需知识为内容，学习阶段适应科举考试的周期，以应试进士及第为目标。作为国子监属下主要组成部分的三所同类学校，国子学、太学、四门学具有较多共性，可作为有代表性的典型，将在本编第二章"中央官学的教育管理"详加论述。以下先谈国子监中具有特殊性的广文馆、律学、书学、算学。

三、广文馆

唐代的国子监于贞观年代已经奠定统辖六学的规模，在以后的发展历程中，又适应社会需要添设了广文馆，与国子学、太学、四门学、律学、书学、算学并列而为七学(或称七馆)。这一后起的学馆,由于史料记载残缺不全,未能充分说明其作用,通常被人忽视。在以往的教育史著作中,对待广文馆问题,出现了三种情况:有的略而不谈,只提国子监所属有六学而已;有的虽提到广文馆,承认国子监属下有七学,但又认为此学作用不大,无足轻重,语焉不详,置而不论;少数著作对广文馆的创设作了介绍,可惜在史实方面以讹传讹,并断定广文馆的存在是短暂的,给读者留下一些歪曲的印象。研究唐代教育,为了加深对唐代学校与科举关系的认识,把广文馆作为一个问题加以探究,尽可能查明其历史情况,是颇有必要的。

(一)广文馆的创设

唐初未有广文馆,广文馆实源于开元年代的省试落第者附学读书。当时的科举特别偏重进士科,各地千里迢迢赴京应试的贡举人上千,由于名额限制,百分之九十以上落第。落第者客留长安,等候下年再试,若无亲友可依靠,他们的生活颇成问题,学业也可能荒废。为了对这些人给予照顾,开元七年(719年),敕令规定:"诸州贡举省试不第,愿入学者亦听。"从此,省试落第者根据自愿,可以入国子监附学读书。开元二十一年,又重申前令。① 附学读书者自有他们的特殊要求,对他们的教学活动和管理都要另作安排。当时虽未成立新的教育机构,但已提出了这种需要,这就成为后来创立新学馆的基本动力。后来创立的新学馆名为广文馆。

---

① 《唐会要》卷三五《学校》。

现存各种历史著作对广文馆创设时间的记载互有出入，但把这些材料进行分析比较，还是可以去伪存真，得出比较符合史实的结论。

历史著作中，认为贞观年代就有广文馆的，唯吴兢一人而已。他在《贞观政要》卷七《崇儒学》中说："国学增筑学舍四百余间，国子、太学、四门、广文亦增置生员，其书、算各置博士、学生，以备众艺。"他把广文列在贞观时候的国学中。但认真分析一下，这种说法实在靠不住。唐人著作中谈及广文馆之事的不少，没有第二人有这种说法，这可能是吴兢误记，或是原记为"宏文"，而后人抄写笔误为"广文"也有可能。

有些历史著作认为开元年代就设有广文馆，如《说郛·前定录》云"开元二十五年，郑虔为广文博士"，如《唐才子传》云"开元二十五年，为更置广文馆"，此二者均未足取信。

在开元二十六年（738年）之前未设广文馆，这是可以根据《唐六典》的记载作出的合理推断。《唐六典》是开元中张九龄为宰相时组织编成的一部政典，开元二十六年才审定。该书分部别类，对当时各级政治组织和各种制度都有较详细的规定，可以作为考察唐代政治机构及各种制度变革的重要标志。该书在卷二一中关于国子监的组织部分明确地说"有六学焉：一曰国子，二曰太学，三曰四门，四曰律学，五曰书学，六曰算学"，而未提及广文。此非《唐六典》疏漏，而是到它被审定时，尚未创设广文馆。

其他著作的记载，认为广文馆创于天宝年间的较多，但说法也不一致。《唐语林》卷二《文学》和卷五《补遗》均说"天宝中，国学增置广文馆"，认定广文馆设于天宝年间，具体年份则未指明；卷三《规箴》则说"自天宝九年置广文馆"，材料来源不一，未加酌定,互有出入。《唐国史补》卷中则说"自天宝五年置广文馆",独持一说,令人注意。然作者记事多依传闻,具体年份未必确实,因无其他记载佐证,后之史家也未必以此为信史。《唐语林》卷三《规箴》以《唐国史补》为例,改"天宝五年"为"天宝九年",明确认定关于"五年"的记载有误。

唐宋的史书,对广文馆创立年代加以记载的尚多,如《通典》卷二七《职官九》:"广文馆……大唐天宝九载置";《唐摭言》卷一《广文》:"天宝九年七月,诏于国子监别置广文馆";《旧唐书》卷九《玄宗本纪下》:"天宝九载秋七月己亥,国子监置广文馆";《旧唐书》卷二四《礼仪志四》:"天宝九载七月,国子监置广文馆";《新唐书》卷四四《选举志上》:"天宝九载,置广文馆于国学";《唐会要》卷六六《广文馆》:"广文馆,天宝九载七月十三日置";《册府元龟》卷五九七《学校部》:"天宝九年,置广文馆";《资治通鉴》卷二一六《唐纪》:"〔天宝九载〕秋七月乙亥,置广文馆于国子监"。列举七家八条记载,虽详略不一,但都较一致认为广文馆是天宝九载(750年)创立的,并且有五条记载确定为七月,看来这是比较可信的。

(二)广文馆的任务

封建时代任何新的专门学校的创设,总有它的社会原因和条件。社会上某些人有学习某方面文化的特殊需要,原有的学校不能满足这些需要,就有创设新学校的必要。社会客观需要是新学校产生的基本动力,至于何时满足这种需要,以及用何种方式来实现,则与当时所具有的物质文化条件分不开,而当政者的政治倾向、个人愿望、兴趣爱好等对此也起一定的影响作用。

关于广文馆创立的目的,史书有两种说法,观点上颇有差异。

其一,玄宗皇帝为了安置名士而设。此说以《新唐书》卷二〇二《郑虔传》为依据,据该传所述,郑虔"坐谪十年,还京师,玄宗爱其才,欲置左右,以不事事,更为置广文馆,以虔为博士。虔闻命,不知广文曹司何在,诉宰相。宰相曰:'上增国学,置广文馆,以居贤者,令后世言广文博士自君始,不亦美乎?'虔乃就职"。如此说来,纯是由于皇帝个人喜爱郑虔这位文士的才能,要就近安置,才利用国学的有利条件,特别添设了广文馆。《文献通考》照录《新唐书·郑虔传》,使这种说法广为流传。《中国学校制度》一书就是根据此说,直截了当地认为广文馆"本为郑虔而添设"。以安置某一名士作为广文馆创设的主要原因,这种看法是值得讨论的。一所专门学校的创设和存在,有其社会任务;没有社会任务,它就失去存在的依据。如果广文馆仅是皇帝为了安排某个特定人物而成立的,那么无论安排者或被安排者两方之一发生变故,这一学校就失去了继续存在的理由。历史事实是,广文馆并未因最初的安排者与被安排者发生变故而从此消亡,而且在较长时间内继续存在,因此这种说法就令人产生疑问。

其二,封建政府为培训进士而设。此说由学校培养任务来论断设学的目的,可供引据的证据较多。如《旧唐书》卷四四《职官志三》说广文馆的任务在于"试附监修进士业者";《旧唐书》卷九《玄宗本纪下》也说其"领生徒为进士业者";《新唐书》卷四八《百官志三》说它的任务是"掌领国子学生业进士者";《新唐书》卷四四《选举志上》说它"以领生徒为进士者";《通典》卷二七《职官九》也说它"领学生为进士业者"。文字记载虽有差别,但内容基本一样,它培训的学生是继续准备应进士科考试的。《唐摭言》将广文馆的任务说得更清楚,"以举常修进士业者,斯亦救生徒之离散也"。① 封建政府为了使一年一度应进士科考试而落选的士人不致因考后离散而荒废学业,就新设一学馆,创造条件使他们中有些人能集中起来继续进修,以提高写作文章的水平,为下一年的考试作准备。广文馆是为进士继续准备考试而创设的,这种说法较为可信。

从历史来考察,广文馆的创设与进士科成为科举最重要的科目这两件事确有密切联系。进士科在唐初仅作为诸种科目之一,后因秀才科停止,多数士人集中于进士、明经两科进行竞争。进士科的考试要求逐步提高,考试项目由试策一项改变为试帖经、诗赋、时务策三项,名额极少,非博学多才之士,则难考取,但及第之后就有登入仕途的机会,政治出路比其他各科都优越,对士人有极大吸引力。追求名利的士人,群趋进士科,产生了重进士轻明经的倾向。到了开元天宝时期,太平日久,在物质生活较充裕的基础上,社会风气更偏于崇尚文学,依靠文章来求取禄位。每年应进士科者常千余人,所取仅百分之一二。试期定在春季二月,远道来赴考的考生需提前在冬季进京。考后,多数落第者未肯就此罢休,而是继续为争夺科第而奋斗。冬来春去,春去冬来,形成定期的流动。家居关中的,可以就近应试;而家离京师遥远的,就疲于奔命。有些应试的士人权衡利弊之后,为了减轻经济负担和避免时间浪费,宁可长年寄寓京师。寄寓京师的士人,其情况不尽相同:富家子弟忙于交际活动,攀附权势;穷困书生则力

---

① 《唐摭言》卷一《广文》。

图进修学业，求友切磋。对穷困书生来说，附监修业是较好的安排。为适应士人应进士科考试的需要，朝廷就创设了广文馆。

广文馆因为作为应试进士的准备场所，所以先后任命的学官都是著名的文士，而不是经师，如郑虔、张陟、杨冲、綦毋潜、张籍、李彬等都是文士。故《通典》卷二七《职官九》说："广文馆：博士一人，助教一人，并以文士为之。"

根据客观史实，可以认为，唐代封建政府为了一批滞留京师的士人准备进士科考试的需要，创设了广文馆，这是较为根本的原因；而唐玄宗要就近安排一位名士，则是促成这一学馆出现的偶然因素。正因为如此，设学的社会需要存在，这所学馆就能保留，并不因下令开馆的皇帝易人或首任的广文博士弃职而永远停废。

（三）广文馆的延续

广文馆设在京师务本坊的国子监内，是国子监属下的七馆之一。《唐语林》卷五《补遗》载："天宝中，国学增置广文馆，在国学西北隅，与安上门相对。"这条记载可以证明，当初设馆的时候，是在国学西北角开始新建馆舍。

有一种主张，认为广文馆的存在时间不长，实际不过数年而已，所依据的是《新唐书》卷二〇二《郑虔传》记载的材料："……虔乃就职。久之，雨坏庑舍，有司不复修完，寓治国子馆，自是遂废。"这些记载也全部为《文献通考》照录。两书所提供的史料影响到后来的一些著作，包括一些发行较广的教材和辞典，有的就依据这段材料来推论，断定广文馆"旋即废撤"或"不久即废止"。既然广文馆以后不再存在，也就谈不上有什么作用和影响，这就是造成一些人忽视和低估广文馆的主要原因。实际上，这样的记载不够确切，由此而作的推论也有颇大误差。

这里有两个问题需要探明：

其一，广文馆为什么要附寄于国子馆中？

广文馆创建于官学兴盛时期的天宝九载（750年），但是好景不长，由于唐玄宗贪求逸乐，致使奸人窃柄，政治腐败，官学的管理也存在弊端。

广文馆是新增置的学馆，馆舍尚未完全建成的时候，就受到自然灾害的严重破坏。《唐语林》记述此事："廊宇粗建，会〔天宝〕十三年，秋霖一百余日，多有倒塌。主司稍稍毁撤，将充他用，而广文寄在国子馆中。寻属边戈内扰，馆宇至今不立。"这就清楚地说明受灾的时间和情况，初建的馆舍已受破坏，不能供教学活动使用，只好附寄于国子馆中。接着而来的是"安史之乱"，战争使国子监的一切活动都停顿了，修建广文馆舍的事也就无从提起。

"安史之乱"平息之后，并没有针对政治腐败立即改革，中央集权的力量削弱，国家赋税的收入大大减少，官学缺乏足够的财政支持，加之管理不善，趋于衰落。这种大局也影响到广文馆的恢复。《唐国史补》指出："自天宝五年置广文馆，至今堂宇未起，材木堆积，主者或盗用之。"虽然准备了修建馆舍的材料，却始终未能修建，广文馆只好继续附寄于国子馆中。

其二，广文馆附寄于国子馆中是否等于废除？

广文馆附寄于国子馆中，从此与国子馆的兴衰密切相关，中间虽有几度停顿，但并未废止，这只要作些历史考察就能说明。

"安史之乱"对国子监是沉重的打击。《旧唐书》卷二四《礼仪志四》说："两京国子监生二千余人，弘文馆、崇文馆、崇玄馆学生，皆廪饲之。十五载,上都失守,此事废绝。"在内战期间,学校荒废,生徒流散,七馆学生都是如此。到广德二年(764年),朝廷始下令学生回馆习业,由户部度支郎中负责发给厨米。永泰二年(766年),政府花费四万贯修复国子监馆舍。据《旧唐书》卷二四《礼仪志四》载,当年"八月,国子学成祠堂、论堂、六馆院及官吏所居厅宇",可见此次没有修复广文馆舍,广文馆依旧附寄于国子馆中。

广文馆复收学生,但还未规定学生员额。进士科考试落第的士人中,留在京师的有些人就入国子监习业,作为广文生。现存的史料中,关于贞元年代的广文生有些记载。如贞元初,欧阳詹来自闽南,李观来自江东,欧阳詹"待试京师,六年及第",李观"客游长安五年",他们都曾附监修业,成为广文生。贞元八年(792年),两人均以广文生资格参加进士科考试,终于取得进士及第,其中欧阳詹名列第三,李观名列第五。① 贞元年间国子监的讲论活动,有广文馆的师生参与。欧阳詹所写《太学张博士讲〈礼记〉记》②一文,记述了贞元十四年五月举行的讲论会,开列了与会师生,其中有"广文师长序天下秀彦自其馆"。这证明广文馆师生参加了一些重要活动。

元和年间,朝廷对国子监稍作整顿,规定了总的名额和各学馆的名额。据《新唐书》及《唐摭言》的记载,元和二年(807年)十二月,唐宪宗颁下敕令:西监置五百五十员,国子馆八十员,太学七十员,四门馆三百员,广文馆六十员,律馆二十员,书馆、算馆各十员;东监置一百员,国子馆十员,太学十五员,四门馆五十员,广文馆十员,律馆十员,书馆三员,算馆二员。每馆定额,准格补置。

---

① 《唐摭言》卷一、《登科记考》卷一三。
② 《欧阳行周文集》卷五。

在国家法令中规定广文馆占多少名额，这就有力地证明广文馆依然存在而没有被废撤，而且还证明不仅西京有广文馆，东都也设有广文馆。

据《前定录》所载，陈彦博与谢楚同为广文生，于元和五年（810年）、六年先后进士及第。这又证实广文馆的存在，它所培训的学生有人进士及第。

教育事业的整顿与整个国家的政局相关联，由于元和年间封建中央政府要与地方军阀的分裂活动做斗争，多次为了维护国家的统一进行讨伐战争，养兵数十万，弄得民穷财尽，国库空虚，对教育事业也就难以顾及，使国学处于衰落状态。据舒元舆元和八年（813年）参观国学后写的《问国学记》所载，他在管理人员带领下，看过孔庙、论堂、国子馆之后，"俄又历至三馆门，问之，曰：'广文也，太学也，四门也'"。多年无讲论，庭堂生野草，呈现一片荒凉的景象。这是整个国学教学活动的停顿，不单是一个广文馆的衰落。

长庆元年（821年）韩愈任国子祭酒时，对国子监重加整顿，恢复到具有学生六百人的规模，他在《请上尊号表》中说："臣得所管国子、太学、广文、四门及书、算、律等七馆学生沈周封等六百人状，称身虽贱微，然皆以选择，得备学生，读六艺之文，修先王之道。"列举七馆，并报出学生总数，这不仅说明国子监教学活动的恢复，也是广文馆继续存在并发挥作用的又一证明。

广文馆在长庆之后继续存在，史文虽无专篇记载，但从散见的有关材料中还是可以得到一些信息。如《前定录》就说大和元年（827年）有广文生朱俅，应省试而未及第；《旧唐书》就记载会昌二年（842年）卢就为广文博士；《唐语林》就说大中十二年（858年）广文生吴畦被荐而及第。《唐摭言》也曾谈到唐末广文生应进士科及第而如何列名的情况:"始,其春官氏擢广文生者,名第无高下。贞元八年,欧阳詹第三人,李观第五人。迩来此类不乏。暨大中之末,咸通、乾符以来,率以为末第。或曰:'乡贡,宾也;学生,主也。主宜下于宾,故列于后也。'大顺二年,孔鲁公(孔纬)在相位,思矫其弊,故特置吴仁璧于蒋肱之上。明年,公得罪去职,及第者复循常而已。"①这说明起初主持考试的礼部对及第进士并未因其为乡贡或广文生而特意区别,安排名次先后。到了大中末年,礼部才在分别宾主的理论支配下,把广文生都列在乡贡之后,以后便成为一种惯例,难于扭转。孔纬为相时曾想改变定例,但第二年就恢复旧状,直到唐朝结束。《新五代史》卷三五《张策传》:"策少好浮图之说,乃落发为僧,居长安慈恩寺。黄巢犯长安,策乃返初服,奉父母以避乱,居田里十余年。召拜广文馆博士。邠州王行瑜辟观察支使。"《旧五代史》卷一二七《周书·苏禹珪传》记载:苏仲容,"唐末举九经,补广文助教,迁辅唐令"。这些材料表明,有广文馆的存在,才会有广文生、广文博士、广文助教;由广文生应试进士及第的列名,也反证广文馆的存在。

这些材料说明,广文馆自从创设之后,就与国子监联系在一起,与唐朝政权联系在一起,长期依存,兴衰与共。到唐代末年,仍然有广文馆和它的学生以及博士、助教。那种认为广文馆创设之后"旋即废撤"的说法是不确切的。

综上所述,可以获得以下几点认识:

第一,不应把唐代广文馆的创立视为帝王个人心血来潮的产物,将帝王个人的倾向、好恶的作用加以夸大,甚至当作广文馆产

---

① 《唐摭言》卷一《广文》。

生的唯一推动力,把次要因素当作主要因素来强调。这种解析是较片面的,与历史实际不符。在历史上,教育发展的基本动力是社会需要,广文馆也不例外。

第二,唐代广文馆的创设有其深刻的社会原因,它是由实行科举制度后进士科独占优势所促成的。唐代统治集团把科举作为选取人才的主要途径,学校培养的人才都要通过科举找政治出路。科举从此制约学校,学校要适应科举的需要,确定教育内容和考试方式,为参加科举作准备。科举发展的结果是偏重进士科,士人附监修业,多数是为了继续准备进士科的考试。原来国子监的六学已不能完全适应这种社会需要,因而要有发展,专为进士考试作准备的新机构也就应运而生,这就是广文馆在天宝年间产生的根本社会原因。

第三,广文馆的任务是培训文士,使他们为参与进士科考试继续作好准备,因此广文馆的存在与进士科相关,且与唐朝封建政权的兴衰密切联系。只要有赖以存在的社会需要和条件,广文馆就不会被废除。事实上,它存在的时间相当长,一直延续到唐末。五代及宋代有类似情况,也注重进士科,也有培训文士以应进士科的社会需要,因此也就承袭唐代的制度,设置了广文馆。

四、律学

(一)律学的创设与沿革

律博士的设置由来已久,为律学的正式设置作了历史准备。据史书记载,律博士开始于魏。《三国志》卷二一《卫觊传》载,魏明帝即位，卫觊上奏：请置律博士，转相教授。事遂施行。《晋书》卷三〇《刑法志》说，卫觊奏置律博士，转相传授。《晋书》卷二四《职官志》列举廷尉的属官有律博士。东晋及南朝的宋、齐、梁、陈，廷尉官属均有律博士。北魏也设律博士，太和二十二年（498年）定为第九品上。北齐将律博士移属大理寺，设四人，第九品上。隋大理寺属官有律博士八人，正九品上。唐初设律博士一人，移属国学，这是律学设置的开端。不久，律博士被撤销。至贞观六年（632年），恢复设律博士一人，又有助教一人，教授若干律学生，以本朝的律令为所习专业，格式法例亦兼习之。显庆三年（658年），朝廷改制，将律博士以下移隶大理寺。龙朔二年（662年），律博士复属国子监，有学生二十人，典学二人。至开元年代，律学增生员至五十人。"安史之乱"后，学生人数大为减少，但西京、东都国子监都保持有律学生。元和二年（807年），定生员名额，西京国子监律馆二十人，东都国子监律馆十人。唐后期以此为新定的律学生人数，实际上并非一贯都能照此办理。

（二）律学的学官与学生

律学的负责主持者是律学博士。《唐六典》卷二一《国子监》："律学博士一人，从八品下；助教一人，从九品上。律学博士掌教文武官八品已下及庶人子之为生者，以律令为专业，格式法例亦兼习之。其束脩之礼、督课、试举，如三馆博士之法。助教掌佐博士之职，如三馆助教之法。"《新唐书》卷四八《国子监》："律学博士三人，从八品下；助教一人，从九品下。掌教八品以下及庶人子为生者。律令为颛业，兼习格式法例。"两书所载在律学博士人数与助教品级上有所不同,可能因不同年代有所调整。

关于律学生的入学资格,《新唐书》卷四四《选举志上》载:"律学,生五十人……以八品以下子及庶人之通其学者为之。"有两类人可以入学,一类是八品以下的官员之子,一类是庶人之通其学者。前一类是对品官之子的优待;后一类则以具备专业知识为条件,这一类当然要经过申请、审核和考试。律学生的年龄限制与其他各学不同,放宽到十八岁以上二十五岁以下。十八岁按照传统已属成年人,要担负社会责任,对社会生活了解多一些,在学习律学方面可能比少年更为有利。

律学生的名额在不同年代的规定有所变化,其中西京国子监律学少则二十名,多则五十名;东都国子监律学,少则五人,多则十人。

另外,有典学二人,掌抄录课业,类似于教务员。

(三)律学的课程内容

《唐六典》卷二一《国子监》对律学的课程内容作了原则性的规定:"律学……以律令为专业,格式法例亦兼习之。"这为学者指出了解律学课程内容的方向,主要是当朝现行的律令,其次是与行政公务有关的格、式、法例。

《新唐书》卷五六《刑法志》:"唐之刑书有四,曰:律、令、格、式。令者,尊卑贵贱之等数,国家之制度也。格者,百官有司之所常行之事也。式者,其所常守之法也。凡邦国之政,必从事于此三者。其有所违及人之为恶而入于罪戾者,一断以律。律之为书,因隋之旧,为十有二篇:一曰名例,二曰卫禁,三曰职制,四曰户婚,五曰厩库,六曰擅兴,七曰贼盗,八曰斗讼,九曰诈伪,十曰杂律,十一曰捕亡,十二曰断狱。"其用刑有五:一曰笞,二曰杖,三曰徒,四曰流,五曰死。"玄龄等遂与法司增损隋律,降大辟为流者九十二,流为徒者七十一,以为律。定令一千五百四十六条,以为令。又删武德以来敕三千余条为七百条,以为格。又取尚书省列曹及诸寺、监、十六监计帐以为式。"

《新唐书》卷五六《刑法志》对什么是律、令、格、式作了简要介绍,对贞观年间房玄龄等增损隋律而制定唐之律令并进一步删定为贞观格、式的主要情况作了说明,这就为唐的刑法确立了规范,后代或者完全遵照执行,或者在此基础上进行修订。《唐律》五百条,依分类归为十二卷。律文简括,认识不一,各有解释,产生不少争议。为此,唐高宗令长孙无忌等撰《唐律疏议》三十卷,对《唐律》统一解释,刑事判决都以此为据。唐高宗永徽年间,对贞观的令、格、式作了一次修订,成《永徽令》三十卷、《留司格》十八卷、《散颁格》七卷、《永徽式》十四卷,下令颁行。以后就遵行《唐律》《唐令》,而格与式则有局部修订,以适应时代发展的需要。

律学的课程以《唐律》《唐令》为主,兼习格、式、法例。此外,有余暇者,令习隶书,并《国语》《说文》《字林》《三仓》《尔雅》,可见当时对于文字学和书法的普遍重视。文字学是书法的知识基础,而书法是做官的必备条件之一。做学生的时候如不学习与练习,到铨试时可能因书法不够标准而影响前途,所以要加以重视,在主课之余要有所安排。

(四)律学的考试

《唐六典》卷二一《国子监》规定,律学的"督课、试举,如三馆博士之法"。律学考试制度、方式方法的安排,与三馆相一致,没有太大的差别,但是在考试内容、考试要求、考后的处理上还是有专业的特殊性。

平时的旬试,试所读律令,每千言内试一帖;试所讲律令,每二千言内问义一条,总试三条。通二为合格,通一及全不通者,斟量决罚。

岁试,要求通试一年所习的律、令、格式的学业,口试大义十条,成绩分三等,通八为上,六为中,五为下。

毕业试,有学业已完成者,名单上报于国子监,由祭酒、司业、监丞会同试之,试其所习律、令、格式,试法依科举,又加以口试。帖试,所试律、令每部试十帖;策试,总试十条,其中律七条、令三条,取识达义理,问无疑滞者为通,全通为甲第,通八为乙第。

律学生在学已达六年,毕业考试未能通过,不具备贡举的条件的,就要作为退学处理,送回本籍。

从律学的考试可以看到,作为国家统一的考试制度,需要结合专业特点来具体实施,才会有利于人才的培养。

五、 书学

(一) 书学的创设与沿革

中国自从学校产生以来,即有文字的传授。书写的教学,可谓历史悠久,源远流长。而设立专门研究文字书写的学校,则是隋朝首创。但在隋朝,书学专门学校的发展也不是一帆风顺的,它经历了创设、停废、恢复的起伏过程。唐朝继承隋朝的学制,根据自己的情况和需要,有选择地继承利用、改造发展。在战争时期与和平建设时期,教育事业所安排的位置不一样,教育事业内部也因与政权建立和巩固有不同的关系而有轻重缓急等不同配置。

唐朝建国初期,主要注意力集中在争夺统治权的战争上。唐高祖李渊要依靠军事武力去扫平群雄,军事紧急,文教暂缓,所以在武德初年只恢复国子学、太学、四门学,而书学、算学均未恢复。《新唐书》卷四八《百官志三》载:"武德初,废书学,贞观二年复置。"这反映的是史实。而书学、算学的恢复,虽说同在贞观二年(628年),但若认真查究,书学实际在贞观元年已先有创设。唐太宗重视文教,利用弘文馆人才集中的有利条件,组织书法教授。贞观元年,诏京官文武职事五品以上子嗜书及有书性者二十四人,隶馆习书,出禁中名家书法以授之,敕虞世南、欧阳询教示楷法。这可以算是唐代官方设立的第一个书学,它不是设在国子监中,而是设在门下省的弘文馆中。可是,这所附属学校没有往书学的方向发展,为了让学生能参加科举考试,增加了经史课程的学习,目的改变,课程内容改变,再进一步,招生对象改变,使学校性质发生大的变化,成为唐代贵族学校之一。就在弘文馆学校性质发生变化之时,唐太宗发展了国子监,于贞观二年在国子监恢复了书学、算学,于是书法的教学中心也随之转移到国子监。贞观年代的书学蓬勃发展,没有限定生员人数。当国子监的规模发展到三千二百六十人,再发展到高峰达八千多人时,书学的繁荣既非隋代书学可比,也是后来的书学所望尘莫及的。

书学在贞观年代奠定了基础,以后在管理体制方面发生了一些变化,主要是在唐高宗当政阶段。显庆三年(658年),国子监停办书学,书博士以下的人员改隶秘书省。至龙朔二年(662年),书博士以下的人员复归国子监。以后体制没有大变化,规模则随着形势变化而有增减。

(二) 书学的博士与学生

国子监的书学,有书学博士二人,从九品下;助教一人,助博士教授生徒,掌教文武官八品以下及庶人之子习文字者。

书学学生入学也有条件限制。从家庭出身来说,官员子弟享有门荫特权,凡八品与九品文武官之子愿习文字者可入学。若是庶人出身的,一定要习文字达到一定程度,经考核符合入学要求的才予入学。学生年龄限在十四以上十九以下。对学生人数,贞观年代未作限定,以后则因规模大小而有所限定。唐高宗龙朔年间,西监书学十人,东监书学三人;唐玄宗开元年间,西监书学三十人;唐代宗永泰年间,西监书学十人;唐宪宗元和年间,西监书学十人,东监书学三人。因为中央官学的发展有兴衰起伏,学校规模是变动的,所以人数的限定是相对的而不是绝对的,也处在历史变动的过程中。书学学生入学,依例要行束脩礼。

另有典学二人,掌抄录书学生的课业。

(三) 书学的课程

书学培养以文字学为专业而精通文字训诂和各体书法的专

门人才,根据专门人才知识技能的需要,规定了专业必修课和兼习课。专业必修课为《石经》《说文》《字林》;兼习课为其他文字学书籍,如《三仓》《尔雅》等,《国语》也属兼习范围。专业必修课奠定专业基础,兼习课则扩大见闻增长知识。专业必修课给予较充分的时间保证,《石经》三体书限三年业成,《说文》限二年业成,《字林》限一年业成。

(四)书学的考试

书学也重视学业检查和定期考试。

书学以文字与书法为专业,出于对学生进行专业培养的需要,极注重书法的练习。练习书法成为学生每日的功课,天天不断书写而熟练,由熟而生巧,有自己的风格和创新。

书学在国子监的管理下,要实行全监统一的考试制度。书学专业必修的基础课为《石经》《说文》《字林》,每旬前一日举行的旬试就以当旬所学为考试内容,分试读和试讲两种形式。试读于每千言内试一帖,试讲于每二千言内问义一条,总试三条,通二为合格。只通一条或者全部三条都不通的学生,根据差别的程度而决定处罚。

岁试以书学一年内所学的课业为考试内容,采用口试的形式,口问大义十条,根据所通条数,评出成绩等级,通八条为上,通六条为中,通五条为下。

毕业试限学业已完成者参加,博士上报名单,由祭酒、司业、监丞主试,考试形式为试帖(《说文》六帖,《字林》四帖)、口试(不限条数,疑则问之)、试策。合格者毕业,由国子监举送尚书省,参加明书科举考试。若考试合格者被录取，就被分派至政府部门为下级官吏。

六、算学

（一）算学的创设与沿革

中国历史上，算学知识的传授很早就有记载。《周礼》："保氏教以六艺，其六曰九数。"汉代经学家认为"九数"即"九章"：一曰方田，二曰粟米，三曰差分，四曰少广，五曰商功，六曰均输，七曰方程，八曰赢不足，九曰旁要。《汉书》卷二一上《律历志上》则认为："数者，一、十、百、千、万，所以算数事物也。"算学知识的研究和传授，属于太史管理的职责范围。魏晋以来，算学有关之事都归属史官，不列于国学，到了隋代才发生变革，把算学人才培养的任务归于国学。隋文帝首先在国学设了算学。据《隋书》卷二八《百官志下》载，国子寺祭酒，统国子、太学、四门、书学、算学。算学置博士二人，助教二人，算学生八十人。唐初国学未设算学，至贞观初才恢复。《唐会要》卷六六载："书算学，贞观二年十二月二十一日置，隶国子学。"《通典》卷五三《大学》与《旧唐书》卷一八九上《儒学传上》都记载贞观年代设置算学。唐高宗时，算学的归属曾有变动，显庆三年（658年），算学博士以下隶太史局；龙朔二年（622年），复归国子监。其后随着政治形势的变化，算学的规模也有所变动，西京、东都两个国子监都有算学，西京多则生员三十人，少则十人，而东都少时仅有生员二人，作为国子监的组成部分保持下去。隋唐创设算学，是长期文化发展有了丰富积累的结果。钱宝琮说:"隋唐王朝于国子监中设立算学是第五世纪以后数学获得高度发展的反映……"①从历史发展过程考察,确实是如此。

(二)算学博士与学生

算学按规定的编制,有博士二人,从九品下。在官员九品三十阶的等级序列中,算学博士处于品官起点的一级。助教一人,协助博士进行教授工作,还不能进入官员品级行列。博士与助教,担任算学专门知识的传授。

算学生的入学需要符合一定条件。《唐六典》卷二一《国子监》规定,算学博士"掌教文武官八品已下及庶人子之为生者"。此处文字在表述上不够清楚。《新唐书》卷四四《选举志上》:"算学生三十人,以八品以下子及庶人之通其学者为之。"此处关于入学条件的表述较为清楚,合条件的对象有两类:一类是依门荫入学的八品官以下官员之子,另一类是能通算学且经考试合格的庶人。算学的学生,初设时只有十人,后来随着国家形势变化而有起落。开元时,国子监稳定在二千二百多人的规模,算学生也增加到三十人。"安史之乱"后转入唐后期,中央集权被削弱,政局不稳,算学生也随之减少。

算学虽由国子监统一领导,但所传授的内容是实科知识,实际应用的方面不同,它在监内各学之间具有一定的特殊性。算学专设典学两人,"抄录课业",负责与算学教务有关的工作。算学是一个相对独立的教学单位。

---

① 钱宝琮.中国数学史[M].北京:科学出版社,1964:108.

（三）算学的专业课程

算学以培养精通数量计算的人才为目标，根据培养目标的需要规定专业课程。

算学所教授的经籍，是代表隋唐时期算学发展最高水平的十部著作，被视为算学专业经典，通称"十部算经"，也就是算学的十门专业课程教材。算学博士"二分其经以为之业"，把十部算经分为两组进行传授。《唐六典》卷二一《国子监》载："二分其经以为之业：习《九章》《海岛》《孙子》《五曹》《张丘建》《夏侯阳》《周髀》，十有五人；习《缀术》《缉古》，十有五人。其《记遗》《三等数》亦兼习之。《孙子》《五曹》，共限一年业成；《九章》《海岛》，共三年；《张丘建》《夏侯阳》，各一年；《周髀》《五经算》，共一年；《缀术》四年，《缉古》三年。"学生对半分为两个专业组进行学习，各经由于内容的分量和难易程度不同，规定不同的学习年限，短者半年完成，长者四年完成。当时的教学制度是单经独进，专业组必修的课程一经接一经进行，"未终经者无易业"，不容许两经齐头并进，也不容许学一半就跳开转学他经。这样一来，两组的学习年限都长达七年，而公共兼修的课程《记遗》《三等数》则容许安排兼学。

课程虽定，但当时所用的都是手抄的课本，几经转抄，差错甚多，相互矛盾，道理上解释不通。太史局监候王思辩上表提出："《五曹》《孙子》十部算经，理多踳驳。"于是，唐高宗下诏命太史令李淳风负责解决此事。李淳风受命与国子监算学博士梁述、太学助教王真儒等注释十部算经。书成之后，唐高宗令国学行用。① 这是我国历史上第一次由皇帝下令颁行的算学教材。流传至今的十部算经，每卷第一页都题名李淳风等注。

《九章算经》九卷	（撰者未详）	李淳风等注
《海岛算经》一卷	刘　徽撰	李淳风等注
《孙子算经》三卷	（撰者未详）	李淳风等注
《五曹算经》五卷	甄　鸾撰	李淳风等注
《张丘建算经》三卷	张丘建撰	李淳风等注
《夏侯阳算经》三卷	夏侯阳撰	李淳风等注
《周髀算经》二卷	（撰者未详）	李淳风等注
《五经算术》二卷	甄　鸾撰	李淳风等注
《缀术》五卷	祖冲之撰	李淳风等注
《缉古算术》四卷	王孝通撰	李淳风等注
《数术记遗》一卷	徐　岳撰	甄　鸾注
《三等数》一卷	董　泉撰	甄　鸾注

李淳风等的注释弥补了原著存在的不足之处：（1）有的书在理论见解上存有缺点，注释能明辨是非，提示正确的见解；（2）有的书有些残缺，注释能征引其他文献加以弥补，使原意能贯通；（3）有的书在介绍解题方法时，文字过于简括而难于理解，注释能详细指明演算的步骤，使疑难化解。李淳风等的注释为学习者排除疑难障碍，给学习者很大帮助。有了注，经就容易理解，注与经连成一体，成为密切联系、不可分割的部分。唐代算学之所以能培养一些实用人才，采用具有较高学术水平的专业教材是一个重要原因。所以，对李淳风等人的历史贡献，还是应该给予肯定。

---

① 《旧唐书》卷七十九《李淳风传》。

（四）算学的考试

算学的督课、试举,如三馆博士之法,有定期的旬试、岁试、毕业试。因为算学专业内容具有特殊性,所以考试的要求和评定标准也就不同。《新唐书》卷四四《选举志上》:"凡算学,录大义本条为问答,明数造术,详明术理,然后为通。试《九章》三条,《海岛》《孙子》《五曹》《张丘建》《夏侯阳》《周髀》《五经算》各一条,十通六,《记遗》《三等数》帖读十得九,为第。试《缀术》《缉古》录大义为问答者,明数造术,详明术理,无注者合数造术,不失义理,然后为通。《缀术》七条,《缉古》三条,十通六,《记遗》《三等数》帖读十得九,为第。落经者,虽通六,不第。"考试的方式主要有两种,一种是试讲,一种是试读。试讲是就教材的某段设置问题,要求回答问题时数字准确无误,掌握演算方法,并明白采用演算方法的道理,才算合格。试读要求读十得九,才算合格。试讲和试读两者都合格,才算及第。这是算学考试的特色,不同于其他经学或律学。

七、弘文馆

（一）弘文馆的创设与沿革

唐高祖武德四年(621年)正月,于门下省设置修文馆,精选贤良文学之士为学士。初时,修文馆职掌详正图籍,备朝廷顾问,凡朝廷制度沿革、礼仪轻重,皆参议焉。武德九年三月,改名弘文馆。当年九月,唐太宗即位,精选贤良文学之士虞世南、褚亮、姚思廉、欧阳询、蔡允恭、萧德言等,以本官兼学士。诸学士更日轮流宿值。皇帝听朝后有空闲时间,就召学士入内殿,讲论文义,商量政事,或至夜深方罢。诸学士也要有人率领,遂令褚亮检校馆务,号为馆主。其后,又置讲经博士。至唐高宗及武则天时,张太素、刘祎之、范履冰,受特命而先后为馆主。仪凤中,置详正学士。弘文馆的名称颇有改易:神龙元年(705年)十月,为避孝敬皇帝李弘讳,改称昭文馆;神龙二年,又改名修文馆;景云二年(711年)二月,复改为昭文馆;至开元七年(719年)九月,依旧改为弘文馆,此名称沿用至唐末。

(二)弘文馆的学官

弘文馆设有学士,无固定员数,也非专职,皆以他官兼任。弘文馆学士的基本任务有三:其一,掌详正图籍;其二,教授生徒;其三,参议朝廷制度沿革、礼仪轻重。学士皆精选贤良文学之士为之,依其官品,有不同称号,五品以上称学士,六品以下称直学士,又有文学直馆。贞观初,令一学士检校馆务,号为馆主,因为故事,其后皆仿行之。武则天垂拱后,以宰相兼领馆务,号馆主。宰相事务繁忙,未能亲理馆务,常令给事中一人判馆务。景龙二年(708年),有人主张弘文馆学士员数当与天时运行相应,故增设大学士四人,以象四时;学士八人,以象八节;直学士十二人,以象十二时。各种名号的学士二十四人,皆任命文学之士,虚张声势,有其名而无其实。景云中,减其员数。开元七年(719年),置校书郎、校理等属官。长庆三年(823年),弘文馆奏请:当馆先有学士、直学士、详正学士、校理、直馆、雠校错误、讲经博士等,虽职事则同,名目稍异,须有定制,使可遵行。今请准集贤史馆两司元和中停减杂名目例,其登朝五品以上充学士,六品以下充直学士,未登朝官,一切充直弘文馆,其余并请停减。准奏,遂成定制,此后遵行不改。弘文馆的学官,经整顿后,保留学士、直学士、直弘文馆三种名目。

(三) 弘文馆的学生

弘文馆的前身是修文馆。据史书记载,武德年间的修文馆未见有教授生徒的活动。唐太宗即位以后,重视文教,弘文馆才真正发挥它的功能。贞观元年(627年),敕现任京官文武职事五品以上子,有性爱学书及有书性者,听于馆内学习,出禁中书法以授之。其年有二十四人入馆习书。

根据首批学生培养的经验,人数不宜过多,因此限额三十人。由于皇族及官僚子弟竞相进入弘文馆,无法满足要求,因此朝廷订立条例,保证门第高、官品高的贵族高官子弟入弘文馆。据《唐六典》所载,补弘文馆学生例:"皇宗缌麻已上亲,皇太后、皇后大功已上亲,散官一品、中书门下三品、同中书门下平章事、六尚书、功臣食实封者,京官职事正三品、供奉官正三品子孙,京官职事从三品,中书、黄门侍郎子,并听预简,选性识聪敏者充。"[①]所以,能否入弘文馆要看两方面的条件:一是家庭条件,要是高级贵族、上层官员子弟才合资格;二是本人条件,要具有一定文化与智力水

---

① 《唐六典》卷八《门下省》。

平,经考核而被选者。

由于是限额的、规模不大的高级贵族学校,将享受特权,以后有较好的政治出路,向往入馆的人多,但要有缺员才能补阙,因此候补者为争先入馆,往往发生争执,告到朝廷。唐德宗建中三年(782年)十一月为此事下敕令:"先补皇缌麻已上亲及次宰辅子孙……其余据官荫高下类例处分。"贞元四年(788年),为补员阙,又再重申此敕令,特别强调要区分先后。"应补宏文崇文学生,员阙至少,请补者多,就中商量,须有先后。"①其基本原则只有一条,就是以门第官荫的高下来决定学生补阙的先后次序。

弘文馆为学生寄宿提供条件,对希望夜间读书的,也提供方便,可以读馆内所藏的经史子集四部,而且安排学士及直馆,每夜各一人轮值,既照看学生,也备咨询。

(四)弘文馆的学习内容

贞观元年(627年),弘文馆首批学生以学书为主,入馆以爱好书法并在书法方面具有一定基础为条件,在馆内习书,出禁中书法以授之,令书法家虞世南、欧阳询教示楷法。学习书法,重点突出,但内容较为单一。黄门侍郎王珪奏请,弘文馆学生学书之暇,请置博士兼授业焉。于是,上令太学助教侯孝遵授学生以经典,令著作郎许敬宗授学生以史籍。至贞观三年,王珪又奏请为学生置讲经博士,考试经业,准式贡举,兼学书法。王珪的奏请被照准,弘文馆从以学书为主、学经史为辅,改变为以

---

① 《唐会要》卷七七《宏文崇文生举》。

学经为主、学书为辅。从此，弘文馆向国子学看齐，转变为经科的学校。

弘文馆学生所习课程如国子学之制，以《周易》《尚书》《周礼》《仪礼》《毛诗》《春秋左氏传》《公羊传》《穀梁传》各为一经，《孝经》《论语》《老子》兼习之。九经按字数的多寡，分为大、中、小经，《礼记》《左传》为大经，《毛诗》《周礼》《仪礼》为中经，《周易》《尚书》《公羊传》《穀梁传》为小经。各经规定了不同的学习年限，《尚书》《公羊传》《穀梁传》各一年半，《周易》《毛诗》《周礼》《仪礼》各二年，《礼记》《左氏春秋》各三年。《孝经》《论语》限一年业成。由于主管者对贵族高官的子弟放松要求，因此其教学效果不太理想，牵涉到考试也要相应放宽要求。

（五）弘文馆的考试

弘文馆对学生的考试与国子学的考试相一致。弘文馆也规定了一系列的考试。

其一，旬试：每旬前一日，试其所习业，有试读、试讲两种方式。试读者，每千言内试一帖；试讲者，每二千言内问义一条，总试三条。通一及全不通，斟量决罚。平时成绩不好，就开始给相应的处分，使其警醒。

其二，岁试：每岁终，通一年的课业，口问大义十条，通八为上，六为中，五为下。

其三，馆试：学生有通两经以上而求仕者，不论明经或进士，都报上级，集中而试，决定其升黜。这种考试可视为毕业试，合格为及第，可选送参加贡举；不合格则留馆继续学习，待下年再试。

对弘文馆学生的毕业考试,办法及要求同明经、进士。弘文馆生以其资荫全高,要求放宽,试亦不拘常例,取粗通文义而已。现将考试项目与合格的标准列表如下:

	经	史	策	兼 帖
考试项目	一大经、一小经或两中经	《史记》《汉书》《后汉书》《三国志》各自为业	时务策	《孝经》《论语》
合格的标准	① 经读文精熟,言音典正 ② 策试十道,取粗解注义,经通六	① 史读文精熟,言音典正 ② 策试十道,取粗解注义,史通三	识文体,不失问目意,试五得三	《孝经》二条,《论语》八条,共十条通六以上

由于是贵族学校,平时对学生放松学习要求,考试难以符合标准,因此常有弘文馆生靠作弊过关,这并不是个别人偶然如此,而是有不少人走上此途。崇文馆也是如此。两馆作弊成风,故贞元六年(790年)九月颁《两馆生宜据式考试敕》:"本置两馆学生,皆选勋贤胄子,盖欲令其讲艺,绍习家风,固非开此幸门,黩紊典教,且令式之内,具有条章,考试之时,理须精核。比闻此色,幸冒颇深,或假市门资,或变易昭穆,殊亏教化之本,但长浇漓之风,未补者务取阙员,已补者自然登第。用荫既已乖实,试艺又皆假人,诱进之方,岂当如此!自今已后,所司宜据式文考试,定其升黜,如有假代,并准法处分。"①敕令虽颁,但法律处分并不能完全消除作弊之风。

贵族学校的学风不良,能勤奋学习者凤毛麟角,故真正成才者实在稀少。

---

① 《册府元龟》卷六四〇《贡举部》。

八、崇文馆

(一)崇文馆的创设与沿革

唐太宗于贞观十三年(639年)令东宫设崇贤馆。崇贤馆设有学士、直学士员,不常置,掌教授学生等业,隶属于左春坊。龙朔二年(662年),司经局改为桂坊,崇贤馆也由左春坊改属桂坊管理。上元二年(675年),因避太子李贤名讳,崇贤馆改为崇文馆。贞元八年(792年)四月,崇文馆又隶属于左春坊。以后管理体制不再改变,崇文馆隶属于东宫左春坊较为稳定。

(二)崇文馆学士

崇文馆有学士与直学士,无固定员额,若缺学士主持,则由左庶子直接兼领馆事。学士、直学士之职有两方面:其一,掌刊正经籍图书;其二,教授诸生。永隆二年(681年)二月,皇太子亲行释奠之礼。礼毕,上表请博延耆硕英髦之士为崇文馆学士,许之。于是,薛元超表荐郑祖元、邓元挺、杨炯、崔融等,并为崇文学士。乾元初,以宰相为崇文馆学士,总领馆事。其后,以宰相为崇文馆学士,依例称崇文馆大学士。

现将史书中所见崇文馆学士部分名录附表于下,可见唐前期记载较多,唐后期记载较少。

唐代崇文(贤)馆学士部分名录

姓 名	年 代	职 位	文 献
颜勤礼	贞观时	崇贤馆学士	《旧唐书》卷一八七下《颜杲卿传》
许叔牙	贞观中	崇贤馆学士	《旧唐书》卷一八九上《许叔牙传》
秦景通	贞观中	崇贤馆学士	《旧唐书》卷一八九上《秦景通传》
张士衡	贞观中	崇贤馆学士	《旧唐书》卷一八九上《张士衡传》
李延寿	贞观中	崇贤馆学士	《新唐书》卷一〇二《李延寿传》
杜正伦	贞观中	崇贤馆学士	《新唐书》卷一〇六《杜正伦传》
马嘉运	贞观十七年（643年）	崇贤馆学士	《新唐书》卷一九八《马嘉运传》
盖文达	贞观十八年（644年）	崇贤馆学士	《旧唐书》卷一八九上《盖文达传》
来 济	贞观十八年（644年）	崇贤馆学士	《旧唐书》卷八〇《来济传》
李敬玄	贞观末	崇贤馆学士	《旧唐书》卷八一《李敬玄传》
赵弘智	永徽初	崇贤馆学士	《旧唐书》卷一八八《赵弘智传》
令狐德棻	永徽初	崇贤馆学士	《新唐书》卷一〇二《令狐德棻传》
萧 钧	永徽显庆年间	崇贤馆学士	《旧唐书》卷六三《萧钧传》
杜正伦	显庆元年（656年）	崇贤馆学士	《新唐书》卷一〇六《杜正伦传》

续表

姓 名	年 代	职 位	文 献
刘允之	显庆元年（656年）	崇贤学士	《唐会要》卷六三《修国史》
李 善	显庆中	崇贤馆直学士	《旧唐书》卷一八九上《李善传》
郭 渝	龙朔初	崇贤馆学士	《旧唐书》卷一九〇上《孟利贞传》
顾 胤	龙朔初	崇贤馆学士	《旧唐书》卷一九〇上《孟利贞传》
董思恭	龙朔初	崇贤馆学士	《旧唐书》卷一九〇上《孟利贞传》
杨 炯	龙朔二年（662年）	崇文馆学士	《旧唐书》卷四五《舆服志》
刘伯庄	龙朔中	崇贤馆学士	《旧唐书》卷一八九上《刘伯庄传》
贺 纪	高宗时	崇贤馆学士	《旧唐书》卷一九〇上《贺德仁传》
贺 敱	高宗时	崇贤馆学士	《旧唐书》卷一九〇上《贺德仁传》
徐齐聃	高宗时	崇文馆学士	《新唐书》卷一九九《徐齐聃传》
田游岩	高宗调露中	崇文馆学士	《新唐书》卷一九六《田游岩传》《旧唐书》卷一九二《田游岩传》
胡楚宾	高宗武后时	崇贤直学士	《旧唐书》卷一九〇中《胡楚宾传》
郑祖玄	高宗永隆二年（681年）	崇文馆学士	《唐会要》卷六四《崇文馆》
邓玄挺	高宗永隆二年（681年）	崇文馆学士	《唐会要》卷六四《崇文馆》

续表

姓名	年代	职位	文献
杨炯	高宗永隆二年（681年）	崇文馆学士	《唐会要》卷六四《崇文馆》《旧唐书》卷一九○上《杨炯传》
崔融	高宗开耀元年（681年）	崇文馆学士 崇文馆直学士	《新唐书》卷一一四《崔融传》《旧唐书》卷九四《崔融传》
周思茂	垂拱中	崇文馆学士	《旧唐书》卷一九○中《周思茂传》
路敬淳	天授中	崇贤馆学士	《新唐书》卷一九九《路敬淳传》
李善	则天时	崇贤学士	《册府元龟》卷六○六《学校部·注释二》
祝钦明	长安元年（701年）	崇文馆学士	《旧唐书》卷一八九下《王元感传》
王元感	长安中	崇贤馆学士	《新唐书》卷一九九《王元感传》
李虔	长安中	崇贤馆学士	《册府元龟》卷六○六《学校部·注释二》
赵元亨	长安中	崇贤馆学士	《册府元龟》卷六○六《学校部·注释二》
员半千	睿宗景云元年（710年）	崇文馆学士	《旧唐书》卷一九○中《员半千传》
丘悦	睿宗景云元年（710年）	崇文馆学士	《旧唐书》卷一九○中《员半千传》
徐坚	睿宗时	崇文馆学士	《新唐书》卷一九九《徐齐聃传》
王琚	景云中	兼崇文学士	《旧唐书》卷一○六《王琚传》
刘子玄（知幾）	景云中	兼崇文馆学士	《旧唐书》卷一○二《刘子玄传》《新唐书》卷一三二《刘子玄传》

续表

姓　名	年　代	职　位	文　献
祝钦明	景云时	崇文馆学士	《新唐书》卷一〇九《祝钦明传》
苏　晋	玄宗先天中	崇文馆学士	《旧唐书》卷一〇〇《苏晋传》
褚无量	先天二年（713年）	崇文馆学士	《唐大诏令集》卷一〇五《命张说等两省侍臣讲读敕》
李　揆	乾元初	崇文馆大学士	《唐大诏令集》卷五七《李揆袁州长史制》 《旧唐书》卷一二六《李揆传》
萧　华	肃宗上元二年（761年）	崇文馆大学士	《唐大诏令集》卷四五《萧华平章事制》 《旧唐书》卷九九《萧华传》
元　载	代宗宝应元年（762年）	崇文馆大学士	《唐大诏令集》卷四五《元载平章事制》
王　缙	代宗广德二年（764年）	崇文馆大学士	《旧唐书》卷一一八《王缙传》
杨　绾	代宗大历十二年（777年）	崇文馆大学士	《旧唐书》卷一一九《杨绾传》
常　衮	代宗大历十二年（777年）	崇文馆大学士	《唐大诏令集》卷四五《杨绾常衮平章事制》 《旧唐书》卷一一九《常衮传》
关　播	德宗建中三年（782年）	崇文馆大学士	《旧唐书》卷一三〇《关播传》
李　泌	德宗贞元时	崇文馆学士	《旧唐书》卷一三〇《李泌传》 《新唐书》卷一三九《李泌传》
韦执谊	永贞元年（805年）	崇文馆大学士	《唐大诏令集》卷五七《韦执谊崖州司马制》
杜　佑	元和初	崇文馆大学士	《唐大诏令集》卷五七《杜佑太保致仕制》

续表

姓 名	年 代	职 位	文 献
武元衡	元和八年（813年）	崇文馆大学士	《唐大诏令集》卷四六《武元衡平章事制》
路 随	大和四年（830年）	崇文馆大学士	《旧唐书》卷一五九《路随传》
李固言	大和九年（835年）	崇文馆大学士	《旧唐书》卷一七三《李固言传》《唐大诏令集》卷五一《李固言崇文馆大学士等制》

唐前期委派的崇贤馆学士（崇文馆学士），或专于经学，或专于史学，或专于文学，各有学术专长，产生社会影响，史书中留名者较多。唐后期委派的学士似乎不如以前受社会重视，由宰相来兼领馆事，加上大学士头衔。史书重视他们的头衔，而实际上他们都只挂名，不管教学事务。

（三）崇文馆学生

贞观十三年（639年），设置崇贤馆，已有学士、直学士，其职之一为教授学生，其时当有崇贤馆学生。然因无确定学士员数，故不是经常设置，中间或许有所停顿。至显庆元年（656年）三月，皇太子李弘请于崇贤馆置学士，并置生徒。诏许之，始置生徒二十员。[①] 因此，从显庆至开元天宝，崇文馆学生人数为二十人，均被认为是法定的人数，并被载入《唐六典》。但"安史之乱"后，形势发生变化，崇文馆学生人数减至十五人。

---

① 《唐会要》卷六四《崇文馆》。

崇文馆学生有限额,阙员时才能补阙。对其补阙条件,《通典》有所记载:"皆以皇族缌麻以上亲,皇太后、皇后大功以上亲,散官一品、中书门下平章事、六尚书、功臣身食实封者、京官职事正三品、供奉官三品子孙,京官职事从三品、中书黄门侍郎子孙为之。并尚书省补。"①此外,对东宫的高级官员的子孙也给予特别照顾:"其东宫三师三少,宾客詹事,左右庶子,左右卫率,及崇贤馆三品学士子孙,亦宜通取。"②这是从法律和制度上维护贵族和高官子弟享有受教育的特权。由于名额有限,因此难以避免多方争补阙额的矛盾。

崇文馆与弘文馆同是高级贵族学校,其课试举送制度如弘文馆,可以参见,不再重述。

九、崇玄馆

崇玄馆起初的名称为崇玄学,设立的第三年才改称崇玄馆,以后就沿用这一名称。

(一)崇玄学的产生与归属

崇玄学是唐代官方新创的道教教育机构。唐代产生崇玄学有其一定的社会政治条件和需要,根本原因是李唐皇朝为巩固皇权的政治需要,积极利用道教。自汉魏以来,士族占统治地位,垄断国家政权,他们特别强调姓氏门第,形成一种社会影响力极大

---

① 《通典》卷五三《大学》。
② 《唐会要》卷六四《崇文馆》。

的传统。唐朝开国皇帝李渊,自称出自陇西李氏,虽属关陇贵姓,门第仍然不能与山东士族相比,似乎不足以服天下。要想提高门第,必须另想办法。春秋时代著《道德经》的李耳,被道教徒视为大圣人,奉为道教教主。找出理由与道教教主"攀亲",是提高李氏门第最简便的办法,这种机会果然出现。据说武德三年(620年),晋州人吉善行于羊角山见到一位穿白衣、骑白马的老人,叫他传话给唐天子:"吾,汝祖也。今年平贼后,子孙享国千岁。"李渊听了吉善行禀报的话,非常高兴,立即抓住机会,宣布道教教主李耳是李氏的始祖,派使者至羊角山致祭,建立老君庙敬奉。随后,其他地方也相继立庙敬奉。道教既被利用来巩固皇权,也就受到唐皇朝的提倡,地位大为提高。武德八年,李渊正式宣布三教地位:道教第一,儒教第二,佛教第三。李世民当了皇帝之后,按照兴道抑佛的方针继续发展,出于政治需要而尊崇道教。贞观十一年(637年),他下诏确定道士、道姑的地位在僧尼之上,道教在政治上占优势地位。唐高宗也尊崇道教,他到亳州老君庙拜祭,上尊号太上玄元皇帝,争取道教徒为自己的拥护者。武则天夺取政权后,在宗教政策上反其道而行之,兴佛抑道,从政治上报偿佛教徒对她的拥护,明令规定佛教在道教之上,僧尼处道士、道姑之上。武则天之后,佛道争夺权利互不相让。唐睿宗昏庸,无法判定佛道先后,令在集会上僧尼与道士道姑并进并退,两教平等。

唐玄宗即位后,认识到佛教被武则天利用而导致改换朝代,包含着很大的危险性,为了李唐皇朝的政治利益,他旗帜鲜明地大兴道教,阻遏佛教的发展。皇帝信道教,竭力提倡道教,使道观遍布全国,所以开元、天宝年间是唐代道教最盛的时候。据《唐六典》卷四《尚书礼部·祠部》载,开元年间,天下观总一千六百八十七所,其中一千一百三十七所道观,五百五十所女道观。为了发展道教事业,需要研究道教经典,扩大宣传影响,也就需要受过道教经典培训的专门人才,设立学校是最好的选择,这就是崇玄学在开元、天宝年间产生的原因。

由于崇玄学与道教联系在一起,为道教事业培养人才,在设置玄元皇帝庙的地方兼设崇玄学,因此也就随道教管理的归属改变其领导关系。唐初的崇玄署是政府管理道教的行政部门。崇玄署置令一人,正八品下,掌京都诸观之名数、道士之帐籍与斋醮之事务;丞一人,正九品下,作为副职,协助处理事务。崇玄署的上级管理部门是鸿胪寺。从唐初开始的这种领导关系到玄宗开元二十五年(737年)正月发生转变,皇帝有敕令,以为"道本玄元皇帝之教,不宜属鸿胪,自今已后,道士、女道士并属宗正,以光我本根"。[①] 原来崇玄署所管的道士、道姑由此转属宗正寺,崇玄署也随之隶于宗正寺。天宝二年(743年),道士、道姑改隶吏部司封,崇玄署随而撤销。[②] 唐宪宗元和二年(807年),以道士、道姑隶左右街功德使。以上是崇玄学归属变化的大体情况,初创时属宗正寺崇玄署,不久转属吏部司封,最后属左右街功德使。

(二) 崇玄学的设置

唐玄宗对于崇玄学的设置,预先有所谋划。开元二十八

---

① 《唐六典》卷一六《宗正寺》。
② 《册府元龟》卷五四《尚黄老二》。

年(740年)五月,他对宰臣说:"朕在藩邸,有宅在积善里东南隅,宜于此地置玄元皇帝庙及崇玄学。"①

开元二十九年(741年)春正月,唐玄宗下诏设置崇玄学,诏曰:"……我烈祖玄元皇帝,禀大贤之德,蕴至道之精,乃著五千文,用矫时弊。可以理国家,超夫象系之表,出彼明言之外。朕有处分,令家习此书,庶乎人用向方,政成不宰。虑兹下士,未达微言,是以重有发明,俾之开悟,期弱丧而知复,弘善贷于无穷。两京及诸州各置玄元皇帝庙一所,每年依道法斋醮。兼置崇玄学,于当州县学士数内均融量置,令习《道德经》及《庄子》《文子》《列子》,待习业成后,每年随贡举人例送至省。置助教一人,委所縣州长官于诸色人内精加访择补授,仍稍加优奖。"②诏令规定两京及诸州各置玄元皇帝庙一所,这不仅使玄元皇帝庙数量增多,而且分布面遍及全国州府。前所未有的是,玄元皇帝庙所在,兼设置崇玄学。据《新唐书》卷三七《地理志一》载,开元二十八年户部帐,凡州府三百二十八,如都贯彻实行诏令,两京及诸州府均设置崇玄学,全国将涌现一批新类型的学校,有三百三十所崇玄学。崇玄学的设置可以算一大创新,而庙与学的兼设则不完全是创新,它是仿效儒学而来的。新学校的规模主要体现在学生人数方面,规定京都各百人,而诸州则不限定人数,给地方留有伸缩余地。地方可根据自己的情况作一定调节,州长官可任用一名助教来负责州崇玄学的事务。

崇玄学在发展过程中,名称和制度也有所变化。天宝二年(743年)正月,两京崇玄学改称崇玄馆,而诸州崇玄学则改为通

---

① 《册府元龟》卷五三《尚黄老一》。
② 《册府元龟》卷五三《尚黄老一》。

道学。由于一开始就规定玄元皇帝庙兼设崇玄学,两者密切联系在一起,因而皇帝给予玄元皇帝庙的经济优待,崇玄馆也同时得益,获皇帝赐近城庄园各一所,这就成了玄元皇帝庙与崇玄馆的基本经济来源。崇玄馆作为政府所设的宗教教育机构,办学所需的经常费用,如学官的俸禄与学生的廪膳,由户部下属的有关机构按制度提供。

(三) 崇玄馆学官

对崇玄学的管理和教学人员,法令中有简要的规定。《旧唐书》卷九《玄宗本纪下》载,天宝元年(742年)二月丙申制令:"崇玄学置博士、助教各一员。"这与国子监六学学官的名称一致,用的名称是博士与助教。次年就发生变化,天宝二年,两京崇玄学改为崇玄馆,博士为学士,助教为直学士。更置大学士员,以宰相为之,领两京玄元宫及道院。天下崇玄学改称通道学,博士曰道德博士。[①] 随着学校名称改变,学官名称也改变,学校不称学而称馆,学官不称博士、助教,而称学士、直学士,这与弘文馆、崇文馆学官的名称一致。在领导管理方面,设置大学士,由宰相兼任,提高管理的等级,表示朝廷对崇玄馆十分重视。

关于崇玄馆学士的任用,史书累有记载,乃以具有学识,修道有得,获皇帝信任者充当。如陈希烈,天宝四载(745年)为门下侍郎、崇玄馆学士[②],天宝五载为门下侍郎兼侍讲、崇玄馆大学士、太

---

① 《新唐书》卷四八《百官志三》。
② 《册府元龟》卷五四《尚黄老二》。

清太微宫使①；赵归真,于宝历二年(826年)以太清宫道士充两街道门都教授博士②,又于会昌二年(842年)为两街道门都教授博士③；刘玄靖,会昌五年以衡岳道士充崇玄馆学士④。上述三人都是较有代表性的例子。

崇玄馆博士(学士)的任务,概括起来有三方面：其一,教崇玄生学习道教经典。开元二十九年(741年)正月,令崇玄生学习《道德经》《庄子》《文子》《列子》四经。天宝元年(742年)二月,改《庚桑子》为《洞灵真经》,准请条补,崇玄生也合习读。道教原先只列举四经,后又加上《庚桑子》,勉强凑成五经,与儒学的五经对等。但《庚桑子》一书人间少有,道士全无习读,连书本都没有,如何要求学业成就？所以,崇玄馆只能先教习四经,考试四经,《庚桑子》作为一经,要待有书可习,学业有成之时,才能被列入考试范围。其二,逢庆典之日讲经。"每至三元日,令崇玄馆学十讲《谐德》《南华》等诸经,群公百辟咸就观礼,庶使轩冕之士,尽弘南郭之风,寰海之内,咸为大庭之俗。"⑤其三,皇帝命令必须特办的事。如《文子》(《通玄真经》)、《列子》(《冲虚真经》)文字不定,《庚桑子》(《洞灵真经》)人间少本,皇帝下令崇玄馆组织人力,各写千卷,校定讫,付诸道采访使颁行。⑥又如,皇帝亲自校阅道经,交崇玄馆缮写,分送诸道。天宝八载闰六月丙辰,诏："玄宗妙本,实备微言,垂范传学,将弘治化。朕所以发求道之使,远令搜访,因听政之余,亲加寻阅,既刊讹谬,爰正简编,必在阐扬,以敦劝道。今

---

① 《唐大诏令集》卷四五《陈希烈平章事制》。
② 《册府元龟》卷五四《尚黄老二》。
③ 《唐会要》卷五〇《尊崇道教》。
④ 《唐会要》卷五〇《尊崇道教》。
⑤ 《册府元龟》卷五四《尚黄老二》。
⑥ 《唐会要》卷五〇《尊崇道教》。

内出一切道经,宜令崇玄馆即缮写,分道送诸道采访使,令管内诸郡转写,其官本便留采访郡一大观持诵。"①这些是临时性的差使,为传播道经出力,必须依令办成。学士们出力服务,到一定时候会有报偿。特别是在庆典日讲经,每有颁赐,崇玄馆大学士最受恩宠,赐物一百匹;其次是学士,赐六十匹;又其次是直学士,赐四十匹,②明显体现学官的等级。

(四) 崇玄馆学生

两京奉命初设崇玄学,各置学生一百人,其性质是贵族高官的子弟学校,入学依据资荫,同于国子学的入学条例规定,以文武官三品以上及国公子孙、从二品以上曾孙为学生。学生住宿馆中,得到规定的衣食等生活供应的优待。

崇玄馆以道教的经典《老子》(《道德经》)、《庄子》(《南华真经》)、《文子》(《通玄真经》)、《列子》(《冲虚真经》)、《庚桑子》(《洞灵真经》)为基本课程,其教本则特别指定,如《老子》用御注《道德经》本,《通玄真经》《冲虚真经》《洞灵真经》用校定本。

学生按规定参加道教的礼仪活动,重要的祠享典礼所需要的斋郎便以学生充当。参与这些宗教性的实践活动,也算是对学生进行教育的组成部分。

崇玄馆学生的考课仿照明经。崇玄馆对最初一批学生予以特别优待,为他们降低考试要求。天宝二年(743年)三月十六日

---

① 《册府元龟》卷五四《尚黄老二》。
② 《册府元龟》卷五四《尚黄老二》。

制:"崇元生试及帖策各减一条。三年业成,始依常式。"①经崇玄馆内考试,认可经业习成后,每年随举人例送名至尚书礼部,准明经例考试,谓之道举。通者,准及第人处分。为了照顾崇玄馆学生,缩短他们任官的候补期,天宝七载五月十三日敕令:"其崇玄生出身,自今已后,每至选宜减于常例一选,以为留放。"②优待措施为减一年候补期。

道举是朝廷为崇玄馆学生安排的政治出路。除了崇玄馆学生之外,各类民众中有明《道德经》《庄子》《文子》《列子》的人,都可以报名申请参加考试,及第者也一样优待任官,这是鼓励人们学道经、信道教的有效措施。

首次道举比较特殊,开元二十九年(741年)五月庚戌,皇帝下诏曰:"诸色人等,有明《道德经》及《庄》《列》《文子》等,委所繇长官访择,具以名闻,朕当亲试,别加甄奖。"③同年九月,应试人齐集,皇帝亲御兴庆门试明《道德经》及《庄》《文》《列子》举人,问策曰:"朕听政之暇,常读《道德经》《文》《列》《庄子》,其书文约而意精,词高而旨远,可以体国,可以保身。朕敦崇其教,以左右人也。子大夫能从事于此甚盛,加之古今异宜,文质相变,若在宥而不理,外物而为行,邃古之化,非御今之道,适时之术,陈其所宜。又礼乐刑政,所以经邦国;圣智仁义,所以序人伦。使之废绝,未知其旨。《道德经》曰:'绝学无忧。'则垂进德修业之教。《列子·力命》:'汝奚功于物。'又违惩恶劝善之文。二旨孰非?何优何劣?《文子》曰'金积折廉,璧袭无赢',且申其义。《庄子》曰'恬与支交

---

① 《唐会要》卷七七《崇元生(道举附)》。
② 《唐大诏令集》卷九《天宝七载册尊号赦》。
③ 《册府元龟》卷五三《尚黄老一》。

相养',明征其言。使一理混同,三教兼举,成不易之则,副虚伫之怀。"有姚子彦、靳能、元载等策入第,各授之以官。① 此次考试是皇帝下诏,又是皇帝亲自命题考试,在形式上应属于制举,在内容上也与道举相通,它为道举开辟道路,并产生社会影响,以后道举的策试命题以此为轨范。

崇玄馆随着政治形势而变化,政治形势影响着学生的聚散。"安史之乱"使原有的社会秩序被打乱,学生为避战争而流散。至唐代宗宝应永泰年间,崇玄馆学生所剩无几。经整顿,大历三年(768年),崇玄馆学生增补满百员。崇玄馆的发展过程并非一帆风顺,而是多有波折。

十、小学

小学是唐代王公贵族子弟走出家门后接受初等教育的专门机构,它是中央政府奉诏令而设立的唯一一所官办小学。

(一) 小学的设置

历代的统治集团都想世代保持统治地位,而要使后代具有维护统治地位的能力,就不能不依靠教育。唐代统治集团也不例外,重视设立小学以教育贵族子弟。《唐会要》卷三五《学校》:"武德元年十一月四日,诏皇族子孙及功臣子弟,于秘书外省别立小学。"诏书规定,入贵族小学需有特殊身份,范围限定在两类人:一

---

① 《册府元龟》卷五三《尚黄老一》。

是皇族子孙,二是功臣子弟,都属于新统治集团。小学附设于秘书外省,由秘书省兼管,教育机构与文化机构联在一起,利用其人才、图书环境条件是比较有利的。秘书省在皇城中,是年少的王公贵族子弟入学受教较合适的地方。

(二)小学的教学

小学"教授王公之子",对他们进行文化启蒙,使他们具有识字、写字、读书的能力,知晓一定的生活行为规范。小学设有博士。《旧唐书》卷一八九上《盖文懿传》:"文懿者,贝州宗城人也。武德初,历国子助教。时高祖别于秘书省置学,教授王公之子,时以文懿为博士。"博士负责管理小学的教学事务。

小学所教为十四岁以下的少年儿童,所教的知识有较大的跨度。小学最初的要求着重于识字、写字,所用为当时流行的儿童教材。《隋书·经籍志》编于唐初,所记的儿童教材有:《急就章》一卷,汉黄门令史游撰;《劝学》一卷,蔡邕撰;《发蒙记》一卷,晋著作郎束皙撰;《启蒙记》,晋散骑常侍顾恺之撰;《千字文》一卷,梁给事郎周兴嗣撰,梁国子祭酒萧子云注;《训俗文字略》一卷,后齐黄门郎颜之推撰。小学的教法为边识边读,并与教写相结合。待识字、写字有了基础之后,学生进一步读《孝经》《论语》,接受初步的伦理道德思想教育。学生学完《孝经》《论语》之后,接着学习《诗》《书》。到了十四岁,学生就转升弘文馆、崇文馆或国子学。初等教育阶段结束后,进入高等教育阶段。皇室子孙、功臣子弟,只要不是因低能而自己放弃,凭着家庭门荫,都能转升高一层的贵族学校。

十一、政府机构附设的学校

唐代中央政府为了满足行政管理事务活动方面的多种需要,在下属的事务机构中,附设一些培养或训练具有实用技艺人才的学校,以便持续按需补充事务机构所缺的实用人才。这些附设学校未必是唐代所始创,但是到唐代发展较为齐全,形成稳定的制度,具有一定的代表性。实用人才的培养过程也存在多样性,有的是招收学生进来,先学习职业岗位所需要的知识技能,一边学习,一边实习,学程结束后就上岗服务,转成正式的工作人员;有的是一进来就承担一定的工作任务,在工作中学习业务知识,提高技艺水平;有的是一进来就成为学徒,跟随指定的师傅,学习该行业的知识技能,待掌握行业的工作技能并已满期才能出师,转成独立完成工作任务的工作者。政府采取在事务部门附设学校的教育措施,对实用技艺的传承和发展起了重要作用。以下择要列举数例,简略加以介绍。

(一)太史局的天文历法学校

据《唐六典》卷一〇《秘书省·太史局》载,太史局长官称太史令,其职责为"掌观察天文,稽定历数,凡日月星辰之变,风云气色之异,率其属而占候焉。其属有司历、灵台郎、挈壶正。凡玄象器物,天文图书,苟非其任,不得与焉。每季录所见灾祥送门下、中书省,入起居注。岁终总录,封送史馆。每年预造来岁历,颁于天下"。简明地说,太史局具有三方面的职能:观测天文变化,制订来岁历法,管理漏刻报时。太史令属下有一批专职人员,办理这三方面的事务,此外还附带培养这三方面的人才。因此,太史局又具有教育的职能。其人员编制有专职教师和学生定额,现据《唐六典》卷一〇《秘书省》所载开元中太史局的编制,以及《新唐书》卷四七《百官志二·秘书省》所载乾元元年(758年)改制后司天台的编制,列表如下:

唐代天文历法学校

分设专业		天 文		历 法		漏 刻	
		专职教师	学生定额	专职教师	学生定额	专职教师	学生定额
编制	开元中太史局	灵台郎二人,正八品下	天文生五十人	保章正一人,从八品上	历生五十五人	漏刻博士六人,从九品下	漏刻生四十人
	乾元后司天台	天文博士二人,正八品下	天文生六十人	历博士一人,从八品上	历生三十六人	漏刻博士六人,流外	漏刻生三百六十人
教学要求		教以观测天文气色之变化并按时记录呈报		教以年历制订之法及测景分至表准		教以铜壶滴漏、漏刻报时之法	
学生出路		结业后留用,年深者转补天文观生		结业后留用,经八考后入流		结业后留用,转补典钟、典鼓	

太史局附设的天文历法学校以天文为主,兼顾相关的历法和漏刻,按业务范围实行分专业教学。学生由专职的博士教授专业知识,并参加所在部门的业务实践活动,边上学,边见习,重视实际参与观测,结业后就转为本部门的人员,能顶岗工作。

唐肃宗乾元元年(758年),太史局改称司天台,学官的名称和人员编制有所变化,但其教育职能和教学活动都继续维持。

(二)太医署的医药学校

唐代继承和发展前代的医药行政,于太常寺内专设太医署,并配置药园。太医署长官为太医令,其职责为"掌医疗之法"。其属有医师、针师、按摩师、药园师等,各带领下属的人员,履行职责,为宫廷与中央政府服务。除此之外,太医署还有培养年轻医药人员的任务。据《唐六典》卷一四《太常寺·太医署》,附设医药学校有教师与学生的编制及教学方面的要求,太医署就照此进行招生和培养。

唐代医药学校

设科	教师		学生		年限	学习内容
	博士	助教				
医科	一人 正八品上	一人 从九品上	四十人	体疗 二十二人	七年	以医术教授医生,习《本草》《明堂》《脉诀》《素问》《黄帝针经》《甲乙》《脉经》
				疮肿 六人	五年	
				少小 六人	五年	
				耳目口齿 四人	二年	
				角法 二人	二年	
针科	一人 从八品上	一人 从九品下	二十人		业成	课程有《素问》《黄帝针经》《明堂》《脉诀》,兼习《流注》《偃侧》等图及《赤乌神针》等经。教针生以经脉孔穴,使识浮沉涩滑之候,又以九针为补泻之法

续表

设科	教师		学生	年限	学习内容
	博士	助教			
按摩科	一人 从九品下		十五人	业成	教以消息导引之法，使骨节调利、血脉宣通，除人风、寒、暑、湿、饥、饱、劳、逸八疾，使内疾不留，外邪不入。若损伤折跌，也以法正之
药科	药园师 二人		八人	业成	教药园生、时种莳，收采、制造、贮存诸药，知药有阴阳配合、子母兄弟、根叶花实、草石骨肉之异，有毒无毒、阴干曝干、采造时月之别，能辨明产地，区分优劣

医药学校的教学有它自己的特点：

其一，对于学习应用性的医药经典，强调必须结合实际。"读《本草》者，即令识药形，知药性；读《明堂》者，即令验图，识其孔穴；读《脉诀》者，即令递相诊候，使知四时浮沉涩滑之状。"一定要认真、严格，不能发生误差。

其二，对于学习理论性的医学经典，要求理解透彻，融会贯通。读《素问》《黄帝针经》《甲乙》《脉经》，一定要精通熟记，不可片面理解，也不应该随意误解，这直接关系到人的健康与生死。

其三，为了督促学生学习，检查教师的教学效果，建立考试和考核制度。"博士月一试，太医令、丞季一试，太常丞年终总试。若业术过于见任官者，即听补替。其在学九年无成者，退从本色。"学业完成的考试有明确的范围和格式：试《素问》四条，《黄帝针经》《明堂》《脉诀》各二条,共十条。

其四,对于参与医疗实践,另有考核办法。"凡医师、医正、医工疗人疾病,以其痊多少而书之,以为考课。"医生、针生、按摩生也是如此。

唐代的医药学校有当时最先进的医药教育制度,为新罗、日本等国所仿效。

(三) 太乐署的音乐学校

据《唐六典》卷一四《太常寺·太乐署》,太乐署的长官为"太乐令,掌教乐人调合钟律,以供邦国之祭祀、飨燕"。太乐令所掌管的国家乐队,是在宗庙及殿庭行礼时演奏正规庄重的雅乐的乐队,有协律郎担任教乐监督。

乐队是常设的一支庞大队伍,人员有不同的等级与分工,乐师、舞郎、乐人、音声人各有不同的职责。乐人有长上散乐一百人(由招募而来的职业化的乐人)、短番散乐一千人(由地方征调而来的限期服务的乐人),他们在乐师带领下进行教学练习,以提高演奏水平。他们平日进行教学练习,有任务时就集合出动去演奏。

博士教乐,按乐曲的难度,分别规定教乐的日程。《唐六典》卷一四《太常寺》载:"太乐署教乐:雅乐大曲,三十日成;小曲,二十日。清乐大曲,六十日;文曲,三十日;小曲,十日。燕乐、西凉、龟兹、疏勒、安国、天竺、高昌大曲,各三十日;次曲,各二十日;小曲,各十日。"

教乐有平时考核和年度考核,年度考核较为重要。每岁考核其师所教之课业,分别评定为上、中、下三等,功多者为上第,功少者为中第,不勤者为下第,申报礼部审核。至十年进行总考核,以评定是否业成。若业未成，则又经五年，再进行第二次总考核，评定其优劣。满十五年而岁考有五上考、七中考者，可授散官，直本司。满十五年而岁考未达五上考、七中考者，则不叙其官而罢黜。授散官的表示学业已经完成，品行修谨，先担任助教，待博士有缺，依次补之。这种制度上的规定显出奖惩分明。

（四）太仆寺的兽医学校

据《唐六典》卷一七《太仆寺》，太仆寺的首长是太仆卿，"太仆卿之职，掌邦国厩牧、车舆之政令，总乘黄、典厩、典牧、车府四署及诸监、牧之官属"。

太仆寺管理牧马，并保证为中央政府提供服役的马匹。马的数量比较多，为了马匹的健康，使之能正常服役，需要常备一定的兽医，以为有伤病的马做治疗。兽医需要持续地补充，从社会上不容易招聘，太仆寺只好附设学校，以培养年轻的兽医。

太仆卿的副手有太仆丞四人，委派其中一人，负责领导兽医博士和学生。据《唐六典》所载，兽医博士的编制为一人[①]，学生一百人。兽医学生有定额，缺额才能补充。凡补兽医生，皆以庶人之子考试选录。因为贵族和官僚的子弟有特权，他们不要以兽医为职业，所以只能招收庶人子弟。

兽医学生完成了兽医学业，考试合格，可以补为兽医。兽医业务技艺优长者，可依次补为兽医博士。

兽医学生只要认真学习兽医的技艺，愿以兽医为职业，出路

---

① 《新唐书》卷四八《太仆寺》所载兽医博士有四人，表明在不同阶段编制有变化。

都不成问题。

（五）少府监的工艺学校

《唐六典》卷二二《少府监》载:"少府监之职,掌百工伎巧之政令,总中尚、左尚、右尚、织染、掌冶五署之官属。庀其工徒,谨其缮作,少监为之贰。凡天子之服御、百官之仪制、展采、备物,率其属以供焉。"中央政府所需的手工业产品主要由少府监组织工匠来分类生产,按需提供。各类工匠有老年与青年,不同年龄的人不断会有新陈代谢,需要持续不断补充青年工匠。而青年工匠的技能与老年工匠存在差距,要经过一段时间的培训,以提高其业务技能。他们各有师傅带领指导,在生产过程中边劳动边学习。学习专业技艺要有过程,难易不同,也就各有期限。"凡教诸杂作,计其功之众寡与其难易,而均平之。功多而难者,限四年、三年成,其次二年,最少四十日,作为等差,而均其劳逸焉。"

少府监不同工种的教习期限（据《新唐书》卷四八《百官志三》）

工种	钿镂之工	车路乐器之工	平漫刀矟之工	矢镞竹漆屈柳之工	冠冕弁帻之工	其他物品制作之工
教习期限	四年	三年	二年	一年	九月	三月或五十日、四十日

《新唐书》卷四八《百官志三》载:"教作者传家技,四季以令丞试之,岁终以监试之,皆物勒工名。"富有工艺经验的技师教授青年学徒制作产品,传授自家掌握的技术。技师无保留地向青年学徒教习技艺,形成一种新的师徒关系。为促使青年学徒真正把技

艺学到手,少府监很重视对制作产品的考核,因此有每件产品完成后的考核,还有季度考核、年终考核,考核的依据是"物勒工名"的每项产品。这种考核办法使生产者增强劳作的责任心,对产品的质量始终负责。

少府监的技师传授专业的工艺技术,破除了家庭手工业世袭传授、因循守旧的制度,促进了工艺技术的推广和提高。

从以上的事例可以了解到,唐代中央政府的行政运作需要各类专业人才,单靠向社会征召满足不了需要,要有机构来培养专业人才。中央政府在下属的事务部附设各类学校,是解决专业人才供应问题的适当办法。这些附设于中央政府事务部门以培养各类实用人才的学校,都由所在的事务部门兼管,有多方面的益处:第一,可以利用这些事务部门集中现有的专门人才,充分发挥他们的作用,进行知识技能的传授,从而解决缺乏师资的难题。第二,可以较方便地利用事务部门的专业物质设备,既解决教学活动缺乏设备的困难,又节省经费开支。第三,附属学校获得见习、实习的便利条件,使知识教育和实践活动密切结合,所培养的是既有专业知识也有实际能力的人才。第四,负责培养实用人才的部门也获得使用所培养人才的权利,不用担心人才的流失,学生也不必顾虑结业后的就业问题。因此,这种培养实用人才的方式适应社会发展的需要,其历史经验是值得总结的。

第四节 五代的中央官学

五代是战乱的时代,从907年到960年的五十三年间,战争不断,政局动荡,朝代更替,极大地影响了官学的正常发展。干戈兴而学校废,学校直接受到打击而停顿。战后学校的恢复和维持生存都历经艰难,在衰废中勉强延续,采取了一些暂时应变的措施,谈不上制度的健全。五代的文献中缺乏关于中央官学系统完整的记载,现根据零散史料整理,谈几个问题。

一、参照唐制设置国子监

朱温是唐末实力最强的方镇军阀,他用武力打败敌手,控制了中原局势,于907年夺取帝位,建都汴州(今河南开封),国号梁,史称后梁。后梁的中央官学为国子监,它是提升原汴州州学并加以改造而成。其体制参照唐朝国子监,但在战争不断的年代,不论是教学活动还是培养人才的效果,都打了很大的折扣。其形式虽有国子监的设置,但规模萎缩,与唐代实在难以相比。后梁虽也利用国子监培养一部分人才,但更主要的是利用科举制度选拔人才而为己所用。

李存勖是后唐的建立者,建都洛阳,国号唐。他自认为继唐而中兴,重视恢复唐代的官学制度。但时代变化,社会政治经济条件不同,决定了后唐中央官学国子监的规模与唐相比必然要简缩。不过,还是有些人怀念唐代国子监,一有机会就提出仿效唐代国子监,再现唐代国子监的辉煌。后唐的国子司业张溥就是其中之一。《旧五代史》卷四一《唐书·明宗纪》载,长兴元年(930年)"夏四月甲午朔,国子司业张溥奏:请复八馆,以广生徒。按《六典》,监有六学,国子、太学、四门、律学、书学、算学是也。而溥云八馆,谬矣"。张溥所说的"请复八馆",并未说明具体所指,他的建议未得到当政者肯定,后来还受到薛居正等的指责。张溥之后,史书未载有人再提同类建议,可能是估计到统治集团对文教的重视程度有限,采取了迁就现实的态度。

后晋、后汉、后周皆建都于汴州,国子监也随都城而迁移,后者承续前者,未有大的改变。

二、学官的设置

五代中央官学学官沿用唐代旧制,国子监设有祭酒、司业、国子博士、五经博士等学官。《旧五代史》卷三〇《唐书·庄宗纪》载,后唐同光元年(923年)十二月戊申,国子监置祭酒、司业各一员,博士两员。学官显然被尽量简省了。

在战乱年代,军事强弱决定政权存亡。从当政者来看,各项国务的重要性中,军事居首要地位,文教事业被放在末位。五代除后唐政权之外,学官在政府职官系统中难以受敬重,这样的环境不利于学官的敬业和国子监的振作。为改变这种状态,后唐采取了一点特殊措施。《五代会要》卷一六《国子监》:"后唐天成三年正月,中书门下奏:伏以祭酒之资,历朝所贵。爰从近代,不重此官。况属圣朝,方勤庶政,须宏雅道,以振时风。望令宰臣一员,兼判国子祭酒。敕宜令宰臣崔协兼判。"由宰相兼判国子祭酒,提高国子祭酒的政治地位,以显示当朝的重视,也促使政府核心人物把国子监的事务摆进公务日程,给国子监有力支持,及时处理有关的问题。后来的当政者为仿效宰相兼判国子祭酒的措施,常令高官兼判国子祭酒。如后周广顺年间,尚书左丞田敏兼判国子监事。

国子监既设置学官,理当发挥学官在教育中的作用。《旧五代史》卷四一《唐书·明宗纪》载后唐明宗天成二年(927年)三月,"太常丞段颙请国学五经博士各讲本经,以申横经齿胄之义。从之"。这就避免了学官闲散,使之能够各尽其职,发挥所长。

三、监生的限员

由于教育经费缺乏,国子监规模有限,控制学生总量成为必要的措施。《五代会要》卷一六《国子监》载,后唐天成三年(928年)八月,"宰臣兼判国子祭酒崔协奏,请国子监每年只置监生二百员,候解送至十月三十日,满数为定。又请颁下诸道州府,各置官学,如有乡党备诸文行可举者,录其事实申监司,方与解送,但一身就业,不得影庇门户。兼太学书生,亦依此例。不得因此便取公牒,辄免本户差役"。此奏书被批准实行,值得注意的有三个问题:第一,国子监每年限置监生二百员,解送时间延至十月三十日,额满为定。第二,监生由诸道州府择地方上有文行可举者,先录其事申报监司,然后才可以解送。第三,监生所受的优待只限于本人完成学业,不能因被举送为监生而免其家庭的差役。

除对监生进行总量控制之外,对附监举人,也有一定的条件限制。《五代会要》卷一六《国子监》载,后唐"清泰三年五月敕:国子监每岁举人,皆自远方来集,不询解送,何辨是非。其附监举人,并准去年八月一日敕,须取本处文解,如不及第者,次年便许监司解送。若初投名,未曾本处取解者,初举落第后,监司勿便收补。其淮南、江南、黔、蜀远人,不拘此例"。国子监收补举人,根据的是各州府解送的文书,交纳过州府解送文书,即使当年不及第,次年还可以由监司解送。如果没有本处州府的解送文书,初举落第后,监司便不再收补。对远方来集的淮南、江南、黔、蜀等地区的举人,则给予特别照顾,不受此限,免得举人为取本州府文解,长途往还奔波。

四、根据新情况制定新制度

(一)收补监生考试

《五代会要》卷一六《国子监》载,后唐天成三年(928年)八月,宰臣兼判国子祭酒崔协奏:"每年于二百人数内,不系时节,有投名者,先令学官考试,校其学业深浅,方议收补姓名。"敕:"宜依。"国子监每年限额监生二百员,如未满额,随时接受申请,并由学官进行个别考试,通过考试了解申请者的学业深浅程度,然后决定取舍。

(二)情愿监中修学

此前国子监对监生管理松懈,有的监生住监,生活较有规则,认真修业;有的监生不肯住监,在监外生活散漫,学业不修。为矫正这种偏向,国子监试图制定新制度来加强管理。《五代会要》卷一六《国子监》载,后唐天成五年(930年)正月,"奉敕:宜准往例,自今后凡补监生,须令情愿于监中修学,则得给牒收补。仍据所业次第,逐年考试申奏。如收补年深,未闻艺业,虚沾补牒,不赴试期,亦委监司具姓名申奏"。这次制定新制度的基本精神是:只有愿意住监修学者才能发给文牒收补为监生,不情愿监中修学者则不能收补为监生；监中修业者按其所学的程度，每年经考试选送礼部；多年学业不见进步，只是虚占监生名额，或是不按期参加考试的，由监司将实情申报，听候处理。违规有不同程度，严重者可能被责令退学。

对后唐制定的监中修学制度，后周显德元年（954年）再次强调贯彻。《五代会要》卷一六《国子监》："周显德元年十一月敕：国子监所解送广顺三年已前监生人数，宜令礼部贡院收纳文解。其今年内新收补监生，并仰落下。今后须是监中受业，方得准令式收补解送。"广顺三年（953年）以前，监生都是经过州府解送并曾在监中受业，礼部贡院可以接受这部分人的解送文书，准其参加科举考试。而当年新收补的监生，有未经州府解送且未曾在监中受业的，礼部贡院应把他们除名，不让他们参加当年的科举考试。今后必须是在监中受业的监生，才能按规定收补和解送。

（三）统一采用敕本"九经"为教材

国子监规定"九经"为统一课程，但供学习的教材都是手抄本，有多种来源，文字颇有出入。自长兴三年（932年）开始，用雕版印书的技术印刷经籍，为提供文字完全一致的课本创设了条件。《五代会要》卷八《经籍》载："后唐长兴三年二月中书门下奏，请依石经文字，刻'九经'印板。敕令国子监集博士儒徒，将西京石经本，各以所业本经句度，抄写注出，子细看读，然后雇召能雕字匠人，各部随秩刻印板，广颁天下。如诸色人要写经书，并须依所印敕本，不得更便杂本交错。"此项任务，经历后唐、后晋、后汉、后周四朝，费时二十一年，到后周广顺三年（953年）才大功告成。

《五代会要》卷八《经籍》载:"周广顺三年六月,尚书左丞兼判国子监事田敏,进印板'九经'书、《五经文字》《九经字样》,各二部,一百三十册。"这是中国历史上第一次由国子监出版的雕版印刷的"九经"教材,在出版史上有重要的历史意义。它作为国家规定标准教材印刷出版,在教育史上也有重要意义。

五、国子监崇圣

自唐以来,崇圣祀孔成为国子监一贯的传统。五代国子监虽然衰落,但崇圣祀孔还在继续。文宣王庙成为国子监的基本设施。后梁国子监筹资修建文宣王庙。《五代会要》卷一六《国子监》载:"梁开平三年十二月,国子监奏:'修建文宣王庙,请率在朝及天下见任官俸钱,每贯克留一十五义。'"

后唐在崇圣祀孔方面更是尽力维护一贯传统,先是恢复贡举人至国子监行谒先圣礼。《五代会要》卷八《褒崇先圣》载:"后唐长兴元年八月六日,尚书比部员外郎知制诰崔棁奏:'臣伏见开元五年敕,每见贡举人,见讫,宜令引就国子监,谒先圣先师,学者谓之开讲质疑义,所司设食,其监内得举人,亦准此例。其日清资官五品已上并朝集使,并往观礼,永为常式。自经多故,其礼久废,请再举行。'从之。"后唐还坚持春秋二仲上丁日释奠于文宣王,并规范每年举行的释奠礼。《五代会要》卷八《释奠》载:"后唐长兴三年五月七日,国子博士蔡同文奏:伏见每年春秋二仲月上丁释奠于文宣王,以兖国公颜子配坐,以闵子骞等为十哲,排祭奠,其有七十二贤图形于四壁。……今礼院检《郊祀录》,释奠文宣王,并中祀例,祭以少牢,其配座十哲,见今行释奠之礼,……当司详

《郊祀录》，文宣王从祀诸座，各笾二，实以栗黄牛脯；豆二，实以葵菹鹿醢；簠簋各一，实以黍稷饭；酒爵一。……奉敕：其文宣王四壁英贤，自此每释奠，宜准《郊祀录》，各陈脯醢等诸物以祭。"从五代各朝的比较来看，后唐在崇圣尊孔的礼仪方面是做得最为周到的。

六、经费的筹措

隋唐是中央集权国家，都为中央官学提供经费，生徒享受官费，而五代的社会条件不同，政府做不到这种地步。五代若在战争的时候，国家财政收入绝大部分都移充军费；在战争短期间歇之时，仍然要养官、养兵，耗尽国家财力，缺乏经费是常事，教育事业分摊到的经费极少，要维持教育，教育机构就得自筹经费。后唐的国子监就因被迫做这类事而被载入史册。《旧五代史》卷四一《唐书·明宗纪》载，长兴元年（930年）春正月，乙亥，"国子监请以监学生束脩及光学钱备监中修葺公用。从之"。此事被说得过于简略，现在需要寻找更具体的说明，才能有根据地进行分析。《五代会要》卷一六《国子监》载，后唐天成"五年正月五日，国子监奏：当监旧例，初补监生，有束脩钱二千，及第后光学钱一千。窃缘当监诸色举人，及第后多不于监司出给光学文抄，及不纳光学钱，祗守选限年满，便赴南曹参选。南曹近年磨勘选人，并不收监司光学文抄为凭。请今后欲准往例，应诸色举人及第后，并先于监司出给光学文抄，并纳光学钱等，各有所业等第，以备当监逐年公使。奉敕，宜准往例。"由此可见，五代国子监不仅要监生入学时交束脩钱二千，而且参加科举有幸及第还得交纳光学钱一千。

国子监每年集中这两笔钱，数量虽然有限，但在当时要办一些事，还算于事有补。就此事将五代与唐代比较，可以发现存在较大差别。唐代监生入学时所交纳的束脩是作为给学官的礼物，所纳的绢、酒、脯等礼物随后就分发给博士与助教，三分归于博士，二分归于助教。而五代监生入学时不是交物，而是交钱，束脩礼完全被货币化了。束脩钱不是分发给博士、助教，而是国子监全部留着，移充监中经费，以弥补经费的不足。至于光学钱，唐代是在遇到特殊情况时，才发动为国子监捐献，偶尔举行一两次。五代国子监收取光学钱是对全部监生及第者，每年监生及第后就收一批，每人都按规定数额交纳。这笔钱不是用于办理某一特殊的事情，而是充当监中经费。了解了监生交两笔钱的去向就可知监生在五代并不是完全享受官费，而是交了一定学费的。这是在特殊历史条件下出现的新趋势。

第六章

中央官学的教育管理

本章所要介绍和探讨的,是中央官学内部管理制度的有关问题。这些问题涉及领导与学官、学官与学官、学官与学生、学生与学生、学生与家庭、学生与社会等多方面的关系,用一定的制度来规范和理顺这些关系,能使官学内部的教育工作、教学活动比较有序地进行,创设有利的条件,保证计划任务的完成,实现培养目标。隋代有其教育法规,建立了一定的制度,这些制度为唐代所继承。在此基础上,唐代又根据现实条件与时代需要,进行改革和发展,制定新的教育法规,建立新的制度。由于唐代统治时间达二百九十年之久,中央官学达到鼎盛阶段,根据其发展实践的需要,先后颁发了教育法规,形成比较齐全完备的管理制度,不仅在当时实行,对以后也产生了深远的影响。五代政局不稳,朝代更替频繁,官学虽然恢复,但规模大为缩小,管理制度多参照唐代官学管理制度,没有多大的创新。从历史实际出发,在探讨隋唐五代教育管理制度方面的问题时,本章以唐代为主要代表,为避免零散,集中对几个问题进行探讨。

第一节　学官

一、学官任职的条件

在隋、唐、五代，中央官学是中央政府行政系统的一方面，其中的管理人员、教学人员全在职官序列中，定有品级，当然属于封建政府的职官。但是，学官的职责又在于宣扬封建伦理道德意识，传授历史文化知识，以培养封建统治人才。因此，学官具有双重身份，一是职官，二是教师，对他们的要求较高，任职的条件自然有别。

在历史文献中，对中央学官的任职条件缺乏集中明确的规定，只是在诏令当中简要涉及，把这些较为分散的材料集中起来分析，有助于使认识明晰起来。

隋文帝在《劝学行礼诏》中强调："建国重道，莫先于学，尊主庇民，莫先于礼。"因此，朝廷复建庠序，官师服膺儒术，"然其维持名教，奖饰彝伦，微相弘益，赖斯而已"。这体现了对学官的要求。在《简励学徒诏》中，隋文帝又一次提出："儒学之道，训教生人，识父子君臣之义，知尊卑长幼之序，升之于朝，任之以职，故能赞理时务，弘益风范。"从培养的要求即"德为代范，才任国用"来看，学官自身也需具备德与才的条件，才能履行教育培养人才的职责。隋文帝在《令州县搜扬贤哲诏》中提出的人才要求是"皆取明知今古，通识治乱，究政教之本，达礼乐之源"。这就是需要贤哲，以贤哲为标准来取才，要求也颇高，即知识面很广、判断力很强、理论修养精深的思想家。

隋炀帝在《求贤兴学诏》中提出所求之贤能的条件是"笃志好古,耽悦典坟,学行优敏,堪膺时务",就是寻求这类人来当学官以教习生徒。

唐高祖在《置学官备释奠礼诏》中强调"西胶东序,春诵夏弦,悦《礼》敦《诗》,本仁祖义,建邦立极,咸必由之",他在施政上的意图是"思弘至道,冀宣德化,永言坟索,深存讲习"。具体去做此项工作的,当然就是学官。唐高祖在《兴学敕》中对教育工作的地位和作用有一番论述:"自古为政,莫不以学为先。学则仁、义、礼、智、信五者俱备,故能为利深博。朕今欲敦本息末,崇尚儒宗,开后生之耳目,行先王之典训。"开展培养人才工作的是学官,学官要教育人,自身首先要具有仁、义、礼、智、信的道德,并应精通儒家经典,善于教授。

唐太宗重视中央官学的发展,多次征召儒士为教师。贞观六年(632年),"尽召天下惇师老德以为学官"。① 贞观十一年,颁《采访孝悌儒术等诏》,要求各地推荐"儒术该通,可为师范……各给传乘,优礼发遣,当随其器能,擢以不次"。贞观十五年,颁《求访贤良限来年二月集泰山诏》,要求广泛荐举人才,"或儒术通明,学堪师范……并宜荐举,具以名闻",明确强调,学官在学术修养方面应该精通儒术,在道德品行方面应该可为师范。

唐高宗在《令京司长官上都督府诸州举人诏》中要求"有司询访,宜以名闻,有一于此,当超不次。其有经明行修,谈讲精熟,具此严才,堪膺教胄者"。经明行修是作为教师必备的,除此

---

① 《新唐书》卷一九八《儒学传上》。

之外,他还提出"谈讲精熟",从教学能力的素养方面对教师提出要求。

武则天在《以八科取士诏》中要求推荐八类人才,其中之一为"抱儒素之业,可以师范国胄",即能以儒家传统经学为专业者,可以作为国学的教师。

唐玄宗在《令贡举人勉学诏》中提出举荐人才的要求:"天下有业擅专门,学优重席,可堪师授者,所在具以名闻。"他在《求儒学诏》中明确提出举荐儒官的要求:"天下官人百姓,有精于经史、道德可尊、工于著述、文质兼美者,宜令本司本州长官,指陈艺业,录状送闻。"儒学之士能精于经史,也就是业擅专门,除此基本条件之外,还要有较高的道德素养,从事研究,善于著述,内在条件与外在表现有完善的结合,才是文质兼美的儒学之士。

唐代宗于永泰二年(766年)颁《崇太学诏》,指出为了恢复国学,需要补充学官。他在诏令中提出:"其学官,委中书门下即简择行业堪为师范者充。"此诏令规定选择学官的基本条件就是两方面,即行(品行)与业(儒家经史专门之业)可为生徒师范者充当,似乎把品行条件放在优先地位。

唐宪宗于元和元年(806年)正月颁敕令:"自今以后,国子祭酒司业及学官,并须取有德望学识人充。"不论是国子监监官还是学官,都要选取德望与学识兼具的人充当。所谓德望,也就是德行名望,经过社会群众评价而获得认可,受到普遍的尊重。

元和年间,柳宗元撰《送易师杨君序》一文,提出关于学官选择的主张,他说:"宗元以为太学立儒官,传儒业,宜求专而通、新而一者,以为胄子师。"他较侧重从"传儒业"这一角度来提要求,强调要有"专而通、新而一"的儒业素养,既要专深而通博,还要创新而融合为一,在学术方面的要求较高。

韩愈在长庆初为国子祭酒,为履行其职责,他向吏部提交了《国子监论新注学官牒》,阐述对选择学官的看法,其牒文如下:"准今年敕文,委国子祭酒选择有经艺堪训导生徒者,以充学官。近年吏部所注,多循资叙,不考艺能,至今生徒不自劝励。伏请非专通经传,博涉坟①史,及进士、五经诸色登科人,不以比拟。其新受官,上日必加研试,然后放行。"长庆元年(821年)的敕文提到选择学官问题,因为不是专为选择学官而颁的法令,而是在涉及多方面问题的文告中仅一般化地要求"选择有经业堪训导生徒者,以充学官",且吏部近年在补充学官时是根据年资次序分派的,没有考察其经艺才能水平,让水平不高的人充当学官,不能激励学生学习的积极性,所以韩愈要求把标准进一步具体化,对经艺的要求具体为"专通经传,博涉坟史",这样要求更高,也能考核。除此之外,他还提出一项条件,就是必须为科举出身的人,即"进士、五经诸色登科人"才有资格充当学官,把门荫入官、胥吏入流者均加以排除,可算是当时整顿师资队伍的一项措施。

唐文宗于大和七年(833年)八月令监司于诸道"搜访名儒,置五经博士"。名儒是知名度较高的儒者,其自身当然要具有儒学经艺的条件,但伸缩弹性较大,要汇集比较,才能确定水平高低,择其优者任用。

以上对学官的要求多有论述,虽提法不一,但其中包含共同的因素。概括起来,选择学官有三项基本要求:第一,德行可尊;第二,学识通博;第三,堪为师范。这三者是共同的要求。

---

① "坟",一作"文"。

对学官的基本要求不同程度地体现在任命国子祭酒、国子司业的制令中,也体现在举荐国子博士的状文中,以下特举数例,以供了解。

授杨峤国子祭酒制

苏　颋

黄门:师氏之职,训于胄子,儒林之选,必俟贤人。魏州刺史上柱国北平县开国子杨峤,直清庄敬,浩素纯密,服膺勤业,道在其中,因心执礼,行成于内,树风有循良之课,试剧闻精练之能。往在东都,摄于西序,巾卷资其导诱,纪纲正其颓弊。惟教之立,厥声孔臧,俾崇于释菜,逾劝于攻木。可国子祭酒,勋封如故。主者施行。

——《全唐文》卷一五一,中华书局1983年影印本

授刘瑗等国子祭酒制

孙　逖

门下:名器所归,必征于才实,进用之序,亦凭于岁年。邠王傅上柱国丰县开国男刘瑗等,备闻素行,累践清资,佩服文儒,周旋礼让,效官惟谨,考绩皆深。以类而迁,既有均于平施,至公斯在,亦何患于后时。宜悉虚怀,各从分职。可依前件。

——《全唐文》卷三〇九,中华书局1983年影印本

授崔挹成均司业制

李　峤

鸾台:太中大夫、使持节博州诸军事,守博州刺史崔挹,怀才

抱器，悦礼敦诗，博究毁陵，深穷坏壁。秦章汉绶，虽践吏途，鲁衣宋冠，无辍儒行。虎门齿胄，蚁术横经，重道尊师，于是乎在。宜罢外台之任，俾升上庠之秩。可行成均司业，散官如故。主者施行。

——《全唐文》卷二四二，中华书局1983年影印本

授郑谓国子司业制

苏颋

黄门：银青光禄大夫宋王府长史上柱国襄城县开国伯郑谓，纯固仁厚，温恭雅实，尝览坟籍，克修言行。玳筵承宠，已参佐于王门；琼林讲艺，用周旋于师氏。可行国子司业，散官勋封如故。主者施行。

——《全唐文》卷二五一，中华书局1983年影印本

举荐张籍状

韩愈

登仕郎、守秘书省校书郎张籍。

右件官，学有师法，文多古风，沉默静退，介然自守，声华行实，光映儒林。臣当司见阙国子监博士一员，生徒藉其训导。伏乞天恩，特授此官，以彰圣朝崇儒尚德之道。谨录奏闻，伏听敕旨。

——《韩昌黎集》卷三九，商务印书馆国学基本丛书简编本

任用学官坚持较高的要求，尤其是任用祭酒和司业，要求更高一层，需其人德行经艺超于伦辈才能受人尊重。所以，祭酒和司业皆以儒学优重者任之，非其人不居。其他各学学官的任用则

看重在不同领域有所精专。

二、学官的编制与品级

（一）隋代的学官

隋代的国子寺建立于开皇年代，属太常寺管理，有一定的学官设置。在祭酒率领下，属官有主簿、录事，所统的国子、太学、四门、书学、算学各置若干博士，若干助教。开皇十三年(593年)，国子寺改变隶属关系，不再隶属太常寺而成平行于太常寺的独立机构。不久，国子寺改称为国子学。至仁寿元年(601年)，发生大变化，只保留国子学一所，其他学校皆废。随后，国子学改为太学，置博士五人，从五品，学生七十二人。

隋炀帝即位，又恢复所有被废的学校，中央官学统称国子学。大业三年(607年)，国子学改为国子监。国子监依旧设置国子祭酒，加置司业一人，从四品，丞三人，加为从六品，并复置主簿、录事各一人。国子学置博士，正五品，助教，从七品，各一人，学生无常员。太学博士、助教各二人，学生五百人。

隋代中央学官的编制与品级

学官名称	《隋书·百官志》		《唐六典·国子监》		备注
	员数	品级	员数	品级	
国子祭酒	一人	从三品	一人	从三品	隋初置
司业	(一人)	从四品	一人	从四品	大业三年置
丞	(三人)	从六品	三人	从六品	大业三年置

续表

学官名称	《隋书·百官志》 员数	《隋书·百官志》 品级	《唐六典·国子监》 员数	《唐六典·国子监》 品级	备注
主簿	一人		一人	从七品下	隋初置
录事	一人		一人	从九品下	隋初置
国子博士	五人（一人）	正五品	一人	正五品	大业三年减置
国子助教	五人（一人）	从七品	一人	从七品下	大业三年减置
太学博士	五人（二人）	从七品（从五品）（从六品）	二人	从六品	大业三年减置
太学助教	五人（二人）	正九品	二人	正九品下	大业三年减置
四门博士	五人	从八品	五人	从八品上	隋初置
四门助教	五人	从九品	五人	从九品下	隋初置
书学博士	二人	从九品	一人	从九品下	隋初置
书学助教	二人				隋初置
算学博士	二人	从九品	一人	从九品下	隋初置
算学助教	二人				隋初置
律学博士		正九品	八人	正九品上	属大理寺

（二）唐代的学官

唐代的中央官学制度基本上继承隋代的中央官学制度。武德年代，只恢复国子、太学、四门三学，规模有所控制，人员也相应地减少。到贞观年代,不仅有所恢复,如贞观二年(628年)复设书学、算学,而且有更大规模的发展,住宿学生达三千二百六十人,最高峰时,听讲者达八千多人。以后的发展随着政治形势的变化而波动起伏。武则天当政时,贬抑儒学,学生流散,教学活动停顿,但她放手招官,学官人数并未减少。至唐玄宗当政年代,中央官学恢复,稳定在二千二百多人的规模,并形成一套较为完备的教育管理制度,被载入《唐六典》(其中也较详细地记载了中央官学国子监的学官编制与品级)。以后虽未必事事全按《唐六典》不折不扣照办,但只要是整顿恢复,寻找制度依据,都要根据《唐六典》,这是不容忽视的事实。唐后期,中央官学逐渐走下坡路,国子监虽继续存在,但情况大不一样,规模缩小,学官也难免缺额。

把唐代中央官学学官编制与品级同隋代作比较,便可以看出唐代中央官学的组织成分不同,贞观六年(632年)增置律学,天宝九载(750年)增设广文馆,都有博士、助教。隋炀帝时,官品自一品至九品,唯分正从;而唐代除分正从外,从四品开始还分上下阶。

唐代中央学官的编制与品级

职　名	《唐六典·国子监》		《新唐书·百官志》	
	员　数	品　级	员　数	品　级
国子祭酒	一人	从三品	一人	从三品
司　业	二人	从四品下	二人	从四品下
丞	一人	从六品下	一人	从六品下
主　簿	一人	从七品下	一人	从七品下
录　事	一人	从九品下	一人	从九品下
国子博士	二人	正五品上	五人	正五品上

续表

职　名	《唐六典·国子监》		《新唐书·百官志》	
	员　数	品　级	员　数	品　级
助　教	二人	从六品上	五人	从六品上
太学博士	三人	正六品上	六人	正六品上
助　教	三人	从七品上	六人	从七品上
广文博士			四人	正六品上
广文助教			二人	从七品上
四门博士	三人	正七品上	六人	正七品上
助　教	三人	从八品上	六人	从七品上
律学博士	一人	从八品下	三人	从八品下
助　教	一人	从九品上	一人	从九品下
书学博士	二人	从九品下	二人	从九品下
书学助教			一人	（无品）
算学博士	二人	从九品下	二人	从九品下
算学助教			一人	（无品）

注：《唐会要》卷六六《广文馆》："天宝九载七月十三日置，领国子监进士业者，博士、助教各一人，品秩同太学。"《新唐书·百官志》所载广文馆学官的编制可能不是同一年代的，所以人数有变化，而品级则一致。

三、学官的俸禄

官学被视为封建政府机构的组成部分，其管理人员和教学人员也自然由政府任用，成为封建官僚队伍中的成员，所负责的任务虽不同，但同样按其所处的品级地位享受俸禄。

俸禄是中央官学学官的基本经济来源，由月俸、岁禄、职田几方面提供，保证与其政治地位相应的生活待遇。

（一）月俸

月俸是每月按学官的品级所发放的俸料钱，作为学官本人连带家属及仆役的生活费。在历史文献中，常会看到"月俸"这一词语。如韩愈在《进学解》一文中自嘲说："犹且月费俸钱，岁靡廪粟，子不知耕，妇不知织，乘马从徒，安坐而食。""月俸"是统称。唐朝的月俸至开元年代趋于制度化，其中包含四个项目，即月俸、食料、防阁、杂用，所以月俸有时又被称为"俸料"或"料钱"。月俸随国家政治经济形势的变化，数量时有变化。在不同的阶段，月俸的供应来源也有不同，根据历史文献记载，大致有以下几个途径：

第一，公廨本钱生息。设置公廨钱以生息，隋朝已开始实行。《通典》卷三五《职官十七》载，隋"文帝时，尝以百僚供费不足，台、省、府、寺咸置廨钱，收息取给"。这种办法并未被作为一贯的制度，只是阶段性的措施。但既有了先例，唐朝也就继承这种办法，以应付困难。《唐会要》卷九一载："武德已后，国家仓库犹虚，应京官料钱，并给公廨本，令当司令史番官回易给利，计官员多少分给。"《通典》卷三五也说："其俸钱之制，京司诸官初置公廨，令行署及番官兴易，以充其俸。"设公廨钱为本以生利，是供给官员月俸的基本途径，实行的时间较长。每位令史负责四十贯到五十贯的贩易，每月纳利四千文，一年约交纳五万文。据《唐会要》卷九三所载，唐贞元十二年（796年），政府委派御史中丞王颜核查诸司公廨本钱的实存数。据王颜奏，国子监有三千三百八十二贯三百六十文，宏文馆有七百二十六贯二百文，崇文馆有八百一十贯文，崇元馆有五百贯文,太常寺有一万四千二百五十四贯八百文,太仆寺有三千贯文,司天台有二百八十贯文。元和九年(814年),户部核查诸司食利本钱的实存数,上奏:国子监有二千六百四十四贯二百五十六文,太常寺有六千七百二十二贯六百六文,太仆寺有一千九贯五百文,司天台有八十贯文。政府就是使诸司依靠所掌握的本钱各自去生利,以解决所属官员的月俸问题。公廨本钱实存数有逐年减少的趋势,显示此途有潜在问题。

第二,租脚值为俸料。永徽元年(650年)四月二日,废京官诸司捉钱庶仆胥士,其官人俸料,以诸州租脚价充。① 这种办法实行没有多久,又作变更。

第三,高户收息给俸。政府以一年税钱为本钱,选择殷富的高户若干,免其徭役,负责放贷,每月收息给俸料钱。这种办法在唐代屡被采用。

第四,取税钱为月俸。每月准旧数给付。京官月俸,永徽时总数十五万二千七百三十缗,学官的月俸包含在其中。

第五,户部按数支给。这种办法在贞观、开元、兴元等年代都曾实行过,各据官品,随月支付。

月俸来源的五种途径依形势变化,交替转换。其中,第一种途径以本钱放贷生息,取其利为月俸,是最主要的途径,实行的时间较长。其他四种次要途径也曾作为试用调节补充的办法。

(二)岁禄

隋朝对文武官给禄规定了明确的制度。《隋书》卷二八《百官

---

① 《唐会要》卷九一《内外官料钱上》。

唐代中央官学学官月俸

(单位:千文)

官名	品级	乾封元年(666年)①			开元二十四年(736年)②					大历十二年(777年)③	贞元四年(788年)④	会昌年间(841—846年)⑤
		月俸	食料	杂用	月俸总数	月俸	食料	防阁	杂用			
国子祭酒	从三品	5.100		0.900	17	5	1.100	10	0.900	50	80	80
国子司业	从四品下	3.500	0.700	0.700	11.567	3.500	0.700	6.667	0.700	30	65	65
监 丞	从六品下	2	0.400	0.400	5.300	2.300	0.400	2.200	0.400	12	25	
主 簿	从七品下	1.750	0.350	0.350	4.050	1.750	0.350	1.600	0.350	10	10	20
录 事	从九品下	1.050	0.250	0.200	1.917	1.050	0.250	0.417	0.200	1.917	8	8
国子博士	正五品上	3	0.600	0.600	9.200	3	0.600	5	0.600	25	40	40
太学博士	正六品上	2	0.400	0.400	5.300	2.300	0.400	2.200	0.400	12	25	20
四门博士	正七品上	1.750	0.350	0.350	4.050	1.750	0.350	1.600	0.350	12	25	16
广文博士	正六品上	2	0.400	0.400	5.300	2.300	0.400	2.200	0.400	12	25	20
国子助教	从六品上	2	0.400	0.400	5.300	2.300	0.400	2.200	0.400	5.300	20	20
太学助教	从七品上	1.750	0.350	0.350	4.050	1.750	0.350	1.600	0.350	4.116	20	13
广文助教	从七品上	1.750	0.350	0.350	4.050	1.750	0.350	1.600	0.350	4.116	20	13

续表

官名	品级	乾封元年(666年)①			月俸总数	开元二十四年(736年)②				大历十二年(777年)③	贞元四年(788年)④	会昌年间(841—846)⑤
		月俸	食料	杂用		月俸	食料	防阁	杂用			
四门助教	从七品上	1.750	0.350	0.350	4.050	1.750	0.350	1.600	0.350	4.075	16	13
律学博士	从八品下	1.300	0.300	0.250	2.475	1.300	0.300	0.625	0.250	4.075	4	4
书学博士	从九品下	1.050	0.250	0.200	1.917	1.050	0.250	0.417	0.200	1.917	4	4
算学博士	从九品下	1.050	0.250	0.200	1.917	1.050	0.250	0.417	0.200	1.917	1	4
律学助教	从九品下	1.050	0.250	0.200	1.917	1.050	0.250	0.417		1.917	1	3
书学助教										1.917	1	3
算学助教										1.917	1	3

注：① 《唐会要》卷九一《内外官料钱上》："乾封元年八月十二日，诏文武官应给防阁庶仆俸料、杂用事品，始依职事品。"《新唐书》卷五《食货志五》就依职事品级列举了月俸分项的数目。
② 《唐会要》卷九一《内外官料钱上》："开元二十四年六月二十三日敕：百官料钱，宜合为一色，都以月俸为名。各据本官，随月给付。"《通典》卷三五《职官十七》"开元二十四年六月二十三日，乃摄而同之，通谓之月俸。"
③ 《唐会要》卷九一。
④ 《唐会要》卷九一。
⑤ 《新唐书》卷五《食货志五》："唐世百官俸钱，会昌后不复增减。"

第二编 隋唐五代官学教育研究

志下》:"京官正一品,禄九百石,其下每以百石为差,至正四品,是为三百石。从四品,二百五十石,其下每以五十石为差,至正六品,是为百石。从六品,九十石,以下每以十石为差,至从八品,是为五十石。食封及官不判事者,并九品,皆不给禄。其给皆以春秋二季。"学官依其官品,领得数目不等的禄粟,上下层的等级差距比较大。如祭酒禄四百石,而四门博士禄五十石。

唐朝继承隋朝的给禄制度,但在建立初期,经济尚未恢复,难于照隋朝的制度办事,略加变通,稍降上层的高标准。《新唐书》卷五五《食货志五》载:"武德元年,文武官给禄,颇减隋制,一品七百石,从一品六百石,二品五百石,从二品四百六十石,三品四百石,从三品三百六十石,四品三百石,从四品二百六十石,五品二百石,从五品百六十石,六品百石,从六品九十石,七品八十石,从七品七十石,八品六十石,从八品五十石,九品四十石,从九品三十石,皆以岁给之。外官则否。"

到贞观时,对武德元年(618年)所定的给禄制度作了一些调整,便成为长期沿用的制度。《通典》卷三五载:"京官正一品,七百石。从一品,六百石。正二品,五百石。从二品,四百六十石。正三品,四百石。从三品,三百六十石。正四品,三百石。从四品,二百六十石。正五品,二百石。从五品,一百六十石。正六品,一百石。从六品,九十石。正七品,八十石。从七品,七十石。正八品,六十七石。从八品,六十二石。正九品,五十七石。从九品,五十二石。"在外文武官九品以上皆比京官同品降一等给禄。给禄均在春秋分两次给。

将隋与唐的岁禄作一比较,可以看出一些不同和发展趋势。

隋唐京官岁禄简表 （单位：石）

官　品	隋开皇初[①]	唐武德元年 （618年）[②]	唐贞观二年 （628年）[③]
正一品	九百	七百	七百
从一品	八百	六百	六百
正二品	七百	五百	五百
从二品	六百	四百六十	四百六十
正三品	五百	四百	四百
从三品	四百	三百六十	三百六十
正四品	三百	三百	三百
从四品	二百五十	二百六十	二百六十
正五品	二百	二百	二百
从五品	一百五十	一百六十	一百六十
正六品	一百	一百	一百
从六品	九十	九十	九十
正七品	八十	八十	八十
从七品	七十	七十	七十
正八品	六十	六十	六十七
从八品	五十	五十	六十二
正九品		四十	五十七
从九品		三十	五十二

注：①《隋书》卷二八《百官志》。
　　②《新唐书》卷五五《食货志五》。
　　③《通典》卷三五《职官十七》。

上表以隋朝京官岁禄数为基准，将唐与隋比较。唐武德元年（618年），上品京官开始减禄，从减二百石到减四十石不等；中品京官持平，只有个别小增十石；下品京官中的九品官由不给禄至给禄四十石或三十石。到贞观二年（628年），八品官、九品官均增禄,由增七石至增二十二石不等。其趋势是减上以增下,缩少一些差距。

中央官学的学官也是按政府规定的制度获得岁禄,标准的变动必然对学官的经济收入产生一定的影响。国子祭酒从三品,唐比隋减少四十石;司业从四品,增加十石;国子博士正五品,维持不变;太学博士由从七品、从六品改为正六品,由原来的七十石、九十石增至一百石;国子助教由从七品改为从六品,由七十石增至九十石;四门博士由从八品改为正七品,由五十石增至八十石;太学助教由九品改为从七品,由原来无禄至得禄七十石;四门助教由九品无禄而改为从七品,得禄七十石;书算博士由从九品无禄而得禄三十石,后又增至五十二石。学官多数属于中下品,下品的岁禄增加比较明显。

掌握官员禄廪的政府机构是户部仓部,由它发出领禄米的符牒。负责发放禄廪的政府机构是司农寺太仓署,"凡京官之禄,发京仓以给";"给公粮者,皆承尚书省符"。[①]

(三) 职田

隋唐的官员,政府除了给月俸、岁禄之外,还分给职分田,以补充月俸、岁禄的不足,又在永业田上给予特殊优待。职分田和永业田是按官品的不同等级来享有的,可概称之为"职田"。

职田是官员经济收入的重要组成部分,朝廷按规定分给畿内田,凡给田而无地者,亩给粟二斗。京官分得职田,并不自种,而

---

① 《唐六典》卷三《尚书户部》、卷一九《司农寺》。

隋唐京官职田简表 （单位：顷）

官　品	隋开皇初年①	唐武德元年(618年)	
		职分田②	职官永业田③
正一品	5	12	60
从一品	5	12	50
正二品	4.5	10	40
从二品	4.5	10	35
正三品	4	9	25
从三品	4	9	20
正四品	3.5	7	14
从四品	3.5	7	11
正五品	3	6	8
从五品	3	6	5
正六品	2.5	4	2.5
从六品	2.5	4	2.5
正七品	2	3.5	2.5
从七品	2	3.5	2.5
正八品	1.5	2.5	2
从八品	1.5	2.5	2
正九品	1	2	2
从九品	1	2	2

注：①《隋书》卷二四《食货志》。京官"皆给百里内之地"。
②《通典》卷三五《职官十七》、《唐会要》卷九二《内外官职田》、《新唐书》卷五五《食货志五》。
③《唐六典》卷三《尚书户部》、《新唐书》卷五五《食货志五》。

是出租给农民耕种，由农民纳地租，官员坐收地租。京畿大片田地被划分给职官，在唐初，由于战争之后人口减少，荒地增多，还可实行；后来贫民还乡，人口增多，就出现矛盾。开元十年(722

年),朝廷曾下令收职田以给贫民,政府按每亩给正仓粟二升以作补偿;十八年,恢复旧制,又给京官职田。以后根据国家政治经济形势而变动,进入战争状态,减职田地租以供军需;社会安定,则不减职田地租。所以,职田的收入不是绝对稳定的。

中央官学国子监的学官依其品级获得相应的职田,并通过出租职田而每年收到地租,成为经济收入的来源之一。国子监学官是依本身的官品,按规定的制度获得月俸、岁禄、职田。其他分属各司、各部门官学的学官也无例外,都是依自身的官品获得月俸、岁禄、职田。这可以依官品类推,就不再一一细说。

四、学官的考核

隋唐对学官有定期的考核,这是对百官进行考课而建立考课制度的重要组成部分。考课制度源于先秦,《尚书》卷一《尧典》就有"三载考绩,三考黜陟幽明"的记载。西周曾依据这种历史制度,实行三岁小考、九岁大考,根据考核的结果进行官员的黜陟。西汉元帝时,京房建议实行"考功课吏法",朝廷允许于京房任所魏郡试行考课法。魏明帝时,刘邵作《都官考课法》七十二条,以考课百官。以后各朝的考课制度各有不同。后魏孝文帝实行三载一考,考毕即行黜陟,以不影响贤者之升迁。南北朝各朝均设有专官,负责考课之事。隋文帝置考功侍郎,隋炀帝改为考功郎,唐朝改为考功郎中。《唐六典》卷二《尚书吏部》:"考功郎中、员外郎之职,掌内外文武官吏之考课。"学官的考课也归考功郎中统一管理。唐朝重视对中央官员、地方官员的考课,形成稳定的考课制度,《考课令》就是规范和指导考课的专门法律。

考课的作用在于,对各级各类官员的实绩有鉴别、有比较,以作为惩恶劝善与降退或升进的依据。贞观六年(632年),监察御史马周上疏曰:"臣谓令设九等,正考当今之官,必不施之于异代也。……朝廷独知贬一恶人可以惩恶,不知褒一善人,足以劝善。臣谓宜每年选天下政术尤最者一二人为上上,其次为上中,其次为上下,次为中上,则中人以上,可以自劝。"①马周强调的是劝善有激励作用的一面。能够在官员队伍中依据实际表现区分善恶,列出等差,也就可以凭借考课的结果决定升黜。

唐代对官员的考课分两级进行:

第一级,以本司或本州之官为考课的范围,该司或该州的长官为主管人。凡应考之官,包括学官,申报考状不得超过二三纸,皆具录当年功过行能。本司或本州长官公开对众宣读,众官共议其优劣,而后定为九等,考第各于其所由司准额核定。长官书考第后,列名公开悬挂于本司或本州之门三日,征求意见。如有不当,便任披陈己见,有理则接受并改正,然后报送尚书省。内外文武官视距离的远近,规定校定完毕的日期和送达尚书省的日期。京城百官在九月三十日前校定毕,十月一日即送尚书省。中央官学在京城,国子监是以培养人才为专务的独立部门。"国子祭酒、司业之职,掌邦国儒学训导之政令。……每岁终,考其学官训导功业之多少而为之殿最。"②祭酒、司业根据《考课令》的要求,每年对学官进行一次例行的考课,按学官在训导功业方面的实际工作表现,听取评议意见,然后书写学官考课的等第,加以公布,让全体学官知晓。考课最终结果在限定的日期内

---

① 《唐会要》卷八一《考上》。
② 《唐六典》卷二一《国子监》。

送交尚书省。

第二级,以内外文武百官为考课范围,尚书省吏部的考功郎中为具体事务的主管人。全国内外文武百官汇总考课,不是一个考功郎中在有限时间内所能办妥的,朝廷也未将考课全权委托给考功郎中,让其一人包揽。为防止徇情包庇,避免定等第出现不公,唐代在考课过程中加强了监督检查,规定了三项措施:其一,考课的管理组织。"每年别敕定京官位望高者二人,其一人校京官考,一人校外官考;又定给事中、中书舍人各一人,其一人监京官考,一人监外官考。郎中判京官考,员外郎判外官考。"①增强复校与监督环节,也较能防止营私舞弊,保证按《考课令》的要求进行考课。其二,考功的公开注定。"京官则集应考之人对读注定,外官对朝集使注定。"这是将考课的结果公开,如有不当,容许随即提出,以便及时校正。其二,考课的最终审批。四品官至九品官的考课可由考功郎中等受指派的官员负责,注定等第完成后,各以奏闻,待皇帝最后认可批准。至于亲王及中书门下平章事、京官三品以上、外官五大都督等,因职位崇重,考绩褒贬,不在有司,并以功过状上奏,听皇帝裁定。

关于考课的标准,《考课令》具体规定了两方面:

第一,对全部官员的共同要求,也就是一般标准。"流内之官,叙以四善:一曰德义有闻,二曰清慎明著,三曰公平可称,四曰恪勤匪懈。"②

第二,对各司官员的职务要求,也就是职务标准。《考课令》将官员分类,归为二十七种职务,对每种职务有针对性地确定一

---

① 《唐六典》卷二《尚书吏部》。
② 《新唐书》卷四六《百官志一》。

种标准,列出二十七最,也就是二十七种职务的标准。现举专为学校教育而立的标准或与教育有关的职务所立的标准:"五曰音律克谐,不失节奏,为乐官之最";"十二曰训导有方,生徒充业,为学官之最";"二十三曰占候医卜,效验居多,为方术之最"。对不同的职务有不同的专业要求,这比较切合实际,是合理的。对学官的博士助教的教学,计其讲授多少,以为九等差别的依据。

九等之考定:

根据一般标准与职务标准,分别考定其善最,而后将两方面综合起来评定该属何等。"一最已上有四善为上上;一最已上有三善或无最而有四善为上中;一最已上有二善或无最而有三善为上下;一最已上有一善或无最而有二善为中上;一最已上或无最而有一善为中中;职事粗理,善最弗闻为中下;爱憎任情,处断乖理为下上;背公向私,职务废阙为下中;居官诌诈,贪浊有状为下下。若于善最之外别可嘉尚,及罪虽成殿,情状可矜,虽不成殿而情状可责者,省校之日,皆听考官临时量定。"①考定等第务必按照规定,但也顾及情理,留有一定的灵活性。

考课之奖惩:

凡享有俸禄的官员,考课等第在中上以上,每进一等,加禄一季;中中,守本禄;中下以下,每退一等,夺禄一季。中品以下,四考皆中中者,进一阶;一中上考,复进一阶;一上下考,进二阶;计当进而参有下考者,以一中上覆一中下,以一上下覆二中下。上中以上,虽有下考,从上第。② 若私罪下中以下,或公罪下下,并解现任,夺当年禄,追告身。考课按规定实行奖惩。被免官者,待过周

---

① 《唐六典》卷二《尚书吏部》。
② 《新唐书》卷四六《百官志一》。

年,听依本品再叙官。从这些规定中可以看到,经济手段是常用的基本手段,奖则加禄,惩则夺禄,等第越低,惩罚越重。被评为下下者,解除现任,夺当年禄。但惩罚是有一定期限的,不是一犯错就永弃而不再使用,免官一年,让其反省,一年后再给任官机会。

五、 学官的退休

学官的退休,称为"致仕",按官员的致仕制度办理。致仕制度的规定有以下几个主要问题:

(一)退休的年龄

唐代继承"年七十以上应致仕"的旧制,作了统一规定,后又在开元年代将其载入《唐六典》卷二《尚书吏部》。但是,统一规定并不是绝对的,在执行致仕制度方面,还要看每个官员的实际情况,以及政府需要的情况,因此留有一定的灵活性。具体而言,一看官员健康状况,"若齿力未衰,亦听厘务";二看本人意愿,如有人要回乡奉养双亲,以尽孝道;三看政府公务需要,在唐初就有较多延期致仕的现象存在,由于战争留下创伤,社会经济还未恢复,人们首要追求的是安定的生活,而不贪求官禄,官府出现不少缺员,故当时并不要求按年致仕,而是容许官员延期任职。转入和平时期,社会经济已恢复,人们生活安定,愿任官者多,供需关系起了大变化,出现了候补待职者队伍,因此官员到七十岁再延期的极少,倒是未到七十岁因各种原因而要求致仕的不少。

（二）批准而后退

官员若因年老而要求致仕，或因体衰有病不能承受繁重公务需要而提前致仕，首先应提出申请，说明情况，分等级审批。"若请致仕，五品已上，皆上表闻；六品已下，申尚书省奏闻。"①学官经批准之后才正式致仕。

（三）享受的优待

《唐六典》卷三《尚书户部》："凡致仕之官，五品已上及解官充侍者，各给半禄。"部分品级高的致仕官，特给俸禄之米，春秋二时给羊酒，于本贯或寄住州府支给。致仕官员的优待因品级不同而有较大差异，享受的时间也有长短。为了缩小待遇的差距，天宝九载（750年）三月二十三日敕："如闻六品以下致仕官，四载之后，准各并停。念其衰老，必藉安存，岂限其高卑，而恩有差降。应五品下致仕官，并终其余年，仍永为常式。"②根据这道敕令，只要不是因罪被解职，而是经批准致仕的九品流内之官，都得到终身优待。建中三年（782年），优待进一步扩大，凡致仕官，皆给米禄料。国子司业杨巨源申请致仕，韩愈在《送杨少尹序》中记叙其事："国子司业杨君巨源，方以能诗训后进，一旦以年满七十，亦白丞相去归其乡。……然吾闻杨侯之去，丞相有爱而惜之者，白以为其都少尹，不绝其禄，又为歌诗以劝之，京师之长于诗者亦属而和之。"

---

① 《唐六典》卷二《尚书吏部》。
② 《唐会要》卷六七《致仕官》。

杨巨源的致仕受到特殊的礼待,获赠都少尹的虚衔,可以继续领取俸禄,晚年生活无忧。

第二节　学生的管理

学生的管理,所涉方面很广,问题很多,与培养过程相始终。本节不可能论述所有问题,只限于学生的入学与待遇问题。以下各节再继续论述其他专门问题。

一、入学的管理权限

《新唐书》卷四四《选举志上》对于各级行政管理机构的权限有所规定:"国子监生,尚书省补,祭酒统焉。州县学生,州县长官补,长史主焉。"中央官学国子监学生,每年入学由尚书省礼部审核决定能否收补,而具体的入学考试和证书材料的审查则由国子监长官祭酒统一管理;地方官学的州县学生,由州县长官决定能否收补入学,而具体的学籍管理等事务则由州长史主持。上下级的权限有清楚的区分。

二、入学的身份规定

唐代的中央官学和地方官学都不是为普及教育而设,而是为培养统治人才而设,入学对象有一定限制,首先是身份限制。《唐六典》卷八《门下省》规定:"补弘文、崇文学生例:皇宗缌麻已上亲,皇太后、皇后大功已上亲,散官一品、中书门下三品、同中书门下平章事、六尚书、功臣身食实封者、京官职事正三品、供奉官正三品子孙、京官职事从三品、中书黄门侍郎子,并听预简,选性识聪敏者充。"《唐六典》卷二一《国子监》规定:"国子博士掌教文武官三品已上及国公子孙、从二品已上曾孙之为生者……""太学博士掌教文武官五品已上及郡县公子孙、从三品曾孙之为生者……""四门博士掌教文武官七品已上及侯、伯、子、男之子为生者,若庶人子之为俊士生者……""律学博士掌教文武官八品已下及庶人子之为生者……""书学博士掌教文武官八品已下及庶人子之为生者……""算学博士掌教文武官八品已下及庶人子之为生者……"《唐六典》关于中央官学学生入学身份的规定,既是对以前所实行制度的肯定,也为以后教育行政所遵循,成为基本法规,作为管理部门审定能否收补学生入学的准则。

虽有法规作为准则,但各阶段的当政者面对具体的实际情况,先后还有一些补充规定。《新唐书》卷四四《选举志上》载:"中宗反正,诏宗室三等以下五等以上未出身,愿宿卫及任国子生,听之。其家居业成而堪贡者,宗正寺试,送监举如常法。三卫番下日,愿入学者,听附国子学、太学及律馆习业。"此诏令对皇族宗室子弟愿入国子学为国子生者放宽限制,而且特许以自由简便的方式入学,可以附学读书。学校大门对皇室贵族开放。到开元年代,中央官学发展扩大,要增加生源。开元二十一年(733年)五月,朝廷颁布命令,作出新的规定。《唐会要》卷三五《学校》载:"诸州县学生,年二十五已下,八品九品子弟,若庶人生年二十一已下,通一经已上,及未通经,精神通悟、有文词史学者,每年铨量举送,所司简试,听入四门学,充俊士。即诸州人省试不第,情愿入学者听。"这个命令是把入学的身份限制放宽,八品九品官的子弟、州县学生、庶人学生都可以根据一定条件收补,入四门学充俊士。乡贡参加省试落第者,自愿附学读书也可以。到了永泰年代,为了恢复国学,提倡儒学,二年(766年)正月,国子祭酒萧昕上言请崇儒学,以正风教。于是,唐代宗颁《崇太学诏》,命令内外高官并送子弟入国学:"诸道节度、观察、都防御使等,朕之腹心,久镇方面。眷其弟子,为奉义方,修德立身,是资艺业。又恐干戈之后,学校尚微,僻居远方,无所咨禀。……负经来学,当集京师。并宰相朝官,及神策六将军子弟,欲得习学者,自今已后,并令补国子学生。……其中身虽有官,欲附学读书者亦听。"①除了对内外文武高官子弟一律优待之外,对在职官员要读书深造的,也敞开国学大门。但在职官员能利用这种机会和条件继续深造的实在不多。

唐前期对中央官学学生入学的身份限制比较严格地执行规定,工商不得入仕,工商业者的子弟也被排斥进入中央官学。但社会在不断变动中,工商业者利用在和平时期经济繁荣中积累起来的财富,想进一步提高自己的社会地位,要求让他们的子弟入学读书,受高一级的教育,为将来入仕参政创造条件。唐后期,中央政府的力量削弱,控制有所松动,执行制度规定也就没有以前严格。有的工商业者加紧与官府联系,或密切与宦官联系,依靠钱财的影响,为提高社会地位铺路。有部分工商业者的子弟已挤进了中央官学。韩愈在长庆元年(821年)担任国子祭酒,他调查了国子监三馆学生的家庭出身情况,打算有所整顿。他呈送的《请复国子监生徒状》,首先强调《六典》关于国子监三馆学

---

① 《唐大诏令集》卷一〇五。

生入学身份的规定,然后说:"右国家典章,崇重庠序,近日趋竞,未复本源。至使公卿子孙,耻游太学,工商凡冗,或处上庠。今圣道大明,儒风复振,恐须革正,以赞鸿猷。"①韩愈所建议的整顿方案是:国子学的入学身份限制保持原规定;太学的入学身份放宽至常参官八品已上子弟;而四门学则更为放宽,容许选取无资荫而有才业的人为学生。以上事例说明唐代中央官学入学有身份等级限制,其发展趋势是在保证贵族高官子弟享有教育特权的前提下,逐步放宽限制。

三、 入学的年龄限制

唐代对于中央官学入学的年龄作了明确的规定。《新唐书》卷四四《选举志上》:"凡生,限年十四以上,十九以下;律学十八以上,二十五以下。"这是对有条件受小学教育的贵族高官子弟而言的,十四岁就可开始入学。他们依靠门荫入学,无须考试选拔。其他人就不一样,情况不同,入学年龄也就有差别。《唐会要》卷三五《学校》载,开元二十一年(733年)五月敕令规定,"诸州县学生年二十五以下","若庶人生年二十一已下"才可以举送。总体来看,入学的年限在十四岁至二十五岁之间。但新提拔的高官之子弟享受门荫优待,贵族充当卫士,轮番宿卫结束后要入学,在职官员要入学等,情况有些特别,不全受二十五岁规定的限制。所以,在执行规定时,还根据情况有一定的灵活性,有例外存在。

---

① 《韩昌黎集》卷三七。

四、入学的智力和文化要求

学生入学除了家庭身份、年龄之外,对于智力发展和文化程度也作为条件提出要求。唐初武德七年(624年)二月,《置学官备释奠礼诏》曰:"其有吏民子弟,识性开敏,志希学艺,亦具名申送入京,量其差品,并即配学。"①此处所说"识性开敏"就是智力正常发展且显示聪明,所说"志希学艺"就是有上进精神与求学志向,既有学习的条件,也有学习的志愿,这是对入学学生的要求。开元二十一年(733年)五月,《每年铨量举送四门俊士敕》曰:"通一经已上,及未通经,精神通悟,有文词史学者,每年铨量举送,所司简试,听入四门学,充俊士。"②此项敕令对被选送入四门学的学生开出条件:具有学通一经以上的文化水平,或者是精神通悟、有文词史学的素养,符合条件的才选送。主管部门还要考试检验。弘文馆、崇文馆的入学,除了身份、年龄条件外,还要求"选性识聪敏者充"。有优秀的基本条件,才会有更符合理想的教育效果,这是人才教育所期待的。

五、学生的补阙

国子监学生有定额,不能随便扩招,也不是随时可入监的,要待有人出监。出监多少名额,就收补多少名额入监。虽然收补学生是由尚书省礼部决定的,但收补的学生要具备一定条件,并且

---

① 《唐大诏令集》卷一〇五。
② 《唐会要》卷三五《学校》。

唐中央官学各年代学生数

（单位：人）

年代	国子学 大成生	国子学 国子生	太学	四门学	广文馆	律学	书学	算学	合计	资料来源
武德		七十二	一百四十	一百三十					三百四十二	《旧唐书》卷一八九上《儒学传上》《新唐书》卷一九八《儒学传上》
贞观									三千二百六十	《通典》卷五三《礼十三》《旧唐书》卷一八九上《儒学传上》
									八千余	《唐会要》卷三五《学校》
龙朔二年	（西京）十	八十	七十	三百		二十	十	十	五百九十①	《新唐书》卷四八《百官志三》
	（东都）十五	十五	十五	（西门生）五十		五	三	二		《通典》卷五三《礼十三》《旧唐书》卷二四《礼仪志四》
				（俊士）三百						
				二百						

续表

年代	国子学 大成生	国子学 国子生	太学	四门学	广文馆	律学	书学	算学	合计	资 料 来 源
开元	十	三百	五百	一千三百	(天宝九载末限人数)	五十	三十	三十	二千二百二十	《唐六典》卷二一《国子监》《通典》卷五三《礼十三》
永泰		八十	七十	三百	六十	二十	十	十	五百五十	《唐会要》卷六六《国子监》
元和二年（西京）		八十	七十	三百	六十	二十	十	十	六百五十	《新唐书》卷四四《选举志上》《唐会要》卷六六《唐摭言》卷一
元和二年（东都）		十	十五	五十	十	十	三	二		
长庆									六百	《韩昌黎集》卷三九《请上尊号表》
大和									四百二十八	《刘禹锡集》卷八《国学新修五经壁本记》《新唐书》

注：① 《新唐书》卷四四《选举志上》："国子监置大成二十人,取已及第而聪敏者为之。"《唐六典》卷二一《国子监》："初置二十人,开元二十年减十人。"

② 唐高宗时,中央官学已渐衰退。龙朔开始,武则天已实际掌握朝政。龙朔二年（662年）对官制的改革影响到学校制度变革。《新唐书》卷四八《百官志三》关于东都国子监各学人数的记载与《通典》的记载颇有出入,现并录以供对照。

要按一定程序进行，才不会发生主管审批的机关与负责实际培养的机构不协调而出现矛盾。因此，对学生的补阙就要规定一定的办法加以处理，重要的有以下几条：

第一，学生要补阙入监，应等待有人及第出监，出现了缺员，就可以提出申请，要求补充为学生。首先，应向国子监呈送申请书，讲明申请替补某人出监后的阙额。①

第二，国子监接受申请后，对申请者举行考试，考试合格者由国子监列名，送交礼部。礼部根据名单，审批补阙，被批准者才可以充当中央官学的学生。

第三，已及第的进士明经欲入监，由礼部补署完毕，发牒文到国子监，国子监对进士明经重新加以考试，合格者才给予厨房伙食供应。

第四，新补入监的生员，如发现有冒荫补阙的，不仅开除，而且行牒文送执法机关定罪处罚。②

要进入国子监成为生员，需要申请、待阙、考试、审批。尽管如此，还是有许多人参加竞争补阙。这表明做生员有较大的潜在利益，也表明国子监学生的定额远不能满足社会需求。

六、学生的服装

中央官学学生的服装有特别的规定，包括衣服的款式与颜色、鞋帽与佩带都有限定。《旧唐书》卷四五《舆服志》："黑介帻，簪导，深衣，青襟领，革带，乌皮履。未冠则双童髻，空顶黑介帻，

---

① 《册府元龟》卷六〇四《条制四馆学生补阙等奏》。
② 《韩昌黎集》卷三七《请复国子监生徒状》。

去革带。国子、太学、四门学生参见则服之。书算学生、州县学生，则乌纱帽，白裙襦，青领。"学生礼服在休闲时可以不穿，平日也免穿，但参加重要活动如参见、释奠礼、讲会等时必须穿。着装按学生的年龄区分已冠、未冠而有差别，还按不同等级规定不同服装款式与颜色。所以，学生的服装成为一种显明标志，对学生的言行起制约作用。穿着学生的服装，社会角色明确，能促进学生增强自律意识。

第三节 学礼

在中央官学，学生要参加一系列的礼仪活动，这些有组织的活动安排也是国学中教育教学活动的重要组成部分。现择已成为教育制度的几项重要国学礼仪活动，如束脩礼、释奠礼、谒先师礼、蕃客观礼等，分别论述之。

一、束脩礼

尊师重学，并以束脩为尊师的具体表现，是中国教育的历史传统。学生入学首次与教师见面，首先要行的就是束脩礼。隋唐以前，束脩礼按传统习惯实行。到了隋唐，进一步以敕令的形式对束脩礼立法，载入学令典册，成为长期的教育制度。中央官学、地方官学都按照教育制度实行束脩礼。

唐中宗曾专门颁布《令入学行束脩礼敕》："学生在学，各以长幼为序。初入学，皆行束脩之礼。礼于师，国子太学各绢三匹，四门学绢二匹，俊士及律书算学、州县各绢一匹，皆有酒脯。其束脩三分入博士,二分助教。"①《唐六典》卷二一《国子监》:"国子博士……其生初入,置束帛一篚、酒一壶、脩一案,号为束脩之礼。"其他各学也如国子束脩之法。关于束脩礼的举行,开元年间汇总前代制度,再次作了规定。《大唐开元礼》卷五四《学生束脩》叙述了束脩礼的准备和过程:

束帛一篚准令酒一壶二斗脩一案五脡

其日平明,学生青衿服,至学门。博士公服,立于学堂东阶上,西面。赞者引学生立于门东,西面。不自同于宾客。陈束帛篚壶脯案于学生西南,当门北向,重行西上。将命者出,立于门西,东面曰:"敢请事?"学生少进曰:"某方受业于先生,敢请见。"将命者入告,博士曰:"某也不德,请子无辱。"将命者出告,学生曰:"某不敢为仪。敢固请。"将命者入告,博士曰:"请子就位,某敢见。"将命者出,学生曰:"某不敢以视宾客,请终赐见。"将命者入告,博士曰:"某辞不得,命敢不从!"将命者出告,执篚者以篚东面授学生。博士降俟于东阶下,西面。赞礼者引学生,执酒脯者从之。学生入门而左,立于西阶之南,东面。执酒脯者立于学生之南,东面北上。学生跪奠篚,再拜。博士答拜,学生还避,遂进跪取篚。赞礼者引学生进博士前,东面受币,执酒脯者从奠博士前。博士受币,赞者取酒脯币以东,执酒脯者出。赞礼者引学生立当阶间,近南北面。再拜,赞礼者引出。

学生一入学就举行隆重的仪式,以表示尊师,对学生有深刻

---

① 《全唐文》卷一七。

的教育意义,长久地留在他们的记忆里。

束脩礼的制度被载入法典,为以后所遵行。后代虽时势变迁,但束脩礼仍然保留,行礼的细节或有修改变动,而其精神还是继续贯彻,作为学生要真诚表示自己求学的意愿,表示对教师的尊敬。

二、释奠礼

释奠礼也是自古以来的传统。《礼记》卷八《文王世子》曰:"凡学,春官释奠于其先师。"又曰:"始立学,释奠于先圣。"汉独尊儒术,以孔子为先圣,以颜回为先师。历代相承,以为故事。

隋唐五代官学继续前代的教育传统,均实行释奠礼。

隋亦以孔子为先圣,以颜回为先师,故释奠于孔子而以颜回配享,实行四时致祭。《隋书》卷九《礼仪志四》:"隋制,国子寺,每岁以四仲月上丁,释奠于先圣先师。"春夏秋冬四季的第二月上丁日,依定制举行释奠礼,全体学官、学生都必须参加,由国子祭酒讲学。有时皇帝也亲临释奠,文武百官随皇帝到场行礼,恭听讲学。《隋书》卷七五《元善传》就记载了一次释奠讲学活动:"元善,河南洛阳人也。……善少随父至江南,性好学,遂通涉'五经',尤明《左氏传》。……开皇初,拜内史侍郎……后迁国子祭酒。上尝亲临释奠,命善讲《孝经》。于是敷陈义理,兼之以讽谏。上大悦曰:'闻江阳之说,更起朕心。'赉绢百匹,衣一袭。"皇帝对讲学颇为赞赏,随即给予奖励。隋代把释奠礼视为官学中重要的礼仪活动。

唐武德二年(619年)恢复释奠礼,六月一日诏令曰:"宜令有司于国子学立周公、孔子庙各一所,四时致祭。"重大的改变在于,以周公为先圣,以孔子为先师,两庙并设。至贞观二年(628年)十二月,尚书左仆射房玄龄和国子博士朱子奢建议还旧,理由是:"庠序置奠,本缘夫子。故晋宋梁陈,及隋大业故事,皆以孔子为先圣,颜回为先师,历代所行,古人通允。"①诏令从之,于是停祭周公,孔子复为先圣,以颜回配享。贞观二十一年二月,诏加众儒为先师,并配享孔子庙堂。以后,又改四时致祭为春秋二时致祭。

唐代中央官学释奠礼被载入《唐六典》,《大唐开元礼》也作了详细规定。

《唐六典》卷二一《国子监》:"凡春秋二分之月上丁,释奠于先圣孔宣父,以先师颜回配,七十二弟子及先儒二十二贤从祀焉。祭以太牢,乐用登歌、轩县、六佾之舞。若与大祭祀相遇,则改用中丁。祭酒为初献,司业为亚献,博士为终献。若皇太子释奠,则赞相礼仪,祭酒为之亚献。皇帝视学,皇太子齿胄,则执经讲义焉。凡释奠之日,则集诸生执经论议,奏请京文武七品以上清官并与观焉。"释奠日是国子监全体学官、学生的节日,要穿戴制服,集体参加祭孔礼仪活动和讲论儒经活动。

《大唐开元礼》卷五四《国子释奠于孔宣父》详细规定:释奠之前参与释奠礼活动的各级各类官员、学生、守卫、乐工都要进入准备状态,或散斋三日,或致斋二日,或清斋一日,并且按规定陈设释奠礼所需的一切器物与供品。到了释奠日,根据详细分工,依照释奠礼的程序和细节进行,不容有所差错。一年两度的释奠活动,把学生置于庄严肃穆的氛围之中,接受尊孔敬贤的教育,所受

---

① 《唐会要》卷三五《褒崇先圣》。

的感染影响，记忆是很深刻的。

三、谒先师礼

谒先师礼是专为乡贡明经进士而设的。因为以国子监为行礼场所，每年一次，令国子监学官讲论，国子监学生也要参加，所以谒先师礼也成为中央官学的重要礼仪活动。

隋代于开皇七年（587年）正月规定"诸州岁贡三人"的乡贡制度，以后逐渐形成科举考试制度，但是还没有提出乡贡到京都参加科举考试一定要行谒先师礼。唐初也只重视释奠礼，而未提及谒先师礼。历史上最早提出乡贡行谒先师礼，并用敕令作出规定，是在开元五年（717年）。

《唐大诏令集》卷一〇五《令明经进士就国子监谒先师敕》："古有宾献之礼，登于天府，扬于王庭。重学尊儒，兴贤造士，能美风俗，成教化，先王之所以躐焉。朕以寡德，钦若前政，思与大夫士复臻于理，每日访道，有时忘食，乙夜观书，分宵不寐。悟专经之义笃，知学史之文繁，永怀覃思，有足尚者，不有褒崇，孰云奖劝。其诸州乡贡明经进士，见讫，宜令引就国子监谒先师，学官为之开讲，质问其义，仍令所司优厚设食。两馆及监内得举人亦准此。其清资官五品已上及朝集使，并往观礼，即为常式。《易》曰：'学以聚之，问以辩之。'《诗》云：'如切如磋，如琢如磨。'此朕所望于贤才矣。（开元五年九月）"从敕令来看，创立谒先师礼的动机，全是从政治着眼，"重学尊儒，兴贤造士，能美风俗，成教化，先王之所以躐焉"，既是遵循先王之道，又有政治上的现实意义。谒先师礼主要的参加者为诸州乡贡明经进士，以及弘文馆、崇文馆、国子监内得举的学生。活动的基本内容有两项：一是行谒先师礼；二是举行讲会，由学官开讲，质问疑义。按规定，在十一月元日引见之后择日举行谒先师礼，命令清资官五品以上及各州来京的朝集使并往观礼，显示典礼的隆重，当日以优厚设食的会餐招待全体与会者。

作为规定的制度，谒先师礼每年举行一次，与科举考试联系在一起。凡举行科举考试，就不能缺谒先师的典礼。开元二十六年(738年)正月，《亲祀东郊德音》又重申前令："其诸州乡贡进士，每年引见讫，并令就国子监谒先师。所司设食，学官等为之开讲，质问疑义。"

谒先师的典礼虽继续实行，但时移势变，唐国力下降，无法像前期那样讲排场，迟早要发生变革。元和九年(814年)十一月，礼部贡院奏："贡举人见讫，谒先师。准格，学官为开讲，质定疑义，常参官及致仕官观礼。旧例，至时举奏。"诏："宜谒先师，余着停。"后虽每年举奏，并不复行。① 当时诏令只准依旧举行谒先师这一项，其他活动如讲会、观礼、会餐等均停止。以后虽然每年礼部贡院依旧到时举奏，但都照样只保留核心内容，其他相关的活动皆停。这表明元和九年就谒先师这一礼仪制度进行了一次变革，简化礼仪开了先例，以后就照样简化，除谒先师这一基本内容外，其他相关活动都不再结合典礼进行。

四、蕃客观礼

隋及唐初，先后有四方使节到京都，应他们的请求，都让他们

---

① 《唐会要》卷三五《释奠》。

到国子监观礼,增进了中外文化交流,扩大了中国文化影响。这种个别的、分散的参观还没有形成固定的制度。到了开元年代,情况起了变化,来京都的外国使者人次增多,应接不暇,客观上要求有管理办法,使接待有条不紊,从被动应付转为主动安排。

开元二年(714年)十二月,唐玄宗颁发《令蕃客国子监观礼教敕》:"夫国学者,立教之本。故观文字可以知道,可以成化。庠序爰作,皆粉泽于神灵;车书是同,乃范围于天下。自戎夷纳款,日夕归朝,慕我华风,敦先儒礼。由是执于干羽,常不讨而来宾,事于俎豆,庶既知而往学。彼蓬麻之自直,在桑椹之怀音,则仁岂远哉,习相近也。自今已后,蕃客入朝,并引向国子监,令观礼教。"这是中国历史上规定引蕃客到国子监观礼的开始,以后基本上按规定执行。

蕃客到国子监观礼,并非随时自由进出,而是对日期有所选择,要选在国子监有礼可观的时候,不至于影响国子监正常的教学秩序。

第四节　教学

中央官学的根本任务在于培养统治人才。统治人才是通过学校教学过程加以培养的,需要依靠一定的制度和措施,使之具体落实。唐代已通过发布法令来建立教学制度。

一、课程的设置

课程在学令中有具体规定,是教学制度的中心问题,对培养人才的规格有重要影响,历来受到重视。中央官学包含不同性质的学校,经学类的学校承担培养通才的任务,非经学类的学校承担培养专才的任务。围绕各自的任务,课程安排自然也就不同。

(一) 经学类学校的课程

国子监属下的国子学、太学、四门学,以学经书为基本课程,是经学类学校的代表。虽然以学经书为主,但不以此为限,还要学习一些政治生活、现实生活需用的知识与技能。这些课程大致可归为两方面。

第一,专业课。《唐六典》卷二一《国子监》载:"凡教授之经,以《周易》《尚书》《周礼》《仪礼》《礼记》《毛诗》《春秋左氏传》《公羊传》《穀梁传》各为一经。"九经是法定的基本课程,每经都是独立的一门课程。经是古圣贤为后人立言,经文不容有所出入。经是政策法令的理论依据,经文如果有出入,利之所在,必然产生争议,影响社会的安定。所以,唐初就提出校定经文的问题,贞观时,有颜师古考订的《五经定本》;大历时,张参校定"五经",书于论堂东西厢之壁,称为"壁经";开成时,将校定的"五经"上石,史称《开成石经》,成为经文永久性的标准本。

经文的解释也不容曲改。解释非常重视根据,因此要筛选可靠通达的名家注本,规定九经教授所用的注本:《周易》,郑玄、王弼注;《尚书》,孔安国、郑玄注;"三礼"《毛诗》,郑玄注;《左传》,服虔、杜预注;《公羊》,何休注;《穀梁》,范宁注。注甚为简略,意义不显明,教授之时,辅以通俗浅显的义疏。贞观时,孔颖达领导五经义疏的编写,编成之后命名为《五经正义》。其他四经也先后编写了体例一致的正义。规定了注本,又规定了正义,这就是国家规定的统一教材。统一教材把经文、经注、经义连成一体,通过历史文化的学习,接受统治的经验教训、伦理道德观念、社会行为规范等。

第二,公共课。凡入国子学、太学、四门学的学生都必须学的基本知识、基本技能,由公共课来负责教育培养。文献中提到的有以下一些公共课:(1)兼习之经,《孝经》《论语》《老子》皆兼习之。《论语》用郑玄、何晏注。旧令,《孝经》用孔安国、郑玄注,《老子》用河上公注;开元时,《孝经》《老子》并用御注。《孝经》《论语》作为兼习的公共课比较一贯稳定,而《老子》作为公共课则有起伏变动。据《唐会要》卷七五《明经》所载,上元元年(674年)令习《老子》,明年明经进士咸试《老子》策;长寿二年(693年)令停习《老子》,贡举人皆习武则天所颁《臣轨》;神龙元年(705年)令停习《臣轨》,依旧习《老子》;天宝元年(742年)令除崇元生外,宜停试《道德经》(《老子》),改习《尔雅》;贞元元年(785年)令停习《尔雅》,改习《道德经》;贞元十二年令停习《老子》,依前以《尔雅》代《老子》,以后就维持学《尔雅》。(2)学书,日纸一幅。书法在唐代极受重视,是选官的四项标准之一。此项技能是学生在学期间需要坚持练习的。而掌握文字学的知识对提高书法水平至为重要,故《唐六典》卷二一《国子监》规定:"其习经有暇者,命习隶书并《国语》《说文》《字林》《三苍》《尔雅》。"(3)习礼仪。《新唐书》卷四八《百官志》载:"学生以长幼为序,习正业之外,教吉凶二礼,公私有事则相仪。"教吉凶二礼与教读经全然不同,重要的不是朗读背诵,而是演习,能依礼仪行动。当公私有吉凶之事时,需行相应的礼仪,学生可应召出场,充当相仪。(4)习策。唐代科举考试不论明经、进士都要试策,学生以参加科举为出路,习策以应付将来的考策也就成为当然的功课。习策一般以及第者的优秀策文为范本,间有博士或助教讲解,指导把握写作策文的要领,或命题于课余习作。

(二)专科类学校的课程

中央官学的专科类学校主要是律学、书学、算学,其任务是培养法律、书法、计算方面的专门人才,以适应行政管理事务方面的需要。专科的共同性小,差异性大,若不再细分第二层次的专业,则其课程均属专业课,只是在专业课中以其所处的地位比重区分专业主课与专业辅课。如律学的课程,唐律唐令为专业主课;格式法例亦兼习之,就是专业辅课。专科若再分第二层次的专业,则有专业课与公共课的区别。算学是较典型的例子。算学的专业课:第一组十五人,以《九章》《海岛》《孙子》《五曹》《张丘建》《夏侯阳》《周髀》《五经算》为专业课;第二组十五人,以《缀术》《缉古》为专业课。算学的公共课:第一组、第二组皆兼习《记遗》《三等数》。

二、通经的要求

中央官学以经学类学校为主干,经学的传授是教学管理的主要问题,所以对经学的教学有较详细的规定。

第一,分大、中、小经。儒家九经不仅内容性质有差别,其篇幅及分量的差别也甚大。在要求熟读经书时期,篇幅长者,分量就重,以此为标准在各经之间作比较,也就区分出差别。《唐六典》卷二一《国子监》:"其《礼记》《左传》为大经,《毛诗》《周礼》《仪礼》为中经,《周易》《尚书》《公羊》《穀梁》为小经。"

第二,通经有要求。中央官学的学生要通两经,并经国子监考试及第,才能出学,参加礼部主持的省试。乡贡也要通两经才能参加科举。明经科有多种名目,应试者必须符合所试科目通经的规定。《新唐书》卷四四《选举志上》:"通二经者,大经、小经各一,若中经二。通三经者,大经、中经、小经各一。通五经者,大经皆通,余经各一,《孝经》《论语》皆兼通之。"正因为分大、中、小经,才有在各名目下大、中、小经的各种搭配组合。

第三,习经有年限。经书的篇幅既分大、中、小三档,大经篇幅长,卷数多,要读熟能诵,当然要多花些时间;中、小经就相应地逐次缩短时间。《唐六典》卷二一《国子监》:"习《孝经》《论语》限一年业成,《尚书》《春秋公羊》《穀梁》各一年半,《周易》《毛诗》《周礼》《仪礼》各二年,《礼记》《左氏春秋》各三年。"根据各经通经年限的规定,学生通经数目越多,毕业的年限也就越长,通三经就要学习六年以上,通五经就要学习九年以上。一般人想早日入仕,通两经者居多,要学习四年左右。

三、教法

学校的性质类型及课程内容不同,教法自然也有差异。专科类学校因其课程内容的特殊性,需要有相应的方法,所采用的方法也有其特别之处。现先介绍经学类学校的教学方法。

第一,专经直进。据《唐六典》卷二一《国子监》所载,国子博士、助教"分经以教授",分经之法是"五分其经以为之业,习《周礼》《仪礼》《礼记》《毛诗》《春秋左氏传》,每经各六十人,余经亦兼之"。选学五经,每经各为一组,每组六十人。太学及四门学也"五分其经以为之业,每经各百人"。对于分经的课程教授如何进行,《新唐书》卷四四《选举志上》有说明:"凡博士、助教,分经授诸生,未终经者无易业。"《唐会要》卷六六《国子监》所载大和五年(831年)十二月国子祭酒裴通的奏书有更详细一点的说明:"诸博士、助教,皆分经教授学者,每授一经,必令终讲,所讲未终,不得改业。"这表明,在所选专业课程上,为保证集中时间和精力把它学透彻,教授者采用专经直进的方式。

第二,读文精熟。教授者要求记诵经文,持久不忘,指导学生读文精熟,以达到考试标准。学中经常性的旬试有试读,每千言内试一帖。明经考试及进士考试都有试帖经,都需要读文精熟才能通过这些考试。

第三,按文讲义。既先读文精熟,牢记不忘,进一步则要理解经义,体会深意,如此才能影响学生的思想观点,规范其生活行为。这就需要博士、助教的讲解,帮助学生提高认识。讲解不能跳离经文,而要顺着经文发展。学校中旬试的试讲、明经考试的口义,都是对按文讲义效果的检验。

专科类学校除了采用经学类学校的方法之外,还适应专科特有内容而选用方法。如书学,学习书学的知识技能是其专业,学习要求也高得多,不仅仅是学习隶书一种书体,而是要会多种书体;不仅仅是每日写纸一幅,而是要写多幅,因此要求观摩、仿写、多练,心悟要妙,熟而生巧。再如算学,《算经十书》既要读熟也要讲解,归结起来,其教学过程要着重掌握三个环节:一是"理",要通晓其道理;二是"术",思路和方法要对头;三是"数",计算结果要有准确的数字。

四、会讲

中央官学除了分类、分科、分组的教学之外,还有面对全监的全体学生都要参加的教学活动,这就是会讲。会讲乃是集会而讲学。一种是定期举行的,如春秋释奠礼后的讲学,作为释奠活动的组成部分,参加听讲的不限于学生,还扩大到学官及在职的七品以上文武官员;另一种是不定期举行的,学生是必须参加的基本听众,而学外的人士也可自由旁听。会讲的讲题限于经学,较符合多数人的知识结构。专科的知识较为专门化,难以安排为会讲的讲题。

对会讲的目的,有多种说法。《全唐文》卷二〇载,唐玄宗在《将行释奠礼令》中称:"夫谈讲之务,贵于名理,所以解疑辩惑,凿瞽开聋,使听者闻所未闻,视者见所未见。"他强调会讲在于宣讲名理,解释疑惑,启发思想,扩展眼界。而《欧阳行周文集》卷五《太学张博士讲〈礼记〉记》则说:"说释典籍谓之讲。讲之为言耩也,如农之耕田畴焉。田畴将植而求实,虽耕矣,必耩分其畦垄,嘉谷由是乎生。典籍将隶以求明,虽习矣,必讲穷其旨趣,儒术由是乎成。"欧阳詹强调会讲的目的在于探索典籍的旨趣,以养成儒家的学术思想。对于会讲,处于不同地位的人有不同的认识和期待。

史书中关于会讲的详细记载极为罕见,《欧阳行周文集》中的《太学张博士讲〈礼记〉记》是颇为难得的范例,透过它可以让我们了解会讲的不少信息。此次会讲在贞元十四年（798年）五月举行，主讲者为太学张博士，讲题为《礼记》，场所在国子监的论堂，国子监的行政人员都参加，全体学官、学生都到会。《太学张博士讲〈礼记〉记》对与会者的座次有具体的记叙："束脩既行，筵肆乃设，公就几北坐南面，直讲抗牍南坐北面，大司成端委居于东，少司成率属列于西。国子师长序公侯子孙自其馆，太学师长序卿大夫子孙自其馆，四门师长序八方俊造自其馆，广文师长序天下秀彦自其馆。其余法家、墨家、书家、算家，辍业以从，亦自其馆。没阶云来，即集鳞次，攒弁如星，连襟成帷。"法家、墨家、算家就是专科类的律学、书学、算学，经学虽然不是其教学的专业，但国子监的共同活动必须参加，会讲期间就停课来听讲。会讲连续举行三天，是以《礼记》为内容的系列讲座。"公先申有礼之本，次陈用礼之要，正三代损益得失，定百家疏义长短，镕乎作者之意，注乎学者之耳，河倾于悬，风落于天，清泠洒荡，幽远无泥，所昧镜彻于灵台，所疑冰释于心泉。"这次讲学，既讲"礼"的起源，又讲"礼"的社会作用，对"礼"的发展有分析，对百家疏义有比较，阐发制礼的旨意，使听者能够接受，讲得跌宕起伏，流畅无碍，原有模糊的变得明白，本有疑惑的也从脑中消除。由于讲学的效果很好，消息传得很快，闻讯而来的听众一日多于一日。"后一日闻于朝，百司达官造者半；后一日闻于都，九域知名造者半，皆寻声得器，虚来实归。"听讲的不仅有政府各部门的达官贵人，还有全国的知名人士，听后都获益不浅，产生较大的社会影响。

中央官学虽不是经常会讲，但也不是只讲一次。会讲作为学校的一种教学制度存在，就看国子监的领导人怎样对待和执行。武则天当政时期，任命武姓诸王以及驸马为国子祭酒。这些人不学无术,自己不能讲学,也不支持学官讲学,国子监日趋荒废。唐穆宗初即位,朝廷即下令召韩愈为国子祭酒。韩愈到任后即大力整顿国子监,调动学官教学的积极性,国子监恢复了生气,经常性的会讲吸引着学生。学生们议论着国子监的新气象:"韩公来为祭酒,国子监不寂寞矣!"比较两个事例,可以看出中央官学领导人自身素养和精神状态的重要性,制度要人去执行,事在人为,人的因素影响学校的兴废。

第五节 考试

考试是中央官学实行管理的重要手段,唐高祖在武德七年(624年)的《置学官备释奠礼诏》中就强调:"明设考课,各使励精,琢玉成器,庶其非远。"所以,在教学的每一小阶段或大阶段,为了使学生认真课业,检查学习效果,都要进行考试,从而形成学校考试的系列。

国子监是中央官学的主干,实行正规的统一考试制度。尤其是国子学、太学、四门学,教学内容基本相同,都在九经与《论语》《孝经》等范围内,教学的方式方法也基本一致,都是教读与讲,单经独进,因此考核的制度和方法也相同,根本没有差别。《唐六典》卷二一《国子监》只对国子学的考试有规定和说明,太学、四门学就不再讲考试的规定和说明,只说"督课试举如国子博士之法"。律学、书学、算学也不讲考试的规定和说明,只说"督课试举如三馆博士之法"。这里说"如三馆博士之法",而三馆的太学、四门学则"如国子博士之法",这就提示,要考察中央官学的考试制度,应以国子学为典型代表。《新唐书》卷四四《选举志上》在论述国子监考试时,并未分别各学介绍,也只讲了统一的考试制度,与

《唐六典》所述相补充。

一、旬试

国子监各学每旬举行一次考试。《唐六典》卷二一《国子监》就国子博士督课之法规定:"每旬前一日,则试其所习业。试读者,每千言内试一帖;试讲者,每二千言内问义一条,总试三条,通一及全不通,斟量决罚。"《新唐书》卷四四《选举志上》:"旬给假一日。前假,博士考试,读者千言试一帖,帖三言,讲者二千言问大义一条,总三条,通二为第,不及者有罚。"旬试是由本馆博士主持的平时考试,规定在放旬假前一日举行,所试的是本旬内所学的课业,所采用的方式是试读、试讲,试读就是帖经,试讲就是口义,即口问大义。试题之量是总试三条,通二条为及格,以下为不及格。通一条或全不通者,根据不同程度给予不同处罚。这种定期的平时考试表明,国子监在教学上很注意强调复习巩固,偏重记忆背诵,但也要求有所理解,能讲出大义。

二、月试

在唐前期,国子监并没有月试制度,这是在唐后期适应形势的变化,进行考试改革而建立的。旬试每十天为一个考试周期,对和平安定时期的教学活动起了一定的督促作用。但在天宝末年"安史之乱"以后,唐皇朝开始走下坡路,社会动荡不时发生,学校难以保持正常的教学秩序,久而久之,管理也有所放松。博士和学生的生活都经常围着考试转,也显得紧张,感到频繁的旬试加重了精神负担,需要精简考试的次数。于是,国子监将旬试改为月试。以月为考试的周期,相比原来的旬试,考试次数减少了三分之二,原来每月要考试三次,现在就集中为一次。《册府元龟》卷六〇四《学校部·奏议三》载,国子祭酒冯伉于元和元年(806年)四月上奏,提出实行"每月一度试","敕旨从之"。月试减轻了博士与学生的负担,比较切实可行,所以成为唐后期国子监比较固定的一种考试。

三、季试

季试是每季将了结时总括一季内所学课业进行一次考试。唐前期能正常保持旬试的制度,每月有三次考试,每季有九次考试,也就不必突出强调月试与季试。但到唐后期,社会不断动荡,影响国子监的教学活动,管理制度进一步松弛,对监内学生能坚持要求月试已不容易。对于附监修业的士人,要区别对待,要求更灵活些,再减少考试次数,改为实行季试。唐武宗会昌五年(845年)正月所颁《加尊号后郊天赦文》规定:"应公卿百僚子弟及京畿内士人寄客修明经进士业者,并隶名太学,每一季一度,据名籍分番于国子监试帖,三度帖经全通者,即是经艺已熟。向后更不用帖试。如三度全不通,及三度托事故不就试者,便落下名籍,至贡举时不在送省之限。"[①]每季一试关系到参加科举考试的资格问题,比较受重视,由国子监的领导人来主持。到了五代,社会更加动荡,国子监虽然照设,但已不能保持正常的教学活动,在

---

① 《全唐文》卷七八。

监学生的月试制度也不能维持,只好改行季试。后唐崔协以中书侍郎平章事兼判国子祭酒,在其《请令国子监学生束脩光学等钱充公使奏》中提出:"自今后,凡补监生,须令情愿住在监中修学,则得给牒收补,仍据所业次第,逐季考试申奏。其勘到见管监生一百七十八人,仍勒准此指挥。"①五代时,中央官学已远不如唐代,规模极度萎缩,监生不满二百人,对这批人所强调的仅有两条,即住监修学和逐季考试。这也证明五代的中央官学曾实行季试。

四、岁试

唐代中央官学以年度为教学阶段,每近岁终,举行一年一度的岁试。岁试总括一年之内的课业进行考试,是一年课业的总检查,其成绩就作为升进的重要依据。

《新唐书》卷四四《选举志上》:"岁终,通一年之业,口问大义十条,通八为上,六为中,五为下。"

《全唐文》卷一七之唐中宗《令入学行束脩礼敕》:"又每年国子监所管学生,国子监试州县学生。当州县并选艺业优长者为试官监试。"

由以上材料分析,国子监作为培养行政管理人才的国家最高学府,受到上层的关注,为它订立法规。国子监所管学生由国子监独立组织岁试,各学的博士就是国子监授权的试官。考试的内容范围就是学生一年所学的课业。岁试采用口试的形式。主试

---

① 《全唐文》卷八三九。

口问经籍大义十条,被试学生当面回答。主试根据回答的情况,按三等的标准评定成绩:答对八条的评为上,答对六条的评为中,只答对五条的评为下。

岁试成绩优劣都记录在案,并根据累积的情况决定奖惩。

五、毕业试

在国子监已完成规定的学业而要求出仕的人,上报国子监,由国子监领导考试,以判定能否及第。

毕业试与岁试不是同一考试,而是有重大差别,主要有以下几点:

第一,考生的条件不同。参加毕业试的是已能通两经以上、完成规定学业的学生;参加岁试的只是学习一年的课业而未完规定学业的学生。

第二,主管层次不同。毕业试由国子监管理,由祭酒、司业主试;岁试由各学具体管理,由博士任试官。

第三,考试的要求与形式不同。毕业试的试法皆依考功,也就是模拟科举,实行三场考试,明经试帖经、口试、策经义,进士帖一中经、试杂文、策时务征事;岁试只要求通一年内课业,口问大义十条而已。

第四,考试的目的不同。参加毕业试者,目的是登第,验证学业完成,取得参加科举资格,由国子监举送尚书省礼部;参加岁试的目的在于验证本年度阶段学习的成绩,以转入下一年度继续学习。

从国子监所属国子学、太学、四门学的毕业考试的形式来看,已经与科举考试衔接起来，模拟考试能够及第，也就获得参加科举考试的资格。这是一道极重要的关口，谁想要取得参加科举考试的资格，就必须要求自己适应毕业考试的形式。主要考试项目有四种，可以考察其特点和作用。

帖经：这是测试经书熟练程度的基本方法。《通典》卷一五《选举三》："帖经者，以所习经掩其两端，中间开唯一行，裁纸为帖，凡帖三字，随时增损，可否不一，或得四、得五、得六者为通。"这种考试方式促使学生记诵经书，文注精熟。学生只要肯用功记诵，就不难应付。帖经规定必读必试的经书，范围有限。大多数学生对一般帖题都能正确回答，程度相近；分不出优劣，也就难以取舍。为了便于区分高低，考官就在帖题上打主意，故意提高帖题的难度，使本来容易应付的考试变为考生的一道难关，有人因过不了这道关而被淘汰。帖经这种考试方式，最大的偏向是造成学生死记硬背，它对学生的要求只是记诵能力，而不是思维能力。

口试：也称口义，就是口问经文大义。口试是针对帖经的偏向而提出补偏救弊的措施，要测试学生对经书义理的理解程度。考试的办法是，主考当面提问，学生说出对所提经文义理的理解。学生若对经文义理未加深究，也就不可能融会贯通地加以说明。这种口试可以公开进行，随即说明通或不通，并当场宣布考试成绩。

杂文：这是选择进士科应当考试的项目，主考命题两道，指定限用何种文体，学生按照限定的文体写杂文两篇。选用何种文体，并非由国子监自主决定，而是追随科举，科举的杂文用何种文体就用何种文体。后来科举稳定杂文题为一诗一赋，国子监也仿照实行。诗赋可学而能，学生们个个学习诗赋，能写诗赋。通过诗赋写作，可以考察学生的知识、才华以及写作能力。

策试：这是历史较长的传统考试项目，也是国子监各学毕业试中基本的一项。策试的形式相同，而内容却不同，明经所试为经义策，进士所试为时务策。策试要求学生既熟识经史，又通晓时务；既有鲜明主张，又有写作技巧。应付策试并不容易，需要经历一定的学习过程。为学习前人成功经验，要读前人成功策文，因此学生收集诵读前人旧策，模拟别人文章，为应付策试作准备。在考场中匆忙写成的策文，极少有思想独创、风格新颖的出色文章。

四种考试项目并不是各科全都使用，而是各科根据自己的需要，选择适合自己的考试项目。所以，各科的考试项目有同也有异。

唐国子监毕业考试简况

科目	考试项目	命题数量	合格标准	及第等级
明经	帖经	试两经，每经十帖《孝经》二帖，《论语》八帖《老子》兼注五帖	旧制通六以上。开元二十五年改为文注精熟，通五以上	分为四等：通十为上上，通八为上中，通七为上下，通六为中上
	口试	录经文及注为问，每经问大义十条	辨明义理，通六以上	
	策试	经义策三道，开元二十五年改为时务策三道	通二以上	
进士	帖经	帖一中经，开元二十五年改为帖一大经	旧例通六以上，开元二十五年改为通四以上	经策全通为甲，经策通四以上为乙
	杂文	两道，初未限定文体，后限定为一诗一赋	华实兼举为通	
	策试	时务策五道	义理惬当为通	

续表

科目	考试项目	命题数量	合格标准	及第等级
明法	帖试	所试律令每部十帖	通九以上,后改为通八以上	全通为甲,通八以上为乙
明法	策试	策试十条,律七条,令三条	识达义理,问无疑滞	全通为甲,通八以上为乙
明书	帖试	《说文》六帖,《字林》四帖(《选举志》称墨试二十条)	通九以上,后改为通八以上(通十八为第)	及第
明书	口试	不限条数	兼会杂体	及第
明书	策试	(尚书吏部有明书策试,未言条数)		及第
明算	帖试	《九章》三帖,《五经算》等七部各一帖《缀术》六帖,《缉古》四帖《记遗》《三等数》帖十条	十通六 十通六 《记遗》《三等数》读十得九	及第
明算	口试	录大义本条为问	明数造术,辨明术理	及第

注:根据《唐六典》中《国子监》《尚书礼部》《尚书吏部》有关部分,并参照《新唐书·选举志》综合整理。

第六节 奖惩

奖惩是唐代官学管理的基本手段,在领导机构中设有专职人员,分工主管检察,依据法令制度,进行与学生行为相应的奖惩。有关奖惩的法令制度皆依需要而制定,因时增损不同。现分类梳理,列举介绍如下。

一、管理人员

国子监领导机构中分工专职主管奖惩之事的是主簿。《唐六典》卷二一《国子监》:"主簿掌印,勾检监事。"他的重要任务是专司全监检察,若发现有违规矩的事情,就执行纪律,加以处置。《唐会要》卷六六《国子监》:"其中事有过误,众可容恕,监司自议科决。"主簿的处置不凭主观感情好恶,而是依据法令制度,斟酌轻重,处置仍然要禀报其上司。

为了加强各馆的管理工作,后来确定各馆有知馆博士。《唐会要》卷六六《国子监》:"长庆二年闰十月,祭酒韦乾度奏:……当监承前并无专知馆博士。请起今已后,每馆众定一人知馆事,如生徒无故喧竞者,仰馆子与业长,通状领过,知馆博士则准监司条流处分。"知馆博士并不是新增编制,而是从已设的博士中确定一人,加重其职责。他有权依照监司公布的条例处分本馆违规的学生,如情节严重,则交由监司处置。

二、奖励

唐代官学对学生的奖励在学业方面表现得较为具体,有文献记载的有数项:

第一,入监考试,补国子监生。《新唐书》卷四四《选举志上》:"国子监生,尚书省补,祭酒统焉。"《唐会要》卷六六《国子监》:"〔元和元年〕四月,国子祭酒冯伉奏:……其礼部所补生到日,亦请准格帖试,然后给厨役。"学生入监的考试合格,才承认其学籍,享受监生的公费待遇。

第二，学业完成，考试登第。《唐六典》卷二一《国子监》："丞掌判监事，凡六学生每岁有业成上于监者，以其业与司业、祭酒试之，……登第者，白祭酒，上于尚书礼部。"每年各学有通经而求出仕者，上报监司，由国子监统一组织考试。这次考试既是毕业考试，又兼有选拔参与科举考试的资格考试性质。登第者就获得参与科举考试的资格。这是学生们多年奋力追求的目标。

第三，考试及第，留学深造。《新唐书》卷四四《选举志上》："诸学生通二经、俊士通三经已及第而愿留者，四门学生补太学，太学生补国子学。"实际上，这是提高所入学校的等级，在封建等级社会也算享受一种精神上的荣誉，而学习内容并无变化，程度也未必提高，受益如何取决于个人自己的努力。有的人就认为自己知识积累不厚，珍惜继续学习的机会，选择留学深造。

三、惩罚

对学生违规的惩罚，不是制定一个法规所能包括和解决的，而是根据不同阶段出现的不同问题，因时所需而制定的，相互补充，涉及好多方面。现依有文献资料根据的，介绍四个方面。

（一）对不尊师长的惩罚

《唐六典》卷二一《国子监》："凡六学生有不率师教者，则举而免之。"

《新唐书》卷四八《百官志三》："七学生不率教者，举而免之。"

《唐会要》卷六六《国子监》:"如有悖慢师长,强暴斗打,请牒府县锢身,递送乡贯。"

《唐会要》卷六六《国子监》:"凌慢有司,不修法度,有一于此,并请解退。"

对不尊师长者,一旦定了性质,轻则予以退学处分,重则押送原籍管教,特别严重的,则将案犯交给政府查办,按照唐律给予判刑,以维护师长的尊严。《旧唐书》卷一八五下《阳峤传》:"阳峤,河南洛阳人……入为国子祭酒,累封北平伯,荐尹知章、范行恭、赵玄默等为学官,皆称名儒。时学徒渐弛,峤课率经业,稍行鞭箠,学生怨之,颇有喧谤,乃相率乘夜于街中殴之。上闻而令所由杖杀无理者,由是始息。"学生结伙殴打师长,是不义的行为,侵犯人身而造成伤害,已触犯刑律,按唐律要受杖刑。杖刑分五等,等杖六十。每等加十,五等杖一百。如从重处罚,必然置人于死地。这是封建社会制度制造的悲剧。

(二) 对学业无成的惩罚

《唐六典》卷二一《国子监》:"每旬前一日,则试其所习业。试读者,每千言内试一帖;试讲者,每二千言内问义一条,总试三条,通一及全不通,斟量决罚。"旬试仅试三条,通一及全不通均属不合格,程度有差别,处罚也不同。

《新唐书》卷四四《选举志上》:"并三下与在学九岁、律生六岁不堪贡者罢归。"岁试连续三年下第,在学已经达九年,律生在学已六年,岁试仍不合格,不能向礼部贡送的,都作退学处理。学生既被认为不堪造就,也就不容再占名额。

《唐会要》卷六六《国子监》:"又有文章帖义,不及格限,频经五年,不堪申送者,亦请解退。其礼部所补生……每月一度,试经一年,等第不进者,停厨。"

刚开始的时候,这些规定执行得比较认真,后来人事几经变动,管理趋于松懈,处罚的执行也就打了不同的折扣。学令规定在学不得超过九年,而贞元年间太学生何蕃居太学二十年,已远超规定的年限,也未被责令退学,可能是成了学生领袖,受到特殊对待。施行惩罚可能根据不同情况,分出不同层次。值得注意的是,"停厨"(停止供应公费膳食)被作为对学业落后者施加压力的一种手段,对穷学生可能很有效,而对出身富贵家庭的子弟则不一定有效。

(三)对违犯学规的惩罚

《唐会要》卷六六《国子监》:"其有艺业不勤,游处非类,樗蒱六博,酗酒喧争……有一于此,并请解退。……九年不及第者,即出监,闻比来多改名却入。起今以后,如有此类,请即送法司,准式科处。"学生荒废学业,四处放荡惹事,成群赌博、酗酒争吵等现象时有出现,退学者改名换姓重新混入,这些都已引起重视。

《唐六典》卷二一《国子监》,"作乐杂戏"亦举而免之,"唯弹琴习射不禁"。此处把"作乐杂戏"作为陋俗加以禁止,把"弹琴习射"作为高雅活动,区别处理。"弹琴习射"作为六艺教育的传统内容,允许保留继承;而"作乐杂戏"被视为庸俗低级的娱乐方式,严加排除。

《册府元龟》卷六〇四《贡举部》载唐德宗贞元六年(790年)九

月《两馆学生宜据式考试敕》:"……用荫既已乖实,试艺又皆假人,诱进之方,岂当如此! 自今已后,所司宜据式文考试,定其升黜。如有假代,并准法处分。"由于学风败坏,考试作弊现象也日益扩散,贵族子弟在弘文馆、崇文馆混资格,不重视学业,为考试过关,请人代考,已不是个别现象。学官的劝导已不起作用,只有敕令警告,加重法律处分,才能使他们收敛。

(四) 对假违程限的惩罚

《新唐书》卷四四《选举志上》:"岁中违程满三十日,事故百日,缘亲病二百日,皆罢归。既罢,条其状下之属所。五品以上子孙送兵部,准荫配色。"学生因事请什么假,有多少日程,都有严格的规定,超过规定的日程已造成违规,如果违规又超过一定限度,达到严重违规,那就给予退学的处分,并将令其退学的文书下达住地政府。若是五品以上的子孙,因其享有门第庇荫的特权,不能由文的途径上进,就改由武的途径发挥效力,退学之后,送交兵部,"准荫配色",根据其父或祖的官品安排其拟效力的位置。

第七节 休假

一、制约休假的多种因素

休假是学校教育管理的问题之一。唐代学校休假受多方面因素制约。首先是地理环境的制约。唐朝的中心区域在黄河流域与长江流域地区,处在北温带,气候有春、夏、秋、冬四季周期性的变化，对农业生产、民众生活自然会产生影响。其次是以农业经济为基础的封建政治制度支配下长期形成的社会习俗的制约。官学师生不能置身于习俗之外，而要模范遵循，如中央政府按夏历年月日所订的节庆活动，照此执行，其中就有多次休假，学官休假，学生也连带着休假。《唐六典》卷二《尚书吏部》规定"内外官吏则有假宁之节"，注文对假日作出说明："谓元正、冬至，各给假七日；寒食通清明，四日；八月十五日、夏至及腊，各三日；正月七日、〔正月〕十五日、晦日、春秋二社、二月八日、三月三日、四月八日、五月五日、三伏日、七月七日、〔七月〕十五日、九月九日、十月一日、立春、春分、立秋、秋分、立夏、立冬、每旬，并给休假一日。五月给田假，九月给授衣假，为两番，各十五日。"这些假日必然会影响到中央官学的教学活动。最后是学生学习活动要有张有弛的制约。紧张学习也要有放松的时候，有节奏地进行调整，更有利于长期学习和身心健康。

二、法定的休假

唐代中央官学与地方官学都有正常的周期性休假。《新唐书》卷四四《选举志上》引据当时的法令规定："旬给假一日。"这是通行的规定。《唐会要》卷六六《东都国子监》载："大和五年十二月，国子祭酒裴通奏：……每旬放一日休假。"每旬有一日休假，给师生自由安排活动，可以调节劳逸，或利用这一日进行沐浴，以保证健康卫生；或利用这一日处理个人其他事务，以免影响教学活动。官学较长的假期是季节性的休假。《新唐书》卷四四《选举志上》载："每岁五月有田假，九月有授衣假，二百里外给程。"依黄河流域的季节变化,农历五月,麦已成熟,是夏收夏种的季节。农事大忙,农家需要子弟干些收种的农活。学校适应农事需要,放了田假。农历九月,已到秋凉时节,将迎寒冬,要备好御寒衣物。学生的冬装一般由家庭制备供应,需让学生回家取衣。考虑到这种实际需要,学校就规定了统一的授衣假,不是个别学生请假回家,而是全体放假,统一行动,以便于教学管理。田假和授衣假各有十五日,家在二百里以内的属于近程,不再增加路程假;若在二百里以外,则属于远程,可视实际距离,增加相应的路程假。

三、特殊情况的休假

唐代官学也会因特殊情况而暂停教学活动,放假一段时间,但这不属于学校管理人员的职权范围,而要当政者根据特殊情况审核批准。唐中宗景龙三年(709年),关中受灾,农作失收,生活供应困难,为疏散人口,下令停课,学生放假回家。到了第二年,收成好转,朝廷才下令复课。《唐大诏令集》卷一〇五《集学生制》略说其事:"去岁京畿不稔,仓廪未实,爰命乐群,暂停课艺。遂令子音罔嗣,吾道空归,居无济济之业,行有憧憧之叹,虽日月以冀,而岁时迭往。今者甫迫尝麦,且周于黎献,永言释菜,宁缺于生徒,每用惕然,良非所谓。其国子监学生等,麦熟后,并宜追集,务尽师资。诸州牧宰,亦倍加导诱,先勤学教,必使俊造无滥,名实有归,庶博士弟子,京邑由斯日就,鸿生巨儒,海内为之风化。有司可即详下,称朕意焉,主者施行。"这是灾年停课放假的实例,一旦开了先例,以后出现同样的情况,就援例照行。唐玄宗开元二十一年(733年)又是受灾之年,根据特殊情况,又下令停课放假,直到第二年麦收有望才下令复课。《册府元龟》卷五〇载，开元二十二年四月《令两监生徒赴学诏》略述其事："风化之本，其在庠序。去秋不熟，生徒暂令就舍。讲习之地，安可久闲？其两监生在外者，即宜赴学。"灾年放假，暂停教学活动，灾过恢复，继续教学活动，这是因时制宜的措施，在当时是适当的。后来学校管理不严，纪律松懈，学生借故归家，在家之日多，在监习业之日少，这就不正常了。

值得注意的是，唐代出现盛暑放假的事例。《册府元龟》卷五〇载，唐玄宗天宝十四载（755年）四月《听国子监诸生还乡习读敕》："国子监诸生等，既非举时，又属暑月，在于馆学，恐渐炎蒸。其有欲归私第及还乡贯习读者，并听。仍委本司长官，具名申牒所由，任至举时赴监。东京监亦准此。"这在管理制度上起了变化，本来是要在监学习的，改为可以在家自学，只要申请备案，到时来参加考试就可以。不过，这仅是偶尔为之，并未成为通行的制度。

上述假期，不论是法令规定的还是特殊情况下审核批准的，都是对在学全体学生而言的。个别学生有私事需要请假，按法令由学生提出申请，经监丞、主簿审核处理，根据申请人的情况、路程的远近，批给或长或短的假期，记录在册，到期应返监销假。武则天当政时，实行专制主义集权，破坏已有的制度，权力高度集中到女皇手里。天授二年（691年）冬，太学生王循之上表，乞假还乡。武则天亲自批准放行。这种做法没有先例，引起一些朝官的关注。狄仁杰认为武则天管起这类事是不识大体，替下司办理事务，于是提出劝告和建议："臣闻君人者，唯杀生之柄不假人，自余皆归之有司。……彼学生求假，丞、簿事耳，若天子为之发敕，则天下之事几敕可尽乎！必欲不违其愿，请普为立制而已。"①国家事务不是女皇一人包办得了的，要由部门分工管理，学生的事可由有关职能部门处理，重要的是要建立制度，有了制度，事情就好处理了。

---

① 《资治通鉴》卷二〇四《唐纪二十》。

第七章

隋唐五代地方官学

第一节　影响地方官学发展的重要因素

一、政府的政策和制度

隋唐五代的政府,在办中央官学的同时,也办有地方官学,并且把办地方官学作为施政的一个重要方面来看待,在政策制定阶段就加以重视和强调,并采取发展地方官学的措施,使地方官学的发展在中国教育史上开始进入繁荣时期。

隋开皇初,政局逐步稳定之后,潞州刺史柳昂上表言事,建议隋文帝"劝学行礼",他说:"臣闻帝王受命,建学制礼,故能移既往之风,成惟新之俗。……若行礼劝学,道教相催,必当靡然向风,不远而就。家知礼节,人识义方,比屋可封,辄谓非远。"①隋文帝接受建议,于开皇三年(583年)颁布《劝学行礼诏》,宣告:"建国重道,莫先于学。尊主庇民,莫先于礼。……始自京师,爰及州郡,宜祗朕意,劝学行礼。"②由此,州县兴起学校,置博士教习礼经,

---

① 《隋书》卷四七《柳昂传》。
② 《隋书》卷四七《柳昂传》。

"州县诸生,咸亦不少",表明生徒数量有较大发展。在学校系统中,地方官学比中央官学层次低,但任务是一致的,目标都是培养为朝廷所用的封建官吏,教育的基本内容都是儒学。隋文帝所企求的是:"儒学之道,训教生人,识父子君臣之义,知尊卑长幼之序,升之于朝,任之以职,故能赞理事务,弘益风范。"① 不过,学校毕业的生徒不是无条件直接任官,而要通过选拔性的考试,合格者入选,未合格者可以继续学习。根据有关史料推断,开皇三年以后,地方官学制度逐步建立起来。到仁寿元年(601年),因学校培养人才的规格未能满足隋文帝的期望,学校被大范围整顿,地方官学停办三年。隋炀帝即位后,于大业元年(605年)复开庠序,地方郡县之学盛于开皇之初。他颁发的《求贤兴学诏》说:"君民建国,教学为先,移风易俗,必自兹始。"② 他强调学校培养人是建设国家最重要的政治任务,大力恢复郡县学校,郡县学校数量超过开皇年代。

唐代开国皇帝李渊对地方官学也相当重视,初定京邑之时发布的第一批命令中就要求复建地方官学,规定:上郡学置学生六十员,中郡学五十员,下郡学四十员;上县学四十员,中县学三十员,下县学二十员。由于战争尚未结束,许多地方未能贯彻复建地方学校的政策。唐高祖武德七年(624年)二月,颁布《置学官备释奠礼诏》,再一次强调地方官学的设置:"州县及乡,并令置学,官僚牧宰,或不存意,普更颁下,早遣修立。"③ 此令对地方官学的发展起了较大的促进作用。

---

① 《隋书》卷二《高祖纪下》。
② 《隋书》卷三《炀帝纪上》。
③ 《唐大诏令集》卷一〇五。

贞观年代,唐太宗更加重视文教,大力推行崇儒兴学的文教政策,地方官学达到较大规模,学校教育形成较为完整的体系,这是"贞观之治"成就的一方面。

唐高宗继续推行崇儒兴学的文教政策,他为官学制定了一些规章,使管理制度进一步完善。咸亨元年(670年)五月,他颁布《营造孔子庙及学馆诏》:"宣尼有纵自天,体膺上哲,合两仪之简易,为亿载之师表。顾惟寝庙,义在钦崇。如闻诸州县孔子庙堂及学馆有破坏,并向来未造,生徒无肄业之所,先师阙奠祭之仪,久致飘零,深非敬本。宜令诸州县官司,速加营葺。"①在诏令推动下,当时有些未建造学馆及先圣庙堂的州县就奉诏令建造了一批,益州大都督府新都县学及先圣庙堂就是其中之一。

武则天当政时,文教政策发生大转折,她利用进士科笼络部分士人而摧残学校教育,地方官学也因此衰落。直到唐中宗神龙元年(705年),情况才发生变化,从京都到地方,学校逐渐恢复,但恢复的进程较为缓慢。唐睿宗景云元年(710年)七月,颁布《诫励风俗敕》:"庠序者,风化之本,人伦之先,仰州县劝导,令知礼节。每年贡明经进士,不须限数,贵在得人。先圣庙与州县学,即令修理,春秋释菜,使敦讲诵之风……"②

唐玄宗也重视地方官学的发展和管理制度的完善,他多次颁布诏令、敕令,对地方官学的发展有一些新的规定,如开元二十一年(733年)五月颁发《每年铨量举送四门俊士敕》:"诸州县学生,二十五已下……通一经已上,未及一经而精神聪悟、有文词史学者,每年铨量举送,所司简试,听入四门学,充俊士。……州县学

---

① 《杨盈川集》卷四《大唐益州大都督府新都县学先圣庙堂碑文并序》。
② 《唐大诏令集》卷一一〇。

生,州县长官补。州县学生取郭下县人替。诸州县学生习本业之外,仍令兼习吉凶礼。公私有礼事,令示仪式,余皆不得辄使。诸百姓立私学,其欲寄州县学授业者,亦听。"此敕对州县学的招生、兼习课程、与四门学的衔接都有规定,并宣布州县学可以对民众开放,以发挥地方官学作为文化中心的作用。唐玄宗指令大臣负责组织编纂包罗现行制度的政典,把唐前期所颁的重要法令制度(包括学令)进行整理概括。这部经他批准的《唐六典》,列举各层地方行政区的官学设置,规定地方政府管理地方官学的职责、学校的编制、学官的任命、生徒的补充等。《唐六典》成为唐代的法典、施政的法律依据,也使唐代地方官学的设置和管理朝向法制化的轨道推进。以后地方官学的恢复整顿都以《唐六典》的规定为准则。

隋唐五代的地方官学,原则上是依据地方行政区的层次来设置的,由地方行政首长领导和监督,并有专设机构进行管理。当中央政府政治较为清明,能够树立权威,行政制度健全,施政讲求效率时,政策就能在地方贯彻,监督也较有力量。反之,就会上下脱节,上有令,下不行,监督徒有形式,地方官学陷于停顿。

隋开皇三年(583年),进行地方行政改革,为精简机构,提高效率,把州、郡、县三级管理制改为两级制,罢郡,以州统县。隋炀帝大业年间,保持两级制,但"罢州置郡"。唐初延续大业的郡县制,不久则改为以州统县。唐在以后较长时期内保持州县制,与地方行政区相适应的官学设置就是州学、县学。虽然唐武德年间的诏令提出乡设学,开元年间的诏令提出里设学,但政府仅是提倡,并未创造条件保证普遍设立乡学、里学。有的地区经济条件较好,有乡学或里学的设置,但办学的主体不是官方,而是民众。

这些学校应该属于民间私学一类。

隋唐的州县建制,是以区域内户口的数量为标准来划分州县的上、中、下三个等级。《唐六典》卷三《尚书户部》载:"四万户已上为上州,三万户已上为中州,不满为下州。凡三都之县,在城内曰京县,城外曰畿县。又望县八十五焉。其余则六千户已上为上县,二千户已上为中县,一千户已上为中下县,不满一千户皆为下县。"地方官学的设置与州县等级相适应,规定其博士、助教、学生的人数,限定其应达到的规模。能否按标准正常办理州县学校,成为考核地方行政首长施政成绩的指标。

从地方官学制度的发展过程考察,隋代是新历史阶段的起点,在地方官学制度方面有新的开创;唐代进一步加以发展,以颁布诏令、学令、编纂法典的形式,把经过教育实践检验的有效办法确定下来,成为较稳定的制度,以后变动、恢复和发展都以此为历史参照;五代是社会动乱时期,地方官学深受破坏;割据政权所建立的十国偏安一方,维持区域内相对的安宁,地方教育获得一定的恢复和发展,在制度上以唐为规范,仿而施行之。

了解当时相关的社会政治条件,便容易理解这一时期地方官学发展过程的起伏变化。

二、 科举考试制度的制约

历代封建政府为建立国家官僚管理机构,需要吸纳有文化知识的士人,因此都从当时的社会条件出发,形成不同时期的选士制度。隋代新政权对前代的选士制度进行改革,放弃九品中正选士制,注重利用考试手段选拔士人,朝着设科举士的方向推进。

到了隋炀帝时期,终于形成以进士科为主要标志的科举考试选士制度。唐及五代继承科举考试选士制度,并从多方面加以发展,促使社会形成重视人才、重视知识的风气,对普遍建立地方官学产生了一定的积极影响。

科举选士必然要以学校教育培养人才为基础。学校培养人才,源源不断地向社会输送供应人才。政府利用科举考试的方式,根据需要选拔一定规格、数量的人才。经过考试而最终获选的,只是通过努力学习提高文化水平的一小部分人,他们有资格任职做官,获得利禄权位,提高自己的社会地位。

受科举利禄的引诱,绝大多数士人以科举及第进而入仕做官为追求目标。科举的功利造成科举考试充满竞争,士人为了争取考试成功,必须按科举的要求去学习和准备。科举对士人的要求,自然转成科举对学校教育的要求。士人以科举及第为出路,培养士人的学校也就要全面适应科举的要求。地方官学越来越受科举全面制约,其培养目标、课程内容、考试方式等都要与科举考试相衔接。衡量地方官学的成绩,就以学校选送参加科举考试的学生能否及第、及第人数多少而定高低。

在贞观、开元年代,由于当政者把学校教育视为人才的主要来源和国家政治的根本而加以重视,所以中央官学、地方官学蓬勃发展,学校与科举并行,育才与选才相互促进。但也有当政者在思想上有了偏向,只侧重科举选才,而忽视学校育才,对学校办理得好或坏均置之不理,造成中央官学、地方官学相继衰落。

全国参加科举考试的人士,其来源有两类,来自州县学与馆监的称为生徒,来自乡里民间的称为乡贡。初时,来自州县学与馆监的生徒在科举中占有较大优势,特别是馆监选送的生徒占有较大的比例,而乡贡所占比例较小。以进士科为例,咸亨五年(674年),进士及第十一人,乡贡只占一人;开耀二年(682年),进士及第五十一人,乡贡占一人;永淳二年(683年),进士及第五十五人,乡贡占一人;光宅元年(684年),进士及第十六人,乡贡占一人;长安四年(704年),进士及第四十一人,乡贡占一人;景龙元年(707年),进士及第四十八人,乡贡附学一人。此后乡贡及第的比例逐渐增加。① 随着科举考试的发展,应试的人数逐步增加,而及第名额依然有限。在考试竞赛中,州县学生徒日益处于劣势,由私学而成才的乡贡在及第行列中还占有一些名额。于是,士人暂由重州县学而转向民间私学,依靠个人勤学、博学,积累知识,发展才能,以乡贡的身份参加科举考试。特别是出身于富贵之家的士人,对州县学不屑一顾,"膏粱之族,率以学校为鄙事"。社会普遍轻视州县学,致使州县学衰落。"玄宗时,两京国学有明经进士,州县之学,绝无举人。于是敕停乡贡,一切令补学生然后得举。无何,中原有事,乃复为乡贡,州县博士学生惟二仲释奠行礼而已。"② 州县学开始变得有其名而无其实,虽有一些学生,但只是挂名而已,平日并不在学;博士也不讲授。他们唯一的共同活动仅有春秋仲月上丁日参加释奠礼。多数士人比较了官学与私学,认为私学的学习生活更为自由,学习内容全都围绕科举考试而更有针对性,应试的效果比官学更好,因此不重州县官学而选择私学。政府曾想把乡贡纳入州县学,但行政的硬性规定受到士人消极对待。"安史之乱"爆发,政令也不能坚持,仍旧恢复乡贡。从唐代地方官学总的发展过程来看,唐初学校发展先行一步,随后

---

① 《唐摭言》卷一《乡贡》。
② 《封氏闻见记》卷一《儒教》。

发展科举,使学校育才与科举选才并举。到武则天当政时,转变为重科举轻学校,学校发展明显受到影响而跌至低谷。到了开元年代,地方官学才真正走上正轨,恢复发展。天宝末年,地方官学惨遭"安史之乱"冲击,以后呈起伏不定状态,政府依赖科举选拔人才,而忽视学校培养人才,州县学总体上渐走下坡路。

三、 战争的冲击与天灾的影响

地方官学的发展需要一定的社会条件,它兴于国家治理处于良好状态的和平发展时期,废于社会动乱、战火燃烧的年代。地方官学的建设是渐进的,而破坏则是迅速的,表现出较大的起伏。

唐代"安史之乱"历经数年才平定,造成社会政治经济的大破坏,对地方官学也造成历史性的破坏。但还不能就此休养生息,以利恢复。至德后,兵革不息,战乱相继,或是异族乘虚入侵,或是将领鼓动兵变,或是割据势力以武力抗衡中央政府,或是有野心的军阀进行火拼,其破坏不限于一地,而且殃及周边地区,并直接影响学校教育。因为战争摧残一个地区的经济,不可能随即恢复,所以兵革之后,生徒流离,儒臣、师氏,禄廪无向。没有社会的稳定,没有经济的恢复,要求学校教育正常运转是困难的。历史文献中有些记载反映了这方面的一些情况。唐代宗广德二年(764年)七月《选集贤学生敕》:"顷年以来,戎车屡驾,天下转输,公私匮竭。带甲之士,所务赢粮,鼓箧之徒,未能仰给,由是诸生辍讲,弦诵蔑闻。"①永泰二年(766年)二月《崇太学诏》:"顷以戎

---

① 《唐大诏令集》卷一〇五。

狄多虞,急于经略……弦诵之地,寂寥无声,函丈之间,殆将不扫。"①这里说的是太学因战争的冲击而停顿,要经过较长一段时间,待政局重新稳定后才能谈恢复。地方官学受战争冲击,同样陷于停顿,而恢复则要等待更长的时间。梁肃《昆山县学记》载:"昆山,吴东鄙之县,先是县有文宣王庙,庙堂之后有学室。中年兵馑荐臻,堂宇大坏,方郡县多故,未遑缮完。其后长民者或因而葺之,以民尚未泰,故讲习之事,设而不备。"②韩愈《唐故中散大夫少监胡良公墓神道碑》载:"少府监胡公者,讳珦,字润博。……以劳迁奉先令,以治办迁尚书膳部郎中,改坊州刺史。州经乱,无孔子庙。公至,则命筑宫,造祭器,率博士生讲读以时,如法以祠,人吏聚观叹息。"③刘禹锡《许州文宣王新庙碑》载:"前年,公受社与钺,且董淮阳、汝南之师。八月上丁,释菜于宣父之室。陋宇荒阶,不足回旋,已事而叹,乃询黄发。有乡先生前致辞曰:'自盗起幽陵,许为兵冲,连战交捽,卒无宁岁。耳悦钲鼓,不闻弦歌,目不知书,不害为智。尔来生聚教养,起居袓习,壹出于军容。今幸天子怜许民,为择贤侯,此人人思治之时也。'公曰:'诺,吾当先后之。'于是,元年修戎律以通众志,次年成郡政以蠲民瘼,季年崇教本以厚民风。"④这三地的州县学因受战争影响,停顿了较长时间,幸而先后都得到恢复。但有些州县学没有这么幸运,难以得到恢复。

隋唐五代三百八十年间也时有天灾发生,有时气候异常导致

---

① 《唐大诏令集》卷一〇五。
② 《全唐文》卷五一九。
③ 《韩昌黎文集校注》卷七。
④ 《刘禹锡集》卷三。

水灾或旱灾,给一些地区的农业生产造成灾害,对于以小农生产为社会基础的农业国家而言,经济上无疑受到重大打击。《新唐书》卷三五《五行志》载有唐代因灾害出现的饥荒,每次后果都非常严重,如"总章二年,诸州四十余饥,关中尤甚";"永淳元年,关中及山南州二十六饥,京师人相食";"垂拱三年,天下饥";"贞元元年春,大饥,东都、河南、河北米斗千钱,死者相枕";"光启二年二月,荆、襄大饥,米斗三千钱,人相食。三年,扬州大饥,米斗万钱"。灾年使整个地区的农业失收,农民无以为生,当然无法交纳赋税,政府出现财政困难,也就顾不上地方学校,地方官学因缺乏粮食与经费而被迫停顿。历史文献中就载有这类情况,如唐中宗景龙四年(710年)四月《集学生制》:"去岁京畿不稔,仓廪未实,爰命乐群,暂停课艺,遂令子音罔嗣,吾道空归,居无济济之业,行有憧憧之叹,虽日月以冀,而岁时迭往。"[①]由于年成不好,农业失收,学校遣散学生,停止教学,不止一次,而是多次出现。中央官学因由中央政府管理,有望在年成好转时再召集学生;而地方官学一旦师生四散,恢复就很不容易。

四、地方长官的作为

隋唐的中央政府对地方政府的文武官员每年进行考课,考课法令规定:"凡应考之官家,具录当年功过行能,本司及本州长官对众读,议其优劣,定为九等考第,各于所由司准额校定,然后送省。""凡考课之法,有四善:一曰德义有闻,二曰清慎明著,三曰公

---

① 《唐大诏令集》卷一○五。

平可称，四曰恪勤匪懈。"善状之外，对不同职能部门有二十七最，是为地方长官规定的标准。"其十四曰礼义兴行、肃清所部，为政教之最。"贯彻中央政府"崇儒兴学"的文教方针，是实现"礼义兴行"的重要途径。所以，地方行政长官为了在任期内有显著的政绩，都要关注地方官学，不过每人关注的程度和所创造的业绩大不相同。历史文献中记载了一些对地方官学发展有贡献的人物，显示部分地方长官思想倾向和积极作为的重要作用。

《隋书》卷七三《梁彦光传》："梁彦光字修芝，安定乌氏人也。……复为相州刺史。……初，齐亡后，衣冠士人多迁关内，唯技巧、商贩及乐户之家移实州郡。由是人情险诐，妄起风谣，诉讼官人，万端千变。彦光欲革其弊，乃用秩俸之物，招致山东大儒，每乡立学，非圣哲之书，不得教授。常以季月召集之，亲临策试。有劝学异等，聪令有闻者，升堂设馔，其余并坐廊下。有好诤讼，惰业无成者，坐之庭中，设以草具。及大成，当举行宾贡之礼，又于郊外祖道，并以财物资之。于是人皆剋励，风俗大改。有滏阳人焦通，性酗酒，事亲礼阙，为从弟所讼。彦光弗之罪，将至州学，令观于孔子庙。于时庙中有韩伯瑜母杖不痛，哀母力弱，对母悲泣之像。通遂感悟，既悲且愧，若无自容。彦光训谕而遣之。后改过励行，卒为善士。以德化人，皆此类也。"

《新唐书》卷一〇〇《韦弘机传》："韦弘机，京兆万年人。……显庆中，为檀州刺史，以边人陋僻，不知文儒贵，乃修学宫，画孔子、七十二子、汉晋名儒象，自为赞，敦劝生徒，由是大化。"

《旧唐书》卷一八五下《倪若水传》："倪若水，恒州槀城人也。开元初，历迁中书舍人、尚书右丞，出为汴州刺史，政尚清静，人吏安之。又增修孔子庙堂及州县学舍，劝励生徒，儒教甚盛，河、汴间称咏不已。"

《旧唐书》卷一二五《张镒传》:"张镒,苏州人。……大历五年,除濠州刺史,为政清净,州事大理。乃招经术之士,讲训生徒,比去郡,升明经者四十余人。"

《新唐书》卷一四六《李栖筠传》:"李栖筠字贞一,世为赵人。……出为常州刺史……乃大起学校,堂上画《孝友传》示诸生,为乡饮酒礼,登歌降饮,人人知劝。……朝廷以创残重起兵,即拜栖筠浙西都团练观察使图之。栖筠至,张设武备……以功进兼御史大夫。则又增学庐,表宿儒河南褚冲、吴何员等,超拜学官为之师,身执经问义,远迩趋慕,至徒数百人。"李栖筠在常州建起州学,奠定良好的基础,后来的常州刺史独孤及又加以发扬光大,于是常州的社会风气大为改变,成为人才辈出的文化之邦。

梁肃《陪独孤常州观讲论语序》:"晋陵守河南独孤公,以德行义学,为政一年,儒术大行,与洙泗同风。……乃季冬月朔,公既视政,与二三宾客躬往观焉。已而公遂言曰:'昔文翁用儒变蜀,蜀至于鲁。当大历初元,新被兵馑之苦,今御史大夫赞皇李公为是邦,愍学道圯阙,开此庠序,自后俊秀并兴,与计偕者,岁数十人。《子衿》之诗,起而复废,乡饮酒之礼,废而复兴,至于今,风俗遂敦,美矣哉!仁人之化也,抠衣之徒,承其波流,得不勉欤!'既诲而厉之,又悦以动之,朱轮迟迟,逮暮而归。……是学校也,非赞皇不启,非我公不大。鼓之以经书,润之以仁义,君子得之以修词立诚,小人仰之以迁善远罪。泱泱乎不知所以然,以至夫政和而人泰。"①

《毗陵集》卷九《福州都督府新学碑铭》:"世与道,交相兴丧,

---

① 《全唐文》卷五一八。

宏之者在人。……闽中无儒家流，成公至而俗易，民赖德施，古今一也。初，成公之始至也，未及下车，礼先圣先师。退而叹堂室湫狭，教学荒坠，惧鼓箧之道寝，《子衿》之诗作。我是以易其地，大其制，新其栋宇，盛其俎豆。俎豆既修，乃以'五经'训民，考教必精，弦诵必时。于是一年人知敬学，二年学者功倍，三年而生徒祁祁，贤不肖竞劝，家有洙泗，户有邹鲁，儒风济济，被于庶政。"

上述事例显示，地方上这类长官的共同点是都比较勤政爱民，重视文教事业，积极有为，利用他们手中的行政权力，推动州县官学的复兴和发展，培养人才，扩大社会影响，移风易俗，提高地区的文明程度。同一时代的其他州县，情况可能有所不同，州县学的状态可能多种多样，州县官是其中的一个重要因素。有的州县官的思想倾向不同，对州县学校并不十分在意，他们的失职使一些地方的州县学由盛而衰，由衰而废，废而不能复兴，造成地区间先进与落后的巨大差距。

第二节 地方官学行政机构和学校类型

一、地方官学行政机构

地方官学由地方相应的行政区首长或代理首长领导和监督，并规定专门机构实施管理。

唐代地方行政区有些因政治或军事地位重要而成为特区，如作为三都的都城所在地，设京兆府、河南府、太原府，其政治地位高于其他府州；作为掌握军事权力而管兵马、专诛杀的都督、都护、节度使的驻地，设都督府、都护府、节度使衙门，因军事地位重要，行政地位也较特殊。特殊行政区在全国只占少数,居多数的是通行的州、县两级行政区。这里只简要研讨州、县行政区的教育行政。

州(郡)的行政长官是州刺史(郡太守)。《唐六典》卷三〇对刺史的职权有明确规定:"刺史掌清肃邦畿、考核官吏、宣布德化、抚和齐人、劝课农桑、敦谕五教。每岁一巡属县,观风俗、问百姓、录囚徒、恤鳏寡、阅丁口,务知百姓之疾苦。部内有笃学异能闻于乡闾者,举而进之;有不孝悌,悖礼乱常,不率法令者,纠而绳之。其吏在官公廉正己清直守节者,必察之;其贪秽谄谀求名徇私者,亦谨而察之,皆附于考课,以为褒贬。若善恶殊尤者,随即奏闻。"可见,州刺史负责一州政务的全局,自然包括一州区域内的学校教育,其所重点关注的是本州的州学和县学,所主持处理的都是州学和县学的重大事情。从历史文献中可以查到如下几项活动:第一,恢复学校和修建学舍或先圣庙是州官的职责。咸亨元年(670年)五月,唐高宗颁《营造孔子庙及学馆诏》:"宣尼有纵自天,体膺上哲,合两仪之简易,为亿载之师表。顾惟寝庙,义在钦崇,如闻诸州县孔子庙堂及学馆有破坏,并向来未造,生徒无肄业之所,先师阙奠祭之仪,久致飘零,深非敬本。宜令诸州县官司,速加营葺。"他明确责成州县官操办。第二,负责选聘本州所属的县学博士、助教。《新唐书》卷四九下《百官志四下》:"武德初,置经学博士、助教、学生。德宗即位,改博士曰文学。""文学一人,从八品上。掌以五经授诸生。县则州补,州则授于吏部。""凡县皆有经学博士、助教各一人。"第三,审核州县生徒的补缺和增扩。《新唐书》卷四四《选举志上》:"州县学生,州县长官补。"第四,定期视察州县学,劝导生徒进德修业。《旧唐书》卷一八五上《高智周传》载,高智周任寿州刺史,"每行部,必先召学官,见诸生,试其讲诵,访以经义及时政得失,然后问及垦田狱讼之事"。第五,每年春秋仲月上丁行释奠之礼,担任主献。《隋书》卷九《礼仪志四》:"隋制……州郡学则以春秋仲月释奠。"《唐六典》卷四《尚书礼部》:"凡州县皆置孔宣父庙,以颜回配焉。仲春上丁,州县官行释奠之礼。仲秋上丁亦如之。"第六,主管本州的选士考试。州有笃学异能闻于乡闾者,举而进之。每令司功参军与博士同试贡举。《毗陵集》卷九《福州都督府新学碑铭》:"岁终,博士以逊业之勤惰,覃思之精粗,告于公,敛其才者,进其等而贡之于宗伯。"第七,主持乡饮酒礼,送贡士起程赴京参加科举考试。第八,对州县学官进行年度考课。

对学校一些较具体的管理事务,州刺史难以事事躬亲,就交给属下的部门功曹,由司功参军进行管理。关于司功参军的职能,《唐六典》卷三〇有规定:"功曹、司功参军掌官吏考课、假使、选举、祭祀、祯祥、道佛、学校、表疏、书启、医药、陈设之事。"《通典》卷三三《职官十五·总论郡佐》介绍了其演变:"北齐诸州有功曹参军。隋亦然,及罢郡置州,以曹为名者改曰司。炀帝罢州置郡,改曰司功书佐。大唐改曰司功参军。开元初,京尹属官及诸都督府并曰功曹参军,而列郡则曰司功参军。令掌官员、祭祀、礼乐、学校、选举、表疏、医巫、考课、丧葬之事。"

在司功参军的职权范围内,学校与选举是重要的两项。司功参军要负起学校与选举的组织管理之责。在历史文献中,可以看到司功参军办理以下一些事务:第一,县学博士与助教的选聘。根据"县则州补"的规定,县学官的选聘由司功参军具体操办,"博士、助教部内无者,得于旁州通取"。但不论本州或旁州的人选,最终要由州刺史核准。第二,州县学生徒的选补。据开元二十一年（733年）五月敕令"州县学生，州县长官补。州县学生，取郭下县人替"，司功参军是具体操办人。第三，巡视本州所属县学。州刺史令司功参军与博士四季同巡县学，点检学生，课其事业等。第四，每年组织本州选士考试。《唐六典》卷三〇："凡贡人，上州岁贡三人，中州二人，下州一人。若有茂才异等亦不抑以常数。"第五，办理贡士赴京参加科举考试有关的文书。第六，凡贡人行乡饮酒礼，有关事务由司功参军负责办理。《通典》卷三三《职官十五·总论郡佐》："每岁贡士符书所关及乡饮酒之礼，则司功参军主其事。"第七，依条例对学官进行年度考课，将结果呈报州刺史。

凡县学，皆有经学博士、助教各一人，掌以经学教授诸生。县学在教育行政上由县令统一领导。关于县令的职责，《唐六典》卷三〇有所规定："京畿及天下诸县令之职，皆掌导扬风化，抚字黎氓，敦四人之业，崇五土之利，养鳏寡，恤孤穷，审察冤屈，躬亲狱讼，务知百姓之疾苦。……虽有专当官，皆县令兼综焉。"县学虽然由专职的学官博士、助教负责日常的教学管理，但他们都是县令的下属，要在县令统一的行政管理之下。县学的一些重要事情是由县令决定或出面主持的。梁肃《昆山县学记》谈及县令行使职权所发挥的推动文教的作用："大历九年，太原王纲以大理司直兼县令，既而释奠于庙，退而叹曰：'夫化民成俗，以学为本。是而不崇，何政之为！'乃谕三老主吏，整序民，饰班事，大启宇于庙垣之右，聚'五经'于其间。以邑人沈嗣宗躬履经学，俾为博士。于是遝迻学徒，或童或冠，不召而至，如归市焉。公听治之暇，则往敷大猷以耸之，博考明德以翼之。优而柔之，使自求之，揭而厉之，使自趋之。故民见德而兴行，行于乡党，洽于四境。父笃其子，兄勉其弟，其不被儒服而行，莫不耻焉。"这表明当时昆山县令王纲在文教方面的政绩是较为显著的。我们从历史文献中可以了解县令有关县学的一些活动：第一，县学的恢复、维修或新建，取决于县令。第二，县学博士、助教的聘请，县令也有主动权，但要申报州认可。第三，县学生的入学申请，由县令审核。第四，县令可以视察县学，检查学生课业，为学生讲学。第五，县学春秋释奠先圣先师，县令担任主献。第六，每年选拔贡士，士人怀牒到县报名，先由本县考试，县令担任主考，选其优者送州，参加州刺史主持的选拔考试。

二、地方官学的类型

据文献记载，在这一历史时期先后存在的官学，按教育内容的特点，可以区分为六类。

（一）经学

州县官学以经学教授为主，经学是州县官学的基本类型，最具有代表性。

隋代于州学（郡学）置经学博士。潘徽于开皇时为州博士[①]，孔颖达于大业时为郡博士[②]，便是例证。唐代于州学（府学、郡学）、县学置经学博士各一人，掌以"五经"教授学生，依规定有助教，学生各有差。州学、县学依法令的要求，皆于学中建有文宣王庙，每年春秋仲月上丁行释奠礼。考察一下唐代许州重建州学后

---

① 《隋书》卷七六《潘徽传》。
② 《旧唐书》卷七三《孔颖达传》。

的情况,有助于我们具体了解州学。《刘禹锡集》卷三《许州文宣王新庙碑》载:"岁在丙辰,元日开成,许州牧、尚书杜公〔杜悰〕,作文宣王庙暨学舍于兑隅,革故而鼎新也。……寝庙弘敞,斋宫严闳。轩墀厢芜,俨雅清洁。门庭墙仞,望之生敬。……藏经于重檐,敛器于庋桋。讲筵有位,鼓箧有室。授经有博士,督课有助教,指踪有役夫,洒扫有庙干。……济济莘莘,化行风驱。家慕恭俭,户知敬让。父诲其子,兄规其弟。不游学堂,与挞市同。"州学与文庙并建,连成一体,在崇儒的环境中进行儒学教育,州学成为文化传播中心,产生重要的社会影响。

与其他类型的学校比较,州县经学的数量最多,存在的时间也最长,可以说与隋唐五代各皇朝相始终。

(二)律学

隋代重视官吏学习律令,为依法施政、改善吏治创造条件。中央政府于大理寺设律博士,教授律生,这也是利用司法机关的人才和环境条件,既有法律专家可请教,又便于见习。地方政府也在地方的州县司法部门附带培养一些律生,并让他们参加司法实践,以积累实际经验。《隋书》卷二五《刑法志》:"〔开皇〕三年,因览刑部奏,断狱数犹至万条。以为律尚严密,故人多陷罪。又敕苏威、牛弘等,更定新律。……定留唯五百条,凡十二卷。……自是刑网简要,疏而不失。于是置律博士弟子员。断决大狱,皆先牒明法,定其罪名,然后依断。五年,侍官慕容天远,纠都督田元,冒请义仓,事实而始平县律生辅恩,舞文陷天远,遂更反坐。帝闻之,乃下诏曰:'……其大理律博士、尚书刑部曹明法、州县律生,并可停废。"根据这段记载,州县律生存续时间较短,因为发生颠倒是非,打击检举人的事件,结果牵累律学这类附属学校的存在。后来,大理寺的律博士恢复,依旧教授律生。到唐贞观年间,律博士改属国子监,设置正规律学。而州县律生则未再被提起。

(三)崇玄学(通道学)

唐玄宗开元二十九年(741年)正月,《命两京诸路各置元元皇帝庙诏》:"两京及诸州各置元元皇帝庙一所……兼置崇元学,生徒于当州县学生数内均融量置,令习《道德经》及《庄子》《文子》《列子》,待习业成,每年准明经举送至省。置助教一人,委所由州长官,于诸色人内精加访择补授,仍稍加优奖。"①根据命令,崇玄学只在州一级设置,不设博士,只设助教一人,生徒从州县学生数内调拨。天宝二年(743年),"改天下崇玄学为通道学,博士曰道德博士,未几而罢"。② 根据此条记载的说法,崇玄学存在的时间也不长。

(四)医学

自唐代开始,地方有政府办的医学,设医学博士、助教,传授医药知识。但医学只设于府州,未设于诸县。《唐六典》卷三〇:"医学博士以百药救疗平人有疾者。"医学博士不仅面向学生,传授医药知识,而且面向社会,为平民的保健救疗服务。医学助教和医学生也负有同一救疗任务。医学在地方的持续发展过程中,

---

① 《全唐文》卷三一。
② 《新唐书》卷四八《百官志三》。

也发生了一些阶段性的变化。《唐会要》卷八二《医术》:"贞观三年九月十六日,设诸州治医学。至开元十一年七月五日,诏曰:'远路僻州,医术全无,下人疾苦,将何恃赖。宜令天下诸州,各置职事医学博士一员,阶品同于录事。每州《本草》及《百一集验方》,与经史同贮。至二十七年二月七日敕:十万户已上州,置医生二十人;十万户以下,置十二人,各于当界巡疗。"唐代自开元二十七年(739年)后,医学的设置趋于制度化,按州的上、中、下等级,规定了固定的医学生名额。不仅中原诸州治所设置医学,边远僻州治所也设置医学。敦煌遗书《沙州图经》卷三载沙州有州学:"州学:右在城内,在州西三百步。""医学:右在州学院内。于北墙别构房宇安置。"这说明沙州的医学不是单独设置的,而是设在州学院内,有专用的房舍。可能诸州的医学也是类似的设置。

医学是社会需要,是历代积累的实用知识,所以持续存在较长时间,虽然也会因受战争冲击而停顿,但只要局势稳定,它就能恢复。五代后唐时,和凝《请置医学奏》:"当贞观之朝,则广开医学;及开元之代,则亲制方书。爰在明朝,宜遵故事。……百姓亦准医疾,令合和药物,救其贫户。兼请依本朝州置医博士,令考寻医方,合和药物,以济部人。其御制《广济》《广利》等方,亦请翰林医官重校定,颁行天下。"五代后唐提出遵照贞观、开元故事,州设医学博士,其任务在于搜集考寻医方、配制药物,以救济州境内缺医少药的民众。这显然是唐代州设医学的延续。

(五)译语学校

唐代鼎盛之时,与邻国经济、文化交流频繁,人员的往来中,不同民族使用不同语言,需要随时沟通,深感翻译人才紧缺,亟须采取必要措施。"文宗开成元年正月敕:'应边州今置译语学官,掌令教习,以达异意。'"①中央政府下令于边州设置译语学校,任命译语学官主持教习,培养一些通晓外国语言文字的翻译人才。这为接待外国来客,友好地进行沟通,及时了解他们的需求,创设了一定的条件。但唐代涉外的边州数量不少,对哪些边州应设置学官、学生定额多少未作规定,这给地方留有伸缩余地。至于命令下达后边州如何执行实施,历史文献缺乏记载。考虑到整个事情的因果,可能在进出主要通道的边州,因经常有人员往来,事务日繁,需要翻译人才最为急切,故先提出建议,得到中央政府的准许,也就率先办起译语学校。其他边州也先后奉命仿照办理,估计总的数量不会太多。

(六)武学

由政府下令开设地方武学,开始于武则天当政之时。《旧唐书》卷二四《礼仪志四》载:"则天长安三年,令天下诸州宜教人武艺,每年准明经、进士例申奏。"州官奉令,必须招生习武艺。因无门第的限制,也无文化水平和年龄的限制,学成又可参加贡举,故武学对平民子弟颇有吸引力。大概是因由州官公告招生习武,平民子弟自愿报名,故要有简单面试,以排除年少力弱及身材不合格者。学生习武艺,必有武师担任教练,进行示范指导,定期对其所学武艺进行一定的检测,以了解其提高的程度。州武学的学生

---

① 《册府元龟》卷九九六《外臣部·鞮译》。

成为每年州武举人的主要来源。《唐六典》卷三〇："每岁贡武举人,有智勇谋略、强力悍材者,举而送之。试长垛、马枪、翘关、擎重,以为等第之上下,为之升黜。从文举行乡饮酒之礼,然后申送。"经过州考试选拔的武举人年年申送,武举已成为科举选士制度的重要组成部分。武学是武举的基础,较长期地延续下去。《旧唐书》卷二四《礼仪志四》载:"天宝六载,诏诸州武举人上省,先谒太公庙。"这说明武举与武学都在延续。

以上六类地方官学中,只有经学较长期存在,且普遍设置于州县;其他五类地方官学逐次出现,仅在州一级设置,并非长期存在,随着政局的变化而时存时废。

第三节　地方官学的教育管理

隋唐五代的地方官学虽有多种类型,但经学无疑是最主要的类型。经学不仅能比较普遍地设置,而且持续存在的时间也较长,对社会所起的作用较大,影响较广,最具有代表性,文献史料的依据也较多。因此,研讨地方官学教育管理,就以经学为主要对象,以唐代为考察重点。

一、教师

(一) 经学博士、助教

隋代的州(郡)学、县学皆有博士。如潘徽,就是州博士。《隋书》卷七六《潘徽传》："潘徽字伯彦,吴郡人也。性聪敏,少受《礼》

于郑灼，受《毛诗》于施公，受《书》于张冲，讲《庄》《老》于张讥，并通大义。尤精三史。善属文，能持论。陈……选为客馆令。……及陈灭，为州博士。"他是当时一位博学多才的人物。

唐代承继隋代的地方官学制度，州学、县学皆置博士与助教。《通典》卷三三《职官十五》："大唐府郡置经学博士各一人，掌以'五经'教授学生，多寒门鄙儒为之。助教、学生各有差。"唐初马周就曾任州助教，《旧唐书》卷七四《马周传》载："马周字宾王，清河茌平人也。少孤贫好学，尤精《诗》《传》……武德中，补博州助教，日饮醇酎，不以讲授为事。"他认为自己有才能，高才而低位，州助教不能发挥其才能，因此不安其位，后来西游长安，终于为唐太宗所赏识，任官至中书令。

唐代士人不重视地方官学博士、助教的职位，是在和平时期形成的思想倾向。由于能过上和平的日子，不必为衣食温饱担心，士人转而热衷追求权势，有了权势，也就会有更多的俸禄和物质享受。价值观变了，心理状态也就随着变了，这成为士人群体中流行的风气。唐玄宗在其《求儒学诏》中就指出："而承平日久，趋竞岁积。谓儒官为冗列，视之若遗；谓吏职为要津，求如不及。"[①]正因为存在这种思想，所以限制了博士作用的发挥。《封氏闻见记》卷一《儒教》论及这一问题："国朝以来，州县皆有博士，县则州补，州则吏曹授焉。然博士无吏职，惟主教授，多以醇儒处之。衣冠俊乂，耻居此任。……州县博士学生，惟二仲释奠行礼而已。今上登极，思弘教本。吏部尚书颜真卿奏请改诸州博士为文学，品秩在参军之上。其中下州学，一事以上，并同上州，每令

---

① 《唐大诏令集》卷一○五。

与司功参军同试贡举,并四季同巡县,点检学生,课其事业。博士之为文学,自此始也。"据《新唐书》卷四九下《百官志四下》,上州,"文学一人,从八品下"。品秩依旧,地位、俸禄未变,仅是改变名称,未足以调动其从业的积极性。

经学博士与助教,职位不同,博士在九品之内,助教则不在九品之列;作用也不同,博士以"五经"教授学生,助教则助博士以"五经"教授学生。博士与助教的分工,简单地说就是:"授经有博士,督课有助教。"①

按制度规定,州的经学博士是由吏部委派的,但有的州学停顿已久,吏部亦不派差,后来一旦恢复,申报请求委派博士颇费时日,赶不上开展学务的需要。刺史作为州长官,权宜行使其职权,就地指派,暂时兼职。韩愈为潮州刺史,恢复潮州州学,无现成博士,只好就地选才而指派兼职,其《潮州请置乡校牒》就说明了缘由:"赵德秀才,沉雅专静,颇通经,有文章,能知先王之道,论说且排异端而宗孔氏,可以为师矣。请摄海阳县尉,为衙推官,专勾当州学,以督生徒,兴恺悌之风。"②

县学的经学博士的责任与州学的经学博士一样,专以经术教授诸生,所不同的是其地位更低,县经学博士、助教都不在九品之列,其月俸岁禄自然更少。

(二) 医学博士

医药博士在贞观初成立医学时就同时设置。《唐会要》卷八

---

① 《刘禹锡集》卷三《许州文宣王新庙碑》。
② 《昌黎先生文集》外集卷五。

二《医术》:"贞观三年九月十六日,设诸州治医学……贞观初,诸州各置医博士。"《新唐书》卷四九下《百官志四下》:"贞观三年,置医学,有医药博士及学生。开元元年,改医药博士为医学博士。"

关于医药博士的职责,文献的记载基本一致。《旧唐书》卷四四《职官志三》:"医药博士以百药救民疾病。"《唐六典》卷三〇《三府督护州县官吏》:"医学博士以百药救疗平人有疾者。"当然,医学博士还要教授医学生。医学博士由中央政府吏部委派,在品官的范围之内。

开元年代,医学博士的设置和活动进一步法制化。《唐会要》卷八二《医术》:"至开元十一年七月五日,诏曰:'远路僻州,医术全无,下人疾苦,将何恃赖?宜令天下诸州,各置职事医学博士一员,阶品同于录事。'"州录事的阶品是从九品下,医学博士的阶品同于录事,也就定为从九品下,这是品官序列中最低的一阶。"开元中,兼置助教,简试医术之士,申明巡疗之法。"上州、中州各置助教一人。当时对医术之士进行考试,加以甄别。在州境内进行巡回医疗,是医学博士、助教的职责。这三项规定对医学教育的发展影响较大。

贞元年代,医学博士委派制度起了变化。贞元十二年(796年)三月十五日敕:"比来有司补拟,虽存职员,艺非专精,少堪施用,缅思牧守,实为分忧,委之采择,当悉朕意。自今已后,诸州应阙医博士,宜令长史各自访求选试,取艺业优长,堪效用者,具以名闻。已出身入式,吏部更不须选集。"①敕令规定诸州医学博士补阙,委托由州长史访求选试,就地选才,加以解决。对于选用何人为医学博士,名单必须申报吏部存案。原来吏部要给各州选派

---

① 《唐会要》卷八二《医术》。

一位医学博士,因合格的此类人才紧缺,颇感困难,故将选派的职权下放州长史,负责在地方上寻访、选拔并任用,医学博士的补阙问题也就容易解决了。

二、学生

地方官学按行政区的层次等级划分,学生有定额,现根据历史文献记载,列表比较如下:

地方经学学生定额　　　　　　　　　　（单位:人）

地方行政区	《唐六典》卷三〇《三府督护州县官吏》	《通典》卷五二《礼十三·大学》	《旧唐书》卷四四《职官志三》	《新唐书》卷四四《选举志上》
京兆、河南太原	八十	八十	八十	八十
大都督府	六十	六十	六十	六十
中都督府	六十	六十	六十	六十
下都督府	五十	五十	五十	五十
上州(郡)	六十	六十	六十	六十
中州(郡)	五十	五十	五十	五十
下州(郡)	四十	四十	四十	四十
京　县	五十	五十	五十	五十
畿　县	四十		四十	
上　县	四十	四十	四十	四十
中　县	二十五	三十	二十五	三十五
中下县	二十		二十五	三十五
下　县	二十	二十	二十	二十

从四种历史文献记载府州县官学学生定额的情况来比较,上县以上的定额几乎是一致的,若将畿县等同于上县,那么所载的数额就完全一致;中县及中下县所载的数额差别就较大,相差五名至十五名,年代较早的文献所记数额少,年代较晚的文献所记数额则有所增加,这表明在不同时段有些变化。

地方医学学生定额 （单位：人）

地方行政区	《唐六典》卷三〇《三府督护州县官吏》	《旧唐书》卷四四《职官志三》	《新唐书》卷四九下《百官志四下》
京兆、河南、太原	二十	二十	二十
大都督府	十五	十五	二十
中都督府	十五	十五	二十
下都督府	十二	十二	二十
上　州	十五	十五	二十
中　州	十二	十二	十
下　州	十	十	十

地方医学只设置到府州,县一级均未设置。从三种历史文献记载的数额比较来看,存在一些差别。以年代较晚的《新唐书》与年代较早的《唐六典》所载数额相比较,下都督府增加八名,而中州则减少两名,这或许也反映了不同时段地方医学有变化。

关于地方州县学的招生和补阙,唐代已形成制度。《新唐书》卷四四《选举志上》:"州县学生,州县长官补,长史主焉。"《唐摭言》卷一《两监》注引开元二十一年(733年)五月敕:"州县学生,州县长官补。州县学生,取郭下县人替。……诸百姓立私学,其欲寄州县学授业者,亦听。"《通典》卷五二《礼十三·大学》:"大唐……州县生徒有差。州县学生门荫与律、书、算学同。诸生皆限年十四以上，十九以下，皆郡县自补。……"根据这些史料来分析，州与县分层招生，分层补阙，但县必须把结果向州呈报，有门荫家庭的子弟优先入学，庶人子弟则要具有一定文化基础，年龄限在十四岁至十九岁之间。州县学曾有名额限制，但到开元年代，这种限制放宽，容许庶民自愿申请入学，"其欲寄州县学授业者，亦听"。所谓寄学，是指实际在学受业而又不占学校的定额。这表明唐代的地方官学逐步向平民开放。地方官学学生总共有多少？开元年代，裴耀卿曾说："今计天下州县所置学生，不减五六万人。"[①]他的测算只能说是近似值。《新唐书》卷四五《选举志下》记载了唐代鼎盛之时正规学校的学生数："诸馆及州县学六万三千七十人。"扣除中央官学的学生数，余下的便是州县官学的学生数，大概在六万左右，这应该是较为可信的。

三、学规

州学与县学由中央政府以法令形式所规定的通行学规基本上一致，只是由不同层次的博士和学生来执行而已。现仅举州学为代表而简述之。

（一）入学行束脩礼

《唐会要》卷三五《学校》："神龙二年九月，敕学生在学，各以

[①] 《全唐文》卷二九七《裴耀卿·请行礼乐化导三事表》。

长幼为序。初入学,皆行束脩之礼,礼于师。……州县各绢一匹,皆有酒脯。其束脩三分入博士,二分助教。"《通典》卷一二一《吉礼十三》:"州学生束脩,束帛一筐,一匹;酒一壶,二斗;脯一案,五脡。县礼同。"入学日,博士穿公服或儒服,学生穿青衿服。学生依礼求见博士,进献束脩礼,礼毕而退。

(二) 全体学生参加释奠礼

《隋书》卷九《礼仪志四》:"隋制……州郡学则以春秋仲月释奠。"唐时,春秋二时释奠孔庙,在二月、八月上丁日举行。据《通典》卷一二一《吉礼十三》,诸州释奠于孔宣父,以刺史、上佐、博士为三献(初献、亚献、终献)。释奠前三天开始斋戒,前两天扫除内外,前一天设位和摆好祭器。释奠当天,要穿好规定服装,博士穿祭服,助教穿儒服,学生穿青衿服。以刺史为首的各级官员各就其位,遵故事行礼,由祝跪读祝文:"维某年岁次月朔日,子刺史具官姓名敢昭告于先圣孔宣父:惟夫子固天攸纵,诞降生知,经纬礼乐,阐扬文教,余烈遗风,千载是仰,俾兹末学,依仁游艺。谨以制币牺斋,粢盛庶品,祗奉旧章,式陈明荐,以先师颜子配,尚飨。"①礼毕而退。学生在参加释奠礼的过程中受到了崇儒的教育。独孤及《福州都督府新学碑铭》对释奠活动有所记载:"每岁二月上丁,习舞释菜,先三日,公斋戒肄礼,命博士率胄子,修祝嘏,陈祭典,释菜之日,衅器用币,笾豆在堂,樽罍在阼,公元端赤舄,正词陈信。是日,举学士之版,视其艺之上下,审问慎思,使知不足,教

---

① 《通典》卷一二一《吉礼十三·诸州释奠于孔宣父》。

之导之,讲论以勖之。八月上丁如初礼。"由此可见,释奠之日,刺史还顺便进行视学活动,对学生予以教导和勉励。

(三)实行法定假期

《隋书》卷九《礼仪志四》:"隋制……学生皆乙日试书,丙日给假焉。"唐代对学校的假期制度予以进一步完善。《新唐书》卷四四《选举志上》:"旬给假一日。前假,博士考试。……每岁五月有田假,九月有授衣假,二百里外给程。"这种假期制度适应了以农业为立国之本的国情,与中央官学的假期制度基本一致。

(四)每年仲冬行乡饮酒礼

《隋书》卷九《礼仪志四》:"隋制……州郡县亦每年于学一行乡饮酒。"乡饮酒礼由州刺史主持,在州学中举行,全体师生参加。唐代自贞观六年(632年)颁发《令州县行乡饮酒礼诏》后,乡饮酒礼成为州学常年活动。《通典》卷五三《礼十三·大学》:"每岁仲冬,郡县馆监课试,其成者,长吏会属僚,设乡饮之礼。"乡饮酒礼的规定在一些州学遵照实行。独孤及《福州都督府新学碑铭》载有乡饮酒礼的活动:"岁终,博士以逊业之勤惰,覃思之精粗告于公,敛其才者,进其等而贡之于宗伯。将进,必以乡饮酒之礼礼之,宾主三揖,受爵于两壶之间,堂下乐作,歌以发德,《鹿鸣》《南陔》《由庚》《嘉鱼》《南山有台》,以将其厚意。"每年举行乡饮酒礼,州学生按规定参加,在活动过程中接受教育。

四、课程

诸州"经学博士以'五经'教授诸生"。①"五经"是州学的基本课程,所以州学的藏书主要是"五经",依时读讲的主要是"五经"。《全唐文》卷四七八《杨凭·唐庐州刺史本州团练使罗珦德政碑》:"罗公牧庐江七年……又命乡塾党庠,缉其墙室,乡先生总童冠子弟,以淹中之《礼》、田何之《易》、上代帝王遗书与鲁《春秋》及百王之言以教之,圆冠方履者不补吏。不及数岁,俊造之秀升于宗伯者,仅四十人。"此处突出强调的就是以"五经"为内容来造就俊秀人才,对于史的知识也给予一定重视。

除经史之外,《孝经》与《论语》亦兼通之。《孝经》与《论语》作为经学的兼习之经,早已设置。至开元天宝年代,唐玄宗强调以孝治天下,亲注《孝经》颁行,因而下令:"自古圣人,皆以孝理,五帝之本,百行莫先。移于国而为忠,长于长而为顺,永言要道,实在人弘。自今已后,令天下家藏《孝经》一本,精勤诵习。乡学之中,信增教授,郡县官吏,明申劝课。"②敕令颁行之后,家家备有唐玄宗重注的《孝经》,地方官学加倍努力教学。《论语》一书在唐代也备受重视。《新唐书·艺文志》著录《论语》注疏有三十八种,在当时流传。梁肃《陪独孤常州观讲论语序》:"晋陵守河南独孤公,以德行文学,为政一年,儒术大行,与洙泗同风。公以为使民悦以从政,莫先乎讲习,括'五经'英华,使夫子微言不绝,莫备乎《论语》。于是俾儒者陈生以《鲁论》二十篇,于郡学之中,率先讲授。

---

① 《唐六典》卷三〇《三府督护州县官吏》。
② 《唐大诏令集》卷七四《亲祭九宫坛大赦天下敕》。

乃季冬月朔，公既视政，与二三宾客躬往观焉。"常州刺史独孤及令儒者陈生讲《鲁论》于常州州学，这是州学讲授《论语》的事例之一。

面对科举制度的现实，多数州学学生都以科举为正规的出路，科举考试的要求自然制约着地方州学、县学的学习内容。科举考试要对策，进士科要试杂文，这就使得州学为了应对科举考试，需要学习时务策及各体文章。这些东西成为适应时代需要的学习内容，必然要占用学生的学习时间。历史文献中载有这类学习安排。《新唐书》卷一五〇《常衮传》："建中初，杨炎辅政，起为福建观察使。……衮至，为设乡校，使作为文章，亲加讲导，与为客主钧礼，观游燕飨与焉，由是俗一变，岁贡士与内州等。"这表明学习文章是兼习的内容，从发展趋势来看，越来越受重视。

礼仪也是州学必须兼习的项目。《唐会要》卷三五《学校》："诸州县学生专习本业之外，仍令兼习吉凶礼，公私礼有事处，令示仪式，余皆不得辄使。"吉凶礼并不是全部都学，而是学地方上需要用的部分。

文字学和书法也是兼习的内容。在文字学方面，要读《说文》《字林》《三仓》《尔雅》；在书法方面，重在依法练习，学书日纸一幅。

五、考试

州县分不同阶段进行考试，以督促学生的课业。

通常的考试是旬试，在旬假前一日进行。《新唐书》卷四四《选举志上》载："旬给假一日。前假，博士考试，读者千言试一帖，帖三言,讲者二千言问大义一条,总三条,通二为第,不及者有罚。"每旬为教学的小阶段,用八天进行读讲,用一天进行考试检查,用一天休假。及格者,下一旬教授新内容;不及格者,则继续复习。

每年为一个大的教学阶段,岁终举行的考试称为岁试。《唐会要》卷三五《学校》:"神龙二年九月敕:……以每年……州县学生,当州试,并选艺业优长者为试官,仍长官监试。其试者通计一年所受之业,口问大义十条,得八已上为上,得六已上为中,得五已上为下。及其学九年(律生则六年)不贡举者,并解追。其从县向州者,年数下第,并须通计。"敕令被保留下来,成为长期的学令,也载于《新唐书》卷四四《选举志上》:"岁终,通一年之业,口问大义十条,通八为上,六为中,五为下。并三下与在学九岁,律生六岁,不堪贡者罢归。"《新唐书》卷四四《选举志上》的表述更加简明。

州县学生是国子监四门学学生的重要来源,每年补充四门学学生,除了有门荫的官员子弟外,大部分都由州县举选,要经过简试。《唐会要》卷三五《学校》:"开元二十一年五月敕:诸州县学生,年二十五已下……通一经已上及未通经、精神通悟、有文词史学者,每年铨量举选,所司简试,听入四门学,充俊士。"这种每年一次的选拔虽不是全体学生都参加,但也是州县学经过考试才选出的。

州县学的生徒要参加科举考试,须先经过本县学、本州学考选,经过考试被录取者,才能获得贡举的资格。对整个过程,《新唐书》卷四四《选举志上》用"每岁仲冬,州、县、馆、监举其成者送之尚书省"一句话加以概括,其中心是一年一度以考试竞赛筛选出可充贡举之人。

州县学的考试大略就是以上几项,在正常情况下是如此,如情况异常,学校教学不能维持,考试自然停顿。

六、经费

筹备必需的经费,保证学官与生徒基本的物质供应,是地方官学教育事业得以发展的前提条件。隋唐五代,除有品级的地方学官按制度取得俸禄之外,其他所需的经费并未被纳入法制化的轨道,均由地方官据情机动处理。历史文献中记载隋唐地方官学经费的资料甚为稀少,只是偶尔给后人留下可作实证的信息。从这些零散的材料看,地方官学经费大致存在三种主要情况:

其一,州县长官从地方财政收入中,根据官学的需要调拨,充当官学经费。如《隋书》卷七三《梁彦光传》所载,梁彦光于开皇中复为相州刺史,"彦光欲革其弊,乃用秩俸之物,招致山东大儒,每乡立学,非圣哲之书不得教授。常以季月召集之,亲临策试"。这说明刺史决定由州出俸料,以招聘山东大儒任教师。《毗陵集》卷九《福州都督府新学碑铭》载:李椅以加御史大夫,持节都督福建泉漳汀五州军事领观察处置都团练等使,大历八年(773年)夏四月至福州上任,"公将治之也,考礼正刑,节用爱人,颁赋遣役,必齐其劳逸,视年丰耗,量入以制用,削去事之烦苛,法之掊克者……公将教之也,考泮宫之制,作为此学而寓政焉。躬率群吏之稍食与赎刑之余羡,以备经营之费,而不溷于民也"。这说明李椅的财政管理原则是"量入以制用",行其职权,取"群吏之稍食与赎刑之余羡",作为备府学经营之费。又,《唐文续拾》卷九之《涿州范阳县文宣王庙碑》载：幽州卢龙节度观察使彭城刘公，于建中初年道经范阳县，目睹范阳县缺先圣庙，于是捐官俸与家财造先圣庙，庙成之后，"于是置食钱二百万，生徒三十员。洙泗之风，集于期月"。这是节度使令官府拨出二百万钱作为县学学生膳食费的本钱，交由县经管，放贷收息，以充膳食等费。

其二，官府为州县官学事业的需要设立专项经费，既供廪米，也供本钱，并立运作条规，以图长期维持。《柳宗元集》卷五《道州文宣王庙碑》载：河东薛伯高任道州刺史时，兴建先圣庙和州学，"乘时以僦功役，逾年而克有成，庙舍峻整，阶序廊大，讲肄之位，师儒之室，立廪以周食，圃畦以毓蔬，权其子母，赢且不竭"。这里解决供费的途径较多，既有廪米，也有菜圃，还有本钱放贷收息，可以保证持续供应不竭。又，《韩昌黎集》卷三一《处州孔子庙碑》载：李繁任处州刺史时重兴州学，"选博士弟子，必皆其人，又为置讲堂，教之行礼，肄习其中，置本钱廪米，令可继处以守"。这里解决供费的途径有二，即用本钱放贷收息与用廪米供应膳食，所图的是官学长期维持不停。

其三，地方官为恢复学校与保持正常的教育秩序，捐献部分官俸（或家财）以为学本，收其生息以供费用，使学校能够长期维持。《旧唐书》卷一一三《苗晋卿传》载："苗晋卿，上党壶关人……天宝三载闰二月，转魏郡太守，充河北采访处置使，居职三年，政化洽闻。会入计，因上表请归乡里。……大会乡党，欢饮累日而去。又出俸钱三万为乡学本，以教授子弟。""学本"的性质，类似于现代的教育基金，但它是委托经管人放贷，收益供学校作为经费。《韩昌黎集》外集卷五《潮州请置乡校牒》载：韩愈为潮州刺史时，重兴州学，其重要举措之一是自己捐献经费，"刺史出己俸百千,以为举〔学〕本,收其赢余,以给学生厨馔"。"学本"收益所期盼的效用,在这里已作了说明。《旧唐书》卷一六二《曹华传》载:曹华于元和十四年(819年)七月任沂海兖观察使,移治所于兖州,"华令将吏曰:'邹、鲁儒者之乡,不宜忘于礼义。'乃躬礼儒士,习俎豆之容,春秋释奠于孔子庙,立学讲经,儒冠四集。出家财赡给,俾成名入仕,其往者如归"。曹华所建的兖州州学,从"儒冠四集"的情况来看,应该有一定规模。他"出家财赡给",当不是自己操办日常事务,而是委派人去负责经管。《刘禹锡集》卷三《许州文宣王新庙碑》载:开成元年(836年),杜悰任许州刺史,"作文宣王庙暨学舍于兑隅,革故而鼎新也。……公又割隙地为广圃,莳其柔蔬,而常菹旨蓄之御备;舍己俸为子钱,榷其孳赢而盐酪缸膏之用给"。许州州学的经费来源有两方面,一是菜圃,二是放贷生息,在当时当地能维持教育事业的发展。

从以上的情况看,对地方官学的经费,国家法令未作统一的规定,只是把建学办学的任务交给州县,由地方政府负责筹办。地方长官根据地方的条件筹划对策,因此经费的来源不是一元而是多元的,供应不是单一而是多样的,这就为后世提供了解决教育经费问题的经验。

第三编 隋唐五代私学教育研究

私学是有别于官学的另一个古代学校系统，多为民间和私人所办。历朝政府通常只致力于中央官学和地方官学的办理，专注于统治人才的培养，而对城乡民众子弟的启蒙教育和初步的知识教育、各种社会生产和生活所需要的专门人才的培养，虽然也予以政策支持，但全由私人办理的各种学校承担。私学的存在满足了社会发展的需要，在整个国家的教育事业发展中，私人办学的重要性不言而喻。隋唐五代时期的私人办学，按其教育程度可以分为承担启蒙职责的私塾和进行专门教育的书院、学者私人讲学两大类。前者承担起封建国家的基础教育任务，而后者则对各种专门的学术和技能的传承和发展贡献甚大。私人办学也促成了启蒙教材的兴起和专门学术著述的发展。以下依私学发展、初等私学、高等私学（书院）、私学教材的顺序加以论述。

第八章

隋唐五代私学概要

私学与官府所办的官学相对而存在。中国历代在民间以私人身份所办的学校机构或组织的教育活动，都属于私学。古代私学依其学习文化知识的程度，主要分为两个层次：小学与大学，即初等私学与高等私学。私学的发展自春秋战国以来已有两千多年的历史，本章仅探讨隋唐五代时期的私学。这一时期的私学承前启后，在私学发展过程中占据重要的历史地位。

第一节 继承前代私学传统

中国的民间私学产生于春秋时期，在战国时期迅速发展。秦始皇统一中国后，推行愚民政策，曾禁止私学，但实行没多久，秦朝就破灭了。汉朝改变秦朝的政策，私学得到恢复和发展，此后历代延续不断，虽然时有起伏，但并未间断。私学形成一些历代相继的传统，隋唐五代就是在继承这些传统的基础上，适应这一时期政治、经济、文化等方面的社会条件及其需要而有新的发展。

一、自主办学

学校教育不论规模大小,都存在着谁办学、谁管理、谁负责的问题。民间私学在这方面显然与政府所办的官学有较大的区别。官学办学的主体是政府,如汉代的太学、郡国学,西晋的国子学,北魏的州郡学等,都是根据诏令由各级政府办的,并依令建立制度,配备学官从事教学与管理,下级对上级负责。民间私学办学的主体不是政府,而是个人、家庭、家族、村或社的民众,他们有自己的意愿,或是为教育自己的子弟、家族子弟,或是为教育地方子弟,造就人才,还有一些有文化知识的个人以办学为谋生的职业,依靠教书换取生活资料。他们觉得有需要就可以办,不必向政府报告并等待政府批准才去办。私学一旦办起,主办者即自主管理,规模大小不限。条件好一些的,设施能完备一点;条件差一些的,也可以因地制宜、因陋就简。至于教师,由主办者担任或是聘请他人担任都可以。若私学的办学条件起了变化,出现了困难,也可以停止办学。总的说来,只要有办学的意愿,并具备人、财、物的办学条件,不与国家的政策法令相抵触,民间的个人或群体都有自主办学的权利。

隋唐五代时期完全继承这种教育传统,朝廷容许民间自主办学,有的当政者较有政治远见,不仅不施加限制,还加以倡导。所以,隋唐五代时期民间自主创办的私学甚多,史书中不乏这类记载。如《隋书》卷七五《儒林传》载:"京邑达乎四方,皆启黉校。齐、鲁、赵、魏,学者尤多,负笈追师,不远千里,讲诵之声,道路不绝。"这段记载反映了隋文帝当政时民间私学在中原地区的发展活动,呈现出繁荣景象。

　　私学的兴办中,教育者的主观努力往往起重要作用。私学的分布面较为广泛,遍及城乡以至边远。大多数情况下,个人自主办一所学校,面对程度不等的学生,全权负责。以下是史书所载不同时间、不同地区私学的主办者。《隋书》卷七五《刘焯传》:"刘焯字士元,信都昌亭人也。……后因国子释奠,与炫二人论义,深挫诸儒,咸怀妒恨,遂为飞章所谤,除名为民。于是优游乡里,专以教授著述为务,孜孜不倦。"《旧唐书》卷一九〇上《王勃传》:"王勃字子安,绛州龙门人。祖通,隋蜀郡司户书佐。大业末,弃官归,以著书讲学为业。"《新唐书》卷一九八《张士衡传》:"张士衡,瀛州乐寿人。……仕隋为余杭令,以老还家。大业兵起,诸儒废学。唐兴,士衡复讲教乡里。"《旧唐书》卷一六三《王质传》:"王质字华卿,太原祁人。……寓居寿春,躬耕以养母,专以讲学为事,门人受业者大集其门。"《新五代史》卷一《梁本纪第一》:"太祖神武元圣孝皇帝,姓朱氏,宋州砀山午沟里人也。其父诚,以'五经'教授乡里,生三子,曰全昱、存、温。诚卒,三子贫,不能为生,与其母佣食萧县人刘崇家。"以上这些民间私学,既因人而设学,也因人而废学,随主办者人事变化而变化,或因主办者改业出仕而停止,或因主办者谢世而关闭,也体现了民间办私学的自主性。

二、聚徒教授

　　隋唐五代民间私学一般都实行开放式自由招生,这也继承了历代私学的教育传统。历史上,受儒家思想影响的知识分子凡从事教育职业的,都会依礼行事,"礼闻来学,不闻往教"。"学习"作为一件事,一定要以学生有学习的愿望和积极性为条件,才能成功,应该让学生来向教师求学,维护教师的尊严,不应该让教师送教上门或去动员学生来上学。只要学生主动要求入学,不论年龄大小、文化程度高低,教师都要接受,原则上是"来者不拒"。因此,每位办私学的教师不会只招一两个学生,而是招一批学生。这在教学上可能更为有利,学生不会处于独学而无友的状态。有学友可以相互讨论切磋,彼此比较还会产生竞赛心理,更能激发学生的积极性。教一批学生虽然辛苦一些,但比教一两个学生更有效率,教师的劳动付出也可以相应地获得更大的经济效益。所以,民间办学必然会产生聚徒教授的现象。

前代聚徒教授的传统在隋唐五代得到继承和发扬,历史文献中常有关于聚徒教授的记载。《旧唐书》卷一八九上《徐文远传》:"徐文远,洛州偃师人。……文远方正纯厚,有儒者风。窦威、杨玄感、李密皆从其受学。开皇中,累迁太学博士。"徐文远同时教授的有一批学生,这里提到的是后来有社会影响的三位学生,其他学生就不一一列举。著名教育家王通的教育活动在杜淹《文中子世家》有较详细记载:隋大业"九年而'六经'大就,门人自远而至:河南董常、太山姚义、京兆杜淹、赵郡李靖、南阳程元、扶风窦威、河东薛收、中山贾琼、清河房玄龄、巨鹿魏徵、太原温大雅、颍川陈叔达等,咸称师北面,受王佐之道焉。如往来受业者,不可胜数,盖千余人"。① 此处所列举的是一群高足弟子,除此之外还有不少弟子,数年间登王通之门受业的弟子超过千人。《新唐书》卷一九八《曹宪传》:"曹宪,扬州江都人。仕隋为秘书学士,聚徒教

---

① 《中说》附录,中华书局,四部备要本。

授凡数百人,公卿多从之游。"曹宪任隋朝秘书学士,公务之余,进行私学传授,所传为文字学,慕其名而从其受业者达数百人,使绝学得以复兴。《隋书》卷七〇《李密传》:"李密字法主。……玄感举兵而密至,玄感大喜,以为谋主。……玄感败,……密诣淮阳,舍于村中,变姓名称刘智远,聚徒教授。"李密参加杨玄感造反,失败后逃亡,隐藏乡间,改名换姓,以教书为掩护,聚徒教授,维持生活,招收的多为农家子弟。《旧唐书》卷一八七上《王义方传》:"王义方,泗州涟水人也。……博通'五经',而謇傲独行。……左迁莱州司户参军。秩满,家于昌乐,聚徒教授。"王义方有一批及门弟子,著名的有何彦先、员半千等。

唐代民间私学比隋代有更进一步的发展,处于蓬勃发展阶段,分布甚为广泛,聚徒教授不是孤立现象,而是各地常见现象。这种现实的社会生活也反映在试题之中。《全唐文》卷四五九《胡运·对聚徒教授判》:

〔判题〕甲聚徒教授,每春秋享射,以素木瓠叶为俎豆。

〔判文〕学以道尊,礼为教首,事克师古,人焉生惑。眷言彼甲,惟德润身,敦诗说礼,奉守先王之训,博闻强识,能为君子之儒。是以生徒骏奔,负笈云集,横经纷其满席,执礼烂其盈门。故能春秋匪懈,享祀不忒,教胄子之威仪,陈乡人之揖逊。登以素品,射从薄物。稽诸匏叶,有若蘩苹,桑弧不类于桃弧,兔首岂齐于貍首,同刘昆之故事,习俎豆于私室。异祭遵之前式,陈礼容于军旅,古则无议,今亦何伤?徒小有言,责其行礼,欲崇北海之术,谨遵东观之词。

作者对于私学聚徒教授,学习经书,重视礼教,培养君子,均加以肯定;对于坚持春秋祭祀,依礼举行仪式,也加以赞许,认为祭祀的用具物品虽有节省,但这在古时已有先例,今日照做,也不伤害祭礼的重要精神。

唐末五代,社会处于动乱阶段,割据势力之间时有战争,对教育事业造成巨大冲击。在战乱地区,官学受破坏特别严重,受局部的停滞倒退影响而陷于衰颓。但民间私学分布较为广泛,规模小而灵活,教师移徙乡村,隐居山林,仍然可以聚徒教授,教育活动还可继续进行。《十国春秋》卷八八《吴越·方昊传》:"方昊……生于唐末,唐亡,耻非所仕,遁隐岩谷中。武肃王常招之,不肯往,聚徒讲学于上贵精舍,以终其身。乡人化之,称为静乐先生。"《十国春秋》卷五三《后蜀·多岳传》:"多岳……寓铁锋,教授生徒,门下多知名士。"民间私学坚持实行来者不拒的原则,接纳一批学生,能够凭借坚忍不拔的生命力,挺立于乱世,使中华文化的传承得以延续,人才的培养不至于间断。

三、 自由求学

历代的私学中,办学的教师所具有的学问、道德,对学生产生吸引力,学生仰慕哪位名师,愿向哪位名师求学,可以自由地选择,选择哪位名师也就等于选择他所开办的学校。名师居留何处,学生也就追随求学到何处。所以,学生求学不受地区的限制,可以跨地区求学。教师的素养各有差别,全能的教师是没有的,博学多能的教师也是极少数。大多数教师是术有专攻。若学生聪敏,学业出类拔萃,博学多才,已经学到教师的学术专长,就不必受其局限,可以谢师而往他处另求高明。学无常师者,流动求学,能获多师之传授,学其所长,成为博学之通才。许多著名的学问家都有游学的经历。私学的学生绝大多数不是被迫学习,而是有主动求师学习的意愿。这种学习不是靠长期契约来制约的,而是靠道义来制约的,学生来去自由,形成自由求学的传统。这种私学教育传统在隋唐五代时期的私学里得到继承和发扬。以下引证一些学生自由求学而学无常师的事例。

《隋书》卷七五《刘焯传》:"刘焯字士元,信都昌亭人也。……少与河间刘炫结盟为友,同受《诗》于同郡刘轨思,受《左传》于广平郭懋富,问《礼》于阜城熊安生,皆不卒业而去。"个人认为没有继续留下的必要,就可以告辞,转到别处,另求他师。

《隋书》卷七六《潘徽传》:"潘徽字伯彦,吴郡人也。性聪敏,少受《礼》于郑灼,受《毛诗》于施公,受《书》于张冲,讲《庄》《老》于张讥,并通大义。尤精三史。善属文,能持论。"潘徽求学于名家,一家学毕,又选择另一名家而学。

杜淹《文中子世家》载:开皇十八年(598年),"文中子于是有四方之志,盖受《书》于东海李育,学《诗》于会稽夏琠,问《礼》于河东关子明,正《乐》于北平霍汲,考《易》于族父仲华,不解衣者六岁,其精志如此"。王通不是闭门读书,他费六年光阴,游学四方,求教于多位学者,终于精通儒经。

《旧唐书》卷一八九上《张士衡传》:"张士衡,瀛州乐寿人也。……及长,轨思授以《毛诗》《周礼》,又从熊安生及刘焯受《礼记》,皆精究大义。此后遍讲'五经',尤攻'三礼'。"张士衡先后从学于多位名家,才能成为既博又专的学者。

《旧唐书》卷一八九上《朱子奢传》:"朱子奢,苏州吴人也。少从乡人顾彪习《春秋左氏传》,后博观子史,善属文。"朱子奢先从师求学,有了学问基础,再进一步自学研究,才能在经学、文学方面有所成就。

《新唐书》卷一一一《唐休璟传》:"唐璿字休璟,以字行,京兆始平人。……休璟少孤,授《易》于马嘉运,传《礼》于贾公彦,举明经高第。"

《旧唐书》卷一八九上《李玄植传》:"时有赵州李玄植,又受'三礼'于公彦,撰《三礼音义》行于代。玄植兼习《春秋左氏传》于王德韶,受《毛诗》于齐威,博涉汉史及老、庄诸子之说。贞观中,累迁太子文学、弘文馆直学士。"

《旧唐书》一九〇上《卢照邻传》:"卢照邻字昇之,幽州范阳人也。年十余岁,就曹宪、王义方授《仓》《雅》及经史,博学善属文。"

《新唐书》卷一九四《元德秀传》:"元德秀字紫芝,河南河南人。……爱陆浑佳山水,乃定居。……是时程休、邢宇、宇弟宙、张茂之、李粤、粤族子丹叔、惟岳、乔潭、杨拯、房垂、柳识,皆号门弟子。……休字士美,广平人。宇字绍宗,宙字次宗,河间人。茂之字季丰,南阳人。粤字伯高,丹叔字南诚,惟岳字谟道,赵人。潭字源,梁人。垂字翼明,清河人。拯字齐物,隋观王雄后……"元德秀的弟子以前初学皆有所师,其后慕名纷纷集于元德秀门下,他们来自不同地区。

《新唐书》卷一六〇《吕温传》:"温字和叔,一字化光,从陆质治《春秋》,梁肃为文章。贞元末,擢进士第。"

《唐吕和叔文集》卷三《与族兄皋请学〈春秋〉书》:"儒风不振久矣。某生于百代之下,不顾昧劣,凛然有志,翘企圣域,莫知所从,如仰高山,临大川,未获梯航,而欲济乎深,臻乎极也。……尝阅雅论，深于《春秋》，其间所得，实曰渊正，窃不自揣，愿以'春秋三传'，执抠衣之礼于左右，童蒙求我，兄得辞乎？朝闻夕死，某可逆乎？无以流俗所轻，而忽贤圣之所重也。"

《全唐文》卷七四二《刘轲·与马植书》："先此二十年，予方去儿童心，将事四方志，若学山者以一篑不止，望崟崟于上，誓不以邱陵其心而尽乎中道也。……历数岁，自洙泗渡于淮，达于江，过洞庭三苗，逾郴而南，涉浈江，浮沧溟，抵罗浮，始得师于寿春杨生。杨生以传书为道者也。始则三代圣王死，而其道尽留于《春秋》。《春秋》之道，某以不下床而求之。求之必谋吾所传不失其指，每问一卷，讲一经，说一传，疑周公、孔子、左丘明、公羊高、穀梁赤若回环在座，以假生之口以达其心也。迩来数年，精力刻竭，希金口木舌，将以卒其业。虽未能无愧于古人，然于圣人之道，非不孜孜也。……元和初，方下罗浮，越梅岭，泛赣江，浮彭蠡，又抵于匡庐。匡庐有隐士茅君，腹笥古今史，且能言其工拙赘蠹，语经之文，圣人之语，历历如指掌。予又从而明之者，若出井置之于泰山之上，其为见非不宏矣。"

《云溪友议》卷三："刘侍郎轲者，韶州人也。幼之罗浮九疑，读黄老之书，欲学轻举之道。又于曹溪探释氏关戒，遂披僧服焉。北之筠川方山等寺，又居庐岳东林寺，习《南山钞》及《百法论》，咸得宗旨焉。……后乃精于儒学而肄文章。因策名第，历任史馆。"

《新五代史》卷五六《吕琦传》："吕琦字辉山，幽州安次人也。……琦为人美风仪，重节概，少丧其家，游学汾、晋之间。"游学是访师求学的一种表现形式。

上述历史事例中，有关的学生都不限于向一位教师学习。教师学有所专,学生想扩大知识领域,学一经完毕,再找名师学习他经,经书学毕后转学史书,经史学毕后转学文章。要成为有高度文化素养的士人,只能从好多位教师处学习,先从本地求师学习,本地学完后转求别地,由学生的自由求学而形成跨地区游学的现象。刘焯、潘徽、王通、张士衡、刘轲等人的学习经历具有一定的典型性,他们学无常师,是在自由求学的过程中造就的人才。

私学的自主办学、聚徒教授、自由求学这三方面的历史传统,不仅被继承了,而且在教育实践过程中不断发展,丰富其内容。

第二节 私学适应时代需要的发展

隋唐五代时期的民间私学,不仅承继历代私学的传统,还依据当时经济、政治、文化的条件,适应时代需要,有了较大的发展,主要体现在以下几个方面:

一、 私学办理趋于多样化

私学的兴衰与政府实行的文教政策有密切的关系。隋朝建立之初,隋文帝对文教加以重视,于开皇三年(583年)颁布《劝学行礼诏》,宣称"建国重道,莫先于学,尊主庇民,莫先于礼"。"古人之学,且耕且养。今者民丁非役之日,农亩时候之余,若敦以学业,劝以经礼,自可家慕大道,人希至德。岂止知礼节,识廉耻,父慈子孝,兄恭弟顺者乎?始自京师,爰及州郡,宜祇朕意,劝学行礼。"开皇年代鼓励民间办学,对私学的发展起了推动作用。隋炀帝于大业元年(605年)再次申明:"君民建国,教学为先,移风易俗，必自兹始。"他认识到教育民众的政治意义，使私学继续发展。

唐朝建立后，政权趋于稳定，就强调文教的重要性。唐高祖在《阅武诏》中声称"安人静俗，文教为先"。武德七年(624年)，颁《兴学敕》，声称："自古为政，莫不以学为先。学则仁、义、礼、智、信五者俱备，故能为利深博。"他明确要求"州县及乡，各令置学"。州县学是责成地方政府来办的，而乡学、村学就由民众自己出力来办，可以说实行的是官学和私学并举的政策。唐太宗即位后，就强调国家要转入和平发展时期，确定以"偃武修文"为政治路线，他在《帝范·崇文篇》中指出："弘风导俗，莫尚于文；敷教训人，莫善于学。"在贞观年代，官学和私学并举的政策得到有力贯彻。唐玄宗继承唐太宗的教育政策，于开元二十一年(733年)颁敕令规定："许百姓任立私学，其欲寄州县学授业者亦听。"民间设学自由，民众入学自由，这是用政令推动民间私学发展的明显步骤。

隋唐政府对民间私学不施加限制，而是加以提倡，为私学的设置撤除了政治上的障碍。社会进入稳定发展阶段，民众丰衣足食，开始重视文化，希望子弟入学，也乐意支持办学。在社会普遍需要的推动下，私学的办理趋于多样化。从办学主体来看，个人办学与民众协力办学并行；从办学场所来看，利用民居与利用寺庙均可；从办学层次来看，启蒙的初等私学与专精的高等私学既可分开独立设置，也可连贯设置；从教学制度来看，全日制与业余教授并存；从求学的方式来看，较长时间住读听讲与短期访学请益均不限制；从传授方法来看，面授与函授并用。私学办理的多样化和传授方式的灵活化，有利于私学适应民众需要，更快地发展。

二、私学的地区分布更广泛

隋朝重新统一南北,政权管理的地域相当广阔,"为郡一百九十,县一千二百五十五,户八百九十万七千五百三十六,口四千六百一万九千九百五十六"。①

唐朝到开元年代达于鼎盛阶段,版图更加辽阔。"开元二十八年户部帐,凡郡府三百二十有八,县一千五百七十三,口四千八百一十四万三千六百九。"②

隋唐行政管理所及的地方,几乎都有民间私学,由城市推及乡村,由中原推及四方。隋将中原文教推广传播到岭南地区,唐将中原文教推广传播到安西都护府、北庭都护府统辖的区域。1959年,考古工作者在新疆吐鲁番盆地,从唐西州高昌县阿斯塔那墓发现唐写本《论语郑氏注》。此残卷由高昌宁昌乡厚凤里义学生、年仅十二岁的卜天寿,写成于景龙四年(710年)三月一日。这表明当时西州有义学存在,义学即民间私学。敦煌文书中也有义学记录,伯三六四三《古文尚书》残卷题记:"乾元二年一月二十六日,义学生王老子写了,故记之也。"《尚书》是经书之一,不属于启蒙读本的范围,"王老子"也不一定是抄书者的真名,可能是年龄稍大的学生进入了专经学习的阶段,但他在义学中学习。敦煌文书中还有寺学的记载,寺学也是私学的一种。寺学设在寺院,教师大部分是僧人,也有小部分是士人。寺学依其教学内容可以区分为两类:一类以内典(佛教经典)为教学内容,目标是培

---

① 《隋书》卷二九《地理志上》。
② 《新唐书》卷三七《地理志一》。

养有初等文化的僧人；另一类以外典（儒家经典）为教学内容，目标是将有初等文化教育基础的学生继续培养成士人。这两方面的事例说明一个史实，即唐代民间私学已分布于西北的各个地区。

三、私学规模有所扩大

民间私学的发展需要一定的社会条件：一是政治稳定，社会秩序良好；二是经济发展，民众安居乐业；三是重视文化，形成社会风气。隋唐两朝都具备这些条件。隋朝建立后，进行了一些重要的政治改革，加强了中央集权，实行均田制，发展了经济，下诏劝学行礼，为文教的发展创造了有利条件。唐朝重建进一步改善的统一中央集权，展现"贞观之治"与"开元之治"，经济进一步发展，国力大为增强，能为支持文教的发展提供一定的物质条件；朝廷确定崇儒兴学的文教政策，积极倡导办学，又进一步完善科举选士制度，两者并行，促使民众重视文化学习，形成一种社会心理趋势。沈既济《词科论》说"开元以后，四海宴清，无贤不肖，耻不以文章达"，又说"五尺童子，耻不言文墨焉"。以没有文化为耻，以文章水平不高为耻，这种心理状态使人们强烈要求学习文化。学习文化的愿望汇成一种社会需要，成为民间私学发展的巨大动力。

随着民间私学的发展，学校数量自然会增多，每所学校的学生数量必然也要增多。特别是那些具有名师的私学，吸引力更大，从学者众多，不远千里而至。为容纳源源不断而来的学生，私学就要相应地扩大规模，并改进讲授制度。历史文献中有这方面记载。

《隋书》卷七五《包恺传》:"东海包恺,字和乐。……于时《汉书》学者,以萧、包二人为宗匠,聚徒教授,著录者数千人。"

《隋书》卷七五《房晖远传》:"房晖远字崇儒,恒山真定人也。……治'三礼''春秋三传'《诗》《书》《周易》,兼善图纬,恒以教授为务。远方负笈而从者,动以千计。"

《隋书》卷七五《马光传》:"马光字荣伯,武安人也。……初,教授瀛、博间,门徒千数,至是多负笈从入长安。"

杜淹《文中子世家》:"文中子王氏,讳通,字仲淹。……如往来受业者,不可胜数,盖千余人。"

《旧唐书》卷七三《王恭传》:"王恭者,滑州白马人也。……每于乡间教授,弟子自远方至数百人。"

《旧唐书》卷一八九上《曹宪传》:"曹宪,扬州江都人也。仕隋为秘书学士。每聚徒教授,诸生数百人。"

《新唐书》卷一九八《马嘉运传》:"马嘉运,魏州繁水人。……退隐白鹿山,诸方来受业至千人。"

《北梦琐言》卷三:"唐咸通中,荆州有书生'唐五经'者,学识精博……聚徒五百辈,以束脩自给。"

上述民间私学的主办者以儒学为传授内容。隋唐时期,三教鼎立,除了儒教人士之外,道教与佛教人士也都为本宗教的发展和扩大社会影响而参与创办民间私学的活动,他们的聚徒讲授也有相当的规模。

《旧唐书》卷一九二《司马承祯传》:"道士司马承祯,字子微,河内温人。……事潘师正,传其符箓及辟谷导引服饵之术。……卒于王屋山,时年八十九。"司马承祯有弟子七十余人,以李含光、薛季昌为最著。"

《颜鲁公文集》卷九《茅山玄静先生广陵李君碑铭》:"李含光,广陵江都人。……门人凡数千。"

《新唐书》卷一九六《卢鸿传》:"卢鸿字颢然,其先幽州范阳人,徙洛阳。博学,善书籀。庐嵩山。……鸿到山中,广学庐,聚徒至五百人。"

《云笈七签》卷一一三下《闾丘方远传》:"闾丘方远字大方,舒州宿松人也。……弟子二百余人。"

《云笈七签》卷一一三下《聂师道传》:"聂师道字通微,新安歙人也。……传上清法……有弟子五百余人。"

这五个事例可以反映道教传授的个别情况。再看佛教的传授规模,也相当可观。

《全隋文》卷三二《智𫖮·训知事人》:"昔有一寺,师徒数百,昼夜禅讲,时不虚过。"

《纪闻·洪昉禅师》:"陕州洪昉,本京兆人……以讲经为事,门人常数百。"

不像东汉时期民间私学学生大部分是著录弟子,并且与俗讲的听众相区别,隋唐时期民间私学学生应该是实际的受业弟子,不过相关文献的记载在数目上不是绝对准确的,因为只取整数,不计零星之数。隋唐的私学在学人数与魏晋南北朝相比增加了,私学的规模有所扩大,这也是私学发展的一种表现。

四、私学传授内容趋于专门化

隋唐五代时期,私学出现繁荣局面,民间开办了大量的私学。

这些私学所承担的教学任务不同,分化成不同层次,按传统的说法粗分,只有小学与大学两个层次。小学实际是初等教育阶段,先进行启蒙教学,其教学任务是使学习者初步掌握学习工具,学会识字和写字,进一步学习《孝经》《论语》或其他知识性读物,具有中华文化的初步基础。大学实际是高等教育阶段,进行专经教育,其教学任务是培养具有专门知识的人才,所学习的有关知识都以适应科举为目标。所以,在民间私学的高等教育阶段的后期,学者以自学为主,以请益为辅,加学杂文(包括诗赋等)和策论,并强化专门知识,以准备参加科目考试。

隋唐五代时期承继魏晋南北朝时期专门化知识积累的历史成果,并进一步加以发展。

经学在南北朝对峙的历史条件下,在南方受玄学思潮的影响而发生变化,造成南北学风的不同。《隋书》卷七五《儒林传》载:"大抵南人约简,得其英华;北学深芜,穷其枝叶。"南方经学深受玄学清谈之风的感染,偏重于义理思辨;而北方经学保持汉学的传统,仍然侧重章句训诂。南北经学的分歧,至隋统一南北,在中央政府主持下举行选士考试而显现。直到唐贞观、永徽年间,才因颜师古校订的《五经定本》与孔颖达主编的《五经正义》之完成,经学走向统一。经学的统一是政治的需要,也是教育的需要,但统一并不能限制对经学认识的深化和结束经学的讨论。经学的统一解释不断受到独立思考者的怀疑,由疑疏疑注发展至疑经,疑则思问,反思探究没有穷尽,这是经学研究由汉学的以章句训诂为特征向宋学的以义理思辨为特征转化的开端。经学是此时学校教育的内容,也是科举考试的内容。国家法令确定有九经。要遍诵九经的经文与注疏,并能融会精通其义理,实在是不容易,所以深入研究专经自然成为风气,各经都出现杰出的名家进行传授。例如,"大历时,助、匡、质以《春秋》,施士匄以《诗》,仲子陵、袁彝、韦彤、韦茝以《礼》,蔡广成以《易》,强蒙以《论语》,皆自名其学,而士匄、子陵最卓异"。①

史学在隋唐也处于研究、编纂的繁荣时期,以《史记》《汉书》为最大研究热点,产生代表人物,开展私学传授活动。《隋书》卷三三《经籍志二》载:"自是世有著述,皆拟班、马,以为正史,作者尤广。一代之史,至数十家。唯《史记》《汉书》,师法相传,并有解释。"隋唐时,研究《汉书》者多于研究《史记》者,重视从汉代取得历史借鉴,精通《汉书》者中有甚多名家。又由于社会上强调姓氏门第,推动了姓氏谱学的发展,甚为学者所重视,出现了一些名家专著。

文学在隋唐时也进入新的繁荣阶段。《隋书》卷三二《经籍志一》指出:"文章乃政化之黼黻,皆为治之具也。"隋唐在政治、经济、文化等方面都发生了一些重要变革,推动了文学的发展,文学在社会政治生活中的应用日益显著。特别是废除九品中正制之后,改为以科举考试选士,文学成为参与科举的必要条件,重视文学形成社会风气。于是,学习前代文学著作的优秀成果和当代文学名家诗文写作的经验,成为文学传授的基本内容。名家尤其受推崇,有大批弟子追随。

此外,科技、医药、艺术皆成专门之学,也有专家进行传授。

在宗教方面,道教的道学、佛教的佛学为信徒所尊崇。在三教鼎立的竞争形势下,为扩大本教的社会影响和增强实力,各教

---

① 《新唐书》卷二〇〇《啖助传》。

也重视私学的设置,致力于讲学授徒,这些讲授都各有所专。

私学往专门化方向发展、提高,其设学的数量也有增加,是这一时期私学的特点之一。

五、 私学自选教材更加丰富

书本是知识积累的载体,是学习的重要条件。由于社会经济的日益发展,隋唐五代时期的学习条件比前代有较大的改善。自从造纸术发明推广以来,书籍由珍稀品而逐渐变成日常学习工具。书籍在雕版印刷发明推广之前,都是人工用纸笔手抄的,贫穷人学习只好靠自己手抄,富贵家学习则从书肆购买手抄本。有了书本就可以自学,也可以复习,全靠口耳相传的教学已成历史。私学的教学也有指定的读本,这成为开展教学活动的基本条件。

隋唐时私学的读本,有部分继承前代适用的优秀读本。如小学的读本,至隋唐时还在流行的有《急就章》一卷、《劝学》一卷、《启蒙记》三卷、《千字文》一卷、《训俗文字略》一卷等,各私学可以自由选用。有些私学教师自身的文化素养较高,且有丰富的教学经验,知道该教些什么知识以及应当怎样教,为适应时代变化和地区经济发展情况下相应提高民众文化水平的需要,自编教材,先在自己主持的私学中使用,以后逐渐传播,被普遍采用,为教材更新创造了条件。《开蒙要训》一书编撰于六朝,而流行于隋唐五代;《太公家教》由佚名的私学老师编撰于唐代,而流行于唐中期以后。此二书为增加启蒙教材的品种作出了贡献。《孝经》《论语》也是启蒙后进一步教育所必需的读本,为此二书作解释的就有注、集注、集解、集义、义疏、讲疏等名称的本子。至于专门之学,经、史、文学、历算、医药等也有各家著作、注疏。如《汉书》就有各家注、集注、新注、音义、训纂、正义、集义等名称的本子,如此丰富的著述积累让专攻《汉书》的学者有更大的自由选择余地。被多数学者认为在同类中优秀的就能流行,被认为陈旧落后的就免不了遭淘汰,教材的新陈代谢是历史发展过程中的必然现象。

总之,从各个方面来考察,隋唐五代时期的民间私学,相比魏晋南北朝的民间私学,都有显著的发展。

第三节 私学的职能与历史地位

自汉以后的封建统治者都接受儒学为思想理论指导,认为治国有两种基本手段,一种是教化,一种是刑罚。学校教育因是实施教化民众政策的主要途径而受到重视,国家教育事业已形成一个既复杂又庞大的体系,其重要组成部分官学系统和私学系统都承担一定的职能,占一定的地位。隋唐五代时期的私学也是如此,在国家教育体系中尽其职能,发挥其他组织机构替代不了的独特作用。

一、承担起初等教育的任务

隋唐五代时期的教育体系,可以说由学校教育、社会教育、家庭教育组成。其中,学校教育是主干,有官学和私学两个系列。

官学由各级政府办理,当然也由各级政府直接管理,派官员主持学校行政和教学事务,以培养统治人才为目的。人才教育所注重的是选拔少数精英,选拔所用的办法是考试,逐级进行淘汰,最后阶段与国家的科举考试相衔接。与私学系列相比,官学系列从县学开始,起点较高,它的学生来源于民间私学,具有小学文化程度才得以进入县学。县学在民间小学的基础上进一步提高,其主要课程是经学。

私学系列则从启蒙教育开始,在小学完成初等教育任务,学生具有了初等文化知识。学生自此开始分流,一小部分进入县学或州学,一部分转入高等私学,大部分走上社会从事农工商各业,成为具有初等文化知识与基本道德观念的社会成员。

由此可见,官学几乎不办小学,只有民间私学才办小学。全社会对儿童进行初等教育的任务,都是由民间私学的小学层次来完成的。小学分布面极广,数量甚多,需要大量的人力、物力、财力投入,若由国家统管,无疑是一项非常沉重的财政负担。国家把责任推给地区民众,细分给各地家长来分担。从学校设置、制度、师资、课程等方面来衡量,民间的小学都是不太正规的,但它承担了全社会的初等教育任务,作为下层的基础教育,支持着上层的高等教育,包括政府办理的正规的高等教育与民间办理的非正规的高等教育。民间小学所进行的初等教育是整个封建国家教育体系必不可少的一个层次,没有初等教育为基础,也就难有高等教育的发展,它的实际贡献是不容忽视的。

二、 补充官学单一化的不足

隋唐五代时期的官学,从中央官学到地方官学,都以经学传授为中心,其知识结构局限于文史方面,缺乏科学技术知识,主要培养统治人才中的文官一类，其他人才未受足够重视。虽然中央政府的直属机构附设一些培养专业人才的学校，但人数有限，只为这些政府机构服务，补充所需的专业人才，而不为社会输送专业人才。地方官学效法中央官学的教育精神，州学、县学都以经学为主要教学内容，培养具有同样的知识结构、思想道德观念的后备统治人才。除此之外，仅在州一级设医学，置医博士、助教，带领十名左右的医学生徒，培养地方必需的医药人才，以防备疫病的流行。官学在培养人才方面实在陷于单一化，所培养的类型单一、数量有限的人才，远不能满足国家政治、经济、文化发展的需要。国家内要防止盗寇作乱，维护社会秩序，外要防止外敌入侵，保卫边境安宁，但没有专设机构培养国防军事人才；国家在经济上以农为本，要发展农业生产，保证粮食供应，防止农业灾害，避免发生饥馑，但没有专设机构培养农艺、水利人才；民众日常的生产生活有多种多样的物品需求，需要百业分工制造才能供给，但没有专设机构培养工艺制造人才；国家和社会的发展，需要建设许多房屋、城关、堤防、桥梁等公共工程，但没有专设机构培养工程设计和施工指挥人才；社会民众需要调节紧张劳动的休闲生活，需要艺术和娱乐，但国家没有顾及为社会培养艺术人才。国家随时发令向社会征召所需所缺的人才，社会上隐藏着多种多样的人才，他们自发以私学的形式进行自由传授，培养出多种多样的新一代人才，散布于各地，依据国家和社会需要，机动地加以弥补，使国家和社会不至于因缺乏人才而受太大的影响。

私学培养多种多样的人才，以弥补官学培养人才单一化的不足，使社会对人才的需求和供给保持一定的均衡，其贡献实在巨大。

三、为科举选拔不断输送人才

设科举士,就是设置科目,用考试来选拔优秀之士,以备补充各级政府机构的官吏,这是隋唐时期重要的人事制度变革。各民族、各阶层的民众都有机会参加科举,凭自己的知识才能同场考试,谁被录取,谁就获得出仕参政的机会。政府用这种办法来广泛吸收社会上各阶层的优秀人才,以加固封建统治的社会基础。科举创始于隋代,发展完善于唐代,延续实行于五代。科举制度的推行与学校教育有密切的联系,学校培养人才、输送人才是实行科举的前提条件,否则科举就没有具备文化知识的人才可供选拔。《新唐书》卷四四《选举志上》指出,参与岁举常选的人士有两个基本来源,"由学馆者曰生徒,由州县者曰乡贡",凡由官学学馆培养并经考试选送的,概称为生徒;凡由民间私学培养而参与地方州县考试后选送中央政府参加全国性科举考试的,称为乡贡。科举受全社会重视,学馆的生徒与州县的乡贡。两条途径并行,有众多的应举者参与考试选拔。然而,官学的发展时有起伏变化。当官学衰落,规模萎缩时,官学选送参与科举考试的人数也就减少,在及第的人数中所占的比例便有所下降。官学生徒在科举中不占优势,求学者自然转向民间私学或自学进修,然后以乡贡的身份参加科举考试。因此,乡贡的人数逐年增加,相反生徒的人数逐年减少,乡贡及第的比例超过生徒,在唐代成为难以扭转的趋势。私学通过乡贡的途径,为科举考试选拔源源不断输送人才,成为科举考试制度的重要支柱,在维护中央集权统治制度方面发挥重要的作用。

官学和私学的课程设置都受到科举考试内容的制约,考试内容成为学习的要求。官学和私学的教育都以服务科举考试为中心,但两者在适应科举考试方面存在一些差别:官学因有既定制度的约束而显出滞后,私学则能按需要调整而随机应变。这从科举考试内容的变化对学习内容的影响可以得到证实。科举考试制度建立初期,只采用策试的方式进行考试。官学的课程设置以经学为主,课余学些时文墨策,勉强可以适应考试的需要。但是,随着科举考试制度的发展,进士科上升为具有代表性的科目,由只试时务策发展为加试帖经和杂文,杂文越来越受重视,并逐渐固定为诗赋。诗赋偏重于展示文学写作才能,只以经书为主要课程的官学越来越难以适应进士科考试的需要。而私学在课程设置方面,及时按需调整的速度较快,增加了诗赋学习和写作训练。学生为了弥补自己的薄弱方面,可以学无常师,求学于名家。私学为适应进士科考试的需要,可以调整经史类与文学类的学时,二者并重,几乎平分每天的学习时间。《旧唐书》卷一六六《白居易传》:"白居易字乐天,太原人。……十五六,始知有进士,苦节读书。二十已来,昼课赋,夜课书,间又课诗,不遑寝息矣。"《旧唐书》卷一七七《裴休传》:"裴休字公美,河内济源人也。……休志操坚正,童龀时,兄弟同学于济源别墅。休经年不出墅门,昼讲经籍,夜课诗赋。"由于私学在安排学习内容时可以自由调整,灵活适应,学习效果更好,因而私学由乡贡而及第的比例超过官学。

四、维系文化的传承

隋唐都是统一的中央集权国家,皇帝掌握最高权力,其统治能否创造繁荣昌盛的局面,正确行使权力是一个重要条件。当继承人不能正确行使权力而自我陶醉的时候,或因驾驭不了权力而大权旁落之时,情况就发生变化,政局出现动荡,所以中央集权并非永远牢固。隋炀帝的暴政激化了多方的矛盾,争夺统治权公开化,国内战争代替了和平,整个社会秩序在疯狂战争中被打乱。在战火所及的地区,官学师生纷纷避难出逃,官学房舍被占为兵士营房,甚至被焚毁,官学传承文化的作用也就暂时中止了。私学在战争中也遭受严重打击,但情况与官学有所差别。官学设于城市,处于各级政府所在地,往往成为争夺的目标。战火一旦燃起,官学随即被迫停废。私学则散布于广大乡村或山林偏远之地,如果战火没有延及,在乱世中还能勉强生存,教学活动照旧维持。在官学停废的时段内,只有私学独自承担传承民族文化的使命,首先是保存民族文化,避免在战争中被破坏甚至毁灭;进一步是避免教育活动停顿,继续传承民族文化。所以,私学持续不断地开展教学活动是很重要的,它为战后和平时期的恢复和发展准备人才。

唐代在中央政权衰落时,地方分裂割据势力膨胀起来,多次挑起国内战争。五代更是军阀集团争夺统治权的混战时期。处在战争地区,官学停废,唯有民间私学艰难地生存,坚持教学活动,使民族文化的传承得以继续不断。

五、 成为学术创新园地

隋唐官学以经学为传授的主要内容,唐贞观时令颜师古校定"五经"文字而有《五经定本》,又令孔颖达审定"五经"释义而有

《五经正义》，经学从文字到释义而归于统一，从此官学有了规定的课程和教材，考试也有了统一标准，儒学内部矛盾消除，思想归于统一。而消极作用也随之产生，其弊端是缺乏独立思考，思想趋于僵化，学术陷于停滞。一些有识见的学者不甘受此局限，他们敢于怀疑和批判，提出新的思想，倡导转变学风，推动学术的发展。他们以私学为依托，自由思想，自由传授，师友呼应，形成新的思想潮流。首倡突破传统思想禁区的是以啖助为首的春秋学派。

《新唐书》卷二〇〇《啖助传》载：啖助字叔佐，"淹该经术。天宝末，调临海尉、丹杨主簿。秩满，屏居，甘足疏粝。善为《春秋》，考三家短长，缝绽漏阙，号《集传》，凡十年乃成，复摄其纲条，为例统"。啖助言孔子修《春秋》意："故《春秋》以权辅用，以诚断礼，而以忠道原情云。不拘空名，不尚狷介，从宜救乱，因时黜陟。古语曰：'商变夏，周变商，春秋变周。'……是知《春秋》用二帝、三王法，以夏为本，不壹守周典明矣。""助爱公、谷二家，以左氏解义多谬，其书乃出于孔氏门人。""助门人赵匡、陆质，其高第也。助卒，年四十七。质与其子异哀录助所为《春秋集注总例》，请匡损益，质纂会之，号《纂例》。"

大历年代，啖助、赵匡、陆质以《春秋》之学而著名。《新唐书》的作者对啖助颇有指责："啖助在唐，名治《春秋》，摭诎三家，不本所承，自用名学，凭私臆决，尊之曰'孔子意也'。赵、陆从而唱之，遂显于时。……徒令后生穿凿诡辨，诟前人，舍成说，而自为纷纷，助所阶已。"这正说明啖助能独立思考而批判谬误，敢于舍弃成说而发表创见，他是新学风的开创者，并影响了整个经学逐渐由汉学向宋学转变。

唐代的文学革新也先以私学为其活动园地。韩愈倡导古文，招收弟子，言传身教，坚持不懈地公开宣传，与众弟子协力扩大社会影响，逐步得到其他学者的认可和声援，古文运动终于取得胜利，以散体文取代骈体文。

私学的自由思想、自由传授、自由求学，使私学成为时代学术创新的园地。

第九章

初等私学

第一节 私塾

一、私塾的基本任务

隋唐时期,由民间办的对地方平民子弟进行初等文化教育的私学,通常被笼统称为私塾。但在不同历史阶段、不同地区、不同文献材料的记载中,具体使用多种名称,曾使用的名称包括蒙馆、塾馆、书馆、书塾、学塾、村塾、义塾、义学、蒙学、小学、村学、乡校等,这些是从不同角度考察与取义而提出的名称。名称虽有不同,办学主体虽存在一定的差异,但其任务和文化层次在实质上都比较一致,就是对小区域内有条件上学的儿童进行初等文化教育。《因话录》卷六:"窦相易直,幼时名秘。家贫,就业村学……一日近暮,风雪暴至。学童悉归家不得,而宿于漏屋之中。"窦易直童年时生活的地方,或许因环境条件的关系,民众居住得比较分散,每个小村不可能都设立一所学校,就联络发起,在数村的中间设一村学。儿童上学都要走较长一段路,遇到恶劣的天气,回家受阻,为了安全,只好暂时留宿村学。《太平广记》卷四四《神仙四十四·田先生》:"田先生者,九华洞中大仙也。元和中,隐于饶州鄱亭村,作小学以教村童十数人。"饶州在江南,鄱亭村作为居民点,聚居的农户稍多一点。田先生在村中办了小学,教授村童十余人。此类私学没有统一名称,所实施的是初等文化教育。

中国历史上进行初等文化教育早就有记载,自汉以来积累了更多的历史经验,隋唐时已明显形成一定的学习程序。首先是识字教育,要求循序渐进地学习,掌握文字工具,有专用的识字教材,供初学者作为读本,如《急就篇》《千字文》等。在识字的同时,还要求学生写字,使识字与写字结合起来,看着书本跟着教师念,对着字样学着写,眼视、耳听、口念、手动,运用多种感官来感受,边学边练,再复习,再巩固。当学生识字积累到一定数量,为独立阅读创造条件,就进一步读思想内容更深一层的书,如读《孝经》和《论语》,既增加了伦理社会知识,也灌输了一定的思想观念。学生在继续读书练字的时候,也背诵一些短诗和学习对字,背诗对字由简而繁,学习一段时间,也就渐能分辨声韵和字词的性质,具备练习写短文的条件,到了能作文时,也就初步掌握了文字工具的应用。《隋书》卷七七《崔赜传》:"赜字祖濬,七岁能属文,容貌短小,有口才。"属文,意思是连缀文辞,就是能撰写文章。这是对初等教育的一项较高要求,聪颖的儿童能达到,迟钝的儿童不一定能达到。

总之,私塾的基本任务,就是使学生学习识字、写字,具有一定的读写能力和初步的计算能力,养成一些基本生活习惯,知道一些礼仪规矩,具有初等程度的文化,为进一步接受专门的高等教育打好基础。

二、 私塾的入学年龄

隋唐时期，儿童的入学年龄多数还是沿袭中华教育传统。《大戴礼记》卷三《保傅》："古者年八岁而出就外舍，学小艺焉，履小节焉。束发而就大学，学大艺焉，履大节焉。"又，《礼记》卷一二《内则》："十年，出就外傅，居宿于外，学书计。……朝夕学幼仪，请肄简谅。"这表明古代的入学年龄没有一贯统一的规定，实施之时视各阶层、各家庭的要求和儿童身心发展的状态而定。以下采录隋唐时期涉及入学年龄的一些记载，以供考察。

《隋书》卷三二《经籍志一》："古者童子示而不诳，六年教之数与方名。十岁入小学，学书计。二十而冠，始习先王之道，故能成其德而任事。"

《隋书》卷五七《薛道衡传》："道衡六岁而孤，专精好学。"

《隋书》卷六六《郎茂传》："郎茂字蔚之，恒山新市人也。……茂少敏慧，七岁诵《骚》《雅》，日千余言。"

《隋书》卷七五《何妥传》："何妥字栖凤，西城人也。……妥少机警，八岁游国子学。"

《隋书》卷七五《辛彦之传》："辛彦之，陇西狄道人也。……父灵辅，周渭州刺史。彦之九岁而孤，不交非类，博涉经史，与天水牛弘同志好学。"

《隋书》卷七六《王贞传》："王贞字孝逸，梁郡陈留人也。少聪敏，七岁好学。"

《隋书》卷七六《诸葛颖传》："诸葛颖字汉，丹阳建康人也。……颖年八岁，能属文。"

《隋书》卷七七《崔赜传》:"崔赜,七岁能属文。"

《隋书》卷七八《卢太翼传》:"卢太翼字协昭,河间人也。……七岁诣学,日诵数千言,州里号曰神童。"

《隋书》卷七八《庾质传》:"庾质字行修,少而明敏,早有志尚。八岁诵梁世祖《玄览》《言志》等十赋,拜童子郎。"

唐郑氏《女孝经》:"男子六岁,教之数与方名。七岁,男女不同席,不共食。八岁,习之小学。十岁,从以师焉。"

《旧唐书》卷一九一《孙思邈传》:"孙思邈,京兆华原人也。七岁就学,日诵千余言。"

《旧唐书》卷七三《孔颖达传》:"颖达八岁就学,日诵千余言。"

《新唐书》卷一九五《任敬臣传》:"任敬臣字希古,棣州人。五岁丧母,哀毁天至。七岁,问父英曰:'若何可以报母?'英曰:'扬名昂亲可也。'乃刻志从学。"

《张燕公集》卷二三《四门助教尹先生墓志铭》:"先生讳守贞,天水冀人,盖好学博古者也。……七岁诵《尔雅》,能通书契训诂之义,识草木鸟兽之名。"

《新唐书》卷一二六《张九龄传》:"张九龄字子寿,韶州曲江人。七岁知属文。"

《新唐书》卷二〇二《萧颖士传》:"萧颖士字茂挺,……四岁属文,十岁补太学生。"

《新唐书》卷二〇二《王维传》:"王维字摩诘,九岁知属辞。"

《旧唐书》卷一四七《高郢传》:"高郢……九岁通《春秋》。"其子高定,七岁读《尚书》。

《唐国史补》卷下:"高定,贞公郢之子也。……年七岁,读书至《牧誓》,问父曰:'奈何以臣伐君?'答曰:'应天顺人。'又问曰:

'用命赏于祖,不用命戮于社,是顺人乎?'父不能对。"

《全唐文》卷六八七《皇甫湜·韩文公墓志铭》:"先生七岁好学,言出成文。"

《柳宗元集》卷一三《先太夫人归祔志》:"某始四岁,居京城西田庐中。先君在吴,家无书,太夫人教古赋十四首,皆讽传之。"

《新唐书》卷二〇三《李贺传》:"李贺字长吉,系出郑王后。七岁能辞章。"

《旧唐书》卷一六八《韦温传》:"韦温字弘育,京兆人。……温七岁时,日念《毛诗》一卷。"

《白居易集》卷四五《与元九书》:"及五六岁,便学为诗。九岁,谙识声韵。"《元稹集》卷三〇《叙诗寄乐天书》:"九岁学赋诗,长者往往惊其可教。"

《唐语林》卷三《夙慧》:"华阴杨牢,幼孤,六岁入杂学,归误入人家,乃父友也。"

《敦煌宝藏·父母恩重经讲经文(一)》:"人家男女,从小至大须交(教)礼仪。是男即七岁十岁以来,便交(教)入学。"

胡旦《义门记》载:唐大顺元年(890年),江州长史陈崇订立《陈氏家法》,规定"童子年七岁入学,至十五岁出学"。

《旧五代史》卷九一《晋书·罗周敬传》:"罗周敬字尚素,邺王绍威之第三子也。……周敬幼聪明,八岁学为诗,往往传于人口。"

考察以上有关记载可知,隋唐时期对儿童入学年龄并没有统一的规定,民间保留传统习惯,多数人不约而趋同,比较集中地选择七八岁时送儿童入学,虽然也有部分儿童早于七岁入学,也有部分儿童晚于八岁入学,但是毕竟属于少数。影响儿童入学年龄的因素较多,地区经济发达程度、家庭的社会地位和经济条件、儿童的身心发展水平是较主要的因素,因此显出入学年龄不一。

三、 私塾的教学制度

隋唐时期,国家以农业为其经济基础,所采用的历法主要是为农业生产服务的夏历,当时的官学与私学都是依据这种历法而运行的。私学一般以年为教学活动的大阶段,年初起馆,年底散馆,为一年教学活动的一个周期。胡旦《义门记》载:唐大顺元年(890年),江州长史陈崇立《陈氏家法》,其中规定"立书屋一所于住宅之西,训教童蒙。每年正月,择吉日起馆,至冬日解散"。这里所写的"每年正月,择吉日起馆,至冬日解散",并不是个别的特殊规定,而是当时普遍通行的惯例。

私学每个学习日的教学活动,在史书中没有详细的记载,但在笔记或诗歌中偶有提及,使我们对当时私学的教学活动有一些了解。私塾为了方便民众子弟就近入学,设置比较分散,规模也较小,设施颇为简陋,学生基本上都要走读,住与吃在家中,学习在私塾中,每天跑几个来回。古人学习的物质条件较差,为了掌握文化知识,特别强调勤学和爱惜光阴,按十二时辰安排每日的作息,起早睡晚,无非多挤一些时间用于学习。隋唐时期,民间的部分私塾似乎已有早读的安排。《太平广记》卷七四《道术四·张定》:"张定者,广陵人也。童幼入学,天寒月晓,起早,街中无人……"这反映出有学童早起到校早读。《敦煌宝藏·蚵蛎书》中有十二时辰歌,歌中有些劝学的诗句,反映了学习者对时间的利用,包括一切私学的学生。有关劝学的诗句如下:"平旦寅,少年勤学莫辞贫,……日出卯,……男儿不学读《诗》《书》,恰似园中肥地草。食时辰,……丈夫学问《随身宝》,白玉黄金未是珍。隅中巳,专心发愤寻书疏,……黄昏戌,琴书独坐茅庵室,天子不将印信迎,誓隐山林终不出。"寅时(三至五时),便须起身勤学;卯时(五至七时),习读《诗》《书》;辰时(七至九时),学习《随身宝》(一名《珠玉抄》,又名《益智文》《杂抄》);巳时(九至十一时),学习书疏,即经书中的注疏;戌时(晚七至九时),到书房学习琴书。这几乎包含了一日之间的功课表。读书的现实目的是出仕做官,为朝廷效力,否则就独善其身,退隐山林。诗歌有纪实的成分,也有作者表达思想主张的成分,其精神不妨说是要求奋发勤学、珍惜时光、造就自己,贯彻到教学中去,给私塾学生很大的压力。

隋唐时期,私塾对儿童教学最基本的要求是读书记诵,以记诵数量的多少作为衡量儿童是否聪颖和学习进度快慢的标准。这种倾向表现在许多人的传记中,以下略举数例。

《隋书》卷七八《卢太翼传》:"卢太翼字协昭,河间人也。……七岁诣学,日诵数千言,州里号曰神童。"

《隋书》卷七八《庾季才传》:"庾季才字叔奕,新野人也。……季才幼颖悟,八岁诵《尚书》,十二通《周易》,好占玄象。"

《隋书》卷七八《庚质传》:"庚质字行修,少而明敏,早有志尚。八岁诵梁世祖《玄览》《言志》等十赋,拜童子郎。"

《旧唐书》卷七三《孔颖达传》:"孔颖达字冲远,冀州衡水人也。……颖达八岁就学,日诵千余言。"

《旧唐书》卷一〇〇《王丘传》:"王丘,……丘年十一,童子举擢第,时类皆以诵经为课,丘独以属文见擢,由是知名。"

《旧唐书》卷一六八《韦温传》:"韦温字弘育,京兆人。……温七岁时,日念《毛诗》一卷。"

冯贽《记事珠·读书数真珠以记》:"于授幼时,家以绿真珠胜为帘押,授读书数真珠以记,日辄一遍。"

以上数例可以说明,民间所设的私塾最基本的要求是读书背诵,当然这就会占用绝大部分的时间。这是当时私塾的普遍现象,并被认定为正常现象。受过这种教学训练的人,因为记忆力受过长期持续的训练而增强,也就出现许多善于背诵的学生。《旧唐书》卷一〇〇《王丘传》中"时类皆以诵经为课"所反映的是当时普遍存在的教学现象。当时人认为可以利用儿童记性优于悟性,让儿童先熟读能诵,以后随着生活经历的丰富,会逐渐加深理解。

四、私塾的教师

私塾教师是社会上人数不少的一支职业队伍,需要具有文化知识的人来充当。在隋唐时期,这类人有比较广泛的社会来源,并与科举制度有较密切的联系。科举制度形成于隋而盛行于唐,是封建政治制度中的一项重要变革,它吸引平民重视文化学习,为争取提高自己的社会地位而准备条件。科举用系列考试进行淘汰性选拔,进士科仅有百分之一的参加者能够及第,明经科也只有十分之一的参加者能够及第,大多数考生只是陪考而已。有人年年都去参加科举考试,连遭落第的打击,信心丧尽,最终不得不放弃科举,重新考虑自己的生活出路。落第书生在谋生路上犹豫,种田缺体力,做工无手艺,经商没本钱,不落为江湖医卜星相,就转充私塾教师。落第举子源源不断,成了补充私塾教师的基本来源。除此之外,也有其他行业的人随时加入私塾教师队伍。这支队伍有稳定性的一面,也有流动性的一面。《旧唐书》卷一九〇下《吴通玄传》:"吴通玄,海州人。父道瓘为道士,善教诱童孺。"吴道瓘这位道士对教师职业感兴趣,后来也就转为教师。《太平广记》卷四四《神仙四十四·田先生》:"田先生者,九华洞中大仙也。元和中,隐于饶州鄱亭村,作小学以教村童十数人。人不知其神仙矣。"此位道教修道者不能长住深山而与社会隔离,就出山隐居民间,暂时以私塾教师为业。当社会发生动乱的时候,有部分受战争所害的逃难者或政治性流亡者为求生存,临时参加私塾教师队伍,所以社会成分比较复杂。

私塾学生向教师交纳束脩,形式上是表示对教师的礼敬,实际上也是给教师的一份微薄酬劳。私塾教师依惯例接受学生所送的束脩,以供自己作为生活资料,是其生活的基本来源。《太平广记》卷七〇《女仙十五·戚逍遥》:"戚逍遥,冀州南宫人也,父以教授自资。"以教授自资,也就是依靠教学以取得自己的生活资料。富裕家庭为子弟交纳束脩不成问题,而贫困家庭因经济条件受到限制,往往无力为子弟交纳束脩。《隋书》卷八〇《列女传·元务光母》:"元务光母者,范阳卢氏女也。……盛年寡居,诸子幼弱,家贫不能就学。"家贫而无法交纳束脩,孩子也就不能入学。

束脩由学生家长量力自愿送纳,并非硬性规定标准数量而按人收取,所以束脩总是有限的,尤其是贫困农村的束脩更是微薄。私塾教师以束脩为生活来源的,大多数过的是清寒的生活。《太平广记》卷一五七《定数十二·李生》:"契贞先生李义范,住北邙山玄元观。咸通末,已数年矣。每入洛城徽安门内,必改服歇憩焉。有李生者,不知何许人,年貌可五十余,与先生叙宗从之礼,揖诣其所居,有学童十数辈。生有一女一男,其居甚贫窭,日不暇给。自此先生往来,多止其学中。"这位洛阳城内五十多岁的李先生,平日教十多位学童,家中四人靠一人供养,生活处在捉襟见肘的状态中。这是唐后期私塾教师中颇具代表性的事例。《集异记》补编《蒋琛》:"雪人蒋琛,精熟二经,常教授于乡里。每秋冬,于雪溪、太湖中流,设网罟以给食。"此位乡村教师半教半渔,反映了乡村教师仅靠教授学生取得束脩难以维持全部生活。有的教师还得参加副业劳动,或耕或渔。蒋琛就是利用秋冬季节设网捕鱼,以补贴生活。朱温之父朱诚也是一位以教书维持家庭生活的乡村私塾教师。《新五代史》卷一《梁本纪·太祖上》:"太祖神武元圣孝皇帝,姓朱氏,宋州砀山午沟里人也。其父诚,以'五经'教授乡里,生三子,曰全昱、存、温。诚卒,三子贫,不能为生,与其母佣食萧县人刘崇家。"朱诚凭自己教书勉强养活一家人,一旦病死,便断绝了生活来源,他的老婆只好拖带三个儿子到大户人家当佣人。

第二节　家塾

　　隋唐民间所办的初等私学,其中有一类是家塾,通常由家庭办理,以自家的子弟为教育对象,或者由家族的族长领头办理,以家族的子弟为主要教育对象。家塾多数由贵族、官僚、富商、地主所办,他们或者有政治特权,或者有充裕的经济条件,可聘请教师来家中教其子弟。也有一些数代诗书传家而并不富裕的家庭,由父母兄长教授子弟,以家庭的教学代替学校教学。

家塾的始学年龄并无统一规定，从几岁开始进行启蒙教育，家庭的背景与父母的思想、心态是重要的决定因素。贵族、官僚、富商因生活条件比较优越，一般都会把家塾的始学年龄提前一些。具有文化知识的士人家庭也把家庭的文化环境当作有利条件，比一般平民家庭较早开始启蒙教育。因办学条件的差异，受教的人数不等，教者与学者的关系不同，家塾的教学组织活动大致存在三种情况。

一、聘师教其子弟

政治上有权势的家庭、经济上富裕的家庭，在自己家园的范围内，为自己的子弟专设学馆，聘请教师来住馆施教，子弟不离家就在学馆中受教，父母可以免去为自己子弟的安全、生活、学习而操心。这种家塾，教师是受聘来服务的，不是自主办学、自订计划、自选教材，首先要遵从聘请者的意愿，必须根据主人的要求，单独设计一套新的教学方案，安排课程内容和选用教材，其教学制度和教学方法可参照私塾通行的做法。

宋若昭《女论语·训男女章第八》所论及的家塾，就属于聘师教其子弟这种情况。"大抵人家，皆有男女。年已长成，教之有序，训诲之权，实专于母。男入书堂，清延师傅，习学礼仪，吟诗作赋。尊敬师儒，束脩酒脯，五盏三杯，莫令虚度。十日一旬，安排礼数，设席肆筵，施呈樽俎。月夕花朝，游园纵步，挈榼提壶，主宾相顾，万福一声，即登归路。"主人尊敬教师，殷勤招待教师，并依照惯例，十日一旬定期以酒菜慰劳，这些行动都包含着一种希望，希望教师尽心尽力教好自己的子弟。

聘师教其子弟在贵族、官僚的家庭较为普遍。《旧唐书》卷一二四《令狐建传》："兴元元年六月，加检校左散骑常侍、行在都知兵马使、左神武大将军。建妻李氏，恒帅宝臣女也，建恶，将弃之，乃诬与佣教生邢士伦奸通。建召士伦榜杀之，因逐其妻。士伦母闻，不胜其痛，卒。李氏奏请按劾，诏令三司诘之。李氏及奴婢款证，被诬颇明白，建方自首伏。"这段史料记载的是一件大冤案，受害人是佣教生邢士伦。所谓佣教生，就是受雇于人而从事教学的先生。邢士伦是被左神武大将军令狐建雇请为家庭教师的先生，遭受主人诬谤，无辜被杀。透过这个案件，可看到当时的官僚家庭雇请先生到家中进行教学。

聘师教其子弟以居住在城市中的人家为多。《旧唐书》卷一六六《元稹传》："自叙曰：……臣八岁丧父，家贫无业。母兄乞丐，以供资养。衣不布体，食不允肠。幼学之年，不蒙师训。因感邻里儿稚有父兄为开学校，涕咽发愤，愿知《诗》《书》。慈母哀臣，亲为教授。年十有五，得明经出身，由是苦心为文，夙夜强学。……"元稹原来也是居住在京城中的官家子弟，因早年丧父，家道中落，没有条件聘师来家教授，甚至没有条件走出家门就近求学，看到邻居儿童"有父兄为开学校"，过着读书的幸福生活，更加激发了他读书的强烈愿望。元稹自叙中所说的"邻里儿稚有父兄为开学校"，是专为教育自家子弟而开设的学校，也就是家塾。

二、聚亲属或族人而教

这类家塾的主办者在社会上有一定的权位和财力，不仅重视自己子弟的教育，还要照顾亲属及朋友的子弟，甚至还照顾同姓宗族子弟受教育。

《隋书》卷七七《张文诩传》："张文诩,河东人也。父琚,开皇中为洹水令,以清正闻。有书数千卷,教训子侄,皆以明经自达。"

《旧唐书》卷九一《崔玄暐传》："崔玄暐,博陵安平人也。……玄暐与弟昪甚相友爱,诸子弟孤贫者,多躬自抚养教授,颇为当时所称。"崔玄暐在武则天当政时官至凤阁侍郎、同凤阁鸾台平章事,中宗复位时擢拜中书令。崔玄暐在家族内部表现友爱之情,族亲中有孤贫者,孤者缺人抚养,贫者不能受教,他"多躬自抚养教授",将他们招至家中照顾其生活,既作为家长保证给养,又兼教师负责教授,自然形成家塾。

《旧唐书》卷一〇〇《苏晋传》："晋与洛阳人张循之、仲之兄弟友善,循之等并以学业著名。……仲之,神龙中谋杀武三思,为友人宋之愁所发,下狱死。晋厚抚仲之子渐,有如己子,教之书记,为营婚宦。"苏晋在开元时官至吏部侍郎。友人张仲之除奸贼未成,反遭杀身之祸,苏晋收养其遗孤,视同自己的儿子,亲为教授,培养成人。这种教授,纯尽义务,不图私利,表现了高尚的道义精神。

《旧唐书》卷一七七《刘邺传》："刘邺,……父三复。……德裕三为浙西,凡十年,三复皆从之。……三复未几病卒。邺六七岁能赋诗,李德裕尤怜之,与诸子同砚席师学。"李德裕出身官僚世家,曾任观察使、节度使、宰相。他为本家族子弟专设学馆。因对自己下属刘三复的遗孤刘邺存有怜爱之心,李德裕特别接纳他与自己家族的子弟在专设的学馆里学习。

唐江州德安县太平乡常乐里陈氏,是一个比较特殊的家族组织,他们都是元和中官任给事中的陈京的后裔,累代合族聚居,繁衍生息至长幼七百口，产业归于家族共有，室无私财，食有公厨，男女老幼依亲属会餐。人人日出做事，不畜仆隶代劳，上下和睦，依礼共处。唐昭宗大顺中，陈崇为江州长史，"崇以治家之道必从孝道始"，于是撰家法以规范家族将来的行事。《陈氏家法》对于家族子弟的初等教育作了明确的规定："立书屋一所于住宅之西，训教童蒙。每年正月择吉日起馆，至冬日解散。童子七岁令入学，至十五岁出学。有能者令入东佳。"在陈氏家族聚居的住宅西边，建置书屋一所，这是专为教育陈氏家族七岁以上儿童而设，实际上是家族的私塾，称之为家塾也名实相副。家法之中规定了初等教育的重要制度：初等教育始学年龄为七岁，学制八年结业，每年为一学习阶段，只有学年，不分学期，实行春季始业，每年正月择吉日起馆，至冬日散馆，散馆后有一段寒假的日子，可以过春节，八年学毕即出学，从中选择有才能的，升入东佳书堂学习。

《陈氏家法》是极为珍贵的教育史料，让我们看到唐代民间私学已形成的初等教育制度。

三、由父母兄姐亲教

隋唐时期，一般的父母兄姐在家庭生活中都给自己的子女弟妹一定的教育，或耐心说理，或作行为示范，以帮助子女弟妹养成良好的生活习惯和道德品质。如果要父母兄姐进行文化知识的传授，前提条件是他们必须具有一定的文化知识素养，才能担负起兼任教师的任务。若父兄出门在外，因经济条件限制不能走出家门而求学，责任就落到母与姐的肩上，只好由有文化知识的母亲或姐姐任教。隋唐历史上也有一些在家受启蒙教育，由父母兄姐亲教而成才的事例。

　　隋代张文诩由其父亲自教授而以明经自达,其事例已见前。房彦谦的事例也颇具代表性。《隋书》卷六六《房彦谦传》:"房彦谦,……早孤,不识父,为母兄之所鞠养。长兄彦询,雅有清鉴,以彦谦天性颖悟,每奇之,亲教读书。年七岁,诵数万言,为宗党所异。……其后受学于博士尹林,手不释卷,遂通涉五经。解属文,工草隶,雅有词辩,风概高人。……彦谦居家,每子侄定省,常为讲说督勉之,亹亹不倦。家有旧业,资产素殷,又前后居官,所得俸禄,皆以周恤亲友,家无余财。……虽致屡空,怡然自得。尝从容独笑,顾谓其子玄龄曰:'人皆因禄富,我独以官贫。所遗子孙,在于清白耳。'"房彦谦受教于长兄房彦询,任官之后,又亲教其子房玄龄,房玄龄后来成为贞观盛世的宰相,父子先后都是出类拔萃的人才,可以说是家教成功的典型事例。

　　唐代由父兄教育而后成才的事例更多。

　　《新唐书》卷一九五《任敬臣传》:"任敬臣字希古,棣州人。五岁丧母,哀毁天至。七岁,问父英曰:'若何可以报母?'英曰:'扬名显亲可也。'乃刻志从学。……举孝廉,授著作局正字。……复为弘文馆学士,终太子舍人。"

　　《新唐书》卷一六二《独孤及传》:"独孤及字至之,河南洛阳人。为儿时,读《孝经》,父试之曰:'儿志何语?'对曰:'立身行道,扬名于后世。'宗党奇之。天宝末,以道举高第补华阴尉。"独孤及晚年历官濠、舒、常三州刺史。

　　《旧唐书》卷一九二《王友贞传》:"王友贞,怀州河内人也。……友贞素好学,读'九经'皆百遍,训诲子弟,如严君焉。"

　　《旧唐书》卷一九〇下《吴通玄传》:"吴通玄,海州人。父道瓘为道士,善教诱童孺,……通玄与兄通微,俱博学善属文,文彩绮丽。通玄幼应神童举,释褐秘书正字、左骁卫兵曹、大理详事。建中初,策贤良方正等科,通玄应文词清丽,登乙第,授同州司户,京兆户曹。贞元初,召充翰林学士。迁起居舍人、知制诰……"

《旧唐书》卷一二三《刘晏传》:"刘晏字士安,曹州南华人。年七岁,举神童,授秘书省正字。"他任官至吏部尚书平章事、领度支盐铁转运租庸使、尚书左仆射等。"晏理家以俭约称,而重交敦旧,颇以财货遗天下名士,故人多称之。善训诸子,咸有学艺。"刘晏之子,知名的有刘执经、刘宗经。

《旧唐书》卷五二《后妃传下》:"女学士、尚宫宋氏者,名若昭,贝州清阳人。父庭芬,世为儒学,至庭芬有词藻。生五女,皆聪慧,庭芬始教以经艺,既而课为诗赋,年未及笄,皆能属文。长曰若莘,次曰若昭、若伦、若宪、若荀。若莘、若昭文尤淡丽,……愿以艺学扬名显亲。"宋庭芬亲自教授自己的五个女儿,造就成善于文学的杰出女性。

《旧唐书》卷一六六《白居易传》:"白居易字乐天,太原人。……自锽至季庚,世敦儒业,皆以明经出身。季庚生居易。……及五六岁,便学为诗,九岁谙识声韵。十五六,始知有进士,苦节读书。二十已来,昼课赋,夜课书,间又课诗,不遑寝息矣。"白居易后来成为杰出的诗人,他少年时在其父白季庚的教授下已打下良好的基础。

《旧唐书》卷一六六《白敏中传》:"敏中字用晦,居易从父弟也。……父季康,溧阳令。敏中少孤,为诸兄之所训厉。长庆初,登进士第……"白敏中少孤,由堂兄教授,而后成才。

《旧五代史》卷六七《唐书·李愚传》:"李愚字子晦。……家世为儒。父瞻业,应进士不第,遇乱,徙家渤海之无棣,以《诗》《书》训子孙。愚童龀时,谨重有异常儿,年长方志学,遍阅经史。……为文尚气格,有韩、柳体。厉志端庄,风神峻整,非礼不言,行不苟且。"

《十国春秋》卷六三《南汉·张瀛传》:"张瀛,……父碧,雅有诗名。瀛能世其学,……同列称之曰:'非其父,不生其子。'"张瀛善于诗,是其父张碧传授的结果。

史书中还记载了一些早年丧父或父亲离家外出做事而由贤母负责教导成才的事例。

《隋书》卷八〇《列女传·元务光母》:"元务光母者,范阳卢氏女也。少好读书,造次以礼。盛年寡居,诸子幼弱,家贫不能就学,卢氏每亲自教授,勖以义方,世以此称之。"

《隋书》卷八〇《列女传·郑善果母》:"郑善果母者,清河崔氏之女也。……母性善明,有节操,博涉书史,通晓治方。每善果出听事,母恒坐胡床,于鄣后察之。闻其剖断合理,归则大悦,即赐之坐,相对谈笑。若行事不允,或妄嗔怒,母乃还堂,蒙被而泣,终日不食。善果伏于床前,亦不敢起。……善果亦由此克己,号为清吏。"崔氏贤明,二十而寡,对儿子坚持礼教,监督不懈,终于造就出一位廉洁自律的清官。

《隋书》卷七三《辛公义传》:"辛公义,陇西狄道人也。……公义早孤,为母氏所养,亲授书传。"辛公义后来成为一位移风易俗、忠于职守、受民爱戴的地方官。

《新唐书》卷一九九《孔若思传》:"孔若思,越州山阴人,……若思早孤,其母躬训教,长以博学闻。"孔若思后明经及第,任官至礼部侍郎。

《旧唐书》卷一四六《薛播传》:"薛播,河中宝鼎人,……初,播伯父元暖终于隰城丞,其妻济南林氏,丹阳太守洋之妹,有母仪令德,博涉五经,善属文,所为篇章,时人多讽咏之。元暖卒后,其子彦辅、彦国、彦伟、彦云及播兄据、摠并早孤幼,悉为林氏所训导,以至成立,咸致文学之名。开元、天宝中二十年间,彦辅、据等七人并举进士,连中科名,衣冠荣之。"薛家的七个孤儿在二十年间先后进士及第,林氏的品德、学识等素养和善于教导是非常重要的原因,其他女性就不太可能同时造就一批这样的人才。

《旧唐书》卷一六六《元稹传》:"元稹……八岁丧父。其母郑夫人,贤明妇人也,家贫,为稹自授书,教之书学。稹九岁能属文。十五两经擢第。……二十八应制举才识兼茂、明于体用科,登第者十八人,稹为第一……"元稹由于有贤明母亲的亲自教授,奠定了发展成才的良好基础。

《旧唐书》卷一七三《李绅传》:"李绅……六岁而孤,母卢氏教以经义。……元和初,登进士第,释褐国子助教,……岁余,穆宗召为翰林学士,与李德裕、元稹同在禁署,时称'三俊'。"

《旧唐书》卷一七七《杨收传》:"杨收字藏之,同州冯翊人。……收七岁丧父,居丧有如成人,而长孙夫人知书,亲自教授。十三,略通诸经义,善于文咏,吴人呼为'神童'。……裴休作相,以收深于礼学,用为太常博士。"后杨收官至中书侍郎、同平章事。

《新唐书》卷一六三《柳仲郢传》:"仲郢字谕蒙。母韩,即皋女也,善训子,故仲郢幼嗜学,尝和熊胆丸,使夜咀咽以助勤。长工文,著《尚书二十四司箴》,为韩愈咨赏。元和末,及进士第,为校书郎。"

《新唐书》卷二〇五《列女传·王琳妻韦》:"王琳妻韦者,士族也。琳为眉州司功参军,俗僭侈盛饰,韦不知有簪珥。训二子坚、冰有法,后皆名闻。……著《女训》行于世。"

《旧唐书》卷一九三《列女传·董昌龄母杨氏》:"董昌龄母杨氏。昌龄常为泗州长史,世居于蔡。少孤,受训于母。"董昌龄后来成了军阀吴元济下属的郾城令。当中央政府军讨伐割据势力吴元济时,董昌龄归顺中央政府而受嘉奖,他表示自己能有此行动,"此皆老母之训"。

从以上事例来看,父母兄姐亲为教授的情况不一,条件也大有差异,他们之所以不厌其烦而愿意担当,皆出于一种高度的责任心。良好的初等教育为受教者人生的发展打好稳固的基础,至于继续接受教育、进一步发展提高、锻炼成才、建功立业,还要视个人主观努力和社会客观条件而定。

第十章

高等私学

第一节 师资的多种来源

民间的高等私学是相对于初等私学层次而言的,它在初等私学的基础上进一步加以提高,其基本任务是由博涉而扩大知识面,由专攻而深入达到专门化,养成为国家和社会所需要的各类有用的人才。高等私学也可以自由办学,而自由办学的最根本条件在于师资,要有博学不厌、术业专精的人,不计名利,接纳弟子,乐于传授,诲人不倦。唯有如此,高等私学才能广泛设立。隋唐科举制度的形成和发展,是社会政治制度的一项比较深刻的变革,对人才的培养提出了新的需求。这种局面意味着高等私学要进一步发展,首先要解决高等私学的师资问题,才有条件去满足培养人才的需要。本节着重探讨高等私学师资的来源,了解多方共济,解决师资问题。

一、私人以讲学为业

社会中有部分士人不仅在文化知识上有较高的素养,在学术上也有自己的专长，堪为人师，因社会分工的需要而选择以讲授为业，或暂时以讲授为业。他们是高等私学师资的重要来源，并组成基本队伍。历史文献中有不少这类记载。

《隋书》卷五八《杜台卿传》："杜台卿字少山，博陵曲阳人也。……台卿少好学，博览书记，解属文。仕齐奉朝请，……及周武帝平齐，归于乡里，以《礼记》《春秋》讲授弟子。"杜台卿讲学继续到隋开皇初年，后被征召入朝为著作郎。所著有《玉烛宝典》十二卷、《齐记》二十卷、《文集》十五卷。

《隋书》卷七五《房晖远传》："房晖远字崇儒，恒山真定人也。世传儒学。晖远幼有志行，治'三礼''春秋三传'《诗》《书》《周易》，兼善图纬，恒以教授为务。远方负笈而从者，动以千计。"房晖远有"世传儒学"的家学渊源，遍通九经，他把教授经学作为长期职业，登门向他求学的达千人以上。

《隋书》卷七五《马光传》："马光字荣伯，武安人也。少好学，从师数十年，昼夜不息，图书谶纬，莫不毕览，尤明'三礼'，为儒者所宗。……初，教授瀛、博间，门徒千数，至是多负笈从入长安。"马光是一位博通的学者，尤其对"三礼"有精深研究，被尊为宗师。后马光被征召为太学博士，门徒舍不得宗师离去，亦恐学业中断，多数从师入长安，继续跟他学习。

《旧唐书》一八九上《徐文远传》："徐文远，洛州偃师人。……其兄休，鬻书为事，文远日阅书于肆，博览'五经'，尤精《春秋左氏传》。……文远方正纯厚，有儒者风。窦威、杨玄感、李密皆从其受学。开皇中，累迁太学博士。"徐文远是既博学又专精的学者，从其受学的门徒很多，窦威等人是门徒中较著名者。

《旧唐书》卷一八九上《张后胤传》："张后胤，苏州昆山人也。……后胤从父在并州,以学行见称。时高祖镇太原,引居宾馆。太宗就受《春秋左氏传》。"张后胤有一段传授生涯,唐太宗不是他唯一的弟子,而是让他最引以为豪的一位弟子。

《旧唐书》卷一八九上《秦景通传》:"秦景通,常州晋陵人也。与弟昈尤精《汉书》,当时习《汉书》者皆宗师之,常称景通为大秦君,昈为小秦君。若不经其兄弟指授,则谓之'不经师匠,无足采也'。"《汉书》之学,主要在民间私学中传授,贞观年间的秦景通兄弟最受推崇,被尊为宗师。

《新唐书》卷一九八《王恭传》:"王恭者,滑州白马人。少笃学,教授乡间,弟子数百人。贞观初,召拜太学博士,讲'三礼',别为《义证》,甚精博。"王恭是精通"三礼"的专家,以教授为业。

《旧唐书》卷一五五《窦常传》:"常字中行,大历十四年登进士第,居广陵之柳杨。结庐种树,不求苟进,以讲学著书为事,凡二十年不出。"

《新唐书》卷一五一《袁滋传》:"袁滋字德深,蔡州朗山人。……强学博记。少依道州刺史元结,读书自解其义,结重之。后客荆、郢间,起学庐讲授。"

《旧唐书》卷一六三《王质传》:"王质……寓居寿春,躬耕以养母,专以讲学为事,门人受业者大集其门。年甫强仕,不求闻达。"

《旧唐书》卷一七七《杨收传》:"杨收……父遗直,位终濠州录事参军。家世为儒,遗直客于苏州,讲学为事,因家于吴。"杨遗直客居苏州,以讲学为业。

《旧唐书》卷一七四《李德裕传》:"李德裕字文饶,赵郡人。……德裕以器业自负,特达不群。好著书为文,奖善嫉恶。……东都于伊阙南置平泉别墅,清流翠筱,树石幽奇。初未仕时,讲学其中。"李德裕未入仕时,以讲学为业。

《北梦琐言》卷三《不肖子三变》:"唐咸通中,荆中有书生,号'唐五经'者,学识精博,实曰鸿儒,旨趣甚高,人所师仰,聚徒五百辈,以束脩自给。优游卒岁,有西河、济南之风,幕僚多与之游。"

《玄怪录》卷四《景生》:"景生者,河中猗氏人也,素精于经籍,授胄子数十人。"

《广异记·燕凤祥》:"平阳燕凤祥,颇涉六艺,聚徒讲授。"

《十国春秋》卷五三《后蜀·刘玘传》:"孟温以儒学教授成都中,玘即其长子也。玘精于经术,广政十年,补石室教授。"刘孟温于成都城中设私学,以儒学教授为业。

《十国春秋》卷七五《楚·曹衍传》:"曹衍,□□人。少以文辞知名,偃蹇不遇。周行逢据湖南日,仕进专尚门荫,衍以布衣子屡献文章,不见用,退居乡里教授。"曹衍善于文章,以文辞知名,扬其所长,当然以文学教授为业。

《宋史》卷四五七《戚同文传》:"戚同文字同文,宋之楚丘人。世为儒。幼孤,祖母携育于外氏,奉养以孝闻。……始,闻邑人杨悫教授生徒,日过其学舍,因授《礼记》,随即成诵,日讽一卷,悫异而留之。不终岁毕诵'五经'……"宋州古称睢阳郡(今河南商丘),五代后晋杨悫建私学于此,戚同文日过其学舍,受业其中。后戚同文继承师业,称"睢阳先生"。

私人以讲授为业,史籍未能记载其人其事,当还有甚多。

二、离去官职者以教授为务

担任政府官职的都是有文化知识的士人,他们都有接受儒学教育和参加科举选拔的经历,是当时社会的精英分子。他们离去官职有多种原因,有的是对现实政治不满而主动辞职,有的是在政界朋党斗争中受排挤或触犯了行政法规而被免去官职,有的是已到七十岁退休年纪而致仕。这些离去官职而归家返乡的人,有部分不甘心处于无所事事的状态,还想为社会做一些有益的事,就选择以教授为务,把时间和精力用于培养后继的人才。文献中不乏此类记载。

《隋书》卷七五《王孝籍传》:"平原王孝籍,少好学,博览群言,遍治'五经',颇有文翰。……开皇中召入秘书,助王劭修国史。……后归乡里,以教授为业,终于家。"王孝籍被上司压制,颇不得志,故退职而从教。

《隋书》卷七五《刘焯传》:"刘焯字士元,信都昌亭人也。……刺史赵煚引为从事,举秀才,射策甲科。与著作郎王劭同修国史,兼参议律历,仍直门下省,以待顾问。……后因国子释奠,与炫二人论义,深挫诸儒,咸怀妒恨,遂为飞章所谤,除名为民。于是优游乡里,专以教授著述为务,孜孜不倦。……天下名儒后进,质疑受业,不远千里而至者,不可胜数。论者以为数百年已来,博学通儒,无能出其右者。"刘焯博学,善于议论,敢露锋芒,引起论敌的妒恨,遭到匿名传单的诬谤,被免除一切职务。返回乡里后,他"专以教授著述为务"。

《隋书》卷七五《刘炫传》:"刘炫字光伯,河间景城人也。……除殿内将军。……后有人讼之,经赦免死,坐除名,归于家,以教授为务。"刘炫因伪造古书获罪,被革职除名,归家后以教授为务。

《新唐书》卷一九八《张士衡传》:"张士衡,瀛州乐寿人。……仕隋为余杭令,以老还家。大业兵起,诸儒废学。唐兴,士衡复讲教乡里。"张士衡是已经告老还乡的人，但他还想发挥作用，为社会做些有益的事，而大业年间社会大动荡，民间私学因此停废。唐朝建立后，能保证和平生活，张士衡就在乡里恢复讲授。

《旧唐书》卷七三《颜师古传》："颜籀字师古，雍州万年人。……师古少传家业，博览群书，尤精训诂，善属文。隋仁寿中，为尚书左丞李纲所荐，授安养尉。……寻坐事免归长安，十年不得调，家贫，以教授为业。"颜师古因事被免职后，以教授为业。

《新唐书》卷一一二《王义方传》："王义方，泗州涟水人。……显庆元年，擢侍御史。……帝方安义府狡佞，恨义方以孤士触宰相，贬莱州司户参军。岁终不复调，往客昌乐，聚徒教授。"《朝野佥载》卷六："前御史王义方出莱州司户参军，去官归魏州，以讲授为业。"王义方刚直尽职，触犯了权臣李义府，被贬职后对官场有深刻认识，主动去官隐居，以教授为业。

《新唐书》卷一九四《元德秀传》："元德秀字紫芝，河南河南人。……家苦贫，乃求为鲁山令。……所得奉禄，悉衣食人之孤遗者。岁满，笥余一缣，驾柴车去。爱陆浑佳山水，乃定居。……是时程休、邢宇、宇弟宙、张茂之、李崿、崿族子丹叔、惟岳、乔潭、杨拯、房垂、柳识，皆号门弟子。德秀善文辞，作《蹇士赋》以自况。"元德秀主动去官隐居，以教授为务。

《新唐书》卷二〇〇《啖助传》："啖助字叔佐，赵州人，后徙关中。淹该经术。天宝末，调临海尉、丹杨主簿。秩满，屏居，甘足疏粝。善为《春秋》，……助门人赵匡、陆质，其高第也。助卒，年四十七。"啖助是博学之士，只两任地方小官，就辞官隐居，以教授著述为务。

《柳宗元集》卷一〇《唐故岭南经略副使御史马君墓志》："年

七十，不肯仕，曰：'吾为吏逾四十年，卒不见大者。今年至虑耗，终不能以筋力为人赢缩。'因罢休，以经书教子弟，不问外事。"马御史不恋其官位，年到七十就致仕，罢休后不再过问外事，只以经书教子弟。

《十国春秋》卷一〇《江梦孙传》："江梦孙字聿修，浔阳人也。博综经史，立行高洁。……梦孙治县宽简，吏民安之。逾年，弃官去，县人号泣，送之数十里。还家，……为诸生讲礼释经义，凡至疑处，辄敛衽曰：'此科先儒犹多异同，梦孙安敢轻言，诸君自择所长可也。'"江梦孙博通经史，品德高尚，弃官归家，为诸生讲授经义。

三、隐逸之士聚徒讲授

隋唐时期也有不少隐逸之士，他们退隐有多种原因，有的是因为宗教信仰，要逃避世务，集中精力于修炼；有的是看淡政治，无意进取，逃避尘嚣，寻求清静；有的是因感时局不靖，逃避战火，以图身家性命安全等。这些隐逸之士，不少学有专长，其学问、德行令后生敬仰，于是从学请业者自远而至，集结成为教学团体，这是高等私学的重要组成部分。《隋书》卷七七《隐逸传》："古之所谓隐逸者，非伏其身而不见也，非闭其言而不出也，非藏其智而不发也。"他们在教育方面发挥了重要作用。以下略举这方面的一些事例。

《隋书》卷七七《徐则传》："徐则，东海郯人也。幼沉静，寡嗜欲。受业于周弘正，善三玄，精于议论，声擅都邑，则叹曰：'名者实之宾，吾其为宾乎！'遂怀栖隐之操，杖策入缙云山。后学数百人,苦请教授,则谢而遣之。"徐则虽辞退了一批来求学的人,以保证自己的修炼环境清静,但转入天台山后,他的想法发生了变化。他不能完全独自生活,要有帮手,要有人服务,于是从来求学的人中考察选择少量人员,留为门人弟子。后来,他的经书也分送给弟子。

《隋书》卷七八《卢太翼传》:"卢太翼字协昭,河间人也。……博综群书,爱及佛道,皆得其精微。尤善占候算历之术。隐于白鹿山,数年徙居林虑茱萸峒,请业者自远而至……"卢太翼的知识领域相当广,是一位既博又专的学问家,甚受后学崇敬。他无论隐居到哪里,都有求学者追踪而至。

《旧唐书》卷一九二《王希夷传》:"王希夷,徐州滕县人也。孤贫好道……隐于嵩山,师道士黄颐,向四十年,尽能传其闭气导养之术。"王希夷是黄颐的弟子之一,既学于黄颐,又传于后人,是一个承传薪火的人。

《旧唐书》卷一九二《李元恺传》:"李元恺者,博学善天文律历,然性恭慎,口未尝言人之过。乡人宋璟,年少时师事之,及璟作相,使人遗元恺束帛,将荐举之,皆拒而不答。"李元恺是一个既博学又有专长的人,隐居乡间,独善其身,有恩于弟子也不图回报。

《新唐书》卷一九六《卢鸿传》:"卢鸿字颢然,……博学,善书籀。庐嵩山。玄宗开元初,备礼征再,不至。五年,……鸿至东都,……拜谏议大夫,固辞。复下制,许还山,夕给米百斛,绢五十,……将行,赐隐居服,官营草堂,恩礼殊渥。鸿到山中,广学庐,聚徒至五百人。"卢鸿不留恋城市,也不被官位诱惑,遂愿还嵩山,以隐居教学为乐。

《柳宗元集》卷一二《先侍御史府君神道表》："先君讳镇,字某。……天宝末,经术高第。遇乱,奉德清君夫人载家书隐王屋山。间行以求食,深处以修业,作《避暑赋》。合群从弟子侄,讲《春秋左氏》《易王氏》,衎衎无倦,以忘其忧。德清君喜曰:'兹谓遁世无闷矣。'"柳镇为避"安史之乱",扶老带小,举家迁徙,隐居王屋山,一方面自己进修学业,另一方面又为群从子侄讲授儒经。

《因话录》卷四:"卢子严说,早年随其懿亲郑常侍东之同游宣州当涂,隐居山岩,即陶贞白炼丹所也。炉迹犹在,后为佛舍。有僧甚高洁,好事因说其先师,名彦范,姓刘,虽为沙门,早究儒学,邑人呼为'刘九经'。颜鲁公、韩晋公、刘忠州、穆监宁、独孤常州皆与之善,各执经受业者数十人。年八十,犹精强,僧行不亏。性颇嗜酒,饮亦未尝及乱。学徒有携壶至者,欣然而受之。每进二数杯,则讲说方锐。"刘彦范虽身为沙门,但早究儒学,因博通经学,故被称为"刘九经"。他乐为后学讲授,执经受业者数十人。

《旧唐书》卷一九二《阳城传》:"阳城字亢宗,北平人也。代为宦族。家贫不能得书,乃求为集贤写书吏,窃官书读之,昼夜不出房,经六年,乃无所不通。既而隐于中条山,远近慕其德行,多从之学。"阳城奋发勤学,学识大为长进,无所不通。他在地方上声名显著,虽隐居中条山,但仰慕其德行的人多从之学。

《十国春秋》卷二九《南唐·毛炳传》:"毛炳,洪州丰城人。好学,不能自给,因随里人入庐山,每为诸生曲讲,得钱即沽酒尽醉。时彭会好茶,而炳好酒,或嘲之曰:'彭生说赋茶三年,毛氏传经酒半斤。'"毛炳好酒,这是他个人生活的弱点。他入庐山,以讲授作为谋生的职业。

《十国春秋》卷二九《南唐·黄载传》:"黄载字元吉,其先江夏人,世为农。载释耒耜,就学于庐山,师事虔人刘元亨,粗究经史,能文章。一举不中第,……遂不复进取,以教授为业。"黄载以经史为其知识基础,以文章为其专长,隐于乡间,以教授为业。

《十国春秋》卷二九《南唐·陈贶传》:"陈贶,闽人。性淡漠,孤贫力学,积书至数千卷。隐庐山凡四十年,……有季父为桑门,时时赖其资给。苦思于诗,得句未成章,已播远近。学者多师事之。"卷三一《南唐·刘洞传》:"刘洞,庐陵人。少游庐山,学诗于陈贶,精思不懈,或至浃日不盥。居庐山二十年,长于五字唐律,自号'五言金城',得贾岛遗法。"卷九七《闽·江为传》:"江为……游庐山白鹿洞,师处士陈贶二十年,尤工于诗,有风人之体。"诗人陈贶隐居庐山四十年,专注于诗的写作,他的诗作甚受时人推崇。他还对来学者传授为诗之法,门下培养出不少诗家,刘洞与江为是较著名的两位。

《十国春秋》卷五三《后蜀·多岳传》:"多岳,天彭人。后主遣使征之,不就,潜入普□,寓铁锋,教授生徒,门下多知名士。"

《十国春秋》卷八八《吴越·宋荣传》:"宋荣,婺州义乌人。隐居本州覆釜山下,通《尚书》《春秋》。广顺中,忠懿王累征不就,学者私谥曰文通先生。"宋荣不应征召,隐居教授。

《十国春秋》卷八八《吴越·方昊传》:"方昊字太初,青溪人。昊生于唐末,唐亡,耻非所仕,遁隐岩谷中。武肃王常招之,不肯往,聚徒讲学于上贵精舍,以终其身。乡人化之,称为静乐先生。"

《十国春秋》卷九五《闽·伍昌时传》:"伍昌时,汀州宁化人。……子德普,少积学,隐居教授,终身以渔钓为乐。"

《十国春秋》卷九七《闽·廉若传》:"廉若,建州建宁人。与妻杨氏隐居县东,教授乡党,以行谊称。"

以上事例可以说明，从隋至五代，都有隐逸之士以教授为务。这不是个别的偶然现象，在同一时段内，存在一批隐居教授之士，他们分布的地域还是比较广泛的。

四、现任官员业余授徒

现任官员之中有不少学有专长的精英人才，往往成为后学殷切求教的对象，他们有选择地收纳一些可造就的弟子，利用公务之暇，为弟子们讲授。

《册府元龟》卷五九八《学校部·教授》："隋何妥为国子博士，出为龙州刺史。时有负笈游学者，妥皆为讲说教授之。"

《隋书》卷七五《包恺传》："东海包恺，字和乐。……大业中，为国子助教。于时《汉书》学者，以萧、包二人为宗匠。聚徒教授，著录者数千人。"

《旧唐书》卷一八九上《曹宪传》："曹宪，扬州江都人也。仕隋为秘书学士。每聚徒教授，诸生数百人。当时公卿已下，亦多从之受业。"

《旧唐书》卷八九《王方庆传》："王方庆，雍州咸阳人也，……方庆年十六，起家越王府参军。尝就记室任希古受《史记》《汉书》，希古迁为太子舍人，方庆随之卒业。"

《新唐书》卷二〇〇《尹愔传》："尹愔，秦州天水人。父思贞，字季弱。明《春秋》，擢高第。尝受学于国子博士王道珪，称之曰：'吾门人多矣，尹子叵测也。'"

《旧唐书》卷一八九下《尹知章传》："尹知章，绛州翼城人。……后秘书监马怀素奏引知章就秘书省与学者刊定经史。

知章虽居吏职,归家则讲授不辍,尤明《易》及《庄》《老》玄言之学,远近咸来受业。"

《旧唐书》卷一六五《韦夏卿传》:"韦夏卿字云客,杜陵人。……出为常州刺史。夏卿深于儒术,所至招礼通经之士。时处士窦群寓于郡界,夏卿以其所著史论,荐之于朝,遂为门人。"

《旧唐书》卷一三〇《李繁传》:"泌与右补阙、翰林学士梁肃友善,尝命繁持所著文请肃润色。繁亦自有学术,肃待之甚厚,因许师事,日熟其门。"

《旧唐书》卷一六〇《韩愈传》:"韩愈字退之,……愈性弘通,与人交,荣悴不易。……而颇能诱厉后进,馆之者十六七,虽晨炊不给,怡然不介意。大抵以兴起名教弘奖仁义为事。……常以为自魏、晋已还,为文者多拘偶对,而经诰之指归,迁、雄之气格,不复振起矣。故愈所为文,务返近体,抒意立言,自成一家新语。后学之士,取为师法。当时作者甚众,无以过之,故世称'韩文'焉。"

《昌黎先生文集》卷一六《重答翊书》:"人之来者虽其心异于生,其于我也皆有意焉。君子之于人,无不欲其入于善,宁有不可告而告之,孰有可进而不进也?言辞之不酬,礼貌之不答,虽孔子不得行于互乡,宜乎余之不为也。苟来者,吾斯进之而已矣。"

韩愈是一位以反对拘于偶对的骈体文而倡导接近口语的散体文著称的文学家,甚受后学之士敬仰,求学于其门下者颇多。他采取来者不拒的态度,凡来求教的,都予以接纳指导。这些活动都在他任职期间进行。

《昌黎先生文集》卷三二《柳子厚墓志铭》:"子厚讳宗元。……元和中,尝例召至京师,又偕出为刺史,而子厚得柳州。……衡湘以南为进士者,皆以子厚为师,其经承子厚口讲指画为文词者,悉有法度可观。"柳宗元也是一位著名的文学家,在长安、永州、柳州任官时,门下不断有求学者,他都给予实际指导。

《旧五代史》卷六〇《唐书·李袭吉传》:"李袭吉……博学多通,尤谙悉国朝近事,为文精意练实,动据典故,无所放纵,羽檄军书,辞理宏健。……袭吉在武皇幕府垂十五年,视事之暇,唯读书业文,手不释卷。性恬于荣利,奖诱后进,不以己能格物。"

《旧五代史》卷六七《唐书·李愚传》:"李愚字子晦。……家世为儒。……初在内职,慈州举子张砺依焉。"

《旧五代史》卷六九《唐书·张宪传》:"张宪字允中,晋阳人。……宪始童丱,喜儒学,励志横经,不舍昼夜。太原地雄边服,人多尚武,耻于学业,惟宪与里人药纵之精力游学,弱冠尽通诸经,尤精《左传》。……时霸府初开,幕客马郁、王缄,燕中名士,尽与之游。"

《旧五代史》卷一二七《周书·和凝传》:"和凝字成绩,汶阳须昌人也。……凝性好修整,……又好延纳后进,士无贤不肖,皆虚怀以待之,或致其仕进,故甚有当时之誉。……有集百卷,自篆于板,模印数百帙,分惠于人焉。"

《十国春秋》卷二八《南唐·韩熙载传》:"韩熙载……才气逸发,多艺能。……江左称为韩夫子。……性喜提奖后进,见文有可采者,手自缮写,仍为播其声名。熙载隶书及画皆隽绝一时,尤名知人。"

现任官员不能以教授为主业(教官除外),只能作为副业,其教授侧重于经学、史学、文学,但也不以此为限。

五、有学养之父自教其子

有些士人家庭,世传家学,历代不衰。有致力于继承和发展家学者,具有较高的文化学术素养,也就有条件亲自教授其子,造就成才。

《隋书》卷七六《杜正玄传》:"杜正玄字慎徽,其先本京兆人,八世祖曼,为石赵从事中郎,因家于邺。自曼至正玄,世以文学相授。正玄尤聪敏,博涉多通。兄弟数人,俱未弱冠,并以文章才辩籍甚三河之间。开皇末,举秀才,尚书试方略,正玄应对如响,下笔成章。……授晋王行参军,……弟正藏。正藏字为善,尤好学,善属文。弱冠举秀才,授纯州行参军,历下邑正。大业中,学业该通,应诏举秀才,兄弟三人俱以文章一时诣阙,论者荣之。"《旧唐书》卷七〇《杜正伦传》:"杜正伦,相州洹水人也。隋仁寿中,与兄正玄、正藏俱以秀才擢第。隋代举秀才止十余人,正伦一家有三秀才,甚为当时称美。正伦善属文,深明释典。仕隋为羽骑尉。"杜氏兄弟得益于家族,世代以文学相授。

《旧唐书》卷七三《姚思廉传》:"姚思廉字简之,雍州万年人。父察,陈吏部尚书,入隋历太子内舍人、秘书丞、北绛公,学兼儒史,见重于二代。……思廉少受汉史于其父,能尽传家业,勤学寡欲,未尝言及家人产业。在陈为扬州主簿,入隋为汉王府参军,……初,察在陈尝修梁、陈二史,未就,临终令思廉续成其志。……思廉上表陈父遗言,有诏许其续成《梁》《陈史》。……贞观初,迁著作郎、弘文馆学士。……三年,又受诏与秘书监魏徵同撰梁、陈二史,撰成《梁书》五十卷、《陈书》三十卷。魏徵虽裁其总论,其编次笔削,皆思廉之功也。"姚氏世以史学相授,思廉之孙姚璹也以史学闻名。《旧唐书》卷八九《姚璹传》:"璹,少好学,以勤苦自立,举明经,累除定、汴、沧、虢、幽等五州刺史。……璹尝以其曾祖察所撰《汉书训纂》,多为后之注《汉书》者隐没名氏,将为己说;璹乃撰《汉书绍训》四十卷,以发明旧义,行于代。"

《旧唐书》卷七三《颜师古传》:"颜籀字师古,雍州万年人,齐黄门侍郎之推孙也。……父思鲁,以学艺称,武德初为秦王府记室参军。师古少传家业,博览群书,尤精诂训,善属文。……太宗以经籍去圣久远,文字讹谬,令师古于秘书省考定'五经',师古多所厘正,既成,奏之。……颁其所定之书于天下,令学者习焉。……有集六十卷。其所注《汉书》及《急就章》,大行于世。……师古叔父游秦,……撰《汉书决疑》十二卷,为学者所称,后师古注《汉书》,亦多取其义耳。"

《旧唐书》卷七三《司马才章传》:"司马才章者,魏州贵乡人也。父炟,博涉'五经',善纬候。才章少传其业。隋末为郡博士。"

《旧唐书》卷一九〇上《王勃传》:"王勃字子安,绛州龙门人。祖通,隋蜀郡司户书佐。大业末,弃官归,以著书讲学为业。……二子:福畤、福郊。"福畤官至泽州长史。福畤之子勔、勮、勃。勔官至泾州刺史。勮官至弘文馆学士,兼知天官侍郎。"勃六岁解属文,构思无滞,词情英迈,与兄勔、勮,才藻相类。"

以上数例,若作简单比较,其差异之处在于,所处年代不尽相同,所传授的内容以经学为基础,有的侧重经史,有的侧重史学,有的则侧重文学;其共同之处在于,世传家学,父教其子。这种情况虽不普遍,但也是高等私学师资的组成部分。

六、女性学者的传授

由于"三纲五常"的封建思想占统治地位,男子是家庭的重心,男女地位不平等,男子可受学校教育,女子只能受家庭教育,所受的训练也只是为担当贤妻良母的角色做准备。在有些士人的家庭,父母有较高的文化素养,则采取较为开明的态度,让女儿随兄弟听课学习,或专由其母督教,先掌握基础文化知识,然后指导其读经史,督促其学习提高。良好的家庭环境,加上个人的勤奋努力,也涌现了一部分文化水平较高、学有专长的女性学者,她们在适当时候也担负起讲授和著述的任务。

《旧唐书》卷一九〇上《孔若思传》:"绍安孙若思。若思孤,母褚氏亲自教训,遂以学行知名。……明经举,累迁库部郎中。"

《旧唐书》卷一四六《薛播传》:"薛播,河中宝鼎人,……初,播伯父元暖终于隰城丞,其妻济南林氏,丹阳太守洋之妹,有母仪令德,博涉'五经',善属文,所为篇章,时人多讽咏之。元暖卒后,其子彦辅、彦国、彦伟、彦云及播兄据、摠并早孤幼,悉为林氏所训导,以至成立,咸致文学之名。开元、天宝中二十年间,彦辅、据等七人并举进士,连中科名,衣冠荣之。"

《旧唐书》卷一六六《元稹传》:"元稹字微之,河南人。……稹八岁丧父。其母郑夫人,贤明夫人也,家贫,为稹自授书,教之书学。稹九岁能属文。十五两经擢第。"

《旧唐书》卷一六八《韦温传》:"韦温字弘育,京兆人。……温无子,女适薛蒙,善著文,续曹大家《女训》十二章,士族传写,行于时。"

《旧唐书》卷一七三《李绅传》:"李绅字公垂,润州无锡人。……绅六岁而孤,母卢氏教以经义。绅形状眇小而精悍,能为歌诗。乡赋之年,讽诵多在人口。元和初,登进士第。"

《旧唐书》卷一七七《杨收传》:"杨收字藏之,……收七岁丧父,居丧有如成人,而长孙夫人知书,亲自教授。十三,略通诸经义,善于文咏,吴人呼为'神童'。……收以仲兄假未登第,久之不从乡赋。开成末,假擢第。是冬,收之长安,明年,一举登第,年才二十六。"

《十国春秋》卷二六《南唐·钟谟传》:"钟谟,……元宗朝为翰林学士,进户部侍郎。……谟有女,感家祸,不嫁,博通孔、老书,尤善讲说,后为洞真宫女道士,名守一。"

《十国春秋》卷二八《南唐·高越传》:"文进仲女有才色,能属文,号'女学士',因以妻越。"

《十国春秋》卷四五《前蜀·李夫人传》:"李夫人,蜀人也。善属文,尤工书画。……世人效之,多有墨竹云。"

虽然女性学者传授的事例不多,但她们确实也教育出了一些人才,流芳史册。

由于高等私学的师资有多种来源不断补充,因此民间高等私学不至于中断,且能广泛分布,成为培养人才的重要方面,其培养人才的数量远超官学。一些杰出的人才就出自民间所办的高等私学。

第二节 多种学科的私学

隋唐五代时期,民间私学的学术传授进入一个新的发展阶段,其发展不仅表现为数量的增加、地区分布的广泛,还表现为私学传授内容的学科多样性,从传统的经学扩展到史学、文学、艺术与科技,从儒学扩展到道学、佛学。官学没有传授的,私学也传授,私学学科的多样性远超官学。以下依据有关的文献史料,略微集中地介绍几个代表性学科的私学传授。

一、经学

(一) 易学

《隋书》卷七五《何妥传》:"何妥字栖凤,西城人也。……高祖受禅,除国子博士。……六年,出为龙州刺史。时有负笈游学者,妥皆为讲说教授之。……在职三年,以疾请还,诏许之。复知学事。……除伊州刺史,不行,寻为国子祭酒。……撰《周易讲疏》十三卷,《孝经义疏》三卷,《庄子义疏》四卷。"何妥是隋朝在职官员,先后任学官的时间较长,其专长是易学,从事相关讲授和著述。他在履行公务之余,为游学者专门进行讲说教授。

《隋书》卷七五《房晖远传》:"房晖远字崇儒,恒山真定人也,世传儒学。晖远幼有志行,治'三礼''春秋三传'《诗》《书》《周易》,兼善图纬,恒以教授为务。远方负笈而从者,动以千计。"房氏世传儒学,故房晖远自幼学有渊源。他兼通九经,是当时一位杰出的经学家,《周易》是其专长之一。在未任官职之前,他就以教授儒经为职业,门下弟子动以千计。可见,他对后学有很大的吸引力。

《隋书》卷七六《王贞传》:"王贞字孝逸,梁郡陈留人也。少聪敏,七岁好学,善《毛诗》《礼记》《左氏传》《周易》,诸子百家,无不毕览。善属文词,不治产业,每以讽读为娱。开皇初,汴州刺史樊叔略引为主簿,后举秀才,授县尉,非其好也,谢病于家。"王贞精于经学,长期家居,以读讲为务。

《旧唐书》卷一八九上《陆德明传》:"陆德明,苏州吴人也。初受学于周弘正,善言玄理。陈太建中,……解褐始兴王国左常侍,迁国子助教。陈亡,归乡里。隋炀帝嗣位,以为秘书学士。……王世充平,太宗征为秦府文学馆学士,命中山王承乾从其受业。寻补太学博士。……贞观初,拜国子博士,封吴县男。寻卒。撰《经典释文》三十卷、《老子疏》十五卷、《易疏》二十卷,并行于世。"陆德明通训诂而著《经典释文》,专精于《周易》而著《易疏》,应当视为对居乡讲授、任学官时讲授、履行公务之余讲授的总结,是在教学生涯中形成的专著。时人称陆德明之《易疏》为一时之最。

《旧唐书》卷一八九下《尹知章传》:"尹知章,绛州翼城人。少勤学,……尽通诸经精义,未几而诸师友北面受业焉。……睿宗初即位,中书令张说荐知章有古人之风,足以坐镇雅俗,拜礼部员外郎。俄转国子博士。后秘书监马怀素奏引知章就秘书省与学者刊定经史。知章虽居吏职,归家则讲授不辍,尤明《易》及《庄》《老》玄言之学,远近咸来受业。"尹知章精通《周易》,在履行公务之外的时间,归家讲授不辍,登门求教的弟子为数不少。

《新唐书》卷二〇〇《康子元传》:"康子元,越州会稽人。……开元初,诏中书令张说举能治《易》《老》《庄》者,集贤直学士侯行果荐子元及平阳敬会真于说,说藉以闻,并赐衣币,得侍读。"康子元以研究《周易》为专长,因能讲解《周易》而被推荐为侍读。

《旧唐书》卷一四七《高郢传》:"高郢字公楚,其先渤海蓨人。……子定嗣。定，幼聪警绝伦，……仕至京兆参军。小字董二，人以幼慧，多以字称之。尤精《王氏易》，尝为《易图》，合八出以画八卦，上圆下方，合则重，转则演，七转而六十四卦六甲八节备焉。著《易外传》二十二卷。"高定生于官家，自幼聪慧，其任官职位不高，聪明才智多用于《周易》理论探究，所著《周易外传》二十二卷颇行于世。

《新唐书》卷二〇〇《啖助传》："大历时，……蔡广成以《易》，……皆自名其学……"蔡广成为大历时《周易》研究的名家，自然成为后学求教的对象。

《新唐书》卷五七《艺文志一》："甲部经录，其类十一：一曰易类，……何妥《讲疏》十三卷。……任希古注《周易》十卷。《周易正义》十六卷（国子祭酒孔颖达、颜师古、司马才章、王恭，太学博士马嘉运，太学助教赵乾叶、王谈、于志宁等奉诏撰，四门博士苏德融、赵弘智覆审）。陆德明《周易文句义疏》二十四卷，《文外大义》二卷。阴弘道《周易新传疏》十卷（颢子，临涣令）。薛仁贵《周易新注本义》十四卷。王勃《周易发挥》五卷。玄宗《周易大衍论》三卷。李鼎祚《集注周易》十七卷。东乡助《周易物象释疑》一卷。僧一行《周易论》（卷亡），又《大衍玄图》一卷，《义决》一卷，《大衍论》二十卷。崔良佐《易忘象》（卷亡）。元载集注《周易》一百卷。李吉甫注《一行易》（卷亡）。卫元嵩《元包》十卷（苏源明传，李江注）。高定《周易外传》二十二卷（郢子，京兆府参军）。裴通《易书》一百五十卷（字又玄，士淹子，文宗访以《易》义，令进所撰书）。卢行超《易义》五卷（字孟起，大中六合丞）。陆希声《周易传》二卷。"这是《新唐书·艺文志》所载隋唐学者研究《周易》著作的目录，虽有部分出于官府，部分出于民间，但作为那个时代的学术成果,大部分都在民间流传,成为私学的学习材料或参考材料。

(二)书学

《隋书》卷七五《房晖远传》:"房晖远……治'三礼''春秋三传'《诗》《书》《周易》,兼善图纬,恒以教授为务。"

《隋书》卷七五《刘炫传》:"刘炫字光伯,河间景城人也。……吏部尚书韦世康问其所能,炫自为状曰:'《周礼》《礼记》《毛诗》《尚书》《公羊》《左传》《孝经》《论语》孔、郑、王、何、服、杜等注,凡十三家,虽义有精粗,并堪讲授。……'……坐除名,归于家,以教授为务。……著《论语述议》十卷,《春秋攻昧》十卷,《五经正名》十二卷,《孝经述议》五卷,《春秋述议》四十卷,《尚书述议》二十卷,《毛诗述议》四十卷,《注诗序》一卷,《算术》一卷,并行于世。"

《隋书》卷七五《顾彪传》:"余杭顾彪字仲文,明《尚书》《春秋》。炀帝时为秘书学士,撰《古文尚书疏》二十卷。"

《隋书》卷七五《王孝籍传》:"平原王孝籍,少好学,博览群言,遍治'五经',颇有文翰。与河间刘炫同志友善。开皇中,召入秘书,助王劭修国史。……后归乡里,以教授为业,终于家。注《尚书》及《诗》,遭乱零落。"王孝籍广学博通,居家教授、著述,是隋代研究《尚书》学的名家之一。

《隋书》卷三二《经籍志》:"《尚书述义》二十卷(国子助教刘炫撰)。《尚书疏》二十卷(顾彪撰)。《尚书闰义》一卷。《尚书义》三卷(刘先生撰)。《尚书释问》一卷(虞氏撰)。《尚书文外义》一卷（顾彪撰）。"从《经籍志》书目登录的情况看，刘炫与顾彪关于《尚书》的著述比较杰出，流传也广。

《旧唐书》卷七三《孔颖达传》："孔颖达字冲远，冀州衡水人也。……及长，尤明《左氏传》《郑氏尚书》《王氏易》《毛诗》《礼记》，兼善算历，解属文。同郡刘焯名重海内，颖达造其门，焯初不之礼，颖达请质疑滞，多出其意表，焯改容敬之。颖达固辞归，焯固留，不可。还家，以教授为务。"孔颖达对《郑氏尚书》有精深研究，居家之时，也以此为后学讲授。

《旧唐书》卷七三《王恭传》："王恭者，滑州白马人也。少笃学，博涉'六经'。每于乡间教授，弟子自远方至数百人。"

《旧唐书》卷一八九下《王元感传》："王元感，濮州鄄城人也。少举明经，累补博城县丞。兖州都督、纪王慎深礼之，命其子东平王续从元感受学。……转四门博士，仍直弘文馆。元感时虽年老，犹能烛下看书，通宵不寐。长安三年，表上其所撰《尚书纠谬》十卷、《春秋振滞》二十卷、《礼记绳愆》三十卷，并所注《孝经》《史记》稿草，请官给纸笔，写上秘书阁。……魏知古尝称其所撰书曰：'信可谓五经之指南也。'"

《十国春秋》卷八八《吴越·宋榮传》："宋榮，婺州义乌人。隐居本州覆釜山下，通《尚书》《春秋》。广顺中，忠懿王累征不就，学者私谥曰文通先生。"宋榮是隐居之士，学业有所专精，必有所传授，方能受后学敬重。

《新唐书》卷五七《艺文志》甲部经录，二曰书类："刘焯《义疏》三十卷。顾彪《古文音义》五卷，又《文外义》一卷。刘炫《述义》二十卷。……王玄度注《尚书》十三卷。……《尚书正义》二十卷（国子祭酒孔颖达、太学博士王德韶、四门助教李子云等奉诏撰。四门博士朱长才、苏德融，太学助教隋德素，四门助教王士雄、赵弘智覆审。太尉扬州都督长孙无忌，司空李勣，左仆射于志宁，右仆射张行成，吏部尚书侍中高季辅，吏部尚书褚遂良，中书令柳奭，弘文馆学士谷那律、刘伯庄，太学博士贾公彦、范义頵、齐威，太常博士柳士宣、孔志约，四门博士赵君赞，右内率府长史弘文馆直学士薛伯珍，国子助教史士弘，太学助教郑祖玄、周玄达，四门助教李玄植、王真儒与王德韶、隋德素等刊定）。王元感《尚书纠缪》十卷。穆元休《洪范外传》十卷。"这些撰著流行于世，在民间传习。

（三）诗学

《隋书》卷七五《房晖远传》："房晖远……治'三礼''春秋三传'《诗》《书》《周易》，兼善图纬，恒以教授为务。"

《隋书》卷七五《刘炫传》："刘炫……吏部尚书韦世康问其所能，炫自为状曰：'《周礼》《礼记》《毛诗》《尚书》……并堪讲授。……'……坐除名，归于家，以教授为务。……著……《毛诗述议》四十卷，《注诗序》一卷，……并行于世。"

《隋书》卷七五《鲁世达传》："余杭鲁世达，炀帝时为国子助教，撰《毛诗章句义疏》四十二卷，行于世。"时人称鲁达之《诗》为一时之最。

《隋书》卷七五《王孝籍传》："平原王孝籍，少好学，博览群言，遍治'五经'，……后归乡里，以教授为业，终于家。注《尚书》及《诗》，遭乱零落。"

《旧唐书》卷一八九上《张士衡传》："张士衡，瀛州乐寿人也。……及长,轨思授以《毛诗》《周礼》,又从熊安生及刘焯受《礼记》,皆精究大义。此后遍讲'五经'……"

《旧唐书》卷一八九上《许叔牙传》:"许叔牙,润州句容人。少精于《毛诗》《礼记》,尤善讽咏。贞观初,累授晋王文学兼侍读,寻迁太常博士。……尝撰《毛诗纂义》十卷,……御史大夫高智周尝谓人曰:'凡欲言《诗》者,必须先读此书。'"

《新唐书》卷二〇〇《啖助传》:"大历时,……施士匄以《诗》,仲子陵、袁彝、韦彤、韦茝以《礼》,……皆自名其学,而士匄、子陵最卓异。"

《新唐书》卷五七《艺文志一》甲部经录,三曰诗类:"刘炫《述义》三十卷。鲁世达《音义》二卷。郑玄等《诸家音》十五卷。王玄度注《毛诗》二十卷。《毛诗正义》四十卷(孔颖达、王德韶、齐威等奉诏撰,赵乾叶,四门助教贾普曜、赵弘智等覆正)。许叔牙《毛诗纂义》十卷。成伯玙《毛诗指说》一卷,又《断章》二卷。《毛诗草木虫鱼图》二十卷(开成中,文宗命集贤院修撰并绘物象,大学士杨嗣复、学士张次宗上之)。"

由上述文献材料考察,专精于《诗》并进行讲授的名家数量较少,登载于《艺文志》目录的专著也不多,这反映了《毛诗》等的传授并未成为热点,不如"三礼""三传"发展到昌盛的程度。

(四)"三礼"之学

"三礼"与隋唐的政治生活直接有关,也是科举考试的内容,比较受士人重视。

《隋书》卷五八《杜台卿传》:"杜台卿字少山,博陵曲阳人也。……及周武帝平齐,归于乡里,以《礼记》《春秋》讲授子弟。开皇初,被征入朝。台卿尝采《月令》,触类而广之,为书名《玉烛宝典》十二卷。"

《隋书》卷七五《房晖远传》:"房晖远,……治'三礼''春秋三传'。……恒以教授为务。远方负笈而从者,动以千计。"

《隋书》卷七五《马光传》:"马光字荣伯,武安人也。少好学,从师数十年,昼夜不息,图书谶纬,莫不毕览,尤明'三礼',为儒者所宗。开皇初,高祖征山东义学之士,光与张仲让、孔笼、窦士荣、张黑奴、刘祖仁等俱至,并授太学博士,时人号为六儒。……山东'三礼'学者,自熊安生后,唯宗光一人。初,教授瀛、博间,门徒千数,至是多负笈从入长安。"

《隋书》卷七五《褚辉传》:"吴郡褚辉字高明,以'三礼'学称于江南。炀帝时,征天下儒术之士,悉集内史省,相次讲论。辉博辩,无能屈者,由是擢为太学博士。"时人称褚辉之《礼》为一时之最。

《旧唐书》卷一八九上《张士衡传》:"张士衡,……及长,轨思授以《毛诗》《周礼》,又从熊安生及刘焯受《礼记》,皆精究大义。此后遍讲'五经',尤攻'三礼'。仕隋为余杭令,后以年老归乡里。贞观中,……擢授朝散大夫、崇贤馆学士。……士衡既礼学为优,当时受其业擅名于时者,唯贾公彦为最焉。"

《旧唐书》卷一八九上《贾公彦传》:"贾公彦,洺州永年人。永徽中,官至太学博士。撰《周礼义疏》五十卷,《仪礼义疏》四十卷。……时有赵州李玄植,又受'三礼'于公彦,撰《三礼音义》行于代。"

《旧唐书》卷七三《王恭传》:"王恭者,滑州白马人也。少笃学,博涉'六经'。每于乡间教授,弟子自远方至数百人。贞观初,征拜太学博士,其所讲'三礼',皆别立义证,甚为精博。盖文懿、文达等皆当时大儒,罕所推借,每讲'三礼',皆遍举先达义,而亦畅恭所说。"

《旧唐书》卷一八九下《王元感传》:"元感时虽年老,犹能烛下看书,通宵不寐。长安三年,表上其所撰……《礼记绳愆》三十卷……"

《旧唐书》卷一八九下《韦叔夏传》:"韦叔夏,……少而精通'三礼',……举明经。……长安四年,擢春官侍郎。神龙初,转太常少卿,……三年,拜国子祭酒。……撰《五礼要记》三十卷,行于代。"

《旧唐书》卷一〇二《韦述传》:"议者云:自唐已来,氏族之盛,无逾于韦氏。……达于礼仪,则叔夏为最……"

《旧唐书》卷一八九下《郭山恽传》:"郭山恽,蒲州河东人。少通'三礼'。景龙中,累迁国子司业。"

《旧唐书》卷一〇二《褚无量传》:"褚无量字弘度,杭州盐官人也。幼孤贫,励志好学。……及长,尤精'三礼'及《史记》,举明经,累除国子博士。景龙三年,迁国子司业,兼修文馆学士。"

《旧唐书》卷八九《王方庆传》:"王方庆,雍州咸阳人也。……方庆博学好著述,所撰杂书凡二百余卷。尤精'三礼',好事者多询访之。每所酬答,咸有典据,故时人编次,名曰《礼杂答问》。"

《旧唐书》卷一〇二《徐坚传》:"徐坚,……少好学,遍览经史,性宽厚长者。进士举,累授太子文学。圣历中,……太子左庶子王方庆为东都留守,引坚为判官,表奏专以委之。方庆善'三礼'

之学,每有疑滞,常就坚质问,坚必能征旧说,训释详明,方庆深善之。"

《旧唐书》卷一〇二《韦述传》:"韦述,……述弟迪、迥、迓、巡亦六人,并词学登科。……迪,学业亦亚于述,尤精'三礼',与述对为学士,迪同为礼官,时人荣之。"

《旧唐书》卷一八七上《高睿传》:"高睿,雍州万年人。……子仲舒,博通经史,尤明'三礼'及训诂之书。神龙中,为相王府文学,王甚敬重之。开元中,累授中书舍人,侍中宋璟、中书侍郎苏颋每询访故事焉。"高仲舒是精通'三礼'的专家,经常接受上级官员的咨询。

《新唐书》卷二〇〇《啖助传》:"大历时,助、匡、质以《春秋》,施士匄以《诗》,仲子陵、袁彝、韦彤、韦茝以《礼》,……皆自名其学,而士匄、子陵最卓异。"啖助作为礼学的权威专家,必然成为后学求教的对象和官员咨询的目标。

《旧唐书》卷一五七《王彦威传》:"王彦威,太原人。世儒家,少孤贫,苦学,尤通'三礼'。无由自达,元和中游京师,求为太常散吏。卿知其书生,补充检讨官。彦威于礼阁掇拾自隋已来朝廷沿革、吉凶五礼,以类区分,成三十卷献之,号曰《元和新礼》,由是知名,特授太常博士。"《元和新礼》是当时的职官制度与礼仪制度,是现职官员应知的基本知识。

《新唐书》卷五七《艺文志一》甲部经录,四曰礼类:"《礼记正义》七十卷(孔颖达,国子司业朱子奢,国子助教李善信、贾公彦、柳士宣、范义頵、魏王参军事张权等奉诏撰,与周玄达、赵君赞、王士雄、赵弘智覆审)。贾公彦《礼记正义》八十卷,又《周礼疏》五十卷,《仪礼疏》五十卷。魏徵《次礼记》二十卷(亦曰《类礼》)。王玄度《周礼义决》三卷,又注《礼记》二十卷。元行冲《类礼义疏》五十卷。《御刊定礼记月令》一卷(集贤院学士李林甫、陈希烈、徐安贞,直学士刘光谦、齐光乂、陆善经,修撰官史玄晏,待制官梁令瓒等注解。自第五易为第一)。成伯玙《礼记外传》四卷。王元感《礼记绳愆》三十卷。王方庆《礼经正义》十卷,《礼杂问答》十卷。李敬玄《礼论》六十卷。张镒《三礼图》九卷。陆质《类礼》二十卷。韦彤《五礼精义》十卷。丁公著《礼志》十卷。《礼记字例异同》一卷(元和十三年诏定)。丘敬伯《五礼异同》十卷。孙玉汝《五礼名义》十卷。杜肃《礼略》十卷。张频《礼粹》二十卷。"这些关于礼制的著作,依附传统的经典,联系当时的社会现实,作出新的阐释,政治性比较强,传播于世,流行于民间,也被作为私学的学习材料。

(五)"春秋三传"之学

《隋书》卷七五《元善传》:"元善,河南洛阳人也。……善少随父至江南,性好学,遂通涉'五经',尤明《左氏传》。……开皇初,拜内史侍郎,……后迁国子祭酒。"

《隋书》卷七五《刘炫传》:"刘炫……吏部尚书韦世康问其所能。炫自为状曰:'《周礼》《礼记》《毛诗》《尚书》《公羊》《左传》……并堪讲授。……'……坐除名,归于家,以教授为务。……著……《春秋攻昧》十卷,……《春秋述议》四十卷,……并行于世。"

《隋书》卷五八《辛德源传》:"辛德源字孝基,陇西狄道人也。……秘书监牛弘以德源才学显著,奏与著作郎王劭同修国史。德源每于务隙撰《集注春秋三传》三十卷,注扬子《法言》二十三卷。"

《隋书》卷七五《张冲传》:"吴郡张冲,字叔玄。……乃覃思经典,撰《春秋义略》,异于杜氏七十余事,……官至汉王侍读。"

《隋书》卷七五《顾彪传》:"余杭顾彪,字仲文,明《尚书》《春秋》。炀帝时为秘书学士……"

《旧唐书》卷一八九上《朱子奢传》:"朱子奢,苏州吴人也。少从乡人顾彪习《春秋左氏传》,后博观子史,善属文。隋大业中,直秘书学士。"

《隋书》卷五六《杨汪传》:"杨汪字元度,本弘农华阴人也。……汪少凶疏,好与人群斗,拳所殴击,无不颠踣。长更折节勤学,专精《左氏传》,通'三礼'。……后历荆、洛二州长史,每听政之暇,必延生徒讲授,时人称之。……炀帝即位,守大理卿。……岁余,拜国子祭酒。帝令百僚就学,与汪讲论,天下通儒硕学多萃焉,论难锋起,皆不能屈。"

《旧唐书》卷一八九上《徐文远传》:"徐文远,洛州偃师人。……家贫无以自给。其兄休,鬻书为事,文远日阅书于肆,博览'五经',尤精《春秋左氏传》。……文远方正纯厚,有儒者风。窦威、杨玄感、李密皆从其受学。……大业初,礼部侍郎许善心举文远、包恺、褚徽、陆德明、鲁达为学官,遂擢授文远国子博士,恺等并为太学博士。时人称文远之《左氏》、褚徽之《礼》、鲁达之《诗》、陆德明之《易》,皆为一时之最。文远所讲释,多立新义,先儒异论,皆定其是非,然后诘驳诸家,又出己意,博而且辨,听者忘倦。……撰《左传音》三卷、《义疏》六十卷。"

《旧唐书》卷一八九上《盖文达传》:"盖文达,冀州信都人也。

博涉经史,尤明'三传'。"

《旧唐书》卷一八九上《萧德言传》:"萧德言,雍州长安人。……德言博涉经史,尤精《春秋左氏传》,好属文。贞观中,除著作郎,兼弘文馆学士。"

《旧唐书》卷一八九下《王元感传》:"元感时虽年老,犹能烛下看书,通宵不寐。长安三年,表上其所撰……《春秋振滞》二十卷……"

《旧唐书》卷一八七上《苏安恒传》:"苏安恒,冀州武邑人也。博学,尤明《周礼》及《春秋左氏传》。……安恒,神龙初为集艺馆内教。"

《新唐书》卷二〇〇《啖助传》:"啖助字叔佐,赵州人,后徙关中。淹该经术。天宝末,调临海尉,丹杨主簿。秩满,屏居,甘足疏粝。善为《春秋》,考三家短长,缝绽漏阙,号《集传》,凡十年乃成,复摄其纲条,为例统。……助门人赵匡、陆质,其高弟也。助卒,年四十七。质与其子异哀录助所为《春秋集注总例》,请匡损益,质纂会之,号《纂例》。匡者,字伯循,河东人,历洋州刺史,质所称为赵夫子者。大历时,助、匡、质以《春秋》,施士匄以《诗》,……皆自名其学……士匄,吴人,兼善《左氏春秋》,以二经教授。"

《旧唐书》卷一八九下《陆质传》:"陆质,吴郡人……质有经学,尤深于《春秋》,少师事赵匡,匡师啖助,助、匡皆为异儒,颇传其学,由是知名。……质著《集注春秋》二十卷、《类礼》二十卷、《君臣图翼》二十五卷,并行于代。"

《新唐书》卷一六〇《吕温传》:"温字和叔,一字化光,从陆质治《春秋》,梁肃为文章。"

《旧唐书》卷一五五《窦群传》:"窦群字丹列,扶风平陵人。……群兄常、牟,弟巩,皆登进士第,唯群独为处士,隐居毗陵,以节操闻。……后学《春秋》于啖助之门人卢庇者,著书三十四卷,号《史记名臣疏》。"

《旧唐书》卷一八九下《冯伉传》:"冯伉,本魏州元城人。……少有经学。大历初,登五经秀才科,授秘书郎。建中四年,又登博学三史科。……著《三传异同》三卷。"

《旧唐书》卷一八九下《韦表微传》:"韦表微,始举进士登第,累佐藩府。……表微少时,克苦自立。著《九经师授谱》一卷、《春秋三传总例》二十卷。"

《新唐书》卷一九六《陆龟蒙传》:"陆龟蒙字鲁望,……龟蒙少高放,通'六经'大义,尤明《春秋》。……居松江甫里,多所论撰,虽幽忧疾痛,赀无十日计,不少辍也。……乐闻人学,讲论不倦。"

《全唐文》卷七四二《刘轲·三传指要序》:"先儒以《春秋》之有三传,若天之有三光然。然则《春秋》,盖圣人之文乎。……既传生于经,亦所以纬于经也。三家者,盖同门而异户,庸得不要其终以会其归乎?愚诚颛蒙,敢会三家必当之言,列于经下,撰成十五卷,目之曰《三传指要》。冀始涉者,开卷有以见圣贤之心焉。俾《左氏》富而不诬,《公羊》裁而不俗,《榖梁》清而不短,幸是非殆乎息矣!庶儒道君子,有以相期于孔氏之门。"刘轲试图会通三传。

《旧五代史》卷六九《唐书·张宪传》:"张宪字允中,晋阳人,……宪始童卯,喜儒学,励志横经,不舍昼夜。太原地雄边服,人多尚武,耻于学业,惟宪与里人药纵之精力游学,弱冠尽通诸经,尤精《左传》。"

《旧五代史》卷八八《晋书·史匡翰传》:"史匡翰字元翰,雁门人也。……匡翰刚毅有谋略,御军严整,接下以礼,与部曲语,未尝称名,历数郡皆有政声。尤好《春秋左氏传》,每视政之暇,延学者讲说,躬自执卷受业焉,时发难问,穷于隐奥,流辈或戏为'史三传'。"

《新唐书》卷五七《艺文志一》:"《春秋正义》三十六卷(孔颖达、杨士勋、朱长才奉诏撰。马嘉运、王德韶、苏德融与隋德素覆审)。杨士勋《穀梁疏》十二卷。王玄度注《春秋左氏传》(卷亡)。卢藏用《春秋后语》十卷。高重《春秋纂要》四十卷。许康佐等集《左氏传》三十卷。徐文远《左传义疏》六十卷,又《左传音》三卷。阴弘道《春秋左氏传序》一卷。李氏《三传异同例》十三卷。冯伉《三传异同》三卷。刘轲《三传指要》十五卷。韦表微《春秋三传总例》二十卷。王元感《春秋振滞》二十卷。韩滉《春秋通》一卷。陆质集注《春秋》二十卷,又集传《春秋纂例》十卷,《春秋微旨》二卷,《春秋辨疑》七卷。樊宗师《春秋集传》十五卷。《春秋加减》一卷(元和十三年,国子监修定)。李瑾《春秋指掌》十五卷。张杰《春秋图》五卷,又《春秋指元》十卷。裴安时《左氏释疑》七卷。第五泰《左传事业》二十卷。成玄《公谷总例》十卷。陆希声《春秋通例》三卷。陈岳《折衷春秋》三十卷。郭翔《春秋义鉴》三十卷。"

从上面引证的文献材料来看,研究《春秋》的名家和著作数量比《书》学、《诗》学都多,反映了这一历史阶段《春秋》之学的活跃和繁荣。

二、史学

(一)《史记》之学

《史记》之学的发展,也有多方面的因素。《史记》是史学发展的重要里程碑。研究《史记》,总结成败兴亡的历史经验,成为历代相承的传统。《隋书》卷三三《经籍志二》云:"唯《史记》《汉书》,师法相传,并有解释。"在隋唐之前,对《史记》的研究已有比较丰富的学术成果积累,这为隋唐时期《史记》之学进一步发展创设了有利的条件。除了历史因素之外,还有现实政治需要的因素。隋唐时期的统一中央集权国家都想为巩固封建统治而从历史上吸取有用的统治经验,《史记》自然成为研究对象而受到重视。

隋代以研究和传授《史记》受推崇而为名家的有包恺,李密等人就是他培养的弟子。《隋书》卷七〇《李密传》:"李密字法主,……开皇中,袭父爵蒲山公,乃散家产,赒赡亲故,养客礼贤,无所爱吝。与杨玄感为刎颈之交。后更折节,下帷耽学,尤好兵书,诵皆在口。师事国子助教包恺,受《史记》《汉书》,励精忘倦,恺门徒皆出其下。"在一起学习的弟子中,李密是成绩最优秀的一位。

隋代以精通《史记》而为名家的还有柳顾言。司马贞《史记索隐后序》说:"隋秘书监柳顾言尤善此史。刘伯庄云,其先人曾从彼公受业,或音解随而记录,凡三十卷。隋季散乱,遂失此书。伯庄以贞观之初,奉敕于弘文馆讲授,遂采邹、徐二说,兼记忆柳公音旨,遂作音义二十卷。"柳顾言对《史记》有特别深入的研究,并进行传授，刘伯庄之父就是他的弟子之一，记录了他讲授的《史记音解》三十卷。刘伯庄年少时曾阅读此书，获益匪浅，深刻印象长期留在记忆中，成为他后来撰写《史记音义》的重要资源。

《旧唐书》卷一八九上《刘伯庄传》："刘伯庄，徐州彭城人也。贞观中，累除国子助教。……寻迁国子博士，……龙朔中，兼授崇贤馆学士。撰《史记音义》《史记地名》《汉书音义》各二十卷，行于代。子之宏，也传父业。"刘伯庄是贞观、龙朔年间精通《史记》的名家，他还把《史记》传授给儿子刘之宏，使《史记》成为刘氏的家学。

刘伯庄之后，以《史记》之学知名的还有赵弘智、王方庆、高子贡、王元感等人。《旧唐书》卷一八八《赵弘智传》："赵弘智，洛州新安人。……学通'三礼'《史记》《汉书》。"《旧唐书》卷八九《王方庆传》："王方庆，雍州咸阳人也，……尝就记室任希古受《史记》《汉书》，希古迁为太子舍人，方庆随之卒业。"《旧唐书》卷一八九下《高子贡传》："高子贡者，和州历阳人也。弱冠游太学，遍涉'六经'，尤精《史记》。……明经举，历秘书正字、弘文馆直学士。郁郁不得志，弃官而归。……虢王凤之子东莞公融，曾为和州刺史，从子贡受业，情义特深。"同卷《王元感传》："王元感，濮州鄄城人也。"他曾任四门博士，兼直弘文馆，注《史记》稿草，请官给纸笔，写上秘书阁。长安三年（703年），任崇贤馆学士。

唐开元时，以《史记》而成名家的有司马贞，撰成《史记索隐》三十卷。还有张守节，撰成《史记正义》三十卷，在《上史记正义序》中介绍了《史记》的内容，并叙述了他著作《史记正义》的经过："《史记》者，汉太史公司马迁作。……上起轩辕，下暨天汉。作十二本纪，帝王兴废悉详；三十世家，君国存亡毕著；八书，赞阴阳礼乐；十表，定代系年封；七十列传，忠臣孝子之诚备矣。笔削冠于史籍，题目足以经邦。裴骃服其善序事理，辩而不华，质而不俚，其文直，其事核，不虚美，不隐恶，故谓之实录。……守节涉学三十余年，六籍九流，地理苍雅，锐心观采，评《史》《汉》，诠众训，释而作正义。郡国城邑，委曲申明，古典幽微，窃探其美，索理允惬，次旧书之旨，兼音解注，引致旁通。凡成三十卷，名曰《史记正义》。发挥膏肓之辞，思济沧溟之海，未敢俾诸秘府，冀训诂而齐流庶。贻厥子孙，世畴兹史。于时岁次丙子开元二十四年八月，杀青斯竟。"《史记正义》在前人研究的基础上进一步探索，加以综合整理，成为一部阶段性总结的学术成果。

开元年间，以研究《史记》闻名的，褚无量也是其中之一。《新唐书》卷二〇〇《褚无量传》："褚无量字弘度，杭州盐官人。幼授经于沈子正、曹福，刻意坟典。……尤精《礼》、司马《史记》。擢明经第，累除国子博士，迁司业兼修文馆学士。"

唐代士人必须具备经史知识，《史记》是史部首选的必读书，成为重点学习的部分。《新唐书》卷一四三《郗士美传》："郗士美字和夫，兖州金乡人。……士美年十二，通'五经'《史记》《汉书》，皆能成诵。"这是颇有代表性的事例。

对《史记》研究的发展和流传，在书目中也有所反映。《新唐书》卷五八《艺文志二》乙部史录，一曰正史类："……许子儒注《史记》一百三十卷，又《音》三卷。刘伯庄《史记音义》二十卷。……王元感注《史记》一百三十卷。徐坚注《史记》一百三十卷。李镇注《史记》一百三十卷，又《义林》二十卷。陈伯宣注《史记》一百三十卷。……司马贞《史记索隐》三十卷。刘伯庄又撰《史记地名》二十卷，《汉书音义》二十卷。张守节《史记正义》三十卷。窦群

《史记名臣疏》三十四卷。……裴安时《史记纂训》二十卷。"这些是唐代流传的具有代表性的一些研究成果，成为后人学习研究《史记》可供选择利用的工具。

（二）《汉书》之学

《汉书》是《史记》之后又一部重要历史著作，其特点在于开创断代史写作的体例，它以西汉皇朝兴亡始终为叙述、评议、总结的内容。《隋书》卷三三《经籍志二》史部序论："古者天子诸侯，必有国史，以纪言行，后世多务，其道弥繁。……迁卒以后，好事者亦颇有著述，然多鄙浅，不足相继。至后汉扶风班彪，缀后传数十篇，并讥正前失。彪卒，明帝命其子固，续成其志。以为唐、虞、三代，世有典籍，史迁所记，乃以汉氏继于百王之末，非其义也。故断自高祖，终于孝平、王莽之诛，为十二纪、八表、十志、六十九传，潜心积思，二十余年。建初中，始奏表及纪传，其十志竟不能就。固卒后，始命曹大家续成之。……唯《史记》《汉书》，师法相传，并有解释。……梁时，明《汉书》有刘显、韦棱，陈时有姚察，隋代有包恺、萧该，并为名家。"可见，《汉书》自编成之后就一直受到重视，有人专门加以研究而有读音、释义的著作产生，有人还以此为专门知识向弟子传授，所以《汉书》之学也有较长的历史渊源。以下根据文献史料，依序介绍隋、唐《汉书》之学的研究和传授。

《隋书》卷七五《萧该传》："兰陵萧该者，……性笃学，《诗》《书》《春秋》《礼记》并通大义，尤精《汉书》，甚为贵游所礼。开皇初，赐爵山阴县公，拜国子博士。……该后撰《汉书》及《文选音义》，咸为当时所贵。"《隋书》卷三三《经籍志二》载："《汉书音义》

十二卷,国子博士萧该撰。"

《隋书》卷七五《包恺传》:"东海包恺,字和乐。其兄愉,明'五经',恺悉传其业。又从王仲通受《史记》《汉书》,尤称精究。大业中,为国子助教。时《汉书》学者,以萧、包二人为宗匠。聚徒教授,著录者数千人。卒,门人为起坟立碣焉。"《隋书》卷三三《经籍志二》载:"《汉书音》十二卷,废太子勇命包恺等撰。"

《隋书》卷七六《刘臻传》:"刘臻字宣挚,沛国相人也。……左仆射高颎之伐陈也,以臻随军,典文翰,进爵为伯。皇太子勇引为学士,……精于《两汉书》,时人称为'汉圣'。开皇十八年卒,年七十二。有集十卷行于世。"

《隋书》卷五六《杨汪传》:"杨汪字元度,……长更折节勤学,专精《左氏传》,通'三礼'。……其后问《礼》于沈重,受《汉书》于刘臻,二人推许之曰:'吾弗如也。'"

《隋书》卷七五《张冲传》:"吴郡张冲,字叔玄。……撰……《前汉音义》十二卷。官至汉王侍读。"

《隋书》卷七六《潘徽传》:"潘徽,……少受《礼》于郑灼,受《毛诗》于施公,受《书》于张冲,讲《庄》《老》于张讥,并通大义。尤精三史。"

《隋书》卷六〇《于仲文传》:"于仲文字次武,……仲文少聪敏,髫龀就学,耽阅不倦。……撰《汉书刊繁》三十卷……"

《隋书》卷三三《经籍志二》:"《汉书训纂》三十卷(陈吏部尚书姚察撰)。《汉书集解》一卷(姚察撰)。……《定汉书疑》二卷(姚察撰)。"

《旧唐书》卷七三《姚思廉传》:"姚思廉字简之,雍州万年人。父察,陈吏部尚书,入隋历太子内舍人、秘书丞、北绛公,学兼儒史,见重于二代。陈亡,察自吴兴始迁关中。思廉少受汉史于其父,能尽传家业,勤学寡欲,未尝言及家人产业。"

《旧唐书》卷七三《颜师古传》:"师古少传家业,博览群书,尤精诂训,善属文。……贞观七年,拜秘书少监,……十一年,《礼》成,进爵为子。时承乾在东宫,命师古注班固《汉书》,解释详明,深为学者所重。承乾表上之,太宗令编之秘阁,赐师古物二百段,良马一匹。……其所注《汉书》及《急就章》,大行于世。……师古叔父游秦,武德初累迁廉州刺史,……撰《汉书决疑》十二卷,为学者所称,后师古注《汉书》,亦多取其义耳。"

《旧唐书》卷一八九上《刘伯庄传》:"刘伯庄,徐州彭城人也。贞观中,累除国子助教。与其舅太学博士侯孝遵齐为弘文馆学士,当代荣之。寻迁国子博士,……龙朔中,兼授崇贤馆学士。撰……《汉书音义》二十卷,行于代。子之宏,亦传父业。"

《旧唐书》卷一八九上《敬播传》:"敬播,蒲州河东人也。贞观初,举进士。……时梁国公房玄龄深称播有良史之才,曰:'陈寿之流也。'玄龄以颜师古所注《汉书》,文繁难省,令播撮其机要,撰成四十卷,传于代。"

《旧唐书》卷一八九上《秦景通传》:"秦景通,常州晋陵人也。与弟暐尤精《汉书》,当时习《汉书》者皆宗师之,常称景通为大秦君,暐为小秦君。若不经其兄弟指授,则谓之'不经师匠,无足采也'。景通,贞观中累迁太子洗马,兼崇贤馆学士。"

研究《汉书》者,还有刘纳言,亦为当时宗匠。《旧唐书》卷一八九上《秦景通传》:"纳言,乾封中历都水监主簿,以《汉书》授沛王贤。及贤为皇太子,累迁太子洗马,兼充侍读。"

《新唐书》卷一九八《敬播传》:"是时《汉书》学大兴,其章章者若刘伯庄、秦景通兄弟、刘纳言,皆名家。"

《贞观政要》卷二《纳谏》:"贞观十一年,所司奏凌敬乞贷之状。太宗责侍中魏徵等滥进人。徵曰:'臣等每蒙顾问,常具言其长短。有学识,强谏诤,是其所长。爱生活,好经营,是其所短。今凌敬为人作碑文,教人读《汉书》,因滋附托,回易求利,与臣等所说不同。陛下未用其长,惟见其短,以为臣等欺罔,实不敢心伏。'太宗纳之。"凌敬是现职官员,他也通《汉书》,才能在履行公务之余为人讲授《汉书》。但他教人读《汉书》是为了谋取利益,所以被人举报。

《旧唐书》卷七三《顾胤传》:"顾胤者,苏州吴人也。……龙朔三年,迁司文郎中。寻卒。胤又撰《汉书古今集》二十卷,行于代。"

《旧唐书》卷八四《郝处俊传》:"郝处俊,安州安陆人也。……及长,好读《汉书》,略能暗诵。贞观中,本州进士举,吏部尚书高士廉甚奇之,解褐授著作佐郎。"

《旧唐书》卷一八九上《李善传》:"李善者,扬州江都人。方雅清劲,有士君子之风。……乾封中,出为经城令。坐与贺兰敏之周密,配流姚州。后遇赦得还,以教授为业,诸生多自远方而至。又撰《汉书辩惑》三十卷。载初元年卒。"

《旧唐书》卷八九《王方庆传》:"王方庆……尝就记室任希古受《史记》《汉书》,希古迁为太子舍人,方庆随之卒业。"

《旧唐书》卷八七《裴炎传》:"裴炎,绛州闻喜人也。少补弘文生,每遇休假,诸生多出游,炎独不废业。……在馆垂十载,尤晓《春秋左氏传》及《汉书》。"

《旧唐书》卷八九《姚珽传》:"珽,少好学,以勤苦自立,举明经,……斑与兄璹,数年间俱为定州刺史、户部尚书,时人荣之。开元二年卒,年七十四。斑尝以其曾祖察所撰《汉书训纂》,多为后之注《汉书》者隐没名氏,将为己说;斑乃撰《汉书绍训》四十卷,以发明旧义,行于代。"

《旧唐书》卷一〇二《韦述传》:"述在秘阁时,与……曹州司法殷践猷并友善,……践猷,申州刺史仲容从子,明班史,通于族姓。"

《旧唐书》卷一七四《李德裕传》:"李德裕……幼有壮志,苦心力学,尤精《西汉书》《左氏春秋》。"

《旧唐书》卷一七九《柳璨传》:"柳璨,河东人。……璨少孤贫好学,僻居林泉。昼则采樵,夜则燃木叶以照书。性謇直,无缘饰。……光化中,登进士第。尤精《汉史》,鲁国颜荛深重之。荛为中书舍人,判史馆,引为直学士。"

《新唐书》卷五八《艺文志二》载唐人关于《汉书》的著作:"……颜游秦《汉书决疑》十二卷。……《御铨定汉书》八十七卷(高宗与郝处俊等撰)。顾胤《汉书古今集义》二十卷。颜师古注《汉书》一百二十卷。……刘伯庄……《汉书音义》二十卷。……敬播注《汉书》四十卷,又《汉书音义》十二卷。元怀景《汉书议苑》(卷六)。姚斑《汉书绍训》四十卷。沈遵《汉书问答》五卷。李善《汉书辨惑》二十卷。……"

由以上文献史料所载的事例,可以了解隋唐时期的《汉书》之学承继了前代形成的传统,重视师法相传。隋时,萧该撰《汉书音义》、包恺撰《汉书音》,皆为当时所贵重。世之学者欲攻读《汉书》,务以萧、包二名家为宗师。隋代学者重视《汉书》之学的风气,延续流行于唐初。唐代对《汉书》研究的考究精神更进一步,表现为对音义更加详细的考证。学者攻读《汉书》,最初的疑惑生于字音有误和词义曲解,研究就针对音义中的疑惑详加考证和解释,结果以注解的形式出现。能精通《汉书》,解释详明者,即为学者所贵重。但这种趋势发展下去,终归存在毛病,注文陷于过分烦琐,使人生厌,为了纠偏,减轻学习负担,要求精简,于是产生删繁的精简本。唐初是《汉书》之学昌盛的时期,名家较多,流传的著作较多,学习者较广泛。科举考试需要考经史知识也成了推动《汉书》之学的力量。研究《汉书》之学,居于主导位置的是考证音义,注文句句都要求有来源、有依据,个人不能以意猜测或自作主张。清赵翼批评说:"唐人之究心《汉书》,各禀承旧说,不敢以意为穿凿者也。"① 这显然是一种缺乏创新而偏于保守的学风。

(三)姓氏谱学

姓氏谱学,又称氏姓学、氏族学,简称谱学。

为了探讨隋唐的姓氏谱学,首先需要明白姓氏谱学的历史源流,简要了解姓氏谱学发生发展的过程。

姓氏之书,起源甚早。周代小史之职,在于定世系、辨昭穆,其笔录积累,后来整理,故有《世本》。它记录自黄帝到春秋之时诸侯、卿大夫名号继统,由是诸侯子孙知其本系。西汉承继《世本》撰作之意,沿其旧例,修有《帝王年谱》。东汉继之有《邓氏官谱》。魏代立九品,置中正,尊世冑,卑寒士,政权归右姓垄断。西晋延续其制,撰有《族姓昭穆记》。东晋再添《姓氏谱状》。南北朝

---

① 赵翼《廿二史札记》卷二〇《唐初三礼汉书文选之学》。

时,其书渐多。凡流传于世,至隋代尚能保存者,《隋书》卷三三《经籍志二》谱系篇均予以登录。可见,各朝都有谱录,记其世系所承,或设谱局为机构,置专官主管其事。有司选举,必稽查谱籍,检其姓氏世系真伪,故官有世胄,谱有世官,姓氏谱学由是形成,并随时间而继续发展。姓氏谱学的任务在于论姓氏系统,区别贵贱,分清士庶,这是为了坚持封建等级制度,维护右姓士族世家的政治特权。姓氏谱学为这种政治需要服务,故有重要的社会意义。

隋、唐是易姓改朝而重建的统一的中央集权国家,统治集团虽已更换,但封建宗法制的君主统治仍然未改,对别贵贱、分士庶的等级制度仍然加以维护,因而继续重视姓氏谱学,根据新统治集团政治利益的需要来确定等级标准,区分不同姓氏的等级地位,重新编撰谱录。谱录编撰最核心的问题就是采取什么标准来别贵贱、分士庶。唐柳芳《姓系论》说:"隋开皇氏族以上品茂姓则为右姓。唐贞观《氏族志》,凡第一等则为右姓。路氏著《姓略》,以盛门为右姓。柳冲《姓族系录》,凡四海望族则为右姓。不通历代之说,不可与言谱也。……故善言谱者,系之地望而不惑,质之姓氏而无疑,缀之婚姻而有别。"由于有前代谱录积累的历史经验可供借鉴,以及现实政治需要的一再推动,名家的撰著不断出现,体现了唐代姓氏谱学的继续发展。

关于唐代姓氏谱学的名家,柳芳在《姓系论》中有所揭示:"唐兴,言谱者,以路敬淳为宗,柳冲、韦述次之。李守素亦明姓氏,时谓'肉谱'者。后有李公淹、萧颖士、殷寅、孔至为世所称。"柳芳按对姓氏谱学发展的贡献和权威性为社会认同的程度列出这些名家,并不是按他们生活年代的先后为序。而我们论述唐代姓氏谱学的名家,则需要重视他们生活年代的先后。

唐初，精通姓氏谱学者中较著名的是李守素。《新唐书》卷一〇二《李守素传》："李守素者，赵州人。王世充平，召署天策府仓曹参军，通氏姓学，世号'肉谱'。虞世南与论人物，始言江左、山东，尚相酬对；至北地，则笑而不答，叹曰：'肉谱定可畏。'许敬宗曰：'仓曹此名，岂雅目邪？宜有以更之。'世南曰：'昔任彦昇通经，时称"五经笥"，今以仓曹为"人物志"，可乎？'时渭州刺史李淹亦明谱学，守素所论，惟淹能抗之。"虞世南把李守素的称号由"肉谱"改为"人物志"，必是为了突出他熟知当代人物之本源这一特点。与李守素同时并明谱学的是李淹，两人水平相当，可以相互切磋。他们两人都以谱学为专长，善论说，能讲授，可供士人或有司咨询。但今人未见有这两人的专著流传。

路敬淳被称为唐初姓氏谱学的宗师，他的活动年代在李守素之后，唐高宗、武则天当政的时候。《旧唐书》卷一八九《路敬淳传》："路敬淳，贝州临清人也。……敬淳尤勤学，不窥门庭，遍览坟籍，而孝友笃敬。……后举进士。天授中，历司礼博士、太子司议郎，兼修国史，仍授崇贤馆学士。……敬淳尤明谱学，尽能究其根源支派，近代已来，无及之者。撰《著姓略记》十卷，行于时。又撰《衣冠本系》，未成而死。"路敬淳在当时被推崇为宗师是有他的条件的：其一，他专精谱学，水平确实高人一筹，尽能究其根源流派，唐初无人能及；其二，他所著的两本重要著作《著姓略记》和《衣冠本系》流行于世，产生广泛的社会影响；其三，他关于谱学的思想主张，有后学加以继承和发扬。《新唐书》卷一九九《路敬淳传》："唐初，姓谱学唯敬淳名家。其后柳冲、韦述、萧颖士、孔至各有撰次，然皆本之路氏。"这四家"皆本之路氏"，自然是在路敬淳的基础上继续发展。

柳冲也是姓氏谱学的名家，他的活动年代在武则天当政至开元初。路敬淳死后，他成了唯一的权威。《旧唐书》卷一八九下《柳冲传》："柳冲，蒲州虞乡人也，……冲博学，尤明世族，名亚路敬淳。天授初，为司府主簿，……景龙中，累迁为左散骑常侍，修国史。初，贞观中太宗命学者撰《氏族志》百卷，以甄别士庶；至是向百年，而诸姓至有兴替，冲乃上表请改修氏族。中宗命冲与左仆射魏元忠及史官张锡、徐坚、刘宪等八人，依据《氏族志》，重加修撰。元忠等施功未半，相继而卒，乃迁为外职。至先天初，冲始与侍中魏知古、中书侍郎陆象先及徐坚、刘子玄、吴兢等撰成《姓族系录》二百卷奏上。冲后历太子詹事、太子宾客、宋王傅、昭文馆学士，以老疾致仕。开元二年，又敕冲及著作郎薛南金刊定《系录》，奏上，赐绢百匹。五年卒。"《姓族系录》二百卷反映了唐朝建国百年来诸姓氏族的兴衰，此书的编撰由柳冲发动，他领头负责并坚持到最后刊定完成。可以说，此书是凝聚柳冲心血的代表作，也是姓氏谱学发展的新标志。

韦述是在学习柳冲《姓族系录》全书，姓氏谱学知识大为长进之后成为名家的，他活动在开元、天宝年代。《旧唐书》卷一〇二《韦述传》："述少聪敏，笃志文学。家有书二千卷，述为儿童时，记览皆遍，人骇异之。……开元五年，为栎阳尉。秘书监马怀素受诏编次图书，乃奏用左散骑常侍元行冲、左庶子齐瀚、秘书少监王珣、卫尉少卿吴兢并述等二十六人，同于秘阁详录四部书。……述好谱学，秘阁中见常侍柳冲先撰《姓族系录》二百卷，述于分课之外手自抄录，暮则怀归。如是周岁，写录皆毕，百氏源流，转益详悉。乃于《柳录》之中，别撰成《开元谱》二十卷。其笃志忘倦，皆此类也。……述在书府四十年，居史职二十年，嗜学著书，手不释卷。国史自令狐德棻至于吴兢,虽累有修撰,竟未成一家之言。至述始定类例,补遗续阙,勒成《国史》一百一十三卷,并《史例》一卷,事简而记详,雅有良史之才,……所撰《唐职仪》三十卷、《高宗实录》三十卷、《御史台记》十卷、《两京新记》五卷,凡著书二百余卷,皆行于代。"韦述是一位学识渊博、文学素养甚高的历史学家,姓氏谱学是其历史学成就的一个方面。时人凡在姓氏方面有疑问,都找他咨询,听从他的论断。

继韦述之后而出的是孔至,孔至虽是韦述的后学,但他在姓氏谱学方面的成就为世所称,与韦述齐名。《新唐书》卷一九九《孔至传》:"若思子至,字惟微。历著作郎,明氏族学,与韦述、萧颖士、柳冲齐名。撰《百家类例》,以张说等为近世新族,剟去之。说子垍方有宠,怒曰:'天下族姓,何豫若事,而妄纷纷邪?'垍弟素善至,以实告。初,书成,示韦述,述谓可传,及闻垍语,惧,欲更增损,述曰:'止!丈夫奋笔成一家书,奈何因人动摇?有死不可改。'遂罢。时述及颖士、冲皆撰《类例》,而至书称工。"《封氏闻见记》卷一〇《讨论》:"著作郎孔至,二十传儒学,撰《百家类例》,品第海内族姓,以燕公张说为近代新门,不入百家之数。……时工部侍郎韦述,谙练士族,举朝共推。每商榷姻亲,咸就咨访。至书初成,以呈韦公,韦公以为可行也。"孔至的事例可以说明,在当时,姓氏谱学不是无关紧要的,而是会影响家族政治地位,因而具有现实的利害关系。韦述对孔至所撰的《百家类例》是肯定的。当孔至面临权势的压力而将发生动摇时,韦述的支持增强了他坚持原则的信心。

开元、天宝时,精通谱学的还有殷践猷、殷寅、萧颖士等人。《新唐书》卷一九九《殷践猷传》:"殷践猷字伯起,……博学,尤通氏族、历数、医方。与贺知章、陆象先、韦述最善,知章尝号为'五总龟',谓龟千年五聚,问无不知也。"所谓"通氏族",也就是明谱学。明谱学的人,其共同特点就是以博学为基本条件。

唐代中期,姓氏谱学的重要撰作当属林宝的《元和姓纂》,他在序言中介绍了修撰的缘起、规定的原则、修撰的过程:"元和壬辰岁,诏加边将之封,酬屯戍之绩。朔方之别帅天水阎者,有司建苴茅之邑于太原列郡焉。……翌日,上谓相国赵公:'有司之误,不可再也。宜召通儒硕士,辩卿大夫之族姓者,综修《姓纂》,署之省阁,始使条其原系,考其郡望,子孙职位,并宜总辑。每加爵邑,则令阅视,庶无遗谬者矣。'宝末学浅识,首膺相府之命,因案据经籍,穷究旧史,诸家图牒,无不参详。凡二十旬,纂成十卷。自皇族之外,各依四声韵类集,每韵之内,则以大姓为首焉。"《姓纂》的特色在于,除皇族按惯例居于最前,其余诸姓依四声韵类集编排,每韵之内,以大姓为首。这种排列体现出姓氏的等级。

唐后期也有姓氏谱学新作,但代表一个时期的姓氏谱录数量不多,居多数的是一姓的家谱。唐代姓氏谱学发展中先后编撰的著作,凡能流传于世的,载于《新唐书》卷五八《艺文志二》乙部史录第十二曰谱牒类:"《大唐氏族志》一百卷(高士廉、韦挺、岑文本、令狐德棻撰)。《姓氏谱》二百卷(许敬宗、李义府、孔志约、阳仁卿、史玄道、吕才撰)。柳冲《大唐姓族系录》二百卷。路敬淳《衣冠谱》六十卷,又《著姓略记》二十卷。王元感《姓氏实论》十卷。崔日用《姓苑略》一卷。岑羲《氏族录》(卷亡)。王方庆《王氏家牒》十五卷,又《家谱》二十卷,《王氏著录》十卷。韦述《开元谱》二十卷,《国朝宰相甲族》一卷,《百家类例》三卷。《唐新定诸家谱录》一卷(李林甫等)。林宝《元和姓纂》十卷。窦从一《系纂》七卷。陈湘《姓林》五卷。孔至《姓氏杂录》一卷。李利涉《唐官姓氏记》五卷(初,十卷。利涉贬南方,亡其半),又编《古命氏》三卷。柳璨《姓氏韵略》六卷。萧颖士《梁萧史谱》二十卷。柳芳《永泰新谱》二十卷(一作《皇室新谱》)。柳璟《续谱》十卷。《皇唐玉牒》一百一十卷(开成二年,李衢、林宝撰)。……李衢《大唐皇室新谱》一卷。黄恭之《孔子系叶传》二卷。"还有三十多部家谱,或属于一姓,或属于一家,就不再一一引证。以上所引的姓氏谱学新作,大体上可划分为两类:一类是奉命而修,一类是个人所修。《大唐氏族志》《姓氏谱》《大唐姓族系录》《元和姓纂》等就是奉命而修,而《衣冠谱》《王氏家牒》《开元谱》《姓氏杂录》等都是个人所修。不论哪一类,能流传于世的,都会成为私学的学习材料。只有博通历代之说的人,才有条件参与谈论谱学。

三、文学

中国古代圣贤在社会实践中已认识到文学在社会生活中的功能,并加以重视,在春秋时代就提出"言之无文,行而不远"[①]的主张,指明文学是传播思想所必需的工具。《隋书》卷七六《文学传》也强调文学的社会作用:"然则文之为用,其大矣哉!上所以敷德教于下,下所以达情志于上,大则经纬天地,作训垂范,次则风谣歌颂,匡主和民。……是以凡百君子,莫不用心焉。"文学的用处大,用心于学习文学的人也多。文学随时代发展,其文体也累次变化。隋代下令变革文体,黜华存雅,学文之士以范文为标

---

① 《左传》卷一三《襄公二十五年》。

准,文风得以改变。至唐代,文学又适应时世而有多次变化。《新唐书》卷二〇一《文艺传上》:"唐有天下三百年,文章无虑三变。高祖、太宗,大难始夷,沿江左余风,缔句绘章,揣合低卬,故王、杨为之伯。玄宗好经术,群臣稍厌雕琢,索理致,崇雅黜浮,气益雄浑,则燕、许擅其宗。是时,唐兴已百年,诸儒争自名家。大历、贞元间,美才辈出,擩哜道真,涵泳圣涯,于是韩愈倡之,柳宗元、李翱、皇甫湜等和之,排逐百家,法度森严,抵轹晋、魏,上轧汉、周,唐之文完然为一王法,此其极也。若侍从酬奉则李峤、宋之问、沈佺期、王维,制册则常衮、杨炎、陆贽、权德舆、王仲舒、李德裕,言诗则杜甫、李白、元稹、白居易、刘禹锡,谲怪则李贺、杜牧、李商隐,皆卓然以所长为一世冠,其可尚已。"隋唐时期,学文之士必先读经史,以充实知识基础;必宗前贤,效其为文之法;必亲名家,求其指授;必作时文,以应世用。白居易所言"文章合为时而著,歌诗合为事而作",是具有代表性的一种认识。文学的繁荣带动了文学传授的发展。

(一)《文选》之学传授

梁朝昭明太子萧统组织文士编纂《文选》三十卷,这是一部按文体编录的诗文总集。编者根据确定的标准,选取历代优秀的文学作品,编成《文选》,为后世学文之士提供了学习文学遗产的范本。首先为此书作音义的是隋代萧该,这是《文选》学研究的开始。《隋书》卷七五《萧该传》:"兰陵萧该者,梁郡阳王恢之孙也。……该后撰《汉书》及《文选音义》咸为当时所贵。"既为当时人所贵重,读其书者必多,从其求学者也甚众。《隋书》卷三五《经籍志四》载萧该撰《文选音》三卷,而《旧唐书》卷四七《经籍志下》载萧该撰《文选音》十卷,所载卷数有出入。

唐初首倡研究《文选》学并进行传授的是曹宪,他在新阶段推动了《文选》学研究的重兴。《旧唐书》卷一八九上《曹宪传》:"曹宪,扬州江都人也。仕隋为秘书学士。每聚徒教授,诸生数百人。当时公卿已下,亦多从之受业。宪又精诸家文字之书,自汉代杜林、卫宏之后,古文泯绝,由宪此学复兴。……贞观中,扬州长史李袭誉表荐之,太宗征为弘文馆学士,以年老不仕,乃遣使就家拜朝散大夫,学者荣之。……年一百五岁卒。所撰《文选音义》,甚为当时所重。初,江、淮间为《文选》学者,本之于宪,又有许淹、李善、公孙罗复相继以《文选》教授,由是其学大兴于代。"《新唐书》卷一九八《曹宪传》也说:"贞观中,……宪始以梁昭明太子《文选》授诸生,而同郡魏模、公孙罗、江夏李善相继传授,于是其学大兴。"曹宪是一位博学的文字学家,他的学术贡献不仅在文字学方面,他还发挥文字学的专长来研究《文选》学,其研究成果体现在所撰的《文选音义》中。他以《文选》为专门学问传授诸生。得曹宪传授的有许淹、魏模、公孙罗、李善等人,他们都学有所成,并相继开展传授,同时为名家,扩大了社会影响,受学术界重视,迎来了《文选》学的大发展。

许淹,润州句容人,由僧人还为儒士,博学广识,尤精训诂,撰有《文选音》十卷。

魏模,扬州江都人,武后时为左拾遗。其子魏景倩,得父传《文选》学,官至度支员外郎。

公孙罗,扬州江都人,历官沛王府参军、无锡县丞,撰有《文选音义》十卷,流行于当时。

李善，扬州江都人，为人行为雅正，学识淹贯古今。显庆中，累补太子内率府录事参军、崇贤馆直学士，兼沛王侍读。曾注解《文选》，分为六十卷，书成，上表献于朝廷，诏令收藏于秘阁。因贺兰敏之案牵连获罪，后遇赦得还，居汴、郑间，以教授为业，诸生多自远而至。卒于载初元年（690年）。

在这四位名家中，李善最为杰出，他是《文选》学的集大成者，所撰《文选注》六十卷大行于时，成为《文选》学确立的标志。李善传《文选》学于其子李邕。

李邕也是当时精通《文选》学的名士。《新唐书》卷二〇二《李邕传》："李邕字泰和，扬州江都人。父善，有雅行，……始善注《文选》，释事而忘意。书成以问邕，邕不敢对，善诘之，邕意欲有所更，善曰：'试为我补益之。'邕附事见义，善以其不可夺，故两书并行。"由此可见，李邕对《文选》的研究不局限于音义训诂，更重视的是《文选》的思想理论探讨，对《文选》学的发展起了导向作用。

李善培养了许多弟子，其中有些优秀人物，如马怀素。《旧唐书》卷一〇二《马怀素传》："马怀素，润州丹徒人也。寓居江都，少师事李善。家贫无灯烛，昼采薪苏，夜燃读书，遂博览经史，善属文。举进士，登文学优赡科，拜郿尉，四迁左台监察御史。……开元初，为户部侍郎，……三迁秘书监，兼昭文馆学士。"

开元天宝年代，是唐代文学发展达到昌盛的阶段，也是《文选》学受士人重视、《文选》学术探讨极为活跃的年代。一些文士对李善所注《文选》颇有非议，吕延祚是其中不满意者的代表。开元六年（718年），工部侍郎吕延祚《进集注文选表》称："臣尝览古集，至梁昭明太子所撰《文选》三十卷，阅玩未已，吟读无致。……非夫幽识，莫能洞究。往有李善，时谓宿儒，推而传之，成六十卷。

忽发章句,是征载籍,述作之由,何尝措翰。使复精核注引,则陷于末学,质访指趣,则岿然旧文。祇谓搅心,胡为析理。臣惩其若是,志为训释。乃求得衢州常山县尉臣吕延济、都水使者刘承祖男臣良、处士臣张铣、臣吕向、臣李周翰等,或艺术精远,尘游不杂,或词论颖曜,严居自修,相与三复乃词,周知秘旨,一贯于理,杳测澄怀,目无全文,心无留义。作者为志,森乎可观,记其所善,名曰《集注》,并具字音,复三十卷。"①简单说来,吕延祚所感不满的是萧统所编《文选》原文只有三十卷,而李善所注《文选》则扩展为六十卷,注解征引偏多,分析事理偏少。所以,吕延祚极力推荐《五臣集注文选》以取而代之。《新唐书》卷二〇二《吕向传》也记载了《五臣注》的根本意图:"吕向字子回,亡其世贯,或曰泾州人。……强志于学,每卖药,即市阅书,遂通古今。玄宗开元十年,召入翰林,兼集贤院校理,侍太子及诸王为文章。……尝以李善释《文选》为繁酿,与吕延济、刘良、张铣、李周翰等更为诂解,时号《五臣注》。"

还有其他一些文士,也试图以新注来取代李善所注的《文选》。先是东宫卫佐冯光震入集贤院校《文选》,兼复注释,解"蹲鸱"云:"今之芋子,即是着毛萝卜。"院中学士向挺之、萧嵩抚掌大笑,笑其学识肤浅,强不知以为知。冯光震的注本没有获得社会的认可。后来萧嵩任中书令,于开元十九年(731年)三月奏请由王智明等人注《文选》。刘肃《大唐新语》卷九载其事:"开元中,中书令萧嵩以《文选》是先代旧业,欲注释之,奏请左补阙王智明、金吾卫佐李玄成、进士陈居等注《文选》。……智明等学术非深,素

---

① 《全唐文》卷三〇〇。

无修撰之艺,其后或迁,功竟不就。"萧嵩的计划最终也没有成功。

因此,完成新注本而能与李善注相比较的就是《五臣注文选》三十卷。比较下来,集五人功力的《五臣注文选》并不能超越李善注《文选》,李善注有不少优点,不是轻易就可取代的。李善是真正博通古今的学者,他的注解旁征博引,内容充实可靠,深探《文选》旨趣,有自己的论断。后作之注,作者虽自视甚高,其实颇为粗陋,既非其匹敌,自然难于超越。所以,流行当时,传之后世,还是以李善的注本为主。《新唐书》卷六〇《艺文志四》总集类著录的《文选》注和有关辩驳:李善注《文选》六十卷,又《文选辨惑》十卷。公孙罗注《文选》六十卷,又《音义》十卷。五臣注《文选》三十卷(衢州常山尉吕延济,都水使者刘承祖男良,处士张铣、吕向、李周翰注,开元六年,工部侍郎吕延祚上之)。曹宪《文选音义》(卷亡)。康国安注《驳文选异义》二十卷。许淹《文选音》十卷。

李善所注《文选》流传较广,成为文士必读的书。许多名家都因读此书而受教益,提高了文学素养,增强了写作能力。杜甫在教子诗里有"诗是吾家事"以及"熟精文选理"等句,这表明他作诗很注意从《文选》注中吸取丰富的思想资料。唐代文士之家几乎都有《文选》,像李德裕这样自称家不备《文选》的是极少数。

(二)文学名家传授

隋文帝当政之时,厌弃魏晋以来崇尚浮华的文风,采取行政措施加以抑制,而提倡朴实的文风。"开皇四年,普诏天下,公私文翰,并宜实录。其年九月,泗州刺史司马幼之文表华艳,付所司治罪。自是公卿大臣咸知正路,莫不钻仰坟集,弃绝华绮,择先王之令典,行大道于兹世。"后来侍御史李谔发觉有些地方在选举中未能贯彻政策,又上书建议正文体,得到隋文帝的支持和肯定,他将李谔的奏书颁示天下,产生重大影响,文风之弊有了改革。①

隋代学文之士无不博涉经史,以吸收优秀的文学精华,同时敬仰时贤,企求名家指授。《隋书》卷七六《文学传》:"时之文人,见称当世,则范阳卢思道、安平李德林、河东薛道衡、赵郡李元操、巨鹿魏澹、会稽虞世基、河东柳䛒、高阳李善心等,或鹰扬河朔,或独步汉南,俱骋龙光,并驱云路……"这些人是既有响亮的名声,又有较高的官位,且才高而无贵仕,其政治地位虽低,但名字不可湮没的名家。这些人受后学敬仰,他们的文章被人传诵,加以仿效,或者登门面见请教,求其指导,得其传授。文学名家之造就,多数决定于有关条件,或因客观条件较为优裕,或因主观上奋发努力,或两者兼而有之。这是后学颇感兴趣的,试图了解、比较而学习其可取的经验。以下举一些隋代文学名家值得考察的事例。

《隋书》卷五七《卢思道传》:"卢思道,年十六,遇中山刘松,松为人作碑铭,以示思道。思道读之,多所不解,于是感激,闭户读书,师事河间邢子才。后思道复为文,以示刘松,松又不能甚解。思道乃喟然叹曰:'学之有益,岂徒然哉?'因就魏收借异书,数年之间,才学兼著。"

《隋书》卷四二《李德林传》:"李德林字公甫,博陵安平人也。……父敬族,历太学博士、镇远将军。……德林幼聪敏,年数岁,诵左思《蜀都赋》,十余日便度。……年十五,诵'五经'及古今文集,日数千言,俄而该博坟典,阴阳纬候无不通涉。善属文,辞

---

① 《隋书》卷六六《李谔传》。

核而理畅。……有子曰百药,博涉多才,词藻清赡。"

《隋书》卷五七《薛道衡传》:"薛道衡字玄卿,河东汾阴人也。……道衡六岁而孤,专精好学。年十三,讲《左氏传》,……其后才名益著……"

《隋书》卷五八《魏澹传》:"魏澹字彦深,巨鹿下曲阳人也。……父季景,齐大司农卿,称为著姓,世以文学自业。澹年十五而孤,专精好学,博涉经史,善属文,词采赡逸。……澹弟彦云,有文学……"

《隋书》卷五八《柳䛒传》:"柳䛒字顾言,本河东人也,永嘉之乱,徙家襄阳。……父晖,都官尚书。䛒少聪敏,解属文,好读书,所览将万卷。"

《隋书》卷五八《许善心传》:"许善心字务本,高阳北新城人也。……善心九岁而孤,为母范氏所鞠养。幼聪明,有思理,所闻辄能诵记,多闻默识,为当世所称。家有旧书万余卷,皆遍通涉。十五解属文……"

《隋书》卷七六《杜正玄传》:"杜正玄字慎徽,其先本京兆人,八世祖曼,为石赵从事中郎,因家于邺。自曼至正玄,世以文学相授。正玄尤聪敏,博涉多通。兄弟数人,俱未弱冠,并以文章才辩籍甚三河之间。开皇末,举秀才,尚书试方略,正玄应对如响,下笔成章。……弟正藏。正藏字为善,尤好学,善属文。弱冠举秀才,授纯州行参军,历下邑正。大业中,学业该通,应诏举秀才,兄弟三人俱以文章一时诣阙,论者荣之。著碑诔铭颂诗赋百余篇。又著《文章体式》,大为后进所宝,时人号为文轨,乃至海外高丽、百济,亦共传习,称为《杜家新书》。"

《隋书》卷七六《虞绰传》:"虞绰字士裕,会稽余姚人也。……

绰身长八尺,姿仪甚伟,博学有俊才,尤工草隶。……及陈亡,晋王广引为学士。大业初,转为秘书学士,……迁著作佐郎,与虞世南、庾自直、蔡允恭等四人常居禁中,以文翰待诏,恩盼隆洽。"

《隋书》卷七六《王胄传》:"王胄字承基,琅邪临沂人也。……大业初,为著作佐郎,以文词为炀帝所重。帝常自东都还京师,赐天下大酺,因为五言诗,诏胄和之。……帝览而善之,因谓侍臣曰:'气高致远,归之于胄;词清体润,其在世基;意密理新,推庾自直。过此者,未可以言诗也。'帝所有篇什,多令继和。与虞绰齐名,同志友善,于时后进之士咸以二人为准的。"

隋代的文学名家有各自的成长条件和成就,也有各自的专长和经验,而在成为名家之后,必然被后进之士视为学习目标,因而有多种方式的传授活动。

隋、唐是密切关联的前后两个阶段,隋朝的文风流行至唐朝,隋朝没有完成的文学变革延留到唐朝继续完成,隋朝的文学名家进入唐朝后继续活动,隋朝造就的文士在唐初得到任用,原本名高位卑的文士有了较相称的位置。唐初需要人才,尽量吸收人才,向人尽其才的方向前进。文士的社会影响日大,学习文学的人日益增多。唐初以文学而著称的有虞世南、李百药、褚亮、颜师古、岑文本、杜正伦、薛收、于志宁等人,他们以文学才能获得官位,并因官位而扩大文学影响。唐太宗"尝称世南有五绝:一曰德行,二曰忠直,三曰博学,四曰文辞,五曰书翰"。[①] "五绝"的评价是由比较众多人物而作出的。史书也记载了李百药在当时的社会影响:"百药以名臣之子,才行相继,四海名流,莫不宗仰。藻思

---

① 《旧唐书》卷七二《虞世南传》。

沉郁,尤长于五言诗,虽樵童牧竖,并皆吟讽。性好引进后生,提奖不倦。"①于志宁任官至唐高宗时,在文学界也有较大影响,史书称"志宁雅爱宾客,接引忘倦,后进文笔之士,无不影附"。②

唐高宗、武则天当政之时,文学名家中受社会特别关注的是"四杰",而王、杨称首。《旧唐书》卷一九〇上《杨炯传》:"杨炯,华阴人。……炯幼聪敏博学,善属文。神童举,拜校书郎,为崇文馆学士。……炯与王勃、卢照邻、骆宾王以文词齐名,海内称为王杨卢骆,亦号为'四杰'。炯闻之,谓人曰:'吾愧在卢前,耻居王后。'当时议者,亦以为然。其后崔融、李峤、张说俱重四杰之文。崔融曰:'王勃文章宏逸,有绝尘之迹,固非常流所及。炯与照邻可以企之,盈川之言信矣。'说曰:'杨盈川文思如悬河注水,酌之不竭,既优于卢,也不减王。"耻居王后",信然;"愧在卢前",谦也。'""四杰"是这一阶段的代表,他们的文章受到特别重视。

开元年间,文风进一步改变,"崇雅黜浮,气益雄浑",这一阶段具有代表性的名家是燕国公张说、许国公苏颋。《旧唐书》卷九七《张说传》:"张说字道济,其先范阳人,代居河东,近又徙家河南之洛阳。……前后三秉大政,掌文学之任凡三十年。为文俊丽,用思精密,朝廷大手笔,皆特承中旨撰述,天下词人,咸讽诵之。尤长于碑文、墓志,当代无能及者。喜延纳后进,善用己长,引文儒之士,佐佑王化,当承平岁久,志在粉饰盛时。"张说是几十年居于高位的名家,在文学界的影响颇大。《旧唐书》卷一〇二《韦述传》:"中书令张说专集贤院事,引述为直学士,迁起居舍人。说重词学之士,述与张九龄、许景先、袁晖、赵冬曦、孙逖、王翰常游其

---

① 《旧唐书》卷七二《李百药传》。
② 《旧唐书》卷七八《于志宁传》。

门。赵冬曦兄冬日，弟和璧、居贞、安贞、颐贞等六人，述弟迪、迥、迦、记、巡亦六人，并词学登科。说曰：'赵、韦昆季，今之杞梓也。'"游学于名家之门，争取指导和传授，获得赞赏，借此宣扬而提高知名度，会增加进士及第的可能性，所以张说座上宾客多是必然的。苏颋与张说同时活动于文学界，其影响略小于张说。《旧唐书》卷八八《苏颋传》："瑰子颋，少有俊才，一览千言。弱冠举进士，……神龙中，累迁给事中，加修文馆学士，俄拜中书舍人。寻而颋父同中书门下三品，父子同掌枢密，时以为荣。机事填委，文诰皆出颋手，中书令李峤叹曰：'舍人思如涌泉，峤所不及也。'"中书令李峤对下属的赞赏应该不至于夸张。苏颋在当时被推为文坛宗师。

天宝以后，唐文坛逐渐兴起古文运动。在这个过程中，一些文学名家起了重要作用。《四库全书总目》卷一五〇《毗陵集》提要中载："考唐自贞观以后，文士皆沿用六朝之体，经开元、天宝，诗格大变，而文格犹袭旧规。元结与及始奋起湔除，萧颖士、李华左右之。其后韩、柳继起，唐之古文遂蔚然极盛。"这样的评价反映了历史的真实，他们不是单凭个人的力量，而是依靠私学传授的途径，既培养了年轻的人才，又宣传了自己革新文学的主张。

最早推动古文运动的是元结的老师元德秀。《新唐书》卷一九四《元德秀传》："元德秀字紫芝，河南河南人。……爱陆浑佳山水，乃定居。……是时程休、邢宇、宇弟宙、张茂之、李粤、粤族子丹叔、惟岳、乔潭、杨拯、房垂、柳识皆号门弟子。德秀善文辞，作《蹇士赋》以自况。"他不求名利，顽强地反对时俗。元结和萧颖士都以元德秀为师，深受其思想影响。《新唐书》卷一四三《元结传》："结少不羁，十七乃折节向学，事元德秀。天宝十二载举进士,……果擢上第。复举制科。"元结有儒家政治主张,憎恨当时的贪虐政治,有儒家的文学主张,要变革时俗淫靡的文学。他是卓识独立之士,是唐代古文运动的先行者。

与元结同时倡导文学改革的还有独孤及。《新唐书》卷一六二《独孤及传》:"独孤及字至之,河南洛阳人。……天宝末,以道举高第补华阴尉,……及喜鉴拔后进,如梁肃、高参、崔元翰、陈京、唐次、齐抗皆师事之。性孝友。其为文彰明善恶,长于论议。"梁肃在《常州刺史独孤及集后序》中论述了独孤及为文的特点:"天宝中,作者数人,颇节之以礼。洎公为之,于是操道德为根本,总礼乐为冠带,以《易》之精义,《诗》之雅兴,《春秋》之褒贬,属之于辞。故其文宽而简,直而婉,辩而不华,博厚而高明。论人无虚美,比事为实录,天下凛然,复睹两汉之遗风。善乎中书舍人崔公祐甫之言也。曰:常州之文,以立宪诫世、褒贤遏恶为用,故议论最长,其或列于碑颂,流于咏歌,峻如嵩华,浩如江河……"梁肃得其亲授,又在其逝后为其编文集,故能有此深刻认识。

萧颖士深受元德秀思想影响,并在文学方面宣扬自己的主张,且乐于接纳弟子。《新唐书》卷二〇二《萧颖士传》:"萧颖士字茂挺,……天宝初,颖士补秘士正字。……为有司劾免,客留濮阳。于是尹徵、王恒、卢异、卢士式、贾邕、赵匡、阎士和、柳并等皆执弟子礼,以次授业,号'萧夫子'。……颖士数称班彪、皇甫谧、张华、刘琨、潘尼能尚古,……所许可当世者,陈子昂、富嘉谟、卢藏用之文辞,……初,并与刘太真、尹徵、阎士和受业于颖士,而并好黄、老。颖士常曰:'太真,吾入室者也,斯文不坠,寄是子云。徵博闻彊识,士和钩深致远,吾弗逮已。并不受命而尚黄、老,予亦何诛?'"萧颖士为弟子传授文学,对传授的有关情况,所作《送刘太真诗序》说得较具体："且后进而余师者,自贾邕、卢冀之后,比岁举进士登科,名与实皆相望腾迁,凡数子,其他自京畿太学逾于淮泗,行束脩以上而未及门者,亦云倍之。余弗敏,曷云当乎而莫之让?盖有来学微往教,蒙匪余求,若之何其拒哉?猗尔之所以求,我之所以诲,学乎文乎?学也者,……所务乎宪章典法,膏腴德义而已。文也者,……所务乎激扬雅训,彰宣事实而已。……于戏!彼以我为僻,尔以我为正,同声相求,尔后我先,安得而不问哉!问而教,教而从,从而达,欲辞师也得乎?"萧颖士为几十位弟子教授文学,来者不拒,问而即教,理直气壮,以师为任。

韩愈是独孤及、萧颖士等古文运动前驱的后学,是古文运动的继起者和集大成者,经他的努力奋斗,古文运动走向成熟。韩愈有一段特殊的经历,他在文学上受其长兄韩会直接的影响,继承韩会的家学,而韩会与独孤及的高足弟子梁肃、萧颖士的儿子萧存是亲密交往的文友。由于这种渊源,韩愈少年时就学独孤及的文章,所撰文为萧存赏识;青年时游于梁肃之门,得到梁肃的指导。这样的环境使韩愈在文学上得到造就而自成一家,终于高举儒学旗帜,勇敢领导古文运动,并取得压倒近体文的胜利。韩愈的成功,选择私学传授以培养青年的途径是其中的重要因素。《旧唐书》卷一六〇《韩愈传》："韩愈……颇能诱厉后进,馆之者十六七,虽晨炊不给,怡然不介意。大抵以兴起名教弘奖仁义为事。……故愈所为文,务反近体,抒意立言,自成一家新语。后学之士,取为师法。当时作者甚众,无以过之,故世称'韩文'焉。"贞元、元和年间,后进之士学文,竞以韩愈为师法。韩愈也不畏谤议,以引接后学为己务。他在《答刘正夫书》中阐述了传授的基本观点:"凡举进士者,于先进之门,何所不往,先进之于后辈,苟见其至,宁可以不答其意耶!……或问:'为文宜何师?'必谨对曰:'宜师古圣贤人。'曰:'古圣贤人所为书具存,辞皆不同,宜何师?'必谨对曰:'师其意,不师其辞。'又问曰:'文宜易宜难?'必谨对曰:'无难易,惟其是尔。'如是而已,非固开其为此,而禁其为彼也。……若圣人之道,不用文则已,用则必尚其能者。能者非他,能自树立,不因循者是也。"①综合韩愈为文的言论,他教人学古文,主要在于把握三条原则:首先要学古圣贤之道,作为文章根本的思想依据;其次是博学,以学西汉三位文学大师的名著为基础,继之以穷究经史百家之说,深入切实掌握;最后"能自树立,不因循",在造句练字方面下功夫,用辞务必创新。这就是韩愈向后学之士传授的为文方法。

与韩愈同时代的柳宗元也为后学所推重,韩愈所撰《柳子厚墓志铭》反映了柳宗元的实际传授活动:"衡湘以南,为进士者,皆以子厚为师。其经承子厚口讲指画,为文词者,悉有法度可观。"《新唐书》卷一六〇《柳宗元传》亦云:"江岭间为进士者,不远千里皆随宗元师法,凡经其门,必为名士。"可见,柳宗元的社会影响甚大。

唐代的古文运动,因韩愈倡之,柳宗元、李翱、皇甫湜和之,而被推至高潮,确立了古文的主流地位,其后是在古文的范围内形式多样的发展。

文学的传授与经学、史学的传授颇有不同。文学有自己的特色,各个名家都从自己的实践经验中总结为文之道,各有自己的

---

① 《全唐文》卷五五三。

理解和概括,这自然在传授过程中成为核心议题。杜牧和孙樵都是古文运动的后继者,他们先后论及这一核心议题。杜牧在《答庄充书》中说:"凡为文以意为主,气为辅,以辞彩章句为之兵卫,未有主强盛而辅不飘逸者,兵卫不华赫而庄整者。四者高下圆折,步骤随主所指。……是以意全胜者,辞愈朴而文愈高;意不胜者,辞愈华而文愈鄙。是意能遣辞,辞不能成意,大抵为文之旨如此。"①孙樵在《与友人论文书》中说:"古今所谓文者,辞必高然后为奇,意必深然后为工,焕然如日月之经天也,炳然如虎豹之异犬羊也。是故以之明道则显而微,以之扬名则久而传。……然尝得为文之道于来公无择,来公无择得之皇甫持正,皇甫持正得之韩先生退之。其于闻者,如前所述,岂樵所能臆说乎?"②两者虽属同一渊源,但理解各有侧重,孙樵主要说明意与辞各当如何,而杜牧则强调意对辞的主导关系。其后继起者,差别自然更多。

唐代古文繁荣,唐诗也很昌盛,"言诗则杜甫、李白、元稹、白居易、刘禹锡",都是杰出的代表,皆为后学推重的名家。诗篇的形式易于在民间传播,名家的诗作更是迅速传诵于民众之口,老少共学。以下举例略谈杜甫与白居易。

杜甫成长于开元年代,少年时"读书破万卷,下笔如有神",聪敏而有文才。他从传统文化中接受儒家思想,崇敬圣贤,有远大的政治抱负,希望在政治舞台上展其抱负,要"致君尧舜上,再使风俗淳"。但理想的远大与现实的穷困形成矛盾,矛盾现象引发他的思虑,激荡他的感情,成为他诗作丰富内容的源泉。杜甫在社会变动中写了许多为劳动民众疾苦呼号的诗篇,成了记录时代

---

① 《樊川文集》卷一三。
② 《孙樵集》卷二。

的诗史,不愧为现实主义的伟大诗人。杜甫把自己作诗的经验写入《宗武生日》《又示宗武》两诗,他概括的作诗要诀可归结为两句话:一是"熟精文选理",二是"应须饱经术"。他把多年的心得体会提炼为十个字的诗诀,便于后人掌握。他认为学作诗的步骤应当是"觅句新知律,摊书解满床"。作诗必须先知诗律,还必须用事准确,摊书满床是为了查核事实。修改诗作的方法是"新诗改罢自长吟""语不惊人死不休"。新诗虽经修改,也不必急于定稿发表,自己还要再吟诵,锤炼诗句,力求有独创新句,让人听了引起注意,感到震动。提高诗作的方法是:"不薄今人爱古人,清词丽句必为邻。窃攀屈宋宜方驾,恐与齐梁作后尘。"对今人、古人,都广泛地学习其长处,选择优点加以吸取,努力使自己成为兼备众体的诗家。杜甫的诗在唐代就受推崇,受到韩愈、白居易、元稹等诗家的高度评价。白居易说:"杜诗最多,可传者千余篇,至于贯穿今古,觑缕格律,尽工尽善,又过于李。"①

白居易是中唐诗人中社会影响最大的一位。他高度评价杜甫,赞赏杜甫为劳动人民呼号的那些诗篇,发扬杜甫现实主义的写作精神。白居易提出文学写作的根本宗旨是"文章合为时而著,歌诗合为事而作",他基本上就是沿着这个方向而写作的。他把自己所作的新旧诗分为四类,即讽谕诗、闲适诗、感伤诗、杂律诗。白居易把"穷则独善其身,达则兼济天下"作为自己的座右铭,所以他"志在兼济,行在独善,奉而始终之则为道,言而发明之则为诗。谓之'讽谕诗',兼济之志也。谓之'闲适诗',独善之义也。故览仆诗,知仆之道焉"。讽谕诗是用诗歌寄意的方式来表

---

① 《白居易集》卷四五《与元九书》。

达对时政的意见，希望当政者读诗之后能感悟不便当面直说的意思。这是学习杜甫现实主义文学思想的集中表现，是白居易诗中的精华，可惜当时并未得到充分理解和重视。白居易的诗最为明显的特点就是力求平易通俗，独创一格。他新作的诗都要经过苦吟而一再地修改，有的就达到把原作的文句全部都改过，提炼出通俗的文句，容易为广大的男女老少读者所接受。由于真正做到通俗，因此其诗能为民众接受，并为时俗所重，有利于广泛传播。白居易在《与元九书》中说："自长安抵江西三四千里，凡乡校、佛寺、逆旅、行舟之中，往往有题仆诗者。士庶、僧徒、孀妇、处女之口，每每有咏仆诗者。"元稹在多次旅行中也观察到元白诗的广泛传播，他在《白氏长庆集序》中说："然而二十年间，禁省、观寺、邮候墙壁之上无不书，王公妾妇、牛童马走之口无不道。至于缮写模勒，炫卖于市井，或持之以交酒茗者，处处皆是。……予尝于平水市中，见村校诸童竞习诗，召而问之，皆对曰：'先生教我乐天、微之诗。'固亦不知予之为微之也。又鸡林贾人求市颇切，自云：本国宰相，每以百金换一篇。其甚伪者，宰相辄能辨别之。自篇章以来，未有如是流传之广者。"这种自发的广泛流传，比办一百所私学进行传授的效率和社会影响效果都更强。

四、书法

中国文字的书法已有很长的历史。书法既是日用的技能之一，又是传统艺术之一。用毛笔写字，在技法上要掌握执笔、用笔、用墨、点画、结构、布置、体貌、风格等，尤其讲究笔法、笔势、笔意、神采、韵致，力求美化，尽可能化为艺术创作。隋唐时期，中国书法转变进入新的发展阶段。隋统一中国南北，当朝的书家原是南北朝人，于是便出现南北书法的交汇，其结果是南方轻便活泼的书体被接受，而北方拘谨拙钝的书体被放弃。但这一转变过程并不是简单地取代，而是有所变化，南方字体飞逸、北方字体雄强的特色日渐消减，气韵归于薄弱，章法归于齐整。六朝书法开始向唐代书法转变，隋是变化的开端，并主要依托私学传授来推进。

隋代著名书家皆学有渊源，对后世有较大影响的是以下几家：

赵文渊（或作文深），南阳宛人，师法王羲之，颇具钟、王之轨则，其笔势甚可观。所作碑榜，独步书坛，他人莫能与比。当时宫殿楼阁，皆有其笔迹。

赵孝逸，汤阴人，师法王献之，先由仿效，后以意作，甚有功力。其临仿书迹，当时颇受重视，往往被作为珍货买卖。

王褒字子渊，琅邪临沂人。梁萧子云，褒之姑夫，善书草隶。王褒少时以姻戚常往来其家，遂模仿而学其书法，不久而名亚子云。梁元帝时，王褒官至司空。江陵被攻破后，王褒被俘而入长安，北朝贵胄皆转学王褒书法。王褒之书法，流行北周及隋。李渊也师于王褒，得其书法精妙，故有梁朝风格。

史陵，善于正书，笔法精妙，当时被推为名笔，于众家之中显示特色，风格高古，形态疏瘦。史陵传授弟子，其书法影响唐初。李嗣真《书品序》云："太宗与汉王元昌、褚仆射遂良等，皆受之于史陵。"

智永，会稽人，永欣寺僧，他是王羲之第七代孙，得笔法真传，为隋唐学书者尊为宗师。智永累年临书真草《千字文》，达八百本，江东诸寺，各施一本。永字八法，自崔、张、钟、王传授，其法施用已可包罗万字,智永再发其旨趣,而虞世南得其传授。僧人中有习书法者,以师于智永而著名。张怀瑾《书断》云:"释述、释特与智果,并师智永,述困于肥钝,特伤于瘦怯,皆不得中,而智果差优。"释辩才也是智永弟子,何延之《兰亭记》称其学书有成就,"每临禅师之书,逼真乱本"。时人好智永书法,求书者如市,门限竟被踏穿。

唐代继续重视书法,并且有更大的发展,这是历史条件造成的。第一,唐承继六朝以来崇尚书法之遗风,士大夫之家为保持文化上的优势,家传世习,维持着高水平的书法家队伍,他们在社会上发挥着广泛的影响。蔡书综《法书论》说:"余家历世皆传儒素,尤尚书法。十九代祖东汉左中郎邕,有篆籀八体之妙;六世祖陈侍中景历、五世祖隋蜀王府记室君知,咸能楷隶,俱为时所重;从叔父右卫率府兵曹参军有邻,继于八体之迹;第四兄缑氏主簿希逸,第七兄洛阳尉希寂,并深工草隶,颇为当代所称也。"这里强调说明,蔡氏出书家,有其家族书法传承的历史渊源。第二,唐代统治集团上层重视书法。唐太宗特别爱好书法,他崇尚东晋王羲之父子书法,不惜任何代价,千方百计搜集,心慕手追,获取珍品,供自己欣赏。他亲撰《晋书·王羲之传论》,评其书法为"尽善尽美",古今第一。经唐太宗领先示范评鉴,"二王"书法成为全国正宗。上有所好,下必有甚焉,天下靡然从风,文士讲习尤力。第三,唐代科举选士专设明书科,学校教育制度适应这种需要,中央国子监专设书学,习书练字也成为监中各学共同功课。官学中的书法教授和练习,对民间私学的书法教授起着示范、促进作用。第四,唐代选官确定四项标准,铨试实际只试书判两项,书法是极重要的一项,要楷法遒美才符合要求。书法是入仕进身的必要条件，凡欲争取任官之人，必须学好书法。这些条件使得唐代重视书法，书家辈出，受到社会普遍尊重。后进之士为学书法，自发求请书法名家传授，围绕名家，形成书法传授中心。唐代对书法有广泛的社会需要，需要就是一种推动力量，使书法学习长盛不衰，并以书法名家私学为传授活动的中心。

唐代初期最著名的书法名家是虞世南、欧阳询、褚遂良、薛稷四位，他们都学有渊源，各有心得，各自名家。

虞世南字伯施，会稽余姚人，官至秘书监。善于正书、行书、草书等诸体书法。[①] 起初学于智永，获得所传的笔法，因而更热衷学习王羲之书体，由此声名大振。虞世南是当时最为著名、弟子最多、社会影响最大的书家。欧阳询、褚遂良、陆柬之、杨师道、上官仪、刘伯庄、李世民等，并师法虞世南，得其笔法者，继而为名家。

欧阳询字信本，潭州临湘人，历官至太子率更令、弘文馆学士。幼孤，为陈中书令江总收养，教以书记，聪悟绝人，博览古今。书则八体尽能，笔力险劲，为一时之绝。人得其文字，咸珍视为楷范。其子通，早孤，其母教以父书，通乃勤学临仿，数年而后成书家。父子齐名，号"大小欧阳"。

褚遂良字登善，河南阳翟人，官至右仆射。初学于史陵，继学于虞世南，博涉文史，工于隶书、楷书。张怀瓘《书断》说褚遂良"少则伏膺虞监，长则祖述右军，真书甚得其媚趣"。这种书法渊源所造就的趋向，正好使褚遂良成为唐太宗的同道。虞世南死后，唐太宗怕再没有合适的人可以论书，魏徵推荐褚遂良，果然得

---

① 《虞秘监集》卷一《笔髓论》，四明丛书本。

到唐太宗的赏识。

薛稷字嗣通,河东人,官至礼部尚书、太子少保。魏徵家多藏褚遂良书迹,其子魏叔瑜善草隶,以笔意传外甥薛稷。薛稷于舅家锐精临仿,结体遒丽,遂以能书名于天下。

其他名家还有张旭、李邕等。

张旭字伯高,苏州吴郡人,官至右率府长史。他以善草书而名扬天下,亦甚能小楷。他留意从生活观察中得到启示而发展书法,自言见公主担夫争道而得笔法之意,又观公孙氏舞剑器而得其神。韩愈《送高闲上人序》云:"往时张旭善草书,不治他伎,喜怒窘穷,忧悲愉佚,怨恨思慕,酣醉无聊不平,有动于心,必于草书发之。观于物,见山水崖谷,鸟兽虫鱼,草木之花实,日月列星,风雨水火,雷霆霹雳,歌舞战斗,天地事物之变,可喜可愕,一寓于书。故旭之书,变动犹鬼神不可端倪,以此终其身而名后世。"张旭学有渊源,得笔法于其舅陆彦远。众弟子师之求笔法,他则择人而传,或有得者,书皆神妙。颜真卿专程拜访,诚心求笔法,得所传十二意笔法。① 后来怀素继承和发展其章法。

李邕字泰和,扬州江都人,官至北海太守。善于行书,以文名天下,时称"李北海",文章书翰,一时之杰。李邕初学王羲之行书之法,既得其妙,复乃摆脱旧习,笔力一新,李阳冰谓之"书中仙手"。

徐氏是书法世传的家族。徐峤之字惟岳,越州人,官至广平太守。善正行草书,时人无与为比,以其书法传授子浩。徐浩字季海,官至彭王傅。八体皆备,草隶尤工。撰有《书法论》,强调初

---

① 《颜鲁公文集》卷一四,四部丛刊本。

学书法，宜先筋骨，用笔之势，特须藏锋，要长期坚持临本练字。①徐浩传书法于长子徐璹、次子徐岘。徐璹，幼时勤学，善真行书。徐浩《古迹记》云："臣长男璹，臣自教授，幼勤学书，在于真行，颇知笔法，使定古迹，亦常胜人。"《书法正传》收有其所撰《东海公璹笔法》，他主张"执笔在乎便稳，用笔在于轻健""意在笔前，笔居心后"。徐岘，其书承父风，善正书，又工行草。父子兄弟皆为当时名家。徐璹又传笔法于韩方明。韩方明所撰《授笔要说》云："昔岁学书，专求笔法。贞元十五年，授法于东海徐公璹。……东海公璹曰：'……意在笔前，笔居心后，皆须存用笔法。想有难书之字，预于心中布置，然后下笔，自然容与徘徊，意态雄逸。不可临时无法，任笔所成，则非谓能解也。'"②

李阳冰字少温，赵郡人，官至将作大匠。曾得张旭传授笔法，而发展则工于篆书，在唐代最为著名。初师李斯《峄山碑》，后见仲尼《吴季札墓志》，变化开阖，龙蛇盘踞，劲利豪爽，风行雨集，文字之本，悉在心胸，自言得篆籀之宗旨。冯武《书法正传》载其笔法曰："夫点不变谓之布棋，画不变谓之布算，方不变谓之斗，圆不变谓之环。"又载其《翰林密论用笔法二十四条》，笔画皆有口诀。韦续《墨薮》载其《论篆》云："吾志于古篆殆三十年，见前人遗迹，美则美矣，惜其未有点画，但偏旁摹刻而已。缅想圣达立制造书之意，乃复仰观俯察六合之际焉，于天地山川得方圆流峙之常，于日月星辰得经纬昭回之度，于云霞草木得霏布滋蔓之容，于衣冠文物得揖让周旋之体，于眉发口鼻得喜怒惨舒之分，于虫鱼禽兽

---

① 《全唐文》卷四四〇《徐浩·书法论》。
② 《全唐文》卷四八二。

得屈伸飞动之理,于骨角齿牙得摆拉咀嚼之势,随手万变,任心有成,可谓通三才之品汇,备万物之情状者矣。"

颜真卿字清臣,京兆万年人。勤学经史,善于文词,又精书法。他得张旭亲授笔法,融篆隶之法入于行楷,字体端庄健壮,风貌一新。因破"二王"书体,颜真卿新创的唐代书体被世人称为"颜体"。颜体对"二王"书体的破,不是简单的抛弃,陆羽《僧怀素论》曰:"徐吏部不授右军笔法,而体裁似右军,颜太保授右军笔法,而点画不似,何也?有博识君子曰:'盖以徐得右军皮肤眼鼻也,所以似之;颜得右军筋骨心肺,所以不似也。'"这就指明颜体与"二王"书体有内在联系。颜体出现后,渐渐开始流行,北宋书家多学之,自此更为风行。《东坡题跋》云:"颜鲁公平生写碑,惟《东方朔画赞》为清雄,字间栉比,而不失清远。其后见逸少本,乃知鲁公字字临此。"苏轼认识到颜体的渊源在王羲之,在继承王羲之书体的基础上推陈出新。

释怀素,俗姓钱,长沙人。贫无纸可书,常于芭蕉叶上及漆盘、漆板上练书,后得金吾兵曹邬彤传授笔法。邬彤尝谓怀素曰:"草书古势多矣,惟太宗以献之书如凌冬枯树,寒寂劲硬,不置枝叶。"张旭长史又尝私谓彤曰:"孤蓬自振,惊沙坐飞,余师而为书,故得奇怪。凡草圣尽于此。"怀素闻后,连叫数十声"得之矣"。[①] 怀素以狂草著称,尝自言其草书除师授之外,则师于自然之象。怀素弟子中著名者有释高闲,乌程人,人称其善草书,深穷体势。

柳公权字诚悬,京兆华原人,官至太子少师。善正书及行书。初学王羲之书体,而后遍阅近代书法,尤其是重视学习颜真卿笔

---

① 《全唐文》卷四三三《陆羽·僧怀素传》。

法,体势遒劲丰润,自成一家。或问笔法何能尽善,答曰:"用笔在心,心正则笔正。"柳公权渐成社会公认的书法名家,其笔迹题署也日渐珍贵。《新唐书》卷一六三《柳公权传》:"当时大臣家碑志,非其笔,人以子孙为不孝。外夷入贡者,皆别署货贝曰:'此购柳书。'"

卢肇字子发,宜春人,状元及第,任官历歙、宣、池、吉四州刺史。卢肇曾是韩门弟子,善文词,工书法,知名海内。卢肇得韩愈传授笔法,后又传笔法于林韫。林韫《拨镫序》说:"韫咸通末为州刑掾,时卢陵卢肇罢南浦太守归宜春。公之文翰,海内知名。韫窃慕小学,因师于卢公子弟安期。岁余,卢公忽相谓曰:'子学吾书,但求其力尔,殊不知用笔之方,不在于力,用于力,笔死矣。虚掌实指,指不入掌,东西上下,何所关焉?……大凡点画,不在拘之长短远近,但勿遏其势,俾令筋骨相连,意在笔前,然后作字。……吾昔授教于韩吏部,其法曰拨镫。今将授子,子勿妄传。推、拖、捻、拽是也,诀尽于此,子其旨而味乎?'"①

陆希声,苏州吴县人,昭宗时官至宰相。其家有书法世代相传,六世祖陆柬之,少时师事虞世南,得其传授,善正行草书,当时推为名家;四世祖陆景融,博学工书,擅名于时。陆希声博学,通《易》《春秋》《老子》,善属文,论著甚多。工书得其法,凡五字,擫、押、钩、格、抵,用笔双钩,则点画遒劲,而尽其法谓之拨镫法。陆希声一出,遂能复振家法。

释巩光,俗姓吴氏,永嘉人。受拨镫法于陆希声,此后书法大有长进,并以善书入长安为翰林供奉。

---

① 《全唐文》卷七六八。

李煜，五代南唐后主，善书法，作颤笔樛曲之状，遒劲如寒松霜竹，谓之金错刀。其《书述》云："书有七字法，谓之拨镫，自卫夫人并钟、王家传于欧、颜、褚、陆等，流于此日。然世人罕知其道，孤以幸会，得受诲于先生〔释巩光〕，奇哉，是书也！非天赋其性，口授要诀，然后研功覃思，则不穷其奥妙，安得不秘而宝之？所谓法者，擫压、钩揭、抵拒、导送也。"

隋唐及于五代，书法是发展的，其初始则同源，其发展则分流。蔡希综《法书论》云："始其学也，则师资一同，及尔成功，乃菁华各擅。亦犹绿叶红花，长松翠柏，虽沾雨露，孕育于阴阳，而盘错森梢，荜茸艳逸，各入门自媚，讵闻相下，咸自我而作古，或因奇而立度，若盛传于代，以为贻家之宝。"时代需要书法，既推动书法发展，也推动书学发展。学习书法者成千上万，扬名于世者凤毛麟角。从上述事例可以看到，学书法而得成功者，主要的经验有三：一是学习名家，得其传授；二是临写名帖，坚持勤练；三是牢记口诀，领悟笔法。

五、天文历数

中国是以农业经济为基础的国家，历来重视天文与历法，任命职官、设置机构来负责观察天象和制定历法。政府虽处于管理地位，但杜绝不了民间的研究和学习。政府机构人才不够，还从民间征聘吸纳人才。所以，民间私学私传天文历数，不仅是服务于农业生产的需要，在一定程度上也是服务于政治的需要。《隋书》卷三四《经籍志三》："天文者，所以察星辰之变，而参于政者也。《易》曰：'天垂象，见吉凶。'""历数者，所以揆天道，察昏明，以定时日,以处百事,以辨三统,以知厄会,吉隆终始,穷理尽性而至于命者也。"这是当时私学私传者共有的基本认识。历史文献中记录民间私学私传的部分史实可供了解。

《隋书》卷七五《刘焯传》:"刘焯字士元,……为飞章所谤,除名为民。于是优游乡里,专以教授著述为务,孜孜不倦。贾、马、王、郑所传章句,多所是非。《九章算术》《周髀》《七曜历书》十余部,推步日月之经,量度山海之术,莫不核其根本,穷其秘奥。著《稽极》十卷,《历书》十卷,《五经述议》,并行于世。……天下名儒后进,质疑受业,不远千里而至者,不可胜数。"

《隋书》卷七五《刘炫传》:"刘炫字光伯,……与诸术者修天文律历,……炫自为状曰:'……天文律历,穷核微妙。……'……坐除名,归于家,以教授为务。……著……《算术》一卷,并行于世。"

《隋书》卷七八《庾季才传》:"庾季才字叔奕,新野人也。……季才幼颖悟,八岁诵《尚书》,十二通《周易》,好占玄象。……湘东王绎重其术艺,引授外兵参军。西台建,累迁中书郎,领太史,……周太祖一见季才,深加优礼,令参掌太史。……迁太史中大夫,诏撰《灵台秘苑》,……开皇元年,授通直散骑常侍。……于是令季才与其子质撰《垂象》《地形》等志,……撰《灵台秘苑》一百二十卷,《垂象志》一百四十二卷,《地形志》八七卷,并行于世。庾质字行修,少而明敏,早有志尚。……大业初,授太史令。……十年,帝自西京将往东都,质谏曰……至东都,诏令下狱,竟死狱中。子俭,亦传父业,兼有学识。……义宁初,为太史令。"

《隋书》卷七八《卢太翼传》:"卢太翼字协昭,河间人也,……博综群书,……尤善占候算历之术。隐于白鹿山,数年徙居林虑山茱萸峒,请业者自远而至,初无所拒,后惮其烦,逃于五台山。

地多药物，与弟子数人庐于岩下。"

《隋书》卷七八《耿询传》："耿询字敦信，丹阳人也。滑稽辩给，伎巧绝人。……见其故人高智宝以玄象直太史，询从之受天文算术。询创意造浑天仪，不假人力，以水转之，施于阇室中，使智宝外候天时，合如符契。世积知而奏之，高祖配询为官奴，给使太史局。"

《隋书》卷七八《张胄玄传》："张胄玄，渤海蓨人也。博学多通，尤精术数。冀州刺史赵煚荐之，高祖征授云骑尉，直太史，参议律历事。时辈多出其下，由是太史令刘晖等甚忌之。然晖言多不中，胄玄所推步甚精密，上异之。令杨素与术数人立议六十一事，皆旧法久难通者，令晖与胄玄等辩析之。晖杜口一无所答，胄玄通者五十四焉。由是擢拜员外散骑侍郎，兼太史令，赐物千段，晖及党与八人皆斥逐之。改定新历，言前历差一日。……论者服其精密。大业中卒官。"

《隋书》卷一七《律历志中》："先是信都人张胄玄，以算术直太史，久未知名。……至十四年七月，上令参问日食事。……上召见之，胄玄因言日长影短之事，高祖大悦，赏赐甚厚，令与参定新术。……至十七年，胄玄历成，奏之。上付杨素等校其短长。……胄玄所造历法，付有司施行。擢拜胄玄为员外散骑侍郎，领太史令。……胄玄学祖冲之，兼传其师法。自兹其后，晷食颇中。"

《旧唐书》卷七九《傅仁均传》："傅仁均，滑州白马人也。善历算、推步之术。武德初，太史令庾俭、太史丞傅奕表荐之，高祖因召令改修旧历。仁均因上表陈七事：……经数月，历成奏上，号曰《戊寅元历》，高祖善之。武德元年七月，诏颁新历，授仁均员外散骑常侍,赐物二百段。"

《旧唐书》卷七九《李淳风传》:"李淳风,岐州雍人也。……淳风幼俊爽,博涉群书,尤明天文、历算、阴阳之学。贞观初,以驳傅仁均历议,多所折中,授将士郎,直太史局。寻又上言曰:……太宗异其说,因令造之,至贞观七年造成。……十五年,除太常博士。寻转太史丞,预撰《晋书》及《五代史》,其《天文》《律历》《五行志》皆淳风所作也。又预撰《文思博要》。二十二年,迁太史令。……显庆元年,复以修国史功封昌乐县男。先是,太史监候王思辩表称《五曹》《孙子》十部算经理多踳驳。淳风复与国子监算学博士梁述、太学助教王真儒等受诏注《五曹》《孙子》十部算经。书成,高宗令国学行用。龙朔二年,改授秘阁郎中。时《戊寅历法》渐差,淳风又增损刘焯《皇极历》,改撰《麟德历》奏之,术者称其精密。"

《旧唐书》卷一九一《僧一行传》:"僧一行,姓张氏,先名遂,魏州昌乐人。……一行少聪敏,博览经史,尤精历象、阴阳、五行之学。时道士尹崇博学先达,素多坟籍。一行诣崇,借扬雄《太玄经》,将归读之。……寻出家为僧,隐于嵩山,师事沙门普寂。……开元五年,玄宗令其族叔礼部郎中洽赍敕书就荆州强起之。……一行尤明著述,撰《大衍论》三卷。……时《麟德历经》推步渐疏,敕一行考前代诸家历法,改撰新历,又命率府长史梁令瓒等与工人创造黄道游仪,以考七曜行度,互相证明。于是一行推《周易》大衍之数,立衍以应之,改撰《开元大衍历经》。……初,一行求访师资,以穷大衍,至天台山国清寺,见一院,古松十数,门有流水,一行立于门屏间,闻院僧于庭布算声,而谓其徒曰:'今日当有弟子自远求吾算法,已合到门,岂无人导达也?'即除一算。又谓曰:'门前水当却西流,弟子亦至。'一行承其言而趋入,稽首请法,尽受其术焉,而门前水果却西流。"

《旧唐书》卷一九二《李元恺传》:"李元恺者,博学善天文律历,然性恭慎,口未尝言人之过。乡人宋璟,年少时师事之,及璟作相,使人遗元恺束帛,将荐举之,皆拒而不答。"

《全唐文》卷四五九《崔璀·对私习天文判》:

〔判题〕定州申:望都县冯文,私习天文,殆至妙绝。被邻人告言,追文至,云移习有实,欲得供奉。州司将科其罪。文兄遂投匦,请追弟试。敕付太史,试讫,甚为精妙。未审若为处分?

〔判文〕精心凝寂,绵思洞幽,既讯水之如符,亦言天而若印。昔闻其事,今睹斯人。冯文儒术圆冠,识均方士,耻苍蝇之迷夜,重鸣鸡之唱晨。由是微神穿石,流观刺井,探九元之微妙,察五纬之纲维。眷彼倾河,言不乖于暝雨,循兹险涧,罪尸挂于秋霜。邻人嫉深,始求资于魏阙;友于情切,方辨过于尧年。由是皇旨鉴微,刑不阿附,既令付法,须裁宽宪。按其所犯,合处深刑,但以学擅专精,志希供奉,事颇越于常道,律当遵于异议,即宜执奏,伏听上裁。

试判的判题和判文,不能视为都是虚拟的,这是当时社会上存在私人学习天文之事的现实反映。

《新五代史》卷五七《马重绩传》:"马重绩字洞微,其先出于北狄,而世事军中。重绩少学数术,明太一、五纪、八象、《三统大历》,居于太原。唐庄宗镇太原,每用兵征伐,必以问之,重绩所言无不中,拜大理司直。明宗时,废不用。"《旧五代史》卷一四〇《历志》:"及晋祖肇位,司天监马重绩始造新历,奉表上之,云:'……臣改法定元,创为新历一部二十一卷,七章上下经二卷,算草八卷,立成十二卷,取唐天宝十四载乙未,立为近元,以雨水正月朔为岁首。谨诣阁门上进。'……因赐号《调元历》,仍命翰林学士承旨和凝撰序。"

由以上史实,可以获得一些认识:第一,学习天文历法,在思维能力和知识结构方面有其特殊性。有突出表现或重大贡献者,少年时多数聪敏过人,成年时多数博学经史,积累了丰富的天文历法知识,若单凭聪明,难以成为这方面的专才。第二,学习天文历法者,有的是因"家学"的有利条件而成就的。庾季才因本人聪颖、博学而成为天文历法方面的专家,他在成为专家之后把所掌握的专门知识传子,子又传孙,子孙都成专才,因此庾家三代皆任太史之职。第三,天文历法的杰出人才多数养成于民间私学,然后被推荐而为政府征用,在修订历法方面发挥了重大作用。如隋之张胄玄改旧历而撰开皇历,唐之张遂改旧历而撰《大衍历》,五代之马重绩改旧历而撰《调元历》。第四,私习天文为律所禁,但禁而不止。由于统治者认为天人关系微妙,天文可以通于政事,把天文观测视为重大机密,不愿让天文知识扩散,因而禁止民间私习天文。凡私习者被发觉,则以违律定罪。但政府机构又需要从民间吸收一些天文学的专才,以解决观测和分析研究中的难题,这在政策与法律上都导致自相矛盾。这种现象就反映在试题中,应试者回避下结论,推由皇权去裁决。这间接证明了民间私学天文这一事实的存在。

六、医药

隋唐各有一段社会秩序稳定的和平发展时期,民众生活有所改善，自然关心防治疾病，保护健康，这是民间医药事业发展的社会基础。《隋书》卷三四《经籍志三》："医方者，所以除疾疢，保性命之术者也。天有阴阳风雨晦明之气，人有喜怒哀乐好恶之情。节而行之，则和平调理，专壹其情，则溺而生疾。是以圣人原血脉之本，因针石之用，假药物之滋，调中养气，通滞解结，而反之于素。其善者，则原脉以知政，推疾以及国。《周官》，医师之职，'掌聚诸药物，凡有疾者治之'，是其事也。"社会需要医师，也就必然要有人学习和传授医药知识以养成医师。以下从历史文献中举些事例，以供考察。

《隋书》卷七八《许智藏传》："许智藏，高阳人也。祖道幼，尝以母疾，遂览医方，因而究极，世号名医。诫其诸子曰：'为人子者，尝膳视药，不知方术，岂谓孝乎？'由是世相传授。……智藏少以医术自达，仕陈为散骑侍郎。……炀帝即位，智藏时致仕于家，帝每有所苦，辄令中使就询访，或以辇迎入殿，扶登御床。智藏为方奏之，用无不效。年八十，卒于家。宗人许澄，亦以医术显。……澄有学识，传父业，尤尽其妙。历尚药典御、谏议大夫，封贺川县伯。父子俱以艺术名重于周、隋二代。"

《新唐书》卷二〇四《甄权传》："甄权，许州扶沟人。以母病，与弟立言究习方书，遂为高医。仕隋为秘书省正字，称疾免。鲁州刺史库狄嵚风痹不得挽弓，权使彀矢向堋立，针其肩隅，一进，曰：'可以射矣。'果如言。贞观中，权已百岁，太宗幸其舍，视饮食，访逮其术，擢朝散大夫，赐几杖衣服。寻卒，年一百三岁。所撰《脉经》《针方》《明堂》等图传于时。"

《旧唐书》卷一九一《孙思邈传》："孙思邈，京兆华原人也。七岁就学，日诵千余言。弱冠，善谈《庄》《老》及百家之说，兼好释典。……显庆四年，高宗召见，拜谏议大夫，又固辞不受。上元元年，辞疾请归，特赐良马，及鄱阳公主邑司以居焉。当时知名之士宋令文、孟诜、卢照邻等，执师资之礼以事焉。……照邻有恶疾，医所不能愈，乃问思邈：'名医愈疾，其道何如？'思邈曰：'吾闻善言天者，必质之于人；善言人者，亦本之于天。……人有四支五藏，一觉一寐，呼吸吐纳，精气往来，流而为荣卫，彰而为气色，发而为音声，此人之常数也。阳用其形，阴用其精，天人之所同也。及其失也，蒸则生热，否则生寒，结而为瘤赘，陷而为痈疽，奔而为喘乏，竭而为燋枯，诊发乎面，变动乎形。推此以及天地亦如之。……良医导之以药石，救之以针剂，圣人和之以至德，辅之以人事，故形体有可愈之疾，天地有可消之灾。'……永淳元年卒。……自注《老子》《庄子》，撰《千金方》三十卷，行于代。"

《王子安集》卷四《黄帝八十一难经序》："曹夫子讳元，字真道，自云京兆人也。盖授黄公之术，洞明医道，至能遥望气色，彻视腑脏，洗肠剖胸之术，往往行焉。浮沉人间，莫有知者。勃养于慈父之手，每承过庭之训，曰：'人子不知医，古人以为不孝。'因窃求良师，阴访其道。以大唐龙朔元年岁次庚申冬至后甲子，……勃再拜稽首，遂归心焉。……盖授《周易章句》……十五月而毕，将别，谓勃曰：'阴阳之道，不可妄宣也。……'"王勃为尽孝道而拜师学医，获得医术高明者曹元的个别传授，被特别嘱咐不要对外人宣传。

《旧唐书》卷一九一《张文仲传》："张文仲，洛州洛阳人也。少与乡人李虔纵、京兆人韦慈藏并以医术知名。文仲，则天初为侍御医。……文仲尤善疗风疾。其后则天命文仲集当时名医共撰疗风气诸方，仍令麟台监王方庆监其修撰。……于是撰四时常服及轻重大小诸方十八首表上之。文仲久视年终于尚药奉御。撰《随身备急方》三卷,行于代。"

《全唐文》卷三九七《王焘·外台秘要方序》:"余幼多疾病,长好医术,遭逢有道,遂蹑亨衢。七登南宫,两拜东掖,出入台阁,二十余载,久知宏文馆图籍方书等,由是睹奥升堂,皆探其秘要。以婚姻之故,贬守房陵,量移大宁郡。提携江上,冒犯蒸暑,自南徂北,既僻且陋,染瘴婴痾,十有六七,死生契阔,不可问天。赖有经方,仅得存者,神功妙用,固难称述。遂发愤刊削,庶几一隅。凡古方纂得五六十家,新选者向数千百卷,皆研其总领,核其指归。……其方凡四十卷,名曰《外台秘要方》。非敢传之都邑,且欲施于后贤,如或询谋,亦所不隐。"

《新唐书》卷一二六《杜鸿渐传》:"鸿渐字之巽。父鹏举,与卢藏用隐白鹿山,以母疾,与崔沔同授医兰陵萧亮,遂穷其术。历右拾遗。"

《旧五代史》卷九六《晋书·陈玄传》:"陈玄,京兆人也。家世为医,初事河中王重荣。乾符中,后唐武皇自太原率师攻王行瑜,路出于蒲中,时玄侍汤药,武皇甚重之,及还太原,日侍左右。……明宗朝,为太原少尹,入为太府卿。长兴中,集平生所验方七十五首,并修合药法百件,号曰《要术》,刊石置于太原府衙门之左,以示于众,病者赖焉。"

对以上文献史料,可以作一初步分析。隋唐五代,民间学习医药的私学之数量很少,社会上医药人才极为稀缺,有病要求医,颇为困难;即使找到医生,也未必皆能为病家对症下药。每个家庭还要考虑自己防病,自己治病。所以,王勃说:"人子不知医,古人以为不孝。"特别是士人之家,有一定文化,要学习一些医药常识，以作应急之用。医药是每个家庭日常生活所必需的，社会分工也就需要有一部分人以医药为职业，以适应社会的需求。学习医药知识，培养医药职业人才，依靠的是民间私学。

民间私学学习医药的人有多种动机：有的是自己体弱多病，为摆脱病痛困扰而学医，如卢照邻、王焘；有的是为尽孝道，预备防治父母疾病而学医，如许智藏、甄权、甄立言、王勃、杜鹏举等人；有的是因重视养生而学医，如孙思邈；有的是以行医为职业，如许澄、陈玄。动机虽各不同，但共同点是重视医药，推动防病治病，发展医药事业。学习医药的方式以个别学习、个别传授为主，边学边用，学以致用。学习医药的途径也有多种：自学医书，钻研医理，究习药方；继承父业，并尽其妙，有所发展；名医为师，诚心以求，弟子从师。名医虽医术高超，但并不轻易传授，主要担心有的求学者心术不正，利用医药知识而走了邪道，所以一定要考察求学者的道德品质，遇到合适的人才会无保留地传授。学习内容有三方面：一是基础理论方法，儒家人士重《周易》，道家人士重《老子》《庄子》；二是传统的医药经典，如《黄帝》《素问》《难经》《脉经》《本草》等；三是各类实用医方，包括历代医方和当代名医诸方。学习医药有成的人士从多方面表现其作用：在家中为亲人防病治病；受聘任为医官，服务于政府机关；周游城乡，流动行医；选编医方，广为传播，利人治病。这些情况的存在，都由当时社会条件决定。

七、道教之学

隋唐之际，道教加强活动，以图发展，与政治的联系渐渐密切,寻求政治上的支持。统治集团为了自己的利益和需要,甚至降尊求教,提高道教的地位,给予优待。李姓的王朝为了巩固皇权,与道教的始祖李耳"攀亲",规定道教居于三教的第一位,尊崇道教成为国家政策,道士成为社会地位较高的职业。道士由政府部门管理,登记在册。要度为道士,需经政府许可。随着道教的发展,各地设宫观,敬奉教主。要引导民众信教,经常进行礼拜活动,都需要道士,而成为道士需要经过专门的学习和训练。正是这种客观需要,成为促进道教教育发展的力量。道教教育的发展,也有一个较长的过程,先是有民间分散的老道士传授道法于新道士的实际活动,直到开元末才由政府下令开设崇玄学、崇玄馆。即使有了官办的道教教育机构,民间的道教教育活动仍然继续进行。这里要加以介绍的是民间有代表性的道教教育活动。

隋唐时的民间道教教育活动中,茅山派占主导地位。茅山派是道教派别之一,由南朝陶弘景创立。他隐居于茅山,筑馆修道,尊奉三茅真君为祖师,又收纳弟子,传授道法,故名为茅山派。茅山派主修《上清经》,兼修《灵宝经》《三皇经》;以符咒劾召鬼神,兼修辟谷、导引、服饵、炼丹之术。

陶弘景的传法弟子王远知,字广阳,扬州人,少年聪敏,博综群书,有较好的文化基础。十五岁入茅山,师事陶弘景,传其道法。后又从臧兢传诸秘诀,然后隐居茅山,长期修道,成为道士群中素养甚高的人物。陈朝皇帝闻其名,曾召入内殿讲论,颇加赞赏。至隋开皇十二年(592年),晋王杨广镇扬州,备礼招迎,王远知始出山至扬州,不久即还茅山,开度后学。大业七年(611年),隋炀帝召见王远知于涿郡临朔宫,亲执弟子礼,敕于洛阳设玉清玄坛以处之。唐高祖起兵据关中,王远知密传符命。唐太宗为秦王时,曾从其受三洞法。唐太宗即位后,将赐重位,王远知坚请还山。贞观九年(635年),敕润州于茅山置太平观,并度道士二十七人。① 其年,卒,年一百二十六。调露二年(680年),追赠王远知太中大夫,谥曰昇真先生。门徒最著者为潘师正,其次为徐邈、陈羽、王轨等。

潘师正字子真,贝州宗城人。大业中,度为道士,师事王远知,尽以道门隐诀及符箓授之。不久,随王远知归茅山。后隐居嵩山逍遥谷,积二十余年,清静寡欲,但服松叶饮水而已。唐高宗上元三年(676年),召见,问山中所需。调露元年(679年),敕于逍遥谷建崇唐观,并于岭上起精思院以处之。永淳元年(682年),卒,时年九十八。唐高宗赠太中大夫,谥"体玄先生"。弟子十八人皆优秀,以韦法昭、司马承祯、郭崇真、吴筠为最著。②

司马承祯字子微,河内温人。少时好学,薄于为吏。二十一岁入道,师事潘师正,传其符箓及辟谷、导引、服饵之术。遍游名山访道之后,隐居于天台山,自号"天台白云子"。他主张"收心""守静",摒见闻,去知识,绝欲望。武则天闻其名,召至都,降手敕以赞美之。睿宗景云二年(711年),召入宫,问以阴阳术数之事,赐琴及帔。玄宗开元九年(721年),召入京,留于内殿,亲受法箓,赏赐甚厚。翌年,还天台山。十五年,又召至都,玄宗令其于王屋山自选形胜,特置阳台观以居焉。玄宗又令以三体写《老子经》,刊正文句,定著五千三百八十言为真本。③ 卒年八十九,赠银青光禄大夫,谥"贞一先生"。弟子七十余人,以李含光、薛季昌、焦静

---

① 《旧唐书》卷一九二《王远知传》。
② 《旧唐书》卷一九二《潘师正传》。
③ 《旧唐书》卷一九二《司马承祯传》。

真为最著。所著有《修真秘旨》《坐忘论》《上清天宫地府图经》《服气精义论》《天隐子》《道体论》等。

李含光,广陵江都人,生于儒学之家,十三岁辞家入道。开元十七年(729年),师事承祯于王屋山,承祯视其为可传之人,云篆宝书,倾囊相付。开元二十三年,承祯卒,玄宗令李含光居阳台观以继之。后李含光称疾乞还茅山,纂修经法。天宝四载(745年),又召入禁中,请道法,辞以疾,复求还山。七载,赐号玄静先生。又敕于茅山造紫阳观以居之。著有《周易义略》《老庄学记》《三玄异同论》《本草音义》等。大历四年(769年),卒,年八十七。弟子以韦景昭、孟湛年、郭闳、殷淑、韦渠牟等为最著。韦景昭传皋洞虚,皋洞虚传李方来,皆嗣德不坠。①

道教是朝廷提倡的全国性宗教,道士成为社会性的行业,不少人选此为生活道路,自然还会有其他道士参与受教和传授,历史文献中不乏这类记载,以下续作一些介绍。

王希夷,徐州滕县人,孤贫好道。父母终,家无所有,为人牧羊,收佣以供葬。葬毕,隐居嵩山,师事黄颐,达四十年,尽能传其闭气导养之术。颐卒后,更居兖州徂来山中,与道士刘玄博为友。好《易》及《老子》,尝饵松柏叶及杂花散。②

叶法善,括州括苍县人。自曾祖三代为道士,皆有摄养占卜之术。法善少传符箓,尤其能厌劾鬼神。显庆中,高宗闻其名,征诣京师,将加爵位,固辞不受,求为道士,因而留在宫内道场,供待甚厚。其时,唐高宗令广征诸方道术之士,合炼黄白。叶法善对此中人物有怀疑,因而建议:"金丹难就,徒费财物,有亏政理,请

---

① 《全唐文》卷七一二《李渤·茅山元静李先生传》。
② 《旧唐书》卷一九二《王希夷传》。

核其真伪。"高宗认为言之有理,就令叶法善主持核验,由此剔出九十多人,因而就把合炼黄白的事全部停罢。叶法善自高宗、武则天、中宗、睿宗、玄宗经历六十多年,常往来名山,数次被召入禁中,尽礼问道,受到尊崇。先天二年(713年),他以道士的身份,拜鸿胪卿,封越国公,居于京师景龙观。①

明崇俨,洛州偃师人。崇俨年少时,其父明恪任安喜令,父之小吏有善役召鬼神者,崇俨尽能传其术。乾封初,应封岳举,授黄安丞。会刺史有女病笃,崇俨特取他方殊物以疗之,其疾乃愈。高宗闻名召见,与语甚悦,擢授冀王府文学。仪凤二年(677年),累迁正谏大夫,特令入阁供奉。崇俨每因谒见,辄假以神道,借机陈时政得失,高宗颇加采纳。②

顾况字逋翁,苏州人。至德二载(757年)进士,善歌诗,性诙谐,不拘小节。德宗时,柳浑辅政,荐为秘书郎。顾况平素与李泌友善,遂以李泌为师,得其服气之法,能终日不食。③

李泌字长源,京兆人。少聪敏,博涉经史,精究易象,善属文,尤工于诗,以王佐自负。天宝中,自嵩山上书论当世时务,玄宗召见,令待诏翰林。杨国忠忌其才辩,奏泌尝为《感遇诗》,讽刺时政,诏于蕲春安置,于是潜遁名山,以习隐自适。肃宗即位后,李泌复出参与机务。不久,李泌受崔圆、李辅国排挤,将有不利,于是乞游衡山,退出政务,遂隐衡岳,绝粒栖神。代宗即位,召为翰林学士,为宰相常衮所忌,放为外州刺史。德宗贞元时,因闻李泌长于道法,故自外征还,用为宰相。④ 时人知李泌好神仙道术,颇

---

① 《旧唐书》卷一九一《叶法善传》。
② 《旧唐书》卷一九一《明崇俨传》。
③ 《唐才子传》卷三《顾况》。
④ 《旧唐书》卷一三〇《李泌传》。

有求其传授者。《辨疑志》称："李长源常服气导引,并学禹步方术之事,凡数十年,自谓得灵精妙而道已成。远近辈亲敬师事者甚多。"

田良逸与蒋含弘,乃元和时南岳道士,道业绝高,远近钦敬,时号"田蒋"。田良逸以虚无为心,和煦待物,毫不做作,品格清高,与他交往的人心情自然开朗。吕渭侍郎、杨凭侍郎,相继任湖南观察使,皆自称弟子,北面师事。桐柏山的陈寡言、徐灵府、冯云翼三人,都是由田良逸传授的弟子。衡山的周混沌,是蒋含弘传授的弟子。周混沌自幼入道,严格遵行科法,升为南岳首冠。①

茅安道是庐山道士,能书符役鬼,幻化万端,从其学者常数百人。他曾将隐形洞视的法术传授给两位弟子。②

黄尊师是茅山道士,符箓法术甚高,他在茅山的山侧选地,建造了天尊殿,以天尊殿为讲说教化的场所,受教者日有数千人。③

闾丘方远是唐末道士,字大方,舒州宿松人。幼时聪慧,年十六,精通《诗》《书》,学《易》于庐山陈元晤。二十九,问大丹于香林左元泽。后又师事仙都山隐真岩刘处靖,学修真出世之术。三十四,受法箓于天台山玉霄宫叶藏质,真文秘诀,尽以付授。唐昭宗累加征召,方远虑及唐政局必将变革,决心不出山林,竟不赴召。于是,唐昭宗下诏褒扬,赐号"妙有大师玄同先生"。弟子二百余人,著名的有会稽夏隐言、谯国戴隐虞、荥阳郑隐瑶、吴郡陆隐周、广陵盛隐林、武都章隐芝、广平程紫霄、新安聂师道、安定胡谦光、鲁国孔宗鲁等十人。④

---

① 《因话录》卷四。
② 《集异记》补编《茅安道》。
③ 卢肇《逸史·骡鞭客》。
④ 《云笈七签》卷一一三《闾丘方远》。

聂师道是得闾丘方远之传的道士,字通微,新安歙县人。少时从道士于方外,辛勤十余年,获传法箓修真之要。遍游名山,留于南岳,经岁复还新安,居问政山房二十余年。其后杨行密据有江淮,连连发书征召,于广陵建玄元宫以为师道居所,赠尊号为"逍遥大师问政先生"。居广陵三十余年,有弟子五百余人,较著名者有邹德匡、王处纳、杨匡翌、汪用真、程守朴、曾景霄、王可儒、崔绰然、杜崇真、邓启遐、吴知古等。①

许寂字闲闲,会稽人。少有山水之好,泛览经史,学《易》于晋徵君,以明《易》象为其专长,久栖四明山,不干时誉。昭宗闻其名,征赴京,召对于内殿。许寂不久即请还山,寓居于江陵,以茹芝绝粒,自适其性。天祐末,节度使赵匡凝以兄弟深加礼待,许寂为其传授保养之道。②

了解道教之学传授的多样情况,寻找其相似的特征,可以获得一些一般性的认识。

其一,道教之学的传授场所,多数在山林之道观。虽有个别是家族历代相传,少数是在城市的道观得到传授,多数的传授得于山林道观。文献中所载的传道人物都与山林密切相关。如王远知入茅山学道,也居茅山传授;潘师正随王远知学道于茅山,后居嵩山传授;司马承祯师事潘师正于嵩山,后居天台山,晚年居王屋山传授;李含光师事司马承祯于王屋山,后居茅山传授;田良逸、蒋含弘居衡山传授;茅安道居庐山传授,都具有代表性。

其二,道教之学的传授,一般无年龄限制。学习道教之学的多数是青年或成年人,已具有传统文化基础,思想上有好道的倾

---

① 《云笈七签》卷一一三《聂师道》。
② 《旧五代史》卷七一《唐书·许寂传》。

向而出家入道的。如李含光、聂师道是十三岁左右入道,王远知是十五岁入道,潘师正、司马承祯、闾丘方远是二十多岁入道,李泌是政治上受阻才入道,吴筠举进士落第才入道杜光庭应九经落第才入道。

其三,道教之学有多项传授内容,因不同派别、不同的传授师而有所不同。(1)道经:以《老子》(《道德真经》)为基本,兼修其他。茅山派主修《上清经》,兼修《灵宝经》及《三皇经》,与其他派别有所不同。(2)符咒劾召鬼神:隋唐时的道士几乎都传习此项,故常见于文献记载。如王远知以道门隐诀符箓传授潘师正,潘师正又以之传司马承祯,司马承祯再以之传李含光;叶法善少传符箓,尤能厌劾鬼神;明崇俨传役召鬼神之术;茅安道能书符役鬼;刘元靖受正一箓;闾丘方远受法箓于天台山玉霄宫叶藏质,真文秘诀,俱以付授。(3)辟谷、导引、服饵之类:文献中对修道者常有此类记载。如潘师正二十余年但服松叶饮水而已;王希夷传闭气导养之术,尝饵松柏叶及杂花散;李泌学服气导引;顾况师事李泌,得其服气之法,能终日不食;刘元靖在衡山居石穴,绝粒炼气。修炼辟谷者不是简单地终日绝粒不食,要维持生命,要吸纳元气并保持运行通畅,并需要最低量的物质补充以维持代谢,这些都有相互关联。(4)炼丹术:由主张服丹药可以长生不死的道士所倡导,有人鼓吹,也有人相信,特别是统治集团的上层,作为追求的目标。为服务于这种需要,炼丹活动在进行,炼丹术还成为少数人传授的重要内容。如道士刘道合,掌握一定的炼丹术,唐高宗召入宫中,深加尊礼,令其合还丹;[①]道士赵归真,精通炼丹

[①] 《旧唐书》卷一九二《刘道合传》。

之术，受到唐武宗的重用。①

其四，以个别传授为主要形式。学道通常是个别自愿求学，个别经考察同意进行传授，是师徒的自愿结合。学习无固定的期限，以传授师认为达到预定目标而可以告一段落为准。弟子可以学无常师，在一地一师学习告一段落后，可以易地易师学习新的内容。如王远知先学于陶弘景，后学于臧兢；闾丘方远学《易》于庐山陈元晤，问大丹于香林左元泽，学修真出世之术于仙都山隐真岩刘处靖，受法箓于天台山叶藏质。若遇弟子数量较多，也有分批学习的安排。如庐山茅安道，学者常数百人；闾丘方远，有弟子二百余人；聂师道，有弟子五百余人。一旦人数剧增，传授师必然要改变传授方式。

其五，遍游名山访道，此为继续学习的组成部分。如吴筠入嵩山师事潘师正，传正一之法，尽通其术。南游金陵，访道茅山，东游天台。

其六，重视道学传授的渊源与世系。道教各派的传授都是如此，以显示本源真，流派正而不杂，保持本派的传统。如茅山派，追溯至陶弘景创立，传于王远知，王远知传于潘师正、徐道邈，潘师正传于司马承祯、吴筠，司马承祯传于李含光、薛季昌，李含光传于韦景昭、孟湛然，韦景昭传于皋洞虚，皋洞虚传于李方来……师传世系明确。

八、佛教之学

隋唐时期是佛教发展达于鼎盛的历史阶段，统治集团为了达

---

① 《旧唐书》卷一八上《武宗本纪》之会昌四年、五年。

到自己的目的而利用佛教,他们提倡和扶持佛教,使佛教的势力急剧膨胀,寺院遍布城乡,对整个社会造成重大的影响。寺院是僧人和信徒活动的场所,定期礼拜、求佛许愿、集众讲经、出家受戒、念经修行等都在寺院,实际上也是开展佛学教育活动的场所。所以,有学者认为,一所寺院相当于一所学校。不过,这类学校与其他学校不同,它不是国家行政机关设置的,而是佛教组织办理的;不以儒家经典为教学基本内容,而以佛学思想灌输为主要内容;不以造就世俗官吏为目的,而以培植追求往生西天乐国的信徒为目的。这种民间的佛教私学,在适宜的政治气候条件下获得广泛发展,遍及各个地区。佛教私学必然需要依托寺院,作为其生存基地,因为寺院具有一定的经济条件,有活动场所和基本设备,有宣讲佛经的法师。因此,佛教私学的教学活动以法师为其中心,围绕法师而进行,也就形成了因名师而兴,随师而流动,师亡而废的特殊现象。以下就佛教重要宗派,举一些传授事例而论述之。

关于天台宗的佛学传授,智𫖮是最重要的代表。智𫖮出家之后,常住天台山,发展了佛教理论,成为天台宗的实际创始人,活动于陈隋之际。根据天台宗的系谱,天台宗的佛教学说有其传授渊源:初祖为印度龙树,二祖为北齐禅僧慧文,三祖为南岳慧思,四祖为天台智𫖮,五祖为章安灌顶,六祖为法华智威,七祖为天官慧威,八祖为左溪玄朗,九祖为荆溪湛然……智𫖮的佛学传授活动的历史作用最为突出,他确立"定(止)慧(观)双修"的学说,著《法华玄义》《法华文句》《摩诃止观》,成了天台宗的基本理论著作,被奉为"天台三大部"。他较多在天台、金陵、南岳、荆襄四地讲授佛法,亲信的弟子灌顶追随做记录,先后达百余卷,在僧徒中声望最高,引起统治集团的重视。隋开皇十一年(591年),晋王杨广礼迎智𫖮至扬州,亲拜为佛弟子并受戒,自此尊号"智者大师",提高其政治地位。智𫖮先后亲度僧一万四千人,扩大了社会影响,促进了天台宗势力的发展。① 弟子中最著名的是灌顶,所著多经疏,把天台宗的思想学说广为弘扬。

六祖、七祖时,天台宗进入沉寂阶段。八祖左溪玄朗又积极为天台宗中兴开展传授活动,培植一批著名僧人。李华《故左溪大师碑》开列他们的住地和法号:"弟子衢州龙邱九岩寺僧道宾、越州法华寺僧法源、僧神邕、本州灵隐寺僧元净、栖岩寺僧法开、苏州报恩寺僧道尊,皆菩萨僧,开左溪之秘藏;常州福业寺僧守真、杭州灵曜寺僧法澄、灵隐寺僧法真、明州天宝寺僧道源、净安寺僧惠从、本州开元寺僧清辨,……入室弟子本州开元寺僧行宣、常州妙乐寺僧湛然,见如来性,专左溪之法门;新罗僧法融、理应、英纯,理应归国,化行东表,宏左溪之妙愿;菩萨戒弟子傅礼、王光福等,菩萨惠芽,沾左溪之一雨,清辨禅师等荷担遗烈……"②使天台宗出现中兴的是九祖荆溪湛然。梁肃在《天台禅林寺碑》中特别提出:"左溪门人之上首,今湛然禅师,道高识远,超悟辩达。凡祖师之教,形于章句者,必引而伸之。"湛然是一位极聪明的人,对智𫖮等祖师的思想能重视继承和弘扬。更值得称道的是,他还在思想理论上力求创新,提出"无情有性"的理论,认为草木砖石也有佛性,为佛性平等,既要爱人又要爱物提供理论根据,受到当时社会广泛关注。他积极开展宣教活动,在传授佛学方面取得成绩,"盖受业身通者三十九人,缙绅先生位高名崇屈体承教者又数

---

① 智𫖮的事迹见柳顾言《天台国清寺智者禅师碑文》、道宣《续高僧传·智𫖮传》。
② 《全唐文》卷三二〇。

十人"。① 在湛然努力推动下,天台宗一度"焕然中兴"。

法相宗的创始人是玄奘,他一生的活动可大体分为两个阶段:前一阶段是出家之后不断寻求佛法,有传奇性经历,获得至高荣耀;后一阶段是取经回来之后不懈地进行译经和传授,引进印度佛教文化,建树重大业绩。玄奘本姓陈,名祎,洛州缑氏人。十三岁出家,二十一岁受具足戒,曾游历各地,参访名师,学识大有长进。但他也发现各师说法不一,互有出入,各种经典不尽相同,互有矛盾。为彻底解决这些令人疑惑的问题,他决心西行求法,到佛教发源地探明究竟。他在贞观三年(629年)从长安出发西行,经过四年艰险曲折的旅行后,进入印度佛教中心那烂陀寺,以戒贤为师,学习典论,然后游历印度境内数十国,宣传大乘教义。他于贞观十九年返回长安。此后二十年间,他奋力从事译经,在众多助手配合下,先后译出经论七十五部,一千三百三十五卷。译经之间,他也持续进行讲授活动。据慧立《大慈恩寺三藏法师传》卷七所载,永徽改元之后,"法师还慈恩寺,自此之后,专务翻译,无弃寸阴。……每日斋讫,黄昏二时,讲新经论,及诸州听学僧等恒来决疑请义。……日夕已去,寺内弟子百余人,咸请教诫,盈廊溢庑,皆酬答处分无遗漏者"。玄奘的弟子有几千之多,著名的有窥基、圆测、普光、法宝、神泰、靖迈、慧立、玄悰、嘉尚、神昉、利涉、怀素、顺憬、元晓、义湘、玄觉、玄应等。

玄奘的大弟子窥基,也是法相宗创始者之一。他俗姓尉迟,字洪道,京兆长安人。十七岁出家,奉敕命为玄奘弟子,始住广福寺。又奉敕命入大慈恩寺,躬事玄奘,学习梵文和经论。二十五

---

① 梁肃《荆溪大师碑铭》。

岁参加玄奘译场,从事译经,受到重视,单独为他讲授因明和瑜伽论。后从事著述,号称"百部疏主"。玄奘逝后,诸弟子相继取窥基为折中,视之如玄奘在,认同他为玄奘第一传人,最能代表玄奘的思想,断决疑难问题。窥基身材魁梧,相貌堂堂,有慈济之心,诲人不倦,随处化徒,获教者众,著名的弟子有慧沼等人。

华严宗的实际创始者是法藏,被该宗派尊为"三祖"。据《宋高僧传》载,法藏俗姓康,字贤首,号"贤首法师"。十七岁从云华寺智俨学《华严经》。武则天万岁通天元年(696年),受诏讲《华严经》,并命京城十大高僧为授满分戒,赐号"贤首戒师"。此后助实叉难陀译《华严经》(八十卷本),大力从事《华严经》的解说和著述。所著极多,主要有《华严经探玄记》二十卷、《华严经指归》一卷、《华严一乘教义分齐章》一卷、《华严问答》二卷、《十二门论宗致义记》一卷、《大乘起信论疏》五卷等。"当法藏之时,《华严》极盛。一有法藏之大弘此教;二有《华严》之传译;三有武则天之提倡。"①圣历二年(699年),武则天又诏于佛授记寺讲新译《华严经》。武则天的提倡,大大促进了华严宗扩大社会影响。华严宗以《华严经》为主要经典,法藏以此为研究对象,也以此为传授的主要内容。著名的弟子有宏观、文超、智光、宗一、慧苑、慧英等。法藏之后,华严宗的发展由极盛而转入停滞状态。

使华严宗中兴的是四祖澄观,俗姓夏侯,越州山阴人。十一岁出家,十四岁得度。从二十岁起,遍游名山访名师,多方求知寻经藏。大历元年(766年)后,从天竺诜法师等习《华严经》。大历十年,到苏州,从湛然习《天台摩诃止观》和《法华经》,谒牛头山慧

---

① 汤用彤.隋唐佛教史稿[M].北京:中华书局,1982:167.

忠学南宗禅法,又谒慧云禅师学北宗禅法。大历十一年,游五台山、峨眉山。后返居五台山大华严寺,专修大乘忏法,宣讲《华严经》。①贞元十一年(795年),德宗生日,召入内殿讲经,赐号"清凉国师",礼为"教授和尚"。后参与译天竺乌荼国所进《华严经》,译成四十卷,并奉敕为四十卷造疏,撰成十卷。个人著述达三百余卷,其德行学识深为当时朝野敬重,对华严宗的中兴起重大作用。弟子一百余人,著名的有宗密、僧睿、宝印、寂光等。澄观的博学广通已为佛学宗派的融合创造了条件,而实际推动宗派融合的是他的高足弟子华严宗五祖宗密。宗密俗姓何,果州西充人。元和二年(807年),谒遂州道圆禅师,从其出家受教。同年,从拯律师受具足戒。后到长安华严寺见澄观受教,澄观勉其习华严教义。后游五台山,不久转回陕西鄠县,长住圭峰草堂寺,专事传法和著述。②他主要阐发华严教教义,同时对其他宗派,特别是禅宗,也加以研究和撰述。他对"讲者偏彰渐义,禅者偏播顿宗"的对立状况表示不满,认为渐与顿不宜分离,"顿悟资于渐修,师说符于佛意"。他主张融合佛学宗派以至推及三教调和的思想,产生了深远的历史影响。大和九年(835年),唐文宗召其入内殿,问佛法大意,赐紫服,号"大德"。卒后,唐宣宗追谥"定慧禅师"。著述多达二百余卷,主要有《华严经行愿品别行疏钞》《注华严法界观门》《华严原人论》等。

律宗的主流派是南山宗,南山宗的创始人是道宣。他常住终南山,弘传戒律,着重提倡《四分律》,世称"南山律师"。据《宋高僧传》卷一四载,道宣俗姓钱,润州丹徒人。十五岁依智䪹律师受

---

① 《宋高僧传》卷五《唐代州五台山清凉寺澄观传》。
② 《宋高僧传》卷六《唐圭峰草堂寺宗密传》。

业。隋大业中,从智首律师受具足戒,听其讲《四分律》四十遍。入唐后,专注于《四分律》的钻研,有撰述多种。贞观十六年(642年),入终南山丰德寺,后长居于此。曾为西明寺上座,参加玄奘译场,负责润饰译文。其主要著作有《广弘明集》三十卷、《续高僧传》三十卷、《集古今佛道论衡》四卷、《大唐内典录》十卷等。弟子千余人,遍及大河南北,广布长江上下游诸州,著名的有文纲、怀素、大慈、名恪、融济、意律师、秀律师、灵粤等。

律宗的寺院分布全国,南岳是重要据点,著名的大律师代有其人。惠开,是南岳大明寺律师,潭州人。天宝十一载(752年)始为浮图,大历十一年(776年)始登坛为大律师。凡其衣服器用,动有师法,言语行止,皆为物轨。剪发髦,被教戒,为学者数万。弟子著名者有怀信、道嵩、尼无染等。师凡主戒事二十二年,宰相齐公映、李公泌、赵公憬、尚书曹王皋、裴公胄、侍郎令狐公峘,或师或友,齐亲执经,受大义为弟子。①

法证是南岳云峰寺律师,世称"云峰大师"。自出家后,坚守戒律,德行高尚,传授有方,普受敬重。诸长老称赞说:"吾师轨行峻特,器宇弘大。有来受律者,吾师示之以为尊严整齐,明列义类,而人知其所不为;有来求道者,吾师示之以为高广通达,一其空有,而人知其所必至。"乾元下诏,令五岳求厥元德,南岳以法证为首。凡莅戒坛事五十七年,从大师而得度者,计五万人。其弟子三千多人,著名者有诠、远、振、巽、素等。②

智俨是南岳律师,居于湘潭唐兴寺,俗姓曹,郴州人。他学佛法的过程也颇有代表性。九岁出家,入峋嵝山从名师执业,凡进

---

① 《柳宗元集》卷七《南岳大明寺律和尚碑》。
② 《柳宗元集》卷七《南岳云峰寺和尚碑》。

品受具、闻经传印,皆当时大长老。嗣曹王皋镇湖南,闻其德行,请为人师。自是登坛莅事,达三十八年,由其得度者万余人。弟子众多,著名者有传律弟子中巽、道准,传经弟子圆皎、贞璨,其徒圆静、文外、惠荣、明素、存政等。①

神凑是江州兴果寺律师,俗姓成,京兆蓝田人。他出家后,往南方学佛法,具戒于南岳希操大师,参禅于钟陵大寂大师。他是经过国家考试合格并由国家调派的僧人,大历八年(773年),依制经、论、律三科策试,中等,得度,诏配江州兴果寺。后因僧望颇高,移属东林寺,积极推动佛事活动。他学律、行律、执律,终生一贯。"师心行禅,身持律,起居动息,皆有常节。虽沍寒隆暑,风雨黑夜,捧一炉,秉一烛,行道礼佛者,四十五年,凡十二时,未尝阙一,其精勤如是。""故登坛进律,郁为法将者垂三十年。领羯磨会十三,化人众万数。"②其弟子者名的有道建、利辩、元审、元聪等。

禅宗是佛教众多宗派之一,因主张用禅定概括佛教全部修习而得名。禅宗与其他宗派一样,也是依靠宣教、传授的手段,扩大社会影响、培植信徒,在宗派斗争中取得优势,从而扩张势力范围,占据垄断地位。禅宗的传授也有自己的系谱。菩提达摩来中国传教,被认为是禅宗的创始人,奉为第一祖,下传二祖慧可、三祖僧璨、四祖道信、五祖弘忍。弘忍之后,禅宗出现分流,分为北宗神秀与南宗慧能。慧能门下,再发新的分支,有青原行思、南岳怀让、南阳慧忠、荷泽神会,形成禅宗的主流。

神秀是禅宗北宗的创始人。据《宋高僧传》卷八所载,神秀俗姓李,汴州尉氏人。少年时博学多闻,后决意出家,投拜在蕲州双

---

① 《刘禹锡集》卷四《唐故衡岳律大师湘潭唐兴寺俨公碑》。
② 《白居易集》卷四一《唐江州兴果寺律大德凑公塔碣铭并序》。

峰山东山寺禅宗五祖弘忍门下。服劳六年，受到弘忍器重，命为上座，又令为"教授师"。弘忍将选嗣法弟子，令寺僧各作一偈，神秀主张渐修渐悟，他写的偈概括了其思想主张："身是菩提树，心如明镜台，时时勤拂拭，勿使惹尘埃。"弘忍对此偈不满意，认为没有达到思想认识应达到的要求，神秀不能作为嗣法弟子。弘忍死后，神秀到荆州当阳山玉泉寺传法，弟子众多。时当武则天已夺位称帝，利用佛教。久视元年（700年），神秀九十五岁时，被武则天召到洛阳，亲加礼拜。唐中宗即位后，对神秀敬重有加。神秀于神龙二年（706年）卒，获赐号"大通禅师"。门人著名的有普寂、义福等，当时也为朝野所礼重。因为得到政治上的扶植，禅宗北宗处于最得势的阶段。神秀传法于普寂和义福，普寂的社会影响更大。普寂，俗姓冯，蒲州河东人。幼年即修经律，慕名到荆州玉泉寺师事神秀六年，神秀尽以其道授之。唐中宗以神秀年高，敕普寂代师统其僧众，普寂实际成了禅宗北宗的首领。开元二十三年（735年），普寂被召至长安，王公大臣竞来礼谒，都承认自己是北宗的信徒。普寂也注意收受弟子，以扩张北宗的势力范围。普寂与其师的做法不同。"神秀，禅门之杰，虽有禅行，得帝王重之，而未尝聚徒开堂传法。至弟子普寂，始于都城传教，二十余年，人皆仰之。"①"寂公之门徒万，升堂者六十有三"，②培植了一批忠于北宗学说的禅师。普寂也享受到最高的政治待遇，卒谥"大慧禅师"。

　　慧能是禅宗南宗创始人，俗姓卢，南海新兴人。三岁丧父，稍长靠卖柴养母度日。听人念《金刚般若经》，得知受自黄梅弘忍

---

① 《旧唐书》卷一九一《神秀传》。
② 《毗陵集》卷九《舒州山谷寺觉寂塔隋故镜智禅师碑铭并序》。

处。龙朔元年(661年),赴黄梅参见弘忍,充作行者,劳乎井臼。后弘忍选嗣法弟子,令寺僧各写呈一偈,慧能主张顿悟,与神秀主张渐悟相对。慧能不识字,请人代书一偈:"菩提本无树,明镜亦非台,本来无一物,何处惹尘埃?"得到弘忍的认可,密授法衣。因怕他人争夺法衣,慧能逃回岭南,隐于民间十六年。仪凤元年(676年),他在南海法性寺遇印宗法师,得以落发,智光律师临坛为授满分戒。第二年,慧能到韶州宝林寺弘扬顿悟法门。他的基本主张是心性本净,佛性本有,觉悟不假外求,不读经、不礼佛、不立文字,强调见性成佛,自称"顿门"。他的弟子法海将其说教记录汇编成《六祖法宝坛经》,此经成为南宗思想理论代表作,中心内容是顿悟见性,实是佛学的新发展,影响巨大。武则天、唐中宗曾召慧能入京,均辞。逝后,唐宪宗追谥慧能为"大鉴禅师"。其弟子众多,著名的有神会、怀让、行思、慧忠、法海等四十余人。①

由于慧能辞谢入京,他的思想传播和影响也就偏在南方。以两京为中心的北方属于北宗影响的势力范围。南宗转为传播全国的佛教宗派主要依靠神会的不懈努力。据《宋高僧传》卷八所载,神会,俗姓高,襄阳人。年少时,曾从师习"五经",后因读《后汉书》而知有浮图之说,由是留神于释教。后投本府国昌寺颢元法师门下出家。闻岭表曹侯溪慧能禅师盛扬法道,乃奔南而参问,居曹溪数载,体悟顿门。后遍访名迹。开元八年(720年),敕配住南阳龙兴寺,续于洛阳大行禅法。弘扬六祖明心见性之风,一时动摇北宗渐修之道,致使普寂之门盈而后虚。天宝

---

① 《宋高僧传》卷八《唐韶州今南华寺慧能传》,《六祖法宝坛经》。

中,御史卢奕诬奏神会聚徒为乱,被令移往京外。次年,神会徙住荆州开元寺般若院。"安史之乱"起,两京板荡,军需紧急,朝廷令大府置戒坛度僧,税"香水钱"以助军,请神会主坛度,贡献颇多。肃宗召入内供养,令造禅宇于荷泽寺中。神会借势宣讲,发挥六祖之宗风,吸引无数信众,南宗占绝对优势,北宗之门由此而萧寂。卒谥"真宗大师",世称"荷泽大师"。弟子著名的有无名、法如等。

慧能门下,开南岳一系的是怀让,此系对佛教以后的传播有深远影响。怀让,俗姓杜,金州安康人。少年时好佛书,二十岁出家于荆州玉泉寺。后到嵩山慧安处学禅,又到韶州曹溪参拜慧能,受顿悟法。慧能死后,怀让于唐玄宗先天二年(713年)住南岳般若寺观音台,弘扬慧能学说,开南岳一系,世称"南岳怀让"。卒后,唐敬宗敕谥"大慧禅师"。弟子中著名的有九人,以马祖道一为主座。马祖,本姓马,名道一,汉州什方人。初从资州出家学禅,在渝州圆律师处受具足戒。后到南岳坐禅,怀让以磨砖不能成镜喻成佛不在于坐禅,由此开悟而随怀让学禅十年,深有体悟。后到建阳、临川、南康等地弘传禅法。大历年间,住钟陵开元寺讲法,四方学者云集,因得到地方官的支持,形成一派并大有发展,称为"洪州宗"。道一为洪州宗创始者,世称"马祖道一"。卒后,宪宗敕谥"大寂禅师"。弟子著名的有怀海等一百三十九人。怀海,俗姓王,福州长乐人。出家后,师事马祖道一,后住新吴百丈山,世称"百丈禅师"。以前禅僧多居律寺,与律僧混处,怀海认为禅宗和律宗的生活活动习惯不同,两者应该分处,于是创设禅院以让禅僧居住,并制定《禅门规式》,把禅僧的生活活动导入规范,各地先后仿效,后称"百丈清规"。怀海对洪州宗的形成起了重要作用。卒后，穆宗敕谥"大智禅师"。①

《白居易集》卷四一《传法堂碑》记载大彻禅师传授世系及其答问。大彻禅师也是马祖道一的弟子之一。

大彻禅师……号惟宽，姓祝氏，衢州信安人。……生十三岁出家，二十四具戒，……报年六十三，终兴善寺，……诏谥曰"大彻禅师"……有问师之传授。……达摩传大弘可，可传镜智璨，璨传大医信，信传圆满忍，忍传大鉴能，是为六祖。能传南岳让，让传洪州道一，一谥曰大寂。寂即师之师。贯而次之，其传授可知矣。……以世族譬之，即师与西堂藏、甘泉贤、勒谭海、百岩晖，俱父事大寂，若兄弟然。……有问师之心要。曰：师行禅演法，垂三十年；度白黑众，殆百千万亿。应病授药，安可以一说尽其心要乎？然居易为赞善大夫时，常四诣师，四问道。第一问云：既曰禅师，何故说法？师曰：无上菩提者，被于身为律，说于口为法，行于心为禅，应用有三，其实一也。如江湖河汉，在处立名，名虽不一，水性无二。律即是法，法不离禅，云何于中，妄起分别？第二问云：既无分别，何以修心？师曰：心本无损伤，云何要修理？无论垢与净，一切勿起念。第三问云：垢即不可念，净无念可乎？师曰：如人眼睛上，一物不可住；金屑虽珍宝，在眼亦为病。第四问云：无修无念，亦何异于凡夫耶？师曰：凡夫无明，二乘执着，离此二病，是名真修。真修者，不得动，不得忘，动即近执着，忘即落无明。其心要云尔。师之徒殆千余，达者三十九人。其入室受道者，有义崇，有圆镜……

---

① 《宋高僧传》卷一〇《唐新吴百丈山怀海传》。

从这里所引的材料来看,介绍宗派的传授世系,单线下延,到文章所写的传主为止,目的极为明显,是为了证明所传承的是嫡系正宗。由介绍问答的记录,可以看到学者最关注的问题是心法之要,拜访禅师问答的范围和方式,依据的原则是按病给药,因人施教。

第三节　书院的产生及初期概况

高等私学的发展,到了唐中期开始出现名为"书院"的新教育组织形式。书院是在私学基础上逐步增加新的因素而形成的,虽然增添了新的因素,但并不改变私学的本质。新的因素就是为适应时代发展的需要,利用社会发展提供的物质成果来改善教学条件,添置相当数量的图书,设立藏书专室,使学生在听取名师讲学之余,可以自由读书,博览经史百家,以扩大见闻,丰富知识。新的因素也就成了新教育组织形式的突出特征。

"书院"的名称,起初的意思是收存书籍之所。从历史文献考查,较早使用这一名称的是国家负责校理经籍、收藏图书的机构。《新唐书》卷四七《百官志二》载:"开元五年,乾元殿写四部书,置乾元院使,……六年,乾元院更号丽正修书院,置使及检校官,……十一年,置丽正院修书学士;光顺门外,亦置书院。十二年,东都明福门外亦置丽正书院。十三年,改丽正修书院为集贤殿书院……"集贤殿书院设有学士、直学士等人员,宰相一人兼学士知院事。其基本职责是"掌刊缉古今之经籍,以辩明邦国之大典,而备顾问应对。凡天下图书之遗逸、贤才之隐滞,则承旨而征求焉。其有筹策之可施于时,著述之可行于代者,较其才艺,考其学术,而申表之。凡承旨撰集文章,校理经籍,月终则进课于内,岁终则考最于外"。① 从职能和任务范围来看,集贤殿书院是政府专设的一个征求、编校、收藏图书并备咨询的机构,并未承担教学的任务。简单说来,丽正书院或集贤殿书院是国家图书馆,不是中央政府办的一所官学。民间使用"书院"一词也未作严格限定,除了基本的意思之外,似乎更为宽泛,既可指藏书之所,也可指读书之所,还可指教书之所,突出强调的是与书的联系。在私学的范围内,建筑空间有限,一个场所可进行多项活动,这些活动都有相互联系。既为藏书之所,自然也可以让学子读书其中,成为高等私学设施的组成部分。取新的特征,来指称具有新的因素的高等私学为"书院",也是当时社会公众所能理解和接受的。

一、书院产生的历史条件

书院是中国古代高等私学发展至唐代的产物,在世界古代教育史上也是特有的教学组织形式。书院有其发展过程,它创始于唐代,发展于五代,昌盛于宋代,延续起伏于元、明、清。书院的出现有其历史原因和条件,需要予以考察和认识。

(一) 书院以私学为历史基础

书院不是天外飞来之物,而是产生于中国历史文化沃土。

---

① 《唐六典》卷九《集贤殿书院》。

中国教育史上有长远的私学渊源，私学起源于春秋时期，当时贵族没落造成官学衰废，为适应社会变革时代平民学习文化的需要，民间私学逐渐兴起。私学发展经历了各个阶段。战国"百家争鸣"，带来私学繁荣的局面。秦代禁止私学，造成重大打击，致使私学发展中断。秦亡汉兴，私学恢复。此后两千多年，私学发展没有间断。汉代儒家私学传授的发展日益昌盛，而诸家私学则处于衰微状态。魏晋南北朝时期，形势起了大变化，道、佛流行，玄学成风，而儒学衰落。隋唐在统一的中央集权政治条件下，出现经济繁荣，平民过上一段安定生活，随之要求学习文化。官学有等级的限制，满足不了平民广泛的需要。平民受教育还是要依靠大量的私学，继续聚徒讲学。私学发展增添了新的因素，形成以广读书本为特征的新教育组织形式。民间所办的这些学校，原则上还是自主办学、自由招生、自由讲学、自由求学，从本质上考察，仍然属于私学范畴。可以说，书院是私学发展进入新阶段的产物，历代私学传统是书院这种新的教育组织形式赖以发展的历史基础。书院的出现不是私学发展的中断，而是私学发展进一步的延续。

（二）士人对教育内容有新的需求

隋唐在政治制度上的一项重大变革，就是实行科举考试选士制度，用科举考试的方法选拔有知识才能的人才参政。这一举措打破了门阀士族对政权的垄断，促进了社会风气的转变，形成了重视文化的观念，调动了民众入学读书的积极性。但政府所办的官学主要保护贵族官僚子弟受教育的特权，既有等级地位的限制，也有数量的限制。平民要入学读书，进一步受高等教育，不得不求之于私学。私学适应民众受教育的需要，弥补官学的不足，有充分的生源，所以能长期存在。

唐代不仅确立了通过科举考试选拔人才的制度，而且在制度上进一步发展完善。唐代的科举制度虽然多科并行，但发展的趋势是以进士科为中心，受到社会舆论的高度关注。进士科每年举行一次全国考试，参与考试人数众多，而录取人数有限，但其政治出路比较优越，对希望提高社会政治地位的士人产生极大的吸引力。士人的学习以进士及第为目标，学习内容围绕进士科考试的需要。士人普遍以追求功利为动力，自然要汇成一股时代潮流，并影响到教育的变革。

进士科考试与明经科有所不同。明经科要求专经学习，不论通两经或通五经，都是儒学经典，有规定经、注、疏，知识范围有所限定，需要专心一意地学习，录取的比例大致是十分之一。进士科考试的知识要求更高，录取的比例大致是百分之一。进士科以经史知识为基础，还要熟悉各种文体的写作，尤其是应付灵活性很大的诗赋策论的考试项目，需要具有广博的知识，通晓天文地理，贯通社会人事，方可旁征博引，取材丰富，才能义理雄辩，文采可观。如果没有可凭借的其他外部因素，缺乏贵族、官僚、名人做依靠，只是凭自己的实力去竞争，根据成功人士的经验，必须要博学。"读书破万卷"是努力博学以准备好知识条件，"下笔如有神"是临场发挥有极佳的表现。私学的高等教育为科举服务，也就要顺应时代潮流，为弟子们的博学创造条件。历史上，为了达到博学，学生往往采取游学的方式。到了唐代，经济发展，物质条件得到改善，书籍增多，购买手抄本也方便，要博学可以多读书，实现目的的方法是使书籍集中于私学，尽量增加藏书，供弟子们泛观博览，丰富知识。高等私学要适应科举考试时代士人对知识的新需要，无可避免地要朝着增加藏书，改善学习条件与学习方式的方向推进。士人适应科举考试制度的需要，成为一种推动力量，催生了书院这种新的教育组织形式。

（三）书籍供应的变化

书是历代积累知识文化的载体，是学习的重要工具。随着社会的发展进步，人们认识到学习文化知识对于增强个人能力、改善经济生活、提高政治地位的重要作用。社会对书的需求量也日益增加，而需要呼唤出供应。在造纸术推广之后，印刷术推广之前，主要就是依靠手抄书，抄书供应的书手成为一种社会职业。有些贫困的士人为了生活，不得已充当书手，王绍宗就是其中之一。《旧唐书》卷一八九下《王绍宗传》："王绍宗，扬州江都人也。……绍宗少勤学，遍览经史，尤工草隶。家贫，常佣力写佛经以自给，每月自支钱足即止，虽高价盈倍，亦即拒之。寓居寺中，以清净自守，垂三十年。"王绍宗近三十年以抄书为业，抄的是佛经。书手是根据雇主的需要而抄，别的书手可能会抄其他经史或百家之书。隋唐时代，经济繁荣，手工业发达，纸、墨、笔、砚的生产保证了抄书的需要，使手抄书流行于社会。当时的大城市如西京、东都、扬州、益州，都有专设市场，市场中都有书肆，成为书籍供应的中转站，为私人增加藏书创造了条件。有的人藏书是备为己用，留传子孙后代，偶尔让亲友借阅借抄，一般不开放。有的人比较开明，认为私家藏书可以让社会共享，因此专设收藏场所,由专人管理分类编目,并对求学者开放。隋唐五代,由于社会生产有一定发展,具备必要的物质条件,私家藏书已较为普遍,以下所举事实可以证明。

《隋书》卷七五《刘焯传》:"武强交津桥刘智海家素多坟籍,焯与炫就之读书,向经十载,虽衣食不济,晏如也。"刘家藏书既向刘焯、刘炫等开放,也会继续向后来求学者开放。

《隋书》卷五八《许善心传》:"许善心字务本,高阳北新城人也。……父亨,仕梁至给事黄门侍郎,在陈历羽林监、太中大夫、卫尉卿,领大著作。善心九岁而孤,为母范氏所鞠养。……家有旧书万余卷,皆遍通涉。"许善心是官家子弟,有特殊的文化背景,这使他具有较高的知识素养,在陈举秀才,任户部侍郎,补撰史学士;在隋历官秘书丞、黄门侍郎、礼部侍郎,撰成《梁史》。他家的藏书个会减少,只会扩充。

《隋书》卷七七《张文诩传》:"张文诩,河东人也。父琚,开皇中为洹水令,以清正闻。有书数千卷,教训子侄,皆以明经自达。"张家的子侄都能由科举获得功名,知道功名源于文化,会更加珍视藏书。

《旧唐书》卷五九《李袭誉传》:"袭誉字茂实,少通敏有识度。……后历光禄卿、蒲州刺史,转扬州大都督府长史,为江南道巡察大使,……召拜太府卿。袭誉性严整,所在以威肃闻。凡获俸禄,必散之宗亲,其余资多写书而已。及从扬州罢职,经史遂盈数车。尝谓子孙曰:'吾近京城有赐田十顷,耕之可以充食;河内有赐桑千树,蚕之可以充衣;江东所写之书,读之可以求官。吾没之后,尔曹但能勤此三事,亦何羡于人。'"李袭誉身为唐初的高级官员,拿部分俸禄用于写书,聚书可装载数车。他的思想很有代表性,不留钱而留书,要子孙读书以求官。

《旧唐书》卷一〇二《吴兢传》:"吴兢,汴州浚仪人也。励志勤学,博通经史。……兢家聚书颇多,尝目录其卷第,号《吴氏西斋书目》。"私家藏书需要专斋储存,还要自编书目,虽未详计其数,却也令人相信其多。

《旧唐书》卷一〇二《韦述传》:"韦述,司农卿弘机曾孙也。父景骏,房州刺史。述少聪敏,笃志文学。家有书二千卷,述为儿童时,记览皆遍,人骇异之。……述在书府四十年,居史职二十年,嗜学著书,手不释卷。……家聚书二万卷,皆自校定铅椠,虽御府不逮也。兼古今朝臣图,历代知名人画,魏晋已来草隶真迹数百卷,古碑、古器、药方、格式、钱谱、玺谱之类,当代名公尺题,无不毕备。"韦述生在官僚世家,其家藏书二千卷,他亲手扩藏至二万卷。他是一位学问家兼藏书家,据说是受当时人敬仰的长者。"澹于势利,道之同者,无间贵贱,皆礼接之。"他接待同道,讨论的是学术与书籍编纂的问题。

《新唐书》卷一四八《田弘正传》:"田弘正字安道。……弘正性忠孝,好功名,起楼聚书万余卷,通《春秋左氏》,与宾属讲论终日,客为著《沂公史例》行于世。"田弘正是坐镇一方的节度使,起书楼、聚图书、纳宾客而共讲论都是私家的活动,其中聚书、讲论具有书院的因素。

《旧唐书》卷一八九下《苏弁传》:"苏弁字元容,京兆武功人。……弁聚书至二万卷,皆手自刊校,至今言苏氏书,次于集贤秘阁焉。"苏弁好学爱书,聚书数量可观。

《韩昌黎集》卷七《送诸葛觉往随州读书》:"邺侯家多书,插架三万轴,一一悬牙签,新若手未触。为人强记览,过眼不再读。

伟哉群圣文,磊落载其腹。"宰相李泌,封邺侯。其子李繁承其家业,藏书甚多,时任随州刺史,诸葛觉从长安出发往随州从师求学。

《樊川文集》卷七《唐故太子少师奇章郡开国公赠太尉牛公墓志铭并序》:"唐佐四帝十九年宰相牛公讳某,字某。八代祖弘,以德行儒学相隋氏,封奇章郡公,赠文安侯。……长安南下杜樊乡东,文安有隋氏赐田数顷,书千卷尚存。公年十五,依以为学,不出一室,数年业就,名声入都中。"牛僧孺曾为唐朝四帝宰相,其八代祖牛弘在隋朝为相时受赐田数顷、书千卷,还保存了下来。牛僧孺十五岁时就依靠这些进行学习,坚持数年,学业终于有了成就。

《新唐书》卷一七二《杜兼传》:"杜兼字处弘,中书令正伦五世孙。……元和初,入为刑部郎中,……寻擢河南尹。杜佑素善兼,终始倚为助力。……家聚书至万卷,署其末,以坠鬻为不孝戒子孙云。"《南部新书》辛:"杜兼常聚书至万卷,卷后必有题云:'清俸写来手目校,汝曹读之知圣道,坠之鬻之为不孝。'"杜兼聚书万卷,把这批书视为世代相传的宝贵遗产,他嘱咐子孙后代要珍护这些书,不让其毁坏散失。

《樊川文集》卷一《冬日寄小侄阿宜诗》:"我家公相家,剑佩尝丁当。旧第开朱门,长安城中央。第中无一物,万卷书满堂。家卷二百编,上下驰皇王。"

《樊川文集》卷一六《上知己文章启》:"上都有旧第,唯书万卷。"杜牧家有祖辈相传的遗书万卷。

《全唐文》卷七四二《刘轲·与马植书》:"今予之嗜书,有甚于嗣宗之嗜酒,且虚其腹,若行哺而实者。……匡庐之下,犹有田一成,耕牛两具,僮仆为相,杂书万卷,亦足以养高颐神。诚知非丈夫矣所立,固不失谷口郑子真耳。"刘轲字希仁,曲江人,曾到庐山隐居读书,聚书达万卷,后人称其居所为"刘轲书堂"。

《唐摭言》卷一〇《韦庄奏请追赠不及第人近代者》:"陆龟蒙字鲁望,三吴人也。……居于姑苏,藏书万余卷。诗篇清丽,与皮日休为唱和之友。"

《新唐书》卷一六三《柳仲郢传》:"仲郢字谕蒙。……家有书万卷,所藏必三本:上者贮库,其副常所阅,下者幼学焉。仲郢尝手钞'六经',司马迁、班固、范晔史皆一钞,魏晋及南北朝史再,又类所钞它书凡三十篇,号《柳氏自备》,旁录仙佛甚众,皆楷小精真,无行字。"柳仲郢的手抄书和藏书都有其特色,数量也多。

《旧五代史》卷一四《梁书·罗绍威》:"罗绍威,魏州贵乡人。……绍威袭父位为留后,朝廷因而命之,寻正授旄钺,……好招延文士,聚书万卷,开学馆,置书楼。"罗绍威学馆不仅聚书数量多,而且具备书院的因素。

《旧五代史》卷二四《梁书·孙骘》:"孙骘,滑台人。……开平三年,陈右谏议大夫,满岁,迁左散骑常侍。骘雅好聚书,有'六经'、汉史泊百家之言,凡数千卷,皆简翰精至,披勘详定,得暇即朝夕耽玩,曾无少怠。"孙骘爱好聚书,并力求成为善本。

《新五代史》卷四二《王师范传》:"王师范,青州人也。……师范颇好儒学,聚书至万卷,为政有威爱。"《新五代史》卷四七《杨彦询传》:"杨彦询字成章,……少事青州王师范,师范好学,聚书万卷,使彦询掌之。"王师范聚书数量多,并令专人管理。

《新五代史》卷四一《赵匡凝传》:"赵匡凝字光仪,蔡州人也。……颇好学问,聚书数千卷。"

《旧五代史》卷六九《唐书·张宪》:"宪沉静寡欲,喜聚图书,家书五千卷,视事之余,手自校刊。"

《旧五代史》卷七一《唐书·贾馥》:"贾馥,故镇州节度使王镕判官也。家聚书三千卷,手自校刊。"

《新五代史》卷三四《石昂传》:"石昂,青州临淄人也。家有书数千卷……"

《旧五代史》卷九二《晋书·梁文矩》:"梁文矩字德仪,郓州人。……喜清静之教,聚道书数千卷,企慕赤松、留侯之事。"道家人士也聚书,这是值得注意的。

《旧五代史》卷九二《晋书·韩恽》:"韩恽字子重,太原晋阳人。……恽世仕太原,昆仲为军职,惟恽亲狎儒士,好为歌诗,聚书数千卷。"

《旧五代史》卷一三一《周书·刘皞》:"刘皞字克明,晋丞相谯国公昫之弟也。……皞从儒学,好聚书。"

《范文正公文集》卷三《窦谏议录》:"窦禹钧,范阳人,……诸子登进士第,义风家法,为一时标表。……于宅南构一书院,四十间,聚书数千卷。"

《十国春秋》卷八三《吴越·传英》:"传英,武肃王第三子。……天性英敏,颇敦儒学,聚书数千卷。"

《全唐文》卷八八八《徐锴·陈氏书堂记》:"衮以为族既庶矣,居既睦矣,当礼乐以固之,《诗》《书》以文之。遂于居之左二十里曰东佳,因胜据奇,是卜是筑,为书楼、堂庑数十间,聚书数千卷,田二十顷,以为游学之资。"江州陈氏聚族而居,居之左二十里有东佳庄,设有书堂。南唐时,陈衮为江州司户,倡于族人,造书楼、堂庑数十间,聚书数千卷,为书堂的教学创造更好的条件。

社会学习文化的热情,对书籍有较大的需要,私家藏书的人数逐步增加,由京都而扩及地方;藏书量也有增长,由数千而达数万。社会对书籍的需要,依靠手抄书来供应,这是难以满足的。手工逐字抄写,效率不高,抄一本书要费不少时日,要一复本又要再抄一遍,不利于书的广泛传播,而且购书的代价太高,还难以保证不出差错。书的供求存在较大的矛盾,多投入人力并不是最好的办法,还有待生产技术的进步来帮助解决。

隋唐时期雕版印刷术的发明和推广应用,为市场增加书籍的供应量、私家藏书的扩充创造了条件。明胡应麟说:"雕本肇自隋时,行于唐世,扩于五代,精于宋人。"① 这大体反映了雕版印刷发展的历史过程。现考察一下隋唐五代。

隋费长房《历代三宝记》卷一二载,开皇十三年(593年)十二月八日敕:"废像遗经,悉令雕撰。"对此敕文,各方存在不同的解释,有人认为这是印书的开始。

1913—1916年,我国新疆被英国人斯坦因盗去不少古物,其中有吐峪沟印品残片一纸,刊印有"……官私,延昌卅四甲寅……家有恶狗,行人慎之。……"等。高昌此类文化必从中原传去,"延昌卅四"乃隋开皇十四年(594年),因此有专家推断:雕版发明的时间可追溯到六世纪末,也就是隋唐之际。②

唐初有印刷品,已从文献材料中获得说明。《云仙散录》引《僧园逸录》说:"玄奘以回锋纸印普贤像,施于四众〔僧、尼、善

---

① 《少室山房笔丛》卷四。
② 参见岑仲勉所著《隋唐史》上册《隋史》第十五节"印刷术发明"。

男子、善女子〕,每岁五驮无余。"

长庆年间,印书已有较广泛的传播。元稹《白氏长庆集序》云:"至于缮写模勒,炫卖于市井,或持之以交酒茗者,处处皆是。杨越间多作书模勒乐天及予杂诗,卖于市肆之中也。"元稹的序文作于长庆四年(824年)十二月。元稹与白居易的诗被人刊印为书册,卖于市肆之中,从扬州到越州,处处皆有,可见传播之广。

大和年间,版印历日成为朝野关注的问题。《全唐文》卷六二四《冯宿·禁版印时宪书奏》云:"准敕:禁断印历日版。剑南西川及淮南道皆以版印历日鬻于市,每岁司天台未奏颁下新历,其印历亦已满天下,有乖敬授之道。"因冯宿的奏请,朝廷颁发禁令。《旧唐书》卷一七下《文宗本纪下》载,大和九年(835年)十二月:"丁丑,敕:诸道府不得私置历日版。"所谓历日版,当是印刷历书的雕版。能印历书,当然也能印其他种类的书。

会昌年间,也有雕版印书的记录。范摅《云溪友议》卷下《羡门远》:"纥干尚书皋苦求龙虎之丹十五余稔。及镇江右,乃大延方术之士。乃作《刘弘传》,雕印数千本,以寄中朝及四海精心洗炼之者。"纥干臮在武宗会昌时所崇信的是道教,故雕印《刘弘传》数千本寄赠同道。这说明江右已有雕版印书。

咸通六年(865年)十一月,日本僧人宗叡返归日本,带回经卷一百三十四部一百四十三卷,还有西川印子《唐韵》一部五卷、《玉篇》一部三十卷。印子本即雕版印本。两部大书在咸通时已雕版流传并传播海外,足以反映当时刊印书籍的盛况。

咸通本《金刚经》被斯坦因劫去,成为伦敦博物馆的收藏本,是中国现存最早的一本印本书。《金刚经》全书正文六页,正文之前有一幅雕版画佛像，书末记年月日一行，其辞曰："咸通九年四月十五日王玠为二亲敬造普施。"此本标志着咸通年间的印刷水平。

咸通末年(873年)，司空图首次到东都洛阳，作《东都敬爱寺讲律僧惠確化募雕刻律疏》，注云"印本共八百纸"，此文载《一鸣集》卷九。这反映当时雕版印书已有相当规模。

中和年间，成都的雕版印书种类繁多。王说《唐语林》卷七《补遗》："僖宗入蜀，太史历本不及江东。而市有印货者，每参互朔晦，货者各征节候，因争执，里人拘而送公。"柳玭《家训序》："中和三年癸卯夏，銮舆在蜀之三年也。余为中书舍人，旬休阅书于重城之东南，其书多阴阳杂说、占梦相宅、九宫五纬之流，又有字书小学，率雕版印纸，浸染不可尽晓。"这反映在书肆中，雕版印书已代替了手抄书。

五代时，中央政府在推进雕版印书事业上采取了一项空前的举措，下令刻九经印板，并以所印敕本为标准，广颁天下。此事自后唐长兴三年(932年)开始，至后周广顺三年(953年)才完成。《五代会要》卷八《经籍》："后唐长兴三年二月中书门下奏：'请依石经文字，刻九经印板。'敕令：'国子监集博士儒徒，将西京石经本，各以所业本经句度，抄写注出，子细看读。然后顾召能雕字匠人，各部随秩刻印板，广颁天下。如诸色人要写经书，并须依所印敕本，不得更使杂本交错。'其年四月，敕：'差太子宾客马缟、太常丞陈观、太常博士段颙、路船尚书屯田员外郎田敏，充详勘官，兼委国子监于诸色选人中，召能书人端楷写出，旋付匠人雕刻。每日五纸，与减一选，如无选可减等第，据与改转官资。'汉乾祐元年闰五月，国子监奏：'见在雕印板九经内，有《周礼》《仪礼》《公羊》

《穀梁》四经,未有印本,今欲集学官校勘四经文字镂板。'从之。周广顺六年六月,尚书左丞兼判国子监事田敏,进印板九经书、五经文字、九经字样,各二部,一百三十册。"自此之后,杂本被排除,敕本印板九经成为官学、私学法定的标准教材,而国子监也就成为全国板印九经标准教材和其他工具书的中心。后周显德二年(955年),国子监奉命校勘《经典释文》三十卷,雕造印板。这就是继续扩大雕版印书的种类。

在五代时的十国地区,印板书也有发展。史书上记载较突出的是后蜀毋昭裔,他精通经术,博学多才,爱好藏书,在后蜀历官御史中丞、中书侍郎、同平章事。他为改变文教衰废的局面,出私财百万营学馆,刻九经石于成都学宫,又奏请镂板印九经,后再刻板印《文选》《初学记》《白氏六帖》等书。书籍印行,增加了供应,为蜀中义学复盛创设了条件。

从隋唐五代书籍供应的变化可以看到,手抄书供应市场可以满足部分人的需要,私家依靠自己的财力,不断添置新书,以达到增加藏书的目的。但手抄书的效率毕竟很低,耗费不少时日,从头抄到尾,才能复制一本书。以这样的效率出书,远远满足不了社会需要。社会对书籍的需求促进了雕版印刷术的发明和推广,雕版虽然费时费工,但雕成之后,可以批量、反复印书,大大提高出书的效率,有利于书籍的供应,便于私家采购、收藏,为书院的产生创设了条件。书院产生的必要条件是逐步酝酿成熟的,这是经历一个过程才达到的。私家藏书增加成为这一历史阶段的发展趋势。私家藏书增加,自然转为私学藏书的增加,直至设专室藏书,以供学生阅览。藏书成为私学的组成部分,与没有藏书设施的私学相比,这是因发展而形成的新特色。

（四）以儒学为精神支柱

私学是由民众自主设立的，民众受不同的文化思想影响，也就有不同的思想信仰，所办的私学自然也就有其指导思想并表现出不同的倾向。所以，儒道佛三家分立，三种文化各有进行传授的私学。佛家开展佛学教育，以寺院为基地。道家开展道学教育，以道观为基地。两家都有浓重的宗教成分，其教育都与宗教信仰、偶像崇拜的日常仪式相合。与佛家、道家不同，儒家面对社会人生，所关心、所思考的都是民生的现实问题，具有人文精神。儒家开展儒学教育以精舍、书堂为据点，主要目的在于培植忠诚维护封建社会秩序的统治人才，依靠这些人才去教化民众。这些世俗性的文化教育机构以儒学为教育的基本内容，经学是传统的主干课程，适应时代发展，扩充学习史学和文学。经学为主，文学、史学为辅；经学为体，文学、史学为用。三者密切相关，都属于儒学范围。不属于佛家、道家的大部分士人都自认属于儒家，他们所办的私学都属于儒学性质。在私学基础上，发展出新的教育组织形式——书院。书院实际继承儒学传统，以儒学为其精神支柱。书院所尊崇、所敬奉的是体现儒学精神典范的先圣先贤。没有儒学的精神支柱，也就不会有重视阅读、储藏圣贤书的书院。

二、唐代书院概况

历史上作为新的教育组织形式的早期书院，都以私人身份创办或兼主持，进行比蒙学更高层次的文化知识教育，目标在于培养社会精英人才,聚徒讲学和聚书供读是其基本特征。书院经历了从产生、发展到成熟多个阶段,缺乏系统完整的历史记载,只有零碎分散的部分记载可供考察研究。以下谈唐代出现的早期书院的情况。

唐代民间的书院由何人首创?根据现有的有限史料,还很难查证。但民间确有不少私人创办的书院存在,"书院"的名称被广泛使用,从唐代文献史料中时常能看到。有的研究者从《全唐诗》诗题中查出十一所,依卷序列举如下:李秘书院(卷二四五,韩翃《题玉真观李秘书院》)、第四郎新修书院(卷二七八,卢纶《同耿拾遗春中题第四郎新修书院》)、赵氏昆季书院(卷二七九,卢纶《宴赵氏昆季书院因与会文并率尔投赠》)、杜中丞书院(卷二九九,王建《杜中丞书院新移小竹》)、费君书院(卷三三三,杨巨源《题五老峰下费君书院》)、李宽中秀才书院(卷三七〇,吕温《同恭夏日题寻真观李宽中秀才书院》)、南溪书院(卷五一七,杨发《南溪书院》)、书院(卷五七〇,李群玉《书院二小松》)、田将军书院(卷五七四,贾岛《田将军书院》)、子侄书院(卷六四〇,曹唐《题子侄书院双松》)、沈彬进士书院(卷八四四,齐巳《宿沈彬进士书院》)等。① 这些书院存在于不同年代与不同地方,我们难于详细了解其活动细节。从书院的名称看,似乎更多强调个人;而从活动的有关内容看,已不限于个人读书场所,而是有更多的活动内容。如赵氏昆季书院可以举行宴会,进行以文会友的唱和活动;沈彬进士书院设有客房,可安置友人住宿;杜中丞书院和田将军书院的主人都是颇有政治地位的人物。这些书院不是创办者为自己

---

① 陈元晖,等. 中国古代的书院制度[M]. 上海:上海教育出版社,1981:5—6.

读书而设，而是与文化人交往活动的场所。

唐五代史书未专项记载书院，而后代的地方志介绍地区的文化发展还是有些记载的，这些记载有助于我们认识书院在发展中前进。以下摘要介绍几所。

漳州松洲书院　创始者为陈珦。民国《福建通志·列传》卷二有传，记其人其事。陈珦于万岁通天元年(696年)举明经及第，后任漳州文学，乃建书院于松洲，与士民论说典礼。先天元年(712年)，任州刺史。开元二十五年(737年)，辞官，复归松洲，聚徒教授。天宝元年(742年)，卒。

衡山李泌书堂　创始者为李泌。家住京兆，幼聪颖能文，长而好道术，常游名山，隐居衡岳烟霞峰下，建书堂为读书著述、讲学授徒之所。李泌数次应诏入京，任官至宰相，封为邺侯，其书堂被后人称为邺侯书堂。其子李繁袭封邺侯，贞元末由随州刺史罢归衡山，在南岳庙侧建南岳书院，其家藏书，移储于此，书籍之多，闻名湖湘。聚书对士人产生吸引力，有助于聚徒讲学。

遂州张九宗书院　张九宗创建书院于遂州(今四川遂宁)。据《古今图书集成·职方典》之四川学校考载，建书院于唐贞元间。《全唐诗外编》介绍张九宗，称其为"遂宁小溪人，德宗时登高科，持节封侯，归典乡郡"。据民国《遂宁新志》卷三《选举》《乡宦》与卷七《学校》载，张九宗，遂宁人，唐贞元间进士，历官戎、同、华、普、遂、邛等州刺史，退休归遂宁，注重文化事业，凡寺观碑铭，多所撰著。张九宗活动于贞元年代，他所创建的书院是中国早期书院之一。

衡阳石鼓书院　创始者为李宽中，故又称李宽中书院，元和年间建于衡阳石鼓山。宋朱熹《石鼓书院记》言其建置。《同治衡阳县志》载:"李宽中,唐处士也。……州城外石鼓山,自贞观初,刺史宇文炫开东岩面溪,为眺览名地。宽为山主,乃改道院为学舍,其后因之立学,祠先圣。乃招诸生弦诵其中,本自宽也。"

高安桂岩书院　创始者为幸南容。《同治高安县志》载,书院建于洪州高安县城北六十里桂岩。幸南容于贞元九年(793年)登进士第,元和时官至太常卿、国子祭酒,元和九年(814年)告老归乡。他建书院于桂岩,是为了优游山林,聚徒讲学,也为子孙创造读书应举的条件。书院存在六十多年。幸南容之孙幸轼,中和二年(882年)登三史科,任太子校书郎,迁家于郡城,书院因无人主持而荒废。

江州景星书院　创建者为李渤。嘉靖《九江府志》卷一〇记其事。李渤于长庆中任江州刺史,建书院于州治东,名为景星书院,令士子读书其中。

南雄孔林书院　创建者为孔戣之孙孔振玉。孔戣为孔子裔孙,元和时为岭南节度使,退休后就地安家,长庆四年(824年)卒,年七十四。至其孙,始建书院。《明一统志》卷八〇载:"孔林书院在府城〔南雄府〕东一百里。唐宪宗时曲阜孔戣为岭南节度使,因家焉。后孙振玉始建书院。"孔林书院估计建于咸通十一年(870年)左右。

德安东佳书堂　创建者为陈崇,书堂位于江州德安县西北六十里东佳山下。据胡旦《义门记》所载,唐大顺元年(890年),江州长史陈崇立《陈氏家法》,其中规定:"立书堂一所于东佳庄,弟侄子孙有赋性聪敏者,令修学。稽有学成应举者,除现置书籍外,须令添置。于诸生中立一人掌书籍,出入须令照管,不得遗失。宾客寄止修业者延待于彼,一一出东佳庄供应周旋。"从整个家法的有关规定考察,书堂是在书屋训教童蒙基础上建立的高一层的文化教育机构,既是陈氏家族十五岁以上优秀子弟就学之处,也是宾客寄住修业之所,所置之书籍供在书堂者借阅,有专人管理,以免散失。

睦州青山书院　创建者为翁洮。翁洮字子平,睦州(今浙江建德)人。光启三年(887年),进士及第。官至主客员外郎,归隐于青山,不应征召。光绪《浙江通志》卷二九载:"青山书院在〔寿昌〕县西南十里青山,唐隐君翁洮建。"据此分析,书院当建在翁洮归隐之后。

地方志除记载以上几处唐代书院之外,还提到另外几处书院[①],列举如下:

书院名称	创建者	所在州县与位置	创建年代
瀛洲书院	李元通	京兆府蓝田县治南	武德年间(618—626)
李公书院	李靖读书处,后人重建	青州临朐县西南	贞观二十三年(649年)之后
丽正书院		越州会稽县	开元十一年(723年)
光石山书院		衡州攸县司空山	天宝(742年)之前
杜陵书院	当地为纪念杜甫而建	衡州耒阳县北	大历五年(770年)之后
凤翔书院	杨发	叙州府南溪县	大和年间(827—835)
韦宙书院	韦宙	衡山县南净福山	大中、咸通之际(860年左右)
草堂书院	林嵩	福宁府福鼎县	乾符元年(874年)之后

---

① 邓洪波.唐代地方书院考[J].教育评论,1990(2):56-60.

续表

书院名称	创建者	所在州县与位置	创建年代
丹梯书院	张　曙	巴州治南书案山	中和四年至大顺二年之间(884—891)
鳌峰书院	熊　秘	建阳崇泰里熊墩	年代不详
卢藩书院	卢　藩	衡山紫盖峰	年代不详
皇寮书院	刘庆霖	吉州永丰	年代不详

现所列举的并不是唐代书院的全部,而是其中的一部分。从这一部分的书院情况来看,地域分布已相当广泛。比较起来,长江流域的书院较多,尤其是江南西道地区成为比较突出的先进地区。书院最初是指私人读书治学的地方,随着时代的发展,其活动内容也在发展和丰富。时代要求士人博学,也创造了博学的条件。在书籍稀少难得的时候,博学靠游学请教名家;而生产技术发展,书籍供应增加的时候,多读书就是通向博学的重要途径,所以说"读书患不多",秀才勤读书,能知古今事。凡是参加过科举,并且有了一定社会经历的人,都认识到读书的重要性。他们创办书院时,当然重视聚书,书籍储藏丰富,对士子的吸引力越来越大。来求学问者不能拒,聚徒一多,自然会组织教学活动。从唐中期开始,书院逐步增多,起初有点名实难副,越发展就越名实相副。陈氏书堂虽没有书院之名,却有书院之实。通过对早期书院史料的发掘,考察范围更广,对书院的认识也就更加深入。因此,不仅书院名称出现于唐代,而且早期书院制度也形成于唐代。虽然早期书院具有一定的书院因素,不够成熟,也不够稳定,但它能继续发展以至成熟,进一步达到制度化。

三、五代书院的继续发展

历史进入五代时期,这是一段政治更加混乱、战争更为频繁的时期,政局因军阀战争的胜负而随时变动。五十四年间,经历梁、唐、晋、汉、周五个朝代十四个君主的变迁,人民在军阀战乱中艰难度日,经济、文化均受到严重破坏,官学名存实亡。民间私学则避战乱而求生存,分散于乡村或山林之处,聚徒聚书,继续讲学传授。在延续民族文化,弥补培养人才空缺方面,书院起了重要作用。历史文献中记载了一些当时知名的书院,现作简要列举。

罗绍威学馆　由罗绍威开办,故称罗绍威学馆。《旧五代史》卷一四《梁书·罗绍威传》:"罗绍威,魏州贵乡人。……绍威袭父位为留后,朝廷因而命之,寻正授旄钺,……〔后梁〕开平中,加守太师、兼中书令,邑万户。……绍威形貌魁伟,有英杰气,攻笔札,晓音律。性复精悍明敏,服膺儒术,明达吏理。好招延文士,聚书万卷,开学馆,置书楼……"《新五代史》卷三九《罗绍威传》:"罗绍威字端己,……绍威好学工书,颇知属文,聚书数万卷,开馆以延四方之士。"罗绍威聚书不论是万卷或数万卷,数量都相当多,为此要置书楼来专用于书籍储存,而他开学馆则用于招延四方之士。四方之士受供养,保证生活自然没有问题,他们可以利用学馆藏书多的条件读书,抓住文士聚集的机会相互切磋,以增进学问,成为博学多能的人才,这就是学馆要发挥的重要作用。

留张书院　五代初隐士张玉所建,在洪州高安县云峰坛麓。张玉于唐天复二年(902年)举进士,任官起居郎,天祐元年(904年)为九江观察使。唐亡后,他挂冠归隐,建书堂名"留张",收徒讲学于其间。张玉是科举出身的前朝官员、今朝士绅,具有社会地位和影响,他的留张书堂肯定也有聚书这一项,人称其书堂为留张书院,这是比较典型的私人所创建的书院。

石昂书堂　石昂自家开办的私学。《新五代史》卷三四《石昂传》:"石昂,青州临淄人也。家有书数千卷,喜延四方之士,士无远近,多就昂学问,食其门下者或累岁,昂未尝有怠色。"石昂生在具有儒家文化传统的家庭,其父好学,平生不喜佛说,唯重经书,对石昂深有影响。在这种家庭环境熏陶下,石昂具有深厚的儒学文化道德素养,家有父辈留下的藏书数千卷,具有较好的条件,本人又喜欢招延四方之士,乐意传授,对有困难的还供应食宿。因此,四方之士不管远近,多投奔石昂门下求学问,使石昂的私学兴盛一时,闻名于地方,传扬于后世。名为书堂,实已具备书院的条件。

云扬书院　南唐进士吴白所建,在洪州建昌县。吴白举进士后,曾出仕,后被谪而归,自此隐居不复仕,建云扬书院而讲学。

匡山书院　罗韬所建,在吉州泰和县东匡山下。罗韬字洞晦,苦学清修,淡于名利,隐居不仕。他在后唐明宗长兴年间以文学被征召,授端明殿学士,后以养病为由,辞官归乡,建匡山书院,讲学其中。

洛阳龙门书院　五代时,洛阳有龙门书院,张谊曾就学于此。《宋史》卷三〇六《张去华传》:"父谊,字希贾。好学,不事产业。既孤,诸父使督耕陇上,他日往视之,见阅书于树下,怒其不亲穑事,诟辱之。谊谓其兄曰:'若不就学于外,素志无成矣。'遂潜诣洛阳龙门书院,与宗人沆、鸾、浞结友,故名闻都下。〔后唐明宗〕长兴中,和凝掌贡举,谊举进士……"

毋昭裔学馆 毋昭裔在五代十国之一的后蜀，任官至宰相。《旧五代史》卷四三《唐书·明宗纪》注引《爱日斋丛钞》云："自唐末以来，所在学校废绝，蜀毋昭裔出私财百万，营学馆，且请板刻'九经'。蜀主从之，由是蜀中文学复盛。"

睢阳学舍 杨悫、戚同文先后讲学之所，在宋州宋城县。杨悫，虞城人，"力学志勤，不求闻达"，"乐为教育"，后晋时于宋城建学教授生徒，时称"南都学舍"。楚丘人戚同文就学于此，勤励累年，终于学业有成。杨悫卒后，戚同文继承其业，得将军赵直支持，为之建学舍聚生徒，时称"睢阳学舍"，求学者不远千里而至。

窦禹钧书院 窦禹钧，幽州人，家道殷富。入周，历官太常少卿、左谏议大夫。致仕在家，建书院，聚图书，延师儒，纳寒士。《范文正公文集》卷三《窦谏议录》："窦禹钧，范阳人，……诸子进士登第，义方家法，为一时标表。于宅南构一书院，四十间，聚书数千卷。礼文行之儒，延置师席，凡四方孤寒之士无所供需者，公咸为出之。无问识与不识，有志于学者，听其自至。故其子见闻益博，凡四方之士，由公之门登显贵者，前后接踵。"五子皆由科举及第成显官：长子仪，礼部尚书、翰林学士；次子俨，礼部侍郎、翰林学士；三子侃，左补阙；四子偁，左谏议大夫、参知政事；五子僖，起居郎。故时人称赞："窦燕山，有义方；教五子，名俱扬。"后被编入《三字经》，广为流传。窦禹钧书院已具有书院聚书、聚徒教学等基本必要条件，是一所名副其实的书院。

太乙书院 五代后周时，建太乙书院，在登封县嵩山南麓太乙观。太乙书院由隐居者奏准设立，以传授儒学为己任。入宋，此书院继续存在，至道年间改名"太室书院"，景祐年间重建后更名"嵩阳书院"，被称为北宋四大书院之一。

蓝田书院　南唐员外郎余仁椿所建,在福州古田县城东一百五十里的杉洋村。

梧桐书院　南唐罗靖、罗简兄弟所建,在洪州新吴县(今江西奉新),为罗氏兄弟聚徒讲学之所,因周围山多梧桐,故以"梧桐"为名。

华林书院　南唐胡珰创建,亦称华林书堂、华林学舍,在洪州新吴县城西南五十里的华林山。有关历史记录表明,华林书院经两次建造。宋淳祐六年(1246年)胡矗十二世孙胡逸驾所撰《祭华林始祖侍御史矗公祖妣耿氏夫人二墓文》载:"……唯长子珰独居华林,家风孝友,为大宗家。元秀峰下,建立书院,筑室百区,广纳英豪,藏书万卷。"后珰之四世孙胡仲尧又扩建学舍。《宋史》卷四五六《胡仲尧传》载,胡仲尧"构学舍于华林山别墅,聚书万卷,大设厨禀,以延四方游学之士。南唐李煜时尝授寺丞"。李煜当政在961年至975年间。华林书院在五代时培养了一些人才,有相当大的影响。

五代书院当然不限于以上几所,但文献史料缺乏记载,也就难于一一查考。就这几所知名书院来看,记载有详有略,观略者难以了解其内容,而记录稍详的罗绍威学馆、石昂书堂、睢阳学舍、窦禹钧书院、华林书院等都符合书院的基本条件,说明五代的书院有进一步发展。

唐以前未闻有书院,唐代才出现书院,书院是在私学基础上发展的,是中国私学发展历程中的新阶段,成为学校教育系统中新的组成部分。在书院发展的早期,"书院"名称的使用宽泛而不严格,私人读书、藏书、教书的场所都可以自称或被称为"书院",有的名实不一定相副,而符合书院条件的,有的还沿用传统的名称，不一定都名为"书院"。所以，对于书院还是看实际条件，不能单看是否使用"书院"名称。从书院创办的主体、管理体制以及经费来源等方面考察，它是民间由私人负责和提供一切保障的，本质上属于私学，不在官学系统中。但并不排除个别官员对书院的关心、支持甚至参办。一些有较高文化素养且重道义讲气节的官员，弃职或致仕后以书院为归宿，这是常见的现象。书院在传递并发展民族文化和培植社会需要的人才方面发挥重要作用，在社会和平发展时期是如此，在社会动乱时期更是如此。官学因战争破坏而衰废，人才培养出现空白，由书院加以填补。书院学生埋头苦读，积学待时，成为有文化的士人，总要寻求自己的出路。他们可以自由选择应举，并以登第任官而为时所用为荣耀，这是由当时的社会条件决定的。早期的书院都具教学、聚书、祀圣等因素，只是由于环境条件不一，书院的设施不可能达到同一标准，只能从实际条件出发，因时因地制宜。所以，书院的规模有大有小，藏书有以千计，有以万计；祀圣的场所有的可专设庙堂，有的则因陋就简，设牌位于书堂，按时举行仪式，仍然能体现书院的精神。总之，应以发展的观点来看待唐与五代书院，没有唐与五代书院开辟道路、创造经验，也就没有宋代书院进一步的昌盛和完善。

第十一章

私学教材的发展

隋唐私学,民间可以独立自主地办理,其自主性也体现在课程的设置和教材的选择上。私学采用的教材,从其来源来分类,大体有三类:一是历史上流传的经典与名著;二是当代学者所撰并已传播成名著;三是教者为教学的需要而自编自著。

私学有不同程度,有启蒙教育,有初级程度,有高级程度,所用的教材自然有所差别。高级程度的专门之学仅为社会中少数人所掌握,其传授的对象为少数有志于其学的生徒,他们有特殊的课程和内容以及相应的实践活动,这在第三章已涉及一些。本章所探讨的不是专门之学具有特殊性的教材,而是多数人学习的带有普遍性的教材。

第一节 启蒙教材

启蒙教育从识字教学开始,同时结合进行习字、认识自然、认识社会、初步知道生活规范和道德观念等方面的教学。所以,识字教学并不是单一性的,而是综合性的。识字教材并没有统一规定,但在私学教学实践中经过比较选择,趋向于集中采用少数几种较为优秀、较为适用、较受欢迎的教材。以下介绍和探讨几种具有代表性的识字教材。

一、《急就篇注》

《急就篇》[①]是隋唐时期较为通用的识字教材之一,也是自西汉以来历代相传的较为通行的传统识字教材。《急就篇》一卷,编撰者为史游。史游是西汉元帝时宦官,因对汉王朝忠心尽责而被任为少府属下的黄门令,编成《急就篇》在公元前四十年左右。

唐颜师古在《急就篇注叙》中特别论述了《急就篇》的渊源:"《急就篇》者,其源出于小学家。昔在周宣,粤有史籀,演畅古文,初著大篆。秦兼天下,罢黜异书,丞相李斯又撰《仓颉》,中车府令赵高继造《爰历》,太史令胡毋敬作《博学篇》,皆所以启导青衿、垂法锦带也。逮至炎汉,司马相如作《凡将篇》,俾效书写,多所载述,务适时要。史游景慕,拟而广之。元成之间,列于秘府。虽复文非清靡,义阙经纶,至于包括品类,错综古今,详其意趣,实有可观者焉。"

书取"急就"两字为书名,有其一定含意。宋晁公武在《郡斋读书志》卷四曾对此加以解释:"杂记姓名、诸物、五官等字,以教童蒙。'急就'者,谓字之难知者,缓急可就而求焉。"

《急就篇》作为识字教材,被广泛采用,长期流传。清初顾炎武在《日知录》卷二一中考察《急就篇》的流传,指出:"汉魏以后,

[①] 《急就篇》又名《急就章》。《隋书·经籍志》《旧唐书·经籍志》《新唐书·艺文志》均用《急就章》为名。颜师古撰《急就篇注》之后,多随颜师古称《急就篇》。自宋开始,用《急就篇》为名者居多数。

童子皆读史游《急就篇》。"这种传统,延续至隋唐。为了教学的需要,先后有刘芳、崔浩、豆卢氏、曹寿、颜之推等作注。《隋书》卷三二《经籍志》载:"《急就章》一卷。汉黄门令史游撰。《急就章》二卷。崔浩撰。《急就章》三卷。豆卢氏撰。"这是隋唐之际《急就篇》流行传本的实录。

这本识字教材流传数百年之后,在转抄过程中产生差错,使用者依据自己的理解进行了一些改动,已经难以保持原貌。存在许多差错的抄本在流传,引起当时学者的严重关注。颜师古在《急就篇注叙》中说:"然而时代迁革,亟经丧乱,传写湮讹,避讳改易,渐就芜舛,莫能厘正。少者阙而不备,多者妄有增益,人用己私,流宕忘返。至如蓬门野贱,穷乡幼学,递相承禀,犹竞习之。既无良师,祗增僻谬。若夫缙绅秀彦、膏粱子弟,谓之鄙俚,耻于窥涉。遂使博闻之说,废而弗明;备物之方,于兹寝滞。"在这种状况下,《急就篇》还要作为识字教材继续流传,补救的办法就是专家学者提供《急就篇》的新校注本,以供教学的需要。

颜师古的家族有儒学渊源,其祖父颜之推、其父颜思鲁对经史和文字学都有较精深的研究,先后都有《急就篇》注。师古秉承其父辈遗志,立意从事《急就篇》训注。他说:"师古家传《仓》《雅》,广综流略,尤精训故,待问质疑,事非稽考,不妄谈说,必则古昔,信而有征。先君常欲注解《急就》,以贻后学,雅志未申,昊天不吊,奉遵遗范,永怀罔极。旧得皇象、钟繇、卫夫人、王羲之等所书篇本,备加详核,足以审定,凡三十二章,究其真实。又见崔浩及刘芳所注,人心不同,未云善也。遂因暇日,为之解训,皆据经籍遗文,先达旧旨,非率愚管,裴然妄作。字有难识,随而音之,别理兼通,亦即并载。可以祛发未寤,矫正前失,振幽翳之学,摅制述之意，庶将来君子裁其衷焉。"颜师古在校勘、注释《急就篇》的过程中，搜集了前代各种写本，进行校勘审定，考证确信史游所撰原本一共是三十二章。他根据经籍原文，对先贤旧旨进行训解释义，字有难识的，也加以注音；前人别有解释，道理也能说得通的，亦兼收并载。颜师古的《急就篇注》，综合了旧注本的优点而优于旧注本，成为新的标准本，在社会中广泛流行。《旧唐书》卷四六《经籍志上》载："《急就章》一卷（史游撰，曹寿解）。《急就章注》一卷（颜之推撰）。又一卷（颜师古撰）。"《新唐书》卷五七《艺文志》所载同于《旧唐书》卷四六《经籍志上》所载。两书都有颜师古《急就篇注》一卷的记载。其他注本只有少量保存，其流传和影响的程度远不能与颜师古的注本相比。颜师古吸收总结前人的成果，后来居上。

颜师古的《急就篇注》，既讲明字词之意，又能全句串讲，简要而不繁，明白而不疑。如释"急就奇觚与众异"："觚者，学书之牍，或以记事，削木为之，盖简属也。孔子叹觚，即此之谓。其形或六面，或八面，皆可书。觚者，棱也。以有棱角，故谓之觚。言学僮急当就此奇好之觚，其中深博与众书有异也。"释姓名"卫益寿"："卫康叔，周文王之子也。周公既诛管蔡，而封康叔为卫侯，其后亦因国为氏。益寿，亦延年之义也。"颜师古既说明姓氏的来源，也讲清命名的含义。释"五音总会歌讴声"："五音，宫、商、角、徵、羽也。声成文谓之音。会，谓金、石、丝、竹、匏、土、革、木总合之也。长言谓之歌，齐歌谓之讴。"释"灾蝗不起，五谷孰成"："每获丰年，仓廪实也。天反时为灾，虫食苗曰蝗。五谷者，黍、稷、麻、菽、麦也。"上面所举数条，释义明白，基本上没有赘语。

现在我们所见的《急就篇》，是颜师古《急就篇注》的改编和补注本。颜师古当时校勘，只肯定史游原本的三十二章，舍去东汉学者为了颂扬东汉而增补的"齐国""山阳"两章。宋代学者不顾颜师古的审定结论，仍然增补东汉所作的两章，合为三十四章。前三十二章二千零一十六字，后两章一百二十八字，全书合计二千一百四十四字。

从前三十二章来看，大致是把当时常用的两千多个单字编集起来，既能成为三言、四言、七言的韵语，便于记诵，又能尽可能使每句都表达一定的意义，在进行识字教育的同时，让儿童多学习一些基本的常识。这两千多字被编成三部分：第一部分是"姓氏名字"，四百多字，用三言，如"柳尧舜，乐禹汤，淳于登，费通光"；第二部分是"服器百物"，一千一百多字，用七言，如"宦学讽诗孝经论，春秋尚书律令文"；末尾有一小部分即第三部分用四言，如"汉地广大，无不容盛""边境无事，中国安宁"。

唐以后，《急就篇》之学渐趋衰微，被新起的识字教材所代替，但这本书还是流传了下来，直到今天对识字教材的编撰仍有很大影响。后世编识字教材，重视采用韵语，可以说是继承了《急就篇》的经验，适应各时代的需要而加以发展。

二、《千字文》

《千字文》是由南朝梁沿袭下来，隋唐时继续在社会上广泛流行的识字教材。其编者是南朝梁武帝时历任散骑侍郎、给事中的周兴嗣。《千字文》约编于梁武帝大同年间（535—546），距隋朝建立约四十年，距唐朝建立近八十年。

唐人重视识字教材，选用《千字文》的多于《急就篇》，对《千字文》编者的生平也特别关注。有两部著作记载《千字文》编撰的缘由。姚思廉《梁书》卷四九《周兴嗣传》载："〔梁〕高祖以三桥旧宅为光宅寺，敕兴嗣与陆倕各制寺碑。及成，俱奏，高祖用兴嗣所制者。自是《铜表铭》《栅塘碣》《北伐檄》《次韵王羲之书千字》，并使兴嗣为文。"其后李绰的《尚书故实》对编撰的过程有更加具体的记载："其始乃梁武教诸王书，令殷铁石于大王书中拓一千字不重者，每字片纸，杂碎无序。武帝召兴嗣，谓曰：'卿有才思，为我韵之。'兴嗣一夕编缀进上，鬓发皆白，而赏赐甚厚。右军孙智永禅师，自临八百本散与人间，江南诸寺各留一本。"《千字文》编成之后，受到梁朝统治集团高度赞赏。《千字文》有不少令人感兴趣的因素：第一，它是在时间与字数选择受严格限制的条件下，在一夜之间构思成功，包含内容丰富且极富文采的一篇奇文；第二，它是从书圣王羲之的书法作品中拓出不重复的一千字，由周兴嗣按创作的思想内容加以特别组合，成了新的书法艺术品，也是学习王羲之书法的范本；第三，它使读者既认识千字又学习许多知识，是一本很好的识字教材。于是，人们转相临摹《千字文》，由宫廷而传播至民间，开始流行。《千字文》流传到隋唐，由南方传及北方，扩散到全国各地，成为最普及的识字教材。《隋书》卷三二《经籍志》载："《千字文》一卷，梁给事郎周兴嗣撰。《千字文》一卷，梁国子祭酒萧子云注。《千字文》一卷，胡肃注。"这是隋唐间《千字文》保存的实录，虽然保存了三种《千字文》，但只有周兴嗣所编撰的《千字文》占优势，其余两种都比不过周兴嗣《千字文》传播影响广泛。

《千字文》作为识字教材，社会需要量很大，有人自己学抄，有人由父兄或亲属代抄，有人则从市场购买。需求的刺激，促进了手抄书买卖的发展,有人专以抄书为职业,不断提供手抄书作为商品,供应书市。这类人员被称为"书手"。《唐摭言》卷一〇载:"顾蒙,宛陵人,博览经史,慕燕许刀尺,亦一时之杰。……甲辰淮浙荒乱,避地至广州,人不能知,困于旅食,以至书《千字文》授于聋俗,以换斗筲之资。未几,遘疾而终。"在流离失所、无以为生的时候,抄写《千字文》也能换取一点粮食,暂时维持生活。这件事发生在广州,说明那个地区手抄《千字文》可作为商品。敦煌遗书中有不少《千字文》的唐抄本,从总目索引可以查出已登录的计有三十五个抄本。这表明唐五代时期,敦煌地区小学的识字教材多数采用《千字文》。

《千字文》在编撰上有自己的一些特点。首先,《千字文》选用一千个不重复的单字,组成通顺连贯的二百五十个句子,表达一定的意思。所选的一千个字都是经史书上常用的字,排除特别生僻的字,句子大多数是普通结构,比较容易理解,配以字义、字音的简要注解,能扫除识字方面的障碍。其次,《千字文》的内容相当丰富,安排有一定次序,有相当的条理。全书分为四章:第一章讲天地人之道;第二章讲君子修身之道;第三章讲王者京都之大、宫阙之壮、典籍之盛、英才之众、土地之广;第四章讲君子治家处身之道。以第一章为例,章下分节,依次而言天道、地道、人道。第一节"天地玄黄,宇宙洪荒",从天地开辟之初说起,以见天地之由来。第二节"日月盈昃,辰宿列张",说天有日月星辰之象。第三节"寒来暑往,秋收冬藏。闰余成岁,律吕调阳",说寒暑四时的变化。第四节"云腾致雨,露结为霜",说阳气蒸为云雨,阴气凝为霜露。第五节"金生丽水,玉出昆冈。剑号巨阙,珠称夜光",由天时转而讲及地利,地生万物,金玉剑珠等,皆地所出之宝。第六节

"果珍李柰,菜重芥姜",说草木之美,可食而益人。第七节"海咸河淡,鳞潜羽翔",说河海相通,显地之广;鱼虫鸟兽,示生物之繁。第八节"龙师火帝,鸟官人皇。始制文字,乃服衣裳",说伏羲、燧人、黄帝等开始建立社会管理机构,过文明生活。第九节"推位让国,有虞陶唐",说唐尧、虞舜实行君位禅让。第十节"吊民伐罪,周发商汤",说夏、商、周三代的更替。第十一节"坐朝问道,垂拱平章",说坐朝听政,访问治道,以治天下。第十二节"爱育黎首,臣伏戎羌。遐迩壹体,率宾归王",说王者的仁德及于黎民和各族,必会受到远近民众的拥护。第十三节"鸣凤在竹,白驹食场。化被草木,赖及万方",说王者的仁德及于众物,禽畜各得其所,泽及草木,利及万方。从第八节至第十三节,所言皆人道之事。由此可见,在读《千字文》识字的过程中,学生也学习了不少自然和社会历史的基本知识。最后,在编撰文字的表现形式方面,体例一贯,自始至终,四言为句,押韵自然,便于儿童朗读背诵。这也是教师乐于采用,学生乐意接受,《千字文》能够长期流传的原因之一。

《千字文》成为儿童与成人的通用读物,凡识字读书的,无不读《千字文》,背诵《千字文》,熟识《千字文》的文句和字序。于是,有些人就加以利用,如用《千字文》给新的房屋、账簿、书目编号等,都能为社会所接受和认同。《千字文》中的文句常为社会人士所引用。如阎立本因善画被赏识而拜右相,姜恪因立战功受奖赏而拜左相,两人并无治国方略,又缺乏管理才能,办事不力,无政绩可言,令朝野不满。《千字文》有"宣威沙漠,驰誉丹青"的文句,时人就借用此文句加以形容,故有"左相宣威沙漠,右相驰誉丹青"之讽嘲。《千字文》的影响极其广泛,引起众多书法家的兴趣,他们用各种字体书写《千字文》,使各体《千字文》成为写字教学的教材,也成为学习各体书法的范本。

《千字文》在唐代普遍流行,并延续流行至五代及宋。《旧唐书》卷四六《经籍志上》载:《千字文》"一卷,周兴嗣撰"。《新唐书》卷五七《艺文志》载:"周兴嗣《次韵千字文》一卷。"

三、《开蒙要训》

《开蒙要训》是编撰于六朝的启蒙教材,下传至隋唐五代,继续流行。当时的一些抄本在敦煌石室中被保留下来。石室藏书被发现后,绝大部分敦煌遗书被劫夺到伦敦与巴黎,负责收藏的博物馆和图书馆一一编目登录。从已汇总出版的《敦煌遗书总目索引》中查阅,可知登录在案的《开蒙要训》共有二十七个手抄本,有的是全文,有的是残篇。近人影印敦煌遗书,汇集出版《敦煌宝藏》,从中可以查阅《开蒙要训》各个手抄本的原貌,有的字迹不清;有的字迹虽略为清晰,但有不少异体字和错漏之处。令人感到疑惑的是,各个抄本都没有写明编撰的朝代与作者的姓名。有的辞书没有查证,未作说明,或宣称作者未详。有些资料书则尽可能寻找线索,如孟宪承等所编《中国古代教育史资料》指出:"敦煌写本唐代童蒙课本,有《杂抄》《文场秀》《开蒙要训》等。唐写本《开蒙要训》,日本藤原佐世《日本现在书目》小学类列在晋顾恺之《启蒙记》、王羲之《小学篇》后,梁周兴嗣《千字文》前。而注云'马氏撰',大概成书在东晋与齐梁之间。"[①]这种说法虽不完全确定,

---

① 孟宪承,等.中国古代教育史资料[M].北京:人民教育出版社,1961:178.

但却为查明作者及其所处时代提供了重要线索。作者姓马,名字则未知,还须查证。敦煌写本伯二七二一号《杂抄》一卷在"经史何人修撰制注"一目之下,为知识性问答提供答案,其中写道:"《开蒙要训》,马仁寿撰之。"完整地写明作者姓名,可以消除读者的疑惑。

《开蒙要训》各个手抄本中都没有序跋,但有的手抄本在书末题字,给后人提供一些信息。《敦煌宝藏》斯七〇五号《开蒙要训》一卷,卷末题字:"大中五年辛未三月廿三日学生宋文献诵,安文德写。"这表明,学生的识字课本不是学生本人抄写的,而是由他人代抄的。代抄者与学生不同姓,他的身份存在多种可能性:如果是无偿提供的,可能是师友或者亲戚;如果是有偿提供的,那就是书手。穷知识分子以抄书为谋生手段,出售劳动产品,换取自己的生活资料,为对产品的质量负责,署下自己的姓名。抄写完成的时间是唐宣宗大中五年(851年)三月廿三日。收入《敦煌掇琐》的《开蒙要训》也有书末题字:"天成四年九月十八日,敦煌郡学士郎张□□□。"这表明,"敦煌郡学士郎张□□□"可能是抄者留下身份和姓名,抄写完成的时间是五代后唐明宗天成四年(929年)九月十八日。大中五年与天成四年这两个抄本,时间相距七十八年。这正证明在唐后期和五代,《开蒙要训》这本教材还在流行。

《开蒙要训》作为启蒙教材,是根据社会交流常用字的需要来组织编撰的,内容比较广泛。细读之后,试加分析,全书大致由十六部分的内容组成。①第一部分介绍自然名物,九十六字,开头

---

① 以下以黄永武编《敦煌宝藏》(新文丰出版公司1985年版)第一二九册伯三六一〇号《开蒙要训》一卷为依据,文字作了适当的校勘。

说："乾坤覆载,日月光明,四时来往,八节相迎。春花开艳,夏叶舒荣,蓁林秋落,松竹冬青。"第二部分介绍社会名物,八十八字。第三部分介绍家族伦理,七十二字。第四部分介绍寝处衣装,一百八十四字。第五部分介绍身体疾病,一百三十六字。第六部分介绍珍宝工具,七十二字。第七部分介绍农业耕作,五十六字。第八部分介绍质押债务,五十六字。第九部分介绍驮乘车辆,三十二字。第十部分介绍饮食烹调,二百三十二字。第十一部分介绍民居建筑,六十四字。第十二部分介绍果树蔬菜,八十字。第十三部分介绍虫蛇禽畜,一百零四字。第十四部分介绍鞍辔箭镞,三十二字。第十五部分介绍犯罪处罚,八十字。第十六部分作为结束简语,只用十六字,即"笔砚纸墨,记录文章。童蒙初学,易解难忘",最后讲明编撰意图在于作为童蒙初学的教材,求其容易理解和不易遗忘。

马仁寿的《开蒙要训》虽说写作年代有可能比周兴嗣的《千字文》早一些,但两者总的来说较为相近,并且都是作为启蒙教材,不妨作一比较,以考察两者不同的特点。第一,从字数上比较,《千字文》只限于千字;《开蒙要训》全书一千四百字,比《千字文》多一些。两书以教学识字为目的,达到不同的要求。第二,从内容来比较,《千字文》说到天文、地文、人文;《开蒙要训》也谈及天文、地文、人文,而在人文方面对社会生活的各个领域都讲到,应该说比《千字文》还广泛,内容更具体。第三,从宣扬封建人伦道德来比较,《千字文》与《开蒙要训》都作了宣扬,但做得不一样:《千字文》对此更加强调,讲得更多,尽可能进行思想灌输;《开蒙要训》对灌输人伦道德的关注相对弱些,而是更注重社会生活的实际需要与应用。第四,从风格来比较,《千字文》的作者是奉梁武帝之命而作，尽力尽快展现才华，追求文章高雅，以获取皇帝的赏识；而《开蒙要训》的作者是认识了童蒙初学识字的需要而编撰，更注意与民众生活实际的联系，力求通俗易懂，所以收入一些俗语俗字。第五，从表现形式来比较，《千字文》的作者与《开蒙要训》的作者都考虑到教学的对象是童蒙，要让他们易学易记，意向相似，选择表现方式趋于一致，采用四言短句，全篇韵语，便于朗诵和记忆。

《开蒙要训》的传播和历史影响也可以通过比较来观察。《千字文》的传播和流行有其特殊条件，作者奉帝王之命而作，成为众所周知的名人，获得统治集团的赞赏。这使《千字文》在社会舆论评价上占优势，名人效应的作用使人们乐意接受它，于是很快由宫廷传播于社会，进而流行于四方。《开蒙要训》应童蒙教学的需要而产生于民间，其实用性促进了它的传播。虽不像《千字文》那样受社会舆论重视，四方流行，但《开蒙要训》立足民间蒙学，不断流传，直到唐末五代，还在民间传抄，并完整保存下来。这表明《开蒙要训》能适应时代教育需要，具有较强的生命力，经得起时间检验，不仅在当时发挥了作用，而且产生长远的历史影响。要研究中国蒙学教材的优良传统，《开蒙要训》是很值得研究的一种。

历史教材作为启蒙教材的一部分，也在唐代出现，以下介绍两种历史教材。

四、《蒙求》

《蒙求》是历史知识类的蒙学读物，编撰于唐代，作者为李翰。

唐代著名文学家李华为《蒙求》一书写《蒙求序》,说"安平李翰著《蒙求》一篇"。史书中也有多处写到李翰。《新唐书》卷二〇三《李华传》载:"宗子翰,从子观,皆有名。翰擢进士第,调卫尉。……翰累迁左补阙、翰林学士。大历中,病免,客阳翟,卒。翰为文精密而思迟……"《旧唐书》卷一九〇下《萧颖士传》也介绍到李翰:"〔李〕华宗人翰,亦以进士知名。天宝中,寓居阳翟。为文精密,用思苦涩。……上元中为卫县尉,入朝为侍御史。"宋陈振孙《直斋书录解题》载:"《蒙求》二卷。唐李翰撰。"综合各种资料,我们对《蒙求》作者有一基本的了解。

李翰字子羽,赵州赞皇(今河北赞皇)人。进士及第后,先任地方官幕僚,历官卫县尉、侍御史、左补阙、翰林学士。为文精密,闻名于时。所著有《李翰前集》三十卷、《张巡姚訚传》二卷、《蒙求》三卷(今本二卷)。《蒙求》一书成为传世的蒙学教材,其成书时间约在天宝初年。

关于《蒙求》书名的来源,李华在《蒙求序》里指出,《蒙求》的取名源于《周易》,"《周易》有'童蒙求我'之义,李公子以其文碎,不敢轻传达识者,所务训蒙而已,故以'蒙求'为名,题其首"。

关于《蒙求》一书的内容及其特点,李华在《蒙求序》作了概括性评论:"安平李翰著《蒙求》一篇,列古人言行美恶,参之声律,以授幼童。随而释之,比其终始,则经史百家之要,十得其四五矣。推而引之,源而流之,易于讽诵,形于章句。不出卷知天下,其《蒙求》哉!"

《蒙求》一书曾被作为重要著作进献朝廷。唐玄宗天宝五载(746年),李翰客住饶州,州刺史李良获得《蒙求》而荐于朝廷,《荐蒙求表》称:"窃见臣境内寄住客前信州司马、仓参军李瀚,学艺淹通,理识精究,撰古人状迹,编成音韵,属对类事,无非典实,名曰《蒙求》,约三千言,注下转相敷演,向万余事。……岂若《蒙求》者,错综经史,随便训释。童子则固多宏益,老成亦颇觉起予。"李良荐表所作推荐介绍,可与李华的序文相补充,但他把李翰写成"李瀚",便产生名字不同的问题。从与李翰的交往而论,李华较早熟识李翰,与李翰的私人关系较为密切,序文写作在先,我们自然选择以李华的序文为依据。①

以上文献材料提供的信息对后人认识《蒙求》一书大有帮助。

《蒙求》是历史知识类的蒙学读物,资料来源成为编撰中最重要的问题。现查阅《蒙求》,知其资料皆出于经史百家,而选取其要。

《蒙求》的实际内容侧重于列举古人状迹,述其言行美恶,由于取材比较广泛,思想境界相当开阔。虽然有部分史前的神话故事,如"女娲补天,长房缩地",但毕竟数量有限。书中绝大部分是历史人物的真实故事,如"桓谭非谶,王商止讹""萧何定律,叔孙制礼""西门投巫,何谦焚祠""王充阅市,董生下帷"。书中注意颂扬历史上有创造性贡献的人物,如"杜康造酒,仓颉制字""程邈隶书,史籀大篆""蒙恬制笔,蔡伦造纸"。对于突出的勤学精神,也给予表彰,如"匡衡凿壁,孙敬闭户""孙康映雪,车胤聚萤"。对于文学史上的轶闻,特别加以关注,如"屈原泽畔,渔父江滨""绿珠坠楼,文君当垆"。书中也兼写古代有教育意义的寓言,如"墨子悲丝,杨朱泣岐"。

从文章体式来看,《蒙求》全书正文都用四言,每四个字组成

---

① 关于《蒙求》的作者,存在不同的说法。宋晁公武《郡斋读书志》卷一四写作"李瀚",而清《四库全书总目提要》认为《蒙求》的作者是五代后晋李瀚。

一个主谓结构的短句,这个短句讲一个历史故事,同类者相连,两两相比,上下两句形成对偶。"属对类事,无非典实",所选的典故史实既相互属对,其事又可归于一类。

《蒙求》的另一特点是注重声律音韵,每个短句都可按四声来读,并加意于用韵,全文两千三百八十四字,五百九十六句,朗读通畅,易于背诵。

《蒙求》的注,其目的不仅在于扫除阅读障碍,帮助读者理解本意,还在于扩大知识面。每行注两句,注下转相敷演,人名外传中有别事可记者,亦于此附叙之,计有万余件事。注虽不直接配合上文,但所提供的资料相当丰富。

李翰编撰《蒙求》,所务训蒙而已,在家庭中用作教材,授于幼童,获得实效。李良《荐蒙求表》举出实证:"瀚家儿童三数岁者,皆善讽诵,谈古策事,无减鸿儒,不素谙知,谓疑神遇。"他指出读此书获益的已不限于儿童,"童子则固多宏益,老成亦颇觉起予"。当时《蒙求》作为儿童历史知识类教材广泛流传之后,读者对象逐步扩大,成为不分年龄的群众性历史知识类读物。对于《蒙求》的广泛流传,有人觉得不可理解。陈振孙就是其中的一个,他在《直斋书录解题》卷一四中批评《蒙求》"本无义例,信手肆意,杂袭成章,取其韵语易于训诵而已。遂至举世诵之,以为小学发蒙之首,事有甚不可晓者"。他虽然轻视《蒙求》,但也不得不承认此书广为流传,被普遍采用为蒙学教材的事实。宋元明数百年间,《蒙求》在社会上不断流传,并对后来蒙学教材的发展产生重大的影响。以后的不少同类读物都沿用"蒙求"这个名称,如宋王令的《十七史蒙求》、胡宏的《叙古蒙求》,明姚光祚的《广蒙求》等。

五、《咏史诗》

《咏史诗》是唐代儿童学诗的启蒙读物。作者胡曾乃唐后期诗人,湖南邵阳人。唐懿宗咸通年间举进士不第,曾为路岩、高骈等地方官幕僚,任汉南从事之职。著有《安定集》十卷、《咏史诗》三卷。《四部丛刊》影印宋抄本《咏史诗》有一百五十首,其数与胡曾自叙所记相符;而《全唐诗》及《全唐诗话》所记为百首,只选留三分之二,删去三分之一。

胡曾咏史之诗,所用语言特别通俗易懂,以其擅长的七言绝句为表现文体,篇幅简短,便于记诵,避免用典多而艰深费解,用排律连篇数百字而难以记诵。这两个特点为《咏史诗》走向民间铺平了道路。《咏史诗》在社会上广为流传之后,被越来越多的人用作儿童学诗的启蒙教材。胡曾写作《咏史诗》之时,并未打算将其作为启蒙教材,但在广泛流传之后,人们有了实际比较,选择《咏史诗》作为儿童学诗较适用的启蒙教材。《咏史诗》既已自然成为启蒙教材,为了教学方便,就有进一步加以注释的必要。与胡曾同时代的陈盖出面为《咏史诗》作注,使之更加适应初学者的需要。

《咏史诗》涉及范围较广,时间跨度较长,主要写从春秋战国到魏晋南北朝的历史事迹。现举数首为例。

姑 苏 台

吴王恃霸弃雄才,贪向姑苏醉绿醅。
不觉钱塘江上月,一宵西送越兵来。

此诗感叹吴王夫差称霸之后而忘乎所以,弃雄略之才而贪图酒色,毫无防患意识,导致亡国。

五　湖

东上高山望五湖,雪涛烟浪起天隅。
不知范蠡乘舟后,更有功臣继踵无?

此诗写范蠡功成身退、明哲保身的事迹,感慨后人能否不为名利所惑而加以效法。

函谷关

寂寂函关锁未开,田文车马出秦来。
朱门不养三千客,谁为鸡鸣俘放回!

此诗写战国时各国贵族养士,招纳了各种人才,包括鸡鸣狗盗之士,他们寻找时机为主子效力。田文就是依靠他们才得以脱离险境,逃回齐国的。

阿房宫

新建阿房壁未干,沛公兵已入长安。
帝王苦竭生灵力,大业沙崩固不难。

此诗写秦朝由兴盛至败亡极为迅速,由于帝王大兴土木,竭尽民力,导致庞大帝国顷刻崩溃,警告后来的统治者要以秦亡为前车之鉴。

汉　宫

明妃远嫁泣西风,玉筋双垂出汉宫。

何事将军封万户,却令红粉为和戎!

此诗写王昭君远嫁的无奈,感慨将军们封了万户侯,却不能卫国安民,朝廷只好送女子去和亲。

泸　水

五月驱兵入不毛,月明泸水瘴烟高。

誓将雄略酬三顾,岂惮征蛮七纵劳。

此诗写蜀国丞相诸葛亮领兵南征的事迹,赞颂他为巩固蜀国,坚持贯彻民族政策,团结少数民族。

《咏史诗》在唐后期广泛传播,打破读者的年龄界限,不仅成人要读,而且成为儿童学诗的启蒙读物。五代和宋代继续流传,诗句在人们口中,在社会生活或文艺小说中,时有引用。五代后蜀主王衍,沉湎酒色,好靡靡之音,消极颓废。内侍宋光溥就咏《咏史诗》中《姑苏台》一诗进行劝谏。元明时期的通俗小说也常引《咏史诗》。如罗贯中的《三国演义》第十八回,就引《咏史诗》中《泸水》一诗,以赞诸葛亮南征时五月渡泸一事。明代有人把较广泛流行的三种蒙书即李翰的《蒙求》、胡曾的《咏史诗》、周兴嗣的《千字文》的注本合在一起刊行,共十卷,名为《释文三注》。此书传到日本,出了复刊本,名为《明本排字增广附音释文三注》。由此可见,《咏史诗》的影响及于国外。

《咏史诗》作为儿童学诗的启蒙读物,为后人提供了可贵的经验。用通俗的语言结合诗的形式来讲历史事件,以培养儿童一定的历史观,会获得较好的教学效果,这种经验是值得吸取的。

第二节 道德教材

私学有选择教材的自主权,教育实践中使用的道德教材的品种比较繁杂,既有历代流传的,也有家族流传的,还有当代人编撰和选优采用的,来源各有不同。此处不能全都列举介绍,现只从唐代所编撰的道德教材中选择较有代表性的四种,略加论述。后两种即《女孝经》《女论语》,是专为女子教育的需要而编撰的。

一、《百行章》

《百行章》的作者是隋唐之际的杜正伦,相州洹水人。隋仁寿中,他与兄杜正玄、杜正藏俱以秀才擢第。隋代举秀才只有十余人,杜正伦一家出了三个秀才,甚为当时称美。杜正伦擅长文学,对佛学也有深入的理解,在隋朝只任羽骑尉。唐武德中,迁齐州总管府录事参军。秦王李世民闻其名,令直秦府文学馆。至贞观元年(627年),因魏徵推荐,杜正伦被提拔为兵部员外郎,以后历官给事中、中书侍郎,兼太子左庶子,出为谷州刺史、交州都督,因获罪配流驩州。显庆元年(656年),复起,累授黄门侍郎,兼崇贤馆学士,寻同中书门下三品;二年,拜中书令,兼太子宾客、弘文馆学士;三年,因与中书令李义府不协,出为横州刺史,不久而卒。①

---

① 《旧唐书》卷七〇《杜正伦传》。

所著有《杜正伦集》十卷、《百行章》一卷、《春坊要录》四卷。① 其中,《百行章》专论道德品行,被用为道德教育的教材。

关于《百行章》编撰的思想动机和目的,杜正伦在《百行章》序文里有所说明。他仔细考察社会现象,发觉世人重视从经典上学习道德观念,"至如世之所重,唯学为先;立身之道,莫过忠孝。欲凭《论语》十卷,足可成人;《孝经》始终,用之无尽。但以学而为存念,得获忠孝之名"。但是,普遍存在"虽读不依"这样极大的偏向,徒有讲道德的虚名,却没有体现于实际行为。更有甚者,有些人的实际行为与所宣称的道德观念完全背离,"至于广学不仕明朝,侍省全乖色养。遇沾高位,便造十恶之愆;未自励躬,方为三千之过"。这引起他日夜思考,并立意要扭转这种社会现象。因此,他把自己要说的最重要最真切的话逐一记录下来,集结为《百行章》一卷。《百行章》所强调的是躬行道德,所针对的是空谈道德。《百行章》所宣教的对象是广大的社会民众。杜正伦在序文中说:"臣以情愚之浅,探略不周,虽非深奥之词,粗以诫于愚浊。"他站在统治集团的立场来看人,所称"愚浊"者,实泛指社会民众,也包括那些虽读经典却言行不一的知识分子,以及不能躬行道德的在职官员和当权的将相。《百行章》作为道德教育的教材,在唐代广泛流行于民间,在西部边远地区也同样流传,敦煌的藏经洞就保存着唐与五代流传的多种手抄本。

《百行章》有其专门内容和组织形式,与别的教材大不相同,大致具有以下特点:

第一,按品行立章,每章简释一项品行。顾名思义,《百行章》

---

① 《新唐书》卷六〇、卷五九、卷五八。

应该列举百行,当初编撰完成时是否列举百行,今已难知。古人使用"百"字不一定是正好达到百数才用,往往用"百"以形容事物之多。现在所见的《百行章》有多种本子,多数是残本,有的有前部而无后部,有的有后部而无前部,有的缺头缺尾而只剩中间部分。能够由序文开始,连续不断,章数最多的,就是《敦煌宝藏》中斯一九二〇号《百行章》一卷八十四章。现在所见的《百行章》抄本中,每项品行都有专章进行简释。

第二,以品行为核心,也以品行为范围,内容比较全面。《百行章》列举并论述的品行,其排序如下:孝、敬、忠、节、刚、勇、施、报、恭、勤、俭、谨、贞、常、信、义、廉、清、平、严、慎、爱、谏、忍、思、宽、虑、缓、急、达、道、专、贵、学、问、备、伤、弘、政、直、察、量、近、就、让、志、愍、念、怜、身、蒙、凡、才、进、救、济、畏、惧、断、割、舍、盛、默、普、遵、赞、扬、毁、疑、哀、谍、识、知、克、诚、弃、护、速、疾、存、德、留、守、劝。这八十四项品行的内容包括立身与处世、家庭与社会、待人与处事、内心与外表、权利与责任、勤俭与清廉、学问与思虑等。就道德品行这一范围而言,可以说本与末兼备。

第三,提倡一些对社会民众有益的、具有积极意义的品行。此处略举一些例子以明之。

《孝行章》第一:"孝者,百行之本,德义之基。以孝化人,人德归于厚矣。……"

《敬行章》第二:"敬者,修身之本。但是尊于己者,则须敬之。老宿之徒,倍加钦敬。……"

《勤行章》第十:"居官之体,忧公忘私;受委须达,执事有功。在家勤作,修营桑梓;农业以时,勿令失度;竭情用力,以养二亲。

此则忠孝俱存,岂非由勤力？……"

《俭行章》第十一:"藏如山海,用之有穷;库等须弥,还成有乏。俭者恒足,丰者不盈。在公及私,皆须有度。事君养亲,莫过此要。"

《常行章》第十四:"存忠立孝,不可轻移;恭敬思勤,无疑辄改;清平严慎,恒怀在心;节义廉政,不容离己。但以百行无亏,故名'常行'。"

《廉行章》第十七:"临财不争,则无耻辱之患;对食不贪,盖是修身之本。……"

《平行章》第十九:"在官之法,心平性政,差科定役,每事无私。遣富留贫,按强扶弱。勿受嘱请,莫纳求情。……"

《虑行章》第廿七:"人生在世,唯须择交。或因良友而以建名,或以弊友而以败己。……"

《学行章》第卅四:"……人虽有貌,不学无以成人。……"

《扬行章》第六十七:"士无良朋,谁以显其德？人无良友,无以益其智。……"

《劝行章》第八十四:"教人为善,莫得长恶;劝念修身,勿行非法。……"①

上述品行符合一般的道德要求,适用于以农业经济为基础的社会。

第四,宣扬迷信与遵守佛教条规等具有消极性的品行。此处略举数例以明之。

---

① 邓文宽.敦煌写本《百行章》校释[J].敦煌研究,1985(2):71-98.

《愍行章》第卌七:"蠢动含灵,皆居人性,有气之类,盛爱其躯。莫好煞生,勿规他命。身既惜死,彼亦如之。欲求长命,何忍煞害?……"

《畏行章》第五十七:"虽处幽冥,天佛知之;虽居暗昧,神明察之,不可显改其操行。终日畏天惧地,无宜宽慢。"

《遵行章》第六十五:"信凭佛法,敬神遵道,莫起慢心,勿生不信。五戒十善,种果之因;祇奉神祇,收福无量。"①

杜正伦是佛教信仰者,对佛学有相当研究,强调以佛教的条规来规范民众的品行。这是不合理的。所以,《百行章》存在着局限性。

第五,《百行章》的文字表现形式是基本形式与辅助形式相结合。基本形式是四字为句,排句相称。如《刚行章》第五:"为国亡躯,不泄其言;为君尽命,不改其志;边隅镇遏,持节无亏,临阵处危,存忠无二。"《勇行章》第六:"军机警急,有难先登。拓定四方,息尘静乱。率领兵卒,赏罚当功。君亲有危,不顾其命。"辅助形式采用骈体,四六兼行。如《节行章》第四:"君亲委寄,没命须达其功;蒙宠衔恩,丧躯守其全志。纵任隅边重将,不得越理奢华;若在禁阙长廊,特须加其兢悚,终日用心,夙夜匪懈。是以明君而待贤臣,圣主而思良辅。"《知行章》第七十三:"温故知新,可以师矣。若不广学,安能知也?未游边远,宁知四海之宽?不涉丘门,岂知孝者为重乎?"偶有例外的,还采用一些成语、格言,来表述对于品行的一些主张。如《进行章》第五十四:"欲立身,先立人;欲达己,先达人。进人者,人还进之;立人者,人还立之。是以独高

---

① 邓文宽.敦煌写本《百行章》校释[J].敦煌研究,1985(2):71-98.

则危,单长必折。"由上可见,《百行章》对文体并没有强求一律,而是根据内容的性质,按需要灵活地选择采用何种形式。

二、《太公家教》

《太公家教》是唐代编撰的蒙学读本,从其主要内容来看,属于道德教育类的教材。现就有关问题进行一些探讨。

(一)古文献对《太公家教》的记载

《旧唐书·经籍志》与《新唐书·艺文志》是唐代图书文献的总汇,但都没有关于《太公家教》一书的记录。目录中查不到,再转从文章中查找。唐李翱《李文公集》卷六《答朱载言书》提到此书:"义不深不至于理,言不信不在于教劝,而词句怪丽者有之矣,《剧秦美新》、王褒《僮约》是也。其理往往有是者,而词章不能工者有之矣,刘氏《人物表》、王氏《中说》、俗传《太公家教》是也。"这段话为后人提供了重要信息。在中唐之时,《太公家教》作为通俗性的读物流传于民间,并且引起人们的重视,对之有所评价。从思想内容来衡量,"其理往往有是者";从文词表达来衡量,则属于"词章不能工者"。站在古文家的立场来观察问题,有所肯定,也有所保留。宋代胡仔《苕溪渔隐丛话》后集卷一五"杜荀鹤"条,在评议杜荀鹤作品时提到《太公家教》一书:"《唐风集》中,诗极低下,如'要知前路事,不及在家时''不觉裹头成大汉,初看竹马作儿童'之句,前辈方之《太公家教》。"胡仔贬低杜荀鹤诗作的品位,把它比为《太公家教》之类。宋代项安世在《项氏家说》中称:"古人教童子多用韵语,如今《蒙求》《千字文》《太公家教》《三字训》之类。"他指出《太公家教》属于以用韵语为特色的儿童读本。明代王明清《玉照新志》卷五评议《太公家教》:"世传《太公家教》,其言极浅陋鄙俚,然见之唐李习之文集,至以《文中子》为一律。"显然,他也指责《太公家教》的文词不高雅;至于思想内容,似乎也接受李翱的看法。以上记录说明一个重要历史事实,即《太公家教》自产生以后,成为世代流传的儿童读物,虽说它的文词不够高雅,但内容具有一定哲理,还是受到历代学者的关注。

(二)《太公家教》的作者

《太公家教》的作者未署姓名,作者是谁成为一大疑问。《太公家教》前面有序文,后头有跋文,可为分析作者身份提供一些线索。序文写道:"才轻德薄,不堪人师,徒消人食,浪费人衣。……为书一卷,助诱童儿。"跋文写道:"唯贪此书一卷,不用黄金千车,集之数韵,未辨疵瑕,本不呈于君子,意欲教于童儿。"写下这些话,等于表明自己的身份是民间私学中年纪已大且有儒学素养的教书先生。王明清对作者的身份曾有过分析,他说:"观其中犹引周汉以来事,当是唐村落间老校书为之。"现代学者张志公看了《太公家教》序文后,认为王明清的推断是可信的。

《太公家教》作者曾明确无误地表示自己的愿望即"只欲扬名于后世",还希望其书"流传万代",但结果却没有署上姓名,想法与做法不一致,存在一定矛盾。之所以会出现如此状况,或许是因为此书经历了一个撰写初稿和修改完善的过程。开始撰写初稿之时,作者思绪激荡;后来随着时光流逝,逐渐消除了对社会愤懑和失望的情绪;待到修改定稿之时,"不乐荣华"、平淡自处的思想占主导,也就不再强调要扬名后代,因而让其书以无名而传世。

关于《太公家教》的写作年代,也需要从书中寻找线索。序文写道:"余乃生逢乱代,长值危时,亡乡失土,波迸流离。只欲隐山居住,不能忍冻受饥;只欲扬名于后世,复无晏婴之机。才轻德薄,不堪人师,……随缘信业,且逐随时之宜。"依据这段文字来分析,"乱代"是社会动乱的年代,唐玄宗天宝末年爆发"安史之乱",造成由盛转衰的大转折,延续数年才平息,社会因动乱而受大破坏。后来,节度使拥兵自重,扩张势力,藩镇各自割据,成为分裂势力,战争不断,中央集权统治出现严重危机。民众遭受战争灾难,离乡背井,四出寻求避难之所。作者可能是生于"安史之乱"年代,长于危机四伏的藩镇割据时期,大约生活于755—820年,而编成《太公家教》则在晚年。

(三)《太公家教》的流传及影响

王重民是对《太公家教》作过专题研究的学者,他的研究对后来者大有帮助。根据他在《敦煌古籍叙录·太公家教》和《跋太公家教》中的研究成果,《太公家教》在中国流传最盛行的年代是从中唐到北宋初年,十一世纪至十七世纪仍然流传于东北地区,成为各民族的童蒙课本;而中原自采用《三字经》《百家姓》以后,《太公家教》渐渐被取代,竟至亡佚。

(四) 今所见《太公家教》抄本

现在我们能见到《太公家教》抄本,是由于敦煌遗书的发现。

敦煌遗书保存的《太公家教》有三十六个手工抄本，从这些抄本有题记的年代看，最早的写于唐大中四年（850年），最晚的写于北宋开宝九年（976年）。这三十六个抄本经校勘，从中整理出一个完善的《太公家教》校定本是完全有可能的。

罗振玉所编《鸣沙石室佚书》收有唐抄本《太公家教》，此本虽说较为完整，但前后也有残缺，且文字差错不少，故不能作为整理的底本，而适宜于作为参校本。从其他三十五个抄本中进行筛选，伯三七六四号抄本最接近于全本，可选为整理工作的底本；而其他五个抄本即伯二五六四号、伯二七三八号、伯二八二五号、斯〇四七九号、斯五六五五号，也有可取之处，可作为参校本。现已在以伯三七六四号为依据的基础上，用以上五个特选的抄本参校，整理出一个较为完善的全本。

（五）作者编撰意图和书名由来

作者在序文中说："为书一卷，助诱童儿。流传于后，幸愿思之。"此书乃为儿童而编撰。作者又在跋文中说："余之志也，田海为宅，五常为家，……唯贪此书一卷，不用黄金千车，集之数韵，未辨瑕疵，本不呈于君子，意欲教于童儿。"作者申明，此书的对象不是成人，而是儿童，要作为儿童的读本。

作者在序文与跋文中都没有提到书名，而流传后却用了《太公家教》作为书名。为什么以"太公家教"为名，这个问题也引起后人的猜测，试图找到答案。王明清在《玉照新志》中提出一种解释："太公者，犹曾高祖之类，非谓滨之师臣明矣。"此种解释难于使人解除疑惑，太公当然不会是姜太公，而若理解为曾高祖之类，则此书就成了作者的曾高祖传于子孙的家教,这与作者在序文与跋文中说是自己编撰的显然不符。王国维《观堂集林》卷二一《唐写本太公家教跋》提出另一解释,他说:"卷中有云:'太公未遇,钓鱼渭水,相如未达,卖卜于市。□天居山,鲁连海水,孔鸣盘桓,候时而起。'书中所使古人事止此,或后人因是取'太公'二字冠其书,未必如王仲言曾高祖之说也。"王国维认为原本是有了书,还没有书名,可能是后人取卷中"太公"二字冠其书,因而也就被接受为书名。这种命名的方法在古代历史上曾有过,可以联想以寻求解释。对于《太公家教》,这是一种可能的解释,还不是绝对的结论。

(六)《太公家教》的特点

《太公家教》作为儿童的读本,除了教儿童识字之外,更主要的是对儿童进行道德教育。作者对儿童的道德教育问题特别关注,所用资料有一部分是采自经史,加以重组利用,更多的则是采自当时社会民众中流行的道德思想以及积累的道德教育经验。由于作者围绕一个方向,多方采集有关道德教育的思想资料,逐渐累积而成,系统化、统一化的加工改造不够,因此显得内容庞杂,保留了资料的原貌,文字有些粗俗。略加分析,可以看到以下一些特点:

1. 强调封建的人伦道德

《太公家教》的作者在跋文中表示:"余之志也,四海为宅,五常为家。"这说明他的立身处世以五常的封建道德为基础。在序文中,他希望五常的道德规范能在社会生活中实行:"礼乐兴行,信义成著,礼尚往来,尊卑高下,仁道立焉。"这可能是作者追求的理想社会状态。在正文中,他强调道德规范的核心在于忠孝,要求臣民"事君尽忠,事父尽孝"。君臣按名分应各尽其责,臣对君要尽忠,尽忠的表现是"忠臣不隐情于君",即臣不蒙蔽君是尽忠的重要表现;而君要保持清明的思想状态,表现在任用人才和听取意见方面,"君清则用文""明君不爱邪佞之臣",君若不明,则不能归罪于臣,"微子虽贤,不能谏其暗君"。作者在对道德规范的陈述中,把"孝"实际视为重点,他认为"孝是百行之本,故云其大者乎"。孝德是其他各种道德行为的根本,由孝德出发,发挥扩散,生发出其他待人处事的德行。孝德在家庭中要体现为儿子对父母生活的照顾和健康的关怀:"孝子事父,晨省暮参。知饥知渴,知暖知寒。忧则共戚,乐则同欢。父母有疾,甘美不餐。食无求饱,居无求安。闻乐不乐,闻戏不看。不修身体,不整衣冠。父母疾愈,整亦不难。""孝子不隐情于父",即孝子对待父亲应该无所保留。

2. 树立行善避恶的观念

为人必须在思想上能分清是非善恶,在行为上应该行善避恶。《太公家教》就此反复进行劝诫:"善事须贪,恶事莫作,直实在心,勿生欺诳。""见人善事,必须赞之。见人恶事,必须掩之。邻有灾难,必须救之。见人斗打,必须谏之。见人不是,必须语之。好言善述,必须学之。意欲去处,必须审之。不如己者,必须教之。非是时流,必须□之。恶人欲染,必须避之。""身须择行,口须择言。共恶人同会,祸必及身。""闻人善事,乍可称扬。知人有过,密掩深藏。""家中有恶,人必知闻。身有德行,人必称传。恶不可作,善不可观。""行善获福,行恶得殃。"作者主张行善,这对社会是具有积极意义的；而在主张避恶方面，则带有消极性，"见人恶事，必须掩之""知人有过，密掩深藏"，这实际上包庇坏人坏事，与法治要求除恶有很大的差距。

为实现行善避恶创造条件，结交良友是很有必要的。《太公家教》云："女无明镜，不知面之精粗。人无良友，不知行之亏逾。是以结交朋友，须择良贤。""居必择邻，慕近良友""近圣者明，近贤者德""近智者良"。出于提高自己道德的考虑，应当避免受恶人的熏染，注意交友的选择。

3. 重视立身处世之道

《太公家教》用较大篇幅宣扬立身处世之道，主张"立身行道，始于事亲。孝无终始，不离其身。修身慎行，恐辱先人"。又说："立身之本，义让为先。贱莫与交，贵莫与亲。他奴莫与语，他婢莫与言。商贩之家，慎莫为婚。市道接利，莫与为邻。敬上爱下，泛爱尊贤。孤儿寡妇，特可矜怜。乃可无官，不得失婚。身须择行，口须择言。"这体现了洁身自爱，自给自足，不惹是非，保持传统的小农意识。

在处世方面，《太公家教》强调"慎是护身之符，谦是百行之本"。所有的一切都要符合礼的准则。表现在与人交往上，要注意人际关系的平衡。"得人一牛，还人一马。往而不来，非成礼也。来而不往，亦非礼也。知恩报恩，风流儒雅。有恩不报，岂成人也。"与人相处，要学会尊重他人。"与人共食，慎莫先尝。与人同饮，莫先把觞。行不当路，坐不背堂。路逢尊者，侧立道旁。有问善对，必须审详。""与人相识，先正容仪。称名道字，然后相知。倍年己长，则父事之。十年已上，则兄事之。五年已外，则肩随之。群居五人，长者必范。"为人应当宽容，不要听信谗言而发生矛盾。"君子以含弘为大,海水以博纳为深。宽则得众,敏则有功。以法治人,人则得安。国信谗言,必煞忠臣。治家信谗,家必败亡。兄弟信谗,必见异居。夫妻信谗,男女生分。朋友信谗,必至死怨。"人的社会地位并不都是稳定的,要会适应社会地位的变化,为自己留有活动余地。"小人负重,不择地而息。君子困穷,不择官而事。屈厄之人,不羞执鞭之事;饥寒在身,不羞乞食之耻。贫不可欺,富不可恃,阴阳相催,终而复始。"作者还提到其他一些言论,大致是避免产生嫌疑,防止对自己的伤害,小心谨慎,免遭灾祸之类。

4. 教子为人之道,教女为妇之道

教子首先要求诚实,防止不良嗜好:"养儿之法,莫听谗言""男年长大,莫听好酒"。还要养成孝悌之心:"子从外来,先须就堂。未见尊者,莫入私房。若得饮食,慎莫先尝。飨其宗祖,始到耶娘。次沾兄弟,后及儿郎。食必先让,劳必自当。"应当知道礼节,遵守生活规范:"其父出行,子须从后。路逢尊者,齐脚敛手。尊者赐酒,即须拜受。尊者赐肉,骨不与狗。尊者赐果,怀核在手。勿得弃之,违礼大丑。对客之前,不得叱狗。对食之前,不得唾地,亦不得嗽口。忆而莫忘,终身无咎。"为了避免招祸受害,还要随时随事修身慎行:"教子之法,常令自慎。言不可失,行不可亏。他篱莫越,他事莫知。他贫莫叽,他病莫欺。他嫌莫道,他户莫窥。他财莫取,他色莫思。他强莫触,他弱莫欺。他弓莫挽,他马莫骑。弓折马死,赏他无疑。财能害己,必须畏之。酒能败身,必须戒之。色能致害,必须远之。忿能积恶,必须忍之。心能造恶,必须裁之。口能招祸,必须慎之。"每件事都有界限,这样教育儿子,自然养成谨小慎微之人。

对女儿受家教的现状,《太公家教》的作者深为不满:"常见今时,贫家养女,不解丝麻,不闲针缕,贪食不作,好喜游走。女年长大,躬为人妇,不敬君家,不畏夫主。大人使命,说辛道苦。夫骂一言,反应十句。损辱兄弟,连累父母。"因此,他主张对女儿的家庭礼教要有更多的约束限制:"育女之法,莫听离母。……女年长大,莫听游走。……女人游走,逞其姿首。男女杂合,风声大丑。惭耻宗亲,损辱门户。妇人送客,莫出闺庭。所有言语,下气低声。出行逐伴,隐影藏形。门前有客,莫出齐听。一行有失,百行俱倾。能依此礼,无事不精。新妇事夫,同于事父。……孝养翁家,敬事夫主。泛爱尊贤,教示男女。行则缓步,言必细语。勤事女功,莫学歌舞。少为人妻,长为人母。出则敛容,动则庠序。敬慎口言,终身无苦。"他认为若女儿接受了贤妻良母的封建礼教,都是在苦中过日而不觉其苦。

5. 劝人尊师好学,提高文化,增进智慧

学生尊师,必定会受教获益,"礼闻来学,不闻往教。舍父事师,必闻功效"。"弟子事师,敬同于父。习其道术,学其言语。有疑则问,有教则受。"学习对人生有重要意义,"人生不学,语不成章。小而学者,如日出之光;长而学者,如日中之光;老而学者,如日暮之光;人而不学,冥冥如夜行"。学习使人长智慧,"行来不远,所见不长。学问不广,智慧不长"。作者认为学习使人掌握知识,比掌握财富更有价值:"勤是无价之宝,学是明月神珠。积财千万,不如明解经书;良田千顷,不如薄艺随躯。"

6. 多引用民间俗话、谚语以为训诫

例如:"凡人不可貌相,海水不可斗量。""居必择邻,慕近良友。""人无远虑,必有近忧。""扬汤止沸,不如去薪。""贪心害己,利口伤身。""落网之鸟,恨不高飞。吞钩之鱼,恨不忍饥。""人生误计,恨不三思。祸将及己,悔不慎之。""助祭得食,助斗得伤。仁慈者寿,凶暴者亡。""香饵之下,必有悬鱼。重赏之下,必有勇夫。"这种在生活经验基础上的概括,包含一定的哲理,容易为读者所接受。

7. 在修辞方面多用四言韵语

《太公家教》大部分用四言韵语,如"事君尽忠,事父尽孝。礼闻来学,不闻往教。舍父事师,必闻功效。慎其言语,整其容貌"。这是其内容表现的主要形式。但《太公家教》不像《千字文》《开蒙要训》都以四言韵语为统一体式,由于它的资料来源不同,加工创作的程度不一,有的就是搜集民间的俗语、谚语,保存其原貌,因此四言、五言、六言、七言、八言等多种兼用。其间有用五言:"瓜田不整履,李下不整冠。"有用六言:"小人为财相煞,君子以德相知。""多言不益其体,百技不妨其身。"有用七言:"君子以含宏为大,海水以博纳为深。""智者不见人之过,愚夫好见人之耻。"偶尔也用八言:"明君不爱邪佞之臣,慈父不爱不孝之子。"还有部分用四六骈体文:"微子虽贤,不能谏其暗君;比干虽惠,不能自免其身。"中唐时期,四六骈体文是与新兴的古文并存的文体。

根据以上所述,《太公家教》的内容偏于道德教育,思想是传统的,与封建时代农民的意识有较多联系。它突破统一体式而兼用多种文体,由于是内容丰富、适用较广而文字通俗的蒙学读本,因而从唐中期开始广泛流行。

三、《女孝经》

《女孝经》是家庭中对女子进行道德教育的教材之一。

对《女孝经》作者郑氏的生平活动,后世文献记载甚少,只知她是唐玄宗时朝散郎侯莫陈(三字复姓)邈之妻,其侄女被册为唐玄宗第十六子永王璘之妃。郑氏于开元中撰《女孝经》一卷,有其实际目的,她在《进女孝经表》中说:"盖以夫妇之道,人伦之始,考其得失,非细务也。《易》著乾坤,则阴阳之制有别;《礼》标羔雁,则伉俪之事实陈。妾每览先圣垂言,观前贤行事,未尝不抚躬三复,叹息久之,欲缅想余芳,遗踪可躅。妾侄女特蒙天恩,策为永王妃,以少长闺闱,未娴《诗》《礼》,至于经诰,触事面墙,夙夜忧惶,战惧交集。今戒以为妇之道,申以执经之礼,并述经史正义,无复载乎浮词,总一十八章,各为篇名,名曰《女孝经》。"①在这里,她将本人的思想认识和现实忧虑作一番陈述,认为夫妇之道从来就是人生大事,而侄女被册为永王妃,却未受充分礼教,成为令父母辈忧惧交加的心事。因此,她要让侄女紧急补习礼教,以"为妇之道"为训诫。从长远的社会人生和眼前的家庭需要来说,《女孝经》的撰写都有必要。

郑氏模仿《孝经》而论为妇之道,故取名《女孝经》,分章列为十八章,各为篇目,即《开宗明义章》第一,《后妃章》第二,《夫人章》第三,《邦君章》第四,《庶人章》第五,《事舅姑章》第六,《三才章》第七,《孝治章》第八,《贤明章》第九,《纪德行章》第十,《五刑章》第十一,《广要道章》第十二,《广守信章》第十三,《广扬名章》第十四,《谏诤章》第十五,《胎教章》第十六,《母仪章》第十七,《举恶章》第十八。②

郑氏不以第一人称出现,因此作了一番特殊布置。她在《进

---

① 孙培青.隋唐五代教育论著选[M].北京:人民教育出版社,1993:265.
② 孙培青.隋唐五代教育论著选[M].北京:人民教育出版社,1993:266—274.

女孝经表》说:"妾不敢自专,因以曹大家为主。"她请东汉班昭"出场",借其名气来对妇女说教,几乎每章都以班昭的言论为中心而展开,意在增强《女孝经》的说服力。

郑氏在书中强调以下女子教育主张:

妇女应当学习,才能成为贤德之人。她认为:"人肖天地,负阴抱阳,有聪明贤哲之性,习之无不利,而况于用心乎!"①又说:"夫学以聚之,问以辩之,多闻阙疑,可以为人之宗矣。"②还说:"《诗》《书》之府,可以习之;礼乐之道,可以行之。"③人能重视学问,用心学习《诗》《书》,发展天赋之性,行礼乐之道,当能成为贤德之人。

妇女学习德行,核心是孝道。她说:"天地之性,贵刚柔焉;夫妇之道,重礼义焉。仁义礼智信者,是谓'五常',五常之教,其来远矣。总而为上,实在孝乎。夫孝者,感鬼神,动天地,精神至贯,无所不达。……上至皇后,下及庶人,不行孝而成名者,未之闻也。"④孝道是仁义礼智信"五常"的总括和总代表,其精神作用特别巨大。她说:"夫孝者,广天地,厚人伦,动鬼神,感禽兽。"⑤任何人不论其贵或贱,地位之高或低,都要践行孝道,不能背离孝道。

家庭中妇女孝道的表现,首先是事舅姑。《事舅姑章》说:"女子之事舅姑也,敬与父同,爱与母同,守之者义也,执之者礼也。鸡初鸣,咸盥漱衣服以朝焉。冬温夏凊,昏定晨省,敬以直内,义以方外,礼信立而后行。"《广要道章》说:"女子之事舅姑也,竭力

---

① 《贤明章》第九。
② 《开宗明义章》第一。
③ 《夫人章》第三。
④ 《进女孝经表》。
⑤ 《开宗明义章》第一。

而尽礼。"事舅姑是在合于礼的范围内的,既要尽力也要尽礼。

妇女德行的重要表现在于事夫。《三才章》说:"夫者,天也。可不务乎!古者,女子出嫁曰归,移天事夫,其义远矣。天之经也,地之义也,人之行也。天地之性,而人是则之。则天之明,因地之利,防闲执礼,可以成家。"《纪德行章》说:"女子之事夫也,缁笄而朝,则有君臣之严;沃盥馈食,则有父子之敬;报反而行,则有兄弟之道;受期必诚,则有朋友之信;言行无玷,则有理家之度。五者备矣,然后能事夫。"郑氏认为人以天地为法则,以夫比天,以妇比地,妇事于夫,是天经地义的事。从家庭中所处的地位来说,夫为主,妇为辅。从关系来说,妇顺从与服务于夫。但《女孝经》认为妇事于夫,并非单纯顺从,并非事事从夫,应当以道义为准则,合道则从,非道则谏。《谏诤章》以问答的形式提出这个问题,并明确说明这个问题:"敢问妇从夫之令,可谓为贤乎?"大家曰:"是何言欤!是何言欤!……天子有诤臣,虽无道,不失其天下。诸侯有诤臣,虽无道,不失其国。大夫有诤臣,虽无道,不失其家。士有诤友,则不离于令名。父有诤子,则不陷于不义。夫有诤妻,则不入于非道。……故夫非道则谏之,从夫之令,又焉得为贤乎!"所以,从夫不是盲目的,而是有条件的。妇女要成为贤明之人,对丈夫的言行要判别是合道或非道,以决定应采取的态度,合道则从之,非道则谏之。

为了生子形容端正、才德过人,妇女在怀孕期内要重视胎教。《胎教章》说:"人受五常之理,生而有性。习也,感善则善,感恶则恶,虽在胎养,岂无教乎?古者妇人妊子也,寝不侧,坐不边,立不跛,不食邪味,不履左道,割不正不食,席不正不坐,目不视恶色,耳不听靡声,口不出傲言,手不执邪器,夜则诵经书,朝则讲礼乐,其生子也,形容端正,才德过人,其胎教如此。"妇女在怀孕期间,生活与行为要特别谨慎小心,注意创造有利影响的因素,防止不利影响的因素,为胎儿的优生提供较好的环境和条件。

妇女既为人母,就要负起教育子女成人的责任。《母仪章》对于妇女教育子女提出一些要求:"夫为人母者,明其礼也,和之以恩爱,示之以严毅,动而合礼,言必有经。男子六岁,教之数与方名。七岁,男女不同席,不共食。八岁,习之以小学。十岁,从以师焉。出必告,反必面,所游必有常,所习必有业,居不主奥,坐不中席,行不中道,立不中门,不登高,不临深,不苟訾,不苟笑,不有私财,立必正方,耳不倾听,使男女有别,远嫌避疑,不同巾栉。女子七岁,教之以四德,其母仪之道如此。"妇女要教育子女,首先应具有施教的条件,要明白礼的规范,既有爱护子女的感情,又有严格坚定的一贯要求,行为合礼数,言论有准则。子女到一定年龄,就男女有别,分开进行教育。男孩在不同年龄,有不同要求,十岁开始出外从师,要教导其各项行为,养成合礼的习惯。女孩从七岁开始,就教以四德。① 这与男孩的教育分道而行,朝着贤妻良母的方向发展。

《女孝经》虽也流传后世,但毕竟流传不广,《新唐书·艺文志》未见载录。它主要是为上层的妇女而编撰的,不是针对平民妇女的生活需要。因为与平民不贴近,所以它不能广泛传播。

《女孝经》编成于唐开元年间,因受当时居于主导地位的儒学传统思想的影响,也存在不少糟粕。它由论天地推而论夫妇,因天尊地卑,故夫尊妇卑,女子事夫,终身一心一志,夫妇处于不平

---

① 班昭《女诫·妇行第四》:"幽闲贞静,守节整齐,行己有耻,动静有法,是谓妇德。"

等的主从地位，坚守男有重婚而女无再醮的传统。关于妇女德性的基础，《胎教章》说："人受五常之理，生而有性。"宣称人受天赋五常，也就是以道德先验论为妇女德性的理论基础。关于妇女的生活活动，被限制在家庭内部。《五刑章》说："贞顺正直，和柔无妒，理于幽闺，不通于外，目不徇色，耳不留声，耳目之欲，不越其事，盖圣人之教也。汝其行之。"《广要道章》又说："动必有方，贞顺勤劳，勉其荒怠，然后慎言语，省嗜欲。出门，必掩蔽其面。夜行以烛，无烛则止。送兄弟不逾于阈。此妇人之要道。汝其念之。"封建礼教限制妇女的视听言行，抑制其欲望，束缚其个性。

四、《女论语》

《女论语》是家庭中对女子进行道德教育的又一教材。

关于《女论语》，《新唐书》卷五八《艺文志二》载："尚宫宋氏《女论语》十篇。"作者为唐代宋若莘、宋若昭姐妹两人，《旧唐书》卷五二《女学士尚宫宋氏传》与《新唐书》卷七七《尚宫宋若昭传》对其生平和著作也有所记载。

宋若莘（一作若华）、宋若昭，贝州清阳（今河北清河）人。宋氏世代以儒学传家，至宋庭（又作廷）芬（一作芳），能词章。生五女，长曰若莘，次曰若昭、若伦、若宪、若荀，皆聪慧，庭芬自教以经艺，后又教授诗赋，年未及笄，皆能属文。她们立志不婚，愿以艺学扬名显亲。若莘教诲诸妹，有如严师，著《女论语》十篇，大抵模仿《论语》师徒问答的风格，而所言皆妇道之理。其妹若昭为之注解，颇有引申发挥。贞元四年（788年），昭义节度使李抱真上表朝廷，特荐才女宋若莘五姐妹。德宗并召入宫，试诗赋，兼问经史中大义,深加赞赏。姐妹五人皆留用宫中,尊其志操,称为"学士先生"。自贞元七年起,宫中记注簿籍,由若莘总领其事。元和末,若莘卒。穆宗长庆初,以若昭通晓历练,令继其职,官为尚宫,宫内皆呼为先生,六宫嫔嫒、诸王、公主、驸马皆师之。若昭于宝历初年卒,敬宗复令若宪代司宫职。文宗好文学,以若宪善文词,能论议奏对,尤加重用。大和中,若宪受诬告,得罪而死。

《女论语》①的撰著,源于作者对于女教状况的忧患意识,序文指出:"九烈可嘉,三贞可慕,深惜后人,不能追步。"为改变这种状况,作者根据自己对可嘉可慕的"九烈三贞"妇道的理解,起而行动,"乃撰一书,名为《论语》,敬戒相承,教训女子。若依斯言,是为贤妇,罔俾前人,传美千古"。因担心女教的传统丧失,故要继承优良的女教经验,以传后人。为此,假设曹大家之语,编成《女论语》一书,作为"教训女子"的教材,要求她们所学所行一致,成为贤明的妇女。

《女论语》初本为十篇,据说用问答的形式,后来发生改变,按问题立章,并依问题的相互联系而列序,依次为《立身章》《学作章》《学礼章》《早起章》《事父母章》《事舅姑章》《事夫章》《训男女章》《营家章》《待客章》《和柔章》《守节章》,共十二章。这是按照为女、为妻、为母、为主妇的发展变化过程来安排的,不用问答的形式,而是采用四言韵语的形式进行说教。以下试就其内容作一些分析。

宋若莘、宋若昭认为,女子的为人,最重要的是道德教育;女子道德教育的基础,最根本的是立身清贞。《立身章》说:"凡为女

---

① 本节所引用《女论语》依据的是《说郛》卷七〇,清顺治四年(1647年)刻本。

子,先学立身,立身之法,惟务清贞。清则身洁,贞则身荣。行莫回头,语莫露唇,坐莫动膝,立莫摇裙,喜莫大笑,怒莫高声。内外各处,男女异群。莫窥外壁,莫出外庭。窥必掩面,出必藏形。男非眷属,莫与通名。女非善属,莫与相亲。立身端正,方可为人。"由以上的要求可以看出,所谓立身清贞,是自觉意识女性角色的身份,对个人的言行、姿态、喜怒严加约束规范,特别是严格划清男女的界限,不能自由交往;同时,划定女子活动的范围即只在家庭内部,不容许在家庭之外抛头露面。

女子的品德,首先是孝敬父母。孝敬父母不是单纯的认识问题,更重要的在于行动。《事父母章》提出,孝敬父母的行动体现在多个方面。如关心健康,"每朝早起,先问安康,寒则烘火,热则扇凉,饥则进食,渴则进汤"。遵从教训,"父母检责,不得慌忙,近前听取,早夜思量。若有不是,改过从长,父母言语,莫作寻常"。养老保障,"父母年老,朝夕忧惶,补联鞋袜,做造衣裳,四时八节,孝养相当"。照顾疾病,"父母有疾,身莫离床,衣不解带,汤药亲尝,求神拜佛,指望安康"。若父母身亡,则依礼治丧。这些行动都属于孝敬父母的品德表现。

女子出嫁之后,有孝敬舅姑的责任。《事舅姑章》提出,对舅姑"供承看养,如同父母";"如有使令,听其嘱咐";每天侍候盥洗,照顾饮食。这类照顾要做到"日日一般,朝朝相似,传教庭帏,人称贤妇"。对于不孝敬、不照顾舅姑的恶妇,以天地不容为警告。

妇女品德还表现在敬事夫主上。《事夫章》专论夫妻关系:"女子出嫁,夫主为亲。……夫刚妻柔,恩爱相因,居家相待,敬重如宾。"对妇女的要求主要有两方面,一方面对丈夫表现出柔顺,另一方面对丈夫表现出关心。这种关心具体表现为对丈夫外出、生病、饮食、衣装的特别关注。妇女要做到与丈夫"同甘同苦,同富同贫",要做遵守规范的贤妇,不做行为反常的愚妇。可见,作者有"夫为妻纲"的封建思想,单方面要求妻子一方多尽义务,存在片面性。但作者也针对社会时弊,提出要防止一些不良倾向,以保障家庭和睦。

相互交往,依照礼数,也是妇女品德表现的一方面。《学礼章》专谈与人来往,以礼规范,"凡为女子,当知女务。女客相过,安排坐具,整顿衣裳,轻行缓步,敛手低声,请过庭户,问候通时,从头称叙,答问殷勤,轻言细语,备办茶汤,迎来递去。……如到人家,且依礼数"。知礼的妇女能够礼貌热情地接待女客,表现出对人的尊重。如到别人家里做客,也不放纵失态,酒醉癫狂。闲时当在家,不要到处游走,说三道四,招惹是非,败坏门风。作者对怎样做是适当的或不适当的有明确的判断,指出有些妇女存在不良的习气,既不利于家庭,也不利于社会,需要矫正。

依据家庭间夫妻的分工,妇女有理家的责任。理家有多方面的事务,其中较主要的是三项。一是养成早起料理家务的习惯。《早起章》要求妇女"五更鸡唱,起着衣裳,盥漱已了,随意梳妆。拾柴烧火,早下厨房,磨锅洗镬,煮水煮汤。随家丰俭,蒸煮食尝,安排蔬菜,炮豉舂姜。随时下料,甜淡馨香,整齐碗碟,铺设分张。三餐饭食,朝暮相当。侵晨早起,百事无妨"。妇女要把清晨早起变为"好习惯"。二是坚持勤俭持家的准则。《营家章》要求:"营家之女,惟俭惟勤。勤则家起,懒则家倾;俭则家富,奢则家贫。凡为女子,不可因循,一生之计,惟在于勤;一年之计,惟在于春;一日之计,惟在于晨。"办理家务,要牢记指导思想,还要注意计划,生计安排和管理收藏要勤,在消费开支方面要俭,这样才能保证供应，不使缺乏。三是重视以和为贵的家法。《和柔章》提出，不论家庭内部或是周围邻居，都要以和为贵，注意礼数周全，家丑不外传，是非不入门。

教训子女，母有其责。《训男女章》认为母亲在家教中负有重要责任："大抵人家，皆有男女。年已长成，教之有序，训诲之权，实专于母。"男孩要入书堂，请师傅教导，习学礼义，吟诗作赋，重要的是尊敬师儒，礼教无缺。女孩只令在家，少令出户，由母亲负责管教，唤来便来，教去便去，训她礼数，勤习家务，约束更加严厉。作者对当时普遍失于家教的状况甚为不满："堪笑今人，不能为主。男不知书，听其弄齿，斗闹贪杯，讴歌习舞，官府不忧，家乡不顾。女不知书，强梁言语，不识尊卑，不能针指，辱及尊亲，怨却父母，恶语相伤，养猪养鼠。"缺乏教养的男女没有文化知识，沾染不良习气，语言极粗鲁，行为不文明，缺乏责任心。封建的家教思想赋予母亲重要责任。

家庭之内，妇女有许多要做的事。妇女为尽其责，先要学习女工。《学作章》强调学习女工的重要性，需学的主要有三方面：一是纺织；二是养蚕；三是缝补刺绣。作者认为做针线活应是妇女最基本的技能，起码能解决穿衣御寒的问题。在以小农为主，自给自足的自然经济条件下，男耕女织是基本的分工形态，衡量妇女是否贤惠，针线活的精粗成为一个重要指标，"针线粗率，为人所攻，嫁为人妇，耻辱门风。衣裳破损，牵西遮东，遭人指点，耻笑乡中"。这种要求明显具有时代性，如到了现代工业经济、知识经济时代，就不会把针线活作为对妇女要求的一项指标。

《女论语》是撰写于唐贞元初的妇女教材，主要内容为女子道德教育，它继承了古代女子教育的一些优良传统，如尊敬父母长辈，讲究文明礼貌，尽妇女分工的职责，重视子女教育，善于操持家务等。但书中也强调男尊女卑，要求女子柔弱顺从，将其限制于从事家庭内务，反对女性与男性平等参加社会交往活动。这些是作者思想局限性之所在，摆脱不了时代条件的制约。

《女论语》在后世不断流传，至明清间，与汉班昭《女诫》、明成祖皇后徐氏《内训》、明王相母刘氏《女范捷录》合编为《女四书》。随着地位提高，知名度也提高，《女论语》乘载于《女四书》而流传更加广泛，并传播至海外的日本等国。日本自明历二年（1656年）起流传多种《女四书》，所收品种虽不同，但均收《女论语》。

第三节 应试教材

为了参加科举考试，考生需要预作准备，以适应考试的要求。在民间所办私学进行学习的生徒，"幼能就学，皆诵当代之诗；长而博文，不越诸家之集"。① 他们竞相选读流行的应试教材。考试有多种项目，要求用多种文体写作，诗、赋、论、策、判等文体都要会写作，最快捷的途径就是读文章指南、范文选编之类速成的应试教材，以便于临场沿着老门径进行仿作。各种文体的应试教材繁多，如《策林》《策苑》《诗人秀句》《文场秀句》《诗格》《诗例》《赋枢》《赋诀》《百道判》《龙筋凤髓判》《文章龟鉴》等。限于篇幅，此处仅举一例，略加剖析。

《兔园册府》（亦作《兔园册》，"册"通"策"，又名《兔园策》），《旧唐书·经籍志》与《新唐书·艺文志》均未著录，后来先由私家

---

① 《旧唐书》卷一一九《杨绾传》。

书目著录，私家文献有所记载，然后才是国家所编的书目著录。查阅所及，有以下四种记载：

宋晁公武《郡斋读书志》卷一四载："《兔园册》十卷。右唐虞世南撰。奉王命，纂古今事为四十八门，皆偶俪之语。至五代时，行于民间村野，以授儿童，……"

宋孙光宪《北梦琐言》卷一九《诙谐所累》载："北中村墅，多以《兔园册》教童蒙，……然《兔园册》乃徐庾文体，非鄙朴之谈，但家藏一本，人多贱之也。"

宋王应麟《困学纪闻》卷一四载："《兔园册府》三十卷。唐蒋王恽令僚佐杜嗣先仿应科目策，自设问对，引经史为训注。"

《宋史》卷二〇九《艺文志八》载："杜嗣先《兔园册府》三十卷。"书名、卷数、作者与《困学纪闻》所载一致。

由上可见，唐代就有《兔园册府》与《兔园册》两种书名，两书的内容、形式、作者、卷数均有不同。《郡斋读书志》所载虞世南编纂的《兔园册》为十卷，内容是选录古今事，归为四十八门，形式为偶俪之语。此书似乎是通俗性、应用性的读物，在唐代一直流传，至五代时仍然流行于民间村野，以授学童。此书作为小学教材，少年儿童一般都读过。虽然读此书能获得一些基础知识，但此书限于知识水平而受士大夫轻视。欧阳修《新五代史》卷五五《刘岳传》："宰相冯道世本田家，状貌质野，朝士多笑其陋。道旦入朝，兵部侍郎任赞与〔吏部侍郎〕岳在其后，道行数反顾，赞问岳：'道反顾何为？'岳曰：'遗下《兔园册》尔。'《兔园册》者，乡校俚儒教田夫牧子之所诵也，故岳举以诮道。道闻之大怒，徙岳秘书监。"冯道大怒，斥责两位私下讽刺者，声称:《兔园册》是名儒纂集的，我能熟练背诵，你们连这样的基础都没有，仅是学文辞就举业，取公卿之位，学问未免太肤浅了。训斥之后，冯道还不消气，利用宰相的权力，把刘岳移为秘书监。此事提供了一种历史信息，证明五代之时《兔园册》还在民间广泛流行。

王应麟《困学纪闻》所载的《兔园册府》，作者是杜嗣先，三十卷，内容为仿应科目策，自设问题，引经史为议论的根据进行论述。由此看来，编此书的目的是作为备考的读物，按策试的要求来设计，一道策问后接一篇对策，让读者熟读练习。此书的服务对象和功用显然不同于前书，不仅具有古今知识，还有写作的示范要求，程度似乎要深些。

近代王国维对有两位作者编撰书名近似的两本书产生怀疑。他在《兔园册府跋》一文中，指出晁公武《郡斋读书志》的说法与王应麟《困学纪闻》的说法不同，对写作年代也有考证。他说:"然则唐末五代村塾盛行之书，其为虞书抑为杜书，殊未可臆定。窃疑世南入唐，太宗引为秦府记室，即与房玄龄对掌文翰，未必令撰此等书。岂此书盛行之际或并三十卷为十卷，又以世南有《北堂书钞》，因嫁名于彼欤。此书虽仅存卷首，犹是贞观时写本。序中'刘君诏问，皆愿治之词'，'治'字未阙笔，明尚在太宗时。又案《旧唐书》卷七六《太宗诸子列传》，蒋王恽以贞观七年为安州都督，至永徽三年除梁州都督，在安州凡十六年，则此书必成于安州，而此本又书成后即传写者也。虽断玑尺羽，可不宝诸。"据王国维的主张，历史上实际并没有虞世南编撰的《兔园册》，只有杜嗣先编撰的《兔园册府》，序文中"治"字未阙笔，表明此书编成于唐高宗李治即位之前的唐太宗贞观年代，具体说就是编于贞观七年到二十三年之间(633—649)。

　　敦煌遗书所发现的写本残卷,现在几乎都已收入黄永武所编《敦煌宝藏》,其中有称《兔园册府》或题《兔园册》的。细加查考,未见有虞世南编撰《兔园册》的题署,所见都是杜嗣先所撰《兔园册府》的残篇。这些写本有的缺头,有的缺尾,只保留一部分,且字迹模糊难辨。其中或有字迹较清晰可辨认的,选出三个写本,即伯二五七三号、斯六一四号、斯一七二二号,复印抄清,反复读校,发现这三个写本残卷可以相互拼补校勘。于是,以伯二五七三号与斯一七二二号为底本加以整理,并用斯六一四号校补,《兔园册府》露出了部分历史原貌。现在虽见不到三十卷本原文,但可以看到整理复原较完整的第一、第二卷。

　　第一卷是作者杜嗣先自撰的序文。序文引述经书,指出考试正式开始于选拔人才,其后成为选贤的重要手段。周朝征用造士,汉朝辟举贤良,都举行考试,高第者录用,甲科者入仕。汉朝所进行的策试,"求之者期于济时",求贤者期待对策提出的答案有助于当时的施政;"言之者期于适务",应试者回答问题都力求适用于急切的时务。当时对策的文章都能"文不滞理,理必会文",文与理较适当地结合。魏晋以后,文章趋于追求华丽,过分修饰,以至于本末倒置,造成"文皆理外之言,理失文中之意"。这种偏向背离了汉代策试选贤的优良传统。唐朝恢复汉朝选贤的传统,实行"秀异之荐""孝廉之征",多方网罗人才。于是,各类有用人才皆归向朝廷,达到了"草泽无遗,英奇必进"的程度。虽然这类话说得有些言过其实,但在一定程度上体现了新政策导致的新趋势。

　　杜嗣先出于耕读之家,"昔同耕凿之勤,颇览《诗》《书》之训"。

他是较有学养的青年，也有入仕的愿望，"爱从羁贯之年，肇应扬庭之问"。他以贡士的身份参加朝廷举行的策试，科举及第，得到录用，成为蒋王李恽的僚佐。序文说明，编撰《兔园册府》是蒋王指定的任务，"忽垂恩教，令修新策。今乃勒成一部，名曰《兔园册府》，并引经史，为之训注"。书是奉命而撰，正式名称是《兔园册府》，合成一部，未言卷数。

第二卷是《兔园册府》正文的开始，卷之下包含五目，依次为辨天地、正历数、议封禅、征东夷、均州壤，具体内容是五道策问，每道策问之后接着就是一篇对策，回答策问。现以"均州壤"为例。

问：庶土交正，垂范前经，地利必分，腾规往训。由是张衡擒赋，辨汜塔于二京，裴秀制图，审高卑于六体。然则窳隆异等，劳逸不同，将均贡篚之差，实在京垠之积。至乃人稀土旷，沧瀛有弥望之郊；挥汗驾肩，汾晋无立锥之地。今欲均其土宇，任以迁居，使户割膏腴，家丰菽粟。恐首丘难变，怀土易安，食水多怨谤之谣，涉河无率从之诰。可否之理，应有令图，劝导之宜，咸敷厥旨。

对：窃闻人唯邦本，本固邦宁，务本必于安人，基邦在于弘众。譬潭深鱼集，林茂鸟归，山海不厌于高深，家国必资于富实。曩者隋纲紊绪，天下分崩，荆棘掩于阶庭，狐兔践于城邑。我国家纂期应历，摄运受终，逢五老而授图书，猎双童而基霸主。澄清六合，荣镜八荒，再让而天下自归，一戎而兵戈已偃。圣上以大明统极，提象御辰，景化溢于幽遐，神功畅于动植。驾云甄海，益地开图，义里恒空，闲田莫竞。犹恐州如马齿，疏密不同，地苦龙鳞，膏腴兼倍。将欲均平土宇，申画郊圻，以为汾晋黎甿，邑居湫隘。沧瀛郊野，耕垦未周，五土之利尚荒，四人之务犹褊。若夫体国经野，训俗济时，择利而行，应权而动。若使广开敦谕，各任迁居，咸遵乐土之诗，共解薰风之愠。使其环桑起宅，荷插趋畴，龙梭曳蚕妾之机，凤粟满田夫之积。然后崇礼节，务耕耘，政令绝苍鹰之盛，聚敛无饿扑之暴。即可千仓起咏，九赋咸均，褔负满于康庄，鸡犬闻于郊境。谨对。

自设问对是模拟的，借模拟来演练，以提高对策的能力。"均州壤"策问提出的是关于国家经济恢复发展应该如何计划的问题。具体的问题是：河北道的沧州、瀛州地区地广人稀，而河东道的汾州、晋州地区人口密集，两地区的群众生活存在很大差别。现在要考虑让民众自愿迁居，使土地房屋的享有趋于平均，家家有丰足的粮食，但农民安土怀乡的保守思想恐难于改变。请应试者无保留地讲出自己的想法，说说可行或不可行的道理，以及用什么办法劝导农民迁居最为合适。

对策乃针对策问而来，首先讲的是一般的大道理，认为人民是国家的根本，只有根本牢固，国家才会安宁。争取民众，必定要使人民生活安定。国基稳定的根本在于获得广大民众拥护。要达到这个目标，最重要的条件是"家国必资于富实"。唐朝政权虽已建立，但"义里恒空，闲田莫竞"，经济尚未恢复，地区之间存在较大差别，需要"均平土宇"，应该开始调整，却还未进行。应试者因此提出建议："择利而行，应权而动"；"广开敦谕，各任迁居"。应试者预计了实行建议的社会效果："使其环桑起宅，荷插趋畴，龙梭曳蚕妾之机，凤粟满田夫之积。"然后崇礼节，务耕耘，政令宽，赋敛薄，就会出现安居乐业的升平景象。

"均州壤"这样的策题,从其要求的内容来看,属于时务策一类,针对国家社会当前存在的问题,要应试者提出解决的办法。策试要求文理兼备。所谓"理",也就是对策的观点、思想内容要义理惬当,立论要正大,能站得住,没有明显的矛盾。所谓"文",也就是要符合时代对文体的要求。唐初策试用的是六朝以来的骈体文,讲对偶,重韵律,辞藻华丽,行文流畅。准备应试者为了写好文章,就寻求名家的策文,熟读并领会写作的手法,模拟而习作,由此而逐步锻炼分析问题和写作的能力。《兔园册府》就是为准备应试的需要而编的一种教材。

现在已见不到三十卷完整的《兔园册府》,但从幸存的第一、第二卷,后人可以了解此书的性质和内容。

第四编

隋唐教育思想研究

以上三编内容偏于阐述教育制度与实践的发生、发展和变革，而本编则主要反映教育思想的发展状况。以往人们对隋唐教育思想有一种印象，即相对于教育制度和教育实践，教育思想显得比较贫乏，本研究的结果可以改变这一固有印象。隋唐五代时期的教育思想，一是随统治政策取向的变化而变化，二是随儒学自身的变化而变化，两者又常常交织在一起。与之前的两汉魏晋和之后的两宋相比，这一时期的教育思想具有过渡的特点，大致呈现如下演变逻辑：隋至唐前期因应统一政权建立和稳固的需要，表现为崇儒的王道教育思想占主导地位；唐中期，历朝统治者采取儒道佛并用或选择性利用，使得儒家之外，佛道两家教育思想也有很大发展；唐后期，复兴儒学的教育思想形成声势，儒道佛调和的教育思想也开始产生影响，这就为教育思想的转型开了端倪。以下论述即是按此逻辑展开的。

第十二章

隋及初唐的王道教育思想

第一节 王道教育思想的发展

"王道"与"霸道"相对而存在。"王道"是用仁义教化治理国家、以德服人的政治路线。主张实行王道政治路线是王道政治思想的中心内容。为王道政治路线服务的教育思想，就是王道教育思想。

王道教育思想是王道政治思想的重要组成部分，由儒家学者提出，它适应统一中央集权政治制度的需要，为统治集团采纳，体现于文教政策法令之中。王道教育思想在隋代没有真正贯彻，到了初唐才名副其实地成为教育思想的主流。

一、隋代兴儒学，行礼教

杨坚夺取北周政权，消灭南朝陈政权，结束了南北分裂的局面，建立了中央集权统治。在隋代的参政大臣中，高颎、苏威、李德林、牛弘等均以儒学的王道政治思想来引导隋文帝，治理新朝的国政。南北朝之施政重律法，刑罚严酷，残杀百姓，不得人心。

隋代革故鼎新,需要改弦易辙,代以宽仁之政。为了稳定和巩固统一的中央集权统治,隋文帝认识到儒学对国家至关重要,要以儒学为治国的指导思想,发挥其"维持名教,奖饰彝伦"的作用。开皇三年(583年)十一月的诏书公开了他所选择的政治路线:"朕君临区宇,深思治术,欲使生人从化,以德代刑。"为实行德政,他推行一系列改革措施,如建立新的官制,修订刑律,逐步采用科举制,制定新礼乐,推行均田制,使政治稳定、经济繁荣。

国家以儒学为统治思想,也就需要以儒学来教育人民和培养官吏。"儒学之道,训教生人,识父子君臣之义,知尊卑长幼之序,升之于朝,任之以职,故能赞理时务,弘益风范。朕抚临天下,思弘德教,延集生徒,崇建庠序,开进仕之路,佇贤隽之人。"①隋文帝接受潞州刺史柳昂的建议,发展儒学,施行礼教,移既往之风,成惟新之俗。隋文帝于开皇二年(583年)四月下《劝学行礼诏》:"建国重道,莫先于学;尊主庇民,莫先于礼。……治国立身,非礼不可。……今者民丁非役之日,农亩时候之余,若敦以学业,劝以经礼,自可家慕大道,人希至德。岂止知礼节,识廉耻,父慈子孝,兄恭弟顺者乎?始自京师,爰及州郡,宜祇朕意,劝学行礼。"②令下之后,天下州县皆置博士习礼,京师国子寺也扩充规模,统有国子学、太学、四门学、书学、算学,生员近千人,一时出现了儒学繁荣的局面。由于政策的影响,不仅官学遍设,私学也获得恢复和发展。《隋书》卷七五《儒林传》载:"于是超擢奇隽,厚赏诸儒,京邑达乎四方,皆启黉校。齐、鲁、赵、魏,学者尤多,负笈追师,不远千里,讲诵之声,道路不绝。中州儒雅之盛,自汉、魏以来,一时

---

① 《隋书》卷二《高祖纪下》。
② 《隋书》卷四七《柳昂传》。

而已。"

隋文帝至晚年,思想倾向于佛教,因此对儒学的政策在仁寿年间(601—604)发生动摇。而隋炀帝对儒学的政策稍为一贯,于大业元年(605年)七月颁《求贤兴学诏》:"君民建国,教学为先,移风易俗,必自兹始。……朕纂承洪绪,思弘大训,将欲尊师重道,用阐厥繇,讲信修睦,敦奖名教。"京师和郡县学校重新恢复,其中郡县学校的规模超过开皇年代。

隋代统治集团利用儒学作为统治思想,"化人成俗,则王道斯贵。……世属隆平,经术然后升仕",对学习儒学的人给予奖励,学校普遍发展,讲学成为社会风气。在这种政策的推动之下,为王道政治服务的教育思想相应地发展,著名的教育家有何妥、马光、刘焯、刘炫、王通等人。尤其是王通,在其私学的讲学实践中,提出自己的教育理论,对儒学教育思想的发展产生了一定的历史影响。

二、初唐兴化崇儒,广设庠序

李渊乘乱起兵反隋,建立唐朝。鉴于隋炀帝在政治上犯严重错误,导致世乱国亡,李渊吸取教训,思革前弊,采纳李世民、萧瑀、杨恭仁等人的献策,蠲除徭役,与民休息,劝农务本,旌表孝友,罢除贡献,以示俭约,奖励直言,举选贤良,在施政上革旧图新,以争取民心,巩固统治。战争虽未结束,但他已认识到文治的重要,认为"安人静俗,文教为先",特别重视封建伦理道德教化。《旌表孝友诏》:"民禀五常,仁义斯重,士有百行,孝敬为先。自古哲王,经邦致治,设教垂范,莫尚于兹。"他在文教上确定了崇儒兴学的政策,于武德二年(619年)六月颁《令国子学立周公孔子庙诏》:"建国君临,弘风阐教,崇贤章善,莫尚于兹。……朕君临区宇,兴化崇儒,永言先达,情深绍嗣。宜令有司于国子学立周公、孔子庙各一所,四时致祭。"尊崇周孔,以周孔之教统一思想,目的在于推行王道政治。既然确定崇儒,也就必然相应地为宣教儒学而采取兴学措施,广设庠序。唐高祖于武德七年二月颁《兴学敕》:"自古为政,莫不以学为先。学则仁义礼智信五者具备,故能为利深博。朕今欲敦本息末,崇尚儒宗,开后生之耳目,行先王之典训。"敕书规定同时采取的实际措施有三项:对四方诸州,有明一经以上,选上吏部,分等叙用;吏民子弟,欲学经艺,申送入京,量品配学;州县及乡里,并令置学。武德年间鼓励儒学的发展,奠定了以后继续发展的基础。

唐朝统一中央集权统治得到巩固,真正进入繁荣强盛的阶段是在贞观年代。李世民武功显赫,也注意文治。自武德四年(621年)平窦建德、王世充之后,李世民就注意经籍研讨,开文学馆,集学士讨论经义。即位后,他更重视儒术,置弘文馆,设学士,商榷政事。治国的政治路线是着重讨论的问题之一。贞观初年,参与国政,对唐太宗决策有重要影响的有房玄龄、杜如晦、魏徵、王珪、李靖、虞世南等人。尤其是魏徵,他说服唐太宗下决心选择王道的政治路线,提出"偃武修文,中国既安,四夷自服",作为治国方针。新方针的制定,适应了由战争阶段向和平发展阶段转变的形势,这是走向重文治的关键。李世民形成必须转变路线的观念,他说:"戡乱以武,守成以文,文武之用,各随其时。"如何修文治?在当时三教并存的状况下,还需要就利用儒道佛的问题作出选择。道教讲自然无为而追求长生不老,佛教弃君臣父子而追求来世幸福,从历史经验来考察,都不能作为治国的指导思想,都不利于封建中央集权统治。长孙皇后深知唐太宗的态度,她说:"道、释异端之教,蠹国病民,皆上素所不为。"而儒学提倡"三纲五常",主张任德不任刑,适合作为封建统治思想。从自身的利益出发,以儒学为统治思想是李世民的必然选择。在作明确选择之后,他说:"朕今所好者,惟在尧舜之道,周孔之教。"因此,他在文教方面继续武德年间实行的崇儒兴学的政策,为贯彻这一政策采取了一些措施:尊孔子为先圣,专立庙堂,春秋释奠,以左丘明等二十二位历代经学家配享孔子庙,以提高儒学的社会地位;令诸州举儒术之士,随才任用;大力兴办学校,以多种形式创办多种类学校,使国子监成为规模最大的多科综合性大学;统一经学,令颜师古考定"五经"文字为《五经定本》,又令孔颖达编《五经正义》,从此统一南北经学,结束经学纷争,使儒学有统一教材,科举考试有统一标准;修订礼乐,颁示天下,以移风易俗。在社会和平发展阶段,这些措施使人们重视儒学,造成儒学大发展的形势。在王道政治条件下,与儒学教育事业发展相呼应的儒学教育思想也呈活跃状态。为文教方针政策作论证说明的有魏徵、李世民等,为儒学教育贡献主张并进行传授活动的重要人物有陆德明、孔颖达、颜师古等。孔颖达长期从事儒家经典的研究和传授活动,先后担任博士、司业、祭酒等职务,主持《五经正义》的编写,对统一经学有重要贡献,在儒学界的影响最大,是经学教育家中的主要代表。

李治当皇帝前期,有大臣长孙无忌和褚遂良的辅佐,还是继续贞观年代实行的崇儒兴学的政策。后来武则天操纵政权,发生极大的转折,她奉行的是尊佛抑儒的政策,重科举轻学校,重进士轻明经,儒学一时处于低潮。李隆基当政的开元年代,是道教在皇帝支持下大发展时期，儒学默认道教居首位，没有发生大的争论。随着儒学得到恢复和发展，国家的教育立法使教育制度进一步完善，而儒学教育思想在理论上没有大的进展，也没有出现杰出的代表人物。

第二节 王通的教育思想

一、生平和著作

王通字仲淹，隋绛州龙门（今山西河津）人。生于隋文帝开皇四年（584年）（一说生于北周大象二年，即580年），卒于隋炀帝大业十三年（617年），是倡导振兴儒学并产生重要影响的教育家。

王通出身官僚世家。其父王隆，先以教授为业，有门人千余。隋开皇初，王隆任国子博士，后出为昌乐令、铜川令，秩满退隐居家。王通少时在家随父读书，深受传统儒学熏陶，兼学魏晋以来历代史事。年十四，有四方之志，离家游学，受《书》于东海李育，学《诗》于会稽夏琠，问《礼》于河东关子明，正《乐》于北平霍汲，考《易》于族父王仲华。他经过六年艰苦的游学和精心的钻研，学识大为长进，形成以王道为核心内容的思想学说。仁寿二年（602年），考中秀才。

仁寿三年（603年），王通怀着救世济民的思想，西游长安，见隋文帝，献《太平十二策》，陈述以王道治国的方略。隋文帝虽加称赞，但被公卿大臣所阻，未能施用。王通被授职于偏僻的蜀郡，为司户书佐、蜀王侍读，职低位闲，难展怀抱。他知道政治计划不能实现，需要退而等待时机。

王通归家，从事著述和教学，于大业中隐居白牛溪，门人弟子相趋成市。他对音乐也深有素养，能作曲弹奏，抒发忧国伤世之情，曾作"汾亭操"。朝廷多次征召，皆辞而不就。他以继承孔丘，复兴儒道为己任，未能用世而弘王道，且托之六经以待来者。他费九年时间，仿孔氏而续六经，编著《续诗》三百六十篇为十卷、《续书》一百五十篇为二十五卷、《礼论》二十五篇为十卷、《乐论》二十篇为十卷、《元经》五十篇为十五卷、《赞易》七十篇为十卷，共六百七十五篇合八十卷，于大业九年（613年）完成，后人称为《王氏六经》。此后，他开展大规模的讲学活动，持续四五年之久，门人自远而至，集于门下，常以百数。弟子中以河南董常、南阳程元、中山贾琼、河东薛收、太山姚义、太原温彦博、京兆杜淹等十余人称俊颖，其中有的成为唐初名臣。往来受业的，先后达千余人。王通的私学不仅规模大，而且树立育才济世的新风，在隋末唐初产生重大的社会影响。

王通死时才三十四岁（一说三十八岁）。门人弟子数百人集而会议，尊为"至人"，私谥曰"文中子"。

王通平日答问之语，由门弟子薛收、姚义等辑录，仿《论语》体裁，编为十篇，名为《中说》，其后又经其弟王凝和其子王福畤续加补充整理。王通亲自编著的《王氏六经》在宋代已失传，流传于后世唯余《中说》一书，宋阮逸作注。

二、王道的政治理想

王通所处的隋代，正是中国封建社会由长期分裂动乱向统一稳定转变的时代，他的思想反映了时代变革的需要。

王通是隋代关心国事的一位思想家，认为国家统一之后，要实行儒家的王道政治路线，才能保证社会长期安定。他用古今对比来批评当世暴政。他说："古之为政者，先德而后刑，故其人悦以恕；今之为政者，任刑而弃德，故其人怨以诈。"①魏晋以来的当政者背离了王道，故处于乱世。他说："通闻古之为邦，有长久之策，故夏、殷以下数百年，四海常一统也。后之为邦，行苟且之政，故魏、晋以下数百年，九州无定主也。上失其道，民散久矣。一彼一此，何常之有？"②统治者无道，国家分裂，民心涣散，社会不稳，迁就目前，无一贯政策，这些都是乱世的症象。他认为隋代应当改变这种状况。

王通对周公、孔子极为崇敬，认为他们是最值得效法的历史人物。他说："吾视千载已上，圣人在上者，未有若周公焉。其道则一，而经制大备，后之为政，有所持循。""如有用我者，吾其为周公所为乎！"③又说："先师以王道极是也，如有用我，则执此以往。通也宗周之介子，敢忘其礼乎？"④他以周公、孔子为历史典范，要做新时代的周公、孔子，自称"通于道有志焉"⑤，其志在于实行王道政治。王通曾一度幻想把实行王道的政治理想寄托于隋皇朝，他西游长安时向隋文帝所献十二策，就是以儒家王道思想为理论根据，结合当时的社会政治现实问题而提出的十二项政治建议。这是应时的策略，不是永远不变的信条或教条。他主张行政宽仁、官吏勤恳、选贤任能、爱惜民力、施政有章，使社会安定。他的

---

① 《中说·事君篇》。以下凡引《中说》，只注篇名。
② 《文中子世家》。
③ 《天地篇》。
④ 《魏相篇》。
⑤ 《礼乐篇》。

教育活动及著述工作都围绕着"明王道"这一中心目标。

王通初出求仕,正是隋文帝晚年崇佛抑儒的时候,公卿大臣都不乐见批评时政的年轻人在政治上发挥作用。王通的政治活动受到挫折,环顾四周,又无有力的可靠援助,自己的政治主张没有可能被采用。他发出"时异事变兮志乖愿违"的感慨,不得不采取适应现实的通达态度,言:"吾于天下,无去也,无就也,惟道之从。"①"得时则行,失时则蟠。"②这是自孔丘以来,正统儒家代表人物对其参政原则"天下有道则见,无道则隐"的重申。他要效法董仲舒的风度,"问则对,不问则述",即统治者能尊贤当面垂询,就发表政见;不来垂询,则自己从事著述,留供后世参考。

王通没有参政的机会,他的政治主张也未被采纳,但他不认为这是实行王道的唯一途径。他认为能重视自身的道德修养,就可以自己的家庭为实行的基点,从而把示范的影响扩及社会。他与学生间的一段对话就体现了这种看法。"贾琼、薛收曰:'道不行,如之何?'子曰:'父母安之,兄弟爱之,朋友信之,施于有政,道亦行矣,奚谓不行?'"③可见,王通不论在什么情况下,所想的都是实行王道,并要从自己做起。

三、 论教育的作用

王通在政治方面受到挫折,随即退隐从事著述和教育活动,在这两方面都取得了较大的成功。他对自己从事的事业之得失

---

① 《天地篇》。
② 《立命篇》。
③ 《礼乐篇》。

有比较清醒的估计,指出:"吾不仕,故成业;不动,故无悔;不广求,故得;不杂学,故明。"①王通的事业最成功的是在教育方面,他以"王佐之道"培养了一批杰出的人才。在教育方面,王通有一些重要观点,首先是重视教育的作用。

当时社会对人成长的因素缺乏认识,普遍视杰出人物为天才。王通的弟子出于对老师的崇拜,也把王通视为天才,如程元就在同学中说:"夫子之成也,吾侪慕道久矣,未尝不充欲焉。游夫子之门者,未有问而不知、求而不给者也。《诗》云:'实获我心。'盖天启之,非积学能致也。"王通反对"生而知之"的天才论,当他听到有学生把自己当成天才的时候,随即加以批评:"元,汝知乎哉?天下未有不学而成者也。"②一切有知识才能的人都是依靠学习而成的,天下不存在不学而成的天才。他还提出:"居近识远,处今知古,惟学矣乎!"③要提高人的认识能力,突破空间和时间的局限,扩大知识眼界,没有别的途径,只有依靠学习。

教育不仅在人的培养方面是必不可少的手段,而且在实现王道政治理想方面也是必不可少的手段。王通指出:"文、武治而幽、厉散,文、景宁而桓、灵失。斯则治乱相易,浇淳有由。兴衰资乎人,得失在乎教。"④国家兴衰的根源在于人才,政治得失的关键在于教育。要实行王道,就必须重视教化,以仁德而施教化是复兴王道的重要条件。"今言政而不及化,是天下无礼也;……王道从何而兴乎?"⑤不创设基础条件,王道社会是无从实现的。

---

① 《魏相篇》。
② 《礼乐篇》。
③ 《礼乐篇》。
④ 《立命篇》。
⑤ 《王道篇》。

德教作为实行王道的基本手段,是通过感化人的思想来实现的。有人问"化人之道",王通答:"正其心。"①要端正人的思想,使人变为善人,由善人组成社会,人人都有高尚的道德,以恕道相待,实现王道也就有了基本条件。所以,教育是移风易俗、改造社会、实现理想政治制度的重要途径。

王通还认为,在社会中推行教化,也需要有一定的经济条件,如此更容易成功。他的学生贾琼问:"富而教之何谓也?"他回答:"仁生于歉,义生于丰,故富而教之,斯易也。"②具备一定的经济条件,教化更容易取得成效,这是孔丘"庶、富、教"思想的发挥。

四、论培养君子的道德教育

实行王道的政治,需要君子这种理想的人才,而君子要依靠教育来培养。《中说》一书中提到"君子"达五十七次,这表示其受关注的程度。君子的基本标志体现在思想道德方面,在为民时能相信王道,在社会上宣传王道;在为官时能不懈地去实行王道。因此,在培养君子的教育中,德育占首要地位。德育的中心任务是"存道心,防人心"。为此,王通对君子的德育提出了一些要求。

(一)必须学道、信道、行道

实行王道是有条件的,君子不能因为社会不能实行王道就废而不学。弟子中有人对王通不断坚持讲论王道感到难以理解,如

---

① 《事君篇》。
② 《立命篇》。

薛收言:"子非夫子之徒欤?天子失道,则诸侯修之;诸侯失道,则大夫修之;大夫失道,则士修之;士失道,则庶人修之。……此先王之道,所以续而不坠也。……如之何以不行而废也?"①王道不仅不能废,还要坚持学。王通说:"君子之学,进于道;小人之学,进于利。"②君子与小人的根本区别,就在于求道或求利。

君子学了王道,还要笃信而不动摇。"穷而不滥,死而后已。"③即使环境困难,穷困潦倒,也不能改变信仰而放弃原则,要坚持政治道德理想直至最后。

君子还应就自己所处的社会地位努力行道,推行王道政治。王通说:"古之仕也,以行其道。"④王道体现于社会政治和日常伦理之中,做官的人固然当行其道,没有做官的人也可以家庭为基点,按王道的要求去实行,然后扩大其社会影响。所以,从各人所处的社会地位出发,都可以行道。

对君子提出的这些要求,是对孔丘"笃信好学,守死善道"思想的继承和发挥。

(二)应当具有五常的道德

道体现于道德规范之中就是五常,五常统一于道。五常缺一不可,而其重要性则有区别。仁不但是五常的开端,而且贯穿于各德,成为五常的核心。

仁德有忠与恕两个方面,忠的方面要求最高,恕的方面要求

---

① 《立命篇》。
② 《天地篇》。
③ 《立命篇》。
④ 《事君篇》。

略低。王通主张由低至高,先要求恕,进一步再求忠。"贾琼问君子之道。子曰:'必先恕乎!'曰:'敢问恕之说?'子曰:'为人子者,以其父之心为心;为人弟者,以其兄之心为心。推而达之于天下,斯可矣。'"①恕的根本精神就是推己及人。在人际关系中,要设身处地地为对方着想,不能苛求于人,如此就能避免矛盾,有利于和谐相处。

义是指符合于道的行动。王通极重视义、利之辨,认为义、利是不并存的。"王孝逸谓子曰:'天下皆争利弃义,吾独若之何?'子曰:'舍其所争,取其所弃,不亦君子乎!'"②君子不应争名利,而应争为义。未有仁者而不好义,仁义应当结合,"仁义其教之本乎?先王以是继道德而兴礼乐者也"。③ 仁义是道德教育的根本。

礼也受到王通的重视,他认为礼是道德规范的具体化,没有日常生活中各方面设置的礼的规矩,仁道也难以体现。从社会作用来看,"礼以制行",即礼被用来制约人们的社会行为,能辨别上下等级,稳定人们的思想。"或曰:'君子仁而已矣,何用礼为?'子曰:'不可行也。'或曰:'礼岂为我辈设哉?'子不答,既而谓薛收曰:'斯人也,旁行而不流矣,安知教意哉?有若谓"先王之道,斯为美"也。'"④礼不仅仅为外部行为规矩,它包括内外动静。"张玄素问礼,子曰:'直尔心,俨尔形,动思恭,静思正。'"⑤

智、信也要以仁为前提,以仁为指导,不能孤立独行。"薛生曰:'智可独行乎?'子曰:'仁以守之,不能仁,则智息矣,安所行乎

---

① 《天地篇》。
② 《周公篇》。
③ 《礼乐篇》。
④ 《礼乐篇》。
⑤ 《魏相篇》。

哉?'"① 或问:"任智如何?"子曰:"仁以为己任。小人任智而背仁为贼,君子任智而背仁为乱。"②智不可专任独行,因为任智而行,离开了仁的主导,就不能运行在正确的轨道上,不论君子或小人,都会干出害德的事来。

王通要求君子在社会生活中实践五常的道德规范,反对由于片面地用感情掩盖理智而产生的偏向,所以提出要持中。"子曰:'爱生而败仁者,其下愚之行欤?杀身而成仁者,其中人之行欤?游仲尼之门,未有不洽中者也。'"③要明白主次轻重,中道而行。

(三)注意修养方法和教育方法

王通认为,修德要从生活的各方面做起,对自己有严格的要求,具体地说,就是要"三有七无"。所谓"三有",就是"有慈,有俭,有不为天下先";所谓"七无",就是"无诺责,无财怨,无专利,无苟说,无伐善,无弃人,无畜憾"。④

如何在修养中对待自己行为中的过错,是很重要的一项,关键在于能否采取正确的态度,要思过而预防之。首先,要听得进别人批评性的意见。一个人如果听不进别人的意见,会造成人们对他的进步不存希望而不愿意提意见,也就不可能有真正的师友,所以说"痛莫大于不闻过"。其次,要诚实认错,不应巧言诡辩,文过饰非。诚实认错的人也可以成为君子。"子曰:'过而不

---

① 《问易篇》。
② 《天地篇》。
③ 《事君篇》。
④ 《魏相篇》。

文,犯而不校,有功而不伐,君子人哉!'"①最后,要勇于改过。"子曰:'改过不吝。无咎者,善补过也'。"②

在道德教育方面,王通主张以道义的精神力量使人从内心感到信服,而不是滥施强力使人屈服。"子曰:'君子服人之心,不服人之言;服人之言,不服人之身。服人之身,力加之也。君子以义,小人以力,难矣夫!'"③虽然以道义服人之心不容易,但是君子应当选择这种做法。

五、 编纂"续六经"并论其教育价值

儒家"六经",自西汉独尊儒术以来,成为传统的教材,历代相沿未变。经师唯用力于章句训诂,繁加注释。王通自幼接受这种传统的儒学教育。但他不是死守章句的经师,而是一位思想家。他感到这种教材有历史局限性,不够妥善,特别是没有随着时代的发展,反映历史经验教训以及文化发展的成果。

王通以孔丘的继承者自任,他说:"吾视千载而下,未有若仲尼焉,其道则一,而述作大明,后之修文者,有所折中矣。……千载而下,有绍宣尼之业者,吾不得而让也。"④他仿效孔丘,从事"六经"续编,完成后分别名为《续书》《续诗》《礼论》《乐论》《赞易》《元经》,总称之为"续六经"。

王通在当时敢于提出前人未曾提出的任务,气概实在不凡,

---

① 《天地篇》。
② 《问易篇》。
③ 《立命篇》。
④ 《天地篇》。

在物质、资料条件很差的情况下，依靠个人的努力，完成了"六经"的续编。他对事业的责任心与务必成功的坚毅精神，都是令人敬佩的。后世虽有人嘲笑王通狂妄自大、学识不够、水平不高，但他要求教材适应时代发展的需要，充实新的内容，这种想法是合理的。虽然他没有摆脱"六经"的传统，但比之一味守旧的经师，他的大胆创新无疑是一种进步。

王通是振兴儒学的倡导者，认为道已存在于"六经"和他自编的"续六经"之中，故以此为基本教材。他以"不杂学"作为弟子们的学习方针，以求达到明道的目标。这显然存在着学派的历史局限性。

"六经"的内容有不同特点，在实现培养君子的目标上各有作用。

（一）《书》与《续书》

王通认为"《书》以辨事""《书》以制法"，"不学《书》，无以议制"。①《续书》始于汉，因为"六国之弊、亡秦之酷，吾不忍闻也，又焉取皇纲乎？汉之统天下也，其除残秽，与民更始而兴其视听乎"②。《续书》存汉晋政事之实。所以，通过《书》与《续书》的学习，能辨明政事的是非，阐明王朝兴衰的因果关系，为隋代提供施政的历史经验。

（二）《诗》与《续诗》

王通认为《诗》"上明三纲，下达五常，于是征存亡，辩得失"③

---

① 《立命篇》。
② 《王道篇》。
③ 《天地篇》。

可以端正人的品性；《续诗》以辨六代之俗，多见治乱之情。"薛收问《续诗》，子曰：有四名焉，有五志焉。何谓四名？一曰化，天子所以风天下也；二曰政，蕃臣所以移其俗也；三曰颂，以成功告于神明也；四曰叹，以陈诲立诫于家也。凡此四者，或美焉，或勉焉，或伤焉，或恶焉，或诫焉，是谓五志。"①通过《诗》与《续诗》的学习，可以观察社会变化，有助于朝廷施政。

（三）《礼》《乐》与《礼论》《乐论》

王通认为《礼》以制行，《乐》以和德。能约之以《礼》，和之以《乐》，对于稳定社会等级秩序、协调人际关系都有重要作用。自王道不行，《礼》《乐》均已荒废。为推行王道，不可不重正礼乐。他为此而编《礼论》《乐论》，所以说"《礼论》《乐论》为政化"。

（四）《易》与《赞易》

王通认为《易》以穷理，以知来；《赞易》以发挥先圣先师的义理。学习《易》和《赞易》，可以通晓天、地、人的道理，既能洞识现在，也可以预见未来。

（五）《春秋》与《元经》

王通认为这两部史书所成时代不同，内容、任务也不同。

---

① 《事君篇》。

"《春秋》,一国之书也,其以天下有国而王室不尊乎?故约诸侯以尊王政,以明天命之未改,此《春秋》之事也。《元经》,天下之书也,其以无定国而帝位不明乎?征天命以正帝位,以明神器之有归,此《元经》之事也。"①《元经》是效法《春秋》而编写的,二者都体现了王道的思想。"《春秋》《元经》于王道,是轻重之权衡、曲直之绳墨也,失则无所取衷矣。"②《元经》以王道为社会关系的基本准则来判断事物,以褒善贬恶的手段来代替历史赏罚,是为救衰世而作。

以上论述是关于学科教材及其价值的。至于学科教学的先后秩序,王通对亲近的弟子也有所论述。他认为《诗》《礼》的教学要先进行,"夫教之以《诗》,则出辞气,斯远暴慢矣;约之以《礼》,则动容貌,斯立威严矣"。《诗》《礼》是在儿童、少年阶段可以开始的课程。其他四种课程要在达到一定年龄,具有一定心理条件,养成一定道德品质,参与一定社会事务,形成一定思想观点之后才能进行学习,才会达到预期的效果。《春秋》断物,待志定而后及;志定则发之以《春秋》,于是乎断而能变。《乐》以和德,待德全而后及;德全则导之以《乐》,于是乎和而知节。《书》以制法,待从事而后及;可从事则达之以《书》,于是乎可以立制。《易》以穷理,待知命而后及;知命则申之以《易》,于是乎可以尽性。这四种应属于成年阶段的课程。若不注意发展程序,在蒙养阶段骤然讲成人阶段才学的课程,就会产生适得其反的效果。"是以圣人知其必然,故立之以宗,列之以次,先成诸己,然后备诸然,先济乎近,

---

① 《魏相篇》。
② 《事君篇》。

然后形乎远。"①课程依据性质、内容,有主次之分,有先后之别。

六、因材施教的方法

王通在这方面虽无系统的论述,但有些观点是值得注意的。

(一)了解学生的志向

王通曾利用一次聚集的机会,要弟子们各谈志向。魏徵表示:"愿事明王,进思尽忠,退思补过。"杜淹表示:"愿执明王之法,使天下无冤人。"董常表示:"愿圣人之道行于时,其动权。常也无事于出处。"董常的志向最符合王通的政治思想,最接近王通当时的心境,所以王通给予赞赏。王通了解学生的志向,凡与王道政治理想没有矛盾的都予以尊重,更有针对性地指导学生成才。

(二)掌握学生的个性特征

王通多次对学生进行考评,准确指出学生的个性特点。如姚义,"清而庄",善于思辨,"可与友,久要不忘";贾琼,"明而毅",为人正直,"可与行事,临难不变";薛收,"旷而肃",有仁者之心,"可与事君,仁而不佞";程元,"仁胜智","闻过而有喜色,程元能之";杜淹,"诚而厉";董常,"其动也权,其静也至","慎密不出,董常能之","可与出处,介如也";温大雅,"深而弘","记人之善而忘其

---

① 《立命篇》。

过,温大雅能之"……这些学生各有特点,都可能是有用之才,但还需要继续提高,"加之以笃固,申之以礼乐,可以成人矣"。①

(三)因人分科而教

在王通的私学中,没有统一的教学计划,而是根据学生的志愿和特点,分科传授。《关朗篇》载:"门人窦威、贾琼、姚义受礼,温彦博、杜如晦、陈叔达受乐,杜淹、房乔、魏徵受《书》,李靖、薛方士、裴晞、王珪受《诗》,叔恬受《元经》,董常、仇璋、薛收、程元备闻'六经'之义。"人物记载未必准确,而分科传授则是事实。

(四)教学的共同目的在于求一贯之道

王通在讲学中经常采用问对的方式,他说:"广仁益智,莫善于问;乘事演道,莫善于对。"②为了进德修业,需要问疑;为了随机指点,需要答疑。问对是各科教学都适用的方式。教学有其基本目的,王通说:"学者,博诵云乎哉?必也贯乎道。文者,苟作云乎哉?必也济乎义。"③博学诵读是学习过程中的行动,过程本身不是教学目的,通过教学过程求一贯之道才是目的。王通和同时代的刘炫在教学主张上有分歧。《周公篇》载:"刘炫见子,谈'六经',唱其端,终日不竭。子曰:'何其多也。'炫曰:'先儒异同,不可不述也。'子曰:'一以贯之可矣。尔以尼父为多学而识之耶?'

---

① 《礼乐篇》《天地篇》《周公篇》。
② 《问易篇》。
③ 《天地篇》。

炫退,子谓门人曰:'荣华其言,小成其道,难矣哉!'"刘炫是一位经史兼通的博学家,知经学流派之异同,炫其博识,华言浮词,繁而未得其要,不知一贯之道,与王通的主张大有出入,故受到批评。

(五) 学习要结合生活实践需要,实践是最终目的

王通以学礼为例,对学生说:"既冠读冠礼,将婚读婚礼,居丧读丧礼,既葬读祭礼,朝廷读宾礼,军旅读军礼,故君子终身不违礼。"①求知是为了行,没有实际行动就没有达到最终目的。所以,他强调"知之者不如行之者","非知之艰,行之惟艰",对行要加以重视。②

七、"度德而师"的师道观

王通身为教师,在教育实践中形成了对教师问题的一些独立见解。

(一) 学必有师

王通认为社会上学术流派众多,各派宣讲自己的学说,造成白黑相渝,是非相扰,使人思想混乱。但在社会中,没有教师也不成。一个人要获得知识,增长才干,就必须从师求学。当弟子贾

---

① 《礼乐篇》。
② 《魏相篇》。

琼提出"无师无传可乎?"这一问题时,王通当即表示:"神而明之,存乎其人。苟非其人,道不虚行,必也传又不可废也。"①阮逸注:"传之在师,得之在己;所传有限,所得无穷。……然学不可无师,而得之不由师也。"学习必须要有教师,任何人都不例外,"虽天子必有师",这是进行学习的重要条件。但是,学习收获的大小决定于学生的努力程度和发挥创造。

(二)自愿从师

王通的设学方针以自愿受教为原则,既不设法拉拢,也不拒人于门外。《述史篇》有一段对话体现了这种方针。"贾琼请绝人事,子曰:'不可。'请接人事,子曰:'不可。'琼曰:'然则奚若?'子曰:'庄以待之,信以从之,去者不追,来者不拒,泛如也,斯可矣。'"凡为求学而来的人,都认真接待,不加拒绝;凡认为没有留下继续学习的必要而离去的人,也不加挽留,让其自愿来去,绝不勉强。这是民间私学教师应该遵循的原则。

(三)度德而师

王通认为具有道德是担任教师最根本的标准,而"德不在年,道不在位",有德者不在于年长,有道者也不在于位高,所以求师不在于年龄大小和权位高低。他主张"度德而师",阮逸注:"度己不如,即师之。"②以有道有德为择师标准,估量一位先生在道德水

---

① 《天地篇》。
② 《立命篇》。

平上远高于己,便可拜他为师。掌握了标准,不必局限于一两位老师,世上可为师的人也就多了。王通说:"然亦何常师之有?唯道所存。"①这种思想成为韩愈提出"道之所存,师之所存"的先导。

(四)博学为师

学者从师,求取知识是其重要目的之一。教师学识渊博,能解答学生存在疑惑的问题,才会受到学生敬慕,否则就难于达到向学生传授知识、解答疑难的要求。王通具有渊博学识,在教学上从容自如,问而皆知,有求必应,是诲人不倦的典范。

王通作为隋唐时期儒学教育发展新阶段的先驱人物,强调教育是实现王道政治的重要途径,在教育思想史上有重大的贡献和影响。虽然王通在其教育实践活动还没有充分开展时就过早离开了人世,但他在儒学教育发展过程中起到了继往开来的作用,其历史功绩不可磨灭。

第三节　魏徵的教育思想

一、生平

魏徵字玄成,邢州巨鹿(今河北巨鹿)人,后迁居相州内黄(今河南内黄)。他是唐初著名的政治家、思想家、史学家,对唐初的文教提出重要主张,产生了较大的影响。

---

① 《问易篇》。

魏徵少孤贫，有大志。隋末动乱，出家为道士，以避征役。好读书，涉猎百家，尤属意纵横之说，有经国济世之才。参与李密起义，进献十策，李密虽奇之而不能用。后随李密降唐。武德时，任秘书丞，招抚山东。受太子李建成器重，任为太子洗马。贞观初，任谏议大夫。李世民初即帝位，励精图治，常召见魏徵咨以政事得失。魏徵知无不言，前后所谏二百余事，为所采纳。迁尚书左丞，继迁秘书监，积极参与朝政。建议集学者校定四部书，于是秘书省图籍毕备。贞观七年（633年），任侍中、参决尚书省事。他不拘常法，只据道义，以情断事，无不悦服。进封郑国公。主持《隋书》《周书》《梁书》《陈书》《齐书》的撰定，又主持修订"五礼"、编定《类礼》。曾上书论时政得失，劝君主居安思危，善始善终。李世民说："唯魏徵与朕为善，官职益高，志节弥厉，见朕一事失所，甚于己身有过，朝夕孜孜，终始如一。自立以来，唯见此一人而已。是以敬之重之，同于师傅，不以人臣处之。"①贞观十六年，加太子太师，知门下省事如故。十七年病逝。

魏徵之言论集为《魏郑公谏录》《魏郑公谏续录》；论著编为《魏郑公文集》，也收入《全唐文》中。

二、王道的政治观

魏徵虽然也受道家的一些影响，但还是受儒家的影响最深，他在政治及思想路线上主要属于儒家学派。《隋书》卷七五《儒林传》："儒之为教大矣，其利物博矣！笃父子、正君臣、尚忠节、重仁

---

① 《魏郑公谏录》卷五。

义、贵廉让、贱贪鄙，开政化之本源，凿生民之耳目，百王损益，一以贯之。虽世或污隆，而斯文不坠，经邦致治，非一时也。涉其流者，无禄而富；怀其道者，无位而尊。"魏徵对儒学的社会作用和历史地位加以肯定。他以儒学为思想指导，分析和处理现实社会问题，提出关于政治路线和政策的建议。

魏徵是李世民当政时的重要谋臣，对制定贞观年代的政治路线和政策有较大影响。贞观年代实行王道的政治路线是魏徵的建议。《贞观政要》卷一《政体》记载，李世民曾对群臣说："贞观初，人皆异论，云当今必不可行帝道、王道，唯魏徵劝我。既从其言，不过数载，遂得华夏安宁，远戎宾服。……使我遂至于此，皆魏徵之力也。"推行王道的政治路线，要厘清一些重要关系，遵循一定的原则，魏徵的基本主张有以下方面：

（一）治国有本末

魏徵以推行儒家的仁义为治国之道。他说："故圣哲君临，移风易俗，不资严刑峻法，在仁义而已。故非仁无以广施，非义无以正身。惠下以仁，正身以义，则其政不严而理，其教不肃而成矣。然则仁义，理之本也；刑罚，理之末也。为理之有刑罚，犹执御之有鞭策也。人皆从化，而刑罚无所施；马尽其力则有鞭策无所用。由此言之，刑罚不可致理，亦已明矣。"[①]为政治国，要依靠仁义，而不能依靠刑法。以仁为政，才能广施下民；以义治身，才能正身而正人。所以，仁义是治国之本，而刑罚则是治国之末。但是，本末

---

① 《全唐文》卷一四〇《魏徵·理狱听谏疏》。

相关,不能孤立独用。他说:"夫为国之体有四焉:一曰仁义,二曰礼制,三曰法令,四曰刑罚。仁义礼制,政之本也;法令刑罚,政之末也。无本不立,无末不成。然教化远而刑罚近,可以助化而不可专行,可以立威而不可以繁用。《老子》曰:'其政察察,其人缺缺。'又曰:'法令滋章,盗贼多有。'然则令之烦苛,吏之严酷,不能致理,百代可知。"①所以,实行王道政治,以仁义礼制为本,以法令刑罚为末。法令刑罚起辅助作用,而不能单独施行,更不可作为经常使用手段。若专刑罚,任狱吏,就会重蹈秦的覆辙,走上亡国的道路。

(二) 无为而清净

魏徵受道家的思想影响,考虑为政之术。他主张"静者,为化之本"。② 他说:"古语云,善为水者,引之使平;善化人者,抚之使静。水平则无损于堤防,人静则不犯于宪章。"③使民趋静则社会安定,使民趋动则社会扰乱。他说:"然隋氏以富强而丧败,动之也;我以贫寡而安宁,静之也。静之则安,动之则乱,人皆知之,非隐而难见也,非微而难察也。然鲜蹈平易之途,多遵覆车之辙,何哉?在于安不思危,治不念乱,存不虑亡之所致也。"④使民清净,关键在于君主,"故道德之旨未宏,刻薄之风尚扇。夫上风既扇,则下生百端,人竞趋时,宪章不一,稽之王度,实亏君道"。⑤ 上层

---

① 《隋书》卷七四《酷吏传》。
② 《魏郑公谏录》卷三。
③ 《隋书》卷七三《循吏传》。
④ 《全唐文》卷一三九《魏徵·论时政疏》第三疏。
⑤ 《全唐文》卷一三九《魏徵·论时政疏》第三疏。

扇动，下层的百姓就不得安宁。吸取前代奢欲无节而亡的教训，应取无为而治的方针，"若能鉴彼所以亡，念我之所以得，日慎一日，虽休勿休。焚鹿台之宝衣，毁阿房之广殿，惧危亡于峻宇，思安处于卑宫，则神化潜通，无为而理，德之上也"。①要"无为"，必须明职责。君主分委百司勤职，发挥政府各职能机构的作用，而不可独揽一切。懂得掌权的君主，"可以尽豫游之乐，可以养松乔之寿，鸣琴垂拱，不言而化，何必劳神苦思，代下司职，役聪明之耳目，亏无为之大道哉"？②贞观时的社会安宁是无为而治的结果。"贞观之初，时方克壮，抑损嗜欲，躬行节俭，内外康宁，遂臻至治"。"贞观之初，无为无欲，清静之化，远被遐荒。"③

（三）任贤人则国安

治理国家除了明治道、知政术，还应懂任人。魏徵指出："天下之事，有善有恶。任善人则国安，用恶人则国乱。公卿之内，情有爱憎，憎者惟见其恶，爱者惟见其善，爱憎之间，所宜详审。若爱而知其恶，憎而知其善，去邪勿疑，任贤勿贰，可以兴矣。"④"若用忠正则理，用邪佞则乱，必然之理也。"⑤"欲继轩唐之风，将追舜禹之迹，必镇之以道德，宏之以仁义，举善而任之，择善而从之。"⑥人事的正确选择，是治道和政术实施的重要保证，所以应当谨慎地加以鉴别。应当先分清善恶、正邪、君子与小人，然后选用。魏

---

① 《全唐文》卷一三九《魏徵·论时政疏》。
② 《全唐文》卷一三九《魏徵·论时政疏》第二疏。
③ 《全唐文》卷一四〇《魏徵·十渐疏》。
④ 《全唐文》卷一三九《魏徵·遗表稿》。
⑤ 《魏郑公谏录》卷三。
⑥ 《全唐文》卷一四〇《魏徵·理狱听谏疏》。

徵上疏曰："臣闻为人君者,在乎善善而恶恶,近君子而远小人。善善明,则君子进矣。恶恶著,则小人退矣。近君子,则朝无秕政。远小人,则听不私邪。小人非无小善,君子非无小过。君子小过,则白玉之微瑕;小人小善,乃铅刀之一割。铅刀一割,良工之所不重,小善不足以掩众恶也。白玉微瑕,善贾之所不弃,小疵不足以妨大美也。……君子扬人之善,小人讦人之恶。闻恶必信,则小人之道长矣。闻善或疑,则君子之道消矣。为国家者,急于进君子而退小人,乃使君子道消,小人道长,则君臣失序,上下否隔,乱亡不恤,将何以求治?"①君子与小人是社会中的两类人,不可能同进并用,故需要考察。在不同的历史阶段,对人才的使用要求有所不同。"乱代唯求其材,不顾其行。太平必须材行俱兼,始可任用也。""今欲求人,必须先访其行,审知其善,然后任之。"②用人标准的制定,实际上着重于选用儒生,这对提高儒学的社会地位和学校教育的发展都起了积极的作用。

三、和平时期应转变路线,实行文治

贞观初年,唐朝统治集团内部进行了一场政治争论,争论的中心是:在统一战争的任务已完成之后,应不应该继续维持以武力平天下的路线?当时有两种主张。多数人主张武力路线应继续,权力要集中于君主。有人上书给唐太宗,主张"人主必须威权独运,不得委任群下","耀兵振武,威慑四夷"。少数人主张政治形势已发生变化,原来的路线已不适用,应适应和平时期的政治

---

① 《全唐文》卷一四〇《魏徵·论君子小人疏》。
② 《魏郑公谏录》卷三。

形势需要,由依靠武力的路线转变为文治路线。魏徵就是少数派的代表,他劝唐太宗"偃革兴文,布德施惠,中国既安,远人自服"。①李世民起初对此持怀疑态度,反对者也甚多。魏徵从两方面努力,使唐皇朝的政治路线适时转变。

首先要说服唐太宗。唐太宗召大臣议论自古政化得失并联系当时的政治。他提出:"当今大乱之后,造次不可致化。"魏徵对这种看法加以否定,他比较了不同时期人民心态的不同倾向:"人居安乐则骄逸,骄逸则思乱,思乱则难化。在危困则忧死亡,忧死亡则思化,思化则易教。然则乱后易教,犹饥人易食也。"②在动乱年代,人们担心无法生存,想改变这种情况。人心思太平,就容易接受教化,就像饥饿的人容易接受食物一样。唐太宗又提出短时期内能否实现的问题:"善人为邦百年然后胜残去杀,大乱之后,将求致化,宁可造次而望乎?"魏徵认为,实现时间的长短关键在于人:"此据常人,不在圣哲。若圣哲施化,上下同心,人应如响,不疾而速,期月而可,信不为难,三年成功,犹谓其晚。"③唐太宗被说服,接受了魏徵的思想观点,采纳其建议。

其次要批驳多数派代表人物封德彝的论点。封德彝等认为:"三代以后,人渐浇讹。故秦任法律,汉杂霸道,皆欲理而不能,岂能理而不欲?魏徵书生,不识时务,若信其虚伪论,必败乱国家。"这里说的是时代越向后发展,人的思想品德越差,不能施行教化,只有推行霸道。魏徵批驳说:"五帝三王不易人而理,行帝道则帝,行王道则王,在于当时所化之而已。考之载籍,可得而知。昔

---

① 《旧唐书》卷七一《魏徵传》。
② 《贞观政要》卷一《政体》。
③ 《贞观政要》卷一《政体》。

黄帝与蚩尤七十余战,其乱甚矣,既胜之后,便致太平。九黎乱德,颛顼征之,既克之后,不失其化。桀为乱虐,而汤放之,在汤之代,即致太平。纣为无道,武王伐之,成王之代,亦致太平。若言人渐浇讹,不返纯朴,至今应悉为鬼魅,宁可复得而教化耶?"①他认为五帝三王都是不易人而实现了教化,推行什么路线,就得什么结果。历史发展并非每况愈下,乱而后治,治乱者的政策是很重要的条件。反对魏徵的人说不出道理,但总认为魏徵是错的。魏徵坚持依据历史事实进行说理,批驳错误的思想观点,最终获得了多数人的理解和支持。

路线的转变是导致社会安定、国家繁荣昌盛的关键,所以唐太宗把出现"贞观之治"的功绩归于魏徵,这是正确的论断。

四、论人性、教育与环境

教育的对象是人,对人进行教育,以对人的本质的认识为前提。魏徵受当时流行的人性三品说法的影响,也主张人性三品的区分,即人受天命,有上智、中人、下愚之分。他认为上智之人受命于天,具有圣德,自无所染。为了保持善性、发扬圣德,要注意后天的学习和环境的影响,"放郑声、远佞人。近习之间,尤宜深慎",②排除小人言行的不良影响。

对于中人,他认为"中人可与为善,可与为恶"。③ 中人的思想品质并未定形,可与为善,可与为恶,关键是有没有受到教化。中

---

① 《贞观政要》卷一《政体》。
② 《贞观政要》卷二《纳谏》。
③ 《贞观政要》卷二《纳谏》。

人是最广泛的老百姓,都是可能接受教化的,所以他说:"无不可化之人。"①从这个意义来说,教育决定了人的转化。

魏徵从广义理解教育,即教育包括政教、教化、思想作风影响、社会环境给人的感染。他说:"立身成败,在于所染,兰芷鲍鱼,与之俱化,慎乎所习,不可不思。"②生活环境的影响是渐进的,又是深刻的。魏徵认为官吏是民众的教育者,要视民如子弟而进行教化。他说:"古之善牧人者,养之以仁,使之以义,教之以礼,随其所便而处之,因其所欲而与之,从其所好而劝之。如父母之爱子,如兄之爱弟,闻其饥寒为之哀,见其劳苦为之悲,故人敬而悦之,爱而亲之。……然则五帝三王不易人而化,皆在所由化之而已。故有无能之吏,无不可化之人。"③民众都是可以教化的,至于推行效果如何,就看官吏是否贤能。对民众的教化,最主要的是礼教。"道之以礼,务厚其性而泯其情,民相爱,则无相伤害之意;动思义,则无畜奸邪之心。若此,非律令所理也,此乃教化之所致也。"④教化属于善政的一部分,也是善政实施的方式。从这种意义来说,教化从属于政治,政治决定了教化的性质和程度。魏徵说:"民蒙善化,则人有士君子之心;被恶政,则人有怀奸乱之虑。故善化之养民,犹工之为曲蘖也;六合之民,犹一荫也;黔首之属,犹豆麦也,变化云为,柱将者耳。遭良吏,则怀忠信而履仁厚;遇恶吏,则怀奸邪而行浅薄。忠厚积则致太平,浅薄积则致危亡。是以圣帝明王,皆敦德化而薄威刑也。德者所以循己也。威者所以理人也。民之生也,犹铄金在炉,方圆薄厚,随镕制耳。是

---

① 《隋书》卷七三《循吏传》。
② 《贞观政要》卷一〇《论慎终》。
③ 《隋书》卷七三《循吏传》。
④ 《全唐文》一四〇《魏徵·理狱听谏疏》。

故世之善恶,俗之薄厚,皆在于君世之主。"①民之善恶,决定于政之善恶,而政之善恶尤其与君主选择的政治路线和所任用的官吏有关。所以,君主掌握了政治的关键。

魏徵还认为不同时期的不同政治形势对人会产生影响,形成人的不同的思想品质,统治集团中的人是如此,老百姓也不例外。他认为开国创业的君主和承统继业的君主所处的时期和环境都不同,他们的德行品质也大有差别。他说:"始封之君,时逢草昧,见王业之艰阻,知父兄之忧勤。是以在上不骄,夙夜匪懈,或设醴以求贤,或吐飧而接士。故甘忠言之逆耳,得百姓之欢心,树至德于生前,流遗爱于身后。暨乎子孙继体,多属隆平,生自深宫之中,长居妇人之手。不以高危为忧惧,岂知稼穑之艰难。昵近小人,疏远君子,绸缪哲妇,傲很明德。犯义悖礼,淫荒无度,不尊典宪,僭差越等。恃一顾之权宠,便怀匹嫡之心,矜一事之微劳,遂有无厌之望。弃忠贞之正路,蹈奸宄之迷途,愎谏违卜,往而不返。"②太平时期的君主,其生活条件优越,但封闭在深宫之中,不接触社会环境,其周围有小人,形成的思想品德极坏,背礼义,违法纪。不同时期决定不同人的德行品质。同一个人在不同阶段也因形势不同而在思想上起变化。魏徵说:"臣观古来帝王拨乱创业,必自戒慎,采刍荛之议,从忠谠之言。天下既安,则恣情肆欲,甘乐谄谀,恶闻正谏。"③

魏徵认为人的社会地位决定其思想,思想又随着社会形势的发展而转变。他总结提出"因时设教"的观点。他说:"但古者设

---

① 《全唐文》卷一四〇《魏徵·理狱听谏疏》。
② 《全唐文》卷一四一《魏徵·诸王善恶录序》。
③ 《贞观政要》卷三《君臣鉴戒》。

教,劝人为善,所行皆欲顺时。"又说:"自古为政者,因时设教,若人情似急,则济之以宽;如有宽慢,则纠之以猛。时既不常,所以法令无定。"①这是以历史发展的观点来看待教化的变化,其变化的基本动因乃在于政治的需要。

五、 论德行修养

魏徵认为"夫仁义礼智,所以治国也"。② 道德不是一般的手段,而是立国的基础。魏徵说:"臣闻为国之基,必资于德礼;君子所保,惟在于诚信。诚信立则无二心,德礼行则远人斯格。然则德礼诚信,国之大纲,在于父子君臣,不可斯须而废也。"③道德关系到国家政权的巩固,"节义不立,则名教不兴,名教不兴,而可与固太平之基,保七百之祚,未之有也"。④ 因此,要特别注意德行的修养。关于如何修养,魏徵有自己的见解。

(一) 积善为德

从历史上考察,"凡为藩为翰有国有家者,其兴也,必由于积善;其亡也,皆在于积恶。故知善不积不足以成名,恶不积不足以灭身。然则祸福无门,吉凶由己,惟人所召,岂徒然哉"! 积善成德,不仅关系到个人的成名,也关系到家国安危的长远利益,不容轻视。为此,魏徵编纂《诸王善恶录》,作为皇族诸王的道德教材,

---

① 《魏郑公谏录》卷四。
② 《隋书》卷三二《经籍志一》。
③ 《全唐文》卷一三九《魏徵·论时政疏》第四疏。
④ 《贞观政要》卷三《君臣鉴戒》。

"欲使见善思齐,足以扬名不朽,闻恶能改,庶得免乎太过,从善则有誉,改过则无咎,兴亡是系,可不勉与"!①

(二)节制嗜欲

凡人均有嗜欲,各人如何对待嗜欲却不同。魏徵说:"嗜欲喜怒之情,贤愚皆同,贤者能节之,不使过度;愚者纵之,多至失所。"②人要能对自己的嗜欲加以节制,将欲望、喜怒都控制在适度的范围内,不损害民众利益,也不影响国家的安全。如果个人的嗜欲不能自加节制,贪得无厌,奢侈浪费,喜怒无度,使"公道溺于私情,礼节亏于嗜欲",那就会败坏道德。有权势者纵欲劳人,损害民众利益,会影响国家安全,导致国家败亡。个人嗜欲必须加以节制,这是德行的一个方面。"傲不可长,欲不可纵,乐不可极,志不可满。四者,前王所以致福,通贤以为深诫。"③这是必须牢记不忘的。

(三)多方省察

魏徵认为人对自己的行为,应从进一步的发展思考,从可能产生的后果思考,从转化的反面思考,预见到消极的一面而加以预防。"《易》云:'君子安不忘危,存不忘亡,治不忘乱,是以身安而国家可保。'诚哉斯言,不可以不深察也。"④魏徵劝唐太宗"居安

---

① 《全唐文》卷一四一《魏徵·诸王善恶录序》。
② 《魏郑公谏续录》。
③ 《贞观政要》卷一〇《论慎终》。
④ 《全唐文》卷一三九《魏徵·论时政疏》第三疏。

思危,戒奢以俭"。他写了《谏太宗十思疏》,提醒唐太宗要从多方面思考行为相对的一面。他说:"诚能见可欲,则思知足以自戒;将有作,则思知止以安人;念高危,则思谦冲以自牧;惧满溢,则思江海下百川;乐盘游,则思三驱以为度;忧懈怠,则思慎始而敬终;虑壅蔽,则思虚心以纳下;想谗邪,则思正身以黜恶;恩所加,则思无因喜以谬赏;罚所及,则思无以怒而滥刑。总此十思,宏兹九德。"①人对自己的行为省察思考,使自己的行为适度,可以不犯错误,从而提高道德水平。

(四) 以史为鉴

魏徵是著名史学家,他认为史籍有多方面的作用,其中之一是史籍"书美以彰善,记恶以垂戒",可以作为道德教育的教材,帮助民众提高道德水平。对于执政者,应使之认识"思国之安者,必积其德义"。他在《群书治要序》中说:"窃惟载籍之兴,其来尚矣,左史右史,记事记言,皆所以昭德塞违,劝善惩恶。故作而可纪,薰风扬乎百代;动而不法,炯戒垂乎千祀。是以历观前圣,抚运膺期,莫不懔乎御朽,自强不息,朝乾夕惕,义在兹乎!"有权位的人应当日夕警惕,自强不息,避免失误,预防危亡。

"夫鉴形之美恶,必就于止水,鉴国之安危,必取于亡国。……臣愿当今之动静,必思隋氏以为殷鉴,则存亡治乱,可得而知。若能思其所以危,则安矣;思其所以乱,则治矣;思其所以亡,则存矣。知存亡之所在,节嗜欲以从人,省畋游之娱,息靡丽

---

① 《全唐文》卷一三九《魏徵·论时政疏》第二疏。

之作,罢不急之务,慎偏听之怒,近忠厚,远便佞,杜悦耳之邪说,甘苦口之忠言。去易进之人,贱难得之货,采尧舜之诽谤,追禹汤之罪己,惜十家之产,顺百姓之心,近取诸身,恕以待物,思劳谦以受益,不自满以招损。……"①国家的兴亡有其必然之理,分析其原因,总结其教训,以隋的亡国为镜子,与自己的行动作对照,对于避免重蹈覆辙是大有好处的。

六、 以理服人的教育方法

魏徵是一位忠心、正直、敢于坚持原则、善于说服教育的人,他的历史功绩与他成功地运用教育方法是分不开的。在唐太宗眼里,"魏徵怀忠奉国,蹈履仁义,唯以道德为务,无所欺负,执持朕躬,必欲致于尧舜之上"。唐太宗又说:"唯魏徵、王珪,导我以礼,弘我以道,勉强从之,大觉利益,遂力行不息,以致太平,并魏徵等之力。"魏徵劝谏的出发点是忠君、爱国、利民,能让被劝谏的对象真切地感受到。"贞观以来,尽心于主,献纳忠说,国安人利,犯颜正谏,匡朕之违,唯见魏徵一人。"他注意劝谏的方式方法,重在针对事实,说明道理,以理服人。"唯有魏徵随事谏正,多中朕失,其进喻启沃,有同明镜,分明善恶,了见己形。既素餐嘉言,安得不喜?"②魏徵犯颜正谏,其特点是及时、正确、有分析、能引导,使受批评者感到于己有利,乐于接受。

魏徵学识广博,既了解历史,又了解社会现实。他善于说理,使受批评者确实信服。例如,皇甫德参上书唐太宗,批评"修营洛

---

① 《全唐文》卷一三九《魏徵·论时政疏》第三疏。
② 《魏郑公谏录》卷五。

州宫殿,是劳人也;收地租,是厚敛也;俗尚高髻,当是宫中所化也"。唐太宗生怒,随即发话:"此人欲使国家不役一丁,不收一租,宫人皆无髻,乃称其意耳。事既讪谤,当须论罪。"魏徵当即进谏:"贾谊当汉文之时,上书云:'可为痛哭者三,可为长太息者五。'自古上书,率多激切,若不激切,则不起人主心。激切即似讪谤,所谓狂夫之言,圣人择焉。惟在陛下裁察,不可责也。"唐太宗因此改变主意,由主张定罪转为鼓励上书言事,给皇甫德参赐绢二十四。① 魏徵批评唐太宗德义之心不如昔时,唐太宗未想通,于是两人展开对话魏徵曰:"昔者四方未定,常以德义为心,今以海内无虞,渐更骄奢自溢,所以功业虽盛,终是不如往时。"唐太宗曰:"今所行与往前何以为异?"魏徵曰:"贞观之初,恐人不言,导之使谏。三年以后,见人谏争,悦而从之。四年以来,不悦人谏,虽俛勉听受,而终有难色。"唐太宗曰:"于何事如此?"魏徵遂指陈之。唐太宗心悦诚服地说:"诚如公言,非公无能道此者。人皆苦不自觉,公向未道之时,都自言所行不变。及见公论说,始觉志意渐移,公但常保此心,朕终不违公语也。"② 他对魏徵有充分的信任感,愿意接受合理的意见,想通了,思想也就转化了。

七、 论尊师

魏徵维护封建等级制度,强调礼义之教,主张尊师。他认为出现不尊师的现象,违背了礼教要求,正常关系被打乱,社会就难于安宁,必须加以防止。他说:"帝王所重,在乎定君臣,明父子,

---

① 《魏郑公谏录》卷一。
② 《魏郑公谏录》卷一。

正夫妇,三者不乱,然后内外安宁。比见弟子陵师,奴婢忽主,下多轻上,皆有为而来,渐不可长。"①若礼教关系在师生方面不能维持,必然会影响到其他方面,所以对不尊师的不良倾向,不能任其滋长。

要弟子尊师,为师者应当具备可以受尊的条件,最主要的是加强修身。魏徵说:"君子有诸己,然后求诸人,无诸己,然后非诸人。所藏于身不恕,而能喻诸人者,未之有也。"要教育学生,首先自己应先具备高尚品德,能作为学生的榜样,以身作则,他说:"居人上者,其身正,不令而行;其身不正,虽令不从。……上为下效,理必然也。"②教师能以身作则,让弟子效法,这是教育能成功的必然之理。

魏徵认为治理国家,搞好内政,是对外开放的基础,闭关自守对中国没有好处。他主张开放,欢迎留学生。当时有番僧"求学至中国,游莱州,莱州以闻"。太宗曰:"不须遣来,此非为学问,但觇国家虚实耳。"他对这批留学生到来的目的产生怀疑。魏徵说:"陛下所为若善,此等固当取则;若不善,虽拒蛮夷,亦无益也。"③他主张开放,对留学生来者不拒,中国如有善政,让四邻来学习,可以扩大中国文化的影响。

魏徵的教育思想主要体现在他与唐太宗的对话及所上奏书中。魏徵是贞观年代上层统治集团中的重要人物,他有忠心、正直、坚持原则,得到唐太宗的信任。他对文教的突出影响在于根据形势的转变,力主"偃武修文"的文治路线,使唐走上繁荣昌盛

---

① 《全唐文》卷一四〇《魏徵·答太宗手诏疏》。
② 《魏郑公谏录》卷五。
③ 《魏郑公谏录》卷四。

的轨道。他主张使用有仁义思想的君子,实际就是在用人方面着重使用儒生。他建议太平时期用人必须才行兼具。他提出的选材标准转化为政府的政策,推动唐政府重视人才教育,提高官员的文化素养,注意考察贤能,拔用贤能,对学校教育、社会教育都产生了深远影响。

第四节　孔颖达的教育思想

一、生平和教育活动

孔颖达字冲远,冀州衡水(今河北衡水)人,隋唐之际著名的经学家和教育家。

孔颖达生于儒学世家,自幼天资聪明,嗜好读书,八岁就学,日诵千余言。成年后,他学识渊博,精通《左氏传》《郑氏尚书》《王氏易》《毛诗》《礼记》,兼善算学、历法、文词。广博的知识为他以后的发展打下了坚实的基础。他还访求名师,虚心学习,曾师从于当时名重海内的经学家刘焯。刘焯起初对他未加重视,后来经过质疑问难,惊其才华超众,改容敬之。孔颖达学成之后,刘焯执意挽留,但他辞谢。他归家办学,以教授为业。隋大业初年,举明经高第,授河内郡博士。隋末,隋炀帝征召诸郡的儒学博士聚集于东都洛阳,举行经学讨论会,令国子监博士和秘书省学士与他们论辩。孔颖达年轻多才,讲论中对答如流、论说详明,许多先辈宿儒耻为之屈,顿生妒忌之心,便暗派刺客进行谋害。他寻求庇护,住在礼部尚书杨玄感家中,才免遭杀身之祸。过后,孔颖达补为太学助教。唐初,受招聘为太学博士,并以本官兼秦王府文学馆学士。武德九年（626年），升任国子博士。贞观二年（628年），改任给事中，数进忠言，益受器重。六年，荣升为国子司业，后又兼太子右庶子。十年，参与修撰《隋书》，负责撰写《列传》五十卷。十一年，参与修订"五礼"，凡有疑义，皆从其裁定。十二年，被任命为国子祭酒。他整顿学政，转变学风，使国子监日益昌盛，时人称其"再振颓风，重宏绝业，学徒盈于家室，颂声彰于国朝"。①十四年，奉命主持修撰"五经"义疏。十六年，成《五经正义》一百八十卷。十七年，以年老请求致仕。十八年，因有功于唐，图形于凌烟阁，赞词曰："道光列第，风传阙里。精义霞开，掞辞飚起。"二十二年，病逝，年七十四，陪葬昭陵。

孔颖达主要的著作有四种：《孝经义疏》、"五礼"（《贞观礼》）、《五经正义》、《隋书》列传五十卷。后两种流传至今。

二、编撰《五经正义》的意义

唐初统治者采取措施以巩固统一的中央集权。加强思想控制，稳定人心，无疑是巩固统治的一个重要方面。统治者根据统一的中央集权统治的需要，从并立的儒道佛三教之中选择儒学作为官方的统治思想。但儒学内部存在经学的派别之见，外部有道教、佛教的竞争，还未能作为强有力的思想工具，需要加以扶植和改造。武德年间，统治者采取"崇儒兴学"的政策，使难于进取、利于守成的儒学确立了正统地位，并以"五经"为学校教育的基本内容。唐太宗具有远见卓识，注意发展学校教育，并进一步令博学

---

① 《全唐文》卷一四五《于志宁·大唐故太子右庶子银青光禄大夫国子祭酒上护军曲阜宪公孔公碑铭》。

多才的国子祭酒孔颖达集结硕学鸿儒编撰《五经正义》，完成了统一经学、统一章句解释的工作，结束了儒学多门、章句繁杂的局面，使儒学真正成为官方的统治思想。

从中国教育发展的历史来看，《五经正义》的编成，标志着统一教材，统一教学内容，彻底扫除了儒家内部的门户之见，大家都以统一的经学为标准，结束了数百年来师法家法、今古文经学、南北经学的纷争。这与汉武帝"罢黜百家，独尊儒术"的文教政策具有同等重要的历史意义。汉代的官学只统一了课程，承认十四家经说，并未编出统一的教材。而唐代的《五经正义》不仅使经学归于统一，而且其使用范围遍及官学，从唐朝到宋朝，明经科取士都以《五经正义》为标准。可见，《五经正义》对唐代及以后封建朝代的教育都产生了影响。

《五经正义》之所以能够流传久远，究其原因还在于它的综合总结工作具有很高的水平。它能够博采众家之长，考察前儒异说，明是非，决取舍，形成自己的结论。孔颖达受命编撰《五经正义》之时，为了保证《五经正义》在学术上具有权威性，选择了当时优秀的儒学名家组成了编撰队伍，经过认真的调查和比较，筛选出能够体现"五经"本意并在当时最为通行的注本，其中《周易》主王弼、韩康伯注，《尚书》主伪孔安国传，《毛诗》主郑玄笺，《礼记》主郑玄注，《春秋左氏传》主杜预注，而疏文的撰写则总结了南北朝、隋代经学的研究成果。由于不囿于门户之见，广采博收，以择优的原则来选择注本和疏义，因此能吸收汉代以来的经学研究成果。在编撰时，孔颖达实行分工负责制，使编撰者各有专经，发挥所长，充分调动每个专家的积极性，最后由总编把关裁定，承担总的责任。经过数年的共同努力，最终编撰成了在中国封建社会教材建设史上具有划时代意义的《五经正义》，代表了当时儒家经学的最高水平，成为有权威性的教科书。皮锡瑞《经学历史》说："自《正义》《定本》颁之国胄，用以取士，天下奉为圭臬。唐至宋初数百年，士子皆谨守官书，莫敢异议矣。故论经学，为统一最久时代。"①

教材的统一，虽然适应了当时政治上统一的需要，促进了封建中央集权统治的巩固，但也标志着儒学又一次进入思想僵化的阶段。唐代学术思想的发展缺乏创新的活力，这与儒学教材的统一不无关系。

三、论教育的作用

孔颖达继承和发扬儒家经世致用、治国安邦的优良传统，在负责编撰的《五经正义》中阐述了他对巩固统治的见解。他认为自古以来，圣人都是以德治天下。圣人"教民以德不以刑，……君若教民以德，整民以礼，则民有归上之心"②。这就是说，巩固封建统治需要有两手，一手是教育感化，一手是刑罚。前者能防患于未然，使人心悦诚服地接受统治；后者只能惩治于已然之后，起到暂时的恐吓震慑作用，并不一定能使人心服。孔颖达要求统治者继承儒家以德治天下的传统，教民以德，整民以礼，认为这样才能使老百姓有归上之心而无犯上作乱之念。但封建道德并不是人们自发产生的，也不是自然地为人们所普遍接受的。这就需要发挥封建教育的作用，向广大人民灌输封建道德。封建道德教育的

---

① 皮锡瑞.经学历史[M].周予同,注释.北京：中华书局,1959：207.
② 《礼记正义》卷五五《缁衣》.

主要内容就是儒家传统的五常之教。孔颖达借助天意来论证五常的封建道德教育的合理性,他认为:"天叙有典,有此五典即父义、母慈、兄友、弟恭、子孝是也。""天意既然,人君当顺天之意,以教天下之民也。"①在利用外在的力量论证封建道德的同时,孔颖达要求以百姓之心为心,在为政治国之初就要积极主动地引导人民、教育人民,"始欲学习为善,则善矣","初习为恶,则恶矣","为政之道亦犹是,为善政得福,为恶政得祸,亦如初生之子,习善恶矣"。② 这就是说,封建道德是上天意志的体现,任何人都应遵循而行,统治者用五常来教化万民,只是顺天意而为。至于老百姓为善还是作恶,完全取决于封建教育的引导。封建教育的实施和封建政权的建设要同步进行,两者是相辅相成的,只有这样才能使人民一开始就弃恶从善,恪守封建道德,乐天安命,知足常乐。具体来说,在当时的历史条件下,对人民要进行十二项教化:"一曰以祀礼教敬,则民不苟;二曰以阳礼教让,则民不争;三曰以阴礼教亲,则民不怨;四曰以乐礼教和,则民不乖;五曰以仪辨等,则民不越;六曰以俗教安,则民不偷;七曰以刑教中,则民不暴;八曰以誓教恤,则民不怠;九曰以度教节,则民知足;十曰以世事教能,则民不失职;十有一曰以贤制爵,则民慎德;十有二曰以庸制禄,则民兴功。……此十二事,是教民之大者,故举以言焉。"③这十二项封建教化是以仁、义、礼、智、信为核心的封建道德的具体体现,从社会生活的各个方面向人民灌输封建道德观念,使人民思不出其位,行不逾规,大得其中,无有邪僻,成为统治者所需要的驯臣

---

① 《尚书正义》卷四《皋陶谟》。
② 《尚书正义》卷一五《召诰》。
③ 《毛诗正义》卷四《郑风·缁衣》。

良民。

孔颖达借助上天的神秘力量,从封建道德、封建教育和封建国家三者的相互关系中阐述了实施封建教育的重要性和紧迫性,还从封建教育的主体出发,阐述了实施封建教育的可能性和必要性。

经过隋末农民大起义的洗礼,唐代的统治者对人民有了重新认识。唐太宗说:"天子者,有道则人推而为主,无道则人弃而不用,诚可畏也。"①在这种情况下,思想家们不再像西汉董仲舒那样简单地把人作为上天的产品,只要求人们绝对服从上天,而无视人民的作用。孔颖达也开始从天人感应的神学目的论中挣脱出来,尽量把目光投向现实的人和人世。他认为皇天无心,以百姓之心为心,政权稳固与否要以民心向背为依据。反过来说,稳固的政权也要靠人来维持,如果择人、用人不当,那将会贻害无穷。他继承了儒家传统的人治思想,主张为政之道在于任用贤人君子。"其人存则其政举,其人亡则其政息","若得其人,道德存在,则能兴行政教"。②然而,贤人君子不是天生而来的,是靠后天教育而成的。在他看来,"人生而静,天之性也,感于物而动,性之欲也"。③性是天生的、沉静的,情是性接触外物而产生的。天生之性是通过禀气而成的,"得其清气备者,则为圣人;得其浊气简者,则为愚人。降圣以下,愚人以上,所禀或多或少,不可言一,故分为九等"。④圣人之性是至诚之性,也就是至善至美的。其余处在圣人和愚人之间的绝大多数人,只有通过接受封建教育和努力

---

① 《贞观政要》卷一《政体》。
② 《礼记正义》卷五二《中庸》。
③ 《礼记正义》卷五二《中庸》。
④ 《礼记正义》卷五二《中庸》。

学习，才能使其人性达到至诚的境界。"至诚之道，天之性也，则人当学其至诚之性"，而至诚之性"非由天性，教习使然"。①他认为人心都是想要善的，每个人只要坚定不移地努力完善自己，那他就能和天性至诚的圣人相提并论。人们在不断改造自身、完善自己的过程中，也身体力行地改造着社会的精神面貌。"唯天下学至诚之人，为能化恶为善，改移旧俗。"②这样，孔颖达就从人性的深处肯定了人们接受封建教育的必然性和可能性。以五常之教为内容的封建教育就是宣扬去恶从善的，人们为了求善，获得至诚的人性，就必须接受封建教育。所以，接受封建教育是人们的必然选择，封建教育也能将人们求善的愿望变成现实。如果从人性论的角度来看，孔颖达基本上继承了董仲舒性三品的思想。尽管孔颖达对人性的认识并没有超出前人的水平，但他肯定了大多数人能够通过接受教育来达到至诚的境界，肯定了封建教育在塑造完善人性、形成良好社会风气方面的作用，是有积极意义的。

孔颖达从巩固大一统的政治和塑造至诚的人性两个方面论述了封建教育的作用，肯定了封建教育在封建社会发展中所起的作用，他说："建立其国，……君长其民，内则设师保，外则设庠序以教之，故云教学为先。"③

四、论学与教

外在的封建道德需要通过封建教育的传播、灌输，才能为广

---

① 《礼记正义》卷五二《中庸》。
② 《礼记正义》卷五二《中庸》。
③ 《礼记正义》卷三六《学记》。

大的老百姓所普遍接受。在这个过程中,不但要发挥外在力量的作用,而且要激发人们内在的学习积极性。基于对人性的看法,孔颖达充分肯定了人们后天学习的作用。他认为,人的天性本来是善的,"性者,天生之质,正而不邪",后来由于感于外物而产生了情,"情者,性之欲也",如果"不能以性制情,使其情如性,则不能久行其正"。① 也就是说,人性中包括善和恶两种成分,性是正而不邪、至诚至善的,由人感于外物而生的情则是邪而不正的。这样,每个人的发展一开始就有两种可能性:一是循性,向着善的方向发展;二是顺情,向着恶的方向发展。所以,孔颖达说:"善恶由人,惟人所修习也。"② 如果人们能够永葆自然至善之性而不受外界事物的侵扰,那人们就用不着苦苦地修行学习了。但是,人生活在社会中,不可能不受社会的影响。所以,要想永葆自身的自然天性,就必须努力地修行学习。"惟民初生,自然之性,皆敦厚矣。因见所习之物,本性乃有迁变,为恶皆由习效使然。"③ 为善与为恶都是人们后天学习的结果,这就把学习的主动权交到每个人的手中。因此,孔颖达特别强调,人们在学习之初,要慎重选择学习的道路,以免误入歧途,害己害人。在他看来,"始欲学习为善,则善矣";"初习为恶,则恶矣"。④ 当然,学习不仅是一个弃恶扬善、不断提高自身道德修养水平的过程,而且可以使人们摆脱愚昧,通晓事理,增长才干。通过学习,可以成为知识渊博、才华出众的人,所以说"愚智由学习而至",⑤并非天生而然。反过来,

---

① 《周易正义》卷一《乾》。
② 《尚书正义》卷一五《周书·召诰》。
③ 《尚书正义》卷一五《周书·召诰》。
④ 《尚书正义》卷一五《周书·召诰》。
⑤ 《尚书正义》卷一五《周书·召诰》。

"人而不学，如面向墙，无所睹见，以此临事，则惟烦乱，不能治理"。① 另外，通过学习还可以使人知己之所短，促使人不断地奋发向上"其身不复解怠矣。"② 在他看来，"夫学犹殖草木也，令人日长日进，犹草木之生枝叶也。不学则才智日退，将如草木之坠落枝叶也"。③ 由此可见，学习既能提高人们的道德修养水平，进而改变社会风气，又能使人们摆脱愚昧，开阔眼界，增长才干，还能影响人们的精神风貌。所以，孔颖达要求人们普遍地学习。"天子诸侯及卿大夫，欲教化其民，成其美俗，非学不可，……学则博识多闻，知古知今，既身有善行，示民轨仪，故可以化民成俗也。"④ 也就是说，对统治者来说，学习可以使其博古通今、明于事理，也可以为老百姓树立求善求知的榜样。这样，上行下效，步步紧跟，老百姓也会加入学习的行列，从而自然而然地达到建国君民、化民成俗的目的。

  学习的内容主要是孔颖达负责编撰的《五经正义》。在他看来，学习《易》，使人上可体察天地阴阳的变化规律，下可明了人伦尊卑的来历。学习《易》的目的就是秉承天意，君臣、父子、夫妇各守本分，以维护封建的纲常礼教。学习《书》，可以了解和借鉴历代君主治国安邦的经验，学会如何更好地治理国家，统治人民。学习《诗》，既可以使人塞违从正，止僻防邪，又可以使人畅怀舒愤，歌功颂德。学习《礼》，可以使人们通晓封建的等级秩序以及相应的行为规范，学会安身立命、为人处世之道，只有这样才能宗

---

① 《尚书正义》卷一八《周书·周官》。
② 《礼记正义》卷三六《学记》。
③ 《春秋左传正义》卷四八《昭公十八年》。
④ 《礼记正义》卷三六《学记》。

祐固、社稷宁、君臣序、朝廷正。学习《春秋》，可以使人们明白什么是善、什么是恶，以便使人们弃恶从善，改邪归正，成为道德高尚的人。总而言之，《五经正义》中主要体现了儒家的伦理道德。要求人们学习《五经正义》，其目的仍然是加强思想控制，维护唐皇朝享国永年，长治久安。

学习《五经正义》要讲究方法，不能杂乱无章。孔颖达认为，首先，学习要选择在人生的最佳时期进行，这样就会收到事半功倍的效果。如果学习时期已过，待到年纪已大，则心情放荡而不专，即使想学习，也终难于成功了，结果只能是白白地勤苦四体，徒劳而无益。在他看来，最佳的学习时期就是在初生之后，人之初生，性情未定，只有通过及时的学习，方能从善弃恶，走上正道。其次，学习需要有师友，不但要向经书、教师学习，而且要向其他人学习。如果"独自习学，而无朋友，言有所疑，无可咨问，则学识孤偏鄙陋，寡有所闻也"。①向别人求教，态度要谦虚，不能骄傲自大、自以为是。如果自以为满，人必损之；如果自谦受物，人必益之。所以，他说："人道恶盈而好谦，是满招损，谦受益，为天道之常也。"②最后，学习要持之以恒，不能一曝十寒，失去信心。他人天性聪明，一学则能知之，自己应当百倍用功去学习，只要发愤努力，坚持不懈，就可能赶上或超过别人。孔颖达要求人们既刻苦学习，又善于学习，不能不讲方法。在他看来，善于学习的人，老师教起来也顺利，学习的收获也大；不善于学习的人，辛苦了老师，收效反而不大。总而言之，要想收到事半功倍的效果，就必须讲究学习的方法。

---

① 《礼记正义》卷三六《学记》。
② 《尚书正义》卷四《虞书·大禹谟》。

孔颖达认为教人实际上也是自己学习的一部分，它会促进自己更积极地学习，所以要乐于将自己掌握的知识教给别人。教和学是矛盾的统一体。"教学相益"，教和学互相依赖，互相促进。"教人乃是益己学之半也"，人如果不学习，则对诸事茫然不知，也不知自己的长短所在；如果进行学习，就知道自己存在不足之处。人如果不教，则自以为万事皆通，无可置疑，终日沾沾自喜；教则使人知道自己有不通晓的事，遇到困惑，显露有不足之处。看到自己的长短优劣，然后奋发自励，加强学习，可以不断丰富自己的知识。"教学之时，然后知己困而乃强之，是教能长学善也。学则道业成就，于教益善，是学能相长也。"①这就说明教学相长。从这个意义上说，一个人不但要成为一个善学者，而且要成为一个善教者。

一个善教者，必能使人继其志。在孔颖达看来，教人乃至极之美，作为人师是很光荣的。社会也应该尊敬人师，"虽天子以下，必须尊师"。②可见，人师的作用是很大的，对人之学问和道德的提高都有直接的影响。所以，要慎重地选择人师。孔颖达要求人们选择明师，认为明师是从善去恶的直接指导者。"必得明师，乃可以训道而善之；非得明师，恶终不改。"③明师一方面传授善道，引导人们走正道；另一方面，通过传授善道，使那些误入歧途的人改邪归正，重返正道。

教人也要讲究方法，如果教法不当，将会影响人们对所学内容的理解和掌握。首先，教学要选择合适的时机来进行。"教学

---

① 《礼记正义》卷三六《学记》。
② 《礼记正义》卷三六《学记》。
③ 《毛诗正义》卷七《陈风·墓门》。

之道,当以时习之。""若情欲既发,而后乃禁教,则扞格于教,教之不复入也。是教弱而欲强,为教不胜矣。"①在人能够接受教育之时,就要对其进行教育。要坚持先行正面教育、正面引导,不能等到受了社会坏习气的影响,出了问题后再去教育。其次,教学的进度、内容等要依据学生的实际情况,不能速度太快、分量过重。"教学之道,必当优柔宽缓,不假急速,游息孙顺,其学乃成。""教人之法,当随其年才。若年长而聪明者,则教以大事而多与之;若年幼又顽钝者,当教以小事又与之少。"②也就是说,要因材施教,根据学生年龄的大小、接受能力的强弱,分别对待,不能"一刀切",采取填鸭式的教学。最后,要有高超的语言素养,能够言简意赅、深入浅出地教育学生。他说:"善为教者,出言寡约而义理显达,易解之。"③教学语言要简明扼要,不能重复啰唆。教学语言的精练与否的确是关系到教学能否成功的重要因素,在当时个别教学的情况下,孔颖达已经意识到了这一点,实为难能可贵。

孔颖达是一位十分重视研究学习问题的教育家,尽管他提出的学习内容在今天看来已经过时了,但他强调个体的学习,讲究学习和教学的方法,以及将学和教联系在一起看待的思想,在今天看来仍有其合理的成分。

五、论道德教育

道德和道德教育历来是儒家研究的中心问题。孔颖达继承

---

① 《礼记正义》卷三六《学记》。
② 《礼记正义》卷三六《学记》。
③ 《礼记正义》卷三六《学记》。

和发扬了这一优良传统,充分肯定道德和道德教育的作用。

孔颖达认为道德源于天道,天意不可违,人君当顺天之意,颁布五常之教,以此教化万民。这是天经地义、亘古不变的事情,违背它、更改它就是冒犯上天的大逆不道之行,必将受到上天的惩罚。道德也是圣人秉承天意而制作的。"圣人既法天地鬼神以制礼,本谓制礼以教民",①即先知先觉的圣人设置五常之教的目的就是教化万民。人们遵守五常之教,也就是听从了圣人,服从了天意。道德又出自人性自然,绝不是完全由外界强加的。他认为"民有五常之性,谓仁、义、礼、智、信也"。②"五者,人之常性,自然而有,但人性有多少耳。天次叙人之常性,使之各有分义。"③人之所以为人,就在于人是有道德的,而禽兽是不讲道德的。在孔颖达看来,人人都有五常之性,五常之性是人性中善的体现。但由于人性感于外物而生情,可能导致五常之性的消损,因此人人都有必要也有可能接受道德教育,以弘扬人性中固有的五常之性,抵制感于外物而生的情之影响。孔颖达从道德的本源出发,经过圣人的中介作用,把上天的旨意和人性中固有的善性联系在一起,从而使封建的道德教育既符合上天的意志、圣人的心愿,也顺乎人性求善的愿望,最终论述了进行封建道德教育的可能性和必要性。

在封建社会中,家和国是相通的,家庭是国家最基本的细胞,国家是家庭的延伸和扩大化,两者是相互依存的关系。在家能成为孝子,移孝作忠,在国就能成为忠臣。求忠臣必于孝子之门。

---

① 《礼记正义》卷二二《礼运》。
② 《尚书正义》卷一〇《商书·说命下》。
③ 《尚书正义》卷四《虞书·皋陶谟》。

仁、义、礼、智、信就是在家庭中孕育和发展起来的。要想提高整个社会的道德水准，道德教育必须从家庭开始。所以，孔颖达说："一家之内，品有五，谓父母兄弟子也。教此五者各以一事，教父以义，教母以慈，教兄以友，教弟以恭，教子以孝，是谓五教。"①在他看来，只要在家庭中重视道德教育，使家庭成员各尽其职、各修其德，然后将此移植于社会生活之中，整个社会中人的关系就会融洽。因为维护封建等级秩序的纲常礼教，在家庭中就已培育成了，只要将它扩展到社会生活中就可以了。这是儒家传统的修身、齐家、治国、平天下思想的具体表现，孔颖达要发挥这个传统。另外，孔颖达要求人们不要使道德教育停留在空洞的说教上，而要付诸自身的实践，人人都应该践行道德规范。他认为人本欲求善，而道德就是社会中善的集中体现。因此，人人都应主动地接受道德教育，按照道德的要求去修身养性，努力成为道德高尚的、能担当国家大任的君子。

在进行道德教育的过程中，孔颖达要求人们遵循以下原则：第一，要树立远大的理想，有理想就有前进的动力。孔颖达认为道德教育一定要使人树立起远大的理想，一定要能使人们为了实现其理想而坚持不懈，终生不移，守死善道。他说："君子之人，守道而死，虽遭困厄之世，期于致命丧身，必当遂其高志，不屈挠而移改也。"②为了理想，赴汤蹈火，在所不辞，这是儒家的"志士仁人，无求生以害仁，有杀身以成仁"思想的体现。在这一点上，孔颖达完全继承了儒家的传统。第二，道德教育要注意防微杜渐，改过从善，勿以恶小而为之，勿以善小而不为。孔颖达说："凡所

---

① 《尚书正义》卷三《虞书·舜典》。
② 《周易正义》卷五《困》。

过失，为人所怨，岂在明着？大过皆由小事而起，言小事不防，易致大过。故于不见细微之时，当于是图谋之，使人不怨也。"① 道德教育要从小事入手，积小善而成大德，由浅入深，逐步进行，不能光讲大道理。放松小节，会发展到犯大错误。第三，道德教育要培养人们言行一致，在行动上要践行道德。道德教育的目的就是要将社会的道德观念通过灌输，内化成人们内在普遍的心理需求，进而转化成人们自觉自愿的行为。所以，进行道德教育，无论对教育者还是受教育者，都应要求言行一致，身体力行，否则道德教育将无实效。第四，道德教育要循序渐进，依分而求进。应该根据每个人所处的社会地位和具体条件，进行恰如其分的道德实践。道德教育就是要每个人都懂得在社会中所承担的责任与所尽的义务。一切的道德教育都必须使受教育者安分守己，思不出其位，行不越其规。如果任意妄为，那就会犯名分、乱规矩，不合乎传统的道德规范，也会引起社会不安。

孔颖达重视道德，重视道德教育，都是值得肯定的。他主张寓道德教育于家庭教育之中以及提出道德教育的方法，在今天看来仍然具有普遍的现实意义。但是，他在重视道德教育的同时，夸大了道德的作用，甚至认为"今谓道德，大而言之，则包罗万事；小而言之，则之人之才艺善行，无问大小，皆须礼以行之"②，这就把道德看成决定万事的关键，显然夸大了道德的作用。

综上所述，孔颖达是隋唐之际一位重要的教育家。尽管他没有论述教育问题的专著，但他在负责编撰的《五经正义》中，采用因文释义、附以己意的特殊形式，阐发了自己的教育思想，为我们

---

① 《尚书正义》卷七《夏书·五子之歌》。
② 《礼记正义》卷五五《缁衣》。

留下了一笔宝贵的教育遗产。《五经正义》成为唐至宋初数百年间官方的法定教科书,表明孔颖达的教育思想曾对唐至宋初这一历史阶段的教育产生重大影响。孔颖达借助于对"五经"的解释,引经据典,为其教育思想作论证,并使他的教育思想随着《五经正义》而传播,这在中国教育史上是很独特的。孔颖达的教育思想博采众家之长,对儒学教育思想进行了一次历史性的综合和总结,内容极其丰富。因此,《五经正义》成为后来儒学教育思想的重要源泉。

第五节 李世民的教育思想

一、个人经历对重教思想的影响

李世民,史称唐太宗,626—649年在位,年号贞观。他是唐代杰出的军事家、政治家。他不仅在唐朝建立过程中立下了赫赫武功,更重要的是在登上皇位之后,能求贤纳谏、整顿机构、制定唐律,使政治清明;实行轻徭薄赋政策,重视农业生产的恢复,为经济繁荣奠定了基础;重视知识分子的作用,大力兴办学校,鼓励中外交流,为文化发展创造了良好条件。这些因素构成为后世称道的"贞观之治"的基本内容。李世民对封建文化教育的发展有重要贡献,与他的教育思想认识是密切关联的。他的家庭出身、社会经历、政治地位,对其教育思想的形成有深刻的影响。

李世民出身军事贵族世家。据史书记载,其曾祖李虎,任北魏左仆射,在西魏封爵柱国,官至太尉,在北周被追封为唐国公。祖父李昞,在北周袭封为唐国公,任柱国大将军。父李渊,在北周承袭唐国公,在隋先后为卫尉少卿、怀远镇督运、弘化郡留守、山西河东抚慰大使、太原留守,是重要的军事将领。军事贵族世家都把军功作为晋升的主要阶梯,形成崇尚武功的传统,在教育上要求子弟从小学习弓马,熟读兵书,到了成年,就到军中任职,一旦有战争,就能带兵征战。

李世民生活在这种家庭环境中,因偏重习武而忽视习文,虽能读能写,还经常诵读兵书如《孙子兵法》等,但毕竟文化知识学习不够,他在回顾中说:"朕昔在衡门,尚惟童幼,未渐师保之训,罕闻先达之言。"①"朕少小不学问,唯好弓马。"②"朕少尚威武,不精学业。"③随着父亲职位的升迁,居住地常有变动,他到过陇州、岐州、荥阳、楼烦等地,十四岁随父居长安,十八岁居太原,曾从留守府宾客张后胤受《春秋左氏传》,为时不过三四个月。后因起兵反隋,多年从事征战,"躬亲戎事,不暇读书"。④一旦形势变化,登位掌握国家最高权力,始发现自己缺乏文化知识,不知治国安民的道理,深为悔恨,这是促使他重视文化教育的原因之一。

李世民的施政理想是实现王道政治,他常召大臣们咨询,认识到治国不能单靠武力,主要靠文治。如果不认真吸取秦二世及隋炀帝的历史教训,就可能二世而亡。为了治国需要,应当面对现实来探讨教育问题,这使他深刻认识到修身与治国的密切联系。先应加强自我学习修养,然后才会重视培植贤才、教化黎民,为实现王道政治创设条件,这是促使他重视文教的主要原因。

到了贞观中,深谋远虑的李世民认识到自己不能无限期地统

---

① 《贞观政要》卷五《论诚信》。
② 《贞观政要》卷六《杜谗佞》。
③ 《大唐新语》卷九《著述》。
④ 《贞观政要》卷六《论悔过》。

治下去,为使唐王朝的政权长期延续,需要重视太子及诸王的教育,才可能防止败家亡国。这也是促使他重视皇族子弟教育的重要原因。

二、教育思想的理论基础与政治基础

李世民的教育思想受其世界观的影响,更受其政治思想的支配。

(一)人的本质与教育

教育的对象是人,对人本质的认识成为探讨教育的起点。李世民也不例外,对人本质的认识是其教育思想的理论基础之一。

1. 人禀性有善有不善

李世民从天命论出发来论述人的本质,认为人的禀性天生就有善恶的道德差别,有人禀性善,有人禀性不善。他说:"夫人有强躁宽弱之志,愁乐贪欲之心,思情聪哲之才,此乃天命其性,有善有不善者也。由是观之,尧、舜、禹、汤,躬行仁义,治政隆平,此禀其性善也。幽、厉、桀、纣,乃为炮烙之刑,刳孕妇,剖人心,斮朝涉,脯鬼侯,造酒池糟丘,为长夜之饮,此其受不善之性也。"[①]先天禀性善或不善,决定了后天社会道德行为的善或不善。以社会有极好与极坏的人存在,来证明先天禀性有善有不善,肯定天命已决定人性的善恶,否定后天教育对人发展的作用,这显然是不科

---

① 《唐太宗集·金镜》。

学的。幸而他不是把人性看作一成不变的,也未将先天禀性决定后天德行作为强调的重点。

2. 中人之性,从教而变

李世民认为占人类多数的中人与占人类少数的上智、下愚有差别,"中人之性,可以上下"。① 中人的禀性不是一成不变的,而是因受教育的情况而发生变化。李世民说:"中智之人无恒,从教而变。……成王幼小,周、召为保傅。左右皆贤,日闻雅训,足以长仁益德,使为圣君。秦之胡亥,用赵高作傅,教以刑法,及其嗣位,诛功臣,杀亲族,酷暴不已,旋踵而亡。故知人之善恶,诚由近习。"②中人可以为善,也可以为恶,重要的决定因素是社会人际环境如何,近善人而习焉,因染以成善性;近恶人而习焉,因染以成恶性。因此,要选择好的社会环境,特别应重视人的因素,亲近贤人而学习,这可以通过人为努力而创设必要的条件。

3. 人必待学而成善

人的禀性有善质,但这是一种内在的可能性,并不等于就成了实际的善,还需要有一定的学习条件来帮助发展成善。李世民说:"夫人虽禀定性,必须博学以成其道,……人性含灵,待学成而为美。是以苏秦刺股,董生垂帷,不勤道艺,则其名不立。"③学习是使人发展成善的必要条件,"性怀辨慧,非积学不成"。④ 人不学习,就不能成为符合社会道德规范的人。"夫玉不琢不成器,人不学不知道。仲尼师于郯子,文王学于虢叔。圣人且犹如此,何况

---

① 《唐太宗集·废皇太子承乾为庶人诏》。
② 《贞观政要》卷四《论尊师傅》。
③ 《贞观政要》卷七《崇儒学》。
④ 《帝范·崇文篇》。

于凡人者乎！"①圣人都需要学习，凡人就更应该学习。李世民由此而引出重视学习、重视教育作用的结论。

（二）王道与教育

李世民的政治主张是在反隋的斗争中形成的，也是在借鉴总结中国历史上成功与失败的统治经验中形成的。

1. 痛恨隋季暴政而向往王道德政

李世民对隋炀帝的残暴统治深恶痛绝，他说："有隋之季，海内横流，豺狼肆暴，吞噬黔首，邑里凋残，鞠为丘墟。朕投袂发愤，情深拯溺，扶翼义师，济斯涂炭。……反浇蔽于淳朴，致王道于中和。此朕之宿志。"②他的政治路线与隋炀帝相反，要拯救黎民百姓，以德政取代暴政，政治目标是实现王道，使国家安定，天下大治。

2. 王道与霸道的历史比较

从中国的历史经验看，政治上存在着以德服人的王道路线和以力服人的霸道路线。政治思想不同，实行的政治路线相反，结果就大不一样。"观古来人君，行仁义，任贤良，则理；行暴乱，任小人，则败。"③"周既克殷，务弘仁义；秦既得志，专行诈力。非但取之有异，抑亦守之不同。祚之修短，意在兹乎！"④两条政治路线导向两种施政结果，鲜明的对比使李世民从统治集团的长远利益出发，作了历史性选择。他说："朕看古来帝王以仁义为治者，国

---

① 《唐太宗集·金镜》。
② 《唐太宗集·九嵕山卜陵诏》。
③ 《贞观政要》卷二《纳谏》。
④ 《贞观政要》卷八《辩兴亡》。

祚延长；任法御人者，虽救弊于一时，败亡亦促。既见前王成事，足是元龟。今欲专以仁义、诚信为治，望革近代之浇薄也。"他为自己立下政治方针，公开宣布"为国之道，必须抚之以仁义"，一切施政皆以此为中心。① "朕君临八方，于今四载，夙兴夜寐，无忘晷刻。履薄驭朽，思济黔黎，推心至诚，庶几王道。"② 他自认为勤政爱民，在努力实现王道的政治目标。

3. 王道德政需利用教育为手段

李世民认为实行王道德政必须适应时代需要，主要的要求有以下几方面：第一，在政治方面，任用贤良，赏罚得当；第二，在经济方面，薄赋轻徭，家给人足；第三，在文化方面，礼乐兴行，德教化民。为了实现这些要求，需要利用教育来为王道政治服务。王道政治是教育的最高目标，教育是实现王道政治的重要手段和途径。教育路线方针受政治路线的制约，在政治路线制定之后，也就有条件确定相应的教育路线方针。

（三）选择文治路线与尊儒政策

1. 适时由重武功转为重文治

贞观初年，李世民当政的唐皇朝面临着极为严峻的形势，"霜旱为灾，米谷踊贵，突厥侵扰，州县骚然"。③ 在内外不安的形势下，国家应当如何治理，这是迫切需要解决的问题。统治集团内部对这一关键性问题的认识存在较大的差别，展开了一场激烈的

---

① 《贞观政要》卷五《论仁义》。
② 《唐太宗集·大赦诏》。
③ 《贞观政要》卷一《政体》。

争论,双方争着对李世民施加思想影响。因为政治路线方针由李世民来选定,并听他的号令而施行。"贞观初,人皆异论,云当今必不可行帝道、王道。"①"有上书者非一,或言人主必须威权独任,不得委任群下,或欲耀兵振武,慑服四夷。"②这方面的主张居多。依他们的主张,要实行霸道,依靠武力维护统治。中央政府的权力要高度集中于皇帝手中,实行君主专制独裁;对四邻民族要耀兵振武,显示强大,加以慑服。不同意这条路线的,暂时居于少数,其代表人物是魏徵。李世民在与大臣们讨论政治教化的得失时,并未认识到政治路线应随政治形势变化而转变,他提出:"当今大乱之后,造次不可致理。"魏徵当时任谏议大夫,对于战乱之后不能进行德治教化发表不同意见,他说:"不然。凡人在危困,则忧死亡。忧死亡则思化,思化则易教。然则乱后易教,犹饥人易食也。"③在长时间的战争破坏中,人民的生命财产毫无保障,期待战乱灾难早日结束。一旦建立起统一的中央集权国家,民众希望过太平安定的日子,即人心思治,这是社会共同的心理趋势。人心思治则容易接受教化,这正像处于饥饿状态的人容易接受赠送食物一样。战争阶段已基本结束,和平发展阶段刚开始,政治上要适时相应地实行变革,确定新的路线方针,魏徵劝说李世民实行文治,概括为十六个字:"偃革兴文,布德施惠,中国既安,远人自服。"④右仆射封德彝反对魏徵对形势的分析与所提出的治国路线方针,认为文治远不及武功实用有效,人心越变越坏,施用文治难以奏效。封德彝说:"三代以后,人渐浇讹,故秦任法律,汉杂

---

① 《贞观政要》卷一《政体》。
② 《贞观政要》卷五《论诚信》。
③ 《贞观政要》卷一《政体》。
④ 《贞观政要》卷五《论诚信》。

霸道,皆欲理而不能,岂能理而不欲?若信魏徵所说,恐败乱国家。"魏徵说:"五帝三王,不易人而理,行帝道则帝,行王道则王,在于当时所理,化之而已。考之载籍,可得而知。昔黄帝与蚩尤七十余战,其乱甚矣,既胜之后,便致太平。九黎乱德,颛顼征之,既克之后,不失其理。桀为乱虐,而汤放之,在汤之代,即致太平。纣为无道,武王伐之,成王之代,亦致太平。若言人渐浇讹,不及纯朴,至今应悉为鬼魅,宁可复得而教化耶?"①魏徵根据历史来立论,封德彝等人虽难于反驳,但都认为魏徵的主张不可行。然而,李世民听了两方辩论之后,觉得魏徵所说的道理可信,治国之事在于帝王所为,他想效法历史上的圣王而与圣王并列,于是决心采纳魏徵提出的文治路线,努力去实行。李世民接受魏徵的文治思想,并转化为自己的思想,他认为时势已经发生变化,进入和平发展阶段应当实行文治。他说:"勘乱以武,守成以文,文武之用,各随其时。"②在和平时期,应当顺应民心,对国内民众实施文治。但这并不是绝对放弃武备。李世民在《金镜》中说:"理人必以文德,防边必以武威。……不可以威武安民,不可以文德备塞。"所以,李世民治国实是兼用两种手段,概括地说,即"兴文备武"。政治路线的转变是唐朝走向繁荣昌盛的重要起点,是出现"贞观之治"的基本条件。政策实行数年之后,取得极为显著的成效,从政治、经济、军事上奠定了国家繁荣富强的基础,亦为文化教育的迅速发展创造了条件。

2. 权衡三教利弊而崇儒

文治路线的确立,并不等于就能确定统治集团的政治指导思

---

① 《贞观政要》卷一《政体》。
② 《资治通鉴》卷一九二《唐纪八》。

想。中国自东汉以来,思想文化领域出现儒道佛并存的局面。唐初武德年间实行的是儒道佛并用的政策。李世民对儒道佛的作用有自己的看法,他从唐皇朝维护政权的现实需要出发,更倾向于崇儒。他在青年时学过《左氏春秋》,初步接受了儒学教育。起兵反隋之后,他大力罗致人才,于武德四年(621年)开设文学馆,延请文学之士十八人为文学馆学士。这些人实际上都是素有学养的儒学之士,组成了秦王府的智囊团。他们对李世民有较大的思想影响,强化了李世民的崇儒倾向。李世民登位之后,"益崇儒术",把自己的思想倾向转化为国家政策。

  李世民依据统治集团的基本利益来制定国家的文教政策,他权衡儒道佛三教的利害关系,确定自己的选择。在道、佛两教之中,他顺着其父李渊的先例,敬先祖李耳而扶道教,对佛教并没有利用皇权来帮助推广,反而怀有反感之心。他在《贬萧瑀手诏》中表露了对佛教的看法:"至于佛教,非意所遵,虽有国之常经,固弊俗之虚术。何则?求其道者,未验福于将来;修其教者,翻受辜于既往。至若梁武穷心于释氏,简文锐意于沙门,倾帑藏以给僧祇,殚人力以供塔庙。及乎三淮沸浪,五岭腾烟,假余息于熊蹯,引残魂于雀鷇,子孙覆亡而不暇,社稷俄倾而为墟。报施之征,何其缪也!"他直接指斥统治者迷信佛教非常荒谬。萧衍父子虔诚拜佛,把梁朝的财富都奉献给佛门,结果祈福未至,反遭亡国之祸。

  李世民总结梁朝的教训,在选择统治思想时,自然就排除了佛教,而选择了儒学。他说:"朕今所好者,惟在尧、舜之道,周、孔之教,以为如鸟有翼,如鱼依水,失之必死,不可暂无耳。"[①]儒学能

---

① 《贞观政要》卷六《慎所好》。

在巩固唐皇朝政权方面发挥较大的政治作用,这是符合统治集团长远利益的,所以李世民选择儒学作为统治的精神支柱。

尊崇儒学的方针体现在国家人事政策上,就是选用儒生为各级官吏;体现在教育政策上,就是发展学校,以儒家的封建政治伦理思想来培植地主阶级的子弟,使他们成为治国的贤才。李世民说:"夫功成设乐,治定制礼。礼乐之兴,以儒为本。弘风导俗,莫尚于文;敷教训人,莫善于学。因文而隆道,假学以光身。"①尊儒和重学是密切联系的,确定尊儒的方针,就必然会利用国家的力量来兴办学校。

三、教育思想的几个主要方面

(一)自我教育

1. 正身修德

李世民认识到自己做了皇帝,位居治理国家的关键地位,政治影响很大。他说:"予思三代以来,君好仁,人必从之。在上留心台榭,奇巧之人必至;致精游猎,驰骋之人远臻。存意管弦,郑卫多进;降怀粉黛,燕赵斯来。塞切直之路,为忠者必少;开谄谀之道,为佞者必多。古人云:'君犹器也,民犹水也。'方圆在于器,不在于水。以是而言,足为永诫。"②在君主与人民的关系中,君主是主要方面,起决定作用,要安人治国,必须先端正自己,不然就达不到目的。李世民说:"且君子之化下,如风偃草,上不节心,则

---

① 《帝范·崇文篇》。
② 《唐太宗集·金镜》。

下多逸志。君不约己而禁人为非,是犹恶火之燃,添薪望止其焰;忿池之浊,挠浪欲澄其流,不可得也。莫若先正其身,则人不言而化矣。"①因此,他形成这样的认识:"君天下者,惟须正身修德而已。"②"若安天下,必须先正其身,未有身正而影曲,上理而下乱者。"③君主的修身是安人治国的基本条件,这与《大学》中"壹是以修身为本"的思想是一致的,欲达成治国的功业,要从自己做起。

2. 选置师傅

君主的学习修身需要有师傅的指导,这是重要的条件。史书上记载的明王圣帝大都有自己选择的师傅。李世民说:"朕比寻讨经史,明王圣帝,曷尝无师傅哉?……黄帝学太颠,颛顼学绿图,尧学尹寿,舜学务成昭,禹学西王国,汤学威子伯,文王学子期,武王学虢叔。前代圣王,未遭此师,则功业不著乎天下,名誉不传乎载籍。况朕接百王之末,智不同圣人,其无师傅,安可以临兆民者哉?《诗》不云乎:'不愆不忘,率由旧章。'夫不学则不明古道,而能致太平者,未之有也。可即着令,置三师之位。"④他要学习而明道,才可能在政治上临兆民而致太平,为此在制度上设立三师的职位,太师、太傅、太保各一人。

李世民把求师的范围扩大,把亲近的大臣都视为自己的师友,希望在他们的帮助下,自己的思想道德能得到提高。他对魏徵说:"公独不见金之在矿,何足贵哉?良冶锻而为器,便为人所宝。朕方自比于金,以卿为良工。"⑤又说:"玉虽有美质,在于石

---

① 《帝范·务农篇》。
② 《贞观政要》卷六《慎所好》。
③ 《贞观政要》卷一《君道》。
④ 《唐太宗集·建三师诏》。
⑤ 《贞观政要》卷二《任贤》。

间,不值良工琢磨,与瓦砾不别。若遇良工,即为万代之宝。朕虽无美质,为公所切磋,劳公约朕以仁义,弘朕以道德,使朕功业至此,公亦足为良工尔。"①"人之立身,所贵者惟在德行"②,师友帮助修身,就是要经引导而入于仁义的轨道,提高道德水平。

为了使师友的帮助经常化,需要有措施、制度加以落实,为之保证。李世民即位之初即已注意到这一问题,置弘文馆于殿侧,精选天下文学之士,如虞世南、褚亮、姚思廉、欧阳询、蔡允恭、萧德言等,令以本官兼学士,轮流于馆中值日;在听朝理政的空隙,召他们入内殿,讲论前言往行,商榷政事,或至深夜才罢。这些师友既指导学习修身,也发挥了咨询和顾问的作用。

3. 重视读书

李世民由于少时只好弓马而不好学问,缺乏知识,不知道历史,"先王之道,茫若涉海"。③ 面对国家政事茫然无知的人是无法治理国家的。李世民深感有读书学习的迫切需要,他说:"人之读书,欲广闻见以自益耳。"④读书的目的是增进学问,治理好国家。他随即采取措施,于弘文殿聚四部书二十余万卷。对读书学习,他非常勤奋,在《赋尚书》诗中自叙:"崇文时驻步,东观还停辇。辍膳玩三坟,晖灯披五典。"他开始读书不久,就体会到读书的益处。贞观二年(628年),他对房玄龄说:"为人大须学问。朕往为群凶未定,东西征讨,躬亲戎事,不暇读书。比来四海安静,身处殿堂,不能自执书卷,使人读而听之。君臣父子,政教之道,共在

---

① 《贞观政要》卷一《政体》。
② 《贞观政要》卷四《教戒太子诸王》。
③ 《大唐新语》卷九《著述》。
④ 《贞观政要》卷六《论俭约》。

书内。古人云'不学墙面,莅事惟烦',不徒言也。"①

李世民积极读书,增广见识,知道治国化民的道理,在政治实践上也做出了非常可观的政绩。贞观九年(635年),他说:"少从戎旅,不暇读书,贞观已来,手不释卷,知风化之本,见政理之源。行之数年,天下大治而风俗移变,子孝臣忠,此又文过古也。"②

为了扩大读书的范围,并读其最主要、最精华的部分,李世民下令魏徵等人编《群书治要》。书编成献上,他读后感到收获极大,手诏褒扬:"览所撰书,博而且要,见所未见,闻所未闻,使朕致治稽古,临事不惑。其为劳也,不亦大哉!"③一国之君,他的兴趣和注意力不停留于声色游猎,而能转向读书明道,丰富知识,增强施政能力,使天下大治,这是值得肯定的。

4. 戒骄节欲

每个人都有情欲,如何看待个人的情欲,不仅是道德问题,而且是政治问题,帝王尤其如此。为了治国安民,李世民主张戒骄节欲,反对骄奢纵欲。他说:"夫圣代之君,存乎节俭。……不以身尊而骄人,不以德厚而矜物。……故知骄出于志,不节则志倾;欲生于身,不遏则身丧。故桀纣肆情而祸结,尧舜约己而福延。可不务乎!"④节俭或不节俭不仅是帝王个人生活作风问题,也会影响人民生活和国家安定。李世民说:"夫君者俭以养性,静以修身。俭则民不劳,静则下不扰。民劳则怨起,下扰则政乖。人主好奇伎淫声,鸷鸟猛兽,游幸无度,田猎不时,如此则徭役烦。徭

---

① 《贞观政要》卷六《论悔过》。
② 《贞观政要》卷一〇《论慎终》。
③ 《唐太宗集·答魏徵上群书治要手诏》。
④ 《帝范·崇俭篇》。

役烦,则人力竭;人力竭,则农商之业废焉。人主好高台深池、雕琢刻镂、珠玉珍玩、黼黻绨纷,如此则赋敛重。赋敛重,则民财匮;民财匮,则饥寒之患生焉。乱世之君,极其骄奢,恣其嗜欲,土木衣绨绣,而民短褐不全;犬马厌刍豢,而人糟糠不足。故人神愤怨,上下乖离,佚乐未终,而倾危已至。此骄奢之忌也。"①纵欲的政治后果是如此严重,这是要引起认真思考的。李世民说:"朕每思伤其身者不在外物,皆由嗜欲以成其祸。若耽嗜滋味,玩悦声色,所欲既多,所损亦大,既妨政事,又扰生人。且复出一非理之言,万姓为之解体,怨谪既作,离叛亦兴。朕思此,不敢纵逸。"②能够这样认识政治责任,就能自觉节制情欲。他说:"夫安人宁国,惟在于君。君无为则人乐,君多欲则人苦,朕所以抑情损欲,克己自励耳。"③戒骄节欲是修身的基本内容,而修身是治国的重要条件。

5. 以古为镜

李世民说:"夫以铜为镜,可以正衣冠;以古为镜,可以知兴替;以人为镜,可以明得失。朕常保此三镜,以防己过。"④在修身防过之中,他对以古为镜特为重视,认真学习历史,从中吸取治国的经验教训。他自述:"朕以万机暇日,游心前史,仰六代之高风,观百王之遗迹,兴亡之运,可得言焉。每至轩昊之无为,唐虞之至治,未尝不留连赞咏,不能已已;及于夏殷末世,秦汉暴君,使人懔懔然兢惧,如履朽薄。然人君在上,皆欲永享其万乘之尊,以垂百王之后,而得失异趣,兴灭不常者,何也?盖短于自见,不闻逆耳

---

① 《帝范·诫盈篇》。
② 《贞观政要》卷一《君道》。
③ 《贞观政要》卷八《务农》。
④ 《贞观政要》卷二《任贤》。

之言,故至于灭亡,终身不悟,岂不惧哉!睹治乱之本源,足为明镜之鉴戒。"①他怕作为失败的帝王被写进历史,所以要勤于学习历史,吸取经验教训。他常把历史上的成败荣辱作比较,以确定应仿效谁。"朕闻周、秦初得天下,其事不异。然周则惟善是务,积功累德,所以能保八百之基。秦乃恣其奢淫,好行刑罚,不过二世而灭。岂非为善者福祚延长,为恶者降年不永?朕又闻桀、纣,帝王也,以匹夫比之,则以为辱。颜、闵,匹夫也,以帝王比之,则以为荣。此亦帝王深耻也。朕每将此事以为鉴戒,常恐不逮,为人所笑。"②李世民敬佩历史上的明王圣帝,尽力效法,他说:"朕读书见前王善事,皆力行而不倦。"③可见,他要学习,也有实际行动,想作为成功皇帝被写进历史。

(二) 贤才教育

1. 思贤求才

李世民是中国历史上有作为的君主,想治理好国家,经常思考国家治乱的关键问题。他认识到用人至关重要:"乱,未尝不任不肖;治,未尝不任忠贤。任忠贤,则享天下之福;用不肖,则受天下之祸。"④因此,他重视依靠贤才。他说:"能安天下者,惟在用得贤才。"⑤又说:"夫国之匡辅,必待忠良,任使得其人,天下自治。……帝王之治国也,必藉匡弼之资。故求之斯劳,任之则逸,

---

① 《唐太宗集·金镜》。
② 《贞观政要》卷三《君臣鉴戒》。
③ 《贞观政要》卷一〇《论慎终》。
④ 《唐太宗集·金镜》。
⑤ 《贞观政要》卷三《论择官》。

虽照车十二、黄金累千,岂如多士之隆,一贤之重!此求人之贵也。"①忠贤之才如此重要,求贤成为统治者迫切需要采取的政治措施。李世民说:"治主思贤,若农夫之望岁;哲后求才,若旱苗之思雨。"②帝王渴望寻求贤才,根本目的是使百姓安居乐业。

2. 贤才以德行学识为本

什么样的人才是能从政的贤才,这是李世民找大臣们讨论的一个重要问题。"贞观二年,太宗谓侍臣曰:'为政之要,惟在得人,用非其才,必难致治。今所任用,必须以德行、学识为本。'""贞观六年,上谓魏徵曰:'为官择人,不可造次。用一君子,则君子皆至;用一小人,则小人竞进矣。'对曰:'然。天下未定,则专取其才,不考其行;丧乱既平,则非才行兼备不可用也。'"③贤才不仅具有才干,更重要的是具有德行,是德才兼备的人才。

3. 兴学以育才

贤才要依靠教育培养,需要兴办学校专司其事。李世民为此采取了以下几方面措施:

其一,增设学校,扩大规模。李世民即位之初,即于门下省弘文馆设附属学校,下令三品以上子孙为弘文馆生,这是一所特设的高级贵族官僚子弟学校。后来又在东宫设崇文馆,这也是一所贵族子弟学校。最重要的还是国子监,它在武德时期是纯为传授儒学的中央官学,贞观时期增设书学、算学、律学,以备众艺,发展成为兼有儒学与专门知识传授的多科性大学。为了容纳迅速增加的学生,国子监两次进行扩建,成为中央政府培养人才的中心。

---

① 《帝范·求贤篇》。
② 《唐太宗集·金镜》。
③ 《资治通鉴》卷一九四《唐纪十》。

培养人才的教育政策也贯彻到卫戍部队,自玄武、屯营、飞骑,皆给博士受经,办起了附属学校。这些都显示和平发展时期对文治人才的重视和多途径培养。此外,李世民还重视医学人才的培养,除了在太医署附设医药学校之外,还下令府州设置医学。这是历史上前所未有的措施,表明统治者为了长远利益,开始注意保护劳动力。

其二,征召儒士,充实师资。办学校需要具有文化知识的师资,这些师资只能先从民间招聘。贞观年间,有文献记载的就进行过四次有关招聘师资的征召:贞观二年(628年),"大收天下儒士";贞观六年,"尽召天下谆师老德以为学官";贞观十一年,征召"儒术该通,可为师范"的学者;贞观十四年,"大征天下名儒为学官"。此外,还有个别推荐征召的。

其三,加强管理,确立制度。中央官学继续使用并完善等级性学制,规定贵族与高官享有门荫入学的教育特权,三品以上子孙入国子学,五品以上子孙入太学,七品以上之子入四门学,八品以下之子入律学、书学、算学。庶人之子俊秀者,通过考选也可入四门学、律学、书学、算学。这就使统治阶级内部各阶层对教育的要求得到一定的满足,保持一定的均衡。朝廷还通过教育立法确立了学官考核制度。国子监祭酒每年终了,考核下属学官的功过,区分为九等,其标准为"四善一最"。四善:一曰德义有闻,二曰清慎明著,三曰公平可称,四曰恪勤匪懈。一最:训导有方,生徒充业,为学官之最。九等:一最四善,为上上;一最三善,为上中;一最二善,为上下;无最而有二善,为中上;无最而有一善,为中中;职事粗理,善最不闻,为中下;爱憎任情,处断乖理,为下上;背公向私,职事废阙,为下中;居官诣诈,贪浊有状,为下下。学官考核区分为九等,成为升黜的依据,这是当时加强学校管理的有效手段。

其四,整理经籍,统一教材。李世民认为"诗、书、礼、乐,仁义之府也"。① 学生勤读经籍,对于形成仁义思想品德有重要作用。但经籍年代久远,在长期流传过程中产生文字讹谬。于是,上令名儒颜师古考定"五经"文字,功成,"颁其所定书于天下,令学者习焉"。② 继后,又因文学多门,章句繁杂,解释不一,易起纷争,不利于统一思想,上令国子祭酒孔颖达组织经学名家撰定《五经正义》,数年始成,颁于学校为教本,科举考试也以此为依据。

4. 选用贤才

思求贤才、培养贤才,最终是为了使用贤才。李世民认为"任官惟贤才",③主张量才而授职,要求负责选才的官员遵守大公无私的准则,公平办事。贞观年代,对在中央官学结束学业,通过考试的学生,都根据才能作出安排,凡通一大经以上,皆能成为官署的吏员。李世民认为领导者审贤择才是国家政治管理和教化民众的需要,而人才各有专长和特色,国家对人才的需要是多方面的,应该因才而用。《帝范·审官篇》说:"夫设官分职,所以阐化宣风。故明主之任人,如巧匠之制木,直者以为辕,曲者以为轮,长者以为栋梁,短者以为栱桷,无曲直长短,各有所施。明主之任人亦犹如是也。智者取其谋,愚者取其力,勇者取其威,怯者取其慎,无智〔愚〕勇怯,兼而用之。故良匠无弃材,明君无弃士。"贞观年代,在这种选用贤才思想的指导下,凡考试合格的毕业生,都派

---

① 《全唐文》卷一五〇《岑文本·册韩王元嘉文》。
② 《贞观政要》卷七《崇儒学》。
③ 《贞观政要》卷三《论择官》。

任一定的职位,发挥其作用,没有产生积压人才的现象。

(三) 社会教育

1. 以民为本

李世民从隋朝的败亡中吸取教训,对君民关系有了深刻认识,形成了以民为本的思想。以民为本的思想体现在政治上有以下几方面的表现:

其一,"以百姓之心为心",把百姓的利益放在优先地位。李世民与王珪讨论历代治国的优劣,问曰:"近代君臣理国,多劣于前古,何也?"王珪曰:"古之帝王为政,皆志尚清静,以百姓之心为心。近代则唯损百姓以适其欲……"李世民深然其言。[①] 他对大臣说:"为君之道,必须先存百姓,若损百姓以奉其身,犹割股以啖腹,腹饱而身毙。"[②] 能认识到君依存于民,也就不敢肆意剥削民众。

其二,"不夺农时"。人以衣食为本,照顾百姓的根本利益,为政要简静。李世民对大臣们说:"凡事皆须务本,国以人为本,人以衣食为本。凡营衣食,以不失时为本。夫不失时者,唯在人君简静乃可致耳。若兵戈屡动,土木不息,而欲不夺农时,其可得乎?"[③] 作为皇帝,有这样的认识,才不会累生事端,大兴土木或累动干戈,妨碍农时,损害百姓营求衣食的根本利益。

其三,有道而得人心。李世民说:"天子者,有道则人推而为

---

① 《贞观政要》卷一《政体》。
② 《贞观政要》卷一《君道》。
③ 《贞观政要》卷八《务农》。

主,无道则人弃而不用,诚可畏也。"①天子虽然统治着百姓,但其权位的保存或灭亡取决于百姓。天子有道得人心可保住权位,无道失人心而灭亡,百姓的力量实在可畏。因此,天子要依仁义之道施政,争取百姓的拥护。

百姓虽是国家根本,但不能自知仁义、自守礼节,而要从教而变,随风而化。君主的重要责任就是对百姓实行教化。

2. 以德化民

李世民认为仁义是人类社会的基本道德,道德淳厚是国家得以存在的基础。但是,隋朝的暴政破坏了人与人之间正常的关系,人人自危,相互猜疑,"至有里门相接,致胡越之乖;患难在身,忘救恤之义"。②风俗颓败到了极点,一直延续到唐初。李世民登位之后,要求扭转这种风气,敦励风俗。他颁布《谕崇笃实诏》,要求改变风俗从朝廷开始,达于四方百姓,"自今内外官人,须相存问,勿致疑阻。有遇疢疾,递加询问,为营医疗,知其增损。不幸物故,及遭忧恤,随事慰省,以申情好,务从笃实,各存周厚"。

对百姓实行道德教化,中心内容是灌输忠孝思想。李世民读过《孝经》,领会其中义理,他在《赐孝义高年粟帛诏》中说:"百行之本,要道惟孝。"他又在《太上皇康复诏》中说:"尚齿兴孝,德教所先。"他对提倡孝道特别重视,并作了专门解析:"孝者善事父母,自家刑国,忠于其君,战陈勇,朋友信,扬名显亲,此之谓孝。"③他利用一切机会来宣传表彰忠孝,在《即位大赦诏》中命令:"其有至孝纯著,达于乡党,征诣阙庭,厚加褒擢。"他回到太原慰问父

---

① 《贞观政要》卷一《政体》。
② 《全唐文》卷四《太宗皇帝·谕崇笃实诏》。
③ 《旧唐书》卷二四《礼仪志四》。

老,发布《存问并州父老玺书》,强调:"父老宜约勒乡党,教导后生,亲疏子弟,务在忠孝,必使风俗敦厚,异于他方,副朕此怀,光示远迩。"教民忠孝,转变民风,安定地方,对维护中央集权有深远的政治意义。

3. 以礼齐民

移风易俗仅限于灌输道德思想是不够的,还需要借助礼乐等手段,既规范百姓的行为,又影响百姓的感情。李世民很重视礼乐的社会教育作用,他在《颁示礼乐诏》中说:"乐由内作,礼自外成,可以安上治民,可以移风易俗。揖让而天下治者,其惟礼乐乎!"他又说:"朕为兆民之主,皆欲使之富贵。若教以礼义,使之少敬长、妇敬夫,则皆贵矣。"①

贞观初年,采取休养生息的措施,经济恢复,取得良好的成效。数年后,农业丰收,百姓温饱无忧,但社会上有些人还存在不良的习俗。李世民在《令州县行乡饮酒礼诏》中称:"比年丰稔,闾里无事,乃有隳业之人,不顾家产,朋游无度,酣宴是耽,危身败德,咸由于此。每览法司所奏,因此致罪,实繁有徒,静言思之,良增轸叹。自非澄源正本,何以革兹弊俗?"要从本源上采取矫正的措施,就需在全社会开展礼教活动,第一步"可先录《乡饮酒礼》一卷,颁示天下。每年令州县长官,亲率长幼,依礼行之,庶乎时识廉耻,人知礼节"。每年举行一次乡饮酒礼,成为地方一项重要的礼教活动,让百姓知尊卑之别、长幼之序,知廉正守法,有羞耻之心,从而局部地改良社会风俗。若要更全面深入地贯彻礼教,就得适应时代变化的需要,发动修订新的唐礼、唐乐。李世民令房

---

① 《资治通鉴》卷一九六《唐纪十二》。

玄龄和魏徵等领头修订,贞观十一年(637年)告成。唐礼、唐乐颁布之后,要求全国施行,令州县根据礼典教导百姓,务使人识礼教,社会治理归于太平。道德风俗的根源在于百姓的经济生活,要使社会风俗淳厚,以农立国的国家应当教导农民安于务农。《帝范·务农篇》说:"夫食为人天,农为政本。仓廪实则知礼节,衣食乏则忘廉耻。故躬耕东郊,敬授民时。……莫若禁绝浮华,劝课耕织,使民还其本,俗反其真,则竞怀仁义之心,永绝贪残之路,此务农之本也。"李世民力图在小农经济基础上形成稳固的封建道德和淳厚的社会风俗。

(四)皇族教育

1. 关心子弟

李世民自贞观七年(633年)开始关注子弟教育问题。他说:"自古侯王能自保全者甚少,皆由生长富贵,好尚骄逸,多不解亲君子远小人故尔。"[①]

贞观十年(636年),李世民对房玄龄说:"朕历观前代拨乱创业之主,生长民间,皆识达情伪,罕至于败亡。逮乎继世守文之君,生而富贵,不知疾苦,动至夷灭。朕少小以来,经营多难,备知天下之事,犹恐有所不逮。至于荆王诸弟,生自深宫,识不及远,安能念此哉?朕每一食,便念稼穑之艰难;每一衣,则思纺绩之辛苦,诸弟何能学朕乎?"[②]

贞观十一年(637年),李世民再次对房玄龄说:"古来帝子,生

---

① 《贞观政要》卷四《教戒太子诸王》。
② 《贞观政要》卷四《教戒太子诸王》。

于深宫,及其成人,无不骄逸,是以倾覆相踵,少能自济。我今严教子弟,欲皆得安全。"①

贞观十六年(642年),李世民对子弟的忧虑更深。他说:"朕年将五十,已觉衰怠。既以长子守器东宫,诸弟及庶子数将四十,心常忧虑,在此耳。但自古嫡庶无良,何尝不倾败家国。"②

多次反复提出同一问题,说明李世民对皇室子弟富贵骄逸,不能成为李氏皇朝可靠接班人而深为忧虑,所以他要采取严教子弟的措施。

2. 精选师傅

这是最主要的措施。因为太子及诸王,从禀赋来看,均属中智之人,他们的成长发展从教而变,近善人则习为善,近恶人则习为恶,因此师傅的选择至为重要。李世民一再强调要精选。贞观八年(634年),他对大臣们说:"故知人之善恶,诚由近习。朕今为太子、诸王精选师傅,令其式瞻礼度,有所裨益。公等可访正直忠信者,各举三两人。"③贞观十年,他对大臣提出:"选良佐以为藩弼,庶其习近善人,得免于愆过尔。"④他同时教戒诸王:"拣择贤才,为汝师友,须受其谏诤,勿得自专。我闻以德服物,信非虚说。"⑤贞观十六年,他对大臣们说:"公等为朕搜访贤德,以辅储宫,爰及诸王,咸求正士。"⑥

选择师傅,以德行为首要条件,要求所选的是正直忠信之士,能作为太子、诸王的学习榜样。师傅的重要责任是辅佐教导太

---

① 《贞观政要》卷四《论尊师傅》。
② 《贞观政要》卷四《论太子诸王定分》。
③ 《贞观政要》卷四《论尊师傅》。
④ 《贞观政要》卷四《教戒太子诸王》。
⑤ 《贞观政要》卷四《教戒太子诸王》。
⑥ 《贞观政要》卷四《论太子诸王定分》。

子、诸王，使其修德行善。如太子、诸王的思想、行为有不当，则据理实行谏诤，使其知过而矫正。李世民鼓励师傅尽其职责，极力谏诤。他曾对左庶子于志宁、右庶子杜正伦说："朕年十八，犹在民间，民之疾苦情伪，无不知之。及居大位，区处世务，犹有差失。况太子生长深宫，百姓艰难，耳目所未涉，能无骄逸乎？卿等不可不极谏。"①李世民要求师傅若发觉有不德的行为，应当极言切谏，令有所裨益。

3. 教以经术

皇子幼稚之时，未知如何修己从政，李世民依褚遂良建议，且先教之以经术，为将来当政治人准备必要的思想品德条件。他对皇太子尤其强调学习经术，言："皇太子承乾，地惟长嫡，位居明两，训以诗书，教以礼乐，庶宏日新之德，以永无疆之祚。"②学习儒家经术，以提高道德修养，其深远的政治目的是保持李氏皇朝的永久统治。李世民出于同样的目的，训诫诸王："朕闻诗书礼乐，仁义之府也；……是以河间之贤，在于修学；……尔其览载籍之旨，求圣贤之训。"③"尔其祗服朕诏，敦演经典。"④从经典中接受仁义道德思想，成为王道政治路线的思想基础，而学习经典需要依靠师傅传授章句和讲解经义。

4. 修德行善

作为准备继位守成的统治者，身已荣贵，要特别重视的就是修养德行。李世民说："人之立身，所贵者惟在德行，何必要论荣贵。汝等位列藩王，家食实封，更能克修德行，岂不具美也？且君

---

① 《资治通鉴》卷一九四《唐纪十》。
② 《唐太宗集·废皇太子承乾为庶人诏》。
③ 《唐太宗集·册潞州都督韩王元嘉文》。
④ 《唐太宗集·册郯王恽改封蒋王文》。

子、小人本无常,行善事则为君子,行恶事则为小人,尚须自克励,使善事日闻,勿纵欲肆情,自陷刑戮。"①未能修德之人必将沦为小人,小人所行恶事必将自取恶果。李世民对李治寄予厚望,尤其留心训导,时加劝勉:"尔其思王道之艰难,遵圣人之炯戒,勤修六德,勉行三善。无或举非法度,忘恭俭而好骄奢;无或理乖彝伦,远忠良而近邪佞。非履道无以彰名,非任贤无以成德。尔身为善,国家以安;尔身为恶,天下以殆。睦九族而礼庶僚,怀万邦而忧遐裔,兢兢业业,无怠无荒。克念尔祖宗,以宁我宗社,可不慎欤!"②他强调修德是多方面的,要践行王道,守法度、遵伦常、任贤良,以个人修养为善,是国家安定、政权巩固的关键。为了对子弟进行修德行善的教育,他特令魏徵纂辑古来帝王子弟成败史事为教材,名为《自古诸侯王善恶录》,赐诸王各一本,要他们从中吸取正反面经验教训,加强个人的道德修养。

5. 遇物诲谕

李世民重视皇室子弟的教育,这成为他日常的心事,在生活中随时利用眼前的事物进行启发教育。他曾写下一段对太子随事进行教谕的记录:"但近自建立太子,遇物必诲谕。见其临食将饭,谓曰:'汝知饭乎?'对曰:'不知。'曰:'凡稼穑艰难,皆出人力,不夺其时,常有此饭。'见其乘马,又谓曰:'汝知马乎?'对曰:'不知。'曰:'能代人劳苦者也。以时消息,不尽其力,则可以常有马也。'见其乘舟,又谓曰:'汝知舟乎?'对曰:'不知。'曰:'舟所以比人君,水所以比黎庶,水能载舟,亦能覆舟。尔方为人主,可不畏惧!'见其依于曲木之下,又谓曰:'汝知此树乎?'对曰:'不知。'

---

① 《贞观政要》卷四《教戒太子诸王》。
② 《唐太宗集·册晋王为皇太子文》。

曰：'此木虽曲，得绳则正。为人君虽无道，受谏则圣。此傅说所言，可以自鉴。'"①从所教诲的内容来看，他要求太子不误农时、爱惜民力、顺从民心、采纳忠谏，都是切实在传授重要的统治经验。

6. 帝范遗诫

贞观二十三年（649 年）正月，李世民撰《帝范》十二篇，赐太子，并对王公大臣们说："饬躬阐政之道，备在其中，一旦不讳，更无所言矣。"《帝范》一书实际上就是李世民亲笔的政治遗嘱。他在《帝范后序》中说："此十二条者，帝王之大纲也。安危兴废，皆在兹乎！古人有言：非知之难，惟行不易；行之可勉，惟终实难。是以暴乱之君，非独明于恶路；圣哲之主，岂独见于善途？良由大道远而难遵，邪径近而易践。小人皆俯从其易，不能力行其难，故祸败及之。君子劳处其难，不能逸居其易，故福庆流之。是知祸福无门，惟人所召。欲悔非于既往，惟慎过于将来。择圣王以师，与无以吾为前鉴。……况汝无纤毫之功，直缘基而履庆。若崇善以广德，则业泰而身安；若肆情以纵非，则业倾而身丧。且成迟败速者，国之基也；失易得难者，天之位也。可不惜哉！可不慎哉！"中心论题是国家的安危兴废与君主修德行善的关系，将之归结于要巩固政权，不能倾败。这是他教育皇族子弟的根本目的。

四、李世民教育思想的特点

李世民的教育思想是在隋末农民大起义之后，封建社会发展进入鼎盛阶段的历史条件下形成的，与其他教育家的教育思想有

---

① 《贞观政要》卷四《教戒太子诸王》。

些不同。

(一) 吸收智囊人物意见,形成自己的观点

李世民出身军事贵族世家,因家族的影响而重武,忽视文化学习,所以他本人的文化水平并不高。在起兵反隋,建立唐朝之后,地位发生改变,他发觉自己文化水平不高,承认自己的短处。他为了治国,肯学习,能听取别人的意见。他认识到"帝王之治国也,必借匡弼之资",[①]"得士则昌,失人则乱"。[②] 因此,他组织了一个人才群体,协助他治理政事。一些教育思想就来自智囊人物的灌输,一些文教策略就是智囊人物的建议。其中,最为突出的代表是魏徵。魏徵建议大乱之后,适应历史发展趋势,顺应人心,偃武修文,实行王道政治。于是,李世民转变路线,重视教化。魏徵提出在不同历史阶段,用人标准应当不同,和平发展时期尤其要"才行兼备",使李世民坚定了培养贤才的标准。一旦明白了道理,接受了建议,李世民也就由外而内将之转化为自己的教育观点。

(二) 重视借鉴历史经验教训

李世民比较重视学习历史,总结正反面的经验教训,作为制定文教政策的重要依据。他眼见隋炀帝施行暴政而亡国,吸取其教训,考虑每项政策都着眼于兴亡。他吸取梁武帝父子迷信佛老

[①] 《唐太宗集·求贤篇》。
[②] 《唐太宗集·求贤访良限来年二月集泰山诏》。

而导致亡国的教训，决心选择"尧舜之道，周孔之教"作为唐朝的精神支柱。他历观前代继世守文的帝王子弟坐享富贵，不知疾苦，好自骄逸，导致覆亡，所以决定加强皇族子弟教育，选择贤师辅导，提高道德修养。他的教育思想，每一点都有历史依据，来源于史书的多于来自经书的。

（三）教育思想能转变为教育政策与措施

中国历史上有权位的帝王不一定都重视文教，形成自己的教育思想；有教育思想的儒生不一定都有权位，能实行自己的教育主张。李世民的情况不同，他掌握最高权力，要实现王道政治，重视文教，为解决治理国家的实际问题，有疑问就找智囊团商议，认真听取建议，提高自己的思想认识，经思考立定主意后作出决策，运用手中的权力，下令付诸实施。教育思想主张与行政权力结合，就转化为实际教育行动。李世民与黄门侍郎王珪商讨近代政治不良的原因，王珪指出："近代重武轻儒，或参以法律，儒行既亏，淳风大坏。"[①]出现政治不良的根本原因在于用人，要改弦易辙，施行王道政治，就必须使用儒生。李世民采纳了建议，政府机构所需官员，择用经术之士。他为了造就贤能的经术之士而兴办官学，官学规定以儒家经典为基本学习内容，所造就的经术之士以获得相应官职为其政治出路。有了官位和利禄的实际鼓励，愿学的人迅速增加，教育权利的分配也就相应要求有新的规定。教育权利是与政治地位、政治权利密切联系的。在封建等级制下，

---

① 《贞观政要》卷一《政体》。

制定了等级性的学制,并在中央官学推行。为了适应政治统一的需要,李世民重视思想统一,先颁布统一文字的《五经定本》,后又颁布统一解释的《五经正义》,从此有了国家规定的统一教材。由以上诸事可以看到,李世民的教育思想为政治需要服务,与社会变革实际联系,比其他教育家来得更直接,使教育思想能转化为教育政策,对全国、全社会造成较大的影响,这是其他教育家不容易办到的事。

第十三章

隋唐佛教的教育思想

第一节 隋唐佛教发展与宗派的形成

佛教教育思想是佛学理论的重要组成部分,适应佛教教育实践需要而发展,因实践经验积累而丰富,为佛教教育实践服务,与佛教教育活动存在密切的相互依存关系。

隋唐时期,中国佛教处于前所未有的繁荣昌盛阶段,信徒大量增加,寺院遍布全国,形成了佛教的一些宗派,中国成了世界佛教的中心。这与中国当时社会条件的发展变化有很大的关系。

一、隋代佛教受到扶植

隋代建立,统一中国,为社会创造了和平发展的机会。隋文帝为争取佛教徒的拥护,大力提倡佛教,把佛教作为解决新的社会问题的重要工具加以利用。他颁布诏书,令全国恢复被周武帝禁毁的寺院,听任民众出家,地方计口出钱营造经像。佛教不仅恢复旧状,而且风靡天下,佛经流布城乡,民间佛经多于儒经数十百倍。据史书所载,隋文帝在位二十多年,共度僧二十三万六千二百人,立寺三千六百八十五所。佛教得到最高统治者支持,借着政治的助力,在竞争中占据明显的优势。寺院不断接受信徒钱物的奉献,在当时的社会中是很富有的经济实体。寺院作为僧徒聚集之所,是佛教传播的据点,也是有组织的佛教教育机构,传授佛教经论,指导僧徒修行。寺院的发展,也就标志着佛教教育事业的发展。

隋炀帝对佛教也重视利用,采取积极扶持的政策,使佛教在服从皇权、维护名教的条件下继续发展。智𫖮法师与隋炀帝父子的交情非同一般,他既为皇权服务,又利用皇权的支持来发展佛教。

隋代寺院经济有新的发展,一方面是因为统治集团持续投入大量的财物,另一方面是因为僧众们进行大规模的垦殖。寺院经济日益发展和稳定,使得提倡某种佛教思想的学者可以长期定居,研究教理,教授僧徒,开始形成别具风格的僧侣集团,他们在广泛发展信徒、争取统治集团支持的竞争中维护本集团的利益。

大型宗派的产生需具备一些重要条件:能适应当时统治集团的政治需要;有一定的经济基础,能保证其物质生活供应;有前后一贯而成为体系的学说;有数量众多且稳定的信徒;有可以保证师徒延续的承继制度。隋代的佛教已具备这些条件,所创立的新宗派有天台宗、三论宗、三阶教等。其中,智𫖮创建的天台宗传播较广,势力较大。

二、 唐代佛教发展的起伏

唐代建立后,中国开始进入封建社会的鼎盛时期,佛教作为封建文化意识的重要组成部分也达到全盛阶段。佛教寺院经济进一步发展，达到新的高度。佛教代表性人物努力的结果是，创建了具有中国化特点的理论体系，发展了大量的信徒，寺院聚居的僧人动辄成百上千。先后确立的新宗派有华严宗、法相宗、禅宗、净土宗、密宗、律宗和藏传佛教等。其中，尤以禅宗传播最广，持续时间最长。

唐代吸取前代崇佛和反佛的历史教训，在文教上确立了三教调和并用的政策。由于后来继位的当政者个人的社会经历不一，思想政治倾向不同，因而在执行三教调和并用政策时也就变了样，往往着重倾向其中之一，一时倾向佛，一时倾向道。这种变化造成佛教发展的起伏，对佛教教育思想和佛教教育事业发展造成很大的影响。

唐初，佛教、道教两方为争取统治集团的支持，互不相让，争论激烈。朝廷为了维护皇权，抬高道教，抑制佛教。唐太宗当政后，在基本路线不变的前提下，做了一些微调，既尊崇道教，也有限度地支持佛教。他选择支持玄奘，在弘福寺开办译场，专门翻译佛经，为法相宗的建立创造了有利的条件。贞观年间，有僧六万余人，寺三千七百一十六所。唐高宗信奉道教，也利用和提倡佛教，建慈恩寺和大雁塔，在他当政时僧保持六万余人，寺增至四千多所。

武则天怀有政治图谋，利用佛教来为其夺取帝位服务，她大力提倡佛教，使佛教由缓步发展转为高速膨胀状态。她着重扶植华严宗，同时助推禅宗，其余宗派也随着风潮发展，使佛教达于极盛。唐中宗继续提倡佛教。唐睿宗采取佛、道并重政策。

唐玄宗是尊崇和提倡道教的君主，他着重扶植道教，而对佛教则有所限制。但佛教势力遍布，各宗派仍继续发展，密宗就是在开元年代创立的。其时,有僧七万五千五百二十四人,尼五万零五百七十六人,寺五千三百五十八所。

"安史之乱"后,贵族派的华严宗、法相宗趋于衰落,平民派的禅宗普遍发展。禅僧自造居处,以劳作为务,不读经典,也不坐禅。禅林在动乱中成为稳定的生活居地。唐肃宗及以后数代的皇帝都提倡佛教,使佛教继续发展。

到唐武宗时,佛教势力的膨胀与国家利益和世俗地主的利益发生了矛盾,亟须整顿。唐武宗偏信道教,听从道士的鼓动,于会昌五年(845年)下令采取灭佛的措施。结果,全国拆寺四千六百余所,拆兰若四万余所,还俗僧尼有二十六万零五百人(无籍僧尼不计在内),转充两税户,又收奴婢为两税户十五万人。"会昌灭佛"给佛教沉重的打击。唐宣宗即位,立即改变政策,恢复佛教。唐懿宗时,佛教还在发展。唐末以黄巢为首的农民起义,对佛教又是一次大冲击。起义军所到之处,寺院经济受到破坏,僧尼被迫离开寺院。佛教的宗派暂时缺乏维持繁荣的条件,等待得到新的政治依靠,寻求新的发展方式。

三、 佛教宗派学说形成,佛教教育思想发展

在整个隋唐时期,佛教虽然受到一定的抑制,遭遇几次挫折,但相对而言,受抑制打击的时间较短,受重视扶植的时间较长,总的趋势是波浪式发展,仍在持续扩大其社会影响。

佛教在意识形态领域能够与道教、儒学并立,是因为它们在维护君主专制的国家利益方面是一致的。佛教有自己颇为精细的哲学体系,在理论领域领先,又吸收儒家的政治伦理思想、道家

的自然无为学说,融进自己的教义和戒条,使佛教理论完善化和中国化,普及于民间。

隋唐时代,佛教宗派学说纷繁,但有共同的发展方向。以"真心""圆觉"为最高本体的佛教心学,向自己内心探求成佛之路的宗教实践,是所有的宗派共同的。各宗派有一致的目标,就是教人成佛,这就要说明学习成佛的一些根本理论问题,如人是否具有佛性,能否成佛,成佛的机会是否平等,成佛的途径和方法如何,等等。各宗派有数量甚多的信徒,要保持他们的信仰,就要对他们传授经戒,指导修行;要争取吸收社会上的善男信女加入宗派,扩大影响,就要开展宣教活动,也就要解决理论问题和方法问题。因此,随着佛教宗派的形成和发展,佛教教育思想也在形成和发展。现仅就历史影响较大的天台宗和禅宗的教育思想进行一些探讨。

第二节 天台宗的教育思想

一、天台宗的创立和发展

天台宗源于北齐、南陈,创于隋,盛于唐。隋统一中国,有利于南北僧人的往来交流,促使各家师说的融合和学风的调和。天台宗正是顺应南北佛学混合的趋势,适应国家统一的政治需要,建立了一种理论与修行并重的佛学体系。天台宗并不超政治,而是服务于统治阶级的现实政治。它讲的是教人如何成佛,实质上是要人安分守己,忍受现世的苦难,期待来世的幸福。

天台宗就其理论根源来说,所宗奉的经典是《法华经》,教义的重要依据在于龙树的《大智度论》。天台宗的理论发端可追溯到北齐的慧文、慧思禅师,其传承世系据有关记载有八世:慧文—慧思—智𫖮—灌顶—智慧—慧威—玄朗—湛然。

慧思学禅于慧文,深受其影响,宗奉《法华经》,由诵读而自悟其中禅定的道理。他转到南方后,继续发扬既致力于苦行实践又注意理解经义的学风,提倡"教禅并重,定慧双开"。《唐高僧传·慧思传》:"自江东佛法,宏重义门,至于禅法,盖蔑如也。而思慨思南服,定慧双开,昼谈理义,夜便思择,故所发言无非致远。便验因定发慧,此旨不虚。南北禅宗,罕不承绪。"白天谈宗教理论,夜间则修禅定,下静观的功夫。从学的弟子甚多,最杰出的是智𫖮。智𫖮奉师命往金陵弘扬佛法,受到陈朝皇帝及官吏的敬重,居留宣讲八年之久。后入天台隐居,九年静修,提出代表天台宗教义的止观学说,成了佛教新宗派天台宗的奠基者。然后,再至金陵宣讲《法华经》。陈朝亡后,避居庐山。次年,隋文帝召令出山,由是转而支持隋皇朝,往来于天台与荆州之间,宣扬天台宗教义。主要著作有《法华玄义》《摩诃止观》《法华文句》,合称"天台三大部"。他先后造寺三十六所,大量收授门徒,亲手度僧一万四千余人。智𫖮创立新学说,宣传天台宗教义,获得极大的成功,这与他拥有三项重要条件有关:一是取得陈、隋两代朝廷的支持;二是有强大的寺院经济作为后盾;三是建立了以荆州和天台为中心的传教基地。天台宗成为隋代最有势力的教派,进入唐代得到更大的发展,直到"安史之乱"后才趋于衰落。

二、"无情有性"的人性论

天台宗禅师要教人学习修心成佛,就需要解决几个重要问题：人有没有佛性？人能不能成佛？成佛是不是人人都有份？成佛是在当下还是在遥远的将来？这些都是属于佛性问题的内容。佛性是佛教的中心问题，实质上就是佛教的人性论，它成为佛教教育理论的基础。

进入隋代，门阀士族传统的政治经济势力已衰落，而庶族地主的经济势力在发展，作为他们利益代言人的知识分子通过科举等途径，开始在政治上形成一定势力。这种政治经济力量对比的变化，亦反映在佛教理论方面，出现了众生人性平等的思想。

天台宗智𫖮提出众生与佛同具染净二性，又同具善恶二性。众生与佛在"性具"上是全面平等的，给一切人以成佛的可能性。人为善则由善识，为恶则由恶识，不为善恶则无记识。人存在几种可能，"背善为恶，背恶为善，背善恶为无记，只是一人三心耳"。[①] 能否成佛，在人心之一念，能去染获净、去恶为善则成。这种理论把道德的善恶说成个人的思想认识问题。

中唐时，湛然针对华严宗只承认"有情有佛性"之说，提出与之相反的"无情有性"的学说，进一步把佛性由众生扩大到无知觉、无思维的非生物。湛然认为佛性是永恒的精神实体、世界的本源，它遍于一切，一切存在全都为佛性所包括。如果佛性不是无所不包的，那就妨碍佛性的普遍性，所以他在《金刚錍》中说："子信无情无佛性者，岂非万法无真如邪？故万法之称，宁隔于纤尘。真如之体，何专于彼我？"佛性是普遍存在的，一切事物都是佛性的具体表现，"故知一尘、一心，即一切生佛之心性"。[②] 他认为宣称木石无心不体现佛性的观点是不正确的，一切东西，不论

---
① 《妙法莲华经玄义》卷五。
② 《金刚錍》。

"有情"的动物还是"无情"的非生物,都有心性,而一切心性都是与佛性共同形成,共同变化,共同造就一切对象,共同改变一切行为的缘故。

既然"无情"的木石都具有佛性,"有情"的人类具有佛性当然更不用说了。人能成佛,人人都有成佛的份,只要相信佛教,都可以上西天。这种理论把成佛的范围扩大,诱人信佛,对劳动人民起一种精神补偿的安慰作用,产生较大的社会影响。教育在人成佛过程中的作用就在于使人显示内在本有的真如佛性,最好的办法就是净心修养。

三、"止观并重"的修养说

天台宗奠基者智𫖮了解南北佛教存在的差别和各自的特点,认为南北佛教各有可取之处。他认同北朝佛教注重禅定的学风,从行动上把人民纳入封建规范之内;吸取南朝佛教重讲说的学风,从哲学上为封建专制制度的永恒性找理论根据,主张修养应当禅定与义理并重,正式提出"止观并重""定慧双修",作为最高的修养原则。他在《修习止观坐禅法要》中说:"若夫泥洹之法,入乃多途,论其急要,不出止、观二法。所以然者,止乃伏结之初门,观是断惑之正要;止则爱养心识之善资,观则策发神解之妙述;止是禅定之胜因,观是智慧之由借。"又说:"若人成就定(止)、慧(观)二法,当知此之二法,如车之双轮,鸟之双翼,若偏修习,即堕邪倒。"

所谓"止",即守心住缘,离于散动,止心不乱,即定,这就是佛教训练的坐禅入定。所谓"观",即观察分别,思维深达佛理,观想达理即慧,因定发慧所达到的结果,这就是佛教唯心主义世界观的形成和确立。止与观相辅相成,两者缺一不可。只有入定(止)才能发慧(观),只有修慧才能更好地入定,如只重一头,便有弊病。"若偏修禅定福德(止),不学智慧(观),名之曰愚;偏学智慧,不修禅定福德,名之曰狂。"①

修"止"有些特别方法,如把心系在鼻端或丹田等处,使散乱的心能静息下来。如果心不能静止,则用"观"的方法,主要方法有两种:一种是对治观,如用慈心观治瞋恚,用不净观治淫欲;另一种是正观,观诸法无相,并因缘所生,因缘无性,即实相,先了解所观之境一切皆空,能观之心自然不起。止观之法,总的说来,是要人静坐定心,无杂思虑,进入半睡眠状态,并非完全熟睡,心中仍有观慧活动在继续。

止观的方法被天台宗视为佛教修养总的方法。智𫖮的高足弟子灌顶称止观学说"摄一切佛法,靡所不该",把它提高到作为佛教求得解脱的根本途径。② 止观学说体现了佛教的宗教实践与宗教认识相统一的思想,揭示了每个环节的条件与相互联系,包含着一些合理的因素。但它也存在消极面,主要是使人静坐幻想,对内心进行神秘的直观,是沿着唯心论的认识路线走,不可能真正认识客观真理。

四、"八教"的内容和方法

出于对成批僧人教育要求规范化以提高效率的需要,天台宗注意总结佛教教育的经验。在教育内容安排方面,天台宗选择最

---

① 《修习止观坐禅法要》卷上。
② 《释禅波罗蜜次第法门》卷一。

有代表性的佛教经典作为基本教材，排出先后的程序，由浅近而进于高深。天台宗还提出教学的主要方式方法，供僧人在不同的条件下采用。由此，产生"化法四教""化仪四教"，概称"八教"，现分别略加介绍。

"化法四教"是根据讲说佛经内容的深浅而作的区分，分为藏、通、别、圆。所谓藏教，指讲经、律、论三藏，主要根据佛经的文句逐一讲解，所讲以小乘为主，如《阿含经》等，内容比较浅近。所谓通教，所讲的内容是由藏教提高到别教所需的过渡，其中既有浅近的佛教原理，也包括一些较深奥的道理，如大乘的《般若经》等。所谓别教，是对少数有佛教理论素养的人别加的讲授，如《维摩经》等。所谓圆教，是为佛教中受宗教训练已深的人讲说大乘的最高道理圆融不偏，如《华严经》《涅槃经》《法华经》等，其中唯《法华经》属于纯圆。

"化法四教"是根据宣讲对象的程度来运用的，以决定宣教内容的浅深难易，这实际上就是天台宗安排宣教内容的指导原则。

"化仪四教"是关于教化众生的方法。智𫖮认为佛法所讲道理的内容是共同的，但众生的机缘不一，存在着才能、智慧的差别，为了适应不同的对象，教化的方法也就有种种不同，基本方式有四，即顿、渐、秘定、不定。顿教，是对那些属于"利根"的聪明人，直接讲说大乘顿教之理。渐教，是对那些属于"钝根"的、感悟能力比较迟钝的人，逐渐进行引导，由知小道理到知大道理。秘定教，是对许多听众说同一教义，让听者根据自己的理解而各有所获，但互不相知。不定教，是根据听众不同的情况，运用神通说教，使听者有不同的理解。"化仪四教"实际上是天台宗选择宣教方式的指导原则。

第三节 禅宗的教育思想

一、禅宗的建立和发展

禅宗是唐代佛教的重要宗派之一,它是渐次发展而形成的。禅宗的创始者为道信,他定居于蕲州黄梅双峰山,一住三十多年,有僧徒五百余人,产生了重大的社会影响。他教导门人勤于静坐,以禅坐为根本,莫读经,莫与人语。其门人坐禅和劳作并行。

使禅宗成为佛教最大宗派的是道信的弟子弘忍,他迁住双峰山东面的凭茂山,号称"东山法门"。他传法的特点是"缄口于是非之场""役力以申供养""生不瞩文,而义符玄旨"。① 他改变凡禅必坐的传统,把禅贯彻到日常生活和劳作中,并排除向外求佛的传统教义,把解脱的希望转移到内心的自我调节上。这是对传统佛教思想的改革。

弘忍门徒中能弘扬其禅法的有十一位闻名于佛教界,他们分布于全国南北,各为一方禅师。法如、慧安在嵩山,玄赜在安州,智诜在资州,神秀在荆州,慧能在韶州,法融在金陵。禅师在各地的传法活动吸引了众多的追随者。神秀在荆州玉泉寺别造兰若,一时"就者成都""学来如市",② 两京学徒、四方信士不远千里而赴。禅宗广泛流行,形成信仰归附热潮,引起从地方到中央各级官吏的普遍关注。

禅宗的迅速流传有其客观的社会原因。唐初庶族地主在经

---

① 《楞伽师资记》卷一。
② 《唐玉泉寺大通禅师碑铭》。

济上得到发展,在政治上也逐步得势,需要有符合本阶级利益的宗教,禅宗的教义较为适应这种社会需要而得到发展。在禅宗发展过程中,南北开始出现一些差别,南方禅师注重顿悟,北方禅师强调渐悟,引起南北分宗。北宗以神秀、智诜为代表,较先受统治集团重视,与当政的权势相结合。从武则天到中宗、睿宗、玄宗四朝,北宗昌盛不衰。"安史之乱"期间,两京寺院遭到严重破坏,北宗受到打击,其势力开始衰落。南宗在民间流传,受影响较小,乘机而兴,取代北宗的地位。南宗的始祖慧能之声望大为提高,一群弟子把他的学说大力宣扬,影响扩及全国。南宗善于把现世的问题转变为神学问题,简便的"立地成佛"的教义更能广泛吸引社会地位低而没有文化的善男信女,对于维持封建统治秩序极有效力。

南宗在唐代中后期进入昌盛阶段,其他宗派的大量寺院转奉南宗。南宗以南岳、青原两系流传最广,势力最盛,到了唐末五代再发展分化,史称有五家:沩仰宗、临济宗、曹洞宗、云门宗、法眼宗。除此之外,还有由临济宗派生的黄龙宗、杨岐宗,通称"五家七宗",唐以后继续流传不绝。

二、 教育理论以佛性论为基础

禅宗认为,一切众生皆有佛性,佛性体现在自然、社会之中,也存在于人心之中。弘忍在《修心要论》中说:"自性圆满清净之心,此是本师。"先天完满具足的心,就是所谓佛性。佛性面前人人平等,无有差别。这比佛性有品级之分的说法高明得多。佛性的存在是修心的前提条件,也是如何进行修心的主要依据。

北宗的代表神秀禅师认为佛性会为妄念所遮盖,致使不能显现,因此要随时随地用功夫进行宗教修养。他把自己的基本观点概括为四句偈:"身是菩提树,心如明镜台,时时勤拂拭,勿使惹尘埃。"他还写了《观心论》继续表述这种观点:"自心超用有二种差别。云何为二?一者净心,二者染心。其净心者即是无漏真如之心,其染心者即是有漏无明之心。此二种心自然本来俱有,虽假缘和合,本不相生。……若真如自觉,觉不受染,则称之为圣。……若随染造恶,受其缠覆,则名之为凡。"净心、染心本来具有,若自觉而不受染就可成圣,若不自觉而随染就落为凡。人们要想由凡入圣,就要除去染心妄念而显现真如自体。北宗为信徒所指示的修心方法,不外是磨除妄念而"顺佛性",采用逐渐修行的渐悟方法。

南宗的始祖慧能禅师也主张一切世人皆有佛性,但他否定佛性会受妄念所染,受尘埃蒙蔽。他以一首四句偈表述自己的观点:"菩提本无树,明镜亦非台,本来无一物,何处惹尘埃!"这是说人的心性是空寂、清净的,灵明有智慧,自身不存在有污染或妄念,只要发挥本有的性智,就是佛道。凡心、圣心都一样,一性本净,佛性不昧。南宗要用更简易的方法来点悟凡人,使凡人认识即心即佛,识得自己真心,自然见得佛性。所以,南宗主张以"识心见性"为本,强调顿悟。

禅宗不论北宗、南宗,都不以客观世界为认识对象,而是把自己的心性当作唯一的认识对象。他们的教育理论建立在"佛性论"的基础上。

三、修养的根本宗旨在于"观心""识心"

北宗禅学通过坐禅的方法,息灭妄念,明心见性,以形成一种脱离现实的宗教世界观。他们的学说以"观心"为宗旨。弘忍最先提出这个观点,神秀加以发挥,写了具有代表性的《观心论》,提出:"心者,万法之根本也。一切诸法,唯心所生。若能了心,则万法俱备。犹如大树,所有枝条及诸花果,皆悉因根。"心是宇宙本源,派生出宇宙间万事万物,一切事物都是心的体现,都是心所产生的幻相。心产生万物,也包容万物,万物尽在心中。心决定万事万物的生灭,心生则万事万物生,心灭则万事万物灭。认识的任务不是对外在的万事万物,而是对自己的内心,这是一种"观心"的宗教精神修炼或所谓"了心"的精神活动。与"观心"的宗旨相应的方法是逐渐修行,宣传这种方法的称为"渐教"。

南宗与北宗在世界观方面本质上一致,都是主观唯心主义,但南宗表现得更为坚决彻底。心性能生万法,也即产生一切事物现象及其运动变化,又能永远保持心性本体的空寂、清净,体用并存,互不妨碍,万事万物现象的迷乱不损害本体的空寂、清净,这就是所谓的"自性本自具足",人的心性总是完满无缺的。南宗禅学以"识心"为口号,慧能在其代表性作品《坛经》中提出,"若识本心,即是解脱",强调众生"本性自有般若之智,自用智慧常观照"。他又说:"一切万法尽在自身心中,何不从于自心顿现真如本性。"这种观点成为南宗各家的纲领,概括起来,也不外"净心自悟"四个字,都是以认识本心为中心。禅宗各家把"识本心""直指人心""见性成佛"作为实践指南。教育的重要任务就是使迷乱者自我觉悟,求佛不必远求、外求,"佛向性中作,莫向身外求","汝今当信,佛知见者,只汝自心,更无别佛"。佛就在你心中,只要认识自己本心,见性便可成佛。与"识心"的观点相应的修养方法是简便直接的"顿悟",宣传这种方法的称为"顿教"。

四、顿悟的方式方法

(一) 放弃经典,只重心悟

禅宗认为人人有佛性,即心即佛,见性成佛,而经典文字不可能正确地表示基本佛理,只会给人增加新的思想束缚,因此不重视经典文字。南宗索性放弃经典文字。这种学风有一个继承和发展过程。菩提达摩在中国传教时一开始就主张"不立文字"的教学路线,与传统的佛学有所区别。弘忍更进一步,主张"息其言语,离其经论";"直入法界";"以心传心"。到了慧能,公开否认语言文字在人的认识中的作用。慧能出身贫苦,是一个不识字的和尚。他在弘忍门下做行者时,生活艰苦,根本无读经的可能和机会,认识佛理是靠听讲后自己心悟。他认为文字给人增加负担和迷乱,不能教人发现佛理,故不主张背诵经典,而要直指人心,相信佛在心中,以自己的心体会佛理,一旦顿悟,见性成佛。慧能无拘无束,常用谈话答问来启发僧徒自悟其心。《坛经》记下了他的言论:"道由心悟,岂在坐也?""佛向心中作,莫向身外求。"慧能把唯心主义的认识路线作为主要的宗教修养方法,从他开始,南宗放弃佛教经典,不要坐禅,也不要念经。以后的五宗都沿着这一方向发展,如临济宗的义玄就说:"求佛求玄,看经看教,皆是造业。……你若有求皆苦,不如无事。"不读经典,只重心悟,是南宗教育的主要特点。

（二）机辩

禅宗虽认为语言文字不可能把佛教的真理表达出来,但对求学僧徒提出的问题必须给予回答和指点。禅师们强调要具有应机接物的能力,能随机应景,因人因时因地"对病施药",对僧徒进行一定的施教点化。这种指教不作正面详尽的说明,而是借比喻、用隐语来作为表达的方法,让听者去意会。禅师们的这种机辩,亦称机锋,内容不一,有的富于哲理,启迪人生；有的妙趣横生,谐谑兼备；有的则语义晦涩,为"文字游戏"。总之,忌讳正面直说,要让听者去意会猜测。李翱为朗州刺史时,曾向惟严法师请教,惟严用手指上下,问懂不懂。李翱说不懂。惟严说："云在青天水在瓶。"李翱欣然礼谢,回去作诗记事。李翱领会的是云动水静,一任自然,求道不必看经行戒,这就是南宗的道。

（三）"四照用"的说教方式

"四照用"是禅宗从主观唯心主义认识论的立场对僧徒进行说教的四种方式。禅宗认为人们不容易接受佛教的说教,都是由于存在偏见：一种是相信自己的认识能力而执着于自我之见的"我执",另一种是相信外在物质世界及其规律的客观存在的"法执"。对这两种看法,都应加以破除,才可能形成与禅宗一致的认识。为此,义玄提出"四料简"和"四照用"之说。他说："我有时夺人不夺境,有时夺境不夺人,有时人境俱夺,有时人境俱不夺。"又说:"我有时先照后用,有时先用后照,有时照用同时,有时照用不同时。"这里的"夺"是指批判破除偏执;"人"指的是"我执";"境"指的是外境之物,也称"法",就是指"法执";"照"是寂照,是对外物,以"法""我"皆空的观点看待一切;"用"是妙用,是对自我,认"有"为假象。他认为僧徒之中"我执""法执"的程度各不相同,在教学中不可守住定式,应当分别对待。所谓"夺人不夺境"或"先用后照",就是对于"我执"严重的人,先批判破除其自我执着的一面,肯定他放弃"法执"的一面。所谓"夺境不夺人"或"先照后用",就是对"法执"严重的人先批判破除其对外物的执着,而肯定他放弃"我执"的一面。所谓"人境俱夺"或"照用同时",就是对"我执""法执"都很严重的人,同时加以批判破除。因为对犯了根本性思想错误的人,要进行严厉的思想斗争。所谓"人境俱不夺"或"照用不同时",就是对"我""法"皆不执着的人,因为他们接受禅宗认识论的观点,所以不需要再批判破除,而应该赞赏,加以肯定。

(四)"四宾主"的问答法

义玄设立了一种禅师僧徒问答教学成败的评定方法,称为"四宾主"。设定禅师善于知识作为主,设定僧徒不善于知识作为宾。在禅学的教学活动中,双方问答往来,可能有四种情况:一是"主看宾",教学问答中,禅师的认识见解水平高于僧徒;二是"宾看主",僧徒的认识见解水平反高于禅师;三是"主看主",禅师与僧徒的认识见解一致,达到高水平;四是"宾看宾",禅师与僧徒的认识见解都不正确，水平都差。第四种情况，教学目的没有达到，被评为失败。教学活动中衡量是非真伪的标准是禅宗主观唯心主义的宗教观点。

（五）"三玄三要"教学语言的运用

禅宗虽否认语言文字在认识上的作用，但对语言的运用深为讲究。义玄很重视教学中灵活运用语言艺术，他说："夫一句须具三玄门，一玄门须具三要，有权有用。"所谓"三玄"，即"体中玄"，指由正面言论显示本宗的道理；"句中玄"，指以语义含蓄的言说显示妙理；"玄中玄"，指极尽言说之巧，以体现至真玄妙的境域。为了做到"三玄"，必须注意言说不失本宗的"三要"：一要破除外境，二要不执着言句，三要随机发动。本宗的道理是最重要的中心，语言不过是用来表达真实意境的一种手段，应该随机应变。

（六）棒喝

禅宗临济一宗的禅师在对僧徒的教导活动中常用"棒"与"喝"，把棒打呵斥作为交流某种道理的中介，时称"棒喝"。禅师对僧徒在参禅初学阶段所提问题往往不作正面回答，或以棒打，或大喝一声。僧徒在毫无思想准备的情况下，受到木棒打击或厉声斥责。禅师通过制造一种强烈的刺激，用以暗示和启悟对方，使受教者往某方面去思索。僧徒如果忽有所领会，说出让禅师感到合意的话，便算获得印证，达到顿悟的妙境。这种手段甚为粗野，效果也因人不同。有人遭受棒喝而被否定后，立即转变思路，想出了合禅师之意的回答;有人较为迟钝,挨了棒喝后仍然想不通。

五、 制定清规

禅宗主张一切以心为本,相信心可作为一个人思想行动的主宰,否定外加戒律的制约。所以,禅宗流行几十年,并没有管理条规。后来,为了适应实际情况变化的需要,纠正以往存在的偏向,至怀海禅师才制定新的清规。

怀海,世号百丈禅师,原籍福州长乐,至南康从道一禅师受教,后居新吴(今江西奉新)百丈山,接纳四方禅众,成为僧团领袖。

自道信、弘忍以来,禅僧往往借别院居住,任心所欲,戒律荡然。由于禅宗广泛流行,多数寺院都转为禅寺,在山林集结一定数量的僧徒。若有著名的禅师担任住持,吸纳僧徒的数量会日益增多。僧徒人数一多,消费开支便较大,单是收取有限的社会捐献已不足以维持生活,还需要让僧徒参加一些生产劳动,以保证供应。禅寺成为自给自足的独立经济单位,既禅且农的做法已成为一种稳定的寺院经济形式,禅众集团过着同信仰、同劳动、同吃、同住和平等消费的生活。为了协调集团内部的关系,对日常生活中的一些做法和管理需要规范化和制度化,必须形成新的戒律以制约僧徒,才能维持禅寺这种集团的生活方式。

怀海制定新规,初名《禅门规式》,后称《百丈清规》,其主要内容为:令禅僧尽入僧堂居住,按受戒先后年次安排;堂中设长连床,以供坐禅,卧必斜枕床沿;全院僧众朝参夕聚;长老上堂,僧众东西侧立;宾主问答,激扬宗要;饮食随宜,示节俭也;实行普请法,上下均役力于劳务;尊敬长老,处于方丈;不立佛殿,唯树法堂;等等。清规对僧职、制度、仪式作出新的规定。

新制定的清规适应禅寺的宗教生活需要,成为被争相效法的楷模,在各地禅寺中迅速流行,一时如风吹草偃。新的清规使禅寺僧团的生活发生了一定的变化,过去否定坐禅,忽视戒律,而今坐禅的宗教观念和服从秩序纪律都得到一定的加强。《百丈清规》长期在佛教寺院中流传,至宋元时期,为了适应禅寺发展出现的新情况,再加修订,作了一些补充。

简括来说,禅宗的教育思想以"观心""识心"为宗旨,向自己内心下修养功夫,以求个人从思想认识上获得解脱,一切社会苦难和矛盾也都在认识中消解。这是麻痹大众的一种理论,从本质来看,是为唐统治集团的政治需要服务的。禅宗的教育思想是在主观唯心主义宗教世界观支配下形成的思想体系,其内容和方式方法都具有本教的特色。在当时儒道佛三教并立的条件下,既有对异教的批判斗争,也有对异教理论的吸收融合。佛学与儒学关系较为复杂,既受儒学"性善论"思想的影响,也以"明心复性"思想影响儒学。禅宗还注意总结佛教教育的实践经验,区别宣教对象的修养程度,强调对病施药,使教学方式方法能灵活按需选择,并都服务于宣教目的。这些都含有一定的合理因素,值得批判地总结。

第十四章

隋唐道教的教育思想

第一节 道教的发展和道教教育

一、道教的发展

隋唐时期,道教进入全面发展的繁荣阶段,统治者的利用和扶植成为道教繁荣发展的重要政治因素。政治的演变影响着道教的发展,道教的发展和演变也对当时的政治产生直接和间接的影响。

隋唐统治者扶植道教有多方面原因:一是利用道教的符命来制造皇权神授的舆论,达到神化皇权的目的,有利于新皇朝的建立和稳固;二是利用道教"清静无为"的思想作为治国的策略,利用道教"劝善惩恶"的教义来维护"三纲五常"的封建道德,利用道教祈福消灾的法术来劝诱群众以安定社会;三是利用道教的养生之道和神仙方术,以求长生成仙;四是利用道教来抑制佛教和其他教派的发展。

杨坚利用著名道士焦子顺编造的"受命之符",夺取北周政权而建立隋朝。即位后,他尊焦子顺为天师,特建五通观供其安居,经常召见这位天师商议军国大事。在隋朝,道教拥有仅次于佛教的地位。

唐朝在近三百年的统治中,出于政治上的需要,大力扶植和崇奉道教,道教的地位处于儒教和佛教之上,居三教之首。

唐初崇道的主要特点是尊崇老子,神化老子,道士岐晖、王远知、李淳风都参与了编造神话,制造皇权神授的舆论。武德三年(620年),晋州人吉善行报告说,在羊角山见到一白发老人,声称自己是无上神仙,姓李名伯阳,号老君,即帝祖也。李渊闻奏大喜,于羊角山建太上老君庙,尊老子为"圣祖",从此唐宗室就算是老子的后裔,大大提高了唐宗室的社会地位。

唐初执行扶植道教的政策,给一些有功或著名的道士封官褒赠,在各地增建道教宫观,促进了道教的发展。但武德、贞观年代对道教的发展还加以适当控制,不让其在社会上过分膨胀。唐高宗则有所不同,他信奉道教,并以道教徒为自己的信奉者。他举行更多的宗教活动和采取行政措施,亲自到亳州谒太上老君庙,上尊号为"太上玄元皇帝";命王公百官都学《老子》,举子也习《老子》,每年依《孝经》《论语》例考试;令道士隶宗正寺,班在诸王之次;在洛阳等地修建宫观。这些行动使道教在全国较快地发展。

武则天当政,依靠佛教徒的拥护,夺取帝位,实行扶植佛教的政策,道教的地位下降。唐中宗恢复帝位,道教才争得与佛教平等的地位。

唐玄宗是崇奉道教最著名的皇帝。出于政治需要,他恢复道教在三教中居首的地位,并采取一些措施抑制佛教而发展道教,使道教达到历史上最昌盛时期。

唐玄宗以后的皇帝仍然尊道教,在政治上较有影响的是唐武宗和唐僖宗。唐武宗好长生神仙术，曾拜道士赵归真为师。他召集道士，增建宫观，一面崇道，一面抑佛，为实现其政治抱负，于会昌四年（844年）下令毁佛，以清除异教障碍，推行清静无为之政。唐僖宗面对黄巢起义，为挽救唐朝的危亡，求助于圣祖老子，出于政治需要，对编造的新神话大加宣扬。

二、道教的教育

唐代高宗、玄宗时，由于皇帝崇奉道教，上行下效，崇道的风气日益昌盛。与佛教的竞争激发了道教理论的发展，道教经文大量涌现，开创了宣讲和注释道经的风气。道教宫观遍布全国，道教信徒日增，道门派别有了组织，科律完整，斋醮有成套仪式，创立崇玄学和道举制度，都显示了道教事业的发展。这相应地推动了道教教育思潮的发展，以适应道教事业发展的需要。

道教的理论家提出"道性论"，强调人修道的必要性和得道的可能性，认为人禀受自然的道而具有"道性"。上清派大法师潘师正就说："一切有形，皆含道性。"[①]道性以自然为本，是普遍存在的。《道教义枢·道性义》载："道性以清虚自然为体。一切含识乃至畜生、果木、石者，皆有道性也。"众生具有道性，道性与众生既相关又不等同。《玄珠录》载："道中有众生，众生中有道，所以众生非是道，能修而得道；所以道非是众生，能应众生修。是故即道是众生，即众生是道。"由于众生具有道性，因此能修而得道，这成为众生修道而得道的根本依据。

---

① 《道门经法相承次序》。

修道的重要途径是研习道经，奉守道戒，这需要有法师的传授。法师把道经神圣化，认为道经是天尊诸神为了凡人而创作，以帮助凡人摆脱苦恼。传授道经的目的在于开导凡众，防非止恶，积善得福。

道教把戒律视为修道之士渡海的舟楫。张万福在《传授三洞经戒法箓略说》中说："若有法而无戒，犹欲涉海而无舟楫，犹有口而无舌，何缘度兆身耶？凡初入法门，皆须持戒。戒者，防非止恶，进善登仙，众行之门，以之为键。夫六情染着，五欲沉迷，内浊乱心，外昏秽境，驰逐名利，耽滞色声，动入恶源，永乖贤域，自非持戒，莫之能返。"要防恶而向善，持戒是关键的条件。

道教对于受戒比较重视，凡要入教作为道门弟子者，需经传戒法师考察，有十项条件：好求胜法，好近贤智，明别真伪，谨言慎行，柔和无过，无骄慢心，敬师重教，不辞辛劳，知恩能报，请益不懈。这些条件概称"十相"。有这些好的人品表现，才算具有条件，合乎标准，可以传授经戒。

在道教门内，戒和律是有区别的。戒条主要以防范为目的，律文主要以惩罚为手段。违戒者以律处理，而律又是根据戒条建立的。所以，道士和法师除了必须遵守戒条外，还要熟识律文的规定。

道教中有多种派别，每派之中，所定法师品位不同，所传的经文也不同，戒文又是依道经来传授的，因此各派形成自己严格的经戒传授序次。

道教各派戒文名目繁多，有详有略。潘师正把戒目分为两种，他说："所言戒者，法有二种，一者有得戒，二者无得戒。有得戒者，即《太玄真经》所谓三戒、五戒、九戒、十戒、百八十戒、三百大戒之例是也。无得戒者，即谓上机之人，灵识惠解，业行精微，离诸有心,不婴尘染,体入空界,迹蹈真源。不求常乐而众善自臻,不厌人间而诸恶自息,本自无持,今即不犯无犯,是名无得。既其无得,亦复无失无得,故谓为真。上机之人,其戒如此。"[1]据此,有得戒是有戒条文字可持守的戒目,无得戒是没有文字可持守而纯粹依靠"道性"的悟解。由于每人均具道性,而对"道性"的悟解则有迟早之分,因此各人修道的进阶就有快慢之别。对于一般信徒来说,修习经戒由浅入深,道门阶次由低而高,循序渐进,也可位登上乘。聪颖机灵的信徒则不拘泥于文字戒条,只要施以点悟,即可得道成真。所以,经戒的传授办法并非统一的,而是根据悟性的差别,因人施教。多数人不在聪颖机灵的人之列,只能采取渐进的办法。

入道信徒请求法师传授经戒,其初阶是三归戒。所谓三归戒,是指信徒决心归附于道、经、师三宝,即把自己的身心归附于无极大道,把自己的精神寄托于洞真、洞玄、洞神三洞三十六部尊经,听从法师的一切教诲。为何要受三归戒?《太上老君戒经》说:"此三归者,谓身有善恶,神有恐怖,命有寿夭,盖一切众生之必有也。今以此三悉归于道者,谓受行法戒,一则生死常善,不堕恶缘;二则神明强正,不畏邪魔;三则见世长寿,不遭横夭。归虽有三,其实一也。"三者悉归于道,谓之一。一切俗人入道必须接受三归戒,这是入道的初阶、成仙的基础。

能尽心奉守三归戒,经法师考察认为确可信赖者,可再进一阶,向其传授十诫与十四持身品。《道藏》洞玄部戒律类《洞玄灵宝天尊说十戒经》,介绍十戒的内容如下:"一者不杀,当念众生;

---

[1] 《道门经法相承次序》。

二者不得妄作邪念；三者不得取非义财；四者不欺，善恶反论；五者不醉，常思净行；六者宗亲和睦，无有非亲；七者见人善事，心助欢喜；八者见人有忧，助威作福；九者彼来加我，志在不报；十者一切未得，我不有望。"关于十四持身品（又名十四治身法），其内容如下："与人君言则惠于国，与人父言则慈于子，与人师言则爱于众，与人臣言则忠于上，与人兄言则友于弟，与人子言则孝于亲，与人友言则信于交，与人夫言则和于室，与人妇言则贞于夫，与人弟言则恭于礼，与野人言则勤于农，与贤人言则志于道，与异国人言则各守其域，与奴婢言则慎于事。"

从十戒的内容看，把戒杀、戒盗、戒酒、戒邪念、慎言、慎怒、与人友善、助人为乐等列为戒条，与传统的道德基本一致，易为一般人所接受。十四持身品是就十四方面的社会关系确定人与人之间的行为规范，是比较全面的。十戒与十四持身品相结合，成为初入道门人士的戒律。

十戒中最基本的有五戒，所以也有简化为受五戒的。所谓五戒，第一戒杀，第二戒盗，第三戒淫，第四戒妄语，第五戒酒。《太上老君戒经》说："是五戒者，持身之本，持法之根。善男子、善女人，愿乐善法，受持终身不犯，是为清信。"三戒与五戒合称八戒。法师可根据受戒人的社会地位、文化修养程度、智慧高低、"道性"估量等，考虑分阶段授戒，或直接传授八戒。不论受过十戒还是八戒，男的可称清真弟子，女的称为清信弟子。

出家为道士，接受法师所传授的经戒，处于专精阶段。根据信徒的意愿，舍弃世俗一切荣华富贵，脱离家庭，皈依道教为道士，需要举行庄严的授度仪式，由度师传授戒条，表示正式成为道门弟子，称十戒弟子。初真十戒与十二可从戒（又名洞玄智慧十二可从戒,与十四持身品的作用一样),成为初出家道士共同必受的戒规,主要教育出家的道士要信奉经戒,好乐经教,勤修经法,断俗绝欲,广结善缘,普度众人。

道教有各种派别,如上清派、灵宝派、正一派、三皇派、高玄派、升玄派等。各派传授经戒不统一,各有自定的序次、内容和要求。有些理论家主张受戒不应一律,而要因人品而定。这种主张以人神三品为其理论基础。《太上大道玉清经·本起品》说:"戒有多种,人亦多品。上品之人,身先无犯,亦无所持。中品之人,心有上下,观境即变,以戒自制,不令放逸。如此之人,或受十戒、五戒,以自防护。下品之人,恶心万般,难可禁制。下品之中,复有二种:上品者,身欲奉戒,或受一百九十九戒,或受观身三百大戒,或受千二百威仪之戒,以自防保,令无越逸;下品者,身同禽兽,虽有人形,而无人心,纵受其戒,终无所益。今且受第二中戒,十种科禁。"

本起十戒宣授的对象是中品的信徒。对下品中之上者,需要下大功夫,才能防邪止恶,做到自我防保,不违背道教的宗教道德。至于下品中之下者,这种人简直是人面兽心,纵受其戒,终无所益。要放弃对这一层次民众的教育。实际上,这一层次主要是社会的下层,他们或许贫穷,又不信道教,被认为是无可救药的一些人而被排斥。

第二节　司马承祯的教育观

一、生平

司马承祯字子微,河内温人。他是唐代著名的道教上清派法师,法号道隐。少年好学,淡于名利,二十一岁出家为道士,拜潘师正为师,受到特别赏识,"禀训瑶庭,密受琼室",成为亲信弟子,受传符箓及辟谷导引服饵之术。① 后遍游名山,隐居于天台山。他是道行较高的法师,与达官贵人、文人名士有交往,闻名四方。当时李唐皇室崇奉道教,先后有三个皇帝四次召见他,问以阴阳术数之事、理身治国之方。唐玄宗还亲受法箓,实行司马承祯有关五岳设祠的奏议。可见,他深受尊敬并发挥影响。他承袭《老子》无为而治的思想,曾引道经"为道日损,损之又损,以至于无为",以答唐睿宗之问,认为治国之理同于治身之理;引"游心于澹,合气于漠,顺物自然而无私焉,而天下理",强调"无为之旨,理国之道也"。他在修炼的理论上宣传主静去欲说,主张"收心""守静",摒见闻,去知识,绝欲望,使自身与道融为一体。他积极传道,门徒甚众,其中李含光、薛李昌、焦静真最杰出。他的著作有《修真秘旨》《坐忘论》《服气精义论》《道体论》《天隐子》等。

二、教育的目标

道教徒追求的最高境界是"神人",司马承祯也以"神人"作为道教教育的最高目标。

所谓神人,是修道得道的结果。司马承祯在《坐忘论》中说:"道有深力,徐易形神,形随道通,与神为一,形神合一,谓之神人。神性虚融,体无变灭,形与道同,故无生死。隐则形同于神,显则神同于形,所以蹈水火而无害,对日月而无影,存亡在己,出入无

---

① 《旧唐书》卷一九二《司马承祯传》。

间。……又《西升经》云：形神合同，故能长久。"神人是形神合一，长生不死，不受水火侵害，往来出入绝对自由。神人的根本特点是神与道合，获得对道的把握，谓之得道。"夫道者，神异之物，灵而有性，虚而无象，随迎莫测，影响莫求，不知所以不然而然之，通生无匮谓之道。"

道对于人来说，犹如生命的基本条件。"夫人之所贵者，生也。生之所贵者，道也。人之有道，如鱼之有水。"人要生，就需要道。"故养生者慎勿失道，为道者慎勿失生，使道与生相守，生与道相保，二者不相离，然后乃长久。言长久者，得道之质也。"道是由人修炼而得的。"道，人致之，非命禄也。"① 道不是命定的禄赐，而是由个人经一贯努力而达到的。道教教育就是要造就由修道而得道，成为与道合一的神人。

三、修道的阶次

如何修道？司马承祯在其代表性著作《坐忘论》中提出了"安心坐忘之法"，列举了七条，论述修道的阶次。

"坐忘"之说源出《庄子》，要求修道者在修养过程中达到"内不觉其一身，外不知乎宇宙"，无所不忘，使自己的身心完全与"道"融合相通，而无不通。《坐忘论》对"坐忘"的修道方法详加论述。

第一，信敬。修道者依坐忘之法修炼，在开始阶段确立信仰精神十分重要。"夫信者道之根，敬者德之蒂，根深则道可长，蒂

---

① 《坐忘论》。

固则德可茂。"对道法产生敬信之心,是修道的根本。"如人有闻坐忘之法,信是修道之要,敬仰尊重,决定无疑者,加以勤行,得道必矣。"如果闻而不信,或信道之心不足,甚而生疑,则修道得道就没有希望。

第二,断缘。"断缘者,谓断有为俗事之缘也。弃事则形不劳,无事则心自安,恬简日就,尘累日簿,迹弥远俗,心弥近道,至神至圣,孰不由此乎!……无事安闲,方可修道。……若事有不可废者,不得已而行之,勿遂生爱系心为业。"要尽量摆脱世俗事务,使心无所牵挂,这是修道的重要条件。

第三,收心。人的心,是一身之主,是百神之帅。心静生慧,是产生智慧的根源。心动则昏,昏则产生弊病,与道隔离。"源其心体,以道为本。但为心神被染,蒙蔽渐深,流浪日久,遂与道隔。今若能净除心垢,开释神本,名曰修道。无复流浪,与道冥合,安在道中,名曰归根。守根不离,名曰静定。静定日久,病消命复,复而又续,自得知常。知则无所不明,常则永无变灭,出离生死,实由于此。是故法道安心,贵无所着。"所以,修道除病就要去动守静,安心静定,具体办法是务先"收心"。司马承祯说:"学道之初,要须安坐,收心离境,住无所有,不着一物,自入虚无,心乃合道。"收心离境就是排除一切外事干扰,是非美恶全不入心。"心不受外,名曰虚心。心不逐外,名曰安心。心安而虚,则道自来止。"收心、安心不是一时就能办到的,可能暂安之后还会散乱,须随起随制,坚持安养不懈。

第四,简事。人生于世,事务繁多,应该知道分内之事,认识正常该任之事。"事非常则伤于智力,务过分则弊于形神,身且不安,何情及道?是以修道之人,要须断简事务,知其闲要,较量轻重,识其去取,非要非重,皆应绝之。"修道最重要,事务是次要的,不要让事务对修道造成牵累。对于财物、名位,也不应为其所牵累。"夫以名位比于道德,则名位假而贱,道德真而贵。能知贵贱,应须去取,不以名害身,不以位易道。"分别了贵贱,为了修道得道,应该放弃名位。

第五,真观。这是一种观察分析方法。"夫观者,智士之先鉴,能人之善察。究倪来之祸福,详动静之吉凶。得见机前,因之造适。深祈卫定,功务全生。自始之末,行无遗累,理不违此,故谓之真观。"欲进行观察分析,需要一定的条件。"收心简事,日损有为。体静心闲,方能观见真理。"虽有日常衣食营求之事,但莫生得失之心,有事无事,心常安泰,舍去诸欲,爱恶不生。若有苦事来迫我心,即运用智慧来观察分析,解除忧恼。

第六,泰定。这是由修习而达虚静的精神状态。"夫定者,尽俗之极地,致道之初基,习静之成功,持安之毕事。形如槁木,心若死灰,无感无求,寂泊之至,无心于定而无所不定,故曰泰定。《庄子》云:'宇泰定者,发乎天光。'宇则心也,天光则慧也。心为道之器宇,虚静至极,则道居而慧生。慧出本性,非适今有,故曰天光。"要保持这种虚静至极的状态,"定而不动,慧而不用",使定与慧交养,定以养慧,慧以安定,交养久之,自成道德。

第七,得道。人之修道,必有实果,然功力不一,结果也有差别。"然虚心之道,力有深浅,深则兼被于形,浅则唯及其心。被形者,则神人也;及心者,但得慧觉而已,身不免谢。……是故大人含光藏晖,以期全备,凝神宝气,学道无心,神与道合,谓之得道。故《经》云:'同于道者,道亦乐得之。'"得道的神人已完全超脱死生,神与道合,行与道通,不受时空条件的一切局限,不仅形体永存,精神也绝对自由。这是道教教育追求的最高目标。

司马承祯明显偏重于道教的宗教理论研究,而不是宣扬丹药方术。他看到金丹派炼丹耗费大量的财物而没有成功,丹药并无理想的效果,有时反令人生病以致丧命。他总结这些教训,否定金丹派对丹药方术的过分迷信,而引导信徒从精神上修道,强调信道,注重修炼,收心泰定,以达得道,成为神人。他在当时产生了较大的社会影响,吸引了不少信徒,在道教学术发展上居于重要地位。他的理论对宋代理学思想先驱周敦颐等人的"主静说"有直接的影响。

第三节　吴筠的教育观

吴筠字贞节,华州华阴人,著名的道教上清派法师。少年时通儒经,善文词,举进士不第,个性清高,洁身自处,不愿与流俗同浮沉,乃入山隐居。天宝初,入道士籍,至嵩山从潘师正习道,苦心钻研,尽通其法术。后游金陵,访道茅山。又游天台,与名士诗文交往,名闻京都。唐玄宗遣使召之,令待诏翰林,累有咨询。吴筠认为道法之精粹在《老子》五千言,献言唯论名教世务,不言出世成仙之事。中原将乱,求还茅山。居茅山不久,江淮不宁,乃东游会稽,于天台剡中往来,与诗人李白、孔巢父等唱和,逍遥泉石,从学者甚多。[①] 他在文章中,对佛教贻害社会深加批判。《思还淳赋》就指出佛教之罪而加以笔伐。大历十三年(778年),终于越中,众弟子私谥为"宗玄先生"。有文集二十卷,被收在《道藏》中。

---

① 《旧唐书》卷一九二《吴筠传》。

其《玄纲论》《神仙可学论》《形神可固论》《心目论》尤为当时所称。《四库全书》收有《宗玄集》及《宗玄集别录》。

吴筠探究道教的基本理论和修行的要领，为了使信道教之人修道有所依据而进行撰述，"遂总结枢要，谓之《玄纲》"；"至于高虚独化之兆，至士登仙之由，或前哲未论，真经所略，用率鄙思，列于篇章"。① 可见，他的撰述有自己的创造性。

吴筠所宣教的主要是修炼成仙的"内丹"理论，他的实践活动以教育观为指导。较主要的教育观有以下三方面：

一、教化人民

吴筠曾把人区分为三类：睿哲、顽凶、中人。人虽由禀气而生，但所禀的阴阳二气不同而造成差别。第一种人天赋优越，无须教化；第二种人天赋太差，教化无用；第三种人天赋一般，才是教化的对象。他在《玄纲论·天禀章》中指出："教之所施，为中人尔。何者？睿哲不教而自知，顽凶虽教而不移，此皆受阴阳之纯气者也。亦犹火可灭不能使之寒，冰可消不能使之热，理固然矣。夫中人为善则和气应，为不善则害气集，故积善有余庆，积恶有余殃，有庆有殃，教于是立。"中人是社会中的大多数，可施以教化，导之为善。

吴筠进行历史的考察比较，指出古今社会不同的一方面是"古淳而今浇"。② 社会道德在变化，犹如人成长过程中由愚到智的发展，虽是渐变，但也可以分出阶段：上古之时俗含纯粹，中古

---

① 《唐才子传》卷一《吴筠》。
② 《玄纲论·化时俗章》。

之时俗尚仁义，下古之时俗崇礼智，季世之时俗竞浮伪。社会是发展变化的，不同的社会阶段有相应的不同的时俗。分析这种历史情况，追寻其原因，主要在于"子以习学而性移，人以随时而朴散"。① 年轻人能不断学习以改造自己，众人要适应时代变化而树立相应的道德观念，所以不可能保存上古纯朴的时俗。

总结历史经验，面对社会现实，君主应当重视道德教化。"父不可不教于子，君不可不治于人；教子在乎义方，治人在乎道德。义方失则师友不可训，道德丧则礼乐不可理。虽加以刑罚，益以鞭楚，难制于奸臣贼子矣。是以示童蒙以无诳，则保于忠信；化时俗以纯素，则安于天和。故非执道德以抚人者，未闻其至理者也。"② 社会道德沦丧，靠刑罚是控制不住的，国家治理一定要切实进行道德教化。

吴筠少时学儒，虽由儒转道，但仍然留有深刻影响，在道德教化方面的主张与儒学相近，只是所服务的终极社会目标不同。

二、修心至静

吴筠认为"道"是宇宙的本体，"道"的特性是虚无。《玄纲论·超动静章》说："夫道至无，而生天地。天动也，而北辰不移，含气不亏。地静也，而束流不辍，兴云不竭。故静者，天地之心也；动者，天地之气也。心静气动，所以覆载而不极。"所以，天地由道而生，以静为主。

---

① 《玄纲论·化时俗章》。
② 《玄纲论·化时俗章》。

人也由道而生,"故生我者道也"。人的生活行动也当依道而行。"通乎道者,……心不宁则无以同乎道,气不运则无以存乎形,……不为物之所诱者,谓之至静。"①人要通乎道,最为基本的条件是要心静。若心不能静,则为外物所诱,为外物所诱而心动,心动则生情,有情则性亏,性亏则形不全,形不全则气不全,气不全则神不全,神不全则道不全。所以,"灭我者情",而其源为心未静。②

修心的目的就是一个,心静不动,爱恶之情不生。"苟忘其情,则全乎性,性全则形全,形全则气全,气全则神全,神全则道全,道全则神王,神王则气灵,气灵则形超,形超则性彻,性彻则反覆流通,与道为一,可使有为无,可使虚为实。吾将与造物者为俦,奚死生之累乎。"③心静是与道为一的根本条件。

心动有害于道。"道不欲有心,有心则真气不集;又不欲苦忘,苦忘则客邪来舍。在于平和恬淡,澄静精微,虚明合元,有感必应,应而勿取,真伪斯分。故我心不倾,则物无不正;动念有属,则物无不邪。邪正之来,在我而已。"④不要动心,而使心平和恬淡,澄静精微,关键在于自己的把握。所以,修道的根本内容在于修心至静。这是吴筠的主张,也是其理论创造的特点。

三、 神仙可学

唐时,道教昌盛,信徒甚多。一部分信徒不仅为了消灾纳福,

---

① 《玄纲论·超动静章》。
② 《玄纲论·同有无章》。
③ 《玄纲论·同有无章》。
④ 《玄纲论·虚明合元章》。

还希望长生成仙。神仙可学或不可学？这成为道教理论上一个需要说明的问题。吴筠主张神仙有可学之理，他在《玄纲论》中论及这个问题，还写了《神仙可学论》作专门论述。

总观当时道教界学神仙的现象，存在三种情况：其一，有不学而自至者，禀异气也。这是天赋异常的人，别人无法比，也不能学他。其二，必学而后成者，功业充也。这是由学而成为神仙的，是经过长期努力，功业完满的结果。其三，学而不得者，初勤而终怠也。这种人没有学成神仙，开始时劲头甚足，但半途而废，没有坚持到底。从全面情况来看，不是全部如愿，也不是全部失败。应该说，有远于仙者，有近于仙者。有人与神仙距离远，有人则已接近神仙。

吴筠根据观察分析，提出接近神仙的有七种人：耽元虚，寡嗜欲，体含至静，以无为为事，此近于仙者一也。蒭阴贼，植阴德，惩忿损欲，齐毁誉，修清真，此近于仙者二也。身居禄位，心游道德，仁慈恭和，宏施博爱，此近于仙者三也。爵之不从，禄之不爱，恬然以摄生为务，此近乎仙者四也。静以安身，和以养神，精以致真，此近于仙者五也。失于壮齿，收之晚节，以功补过，以正易邪，惟精惟微，积以成著，此近于仙者六也。忠孝清廉，不待学而自得，谓之隐景潜化，死而不忘，此近于仙者七也。取此七近而学之，即可拔陷区出溺途，而近于仙。近于仙就有可能成仙，但不等于成仙。

学仙者至多，而得道成仙者至少，原因何在？吴筠认为得道少是事实，这是由于人们对道的认识和努力都存在差别。他在《玄纲论·专精至道章》中说："常人学道者千而知道者一，知道者千而志道者一，志道者千而专精者一，专精者千而勤久者一，是以学者众而成者寡也。若知道者能绝俗,绝俗者能立志,立志者能专精,专精者能勤久,未有学而不得者也。"由此看来,学神仙不是靠秘诀、凭窍门短时幸运而得,而是由知道志道专精勤久,长期坚持而得成功。修炼是一个渐次提高的长期过程。"炼凡至于仙,炼仙至于真,炼真合乎妙,合妙同乎神。神与道合,即道为我身,所以升玉京,游金阙,能有能无,不终不殁。"①这种神游就落于幻想。

道教徒追求的理想是长生不死而成神仙,吴筠面对信徒这种心态提出"神仙可学论",断定学而成仙有可能,而实现目的则要知道志道专精勤久。可能性存在,给人以希望,引人去追求。而道路漫长,要求的条件不少,没有实现目的之责任在个人。这种主张在金丹派炼丹服药累试无效之后,对信徒有吸引力,在理论上也进一步深化。当时从学者甚多,显示这种思潮有较大的社会影响。

---

① 《玄纲论·以有契无章》。

第十五章
唐后期复兴儒学的教育思想

第一节 唐后期复兴儒学教育思想的发展

一、维护中央集权需要以儒学为精神支柱

唐朝以"安史之乱"为转折点,进入唐后期。统一的中央集权政府与割据的地方势力之间的斗争,是这一时期主要的社会矛盾。除此之外,中央政府内部官僚集团与宦官之间、世俗地主与僧侣地主之间、地主阶级与农民阶级之间的矛盾冲突亦日趋激化,唐皇朝面临着新危机。

统治集团为了维护共同利益,需要保持中央集权。有识之士感到,中央集权的日益削弱与文教政策的偏差有密切关系。利用佛教、道教固然可以从精神上麻痹人民的意志,但也带来消极因素。佛、道两教虽有不同,但其宗旨都是出世,主张不事君父、清静无为,带来离心倾向。佛、道两教盛行之后,一些壮丁出家为和尚或道士,成为受人供养的不劳而获者。他们逃避纳税义务和兵役,给国家的财政和兵源造成重大损失。军阀把持的藩镇却利用这种离心倾向,扩大割据势力,与中央政府对抗。三教之中,只有

儒学主张入世,在政治上强调大一统,在伦理上强调"三纲五常",有利于维护统一的中央集权。从政治的需要考虑,只有重新调整儒道佛三教的关系,提高儒学的地位,发挥儒学的作用,以儒学为主导,以佛、道两教为辅助,才能形成维护封建统治的意识形态。此时,佛、道两教在度过各自发展的黄金期之后,正在逐步走向调整,而儒学则从衰落的状况中顺应时代转变的需要,试图重新振兴。统治阶级的思想家敏锐地感触到时代的脉搏,在"安史之乱"后,复兴儒学的呼声日渐高涨。

二、复兴儒学从经学文学发动

当地方藩镇恃强跋扈、中央政府威势下降之时,开始有儒学之士提倡《春秋》学,其意在宣扬大一统思想,以尊王室、正名分来维护中央集权。首先提倡《春秋》学的是啖助,他的重大行动就是撰《春秋统例》六卷,评说《左传》"序事虽多,释经殊少,犹不如《公》《谷》之于经为密"。他借《春秋》抒发自己的政治见解,不重视《左传》的据事说经,开创了舍传而求经的新学风。啖助有弟子赵匡、陆淳,继续发展《春秋》学。大历之时(766—779),啖助、赵匡、陆淳以《春秋》学而闻名。陆淳著《春秋集传纂例》《春秋微旨》《春秋集传辨疑》等书,突破"春秋三传"旧说,专凭己意论说孔子笔削的本意。柳宗元作《陆淳墓表》,称赞陆淳为巨儒,能知圣人之旨,传圣人之教。啖助、赵匡、陆淳三人开风气之先,为儒学复兴作了思想准备。《春秋》学的研究给沉寂已久的经学吹来新风,其他各经也名家继起,施士匄以《诗》,仲子陵、袁彝、韦彤、韦茝以《礼》,蔡广成以《易》,强蒙以《论语》,皆以其学知名于时。

思想家们在思考探索如何使国家去乱归治之时，较多的人认为根据历史经验，应强调遵行先王之道。先王之道载于经史，经史用古文阐述。文以道为中心内容，道以文为表现形式。一些人主张文学要以儒学为根本，儒学思想要用接近口语的古文来表现，因此新古文运动逐渐兴起。

倡导新古文运动的人中，较为著名的是萧颖士和李华，当时号为"萧李"。萧颖士是闻名于世的文学家，主张文学以经学为其基础。他在《赠韦司业书》中说："经术之外，略不婴心。……优游道术，以名教为己任。"在《送刘太真诗序》中，他主张求学"所务乎宪章典法、膏腴德义而已"，为文"所务乎激扬雅训、彰宣事实而已"，要求把德行、政事、言语、文学四者统一于正道。当时在思想上与萧颖士接近而成为学术之友的有殷寅、颜真卿、柳芳、陆据、李华、邵轸、赵骅。萧颖士的弟子主要有尹徵、王恒、卢异、卢士式、贯邕、赵匡、阎士和、柳并、刘太真等。其子萧存，也得其传授。

李华很尊敬元德秀的为人。元德秀主张"以道纪天下"，其志在实践儒道，给李华较深的影响。李华曾著《质文论》，探讨治世之道，主张"夫君人者，修德以治天下，不在智，不在功，必也质而有制，制而不烦而已。……愚以为将求致理，始于学习经史，……其余百家之说，谶纬之书，存而不用"。他明确以儒道为治世的指导思想。士人师从李华的有独孤及、韩云卿、韩会、李纾、柳识、崔祐甫、皇甫冉、谢良弼、朱巨川、李翰、李观等，在思想上都尊孔崇儒。李纾在《享武成王不当视文宣王庙奏》中，维护孔丘的崇高地位，他说："伏以文宣垂教，百代宗师，五常三纲，非其训不明，有国有家，非其制不立。故孟轲称：'生人已来，一人而已。'由是正素王之王，加先圣之名，乐用宫县，献差太尉，尊师崇道，雅合政经。"

这反映了他们的共同看法。

独孤及是知名之士,所为文也旨在弘扬仁义,彰明善恶。崔元翰在《与常州独孤使君书》中称:"阁下绍三代之文章,播六学之典训,微言高论,正词雅言,温纯深润,溥博宏丽,道德仁义,粲然昭昭,可得而本。学者风驰云委,日就月将,庶几于正。"独孤及弟子著名的有梁肃、高参、崔元翰、陈京、唐次、齐抗等,在当时颇有影响。

三、复兴儒学渐成声势

复兴儒学的思潮对政府的文教政策和措施产生了一定的影响。大历元年(766年),国子祭酒萧昕奏言:"崇儒尚学,以正风教,乃王化之本也。"①于是,朝廷颁《崇太学诏》,声称"理道同归,师氏为上,化人成俗,必务于学。俊造之士,皆从此途,国之贵游,罔不受业。修文行忠信之教,崇祗庸孝友之德,尽其师道,乃谓成人。……朕志求理,尤重儒术,先王设教,敢不底行"。朝廷修复国子监,解决国子监的经费问题,恢复了正常的教学活动。当年,朝廷也恢复国学释奠礼,令文武常参官都到场观礼。这些行动都助长了儒学复兴的声势。

由于连年发生战争,养兵的军费数目浩大,统治集团横征暴敛,多方搜刮,加上水旱灾害,民众贫困,无以为生。社会不安定,使得出家为僧、入道的人越来越多,更加重了社会负担。统治集团中的有识之士深感危机日迫,要查究危机产生的根源,寻求解

---

① 《旧唐书》卷二四《礼仪志四》。

脱的办法,终于认清佛道的膨胀占有社会大量财富,是加深社会危机的重要原因。大历十三年(778年),剑南东川节度使李叔明奏请删汰僧道,指出佛道"使农夫工女,堕业以避役,故农桑不劝,兵赋日屈,国用军储为歝耗"。① 上令下尚书省集议。都官员外郎彭偃列举佛道罪状:"今天下僧道,不耕而食,不织而衣,广作危言险语,以惑愚者。一僧衣食,岁计约三万有余,五丁所出,不能致此。举一僧以计天下,其费可知。"② 他认为佛道害民乱政,建议用征税手段加以约制。这一建议虽因大臣权贵阻挠,未被采纳,但在舆论上抨击佛道不劳而获,暴露其对国家和社会的危害,有利于为儒学复兴扫除思想障碍。到了贞元年代,由于韩愈冲破阻力,带头提倡,旗帜鲜明地反对佛道,儒学复兴运动得到广泛响应而达于高潮。

韩愈不仅从政治上、经济上批判佛道,而且从思想理论上加以批判,公开号召尊孔孟、排异端。支持韩愈最为得力的是韩门弟子李翱、皇甫湜等人。社会经常动荡不安,中央集权统治力量日趋削弱,统治集团中的有识之士越发感到要从思想意识上进行拯救。复兴儒学运动有其社会基础而延续下去,后来较知名的代表人物有杜牧、孙樵、皮日休、张弧、林慎思等,他们在弘扬儒学方面各尽其力。

第二节 韩愈的教育思想

韩愈字退之,祖籍昌黎,故人称韩昌黎。他是唐代著名的文

---

① 《新唐书》卷一四七《李叔明传》。
② 《唐会要》卷四七《议释教上》。

学家、思想家和教育家。

韩愈生于世代官僚的家庭。三岁时,父母双亡,由兄嫂韩会夫妇抚养长大。韩愈一生处在社会动荡不安之中,个人生活道路比较曲折,锻炼了他敢于进取、勇于奋斗的精神。韩愈七岁开始读儒家经籍,学习特别勤奋。知识积累多了,十三岁便能写文章。他重视博览百家,尤好西汉司马迁、司马相如、扬雄的文章。青年时曾从独孤及、梁肃、萧存等游学,颇受影响,于是钻研古文,潜心儒道,奠定了一生学问的基础。贞元八年(792年),进士及第。贞元十二年被汴州刺史、宣武节度使董晋招为幕僚,任观察推官,并首次接收弟子,开始私学的教育活动。韩愈的仕途并不平坦,起伏不定,先后在地方和京都任官,曾为四门博士、权知国子博士、国子博士、国子祭酒。他一生是三个运动的主要倡导者。在思想文化方面,他主张复兴儒学,认为要维护国家统一,反对藩镇割据,就必须以孔孟之道为思想支柱,大力提倡忠君孝亲,发出尊孔孟、排异端的号召,坚决倡导排斥佛教、道教,尤其反对佛教。在文学方面,他反对四六排比的骈体文,主张接近口语的散体文,倡导以儒学为文章思想内容的新古文运动,和同时代的柳宗元协同把新古文运动推向高潮并取得胜利。在教育方面,他为配合复兴儒学运动和新古文运动而倡导师道运动,打破习俗偏见,带头收授弟子,发表《师说》为其宣言,以期逐步扭转社会风气。韩愈的教育活动和他在政治、思想文化、文学方面的活动相互交错,并影响他的教育思想。韩愈最后官至吏部侍郎,于长庆四年(824年)病逝。朝廷赠礼部尚书,谥曰文。其著作由李汉集编为《昌黎先生集》四十卷,又有其他遗文编为外集,以及《顺宗实录》五卷,均附于后,总称《韩昌黎集》。

一、复兴儒学,反对佛老

韩愈一生的阶级立场稳定,是非观点鲜明。他站在世俗地主的立场上,在政治上反对藩镇分裂割据,维护中央集权;对深受沉重赋税压榨的人民群众表示同情,主张进行一些改革;反对僧侣地主的剥削,要求限制寺院经济的发展。在思想意识方面,他不满宗教势力的扩张,要求改变儒学的低落地位,主张复兴儒学。

韩愈认为儒学的纲领是仁义道德,这就是先王之道,也就是先王之教。他在《原道》中作了论述:"夫所谓先王之教者,何也?博爱之谓仁,行而宜之之谓义,由是而之焉之谓道,足乎己无待于外之谓德。其文《诗》《书》《易》《春秋》,其法礼、乐、刑、政,其民士、农、工、贾,其位君臣、父子、师友、宾主、昆弟、夫妇,其服麻丝,其居宫室,其食粟米、果蔬、鱼肉。其为道易明,其为教易行也。是故以之为己,则顺而祥;以之为人,则爱而公;以之为心,则和而平;以之为天下国家,无所处而不当。"先王之道包括了封建社会精神生活和物质生活的一切方面,其中道德问题既是其出发点,也是其归宿。道德贯穿于思想文化、政治制度、阶级关系、等级制度,以至衣、食、住。这表明儒学是与民生实际结合在一起的。

在道德规范方面,韩愈把仁义与道德并提,基本内容是仁义。仁义道德作为总纲,体现在政治制度上就是礼乐刑政,这是圣人为一般民众创立的政治制度。"为之礼,以次其先后;为之乐,以宣其湮郁;为之政,以率其怠倦;为之刑,以锄其强梗。"这是礼乐刑政的政治功能。具体的制度规定:"君者,出令者也;臣者,行君之令而致之民者也;民者,出粟米麻丝,作器皿,通货财,以事其上者也。君不出令，则失其所以为君；臣不能行君之令而致之民，则失其所以为臣；民不出粟米麻丝，作器皿，通货财，以事其上，则诛。"①韩愈把统治与被统治、剥削与被剥削的关系说成仁义的体现，实际上是视封建社会为理想化的制度。

韩愈把仁义道德的学说说成先王之道，是历代圣人相互传授的传统。他在《原道》中说："斯道也，尧以是传之舜，舜以是传之禹，禹以是传之汤，汤以是传之文、武、周公，文、武、周公传之孔子，孔子传之孟轲。"他排出儒家圣人的序列，以表示儒道源远流长，有传承的系统，在中国历史上居于正统地位。儒学理论中有了"道统"，与佛教宗派传法世系的"祖统"相抗衡也就更有力了。

韩愈在其所创的"道统说"中，特别推崇孔子和孟轲。他对孔子的尊崇达到新的高度，在《处州孔子庙碑》中说"生人以来，未有如孔子者，其贤过于尧舜远矣"，把孔子尊为超过尧舜的最高圣贤。韩愈也高度评价孟轲，把孟轲作为孔学最忠诚、最完美的继承者。在《读荀》一文中，他把孟轲与荀况、扬雄作比较，认为"孟氏醇乎醇者也。荀与扬，大醇而小疵"。他在《与孟尚书书》中还提出，当战国之时，杨墨交乱，圣贤之道不明，三纲沦，礼乐崩，幸而有孟轲辟杨墨，传圣人之道，"然赖其言，而今学者尚知宗孔氏、崇仁义、贵王而贱霸而已。……故愈尝推尊孟氏，以为功不在禹下，为此也"。

韩愈认为孟轲之后，圣人之道渐以微灭，无人继传。他鼓起任道的勇气，不量其力，不顾身危，欲再兴圣人之道，使之广传于

---

① 《韩昌黎集》卷一一《原道》。

世。他表示:"使其道由愈而粗传,虽灭死,万万无恨!"①他要成为道统的继承人,即使牺牲生命也在所不惜。其"道统说"的创立,加强了儒学在民族文化中居主导地位的意识。

韩愈还从政治、经济、思想理论等多方面揭露了佛教、道教与封建制度不可调和的矛盾。

第一,佛老是社会祸乱的根源。

韩愈指出,中国古代的社会结构只有士农工商,自秦以后,先后增老、佛两家,使社会结构成分发生变化。士农工商各有所业,这是社会分工的需要,而佛老则是四民之外游手好闲而待人供养的两类人。由于佛老在社会上盛行,丁皆出家,兵悉入道,寺观占有大量的人力、土地和财力,使社会结构的均衡失调,生之者寡,食之者众,农民的劳动成果绝大部分被掠夺,这是造成百姓贫穷、盗贼不断的原因。

第二,佛老是破坏仁义道德的罪人。

韩愈认为仁义道德是中国自古以来的先王之教,它使社会有和谐的秩序。但佛老否定三纲,与仁义道德学说背道而驰,使得人们是非混淆。他指出,儒与老关于仁义道德学说的含义是各不相同的。《原道》云:"凡吾所谓道德云者,合仁与义言之也,天下之公言也;老子之所谓道德云者,去仁与义言之也,一人之私言也。"儒家的道德以仁义为内容,而老子则舍去仁义而言道德,这是背离先王之教的。

第三,佛老求出世而破坏纲常。

韩愈指出,佛老求出世之法与先王求入世之教背道而驰。儒

---

① 《韩昌黎集》卷一八《与孟尚书书》。

家遵先王之教,要求每人诚意正心修身,目的是实现齐家、治国、平天下;而佛家要求每人"治其心",目的是"求其所谓清静寂灭"。① 佛家为了出世,把家庭、国家以及现实的一切都视为累赘,寻求超脱的手段和途径就是抛弃君臣、父子以及一切相扶养的社会义务。如依了佛法,三纲沦丧,礼乐崩坏,国家就不成为国家了。

韩愈一贯坚持主张排佛,令人注目的行动是元和十四年(819年)谏迎佛骨。他指出,从历史上考察,事佛求福全属虚妄,佛教根本不合民族传统和先王礼法,要制止伤风败俗的丑事,把佛骨投诸水火加以销毁。韩愈鼓动用行政手段制止佛教活动,惹怒了唐宪宗,欲处其死罪。经群臣求情,唐宪宗才改把韩愈由刑部侍郎贬为潮州刺史。即使被贬官,韩愈也未改变排斥佛教的决心。

二、论性三品与教育的作用

《原性》是韩愈论教育作用和教育权利的重要著作。他从唯心论的天命论出发,论述人性三品,再以三品为根据说明教育的作用和规定教育的权利。他认为人由天命而生,人性也由天命而成,人性三个等级和五项道德内容都本于天命。

韩愈在论述人性问题时,把性与情并提,以性为情的基础。他说:"性也者,与生俱生也;情也者,接于物而生也。"人接触外界事物,受到刺激,引起反应而产生情。性和情的关系是"性之于情视其品","情之于性视其品",二者完全相应。性之品有上、中、下

---

① 《韩昌黎集》卷一一《原道》。

三个等级，情之品也有对应的上、中、下三个等级。性的具体内容是仁、礼、信、义、智五德，情的具体表现是喜、怒、哀、惧、爱、恶、欲七情。上品之性是善的，以仁德为主，但也通于其他四德。上品之性相应地产生上品的情，动而得中，符合五德的规范。中品之性既可能善，也可能恶，表现为仁德有所不足或有所违背，其余四德或有而不完全纯粹。中品之性相应地产生中品之情，虽然有时过分或不及，但也合乎道德要求。下品之性是恶的，既违反仁德，也不能符合其他四德。下品之性相应地产生下品之情，下品之情完全任凭感情支配行为，有过、有不及，都不符合道德规范。

这种人性三品的理论，把封建地主阶级的仁、礼、信、义、智等道德原则说成人天生的本性，以这些道德原则作为区分善恶的标准，使各阶级、各阶层的人都遵从地主阶级道德原则的制约，从而达到维护封建社会秩序的目的。

韩愈企图对历史上的人性论进行总结，论定是非。他批评孟轲的性善论、荀况的性恶论、扬雄的性善恶混论的片面性，而接受了董仲舒的性三品说并作了一些修正，认为有的人性善，有的人性恶，有的人兼有善恶而可善可恶。他把性与情结合起来，比董仲舒说得更细致，但仍然是一种唯心主义的人性论。他分析人有各种感情欲望，反对任情纵欲，也反对绝情禁欲，而主张以封建道德规范来节制情欲。

韩愈创立性三品的理论，其现实的政治意义就是以人性的等级作为社会阶级划分的根据，断定人类社会也存在着天命的等级差别，统治者是上品，劳动人民是下品，处于两者之间的是中品。既然人性三品不能变，社会的三个等级也就不能变。天命如此，名分不变，统治者命定为统治者，被统治者命定为被统治者，这种理论必然受统治者欢迎。

性三品的人性论成为韩愈教育学说的理论基础,具体表现在三个方面:首先,人性决定教育所起的作用。由于人性存在等级差别,教育对不同的人性发挥不同的作用。上品的人,"上之性就学而愈明",教育能使其先天具有的仁义之善性得到发扬,行动都符合封建道德原则。中品的人,"中焉者可导而上下",可引导往上发展,也可引导往下发展,存在着被改造的可能性。对他们的改造,教育起重要的作用。统治者要按封建道德标准来改造这部分人,使他们往上品靠近。下品的人,"下之性畏威而寡罪",他们的行为总是违反封建道德标准,只有用刑罚才能使他们的行为有所收敛。因此,统治者不是用教育而是用刑罚去对付社会上的低贱者,使他们因害怕刑罚而避免犯罪,以此来保证社会秩序。但下品的人既能因害怕刑罚而避免犯罪,就不是不可改造的。其次,由人性规定受教育的权利。人性等级不同,接受教育的作用也不同,教育的实施应与此相应,限制在一定范围内,没有必要遍及每一个人。"上者可教,而下者可制也。"只有统治阶级才可以享受学校教育的权利,而对于被统治阶级则实行专制,剥夺其受教育权利。这种理论没有改变现实,只是对已有的现实作论证而已。最后,由人性决定教育的主要内容。人性天生就以仁、礼、信、义、智为内容,教育要发挥人固有的、内在的善性,应当以五常的封建道德为主要教育内容。他认为有助于灌输封建道德观念的最好教本,是儒家的《诗》《书》《礼》《易》《春秋》。所以,不论自学或是教导别人,他都强调"六艺之文"。这种主张和他捍卫儒学、反对佛老的思想路线是一致的。

《原性》是唐代人性论的重要代表作,其目的在于把唐以前的人性论作一总结，并将新的人性论加以公式化，使之成为政治、教育的理论依据。《原性》的总结，不仅不能结束历史争论，反而进一步引起争论。唯物主义者批评性三品说是一种唯心的先验主义，忽视后天社会环境的影响和人的主观能动性。唯心主义者则批评其没有区分性善情恶，没有进一步得出存天理、灭人欲的结论。韩愈的弟子李翱对人性论作了重大的修正，放弃性情相应的性三品说而发展性善情恶说。

三、论学校教育

韩愈认为治国的首要条件是人才，而人才要依靠教育培养，因此他积极主张发展学校教育，并采取了一些有效的措施。

（一）用德礼而重学校

韩愈继承儒家德治的思想，把教育作为首要的德治工具。他说："孔子曰：'道之以政，齐之以刑，则民免而无耻。'不如以德礼为先，而辅以政刑。夫欲用德礼，未有不由学校师弟子者。"[1]德礼指的是德政和礼教，它和刑法在政治上是不可缺少的两种手段。而从实际政治效果的比较来看，先进行封建伦理道德的思想灌输，使君臣、父子的名分观念和仁义道德思想支配人民的行为，人民对封建统治会更加顺从。因此，要实行德治，必先德礼，而后刑法。强调德礼，也必然重视以学校教育为重要政治工具。

---

[1] 《韩昌黎集》外集卷五《潮州请置乡校牒》。

（二）学校培养治人的君子

国家"崇儒劝学"，用儒家的思想来指导政治，应设置学校培训学生，使他们成为能执行儒家政治路线的官吏。因此，学校既是宣扬封建道德的中心，又是训练从事德礼教化的封建官吏的机构。特别是中央官学，是补充官员的重要来源，应选拔全国最优异的人才加以训练，"自非天姿茂异，旷日经久，以所进业发闻于乡闾，称道于朋友，荐于州府，而升之司业，则不得齿于国学矣"。① 从各地方选拔最优秀的青年，集中于国学，加以训练，把他们培养成为治人的君子，"皆有以赞于教化，可以使令于上者也"。② 如果有君无臣，没有一批人帮助治理国家，就会产生严重的政治问题。国家必须重视培养一批官员，使他们成为推行封建礼教的骨干力量。合乎条件的官员，应该是"纯信之士，骨鲠之臣，忧国如家，忘身奉上者"。③ 他们是忠心为封建统治效劳的臣僚，由他们把君主的政令推行到农工商等民众中去。

（三）整顿国学

韩愈在唐穆宗即位后被任命为国子祭酒。在这之前，国子监积弊甚深，教学活动几乎停顿，不能发挥其培植人才以维护封建统治的职能。韩愈上任后，首要的任务是对国子监进行整顿。

---

① 《韩昌黎集》卷一四《省试学生代斋郎议》。
② 《韩昌黎集》卷一四《省试学生代斋郎议》。
③ 《韩昌黎集》卷三七《论今年权停举选状》。

在维护等级制的前提下,韩愈对招生制度作了一些改革。他调查在学学生情况,发现学生成分起了很大变化。他指出:"国家典章,崇重庠序,近日趋竞,未复本源,至使公卿子孙耻游太学,工商凡冗或处上庠。今圣道大明,儒风复振,恐须革正,以赞鸿猷。"①经历社会动荡之后,原先的教育制度逐渐被破坏,贵族官僚子弟养尊处优,凭家族权势,依靠门荫而当官,轻视学习;而工商子弟则以钱财为贿赂手段,取得入学资格,以提高其社会地位,打通参政道路。学生成分的改变,打破了贵族官僚对教育特权的享有,也影响了官僚队伍结构的成分。韩愈从统治阶级的长远利益着眼,建议考虑现实,调整招生制度,稍微放宽入学的等级限制,太学由五品之子可入学放宽为八品之子可入学,四门学由七品之子可入学改为有才能艺业者也可入学,严格按新规定实行。入学的等级虽然放宽,但等级限制还存在,仍然排除工商子弟以资财入学,依旧保留官僚贵族的教育特权。

在学官的选任方面,韩愈强调以艺能为主要标准。原来委派学官只凭年资,"多循资叙,不考艺能",所以使得不称职的人也混在学官中,无德无才,难以为人师表。韩愈主张以实际才学为标准,严格按照条件来选任学官,"非专通经传,博涉坟史,及进士五经诸色登科人,不以比拟"。②他推荐张籍为国子博士,列举了张籍的条件:"学有师法,文多古风;沉默静退,介然自守;声华行实,光映儒林。"③韩愈在任期间,新任学官一概选用有经学文学素养的登科之人,报到后必须经考试合格才能被正式委任为学官。韩

---

① 《韩昌黎集》卷三七《请复国子监生徒表》。
② 《韩昌黎集》卷四〇《国子监论新注学官牒》。
③ 《韩昌黎集》卷三九《举荐张籍状》。

愈严格把关,防止不学无术的皇亲国戚滥竽充数。

在转变学风方面,韩愈以恢复教学秩序为首务。此前国子监纪律松弛,规章破坏,学官不讲,学生不学,教学活动停顿,如一潭死水。韩愈上任后,重申教学制度,恢复定时进行教学活动。新选的学官对教学有较高的积极性,日集讲说,还有定期的会讲,吸引学生竞来听讲。学生们议论着国子监出现的新气象,他们说:"韩公来为祭酒,国子监不寂寞矣。"①师生重视研讨学问,形成新的风尚。

(四)恢复和发展地方学校

韩愈重视恢复和发展地方学校。他曾写《子产不毁乡校颂》,赞扬郑子产保存乡校,主张学习郑子产重视地方学校。他只能在自己的职权范围内发挥作用。任潮州刺史时,他注意到州学荒废,礼教未行,造成"闾里后生,无所从学"的局面,认为这种局面应该尽力改变。他运用州刺史的权力,下令恢复州学,为州学聘请学官,带头捐献,帮助筹集经费,使州学顺利恢复,促进了地区文化教育的发展。

四、论道德修养

韩愈认为统治人才需要具备德与艺两方面的条件。从二者的内在关系看,德是艺的思想基础,艺是德的体现手段,德相比艺

---

① 《韩昌黎集》卷四〇《国子监论新注学官牒》。

是更为根本的条件。如文学写作与道德修养的关系,道德修养是文学写作的根本前提。"夫所谓文者,必有诸其中。是故君子慎其实。实之美恶,其发也不掩,本深而末茂,形大而声宏,行峻而言厉,心醇而气和,昭晰者无疑,优游者有余。体不备不可以为成人,辞不足不可以为成文。"①因此,要像古代伟大作家那样写出流传千古的文学作品,一定要特别重视道德修养,以道德修养为根底。韩愈在教育实践中把道德教育放在首要位置。

韩愈认为道德根源于人性,其基本内容是仁、礼、信、义、智五项道德准则。五项之中,最主要的是仁义两项。仁义是全社会公认的道德规范,人有没有道德,其区别就是看他存仁义或弃仁义。仁义并非高不可攀的目标,只是实行对人类的博爱而已。道德教育以仁义为其核心,有道德修养的人必定是"内仁外义,行高而德巨"。②

韩愈认为道德虽源于人性,但那是内在的因素,不是自然就能具有的。他在《通解》中说:"且五常之教,与天地皆生。然而天下之人,不得其师,终不能自知而行之矣。"培养学生的道德需要有教师的教育引导,教师的作用就在于帮助学生提高道德认识,提供示范。他依据历史经验指出:"古之学者必有师,所以通其业,成就其道德者也。"③今之学者,也必定要有教师,教师的重要任务之一就是要培养具有良好的道德品质的学生。

韩愈从社会现实需要出发,吸收前人的道德修养理论,总结自己的经验,提出了一些有价值的道德修养要则。

第一,责己重以周,责人轻以约。

---

① 《韩昌黎集》卷一五《答尉迟生书》。
② 《韩昌黎集》卷一五《上兵部侍郎李巽书》。
③ 《韩昌黎集》卷一四《进士策问》。

韩愈主张道德修养要重视正确地对待自己和别人，协调我与人的关系。在《原毁》中，他指出："古之君子，其责己也重以周，其待人也轻以约。重以周，故不怠；轻以约，故人乐为善。""今之君子则不然，其责人也详，其待己也廉。详，故人难于为善；廉，故自取也少。"要协调关系，对自己的要求应当严格而全面，以鞭策自己不懈地提高道德修养；对别人的要求应当宽松而简单，别人也就乐意为善或改过从善。而当时的情形恰相反，一般人对别人的要求是求全责备，对自己的要求则很低很少。这样一来，别人就难以按全备的要求做到，自己在修养上也很少提高。韩愈对这种现象产生的原因和危害作了分析，认为根源是怠与忌，怠者对自己没有要求，不能提高品德修养；忌者害怕别人品德高尚而获得高度评价，因而对别人进行诋毁，这是需要矫正的。韩愈关于责己和待人的思想，是对孔丘"躬自厚而薄责于人"思想的继承和发挥。

第二，思省自勉。

他认为道德修养的关键在于从主观上提高认识，需要个人认真深入地反省思考。他在《进学解》中说："行成于思，毁于随。"德行的成就在于认真思考，毁坏就在于放任自弃。因此，应当经常与道德规范进行对照，反省自己的行为，对不合仁义规范的行为，虽然没有造成严重后果，也应当感到后悔，防止再犯。韩愈认为在道德面前有君子、小人之别，不成为君子，便落为小人，一切都取决于自己。"盖君子病乎在己，……所谓病乎在己者，仁义存乎内，彼圣贤者能推而广之，而我蠢焉为众人。"[1]冷静地反思一下：

---

[1] 《韩昌黎集》卷一六《答陈生书》。

人有共同的天赋道德，有人能推而广之，成为圣贤，我却不能培养扩充，只是凡人而已。大家都是人，我为什么不能积极努力呢？"贤不肖存乎己，……存乎己者，吾将勉之。"①自己要在主观上保持一种上进心，勉力争取成为圣贤。

第三，自信力行。

一个人一定要有道德信念，并自信有践行道德信念的条件。韩愈说："所谓待己以信者，己果能之，人曰不能，勿信也；己果不能，人曰能之，勿信也。孰信哉？信乎己而已矣。"②在道德上有自信，就应当坚持实行。他说："士之特立独行，适于义而已，不顾人之是非，皆豪杰之士，信道笃而自知明者也。"③对道德实践所提的要求应当切合个人的实际，是自己通过努力能做到的，这样才会调动积极性，增强道德实践的信心。对一个人道德的评价也应该注重其行为。他说："然则观貌之是非，不若论其心与其行事之可否为不失也。"④不是观察一下表面现象就判定是非，而是强调重视道德行为的思想动机和实际表现。

第四，知过能改。

韩愈认为对待过错也是一个道德修养问题。过错不仅是已经表现出来的言或行，没有在行动上表现出来的心思不正也是一种过错。他说："所谓过者，非谓发于行、彰于言，人皆谓之过，而后为过也。生于其心，则为过矣。故颜子之过，此类也。不贰者，盖能止之于始萌，绝之于未形，不贰之于言行也。"⑤犯有过错，应

---

① 《韩昌黎集》卷一七《与卫中行书》。
② 《韩昌黎集》卷一六《答陈生书》。
③ 《韩昌黎集》卷一二《伯夷颂》。
④ 《韩昌黎集》卷一一《杂说之三》。
⑤ 《韩昌黎集》卷一四《省试颜子不贰过论》。

立即认识，从思想上重视，防止重犯，要"止之于始萌，绝之于未形"，加以杜绝。有些人犯了过错，已有认识，对改正错误持什么态度便成为重要问题。他说："人患不知其过，既知之，不能改，是无勇也。"①较积极的态度应是勇于改过，改过是为了不再有过，应该受到赞许。

五、 论教学

学生有德的修养，还要有艺的训练，需要教师的教学。教学的目的在于修先王之道，而其途径则是读六艺之文。

韩愈倡导复兴儒学，以儒学为教学的指导思想。他说："夫沿河而下，苟不止，虽有迟疾，必至于海；如不得其道也，虽疾不止，终莫幸而至焉。故学者必慎其所道，道于杨、墨、老、庄、佛之学，而欲之圣人之道，犹航断港绝潢，以望至于海也。"②向往"圣人之道"，要选择正确路线才能如愿到达。严格选择学习内容，也是为了保证路线的正确，防止走入邪道。他自己就做到"其所读皆圣人之书，杨、墨、释、老之学无所入其心"。③ 为免除杂学的影响，"非三代两汉之书不敢观"。④ 他根据这种经验，规定学生"读六艺之文，修先王之道"。⑤

对于文与道的关系，韩愈提出"文以载道"的理论。他认为文是手段，道是目的；文是形式，道是内容；文道合一，而以道为主。

---

① 《韩昌黎集》卷一二《五箴五首》。
② 《韩昌黎集》卷二〇《送王秀才序》。
③ 《韩昌黎集》卷一六《上宰相书》。
④ 《韩昌黎集》卷一六《答李翊书》。
⑤ 《韩昌黎集》卷三九《请上尊号表》。

先王之道载于六艺之文,故欲学先王之道,当读六艺之文。要宣传先王之道,最恰当的形式应是古文。韩愈提倡新古文,教人学古文,着眼于学古道。他说:"愈之为古文,岂独取其句读不类于今者耶?思古人而不得见,学古道则欲兼通其辞。通其辞者,本志乎古道者也。"①同时,他又鼓励根据仁义之道,用古文的形式去写作。

韩愈认为要学习古文的"文以载道",应该选择古代名作家作为学习的典范。刘正夫曾写信请教他:"为文宜何师?"他回答说:"宜师古圣贤人。"刘正夫又问:"古圣贤人所为书具存,辞皆不同,宜何师?"他回答说:"师其意,不师其辞。"②在古代名作家中被推为典范的是司马迁、司马相如、扬雄,他们用功至深,扬名也远。学习古文首先要精熟他们的著作,吸收其中精华,在此基础上推陈出新。

对于如何掌握"为文之道",韩愈提出了自己的独创见解,传授给弟子。他认为写文章要有自己独创的语言,反对袭用陈言,模拟古语,把"能自树立不因循"③作为写作的一般原则,力求"不袭蹈前人""惟陈言之务去",坚持"辞必己出",强调在继承优秀传统的基础上创新。他还主张文章要写得流畅,做到"文从字顺各识职"④,用词适当,每个字都各得其所,安排得妥帖。把独创的语言和文从字顺两方面统一起来,就是写好文章的条件。

对学习问题,韩愈吸收前人的经验,更着重总结自己的经验,提出了一些重要见解。

---

① 《韩昌黎集》卷二二《题欧阳生哀辞后》。
② 《韩昌黎集》卷一八《答刘正夫书》。
③ 《韩昌黎集》卷一八《答刘正夫书》。
④ 《韩昌黎集》卷三四《樊绍述墓铭》。

第一,勤奋。

韩愈说:"诗书勤乃有,不勤腹空虚。"①他认为一切知识可由勤学习得。他自己就是利用一切能利用的时间,看书学习,"平居虽寝食未尝去书,总以为枕,食以饴口"。②他在《进学解》中自述学习情况:"先生口不绝吟于六艺之文,手不停披于百家之编,记事者必提其要,纂言者必钩其玄,贪多务得,细大不捐,焚膏油以继晷,恒兀兀以穷年,先生之业,可谓勤矣。"他不分日夜,经年累月地进行学习。韩愈勤学,至老仍然,认为人要有学问并不断精进,都离不开勤学。他把自己的经验概括为"业精于勤,荒于嬉",要取得学业的精进需要靠勤奋学习,而造成学业荒疏则是由于嬉游荒废学业。

第二,博学。

学习先王之道的基本途径是读六艺之文,此外还要尽量多读书,以扩大知识眼界。韩愈说"读书患不多"③,"穷究于经传史记百家之说"。④他的知识不局限于经传,而扩及百家。他在《答侯继书》中说:"仆少好学问,自五经之外,百氏之书,未有闻而不求,得而不观者。"这种"贪多务得,细大不捐"的学习精神,使他在少年时期就奠定了广博的学问基础,"奇辞奥旨,靡不通达"。他所具有的学识条件是其散文写作取得很高成就的原因之一。

第三,思义。

对于经史百家之书的学习,绝不可以囫囵吞枣,食而不化,要

---

① 《韩昌黎集》卷六《符读书城南》。
② 皇甫湜《韩文公墓铭》。
③ 《韩昌黎集》卷六《赠别元十八》。
④ 《韩昌黎集》卷一五《上兵部李侍郎书》。

特别注意学习目的之所在。韩愈劝导弟子:"子诵其文,则思其义。"①学习时,感觉器官与思维器官都要一齐动员,有助于认识书中义理。他积累了一些读书思考的经验,对于历史著作,"记事者必提其要";对于理论著作,"纂言者必钩其玄";对于名家作品,"沉浸浓郁,含英咀华","师其意,不师其辞",都是经过一番深入的思考才达到要求。"思义患不明",要真正明白书中义理,就要由感性认识提高到理性认识,切实把握其中的精义。②

在总结实践经验的基础上,韩愈对教学方法也有自己的主张。

第一,重视因材施教。

韩愈认为每个时代都有人才,关键问题在于教育者是否善于识别和培养。古时伯乐善于识别千里马,只要有伯乐在,千里马就不会被埋没。如果没有伯乐,主人又不善于调教,千里马就会被埋没。人才就如千里马,教育者既要善于鉴别,还要善于培养。这样,人才就不会被糟蹋,给予机会就会崭露头角。韩愈一贯主张人尽其才,教育者应如精明的木匠区别使用木料,使各类木料各得其用一样,充分发挥受教育者的才能。这应成为教育的原则。韩愈热心培养青年,指导他们进行文学写作,发挥他们的才能,弟子中有不少人成为当时知名的作家。他要求当权者在用人方面做到人尽其才,统一的中央集权国家应当做到容纳各种人才,使用各种人才。他希望看到因材施教和因材使用实现统一。

第二,注意生动活泼。

---

① 《韩昌黎集》卷一九《送陈密序》。
② 《韩昌黎集》卷一二《进学解》。

韩愈几次担任学官，他在讲课中力求向学生传授先王之道，并运用多种形式活跃课堂教学。他的教学态度是认真的，"讲评孜孜，以磨诸生，恐不完美，游以诙笑啸歌，使皆醉义忘归"。① 他在讲解中有时穿插一些诙谐有趣的故事，令人振奋，有时甚至吟诗唱歌，生动活泼。他说理深刻，使人陶醉在他的讲学中。这些都表明他很善于宣讲，能扣动学生的心弦。有人把教学的生动性和严肃性对立起来，张籍就曾两次写信给韩愈，极认真地提出批评："比见执事多尚驳杂无实之说，使人陈之于前以为欢。此有以累于令德。"他干脆要求韩愈"弃无实之谈"。韩愈对于这种批评甚不以为然，辩解说："驳杂之讥，前书尽之，吾子其复之。昔夫子犹有所戏。《诗》不云乎：'善戏谑兮，不为虐兮。'《记》曰：'张而不弛，文武不为也。'恶害于道哉？吾子其未之思乎！"② 他认为教学不必太拘于单一形式，要生动有趣，有严肃的时候，也有活泼的时候，有张有弛，灵活运用。教学的生动性并不影响教学内容的思想性。这种教学主张既有历史根据，也有实际经验，教学效果良好。

六、论师道

《师说》是韩愈论师道的重要著作，于贞元十八年（802年）写成并公开发表，随即在士人中广泛传播。

韩愈从贞元十二年（796年）在汴州任观察推官开始教授学生，到贞元十八年任四门博士教授更多学生，前后六年私家传授

---

① 皇甫湜《韩文公墓铭》。
② 《韩昌黎集》卷一四《重答张籍书》。

弟子的教育活动引起较大的社会反响。有一部分人积极赞成从师学道,而更多的人则激烈反对有师与弟子的名义,焦点集中在师道问题上。为了复兴儒学和促进古文运动继续发展,就需要解决教育思想上的这个关键问题。于是,韩愈抓住给学生赠文的机会,写了《师说》,公开发表了议论。

《师说》提出的新观点,对当时士大夫的旧思想是一次极大的冲击。自唐皇朝建立以来,儒学的师道观已淡化。加之科举制度盛行之后,士人依靠文学来争名位,文学的重要性超过经学,学风和思想观念都已发生变化。"文士撰文,唯恐不自己出",竞相显示才能,不以师传为荣,而以求师为耻,形成轻视师道的风气。当时学校虽有传经博士,科举虽有明经之科,但无人敢公然以"传道"之师自任。知识分子中普遍的风气是"耻学于师"。"士大夫之族,曰师曰弟子云者,则群聚而笑之。问之,则曰:'彼与彼年相若也,道相似也,位卑则足羞,官盛则近谀。'"不承认师与弟子关系,主要是由于考虑到社会地位及关系问题。不打破这种顽固的旧思想,复兴儒学运动、古文运动的开展都要受到阻碍。韩愈挺身而出,敢于为师,凡是来向他请教的,都不拒绝,"来者则接之"。他说:"君子之于人,无不欲其入于善,宁有不可告而告之,孰有可进而不进也?……苟来者,吾斯进之而已矣,乌待其礼逾而情过乎?"①韩愈既有接受弟子的实际行动,又发表新的观点,在士大夫中引起轰动。柳宗元在《答韦中立论师道书》中谈到这个轰动一时的事件:"今之世不闻有师,有辄哗笑之,以为狂人。独韩愈不顾流俗,犯笑侮,收召后学,作《师说》,因抗颜而为师。世果群怪

---

① 《韩昌黎集》卷一六《重答李翊书》。

聚骂,指目牵引而增与为言辞。愈以是得狂名。"韩愈与众不同,有了接待后学的声名,名之所存,谤也随之。当时柳宗元支持韩愈关于师道的主张,指出那些咒骂韩愈的人实如蜀犬吠日。柳宗元因处于受贬的困境,极力回避师名,实际上也接受弟子。韩愈不畏攻击、毁谤,以《师说》为宣言,坚持主张,敢为人师。旗号一张,造成较大的社会影响,促使社会风气逐渐转变。《师说》起了解放思想的作用,具有进步意义。

从教育思想发展的历史来看,《师说》在理论上是具有新意的。

第一,由"人非生而知之者"出发,肯定"学者必有师"。

在唐后期"不闻有师"的社会条件下,韩愈的"人非生而知之者"的论点是有重要意义的,直接否定了"生而知之",与儒家传统思想有出入。儒家的祖师孔子认为"生而知之者,上也"。孟轲更是发挥这种"生而知之"的思想,认为圣人是先知先觉者,可以不学而能,不虑而知。历史上,唯物主义思想家曾对这种唯心主义先验论思想进行过斗争。东汉的王符就认为"虽有至圣,不生而知;虽有至材,不生而能",所以"人不可以不就师"。[①] 韩愈受王符等人思想的影响,结合自己对社会的观察,提出了"人非生而知之者"的论点,否定了"生而知之",强调后天学习的重要性,从而使"学者必有师"这个观点有了充分牢靠的理论依据。《师说》在认识论上倾向唯物主义,认为人非生而知之,因而人人都有学习的必要。年轻一代学习一定要有教师指导,教育是人类社会一种必不可少的工作,教师职业是社会的需要。

---

① 《潜夫论》卷一《赞学》。

第二,"传道、授业、解惑"是教师的基本任务。

自古以来,关于教师工作任务的言论和事例不少。如孔子,以教师为职业,教导学生们要"笃信好学,守死善道"。[①] 他向学生传授《诗》《书》《礼》《乐》,回答学生提出的许多问题,实际上是在做传道、授业、解惑的工作。荀况说:"师者,所以正礼也。"[②] 汉代扬雄说:"师者,人之模范也。"[③] 他们虽然做了教师工作或从某一方面提出教师的任务,但还没有一个比较全面概括的定义。韩愈总结了以往教师工作的经验,在《师说》中提出:"师者,所以传道、授业、解惑也。"他确定了教师工作的三项任务,都有其特定的时代内容。所谓"传道",是《原道》一文中所论述的儒家的仁义之道,以治国、平天下为目的。所谓"授业",是儒学的"六艺经传"与古文。所谓"解惑",是解决学"道"与"业"过程中的疑惑问题。三项任务中,最主要的是"传道","授业"和"解惑"都要贯串"传道",为"传道"服务。这就反映了当时教师实际的作用是为封建统治服务。韩愈在历史上首先提出教师的基本任务是"传道、授业、解惑",其文字表达比较概括、明确,有主有次,一经提出,流传为共知的名言,也为以后的教师所接受。韩愈的这个观点强调了教师的主导作用,其影响延续到现代。

第三,以"道"为求师的标准,主张"学无常师"。

韩愈认为求师的根本目的是学"道",办法是"学无常师"。这种教育思想有其历史渊源。孔子提出"就有道而正焉"[④],主张学无常师。其弟子子贡说:"文武之道,未坠于地,在人。贤者识其

---

① 《论语·泰伯》。
② 《荀子·修身》。
③ 《法言·学行》。
④ 《论语·学而》。

大者,不贤者识其小者,莫不有文武之道焉。夫子焉不学,而亦何常师之有?"①这就较具体地说明了"学无常师"的主张。但这种思想到了科举盛行、文学风靡的唐代,已被抛弃了,人们不再以"道"为求师的标准。韩愈反对当时以地位和资历作为择师的标准,认为教师教学的主要任务是"传道",学生求学的主要任务是"学道",能否当教师也就以"道"为标准来衡量。谁先闻道,谁就有条件给人传道,实际上起了教师的作用。因此,不论年龄大小,也不论社会地位高低,凡有道者,可为师,"道之所存,师之所存"。社会上有"道"的人不少,皆可为师,求学的范围就不应受到限制,而应当学无常师。韩愈举出孔子向郯子、苌弘、师襄、老聃学习的历史事例,说明应该向一切有专长的人学习,只有善于学习他人的长处,才能成为"圣贤"。韩愈提出"以道为师""学无常师"的主张,在当时对打破士大夫妄自尊大的心理、促进思想和文学上的交流具有一定的积极意义。

第四,提倡"相师",确立民主性的师生关系。

韩愈观察了社会上各种职业的人,了解到他们学习职业的知识技能存在不同的情况,经过分析比较,指出:"巫医乐师百工之人,不耻相师。"他认为这种做法较为合理,比士大夫表现得更为明智。士大夫应当矫正"耻学于师"的坏风气,形成相互学习的新风气。相互学习不限于同辈、朋友之间,也要实行于教师与学生之间。教师与学生的年龄有差别,而闻道则不以年龄大小定先后,学术业务也可能各有专长。"弟子不必不如师,师不必贤于弟子。"弟子如果有专长,也可以为师,教师也可以向有专长的弟子

---

① 《论语·子张》。

学习。教师与弟子相互学习,教学相长,是理所当然的事。韩愈把师生的关系看作相对的、可以转化的,这对维护教师绝对权威的教育思想是一种否定。这种具有辩证法因素的民主性的教育思想,确有重要的历史意义。

韩愈是唐后期复兴儒学教育思想的主要代表。他在反对佛教和道教、反对轻视教育事业、反对不良社会习俗的斗争中,形成了有自己特色并具有一定进步性的教育思想。韩愈的教育思想经过弟子李翱、皇甫湜等人的继承发展以及他的著作的传播,对后世产生了广泛的影响。他提出"道统说",尊崇孔孟,重视《孟子》与《大学》,影响了宋代理学;提出"文以载道"的理论,成为文学创作和语文教育的主流思想;提出"师道"理论,渐为人接受,成为社会上的普遍观念而长期流传。他的教学经验也随文章的流传产生广泛的影响。因此,对韩愈教育思想进行全面的评价不能忽视其生活所处的历史条件以及他的理论产生的实际影响。

第三节　李翱的教育思想

一、生平

李翱字习之,陇西成纪(今甘肃秦安)人,著名的文学家和理论家。出身官僚家庭,幼时勤于儒经,博学好古,为文尚气质。

贞元九年(793年),李翱以文谒名士梁肃,经梁肃为之延誉而渐知名。贞元十二年,至汴州,师从韩愈,成为新古文运动的积极参加者。其为文辞致浑厚,见推当时。贞元十四年,登进士第,初授官为校书郎,逐步迁转。自元和元年(806年)至会昌元年(841

年),历官国子博士、史馆修撰、职方员外郎、考功员外郎、朗州刺史、礼部郎中、庐州刺史、谏议大夫、知制诰、中书舍人、少府少监、郑州刺史、桂州刺史、桂管都防御使、谭州刺史、湖南观察使、刑部侍郎、户部侍郎、山南东道节度使。仕途虽不顺利,时有起伏,但他每任一职,都忠于职守,议论无所避。他任职史馆时,主张史官明其职。"夫劝善惩恶,正言直笔,纪圣朝功德,述忠臣贤士事业,载奸臣佞人丑行,以传无穷者,史官之任也。"①他从维护唐朝统治的根本利益出发,面对政治上存在的弊端,要求在人事、经济、军事等方面进行一些改革,上疏论兴复太平六事:用忠正而不疑,屏邪佞而不近,改税法不督钱而纳布帛,绝进献以宽百姓税租之重,厚边兵以息蕃戎侵掠之患,数引见待制官问以时事以通壅蔽之路。"凡此六者,政之根本,太平之所兴。"②他在政治上亲近裴度一派,主张加强中央集权,反对藩镇割据。

李翱是韩愈的弟子,深受韩愈的影响。他敬重韩愈的为文与为人:"非兹世之文,古之文也。非兹世之人,古之人也。其词与其意适,则孟子既没,亦不见有过于斯者也。"③韩愈倡导新古文运动,李翱是积极的参加者。李翱以自己的写作实践来推动这个运动,虽然声望不如韩愈,但在当时也甚著名。韩愈也是新儒学理论的倡导者,李翱对韩愈的观点有很大的发展和改造,两人关系密切,世人认为韩李不可分。韩愈在长庆四年(824年)逝世后,李翱继续使这一运动深化,成为主要人物。李翱也积极开展教育活动,在青年中进行传道、授业、解惑,他在《复性书》中

---

① 《全唐文》卷六三四《李翱·百官行状奏》。
② 《全唐文》卷六三四《李翱·论事疏表》。
③ 《李文公集》卷六《与陆修书》。以下凡引《李文公集》,只注卷数及名称。

写道："有问于我，我以吾之所知而传焉。"他把新古文运动和新儒学理论的观点广泛地加以宣传，产生了重要的社会影响。

李翱著有《李文公集》。

二、尊圣人之道而反佛

李翱青少年时受了传统的儒学教育，在《感知己赋》中自称"翱学圣人经籍教训文句之旨"。他所写文章，从思想内容到文章风格，梁肃都称之为"得古人遗风"。后来，李翱师从韩愈，受韩愈影响，以继承捍卫圣人之道为己任。他所深信的是圣人之道，努力实行的也是圣人之道。他在《答侯高第二书》中称："吾之道，学孔子者也。""吾之道非一家之道，是古圣人所由之道也。吾之道塞，则君子之道消矣。吾之道明，则尧、舜、文、武、孔子之道未绝于地矣。"李翱明确地宣示于众，他所继承的是尧、舜、文、武、孔子之道，而且以实行和发扬圣人之道自任。他说："仆之道穷，则乐仁义而安之也；如用焉，则推而行之天下者也。何独天下哉，将后世之人，大有得于吾之功者尔。天之生我也，亦必有意矣。将欲愚生民之视听乎，则吾将病而死，尚何能伸其道也。如欲生民有所闻乎，则吾何敢辞也。"他欲承继孟轲、韩愈那种为卫道而自负不凡的气概，要担负起先知先觉者的历史责任。

在社会实行圣人之道，李翱主张坚持原则，由道而行，反对屈服于形势，迁就于时俗。他对侯高表示："足下再三教我适时以行道，所谓时也者，乃仁义之时乎？将浮沉之时乎？如顺浮沉之时，则必乘波随流望风而高下焉。若如此，虽足下见我，且不识矣，况天下之人乎？不修吾道，而取容焉，其志亦不遐矣。故君子非仁与义,则无所为也。如有一朝之患,古君子则不患也。吾之道,学孔子者也。"这体现了李翱坚定刚强的品格,他要认真贯彻。如果机运不好,穷则独善其身,乐仁义而安之,不改变信仰;如果机运好,能用于世,达则兼善天下,将圣人之道推而行之天下。不论哪一种情况,都是依据自己的心意而行动,任何人都不能把自己的意志强加于他人。

李翱坚定信仰并实行圣人之道,对不符合圣人之道的,他就反对。他认为佛教非圣人之道,公开主张加以排斥。对上司、对朋友,他都坚持维护此原则,毫不回避。他之所以认为儒道与佛教对立,要加以排斥,有其原因。最基本的原因就是,佛教非圣人之道。"故其徒也,不蚕而衣裳具,弗耨而饮食充,安居不作,役物以养己者,至于几千百万人,推是而冻馁者几何人可知矣。于是筑楼殿宫阁以事之,饰土木铜铁以形之,髡良人男女以居之,虽璇室象廊,倾宫鹿台,章华阿房,弗加也。是岂不出乎百姓之财力欤!"①佛教在中国流行,"惟土木铜铁,周于四海,残兽生人,为逋逃之薮泽"。②佛教建造寺庙、雕塑佛像,全都耗费百姓的财力,吸引千百万人出家,安居而不劳作,受人供养,让出力供养佛徒的劳动者千万人受冻馁。所以,李翱说:"佛法害人,甚于杨墨。……考教迹,实有蠹于生灵,浸溺人情,莫此之甚。"③他认为作为官吏,对佛教应当抑制,不应以行政长官的地位令人收钱建造佛教寺庙,且应将残害生人、不利于国的佛教寺庙废除。

佛教在中国流传几百年,是有其教训的,李翱在《去佛斋论》

---

① 卷四《去佛斋论》。
② 卷一〇《与本使杨尚书请停率修寺观钱状》。
③ 卷一〇《再请停率修寺观钱状》。

中说:"佛法之流染于中国也,六百余年矣。始于汉,浸淫于魏晋宋之间,而澜漫于梁萧氏,遵奉之以及于兹,盖后汉氏无辨而排之者,遂使夷狄之术行于中华,故吉凶之礼谬乱,其不尽为戎礼也无几矣。"教训就是"无辨而排之者"让佛教猖獗,中华的礼教传统受到严重破坏。为了阻遏佛教的流传,李翱勇于成为唐代批判和排斥佛教的人物。

为了批判佛教,排斥佛教,对佛教应当有所了解和研究。根据李翱的了解和研究,佛法之所言,佛术之所行,皆戎狄之道,溺其教者以夷狄之风而变乎诸夏,祸患极大。但论其心术,则不异于中华,中华之人"以佛理证心者寡矣"。所以,唐代虽然也有人批判佛教,"而排之者不知其心,虽辩而当,不能使其徒无哗而劝来者,故使其术若彼之炽也"。由于了解不深,不能从理论上使佛教徒信服,因此宣传效果不能达到目的,信徒溺于其教,佛教继续昌炽。总结这种经验教训后,李翱主张要"知其心",不妨"以佛理证心",充实儒家之道,完善儒家理论,加强儒学的说服力。他说:"有位者信吾说而诱之,其君子可以理服,其小人可以令禁,其俗之化也弗难矣。"①

李翱和韩愈都站在儒家的立场上反对佛教,韩愈在反佛之余,开始觉察到佛学与儒家修心养性之说有些共同点,但他没有找到从理论上把两者结合起来的门径。李翱比韩愈进了一步,他在反佛的同时考虑到要"知其心",要"以佛理证心",吸收佛学的理论方法来补充儒家的心性修养理论,以儒融佛,从哲学理论的高度将儒佛加以融合。这就是李翱的思想特色。

---

① 卷四《去佛斋论》。

三、性善情恶的"复性说"

李翱的教育学说是建立在人性理论的基础上的。虽然李翱受韩愈的影响很大,但他构建了自己独特的人性理论,在《复性书》中集中论述人性问题,提出了"复性说"。"复性说"以孟轲的性善说和《中庸》为依据,并吸收佛学的性善情恶、佛性平等、见性成佛等观点而构成。

关于人性的本源,李翱直接承继《中庸》"天命之谓性"的观点,他说:"性者,天之命也。"即人性是天赋的。

关于人性的特质,李翱直接承继孟轲的性善论,他说"人之性皆善";"性无不善";"人之所以为圣人者,性也";"圣人知人性皆善,可以循之不息,而至于圣也"。这与韩愈主张性三品说异趣。

关于情的性质,李翱接受佛学性善情恶、情恶惑性的观点,他说:"喜、怒、哀、惧、爱、恶、欲七者,皆情之所为也。""人之所以惑其性者,情也。""曰:为不善者,非性邪?曰:非也,乃情所为也。""情既昏,性斯匿矣,非性之过也。七者循环而交来,故性不能充也。"人的善性被七情遮蔽,所以有恶的表现。韩愈认为情分三品,所以情不全是恶的。李翱则认为七情全是恶的,把性与情完全对立起来。

关于性与情的关系,李翱认为两者相互依存,性是基本的,情是从属于性的。他说:"性与情不相无也。虽然,无性则情无所生矣,是情由性而生。"这是说有了性才有情,性是第一性的,情是由性派生的。但性与情都不能孤立而隔开,两者存在十分密切的关系。"情不自情,因性而情;性不自性,由情以明",情因性而产生,性则通过情而表现。关于性与情的关系,他的观点不完全一贯,有时也陷于自相矛盾。他有时承认"情由性而生",认为情有善有不善,有时又对此予以否定,其基本倾向是认为人的情感全是邪恶的人欲。

关于人性是否平等,李翱认为人性是平等的,他说:"百姓之性,与圣人之性弗差也。""问曰:凡人之性,犹圣人之性欤?曰:桀纣之性,犹尧舜之性也。其所以不睹其性者,嗜欲好恶之所昏也,非性之罪也。"人性本来平等,按照封建道德原则生活是人生来就有的权利。他反对在宗教世界里人人平等的说法,却提出在道德世界里人人平等的说法。

既然人性善,人性平等,为什么会有善人与恶人、圣人与凡人之别?关键在于怎样认识和对待性和情。李翱说:"性者,天之命也,圣人得之而不惑者也。情者,性之动也,百姓溺之而不能知其本者也。圣人者,岂其无情邪?圣人者,寂然不动,不往而到,不言而神,不耀而光,制作参乎天地,变化合乎阴阳,虽有情也,未尝有情也。然则百姓者,岂其无性者邪?百姓之性,与圣人之性无差也,虽然,情之所昏,交相攻伐,未始有穷,故虽终身而不自睹其性焉。……情之动弗息,则不能复其性而烛天地为不极之明。故圣人者,人之先觉者也。觉则明,否则惑,惑则昏。明与昏,谓之不同。明与昏,性本无有,则同与不同,二者离矣。夫明者,所以对昏,昏既灭,则明亦不立矣。"圣人得天命之性,而不受情之惑,虽有情,但能制情,寂然不动。百姓虽也具天命之性,但溺于情而惑性,情动不息,交相攻伐,终身不睹其性。圣人是人类之中的先觉者,先觉所以明智。百姓未觉其性善,所以昏庸。性善相同,而明昏不同,这是两回事。明与昏相对而存在,如果昏不存在,则明也不成立。

如何去惑去昏,使情不能掩性而成为圣人?这就需要复性。李翱将水火比为性,而将沙浑与烟郁比为情,他说:"沙不浑,流斯清矣;烟不郁,光斯明矣;情不作,性斯充矣。""问曰:情之所昏,性即灭矣,何以谓之犹圣人之性?曰:水之性清澈,其浑之者沙泥也。方其浑也,性岂遂无有邪?久而不动,沙泥自沉,清明之性,鉴于天地,非自外来也。故其浑也,性本弗失,及其复也,性亦不生,人之性亦犹水也。"他又说:"是故诚者,圣人之性也,寂然不动,广大清明,照乎天地,感而遂通天下之故,行止语默,无不处于极也。复其性者,贤人循之而不已者也,不已,则能归其源矣。"复性不是一下子就能达到的,需要一个逐渐而进的过程。李翱提出几条方法:其一,依于道而循其礼。视听言行,循礼而动,完全遵循礼教。其二,消去嗜欲,妄情灭息。"问曰:人之性,犹圣人之性,嗜欲爱憎之心,何因而生也?曰:情者,妄也,邪也,邪与妄则无所因矣。妄情灭息,本性清明,周流六虚,所以谓之能复其性也。"其三,循之不息,扩充本性。人之性皆善,能循之不息,就是尽人之性,进而尽物之性,成为与天地并立,助天地化育万物的圣人。其四,无思无虑,寂然不动。"弗虑弗思,情则不生,情既不生,乃为正思。正思者,无虑无思也。""知本无有思,动静皆离,寂然不动者,是至诚也。"能够按这四条方法实在地去做,就能复其性,归之于善。

四、论教育的目的与内容

教育的目的何在?李翱对此重要问题也有论述。他在《复性书》中说:"修道之谓教,何谓也?曰:诚之者,人之道也。诚之者,择善而固执之者也。修是道而归其本者,明也。教也者,则可以教天下矣。"教育的目的是使个人复其善性,教天下之人遵循人道而合于天道。

李翱认为教育要有政治条件和经济基础,才会收到最大的成效。他在《平赋书》中提出既富之又教之的主张:"人既富,然后可以服教化,反淳朴。古之圣贤,未有不善于为政理人,而能光于后代者也。故善为政者,莫大于理人;理人者,莫大于既富之又教之。"为政最重要的是治人,治人之中最重要的就是既富之又教之。要富民,最重要的措施是减轻赋税。他指出:"故轻敛则人乐其生,人乐其生,则居者不流而流者日来。居者不流而流者日来,则土地无荒,桑柘日繁。尽力耕之,地有余利,人日益富,兵日益强。四邻之人,归之如父母,虽欲驱而去之,其可得耶?是以与之安而居,则富而可教;与之危而守,则人皆自固。"富而后教,民富而后国强。"人既富;乐其生,重犯法而易为善,教其父母使之慈,教其子弟使之孝,教其在乡党使之敬让,羸老者得其安,幼弱者得其养,鳏寡孤独有不人病者皆乐其生,屋室相邻,烟火相接于百里之内,与之居则乐而有礼,与之守则人皆固其业,虽有强暴之兵不敢陵。"①当人民经济富裕、生活幸福之时,容易接受教育,通过进行封建礼教教育,使社会秩序安定,国家统治巩固,这是进行社会教育的根本目的。

学校教育要培养国家所用的正人君子,正人君子负有重大的社会责任,"盖将以代天理物,非为衣服饮食之鲜肥而为也"。② 他

---

① 卷三《平赋书》。
② 卷六《答独孤舍人书》。

们不是为了享受个人生活的私利,而是为了履行社会治理的责任。他们应当具备道德和才智,以待国家随需召用。

君子要行圣人之道于社会。"君臣父子夫妇兄弟朋友,存有所养,死有所归,生物有道,费之有节。自伏羲至于仲尼,虽百代圣人,不能革也。故可使天下举而行之无弊者,此圣人之道。所谓君臣父子夫妇兄弟朋友,而养之以道德仁义之谓也,患力不足而已。"①所谓圣人之道的现实内容,是封建自然经济基础上的政治制度和伦理道德。圣人之道,存于六经。"列天地,立君臣,亲父子,别夫妇,明长幼,浃朋友,六经之旨也。浩浩乎若江海,高乎若邱山,赫乎若日火,包乎若天地,掇章称咏,津润怪丽,六经之词也。"②六经是学习圣人之道的基本教学内容,在学习六经要旨的同时,也学习六经的文辞。

为了增进才智,需要博学多艺,穷览百家之书。李翱在《韦氏月录序》中,对博学多通、重视试验的韦行规加以赞扬,表明他主张有广博的知识。天下至大,非一木所能独支,惟患贤能之才不足用。对德才智兼备于身的人才,国家如不能正确使用,那是时代的损失、人民的不幸。有人才而废弃不用,是极可惜的事。

五、论德行修养

(一) 志仁义

李翱认为要进行修养,立志很重要,且应以仁义为目标。他

---

① 卷四《去佛斋并序》。
② 卷六《答朱载言书》。

自十五岁以后,即有志于实行仁义。他主要是从《论语》中得到启示,"见孔子之论高第,未尝不以及物为首,克伐怨欲不行,未得为仁;管仲不死子纠,复相为仇,而功及天下,则曰如其仁。……然则圣贤之于百姓,皆如视其子,教之仁,父母之道也"。而当时求科举者尚文字,已当官者求富贵,未尝以仁义博施之为本,"由是经之旨,弃而不求;圣人之心,外而不讲。干办者为良吏,适时者为通贤,仁义教育之风于是乎扫地而尽矣"。① 道德不良,是人民贫困和地方动乱的原因。为治此社会重病,李翱志存仁义,任官时,"不敢苟求旧例,必探察源本,以恤养为心,以戢豪吏为务,以法令自检,以知足自居,利于物者无不为,利于私者无不消"。他把仁义的道德原则贯彻于施政之中。

(二)正名位

封建的等级名位,是封建社会秩序的体现,既存在于国家中,也存在于家庭中,要治理就需从家庭的正名位入手。李翱说:"善理其家者,亲父子,殊贵贱,别妻妾、男女、高下、内外之位,正其名而已矣。古之善治其国者,先齐其家,言自家之型于国也。欲其家之治,先正其名,而辨其位之等级。名位正而家不治者,有之矣。名位不正而能治其家者,未之有也。是故出令必当,行事必正,非义不言,三者得,则不劝而下从之矣。"要正名位,有一个根本条件就是心思端正,改而为善。有人自身不正,"纵其心而无畏,欲人之于我无违",故其家不治。对这种情况,有认识、有决心

---

① 卷八《与淮南节度使书》。

是可以改善的。"思其不善而弃之,则百善成,虽希于圣人,犹可也。""如不思而肆其心之所为,则虽圣人,亦无可奈何。"①这也就合乎心正身修而后家齐的儒家逻辑关系。

(三)从公道

李翱认为道有公私之分,也存有利害之别,这将检验个人道德修养的水平,不能不慎重地分清是非。他提出从道不从众的主张:"君子从乎道也,不从乎众也。道之公,余将是之,岂知天下党然而非之。道之私,余将非之,岂知天下謷然而是之。将是之,岂图是之之利乎?将非之,岂图非之之害乎?故大道可存,是非可常也。小人则不然。将是之,先攫其利己;将非之,先怖其害己。然则远害者,心是而非之;眩利者,心非而是之。故大道丧,是非汩,人伦坏,邪说胜。庸可使众言必听,众违必从之耶?"②从道就必须坚持原则,只要是公道,就不怕在群众中被孤立,就不计较个人利害。

(四)成德行

李翱对弟子强调修德的经验:"盖行己莫如恭,自责莫如厚,接众莫如弘,用心莫如直,进道莫如勇,受益莫如择友,好学莫如改过。此闻之于师者也。"③这七条修养方法得授于韩愈,李翱再总结传于弟子,成为韩门传统。其基本意思是:自己行事时最重

---

① 卷四《正位》。
② 卷四《从道论》。
③ 卷六《答朱载言书》。

要的是谦恭谨慎,自我责备时最重要的是对自己严格要求,对待众人时最重要的是宽宏大量,用心思虑时最重要的是正直无邪,进而行道时最重要的是坚决勇敢,修学受益时最重要的是选择益友,好学最重要的是知过能改。按这七条要求去做,能提高个人的道德水平。

六、 论文学教学

李翱先求教于梁肃,后又师从韩愈,为文有法,水平大为提高。他对此颇自信,言"虽不敢同德于古人,然亦常无怍于心"[1],逐渐在社会上享有盛名。他说:"某不知君子之文也亦甚矣。然所为文,亦皆有盛名于时,天下之人咸谓之善焉。"[2]后来,李翱实际上成为韩愈所倡新古文运动的继承人。他也接收弟子,进行教育传授活动,在传授过程中论述了文学教学的主张。

(一) 文章与仁义互依

李翱认为文章当有高标准,时人所好之文属于一艺,不能算是文章,文章要师法古人,是"仁义之辞",不能以一艺名之。具有仁义的人,都是有文章的人;有文章而能达到古人水平的人,都是努力修养践行仁义的人。由仁义而后有文章,这是源于天之善性;由文章而后兼有仁义,这是后天学习而得。仁义与文章是相互依存的。仁义与文章生乎内,而不在于外,所以个人能够求而

---

[1] 卷一《感知己赋》。
[2] 《全唐文》卷六三六《李翱·答泗州开元寺僧澄观书》。

充之。他鼓励弟子尽力而为。没有仁义内容的文章与没有文章形式的仁义都是孤立和片面的，没有达到完善境地。

（二）为文重创意

文章写作要有深远意义。李翱说："故义深则意远，意远则理辨，理辨则气直，气直则辞盛，辞盛则文工。如山有恒华嵩衡焉，其同者高也，其草木之荣，不必均也。如渎有淮济河江焉，其同者出源到海也，其曲直浅深色黄白，不必均也。如百品之杂焉，其同者饱于腹也，其味咸酸苦辛，不必均也。此因学而知者，此创意之大归也。"①文章应有自己的特色，才有写作的价值。

（三）文、理、义三者兼具

观古往今来之文，情况不一，"义不深不至于理，言不信不在于教劝，而词句怪丽者有之矣"。"其理往往有是者，而词章不能工者有之矣。"又有"义虽深理虽当，词不工者不成文"。以上都只有一好，而不能全备，所以不能久传于后世。李翱教导弟子，"文、理、义三者兼并，乃能独立于一时，而不泯灭于后代，能必传也"。②

（四）造言贵创新

李翱吸收前人的观点，变为自己的主张。"陆机曰：怵他人之

---

① 卷六《答朱载言书》。
② 卷六《答朱载言书》。

我先。韩退之曰：惟陈言之务去。假令述笑哂之状：曰'莞尔'，则《论语》言之矣；曰'哑哑'，则《易》言之矣；曰'粲然'，则穀梁子言之矣；曰'攸尔'，则班固言之矣；曰'辴然'，则左思言之矣。吾复言之，与前文何以异也？此造言之归。"①他受韩愈"能自树立不因循"主张的影响，强调在语言上要创新，这是使文章显现特色和光彩的因素。

此外，李翱还提出写文章不能情有所偏，滞而不流，造成片面性；应当继承历史遗产，不仅学六经，百家之中杰出者，自成一家之文，也当为学者所师。他的这些主张对于新古文运动的发展起了积极的促进作用。

李翱是韩愈的弟子，接受韩愈的影响，他们的立场和教育思想路线基本是一致的。但李翱有新的发展和改造，提出了一些独立的主张，特别是在《复性书》中提出的"复性说"与"性三品说"是不同的。李翱基于世俗地主的利益，从封建政治、传统伦理上反对佛教，态度是坚决的。佛教作为一种宗教，他主张要废除；而佛学作为一种理论方法，他则持批判吸收的态度，这就为宋代理学吸取佛学开辟了道路。李翱对宋代理学的影响主要表现在两方面：一是他的《复性书》提出去情复性的理论，宋代理学家沿着这条思路，发展出"存天理，去人欲"的口号。二是他从《中庸》《孟子》《大学》中寻找理论依据，继韩愈推崇《孟子》《大学》之后，宣扬并提高了《中庸》的学术地位。宋代理学家受到启发，将《论语》《孟子》《大学》《中庸》合编为"四书"，使"四书"与"五经"并列为儒家的经典著作。李翱为理学在理论、方法上都做了准备，是宋明理学的先驱。

---

① 卷六《答朱载言书》。

第四节　皮日休的教育思想

一、生平

皮日休,先字逸少,后字袭美,襄阳人。他是唐后期著名的文学家,又是高举捍卫周孔之道旗帜的儒学重要代表人物。

皮日休出身普通地主家庭,青少年时代住襄阳鹿门山读书,并亲身从事耕作。咸通四年(863年),离家出游以增广见识,行程循汉水南下,达湖北东部,至湖南沅湘、江西北部,渡江至安徽,达河南,由南阳入蓝田关至京都长安,沿途考察社会,扩大交往,为应举进士做准备。咸通六年,入京。七年春应进士举,落第。退归寿州(今安徽寿县)东别墅,编次诗文二百篇,成《文薮》十卷,作为行卷,以备次年再试。八年,登进士第。九年,离京东游华嵩诸山,由洛阳达扬州,渡江抵苏州。十年,在苏州刺史崔璞幕下为郡从事,与陆龟蒙结为诗友,将相互唱和酬答的诗歌编为《松陵集》。十三年,回京都任著作佐郎、太常博士。乾符二年(875年),王仙芝起义后,皮日休回吴郡,为毗陵副使。五年,黄巢率军入浙,皮日休约在此时参加起义军。黄巢攻下长安,称帝后,授皮日休为翰林学士。中和四年(884年),黄巢败退山东,自杀,起义归于失败,皮日休不知所终。还有说黄巢兵败时,皮日休被乱兵杀死。

二、民本政治思想

皮日休的出身、生活环境、所受的教育、社会经历对其政治思想和教育思想的形成产生影响。他站在庶族地主阶级的立场上,维护封建统治制度,但又同情农民,反映农民的一定利益和要求。他继承和宣扬的是儒学的民本政治思想。

皮日休认为政治就是要为民之利,他说:"天之利下民,其仁至矣。未有美于味而民不知者,便于用而民不由者,厚于生而民不求者。"①古时的圣君贤臣所想的是为民之利,"不以尧舜之心为君者,具君也。不以伊尹、周公之心为臣者,具臣也"。如果不能为人民谋利益,也就不配作为帝王。"后之王天下,有不为尧舜之行者,则民扼其吭,摔其首,辱而逐之,折而族之,不为甚矣。"②对所行不称其职的帝王,人民可以采取行动处置他。

皮日休把尧舜作为统治者的典范,言圣人汲汲于民事,为民而劳心劳身。"劳者劳于心也,劳一心而安天下。……劳者劳于身也,劳一身而安万世者也。"③但今之政治反于古,事情完全颠倒。"古之官人也,以天下为己累,故己忧之。今之官人也,以己为天下累,故人忧之。"④古时的领导者是为天下人民服务,而现今的领导者是天下人民为他服务。

古时是以得到民众真心拥护而得天下,现今则是以民众的生命为代价而得天下。皮日休在《读司马法》中指出:"古之取天下也以民心,今之取天下也以民命。唐虞尚仁,天下之民从而帝之,不曰取天下以民心者乎?汉魏尚权,驱赤子于利刃之下,争寸土于百战之内,由士为诸侯,由诸侯为天子,非兵不能威,非战不能

---

① 《皮子文薮·原谤》,上海古籍出版社1981年版。以下凡引《皮子文薮》,只注篇名。
② 《原谤》。
③ 《原己》。
④ 《鹿门隐书》。

服,不曰取天下以民命者乎?由是编之为术,术愈精而杀人愈多,法益切而害物益甚,呜呼!其亦不仁矣。"依靠武装建立权威,依靠战争征服天下,这是极不人道的霸政。

现实政治已趋腐败,官既为己之私利,吏也仿效而奸欺,"吏不与奸罔期,而奸罔自至"。在政府机构中,吏所为皆违法乱法,危害百姓。皮日休气愤地指出:"古之置吏也,将以逐盗;今之置吏也,将以为盗。"①老百姓在贪官的统治下,在污吏的掠夺下,不可能有安乐的日子过。

治天下不仅要解决政治问题,还要考虑民众的经济生活。为了促使民众重视生产劳动,要调整经济政策,可以采取征税的办法进行激励。皮日休在《请行周典》中指出:"征税者,非以率民而奉君,亦将以励民而成其业也。""必也居不树桑,虽势家亦出里布,则途无裸丐之民矣。""必也田不耕者,虽势家亦出屋粟,则途无馁毙之民矣。""必也凡民无职事者出夫家之征,则世无游惰之民矣。此三者,民之最急者也。有国有家者可不务乎!"民众不受饥寒,没有游手好闲的人,这是经济发展的基础,也是治理国家的初步要求。所以,皮日休主张以经济政策为手段,解决人民的经济生活问题,以达到稳定社会的政治目的。

三、复兴儒道

皮日休是儒学坚定的信仰者和积极的宣传者,他认为要治天下,只有用周孔之道,这样才与民本政治相一致。

---

① 《鹿门隐书》。

（一）用儒

皮日休认为儒道起源也远，古圣相承，形成传统。他指出："圣人之化，出于三皇，成于五帝，定于孔周。"①儒道的本质为道德仁义，其教在文为《诗》《书》《礼》《乐》。古来的王者都依靠儒道来治理国家，想要用别的学说来代替儒道是不可能治理的。"圣人之道犹坦途，诸子之道犹斜径。坦途无不之也，斜径亦无不之也。然适坦途者有津梁，之斜径者苦荆棘。"②儒道是宽广平直的大道，行进很通顺；诸子是偏斜小径，行步有荆棘障碍。不由大道而由斜径，这是违背正理的。但现实中，却有违圣人之言、背圣人之教的事。自东汉开始，佛教流传于中国，信佛的民众日多。到了唐代，"其民也，举族生敬，尽财施济，子去其父，夫亡其妻，蚩蚩嚚嚚，慕其风、蹈其阃者，若百川荡滉不可止者。……今知化者唯西域氏而已矣。有言圣人之化者，则比户以为嗤。"③谈起圣人之道，要被嗤笑。可见，儒与佛的地位在民众的心目中已完全颠倒。佛教对社会的危害已经远远超过杨墨，有心于圣人之道的人应该学习孟子，辟杨墨，起而反对佛教，捍卫圣人之道。

（二）尊孔

在圣人的道德仁义之道统中，皮日休认为最伟大的是孔子，

---

① 《原化》。
② 《鹿门隐书》。
③ 《原化》。

他在《襄州孔子庙学记》中说:"伟哉夫子,后天地而生,知天地之始;先天地而没,知天地之终。非日非月,光之所及者远;不江不海,浸之所及者溥。三代礼乐,吾知其损益;百王宪章,吾知其消息。君臣以位,父子以亲;家国以肥,鬼神以享。道未可诠其有物,释未可证其无生。一以贯之,我先师夫子圣人也。"他高度推崇孔子的智慧和道德。孔子知道天地自然的历史,也知道人类社会的历史,他的思想光芒四射,人们普遍受其恩泽,国家社会就是照他的学说建立了上下等级秩序。孔子在历史上位居中心地位,"德迈于百王,垂化于万世"。① 孔子之所以能垂化万世,是因为他把思想留给了后人,"其道则存乎言,其教则在乎文"。② "仲尼之化,不及于一国,而被于天下;不治于一时,而需于万世,非删《诗》《书》,定《礼》《乐》,赞《周易》,修《春秋》者乎!"③他的影响深远,并永远有效。"夫子之道,久而弥芳,远而弥光,用之则昌,舍之则亡。"④这就是皮日休要复兴儒道的基本理由。

(三) 崇孟

皮日休认为孟子的学说与圣人之道是一致的。"子不异乎道者,孟子也,舍是子者,必戾乎经史。"⑤孟子继承捍卫圣人之道,有重大的历史功绩。"古者杨、墨塞路,孟子辞而辟之,廓如也。故有周、孔,必有杨、墨,要在有孟子而已矣。"⑥孟子的学说流传于

---

① 《补大戴礼祭法文》。
② 《原化》。
③ 《文中子碑》。
④ 《襄州孔子庙学记》。
⑤ 《请孟子为学科书》。
⑥ 《原化》。

世。皮日休在《请孟子为学科书》中指出:"夫孟子之文,粲若经传。天惜其道,不臻于秦。自汉氏得其书,常置博士以专其学。故其文继乎六艺,光乎百氏,真圣人之微旨也。"但汉以后,《孟子》的书不受重视,几乎被湮没。孟子使人们认识到孔子的伟大,肯定汤、武革命是合乎天理、顺乎人心的正义行动,批判杨朱、墨翟而维护纲常,有功于人类甚大。但他的著述未受到宣扬,没有在社会中发挥作用。唐代科举中,道举成为科目,庄周、列子之书成为考试的内容。皮日休批判这种现象,提出将《孟子》列为学科,他说:"今有司除茂才、明经外,其次有熟庄周、列子书者,亦登于科,其诱善也虽深,而悬科也未正。夫庄、列之文,荒唐之文也,读之可以为方外之士,习之可以为鸿荒之民,安有能汲汲以救时补教为志哉?伏请命有司去《庄》《列》之书,以《孟子》为主,有能精通其义者,其科选视明经。苟若是也,不谢汉之博士矣。既遂之,如儒道不行,圣化无补,则可刑其言者。"他认为学习《孟子》可以端正人的思想,树立救时补教之志。他是历史上第一个主张以《孟子》为科举考试科目的人,并以此作为儒道推行的重要保证。

(四)扬韩

皮日休认为唐代捍卫儒道,韩愈所起的作用与战国时代孟子所起的作用一样。他写了《请韩文公配飨太学书》,宣扬韩愈的历史功绩。韩愈"身行圣人之道,口吐圣人之言,行如颜闵,文若游夏",是值得尊敬的人。韩愈使孔道得以流传不绝,是继王通之后传道的人。"夫孟子、荀卿翼传孔道,以至于文中子。文中子之末,降及贞观、开元,其传者醨,其继者浅,或引刑名以为文,或授纵横以为理,或作词赋以为雅。文中之道,旷百世而得室授者,惟昌黎文公焉。"韩愈有极大的理论勇气,当众迷而已独醒之时,孤立无援,他能愤然而起,批判释老。"公之文,蹴杨墨于不毛之地,蹂释老于无人之境,故得孔道巍然而自正。"他捍卫儒道的著作,都有"裨造化,补时政"的功用。皮日休认为韩愈是继承和捍卫儒道最杰出的人物,"身行其道,口传其文,吾唐以来,一人而已",应当配享太学。在历史上,这也是第一次有人提出建议,肯定韩愈在儒学发展过程中的地位。

四、重视教化

为政以民为本,需要重视教民。民之本性如何?教之之道如何?这些成为皮日休讨论的问题。

皮日休以唯心主义的观点看待人性,认为人性出于天命的禀赋,而天命的禀赋存在差别,这种差别有道德内容上的。"上善出于性,大恶亦出于性,中庸之人,善恶在其化者也。"①上善的人出于天命之性,是先天的禀赋。"若圣人者,天资也,非修而至也。"②圣人是天生的,不是后天学习的结果。如果是后天学习而成的,则是次于圣人的贤人。大恶的人亦出于天命之性,其恶也无法改变。唯有中庸之人,善恶没有定型,可善也可恶,其人或善或恶,全在于所受的教化。教者善,教之以善,受教者则从善而化。教者恶,教之以恶,受教者则从恶而化。所以,教化非常重要。皮日休由此得出应当注重教化的结论。

---

① 《相解》。
② 《鹿门隐书》。

"天有造化,圣人以教化裨之。"①圣人以教化民众为天职,根据民性的表现,施以相应的教化。皮日休在《鹿门隐书》中说:"民性多暴,圣人导之以其仁;民性多逆,圣人导之以其义;民性多纵,圣人导之以其礼;民性多愚,圣人导之以其智;民性多妄,圣人导之以其信。若然者,圣人导之于天下,贤人导之于国,众人导之于家。"圣人作为教育者,施五常之教遍于天下,目的在于使众多的中庸之人从善而化。后世的人不重视五常的教化,从曹操开始,拿仁义礼智信当幌子,作为夺取权位的工具,这是很可悲的。

"圣人能与人道,不能与人志。"②圣人能以五常的人道教导民众,但不能代替民众立志一定要接受五常,从善而化。教育成功与否,教者只是一方面的条件,受教者是另一方面的条件。受教者本身有条件的限制,或者不能接受教育,教育的效果就受到限制。"造父善御,不能御驽骀;公输善匠,不能匠散木。吾知夫不教之民也,岂易御而易匠者哉!"③教者不能强迫受教者按所预定的方向去发展,也就难以取得成功,要成功就需看受教一方的条件和配合的程度。

五、 整顿学校

学校是圣人治理国家与实施教化的重要机构。圣人以道治天下,如不能使居位治民的人学道、行道,就会名实相反,在上的人不依道而施政,文治就存在弊端;在下的人缺乏教训,就不能依

---

① 《鹿门隐书》。
② 《鹿门隐书》。
③ 《鹿门隐书》。

正道而行。如此一来,社会风气起了变化,就会产生偏向。为了避免这种情况,凡是将要居位治民的人,上自天子,下至子男,"必立庠以化之,设序以教之"。① 为了庠序的教学,需要有教师,"士有业高训深,必诎礼以延之,越爵以贵之",对教师加以礼敬。② 这是圣人为治国施政而设学尊师的一套做法。

唐代的国学在礼仪制度和尊敬师长方面都超过了前代。皮日休在《移成均博士书》中指出:"今国家立成均之业,其礼盛于周,其品广于汉,其诎礼越爵,又甚于前世,而未免乎愧道者何哉?"制度形式都有发展,而在学道、行道方面存在欠缺。分析起来,重要的问题在于未能正确认识"六经"并切实地进行讲习。

"六经"是历代相传的重要典籍。"夫圣人之为文也,为经约乎史,赞《易》近乎象,《诗》《书》止乎删,《礼》《乐》止乎定,《春秋》止乎修。然六籍仪刑乎千万世,百王更命迭号,莫不由是大也。"皮日休认为"六经"是千万世的经典,但"六经"的内容幽隐玄妙,如果学习的人不能"行决句释",就不能了解经的本源和它深远的含意。所以,学经一定要有名家的注释。"故《诗》得毛公,《书》得伏生,《易》得杨何,《礼》得二戴,《周官》得郑康成,掇其微言,钶其大义,幽者明于日月,奥者廓于天地。"有了名家的注释,可以减少学习障碍,这是教学的一方面条件。另一方面,教学还得依靠教师的讲习。"然则今之讲习之功与决释之功,不啻半矣,其文得不弊乎?其训得不薄乎?呜呼!西域氏之教,其徒日以讲习决释其法为事。视吾之太学,又足为西域氏之羞矣。"教师不能尽其职,讲习和决释都只做了一半的功夫。从圣人经典学道、行道存在着

---

① 《移成均博士书》。
② 《移成均博士书》。

弊端,学生所受的训导程度有欠缺。与佛教比较,佛教徒日日以讲习决释佛法为事,太学的教学活动日渐荒废,要被佛教徒耻笑。

改变这种状态的办法是整顿,最重要的是负教学之责的博士提高其认识,加强其责任心。"得不思居其位者不愧其道,处于职者不堕其业乎?"博士一旦能端正思想,增强为师的责任心,就会抓紧教学,"日诫其属,月励其徒,年持六籍,日决百氏。俾诸生于圣典也,洞知大晓,犹驾车者必知康庄,操舟者必知河海"。如此,最终必然能提高生徒对于"六经"的通晓程度。学道有了基础,居位行道也就有了较好的条件。对于博士,根据教学中的表现,也可以进行一定的甄别。"既若是矣,执其业者,精者进而堕者退,公者得而私者失。非惟大发于儒风,抑亦不苟于禄位。"

皮日休主张加强教师的责任心以改进教学,这是正确的。但影响学校教学的不单是教师的责任心,还有其他多方面原因。唐后期,政治更加腐败,学校要整顿振兴是困难的,所以主要责任还在上层。

六、修养道德

皮日休的理想人格是君子贤人,这要由修善积德而成。他在《鹿门隐书》中指出:"小善乱德,小才耗道。以有善而不进,以有才而不修,孔门之徒耻也。""盖修而至者,颜子也,孟轲也。"[①]如何修养道德以成君子,这是他着重关心和讨论的问题。他提出以下几方面主张:

[①]《鹿门隐书》。

（一）心德

皮日休认为，对个人来说，心最为重要，是主宰。"心为己帝，耳目为辅相，四支为诸侯。己帝苟不德，则辅相叛，诸侯乱。""心由是君，身由是臣。中既龃龉，外乃纷纶。耳厌闻义，目恶睹仁，手持乱柄，足践祸门。"①心是全身的主宰，如果心不德，没有正确地指挥全身，耳、目、手、足的行动表现就要发生错误。因此，他为自己的修养写了规戒，名曰《六箴》。"因为心口耳目手足箴，书之于绅，安不忘危，慎不忘节，穷不忘操，贵不忘道，行古人之事有如符节者，其在六箴乎！"心居中，应主静，"冥冥默默，惟道之域，处不违仁，居无悖德。……居不必野，惟性之寂；止不必广，惟心之适。……成吾高风，惟静之力"。心静而不妄动，更有利于提高修养的水平。

（二）敬己

承认心的主宰作用，也就承认人的主观作用，重视自己的作用，而不等待别人的制约；从主观方面寻动力，而不是推到客观方面。"能以心求道者，不曰己乎？能以心为天子、为诸侯、为贤圣者，不曰己乎？是己之重，不独重于人，抑亦重于道也，尝试论之。能辱己者，必能辱于人；能轻己者，必能轻于人；能苦己者，必能苦于人。为孔颜者非他，宝乎己者也。"所以，修养道德要"敬于己"，

---
① 《六箴并序》。

立足于自己,要求自己。这是对儒家"君子求诸己"思想的继承,更强调认识自己的作用。

(三)自尊

处于社会中,如何才能避免旁人的毁谤贬低?皮日休提出要"去六邪,用四尊"。"谏未深而谤君,交未至而责友,居未安而罪国,家不俭而罪岁,道不高而凌贵,志不定而羡富,此之谓六邪也。自尊其道,尧舜不得而卑也。自尊其亲,天下不得而诎也。自尊其己,孩孺不得而娱也。自尊其志,刀锯不得而威也。此之谓四尊也。"他强调的是对自己的要求必须高,行为必须正,有充分的自尊自信,才能立足于关系复杂的社会。

(四)四正

君子日常的行为应该坚持什么样的准则?皮日休认为应坚持的原则可总括为"去四蔽,用四正"。"见贤不能亲,闻义不能伏,当乱不能正,当利不能节,此之谓四蔽。道不正不言,礼不正不行,文不正不修,人不正不见,此之谓四正。""四正"包括一个人的言行、读书与交友,都有一定的准则,抓住了知识分子行为的重要方面。

(五)适道

士人生活于社会中,出处行止是随着舆论而转移还是依据自己的观点而转移？皮日休认为不能盲从舆论，而要有一定的主张。他主张"行以古圣人，止以古圣人，不顾今之是非，不随众之毁誉，虽必不合于禄利，适乎道而已矣"。① 行止都以古圣人为榜样，不顾是非，也不顾毁誉，更不计较利禄，只顾朝着圣人之道的方向前进。

皮日休重视个人的道德修养对社会的作用，在修养中重视的是个人的道德认识，强调主观方面而非客观条件，倾向于主静，以箴言的形式为自己拟订行为戒条，对宋代理学有一定影响。

七、礼教移风

皮日休认为中庸之人可以经教化而从善，民风也可以依教化而转变。教化民众以礼教为主要内容，而礼教不以感情为标准，乃以古圣人为标准。"是后之制礼作乐，宜取周书孔策为标准也。"② 以圣人的标准，选取中道。依人类心态，仁爱的人孝心有余，不仁的人孝心不足。所以，圣人要制定礼教，"非所以惩其不足，抑亦戒其有余"，③ 就是要防止偏向。

孝是封建道德的基本规范，但唐后期孝的道德实践已越过礼教所规定的标准，成为新的歪风陋俗。皮日休为此而写《鄙孝议》，对歪风陋俗加以批判，论述合礼教的孝行。他指出了唐后期出现的歪风。"今之愚民，谓己肉可以愈父母之病，必剚而饲之。大者邀县官之赏，小者市乡党之誉，讹风习习，扇成厥俗，通儒不

---

① 《独行》。
② 《题叔孙通传》。
③ 《鄙孝议》。

以言,执政不以禁。"割己肉为父母疗病,这是一种愚昧的行为,不合传统的孝道。他指出:"岂有操其刃劗己肉以为孝哉?夫人之身者,父母之遗体也。劗己之肉,由父母之肉也。言一不顺色,一不怡情,尚以为不孝,况劗父母之肉哉!"这是圣贤不为的事,政府应当严令以禁之。唐后期,又有父母死后不掩埋,或掩埋之后又庐墓,也是一种陋俗。"今之愚民,既合不掩,谓乎不忍也;既掩不虞,谓乎庐墓也。伤者必过毁,甚者必越礼,上者要天子之旌表,次者受诸侯之褒赏。自汉魏以降,厥风逾甚,愚民蚩蚩,过毁者谓得仪,越礼者谓大孝,奸者凭之以避征徭,伪者扇之以收名誉。"这种愚昧的行为被社会称为大孝异行,而奸伪之人则将之作为谋取私利的手段,这实是对礼教的破坏。圣人创设礼教,是为了调整人的行为,使之适度。"人之心也,仁者孝有余,凶者暴不足。故圣人之制礼,非所以惩其不足,抑亦戒其有余。由是节之以哀戚,定之以封域,制之以斩衰。仁者之丧,满其哀也,不足于心,而不能有余于礼。凶者之丧,满其怠也,有余于心,而不能不足于礼。"这种由圣人创设的礼制,无过无不及,是比较合理的。一些愚昧的人对已死的父母停尸不掩,延长丧期,庐墓而居,都是违反礼教的行为。政府负有教化民众之责,发现此类现象,"宜责而不贵,鄙而不旌,则民必依礼而行矣"。如能加以疏导,违反礼教的歪风陋俗就可以得到改变。

皮日休重视孝德的提倡,但孝的行为应该在礼教规范之内,违礼就不是真正的孝,应该加以纠正,如此才能形成良好的社会风俗。

皮日休的教育思想涉及多方面,他在教育方法上主张说服教育。他认为圣贤在世,不能无过,人苟有过,必谕之。他明确地反对体罚,更不赞成把伤害身体也作为严教的行为。"吾观夫今之世,诲其子者,必榰肌榜骨,伤爱毁性以为教。呜呼!孟子所谓古者易子而教,诚有旨欤!"①这些都是具有民主性的观点,说服教育是家庭教育、学校教育、社会教育应当普遍适用的方法。

皮日休在学术思想上尊崇孔子、孟子,表彰王通、韩愈,学其仁义道德,积极行道于当时,是为复兴儒学而奋斗的重要代表。他在教育思想上强调教化和修养,维护"六经"和礼教,都体现了儒学的基本特点,这些特点后来为宋理学家所进一步发扬。

第五节 林慎思的教育思想

一、生平和著作

林慎思字虔中,自号伸蒙子,福建长乐人。他是唐后期儒学的理论家。少年时,倜傥有大志,力学好修,与昆弟五人读书稠岩山中。咸通五年(864年),贡举进士,不第,退居槐里,讲学著书。咸通十年登进士第,复中宏词科。历官校书郎、水部郎中、万年县令。自称:"予所学周公、仲尼之道,所言尧、舜、禹、汤、文、武之行事也。如有用我者,吾言其施,吾学其行乎!"②他有远大的政治抱负,欲以实行儒道来挽救唐朝的危亡。他对农民起义持反对态度,在黄巢率农民起义军入长安时,不肯归附,拒受官职,为唐朝效忠而死。

---

① 《原亲》。
② 《全唐文》卷八〇二《林慎思·伸蒙子序》。

林慎思所著有《儒范》七篇、《续孟子》二卷、《伸蒙子》三卷。言以见志,皆对当时社会及教育问题有所感而发。《续孟子》和《伸蒙子》两书传世,收入《百子全书》。两书篇章不多,采用设问对答的形式来论述。《续孟子》假借孟子之名来讲论,要作为《孟子》的续篇,有"代圣立言"的味道。《伸蒙子》则现身说法,直抒己见。两书反映了唐后期的社会问题,涉及政治、经济、伦理、教育等方面,确有新的思想内容。

二、志在发扬儒学

林慎思在《伸蒙子序》中,宣称自己所学的是先圣周公、仲尼之道,所讲的是先王尧、舜、禹、汤、文、武之行事。暂时隐居槐里,是君子未用之时而藏身晦迹。不磨砺其道,安能显扬?进行理论钻研,乃是准备思想条件,积学待时,等候国家的使用。他考察唐后期的社会现象,发现违先王之道比比皆是。他怀着正天下的历史责任感,出仕任官,期望能实施自己的主张,使儒道行于世。其时,唐宣宗、唐懿宗相继崇奉佛教,儒学的社会地位再次下降。他对抗这种潮流,认为那是一时现象,自己有信心扭转局面。他认为一时一地的不利并不改变儒学成为中国历史的思想主流。《伸蒙子·演圣》中关于儒道未行于楚的一段论述,表现了他对儒学的历史看法。"知道先生问:'仲尼不得楚封,不患无土乎?'伸蒙子曰:'仲尼得于楚不为有土,失于楚不为无土。何则?鳅居之水,鲲不可止也,莺巢之树,鹏不可栖也。故仲尼无土于一时,有土于万代也。且生遇无道,则天下犹小,不容仲尼也,矧一楚国何益乎?苟生遇有道,则陋巷非隘,可封仲尼也,虽百楚国何及乎!

所以仲尼之道高大无穷焉，亘万代而乃容，非一时之能容矣。苟以一时封楚，是鲲止鳅水，鹏栖莺林，既莫能容也，孰为有土乎？所以亘万代而乃容，果遇有道而封也，孰为无土乎？"儒道虽不行于一时，但流传于万代。

儒道合于天道，违儒道就是反天道。天道不可反，儒道也不能违。违反者，乃逆天的行为，逆天者亡。历史上有这种事例。《伸蒙子·合天》载："弘文先生曰：'秦人焚书坑儒以愚黔首，意其帝万世矣，而亡不旋踵，何邪？'伸蒙子曰：'天亡之也。吾闻顺天者存，逆天者亡。天生羲、农、黄帝、尧、舜为道之宗，又生禹、汤、文、武、周公、孔子为道之主，其言式万代，其政训百王，譬日月不可掩，山川不可迁也。秦人姗笑先王，绝弃礼法，悉举而燔之，使天下之人横目蚩蚩，无知识，无防节，是日月晦蚀，山川崩裂，天怒人怨，有灭亡之形，而人不知也。一夫呼，七庙堕，秦焚书是自焚矣，秦坑儒是自坑矣。世未有合天而亡，逆天而存者也。故曰，秦之亡，天也。'"秦朝企图传万世而没有传万世，它违反尧、舜、周、孔之大道，绝弃礼法，坑儒是自坑，不旋踵而亡，其历史教训反倒传万世。

林慎思要求继承和发扬道统。在道统人物中，他推崇孟子，重申义利之辩，以仁义为思想核心，期望在唐代能施行仁政。

三、改造社会需依赖教化

唐后期，社会矛盾加深，阶级斗争激化。林慎思观察到这些现象，揭露官府对农民的残害，他在《伸蒙子》中说："且养其卒非捕民之寇盗邪？寇盗未必由卒捕也，而先尽民之父子焉。条其吏非劝民之农桑邪？农桑未必由吏劝也，而先夺民之粟帛焉。斯不亦用去害而为害，化利而失利欤！"农民痛苦已深，而中央政府腐败，"岂知下民终日劳心而无告于上乎"！危机四伏，朝廷对局势已难以控制，"习叛者瞀于恩信"，"习盗者聩于刑法"，恩信和刑法两种手段都失去了效用。为了挽救唐朝的危亡，需要改造社会，以儒学为指导，进行教化。

国家和社会的治理和教化，不靠天命时运，而主要取决于人，尤其是政治领导人是否选择王道。《伸蒙子·彰变》："干禄先生问：'王道兴衰由天之历数，有诸？'伸蒙子曰：'非天也，人也。……里有良吏暴吏，损益于民也，不由牧政之心焉。然则政之不乱也，不使罚及忠信、赏归苛酷矣。是赏罚均于政也，而良暴岂由于政哉？是兴衰系乎君人，犹良暴系乎里吏。……兴衰者，由乎人。'"

改造社会要树立以民为本的观念，为人民的利益考虑，首先要减轻人民的负担，保证人民的物质生活。"吾所谓与民同者，均役于民，使民力不乏；均赋于民，使民用常足。然后君有余而宴乐，民有余而歌咏。夫若此，岂不谓与民同耶？"①恩赐民众以安抚民心并非长久的善政良策，教民众勤劳生产以实现耕织自给，才是长久的善政良策。

改造社会需要一定的思想基础，需要全社会进行思想转变。"移厚利之心而在仁义，移薄仁义之心而在利，则上下移矣。"②依靠教化，使上下都进行思想转变，树立"仁义"思想，人才可能普遍相互关心，建立新的人际关系。

---

① 《续孟子·乐正子》。
② 《续孟子·梁大夫》。

四、教育的功能在化迁

教育在人和社会的发展过程中的作用,是历来许多教育家讨论的问题,见解各有不同,在理论上各有贡献。林慎思主要从人的道德品质形成和变化角度考察,提出"人善恶随化而迁"的主张。《伸蒙子·明化》就人之善恶随化而迁的问题作了论述。"求己先生问:'人之善恶能化而迁乎?'伸蒙子曰:'迁矣。'曰:'性有刚柔,天然也。犹火可迁水邪?'曰:'善不在柔,恶不在刚也。火能炮燔亦能为灾,水能润泽亦能为渗,及其迁也,化灾为炮燔,化渗为润泽,岂在化火为水乎?人之善恶,随化而迁也,必能反善为恶,反恶为善矣。孟母正己以化于孟轲,及其迁也,非反恶为善邪?齐桓大功,而化于竖刁,及其迁也,非反善为恶邪?所谓人善恶随化而迁不亦明乎。'"林慎思把善恶归于社会道德范畴,与物质具有刚柔的性质不属同一范围。善恶的道德品质不是固定不变的,而是可以转化变迁的,只要具备一定转化的条件,变迁就能成为事实。善恶的化迁不单有反恶为善,还有反善为恶,是双向的,依条件而转移。所以,迁化的性质是较复杂的,效果也不大一样,向善的方面化迁是积极的,向恶的方面化迁是消极的。这种看法含有辩证法因素。

林慎思以前进的历史观看待人的化迁,古今时代不同,今人比古人易化。《伸蒙子·喻民》:"干禄先生曰:'古民难化于今民乎?'伸蒙子曰:'今人易化。'曰:'古民性朴,今民性诈,安得诈易于朴邪?'曰:'朴,止也。诈,流也。止犹土也。流犹水也。水可决使东西乎?土可决使东西乎?且婴儿未有知也,性无朴乎?卬儿已有知也,性无诈乎?圣人养天下之民,犹养儿也,则古民婴然未有知也,今民㐄然已有知也。化已有知,孰与化未有知之难乎?"林慎思认为人类在发展,时代在变化,今人不同于古人,这是他所持的社会发展观。古人与今人各有其特性,上古民性淳朴,今世民性诡诈,淳朴就如静止不动的土地,诡诈就如变动不停的流水,水可以改变其流动方向,土地就没有这种可能。古人如婴儿未有知识,故是淳朴的;今人如儿童,已有些知识,所以会有虚诈。这表明时代发展,后一代比前一时代的智力水平提高。化已有知的今人当然比化未有知的古人来得容易,所以说"古民难化""今人易化"。持这种发展观,必然会采取文治的决策,增强从事教育的信心,与唐初魏徵的观点一脉相承。

教育可以帮助人化迁,但是否能实现化迁,不仅需要外在条件,还要看内在条件。人有差别,恶的程度有不同,不肖可迁善,大不肖则不能迁善。《伸蒙子·迁善》:"先生闻良马有害人者乎?良御必能维絷以驯伏其性也。闻猛虎有啖人者乎?武士安能囚拘以驯伏其性邪?太甲不肖,犹良马也,伊尹则可维絷以迁于善也。桀纣不肖,犹猛虎也,龙逢、比干岂可囚拘以迁于善乎?"这说明一般不肖的人可经过教育,随化而迁,成为善人;而大不肖的人非同一般,教而不受,难于随化而迁。所以,虽然教育对人道德品质的形成有重要的作用,但教育的作用不是万能的。在一些情况下,教育的作用有一定局限。因此,作为教育的补充手段,采用刑罚来制止人群中的恶人恶行是有必要的。在有人不听教导,其恶行要对社会造成破坏性影响的情况下,使用刑罚是必要的选择,功效是显著的。这种观点与早期儒家主张用德不用刑的传统不同,是阶级矛盾尖锐,社会处于不稳定时期在教育思想上的反映。

五、 以道德教育为中心

唐后期,社会不安定,背离封建道德的行为成为经常和普遍的现象,继续发展下去,王朝就要灭亡。为了救亡和安定社会,这是林慎思重视道德教育的根本原因,忧国之心使他采取教育行动。他在《续孟子·彭更》说:"寇盗之害将生,乱亡无日矣,吾非不仁之人,安能忍其害生不导之而出邪?"加强道德教育是其重要对策之一。

孝与忠是道德教育的两个基本方面,其中孝德是整个封建道德的基础,尤为重要。林慎思对孝的含义有新的解释。《续孟子·庄暴》:"孟子曰:禹之孝在乎天下,不在乎一家也。夫鲧遭舜殛,公也;禹受舜禅,亦公也。……禹能不私一家之仇而出天下之患也,此非禹之孝在乎天下,而不在乎一家欤!苟私一家之仇而忘天下之患,则何以为禹之孝?"这已突破《孝经》"立身扬名以显父母,孝之终也"的传统解释。《续孟子·咸邱蒙》还说:"天生大孝于舜,使化天下之人也。"以利天下为孝德的标准,这是观念上的重要发展。

对于忠德,林慎思联系历史人物的评价进行讨论。有一种论调认为:"比干谏不止,致辛有否贤之罪名落千古,而为后代之所丑,斯实陷君于不义,恶为忠乎?"林慎思在《伸蒙子·演忠》中反对这种论调,肯定比干是忠臣,他指出:"比干非不知辛祸胎已长,势不可止,盖不忍不止,则竭忠谏之,谏之不听,亦欲垂明镜于后代,则辛有剖贤人之罪,得无鉴戒于后代邪?是以比干之忠,不独忠于一时,而亦忠于后代矣。"比干作为忠臣而死谏,当时忠于商朝,也忠于历史,为后代留下鉴戒。不以忠于君主一人的愚忠为忠,而以忠于历史为忠,这种解释也是道德观的新发展。

除了强调孝、忠,林慎思还宣扬仁义等道德规范的教育。

义与利相对,与义对立的利乃是私利,若是公利,乃合乎义。从社会人群来看,有为公利,有为私利,以此而为道德或不道德的区分,"人心皆知喜公而嫉私"。① 林慎思要求以公利为标准,凡为公利就是合于义的行为。

在道德修养中,提高道德认识是很重要的。林慎思在《伸蒙子·辩惑》中指出:"人无不惑,盖君子知其所惑而不惑矣,小人不知其所惑而惑矣。"君子能认识到财货酒色对道德修养的损害,思想就不会迷乱;小人不认识其损害,思想就会迷乱而败德。已经过道德修养而具有一定品德的人,有识别能力和自我控制能力,能抵制财货酒色的诱惑,保持自己的德行。

君子对道德修养要有高要求,自己所提倡的自己一定要实行,不可以"能言于人而不能行于己"。② 君子还应当防止行为的差失,以避免舆论的攻击。"终身为善,而善未必闻,卒有一恶归之,则为善之名败矣。"③这是需要警惕的。《伸蒙子·显防》指出:"故君子居其显,进退不违规矩也。脱有一失,则庸昧者皆见而噪矣。……是以古之圣贤立道光显,为后代所瞻瞩,使无一失者,得不由防其噪之邪?"君子为人光明正大,行为全都遵守规范,不出现一项差失。

林慎思还认为学习历史也是增进道德修养的一条有效途径。

---

① 《伸蒙子·指公》。
② 《伸蒙子·治难》。
③ 《伸蒙子·慎名》。

《伸蒙子·鉴旨》指出:"三代之季,鉴于有道,不鉴于无道也。且居起欲奢,鉴之而反俭;威刑于暴,鉴之而反仁;畋游欲纵,鉴之而反礼;声色欲荒,鉴之而反德。是犹鉴治国之政,而成有道之基矣。"学习历史要学习有道德的正面人物,他们为后世树立道德榜样,拿他们来与自己对照可以受到教益。

除以上问题外,林慎思还提出了一些有价值的教育观点。例如,他主张人的学习不能无师,但人的发展不决定于师。《伸蒙子·由天》指出:"盖以齐庄运动,不得无师矣。仲尼昔师于老氏也,后设其教,则大于老氏焉,是师其齐庄也,妍丑岂由于老氏乎?韩非、李斯昔师于荀卿也,后行其道,则反于荀卿焉,是师其运动也,清浊岂由于荀卿乎?"因此,既要有教师,又不能把学生以后的发展皆归因于教师。

林慎思还主张教育要适应人的心理特点,才能进行得顺利和有效。《伸蒙子·明性》:"韶夏之声,人非不知可敬,而不能嗜也;郑卫之声,人非不知可去,而不能舍也,何哉?可敬者,礼节也,礼则难行,故人不能嗜矣。可去者,非礼也,非礼易惑,故人不能舍矣。是以演先王之教,不得人之乐者,教难行也。吐倡优之辞,皆得人之喜者,辞易惑也。恶有圣徒能乘其心者,后易惑而难行哉?"总的来说,不得人之乐者,教难行;得人之乐者,教易行。教育要使人易于接受,进行得有效果,就应当注意人的心理特点。

林慎思面对唐后期的社会现状,就发扬儒学、加强教化、重视道德教育等问题,发表了自己的教育思想主张,具有一定特色,值得加以总结。

第十六章

儒道佛调和的教育思想

第一节 儒道佛调和与教育思想

在隋唐儒道佛三教并立和斗争的过程中,儒道佛调和的教育思想逐渐在发展,这与统治集团的文教政策在各阶段的变化有关联,因此它的发展也起伏不定。

一、隋代重佛轻儒条件下调和思想的产生

自汉以来,统治阶级根据自己的利益和需要,利用儒道佛,从各方面影响民众的思想,对宗教基本采取并容调和的态度,不仅佛道两种宗教可以调和,而且宗教与儒学也可以调和。隋文帝依据这种历史传统,起初表示三教并重,他要统治全国民众,需要从精神上麻痹民众,就扶植宗教;他要控制国家机构,也需要儒学和部分儒生。后来他实行的文教政策实际上是重佛轻道,尤其轻儒。开皇元年(581年),隋文帝令民人任便出家,并令计口出钱,营造经像,佛教因此大为流行。他为京师和大都邑的佛寺写经四十六藏,凡十三万卷,修治旧经四部,民间流通的

佛经比儒经多数十百倍。佛教在隋文帝扶植下达于极盛阶段。三教之中,儒学的地位降到最低。到了隋文帝晚年,扬佛抑儒更加明显。开皇二十年,隋文帝严禁毁坏、偷盗佛道两教的神像,表明他对两教特别尊崇。仁寿元年(601年),他以学校生徒多而不精为由,下令废除京师和州县的大小学校,只保留国子学一所,限额学生七十二人。同日,他却下令颁舍利于诸州,前后营造寺塔五千多所。隋文帝利用皇权扶佛抑儒,引起儒者的反对。刘炫曾上书据理劝谏,不被采纳。儒学受到严重打击,丧失官学的大片传播阵地,被迫退守民间私学,以继续维持儒学传授。

隋炀帝也信佛甚深,他是天台宗名僧智颉的弟子,积极赞助和利用佛教。他也知道治国不能缺少儒学,于是重新恢复学校,但并不提高儒学的地位。隋炀帝居于东西两都或出游,总有僧、尼、道士、女冠随从,称为"四道场"。重佛轻儒,使儒学空有设学之名,而无弘道之实。

儒家学者面对三教并存而儒学地位最低这种局面颇多感慨,他们不满隋朝不施德政、不重儒学。个别学者对三教的作用和关系作了冷静的思考。王通认识到,在现实中,儒道佛三教都为统治者所利用,都为隋朝的利益服务,所以有共同的政治基础。现实生活的苦难,需要寻找精神寄托,因而宗教有其存在的社会基础。从北魏太武帝太平真君年间和北周武帝建德年间灭佛的历史教训来看,用行政手段灭佛,"适足推波助澜,纵风止燎尔",[①]产生反作用,佛教反而更昌炽。王通对佛教、道教的教主给予尊重,对两教的社会作用均有批评。他传授的是儒学,主张

---

① 《中说》卷五《问易篇》。

的是仁义，追求的是王道，站在儒学的立场，提出"三教可一"的建议。因为他认为三教都着眼于从思想上教化民众服从统治，使民不倦，都为同一朝廷效劳，有了共同点才可能有统一的条件，统一要以儒学为基础，吸收佛道学说中不与传统伦理矛盾而能适应现实政治制度需要的思想因素。王通虽提出新的设想，但并未作进一步的详细探讨。"三教可一"成了以后儒学争论的问题。

二、唐代儒道佛调和思想的形成

历史上，三教矛盾的激化都有最高统治者参与并卷入其中。北魏太武帝兴道灭佛，最终未能灭佛；北周武帝兴道灭佛，佛徒助隋反周；隋文帝扶佛抑儒，促使一些被排挤的儒生后来参加农民起义反隋。这些历史教训使唐代统治集团认识到，三教都是为朝廷服务的工具，三者并存，各有它的用处，人为灭掉任何一个都对朝廷不利。所以，唐代较有远虑的当政者十分注意儒道佛三种势力的均衡。

在李渊发动太原起义之前，道士王远知给他密传符命，僧徒景晖也私授密记，都说他当承天命。李渊成为皇帝之后，根据巩固唐政权的利益来对待三教。他利用道教，宣扬老君李耳与皇帝是祖孙关系，以提高皇权。他还利用儒学来宣扬礼教。武德七年（624年），他亲到国子监释奠先圣先师，引道士及沙门与博士相驳难，为唐代三教讨论开了先例。他宣布三教的地位是：道教第一，儒学第二，佛教第三。后来，他又注意到沙门道士苟避征徭，不守戒律，对朝廷不利，下令沙汰天下僧、尼、道士、女冠,被沙汰者还俗,目的是加以控制,但因玄武门事变而未贯彻实行。

李世民即位后,也为巩固皇权而推崇李耳。所不同的是,他在智囊团的影响下,大力提高儒学的地位,以孔子为先圣,使儒学得到大规模的发展,儒学培养的贤能之士得到使用。贞观十一年(637年),他下令道士和女冠位在僧尼之上。在佛道斗争中,道教得到政治助力而居首位,儒学居第二,佛教居第三。唐太宗定下三教并用且排定次序,而在实际施政上则侧重儒术,使三教均在其控制利用之中。唐高宗继续他的政策,着重利用道与儒,要合道儒为一股拥李的力量,但他的权力已被逐步削弱,控制不力。

武则天利用、拉拢佛教徒为自己夺取帝位的拥护者,改令佛教在道教之上,僧尼处道士和女冠之前,排序为佛第一,道第二,儒第三。佛教受到扶植,大为得势,各地造寺敬佛。儒学则因不赞成破坏三纲、颠倒尊卑而大受抑制,官学被置于荒废状态。武则天崇拜佛教,但不毁灭道教,也不焚烧道教用来贬低佛教的《化胡经》,她始终掌握摆弄佛道两教的权力。载初元年(690年),她亲享明堂,令三教讲论,佛教备受尊崇。李旦当皇帝时,佛道对抗相持,互不相让。李旦软弱、无主见,一时无法判先后,只好在法事和集会上让僧道并进并退,表示两教平等。

李隆基即位后,认识到佛教隐藏着潜在的危险(武则天可以借助佛教的支持改朝易号),为了巩固李唐皇朝,他扶植道教振兴,遏制佛教发展。开元天宝年代,道教得到政治助力,达于极盛阶段,对教育和科举产生直接影响。传授道教理论的崇玄学得到发展,为崇玄生安排政治出路,增设道举科,用官禄引诱,吸引了一些儒生投入道门。佛教暂时式微，唯有禅宗的南宗因改造为大众化的宗教而有所发展。开元天宝年代，儒学受到一定重视，官学得到恢复，形成完整的学校系统，确定了管理制度。朝廷规定每年释奠日，佛道与百官赴国子监观礼，并举行三教讲论，成为三教调和的预演。

唐朝多数皇帝都认识到调和三教对自己有利，使三教都成为拥护皇权的力量。李适当皇帝时，有意识地促进三教调和。贞元十二年（796年），皇帝生日（四月庚辰），令儒官与佛道于麟德殿座前讲论三教。给事中徐岱、兵部郎中赵需、礼部郎中许孟容、四门博士韦渠牟、道士万参成、沙门谭延等十二人参与讲论。在皇帝面前讲论，既要表现本教的学说主张，又要讨得皇帝的欢心。三教讲论的大致格式是："初若矛盾相向，后类江海同归。"①有了这个共同格式，三教间的矛盾大体能调和。后来的皇帝也效法之，在生日当天举行三教讲论的活动，如宝历、大和、咸通年间都有此类活动，目的也在于促进三教调和。

三教并立，相互斗争，不利于维护政治上的长久统一。唐前期，由于中央集权比较稳固，朝廷能够控制整个局面，问题不太大。到了唐后期，由于中央集权统治逐渐削弱，加强思想统一的任务就更为突出。儒家内部关于三教关系的讨论，可归结为两种意见：一种以韩愈为代表，主张独尊儒学，排斥佛道；一种以柳宗元为代表，主张以儒为主，统合三教。柳宗元认为佛道思想虽有缺点，但与儒学的基本精神并不矛盾，三教可以殊途同归，处理三教关系的正确途径是以儒为主的三教调和。白居易也主

---

① 《南部新书》。

张三教调和，但他越到晚年，思想越往佛学方面倾斜。

　　三教调和思想的产生与三教人员的交流也有很大关系。有些原来受过儒学教育的士人由于科举考试累遭挫折或是仕途不顺等原因，弃儒而入佛或道。他们虽然入了教门，学习了宗教学说，但并未与儒学决裂，而是将儒学思想渗进了佛道，往往把儒学与佛道学说相比较而寻找共同点。有的士人在科举和仕途两方面都很顺利，已经处于社会上层，但感于世事多变，祸福无常，渴望寻找精神寄托，就皈依佛门或道门。他们既学了佛道的学说，又把佛道思想渗进了儒学。此类人士在官僚群中为数不少。如宰相韦处厚，他佩服释教，栖心佛门，外为君子儒，内修菩萨行。这类人对三教调和起了颇大的促进作用。

　　佛门中也有人从文化上产生与儒学合流的倾向。一些僧徒衣食无忧，生活清闲，闲得无事要找事，研读起儒学经籍或习行儒业。有的接受儒学思想，放弃某些佛规，而讲起孝道，如元嵩、道纵、道丕等和尚就是受了儒学思想影响，使佛与儒接近。习儒有成的僧徒也不少，如诗僧有皎然、灵彻，琴僧有善本，书僧有怀素等。有文化、有见识的僧人也更容易摆脱宗教教派的偏见，而谈论三教调和。如僧人宗密，从思想上着力调和华严和禅教两派对立以及佛、道、儒三家对立，他在《原人论》序中说："孔、老、释迦，皆是至圣，随时应物，设教殊途，内外相资，共利群庶。"他代表佛教中一部分人的看法。

　　三教调和是唐代文化思想发展的总趋势，它是在斗争中逐渐发展的，偶尔也有激化的现象。如会昌年间反佛，大中年间又恢复佛教寺院，再次证明用行政手段简单化处理宗教矛盾不行，需要从思想理论上探索调和的途径和方法。

儒道佛三教调和的教育思想有其特点,它对异教采取尊重的态度,主张博通,既读本教的经籍,也读异教的经籍,以增进了解;考察问题时不片面、偏激,注意他方缺点时也能考虑其优点;在方法上更侧重于求同,留意于能相互会通的共同点,一般都比较注意道德心性的修养。

第二节　柳宗元的教育思想

一、柳宗元教育思想的形成过程

柳宗元字子厚,原籍蒲州(亦称河东郡)解县,后人称其为"柳河东"。祖上世代为官,迁居于长安万年县。其父柳镇,通经史,善诗文,为人刚正不阿,官至殿中侍御史,是怀有济世安民之志的人物。其母卢氏,出身涿郡望族,是一位有文化修养的慈母。处在这种家庭环境中,柳宗元受到良好的儒学传统教育。他资质聪颖,又勤奋好学,社会阅历比较广泛,青年时开始显露杰出的才华,受到时人重视,赞为"精敏绝伦"。[①]

时当唐德宗贞元年间,政治腐败,社会不安,宦官专权,藩镇割据,经济衰落,危机严重,民不聊生。柳宗元在《答元饶州论政理书》中这样说:"贫者愈困饿死亡而莫之省,富者愈恣横侈泰而无所忌。"尖锐的社会矛盾呈现眼前,使他萌发对人民的同情和改革社会政治的要求。青年时代的柳宗元就怀有政治志向,他要由读书成才而登上政治舞台,既可光耀宗族,也可借手中的权

---

① 《新唐书》卷一六八《柳宗元传》。

力改革政治,做"利安元元"的益事。①

柳宗元二十一岁考中进士,二十六岁考中博学宏词,取得任官资格。他先后任集贤殿正字、京兆府蓝田县尉、监察御史里行、礼部员外郎等。在长安时,柳宗元已开始教育活动,他支持正义的学生运动,为国子司业阳城被贬鸣不平。他经常与青年交往,"往在京师,后学之士到仆门,日或数十人,仆不敢虚其来意,有长必出之,有不至必惎之"。②

柳宗元参加了以王叔文为首的"永贞革新",失败后,被贬为永州司马,过了十年拘囚式的生活。政治打击造成精神上的巨大压力,为排遣忧闷,他把注意力转移于学习、写作、教育。在特殊环境下,他重新学习经史百家之书,思考世界和社会问题,形成唯物主义无神论思想与文以明道的文学思想。他的著作多数写于这个阶段。他的教育活动也不断开展,主要方式是对青年的个别指导和通信,从学者不远千里而至。"衡湘以南为进士者,皆以子厚为师,其经承子厚口讲指画为文词者,悉有法度可观。"③他的教育思想也在实践基础上形成。他在永州时,对佛学进行了更深入的研究,明确宣传儒道佛三教调和的思想。

元和十年(815年),柳宗元改任柳州刺史。居柳州四年,他把个别指导青年的教育活动扩展到岭南地区。"南方为进士者,走数千里从宗元游,经指授者,为文辞皆有法。"④凡来者,皆不拒。对不同类型的青年,他都诚心指教。他在州刺史职权范围

---

① 《新唐书》卷一六八《柳宗元传》。
② 《柳宗元集》卷三四《报袁君陈秀才避师名书》。以下凡引《柳宗元集》,只注卷数及名称。
③ 《韩昌黎集》卷三二《柳子厚墓志铭》。
④ 《新唐书》卷一六八《柳宗元传》。

内进行社会改革,释放奴婢,解放生产力,改善人民的生活条件。为改变当地文化落后面貌,他主持修复了文庙和州学,使当地文化教育得到发展。为改变当地信鬼好杀的陋俗,他修复大云寺,利用佛教以佐王化,改变少数民族的民风,使之趋于仁爱。柳宗元为柳州人民建功立业,促进了地区经济的发展和文化的传播,政绩辉煌,受到人民的拥戴。

柳宗元的著作,身后由好友刘禹锡编为《柳河东集》四十五卷,传于世。有关教育的文章,多见于《书》《传》《序》《记》等部分。

二、主张儒道佛三教调和

柳宗元接受儒学传统教育,儒学是知识基础,成为学术思想的主体,维持不变。他在《报崔黯秀才论为文书》中说:"仆尝学圣人之道,身虽穷,志求之不已,庶几可以语于古。"这表明他身处逆境时的心态,说的是真话。

柳宗元在家庭影响下,自幼信佛,对佛学也作了长期研究。他在永州所写《送巽上人赴中丞叔父召序》中说:"吾自幼好佛,求其道积三十年。世之言者罕能通其说,于零陵,吾独有得焉。"他被贬为永州司马时,住在永州龙兴寺西轩,与名僧重巽成为友邻。这样的环境和条件使他对佛学的研究体会更为深入,所以他自信"知释氏之道"。他既学儒又学佛,对两方都有所了解,认为儒佛的思想学说有共同因素而可以相互沟通,因而主张"统合儒释"。他不畏争论,从多方阐述这种观点。

首先,佛道往往与《易》《论语》合,不与孔子异道。柳宗元在

《送僧浩初序》中公开申明这就是他喜欢佛学的主要原因。"儒者韩退之与余善，尝病余嗜浮图言，訾余与浮图游。近陇西李生础自东都来，退之又寓书罪余，且曰：'见《送元生序》，不斥浮图。'浮图诚有不可斥者，往往与《易》《论语》合。诚乐之，其于性情奭然，不与孔子异道。退之好儒，未能过扬子；扬子之书，于庄、墨、申、韩皆有取焉。浮图者，反不及庄、墨、申、韩之怪僻险贼耶？曰：'以其夷也。'果不信道，而斥焉以夷，则将友恶来、盗跖而贱季札、由余乎？非所谓去名求实者矣。吾之所取者与《易》《论语》合，虽圣人复生，不可得而斥也。退之所罪者，其迹也。曰：'髡而缁，无夫妇父子，不为耕民蚕桑，而活乎人。'若是，虽吾亦不乐也。退之忿其外而遗其中，是知石而不知韫玉也。吾之所以嗜浮图之言以此。"所谓浮图与《易》《论语》合，乃言其学说也主张"生而静"。他在《曹溪第六祖赐谥大鉴禅师碑》中说："而吾浮图说后出，推离还源，合所谓生而静者。"禅宗六祖慧能尤其显扬佛说，"其道以无为有，以空洞为实，以广大不荡为归。其教人，始以性善，终以性善，不假耘锄，本其静矣"。除了儒佛主张的本源相同外，儒的礼与佛的律，其作用也完全相通。他在《南岳大明寺律和尚碑》中提出："儒以礼立仁义，无之则坏；佛以律持定慧，去之则丧。是故，离于礼义者，不可与言儒；异律于定慧者，不可与言佛。达是道者，唯大明师。"大明寺律和尚欧阳慧开出身于谭州官僚世家，他在受了儒学教育后出家，能会通儒的礼、佛的律，受到柳宗元赞扬。

其次，佛教接受孝道思想，与儒学的要求符合。柳宗元所写的《送元暠序》阐述了这一观点："余观世之为释者，或不知其道，则去孝以为达，遗情以贵虚。今元暠衣粗而食菲，病心而墨貌，以其先人之葬未返其土，无族属以移其哀，行求仁者，以冀终其心。勤而为逸，远而为近，斯盖释之知道者欤！释之书有《大报恩》十篇，咸言由孝而极其业。世之荡诞慢诡者，虽为其道，而好违其书。于元暠师，吾见其不违且与儒合也。"佛教能放弃原来的主张，接受儒学的基本伦理观念，表明伦理方面的矛盾可以消除，儒佛可以调和。

最后，佛教可佐教化。儒佛并行，这是当时从中央到地方所实行的政策。柳宗元在《送文畅上人登五台遂游河朔序》中指出："今燕、赵、魏、代之间，天子分命重臣，典司方岳，辟用文儒之士，以缘饰政令。服勤圣人之教，尊礼浮屠之事者，比比有焉。上人之往也，将统合儒释，宣涤疑滞。"儒佛既然为当政者并用，有共同的政治基础，那么从政治需要出发，也要求两教在学说上会通。不少文儒之士由儒而通佛，如孟简、杨凭等人，成为佛教的提倡者。柳宗元任柳州刺史时，既新修柳州文宣王庙，又修复大云寺，也就是这种并用政策思想的体现。《柳州复大云寺记》称："唯浮图事神而语大，可因而入焉，有以佐教化。……元和十年，刺史柳宗元始至，逐神于隐远而取其地。……取寺之故名，作大门，以字揭之。立东西序，崇佛庙，为学者居。会其徒而委之食，使击磬鼓钟，以严其道而传其言，而人始复去鬼息杀，而务趣于仁爱，病且忧，其有告焉而顺之，庶乎教夷之宜也。"州官出头，恢复寺庙，开展活动，移风易俗，改变观念，使社会安定，有利于教化的推行。

基于以上理由，多注意共同点，儒佛就具有调和的条件。

柳宗元学《老子》书早在任蓝田县尉时，那时他以为自己作为小官，要长期与卒伍俗吏混处下去，更倾向于学《老子》的"和其光，同其尘"的处世哲学。后来，他为了扩大知识范围，提高写作水平而读道家书,对《列子》采取赞赏的态度,称:"〔列子〕虽不概于孔子道,然其虚泊寥阔,居乱世、远于利,祸不得逮乎身,而其心不穷,《易》之'遁世无闷'者,其近是欤?余故取焉。其文辞类《庄子》,而尤质厚,少为作,好文者可废耶?"他不赞同儒道对立的观点,而强调老子是孔子之异流,可以通而同之。在《送元十八山人南游序》中,他阐述了自己的观点:"太史公尝言:'世之学孔氏者,则黜老子;学老子者,则黜孔氏。道不同,不相为谋。'余观老子,亦孔氏之异流也,不得以相抗。又况杨、墨、申、商、刑名、纵横之说,其迭相訾毁抵牾而不合者,可胜言耶?然皆有以佐世。太史公没,其后有释氏,固学者之所以怪骇舛逆其尤者也。今有河南元生者,其人闳旷而质直,物无以挫其志;其为学恢博而贯统,数无以踬其道。悉取向之所以异者,通而同之,搜择融液,与道大适,咸伸其所长,而黜其奇邪,要之与孔子同道,皆有以会其趣。"元生从过去人们认为儒、道差别的方面找到共同因素,证明老子与孔子同道。柳宗元称赞元生,并引为同调,以说明儒、道融合的主张并不是孤立的。

在儒学的基础上,三教调和,这是柳宗元的思想特色,亦渗透到他的教育思想中。

三、教育的目的在于培养行道的君子

柳宗元依据其唯物主义无神论的世界观,否定天命而重人事,提出:"受命不于天,于其人;休符不于祥,于其仁。"[①]他认为封

---

① 《新唐书》卷一六八《柳宗元传》。

建王朝施行德政才能得到民众拥护而巩固其统治，所以在政治上主张以德安民，而德政有待于官吏去实施。他把希望寄托在自上而下的德政和提高官吏的素养上面。

柳宗元认为教育的目的在于培养为国家和社会所用的君子。这类君子把为人民谋利益作为自己的历史责任，爱民济世，能以"生人之意"为自己的政治准则，从"生人之意"出发，以"生人之意"为归结。他在《与杨诲之第二书》中说："伊尹以生人为己任，管仲豐浴以伯济天下，孔子仁之。凡君子为道，舍是宜无以为大者也。"君子要像历史上的伊尹、管仲、孔子，能爱民济世以行道。

所谓"道"，指的是先王之道，即尧舜之道；是圣人之道，即孔子之道；是及物之道，即人道；是仁义之道，即治道。如果只言天道而不言人道，是对于道缺乏正确的理解。柳宗元在《断刑论下》中说："务言天而不言人者，是惑于道者也。胡不谋之人心以熟吾道。吾道之尽而人化矣。是知苍苍者焉能与吾事而暇知之哉！"凡符合人民意志的，就是他主张的人道，具体标准就是合乎人民利益。他在《时令论》中说："圣人之道，不穷异以为神，不引天以为高；利于人，备于事，如斯而已矣。"圣人之道不是抽象的思想理论，而是面对社会现实的治世之道。

君子以行道为职志，应当为国家所用，居于管理人民的在上之位。国家因得这类治术人才而获得安定。君子虽成为居于上位的官吏，但应认识到官吏是由人民雇用的，应作为人民的公仆，而不能颠倒主仆关系，奴役人民。

君子是有道德修养且人格高尚的人，内外兼修，内可以守其道，外可以行其道。柳宗元在《送娄图南秀才游淮南将入道序》中说："夫君子之出，以行道也；其处，以独善其身也。"君子为国家所用,就出而施行治道;不能得到使用,就居家修养以完善自身。这是对儒家传统思想"穷则独善其身,达则兼济天下"的继承,不论出或处,都能合乎道。

君子并非天生而就,而是经后天学习而成。柳宗元说:"圣人之道,学焉而必至。"①又说:"君子学以植其志,信以笃其道。"②要学道,就需要立志,立志是成为君子的关键。柳宗元自己是立志信道的人,他说:"夫形躯之寓于土,非吾能私之,幸而好求尧、舜、孔子之志,唯恐不得;幸而遇行尧、舜、孔子之道,唯恐不慊。"③

君子要履行其社会职责,不仅要有道德修养,还应当在艺能方面具备相当的条件。柳宗元在《送元秀才下第东归序》中说:"周乎志者,穷踬不能变其操;周乎艺者,屈抑不能贬其名。其或处心定气,居斯二者,虽有穷屈之患,则君子不患矣。"有坚定的志向与周全的艺能,才能构成君子完美的人格。

四、学习内容要在"五经"的基础上扩大

君子的社会职责在于"行道",而"道"有同异、有邪正,所以需要正确地认识"道"。君子学习的根本任务就是"学以明道",要明的就是尧、舜、孔子之道。从何处学道? 柳宗元有自己的经验和主张。

(一)"五经"是取道之原

儒家的教育传统以"五经"为学习内容,柳宗元接受过这种传

---

① 卷二四《送从弟谋归江陵序》。
② 卷二三《送薛判官量移序》。
③ 卷二五《送娄图南秀才游淮南将入道序》。

统教育,通过"五经"来把握尧、舜、孔子之道,继承历史文化遗产,所以他认为"五经"很重要,是学习的基本内容。他在《报袁君陈秀才避师名书》中说:"求孔子之道,不于异书。秀才志于道,慎勿怪、勿杂、勿务速显。"求孔子之道在于经书。"大都,文以行为本,在先诚其中,其外者当先读'六经',次《论语》、孟轲书,皆经言。"

柳宗元在《答韦中立论师道书》中申明《书》《诗》《礼》《春秋》《易》"五经"是取道之原。"本之《书》以求其质,本之《诗》以求其恒,本之《礼》以求其宜,本之《春秋》以求其断,本之《易》以求其动,此吾所以取道之原也。""五经"是学道最好的教材,从《书》质朴的文字可以学习直接反映社会问题的实质,从《诗》的内容无邪可以学习认识人们恒常的性情,从《礼》规定行为合宜可以学习行动的适当,从《春秋》有褒贬决断可以学习判断是非的能力,从《易》讲事物变化可以学习考察事物的发展变化。把"五经"的主要精神融会贯通,就能把握圣人之道的实质,这是君子最主要的学习。

(二)百家为道之旁通

除了儒家经书应学之外,还有数量甚多的百家之书。这些书,有的是孔氏之异流,皆可以佐世;有的部分与孔子同道,皆有以会其趣。所以,学习的知识应该拓宽,广泛吸收,融会贯通。在永州时,柳宗元就按这种主张安排自己的学习。他在《与李翰林建书》中说:"仆近求得经史诸子数百卷,常候战悸稍定,时即伏读,颇见圣人用心、贤士君子立志之分。"他的读书有明确的目的性。他在《与杨京兆凭书》中又说:"天下方理平,今之文士咸能先理。理不一,断于古书,老生直趣尧舜之道、孔氏之志,明而出之,又古之所难有也。……自贬官来,无事,读百家书,上下驰骋,乃少得知文章利病。"读百家书有益于为文,这是他的体会。但读书一定要端正方向,"直趣尧舜之道、孔氏之志,明而出之",这是他的主张。所以,他在《报袁君陈秀才避师名书》中指出,要扩大读书范围至百家,"《左氏》、《国语》、庄周、屈原之辞,稍采取之,穀梁子、太史公甚峻洁,可以出入,余书俟文成异日讨也。其归在不出孔子,此其古人贤士所懔懔者"。在《答韦中立论师道书》中,他对学为文的青年重申同样的主张,并逐一指出学习各书的特点和长处:从《穀梁》中学习磨砺文章的气势,从《孟子》《荀子》中学习文章的条理畅达,从《庄子》《老子》中学习文思的畅想多端,从《国语》中学习文章的富有奇趣,从《离骚》中学习行文的幽深微妙,从《史记》中学习文字的典雅纯洁,这就是"旁推交通"所要吸取的,可以作为写作的借鉴。

柳宗元主张学习百家,但反对盲目信古崇古,而是要独立思考,敢于怀疑批判。他对古代文化遗产采取批判吸收的态度。比如,他对《国语》加以分析,认为《国语》的写作很有特点,富于文采,但其中有不少怪诞之事,存在唯心迷信的观点,因此既要肯定,又要否定,把学习和批判结合起来,从而达到博采众长、益于世用的要求。

柳宗元在讨论、写作中能议论证据今古,出入经史百子,因为他有诸子百家广博的知识为基础,且能采撷奥旨,吸收其中精华为己所用。①

---

① 卷二八《永州龙兴寺西轩记》。

柳宗元与同时代的韩愈在学习内容方面的主张显然有较大的差别。韩愈站在捍卫儒道的立场上,对佛学是坚决排斥的;而柳宗元主张统合儒释,认为儒释殊途同归,佛教有助于封建教化。柳宗元长期学佛教经典,他在《永州龙兴寺西轩记》中说:"因悟夫佛之道,可以转惑见为真智,即群迷为正觉,舍大暗为光明。夫性岂异物耶!"①所以,他不仅并容佛,还要兼学佛,他的博学超过传统的儒学。

五、 论修养德行

人需遵循一定的社会道德规范,要通过修养加深对道德的认识,形成信念,才能转化为德行。柳宗元在这方面提出了自己的看法。

(一)五常为规范

柳宗元在《时令论》中说:"圣人之为教,立中道以示于后,曰仁、曰义、曰礼、曰智、曰信,谓之五常,言可以常行者也。"五常是五项常行的道德规范,沿着五常而行就是圣人的中正之道。五常之中,基本的是仁与义两项。他在《四维论》中说:"圣人之所以立天下曰仁义。仁主恩,义主断。恩者亲之,断者宜之,而理道毕矣。蹈之斯为道,得之斯为德,履之斯为礼,诚之斯为信,皆由其所之而异名。"仁义的内容贯穿于道德礼信之中。所以,《天爵论》

---

① 卷二八《永州龙兴寺西轩记》。

说:"道德与五常,存乎人者也。""后之学者,尽力于斯所及焉。"要努力学习五常,使之成为自己的德行。

(二)经权需结合

有了道德规范的认识,如何去实践还是个重要的问题。固定的行为模式是机械的、不合理的,不同的时间、地点条件所形成的社会具体情况是道德实践不能不加以考虑的因素。柳宗元在《断刑论下》中讨论了这个问题:"经也者,常也;权也者,达经者也,皆仁智之事也,离之,滋惑矣。……当也者,大中之道也,离而为名,大中之器用也。知经而不知权,不知经者也。知权而不知经,不知权者也。偏知而谓之智,不智者也。偏守而谓之仁,不仁者也。知经者,不以异物害吾道;知权者,不以常人怫吾虑。合之于一而不疑者,信于道而已者也。"经就是原则性,权就是灵活性。道德实践要遵守一定的原则,否则就谈不上道德。但实践时,有的具体情况也要求有一定的灵活性,单纯坚守原则就会陷于拘泥,过于强调灵活就会违反原则。因此,如把原则和灵活两项分离开来,就会造成或此或彼两种偏向。只有把原则性和灵活性结合起来,才会产生分寸适当的行为。这才是真正的知经又知权,符合大中之道,是以辩证的观点对待原则性和灵活性,正确地指导人们的道德修养和实践。知经则内可以守道,知权则外可以行道,换另一种说法就是"方其中,圆其外"。

柳宗元注意自己的道德修养,为防止片面和偏激,他主张保持中和为好,曾写《佩韦赋》以自戒:"执中而俟命兮,固仁圣之善谋。……故曰:纯柔纯弱兮,必削必薄。纯刚纯强兮,必丧必亡。

韬义于中,服和于躬,和以义宣,刚以柔通。守而不迁兮,变而无穷。交得其宜兮,乃获其终。姑佩兹韦兮,考古齐同。"纯柔弱或纯刚强都是片面的,他主张刚柔兼济,避免偏向。

六、自然主义的教育法

柳宗元以唯物主义的自然观考察世界,认为万物都有其自身生长发展的规律,顺应规律就能正常生长发展,违反规律就会妨害生长发展。人的成长发展也是如此。

柳宗元以树木的栽培成长来比喻人的教育成长,所写《种树郭橐驼传》就阐述了这一种思想。文中的郭橐驼是长安一位驼背的园艺师,他所种的树成活率高,长得茂盛,结果实早。别人学他种树,总不如他种得好。有人问他种树的诀窍,他说了一番道理:"橐驼非能使木寿且孳也,能顺木之天,以致其性焉尔!凡植木之性,其本欲舒,其培欲平,其土欲故。既然已,勿动勿虑,去不复顾。其莳也若子,其置也若弃,则其天者全而其性得矣。故吾不害其长而已,非有能硕茂之也。不抑耗其实而已,非有能早而蕃之也。"他种树能顺应树木生长的本性,为其创造合适的条件,使之自然生长。不害其长,不抑耗其实,顺其自然,树木的本性获得发展,这就是他所说的"顺木之天,以致其性",所以取得成功。

其他人种树是另一种情况:"他植者则不然,根拳而土易,其培之也,若不过焉则不及。苟有能反是者,则又爱之太殷,忧之太勤,旦视而暮抚,已去而复顾。甚者爪其肤以验其生枯,摇其本以观其疏密,而木之性日以离矣。虽曰爱之,其实害之;虽曰忧之,其实仇之。故不我若也,吾又何能为哉?"种树时不得法,照顾管理也不得法,结果是造成损害,树木生长不好。

养树之术如此,育人之法亦然。问养树得养人术,教育儿童的根本方法在于注意儿童自然发展的规律,不妨害其自然成长。对儿童如果爱之太殷,忧之太勤,干出一些违背儿童发展规律的事,从主观动机来说,曰爱之;从客观效果来说,其实害之。认识到这一道理,就应当按"顺木之天,以致其性"的根本原则,对儿童进行教育培养。

《老子》主张"道法自然",认为"天之道,利而不害"。柳宗元的自然主义教育法受到道家思想的启发。当时教育领域存在不少弊端,其中之一就是违背儿童发展规律,抑制儿童天性的发展。针对这种弊端,柳宗元主张顺应儿童自然生长,让儿童个性充分发展,在当时是进步的。

七、论师道

唐后期,教育领域展开关于师道的争论。柳宗元参与了这次教育思想斗争,并发表了自己的主张。

(一)批评轻视师道的风气

儒学主张由学而知,故重教而尊师,形成尊师重道的传统。魏晋时,儒学衰落,玄学和佛学兴起,师道不被重视。这种社会风气一直流传至唐,没有得到扭转。这既影响了教育,也影响了学术的继承和发展。韩愈要破除这种社会风气,不顾舆论的压力,作《师说》,提倡师道,引起一场争论。柳宗元支持韩愈的主要观点,在这次思想斗争中成为韩愈的盟友。柳宗元利用种种机会表明要求扭转不良社会风气的态度。他在《答韦中立论师道书》中比较集中地论述了自己的看法:"由魏晋氏以下,人益不事师。今之世不闻有师,有辄哗笑之,以为狂人。独韩愈不顾流俗,犯笑侮,收召后学,作《师说》,因抗颜而为师。世果群怪聚骂,指目牵引,而增与为言辞。……屈子赋曰:'邑犬所吠,吠所怪也。'……然雪与日岂有过哉?顾吠者犬耳。度今天下不吠者几人?而谁敢炫怪于群目,以召闹取怒乎?"韩愈就是少数敢炫怪于群目的人,具有敢为天下先的理论勇气,他是正确的,而群怪聚骂者则迷而未悟。柳宗元又写了《师友箴》,再次表明要求扭转社会风气的态度,他说:"今之世,为人师者众笑之,举世不师,故道益离。为人友者,不以道而以利,举世无友,故道益弃。呜呼!生于是病矣。歌以为箴,既以儆己,又以诫人。"他后来相继又写了多篇文章,进行提倡师道的宣传,在当时具有进步意义。

(二)主张学必有师

柳宗元继承儒家尊师重道的教育传统,又总结了自己学习成长的过程,肯定师友在人成长过程中的重要作用。有良师的传道教诲,才可能成德成才;有益友的切磋劝善,才能增进德行学识。面对当世众多迷惑未悟的人,他提出:"不师如之何,吾何以成?不友如之何,吾何以增?"[①]他主张凡人之学必当有师。"言道、讲古、穷文辞以为师"[②]是教师的任务。

---

① 卷一九《师友箴》。
② 卷三四《答严厚舆秀才论为师道书》。

柳宗元认为无师而自学，妄想而自是，学业往往难以成功。他在《送易师杨君序》中指出："世之学《易》者，卒不能穷究师说，本承孔氏而妄意乎物表，争伉乎理外，务新以为名，纵辩以为高，离其原，张其末，故羲、文、周、孔之奥，诋冒混乱，人罕由而通焉。"这些人自以为高明，觉得有新的发展，实际上并未弄通内在深刻的道理。

柳宗元从亲身见闻中体验到，只有个人学习的积极性而没有名师指点，不能走正确的门径，也学不成功。"见有学操琴者，不能得硕师，而偶传其谱，读其声，以布其爪指。蚤起则嘐嘐谹谹以逮夜，又增以脂烛，烛不足则讽而鼓诸席。如是十年，以为极工。出至大都邑，操于众人之座，则皆得大笑曰：'嘻！何清浊之乱，而疾舒之乖欤？'卒大惭而归。""又见有学书者，亦不得硕师，独得国故书，伏而攻之。其勤若向之为琴者，而年又倍焉！出曰：'吾书之工，能为若是。'知书者又大笑曰：'是形纵而理逆。'卒为天下弃，又大惭而归。"学琴、学书者很能勤苦，坚持学习十年甚至二十年，自我估计与客观实际相差太远，其中有经验教训可总结。"是二者，皆极工反弃者，何哉？无所师而徒狀其文也。其所不可传者，卒不能得，故虽穷日夜，弊岁纪，愈远而不近也。"①他们不成功的主要原因是"无所师"，没有继承前人积累的规律性的知识经验，没有由正确的门径掌握技艺要领。方向一偏，越是努力，错误成为习惯，距离标准越远。这就证明不从师、不明道是不能成功的。

（三）提倡交以为师

柳宗元立足于社会需要来提倡师道，而在处理师生关系时则

---

① 卷三二《与李睦州论服气书》。

结合个人的现实情况。

柳宗元重视师道，主张学者应从师学习，必然形成一种师生关系，所以不以师为非，不以弟子为罪。他自己也认为有责任为师，声称"言道、讲古、穷文辞以为师，则固吾属事"。[①] 凡找他请教的，他都给予实际的指点，从来没有拒绝过学者的要求。他把教师看得很崇高，条件很严格，认为需具有道德学问才足以为人师。他对照着衡量自己，觉得自己与为师的标准还有距离，"自视以为不足为"。他说"仆道不笃，业甚浅近，环顾其中，未见可师者"，"内不足为"，"不敢自谓有可师乎人者"，这表示他的自谦。

柳宗元在政治上遭受打击，被贬边远的地方，敌对者还想迫害他。他怕被人罗织罪名，加重迫害，所以对欲拜他为师的人表示："世久无师弟子，决为之，且见非，且见罪，惧而不为。"[②]他的本意不是不乐为，而是因为政治原因不敢为。

柳宗元也觉得既主张师道而尽师之责，又不接受师之名，名与实之间存在矛盾。对于如何处理这一矛盾，他经过了长期反复的思考。他说："仆之所避者，名也；所忧者，其实也。……若曰仆拒千百人，又非也。仆之所拒，拒为师弟子名，而不敢当其礼者也。若言道、讲古、穷文辞，有来问我者，吾岂尝瞑目闭口耶？"他不能承担师之名，但能保存师之实，提出新的处理办法："苟去其名，全其实，以其余易其不足，亦可交以为师矣。如此，无世俗累而有益乎己，古今未有好道而避是者。"[③]他提出"交以为师"的观点，要求相互学习，取长补短，既能两全，又有两利，既体现对师生

---

① 卷三四《答严厚舆秀才论为师道书》。
② 卷三四《报袁君陈秀才避师名书》。
③ 卷三四《答严厚舆秀才论为师道书》。

关系的辩证思想,也含有民主、平等因素。

柳宗元是唐后期一位重要的教育家,他的教育思想主张和教育实践活动都产生了较大的社会影响。在学术领域儒佛斗争进入新的阶段时,他主张坚持"与孔子同道"的原则,以儒学为基础,儒道佛三教会通调和,发挥佐世的作用。他在自己的教育活动和文学写作实践中也在试行三教调和,这是符合历史发展趋势的。

柳宗元要求培养的君子是封建社会的治术人才,其历史职责是为人民利益服务,尊重人民的意志,爱民济世。他们要具备坚定的志向、周全的艺能,形成完美的人格。这种主张当时在一定程度上唤起了知识分子的责任心,鼓励知识分子全面提高素养。

柳宗元在学习内容上主张突破儒家经学的局限,而扩及诸子百家以至佛学,使学生知识广博,避免思想的狭隘,虽然没有越出人文科学的范围且侧重文学,但在当时具有进步作用,值得肯定。

柳宗元在师道观的争论中与韩愈是同一战线的盟友,各自的宣传活动相互呼应,对于扭转轻视师道的社会风气发挥了各自的作用。"交以为师"是柳宗元在理论上创造性的贡献,虽然这一理论不适用于一切领域,但对青年人的教育是适用的,对后世也产生了积极的影响,成为宝贵的教育思想遗产。

第三节 白居易的教育思想

一、生平

白居易字乐天,晚年自号香山居士。原籍太原,祖上迁居下邽,父任官常迁动,他诞生于郑州新郑。他是唐代杰出的文学家,其教育思想具有一定的代表性和社会影响。

白居易出身于世敦儒业的中小官僚家庭,自幼在家中受教,其母亲执《诗》《书》,昼夜教导。他的青少年时代正遇社会动乱,十一岁离家避难,远游越中,亲身经历流离之苦,使他在感情上与人民接近。他在十五六岁时决定走科举道路,于是刻苦攻书。自云:"二十已来,昼课赋,夜课书,间又课诗,不遑寝息矣。以至于口舌成疮,手肘成胝。"[①]至贞元十五年(799年),在宣州参加乡试被取,以宣州乡贡,入长安应进士科试。贞元十六年进士及第,十八年应吏部书判拔萃科考试,及第。明年,授校书郎,从此走上仕途。他的思想源于儒学,但不局限于儒学。他曾向东都圣善寺凝公大师求佛学之心要,大师以"观、觉、定、慧、明、通、济、舍"八字要言为赐。他视为心教要诀,入耳贯心,保证不敢失坠。元和元年(806年),他与好友元稹同应制举"才识兼茂明于体用科",入乙等,授盩厔县尉,进一步了解到地方官吏的横暴与下层人民的困苦。他于元和二年被召回长安,授翰林学士,次年任左拾遗。他想尽责尽忠,屡次上书请革弊政,难受采纳。六年,因母丧守制。九年,复官太子左赞善大夫,与兴善寺大彻禅师交往,曾四次请问佛道,得其真修心要。十年,因宰相武元衡被刺,白居易上疏请捕贼,为权贵所恶,受谤贬官江州司马。此次政治打击使他在思想上转向消极。《与元九书》说:"故仆志在兼济,行在独善,奉而始终之则为道,言而发明之则为诗。"他的思想主张较多用诗的形式表达,批判现实的"讽喻诗"多数作于到江州之前,此后"闲适诗"增多。他早年曾读道家、佛家之书,对道佛都有所了解,但他主张

[①] 《旧唐书》卷一六六《白居易传》。

国家教令唯一无二,不用佛道而独尊儒学。而此番政治转折,促使他接受佛学、道学思想,糅合三教,形成调和的思想。

白居易于元和十四年(819年)改任忠州刺史,十五年回长安为尚书司门员外郎。长庆元年(821年),为中书舍人。二年,因不愿卷入朋党倾轧旋涡,自动请求外放,任杭州刺史,为地方做了一些有益的事。任满后,先后为太子左庶子、苏州刺史、秘书监、刑部侍郎、太子宾客、河南尹、太子少傅等。会昌二年(842年),七十一岁,以刑部侍郎致仕。六年,逝世,终年七十五。

白居易的诗文,生前有多次编集,以后汇为《白氏长庆集》,现代校点的版本有《白居易集》。

二、 从尊儒排佛到三教调和的转变

白居易的《策林》七十篇,写于元和元年(806年),是揣摩当时之事而精心构思的重要著作,比较集中地反映了其前期政治经济思想观点。他主张在皇权统治下,统一的国家要有统一的教令。教令统一,国家才能治理;教令不一,国家就会混乱。国家已在儒学指导下,抓住文武两大权柄,足以组织管理人民。当政者务遵圣人之要道,弘四术之正义,排斥异端,罢黜子书。中国自古以来的教化就是唯一无二,何必去儒而取佛?佛不可利用以辅助王化,原因有四:其一,佛教学说的根本枝叶,先王之教均已具备。佛教"以禅定为根,以慈忍为本,以报应为枝,以斋戒为叶"。"若欲以禅定复人性,则先王有恭默无为之道在。若欲以慈忍厚人德,则先王有忠恕恻隐之训在。若欲以报应禁人僻,则先王有惩恶劝善之刑在。若欲以斋戒抑人淫,则先王有防欲闲邪之礼在。"

其二,佛教异教殊俗,足以贰乎人心。佛教即使臻其极致,或能助于王化,然与先王之教异名则殊俗,实足造成人心不一,不一则乱,乱则害大,所以不可行用。其三,佛教耗费大量财富,增加大批待人供养的消费者。"况僧徒月益,佛寺日崇;劳人力于土木之功,耗人利于金宝之饰;……""今天下僧尼,不可胜数,皆待农而食,待蚕而衣",伤生之费甚深。其四,佛教违背中国传统伦理。"移君亲于师资之际,旷夫妇于戒律之间。"不能尽其忠孝义顺之职。比较其利弊,佛教虽有诱掖人心、辅助王化的作用,但弊大于利,切不可用。

白居易对佛排斥,而对道的态度则不同,主张要善于利用以改良政治。他说:"夫欲使人情俭朴,时俗清和,莫先于体黄老之道也。其道在乎尚宽简,务俭素,不眩聪察,不役智能而已。盖善用之者,虽一邑一郡一国至于天下,皆可以致清静之理焉。……故《老子》曰:'我无为而人自化,我好静而人自正,我无事而人自富,我无欲而人自朴。'此四者皆黄老之要道也。陛下诚能体而行之,则人俭朴而俗清和矣。"①这种主张是适应政治现实的。唐朝以李耳为祖先,追封其为玄元皇帝,设立宫观来奉祀,命令家家藏《老子》书,科举考试加试《老子》题。当时反道为违法,尊道为合法。其诗作《读〈老子〉》《读〈道德经〉》《读〈庄子〉》等,反映了他对道家思想有所吸取。他在《遇物感兴,因示子弟》中有"上遵周孔训,旁鉴老庄言"之教。

自元和十年(815年)受到贬官的政治打击后,白居易的思想发生了重要变化,由以前的"达则兼济天下"转为"穷则独善其身",采

---

① 《策林·黄老术》。

取明哲保身的态度，准备修心退隐。此时的心境之下，他乐于接受佛学，以佛学思想来使个人"独善其身"。元和十二年，他在庐山香炉峰遗爱寺之间建草堂，迁居其中，与东西二林寺长老凑、朗、满、晦、坚等为友，按佛徒的要求斋戒、坐禅，思想更多倾向佛学。

白居易的思想随着政治处境而变化。元和十四年（819年），任忠州刺史，"兼济天下"的思想有所恢复，儒学思想又居主导。大和元年（827年），任秘书监，十月皇帝诞日，受诏与沙门义林、道士杨弘元于麟德殿论儒释道三教教义，作《三教论衡》，承认三教鼎立，而着意会通儒释，声称儒释名教有异同，约义立宗无差别，即所谓同出而异名，殊途而同归。大和三年，因病以太子宾客分司东都，从此长居洛阳，注重修心，以佛为精神寄托，自称"迷路心回因向佛"，作《喜照密闲实四上人见过》云："紫袍朝士白髯翁，与俗乖疏与道通。官秩三回分洛下，交游一半在僧中。臭帑世界终须出，香火因缘久愿同。斋后将何充供养，西轩泉石北窗风。"六十七岁时，作《醉吟先生传》，自称"性嗜酒耽琴淫诗。凡酒徒、琴侣、诗客，多与之游。游之外，栖心释氏，通学小中大乘之法。与嵩山僧如满为空门友，平泉客韦楚为山水友，彭城刘梦得为诗友，安定皇甫朗之为酒友。每一相见，欣然忘归"。他自认在家出家，身不出家而心出家。七十岁时，他虔诚地写下《赞佛谒》："十方世界，天上天下，我今尽知，无如佛者。堂堂巍巍，为天人师，故我礼足，赞叹归依。"这表明他最终皈依于佛，为来世起因发缘。

三、"性由习分"的人性理论

白居易在青少年时攻读《诗》《书》，接受儒学思想灌输，他的思想渊源于早期儒学。他继承孔丘"性相近,习相远"的观点并加以发挥,把性习学说作为教育思想的理论基础,写有《性习相远近赋》。

其一,提出"性由习分"的论点。白居易认为由于性相近,人归于同类,受教育无须分类,应实行"有教无类"。由于习相远,不同的学习条件和途径产生不同的结果,导为愚智之源,开成理乱之轨。习则生常,邪正歧分,形成善恶的明显区别,起初失之毫厘,最终差以千里。所以,要特别重视学习开始的时候,选择途径要注意辨明是非,"君子稽古于时习之初,辩惑于成性之所"。不仅慎之在始,对于人的整个发展过程,也要保持审慎的态度,"稽其本,谋其始,观所恒,察所以,考成败而取舍,审臧否而行止"。

其二,否定先验道德与生知。白居易说:"且夫德莫德于老氏,乃曰道是从矣;圣莫圣于宣尼,亦曰非生知之。则知德在修身,将见素而抱朴;圣由志学,必切问而近思。在乎积艺业于黍累,慎言行于毫厘。"圣德均非由天而生,成圣全要依靠修学,是在后天习而成。

其三,强调要慎于所习。由于"人无常心,习以成性",后天如何学习很重要,白居易要求"积习者遵要道于君子","故得其门,志弥笃兮,性弥近矣。由其径,习愈精兮,道愈远尔"。他又说:"然则性者中之和,习者外之徇。中和思于驯致,外徇戒于妄进。非所习而习则性伤,得所习而习则性顺。故圣与狂,由乎念与罔念;祸与福,在乎慎与不慎。慎之义,莫匪乎率道为本,见善而迁。观炯诫于既往,审进退于未然。"所谓慎,主要是就方向路线而言。率道为本,就是要遵要道,走正门。同时,习的内容要有正确的选择,辨明邪正、浊清、祸福,才能远恶而迁善。

白居易把性习的学说作为教人者应先认识的基本教育问题，故曰："性习之说，吾将以为教先。"

四、"由教不由时"的教化作用论

在国家和社会治理中，社会风气、道德品质是值得重视的重要方面。社会风气的好坏、人道德品质的高低取决于什么条件？白居易认为取决于教化。

其一，国无常俗，教则移风。周秦以来的历史证明，政教的臧否决定风俗厚薄。周德浸衰，君臣陵替，蚕食瓜割，分为战国。秦得天下，以暴易乱，未有多时，归于覆亡。汉朝初兴，疆域广阔，仅能除害，未暇化人。至于文景，始思治道，躬行慈俭，人民富安，礼让自兴，刑罚不试，化致升平，比美成康。下及魏晋，迄于梁隋，政坏乱多，自然谈不到教化。大唐太宗、玄宗之时，用房、杜、姚、宋为佐，用心治政，德泽施行，百姓欣戴，万方悦随，近无不安，远无不服。由此可见，周秦甚乱，而汉文景昌盛，梁隋甚弊，而唐王道复兴。社会风俗不是一日不如一日，一代不如一代，日趋浇薄，而是有时衰丧，有时兴盛；不是与时俱下，而是取决于每一时的政治德教，"盖政之臧否定于中，则俗之厚薄应于外也"。所以，在教而不在时。当政者应该特别重视教化。

其二，风俗的厚薄，由上而不由下。《策林·策项》："盖人之在教，若泥金之在陶冶；器之良窳，由乎匠之巧拙；化之善否，系乎君之作为。"人民之善否在教，教化之善否在上。白居易在《策林·风化浇朴》中引《礼记》说："教者，人之寒暑也；事者，人之风雨也。"此言万民之从王化，如百谷之依赖岁功。若寒暑以时而至,则禾黍登而菽麦熟;若风雨迟早不节,即稂莠植而秕稗生。故教化优深,则廉让兴而仁义作;刑政偷薄,则讹伪起而奸宄臻。虽然百谷在地,使之成熟的是上天;虽然万民在下,使之化善的是君上。必欲以凉德弊政,严令繁刑,而求行仁义,奸宄息;亦犹飘风暴雨,愆阳伏阴,而望禾黍丰,稂莠死。那是不可能实现的,亦非常明显。尧舜率天下以义,比屋可封;桀纣率天下以暴,比屋可戮。这证明人的道德品质、社会的风俗都决定于在上王者的教化。白居易能指出教化的重要性,以及君主个人在教化中的影响作用,是有积极意义的。但他认为个人的品德能决定社会治乱的面貌和人民的道德水平,在认识上存在着片面性。

其三,教化的作用待久而成。白居易认为应相信教育的作用,王者之教不虚行,教育确能移风化俗。但这种移化是渐进的变化,增减损益,难见其形象。《策林·政必成,化必至》:"教之益者,虽不见其日益,必有时而理也。"需要有一段充分的时间,教化的效果才会体现出来。因此,对于教育不能企求速见其功利,"不可月会其教化之深浅,岁计其风俗之厚薄焉"。要衡量教育的社会效果,需有长久持续不懈于其事的思想准备。《易》曰:"圣人久于其道,而天下化成。"这是说,王者之教,待久而成;王者之化,待终而至。

五、"君子不器"的理想人格论

君主治理国家,需要依靠贤人。白居易在《策林·尊贤》中说:"致理之先,先于行道;行道之本,本于得贤。"贤人就是有德有才、能适应现实需要而为国家和社会所用的君子,这也就是教育所要培养的人才目标。

君子具有高于常人的修养条件：其内饰躬而有则，立诚以修辞，弘道而惟新，大慧而大知；其外则应物而不滞，救物而济时，济用而可久，大成而大受。君子识包权变，能审时而动。《与元九书》说："大丈夫所守者道，所待者时。"静与道俱，动与时合。应当根据社会现实状况，决定其出处。有道则舒，无道则卷。道不行也，则守宁子之愚；时或用之，必开臧武之智。君子理蕴通明，能慎其德行。舍之则藏，用之则行；蓄之则庄老道德，施之乃伊吕事业；以之理心，则一身独善，以之从政，则庶绩咸熙；冥心无我，无可而无不可，应用不疲，无为而无不为。君子若止水之在器，任器方圆；如良工之用材，随材曲直。应用时，君子应能随处适应社会环境的需要。

君子的出处、用藏、动静虽无固定格例，但其总原则是依道而行。这就是古人所云"穷则独善其身，达则兼济天下"，白居易常守此语，以之为自己的人格准则。他写了《续座右铭》以规范自己的行为："勿慕贵与富，勿忧贱与贫；自问道何如，贵贱安足云？闻毁勿戚戚，闻誉勿欣欣；自顾行何如，毁誉安足论？无以意傲物，以远辱于人；无以色求事，以自重其身。游与邪分歧，居与正为邻。于中有取舍，此外无疏亲。修外以及内，静养和与真。养内不遗外，动率义与仁。千里始足下，高山起微尘。吾道亦如此，行之贵日新。"他以此自勉，也以此传子孙。

白居易还把竹拟人化，用竹来比喻君子。他写了《养竹记》，既赞竹又赞君子。"竹似贤，何哉？竹本固，固以树德；君子见其本，则思善建不拔者。竹性直，直以立身；君子见其性，则思中立不倚者。竹心空，空以体道；君子见其心，则思应用虚受者。竹节贞,贞以立志;君子见其节,则思砥砺名行,夷险一致者。夫如是,故君子人多树之为庭实焉。"君子养竹,就从观察竹的特性而得到启示,从而提高自己的道德修养。

关于君子的处世立身,白居易晚年继续有总结,主张既要以儒家中和思想为指导,也要以道家的辩证观点来对待。他写了《遇物感兴,因示子弟》:"圣择狂夫言,俗信老人语。我有老狂词,听之吾语汝。吾观器用中,剑锐锋多伤。吾观形骸内,劲骨齿先亡。寄言处世者,不可苦刚强。龟性愚且善,鸠心钝无恶;人贱拾支床,鹞欺擒暖脚。寄言立身者,不得全柔弱。彼因罹祸难,此未免忧患。于何保终吉?强弱刚柔间。上遵周孔训,旁鉴老庄言,不唯鞭其后,亦要轫其先。"这是糅合了儒道的修养思想。

在国家统一,皇权至上的历史条件下,君子能否在社会中发挥作用,关键在于君主。要让君子发挥救物济时的重要作用,君主应当辨贤有方,求贤有术,若能厚礼尊贤,贤人乐为所用,必将福国利民。

六、"动静交相养"的修养论

在德行修养方面,白居易前后期的思想有差别。青年时,他比较积极进取,中进士后曾作《箴言》以自戒:"惟励乃志,远乃猷;俾德日修,道日就。……庶俾行中规,文中伦。学惟时习罔怠弃,位惟驯致罔躁求。惟一德五常,陶甄于内。惟四科六艺,斧藻于外。若御舆,既勒衔策,乃克骏奔。若治金,既砥淬砺,乃克利用。无曰攉甲科,名既立而自广自满。尚念山九仞,亏于一篑。无曰登一第,位其达而自欺自卑。尚念行千里,始于足下。"修养德行,乃是为了积极用世,任重道远。

随着年岁增长,经历加多,白居易吸收了道家思想,转而主张动静交相养。他观察当时的知识分子,不论立身或处事,常见有人失于动,有人失于静,动静不得其时和理。他根据自己的认识,论述动静问题,所写《动静交相养赋》既用以自警,实也在于教人。

其一,道有动静。白居易从世界观的高度来认识修养问题。天地有常道,万物有常性;道不可以终静,济之以动;性不可以终动,济之以静。常道、常性就是具有规律性的本质特征。这种动静观源于《礼记·乐记》:"著不息者,天也;著不动者,地也;一动一静者,天地之间也。""人生而静,天之性也;感于物而动,性之欲也。"人有动有静,是合于规律的。

其二,动静交养。白居易根据《老子》二十六章之"静为躁君",认为:"躁者,本于静也。斯则躁为民,静为君;以民养君,教化之根:则动养静之道斯存。"

白居易又根据《老子》四十章之"有生于无",认为:"有生于无也。斯则无为母,有为子,以母养子,生成之理:则静养动之理明矣。"

动与静相互依存,互为条件。"不有动也,静将畴依?……不有静也,动奚资始?则知动兮静所伏,静兮动所倚。"这就是动静交相养的原因。白居易主张以交相养的理论指导修养,他在《续座右铭》中说:"修外以及内,静养和与真。养内不遗外,动率义与仁。"

其三,动静得其时、得其理。白居易认为:"人之生于世,出处相济,必有时而行,非匏瓜不可以长系。"有时要动,这是必然的。"人之善其身,柱直相循,必有时而屈,故尺蠖不可以长伸。"有时要静,这也是必然的。何时该动,何时该静,并不是人人都能处理好。"今之人,知动之可以成功,不知非其时,动必为凶。知静之可以立德,不知非其理,静亦为贼。"动静的时机,圣人也觉得难以把握,先其机而动则先行而超前,后其机而动则滞后而不及时。动静交养之间,毫厘之差都会造成不同。

白居易以这种动静得时的观点来指导自己的进退出处。《与元九书》说:"大丈夫所守者道,所待者时。时之来也,为云龙,为风鹏,勃然突然,陈力以出;时之不来也,为雾豹,为冥鸿,寂兮寥兮,奉身而退。进退出处,何往而不自得哉?"到了晚年,他的进取心减弱,倾向于识祸福,戒贪求。他写有《感兴二首》,其一云:"吉凶祸福有来由,但要深知不要忧。只见火光烧润屋,不闻风浪覆虚舟。名为公器无多取,利是身灾合少求。虽异匏瓜难不食,大都食足早宜休。"在社会矛盾尖锐时期,保全自身就成为动静得时得理必然要考虑的一个方面,但总的来说不背离"守道待时"的原则。

七、 整顿学校教学以救学者之失

白居易认为学校是国家政治的根本,他在《策林·救学者之失》中说:"学者,教之根,治之本。""化人动众,学为先焉;安上尊君,礼为本焉。故古之王者,未有不先于学、本于礼而能建国君人,经天纬地者也。"国家政治建设首先应从学校着手。唐朝设立学校,制度渐趋完备。学校崇儒而抑诸子,斥异端而阐微言,以保证学生遵圣人之要道,体现在内容方面,就是《黜子书》中所言"弘四术之正义,崇九经之格言"。为了具体实施,朝廷分设负责机构，命太常以典礼、乐，立太学以教《诗》《书》，使反映儒家学术思想的四术并举而行，万人相从而化。

可是，太学中，生徒们机械地背诵《诗》《书》，拘泥于文字而不知《诗》《书》的本旨。太常寺的工祝虽能执掌礼、乐的器物，但局限于传统的礼数，不认识礼、乐设置的情理。失其本旨，则臣子作忠兴孝的意义不能彰显；失其情理，则上下合敬同爱的真诚不能明著。这种现象实是去本而从末，弃精而得粗。因此，谈起《诗》《书》之学，不免有将要衰落的忧虑；考察礼乐的现状，不免有未能实行的感叹。寻查其原因，这是因为"官失其业，师非其人"，所以空有修习之名，而无训导之实。

改变以上情况的办法是加以整顿。首先，审核官师的才能，贤能尽职者为合格，合格者进，不合格者退。其次，辨明教学任务的是非，讲习《诗》以阐发六义风赋为宗旨，不专注于鸟兽草木之名；研读《书》以五代典谟的要义为宗旨，不专注于章句训诂之文；习礼者着重于上下长幼的合理关系，不专注于俎豆献物之数与衣装裼袭之容；学乐者注重以忠和孝友为德性涵养，不专注于铿锵节奏之变与舞队缀兆之度。要使经过学校培养，具有《诗》、《书》、礼、乐知识的人才能为朝廷所用，使《诗》、《书》、礼、乐的政治思想教育的影响扩及社会。

白居易并不要求在学校中发展新课程，增添新内容。他维护儒家经学教育传统，对传统的课程，主张不停留于外在形式，而是要深入挖掘思想内容，以提高教育质量。

白居易是杰出的文学家，"文章合为时而著，歌诗合为事而作"是他提出的文学主张。他通过创作实践，表现自己的文学主张。他有关教育的著作也体现了这个主张，反映了时代的教育问题。他针对具体问题论述自己的主张，纠正教育弊端，裨补时阙，具有一定的历史价值。

白居易的文学作品在社会中广泛流传，甚至流传至新罗、日南。《与元九书》说："礼、吏部举选人，多以仆私试赋判，传为准的；其余诗句，亦往往在人口中。……又足下云：到通州日，见江馆柱间，有题仆诗者，复何人哉？……自长安抵江西三四千里，凡乡校、佛寺、逆旅、行舟之中，往往有题仆诗者。士庶、僧徒、孀妇、处女之口，每每有咏仆诗者。此诚雕虫之戏，不足为多。然今时俗所重，正在此耳。"白居易的教育思想也随着他的文学作品的广泛流传，在社会中产生重要的影响。

结　语

隋唐五代时期的教育有较大的发展变化，就其实际情况来说，有一些经验教训值得我们思考。

其一，教育政策是一个时代教育事业发展的关键。

教育政策是依据统治阶级的利益和具体历史阶段的政治需要制定的，引导着教育事业的发展和演变。每个朝代都重视确立适应自己政治需要的教育政策，而政策的实施直接产生重大的影响。例如，隋文帝初年，强调德治，选用儒术为指导思想，发展学校以维持名教和移风易俗，成为优先的施政措施，所以学校教育一时兴盛。后期，由于政策转向依靠佛教，在严厉整顿学校的口号下，通过行政命令使绝大部分学校停废。唐初，吸取隋亡的教训，以儒学为施政的指导思想，制定"崇儒兴学"的教育政策，恢复学校。唐太宗当政的贞观年代，进一步贯彻"崇儒兴学"的教育政策，学校发展达到高潮。而到武则天当政时，政策转向尊佛抑儒，重科举轻学校，因统治者个人的私利好恶，学校教育事业衰废数十年之久。直到唐玄宗当政的开元年代，教育政策重新扭转，重视兴办学校。这表明封建政治直接支配教育，所制定的教育政策发挥着重要作用。

其二，和平的社会环境是学校教育事业发展的基本条件。

当新兴的政治势力建立新的政权,政局趋于稳定时,和平的环境使民众能安居乐业、发展经济,也为学校教育事业发展提供了基本条件。隋朝的开皇年代,唐朝的贞观、开元年代,正是具有政局稳定、经济发展的基本条件,才出现了学校教育事业的繁荣。而当政治混乱,社会矛盾激化时,一旦战火燃烧并蔓延开来,民众生命无保障,财产被掠夺,四处流亡避难,必然会造成对学校教育事业的大破坏。隋朝末年,政治黑暗,农民起义的烽火遍及中原,中央集权统治受到猛烈冲击而瓦解,官学随之崩溃,私学也大受影响而停滞。唐朝天宝末年,政治腐败,爆发"安史之乱",内战烽烟延续数年,战区的学校教育全部荒废,非战区被征用财物,负担沉重,无力再支持学校教育,学校教育也随之荒废。唐末军阀割据混战,并延伸至五代,累次给学校教育造成破坏。对这种历史现象,李绛在其《请崇国学疏》中说:"当征讨之急,则先武事;丁治平之运,则尚文德,二柄相须,百王不易。……故太学兴废,从古及今,皆兴于理化之时,废于衰乱之代。"所言极为中肯。学校的兴废取决于一定的社会条件,必须创造和平社会的条件,才会迎来学校教育的兴旺发达。

其三,适应教育事业发展的需要而建立教育管理机构。

隋唐以前,在官办学校数量不多且规模较小的状况下,没有单独设置学校管理机构的必要。自汉以来,学校都隶属于主管礼乐事务的太常。由于隋朝重视统治人才的培养,中央官学得到发展,规模扩大,学官、学生的数量增加,由太常寺兼管已不利于学校发展,有必要独立设置管理机构。开皇十三年(593年),国子学独立为中央政府的教育行政管理机构,这是教育发展史上的一个重要事件。大业时,国子学改称国子监。唐朝承袭隋朝的教育管理制度，学校教育有了更大发展。国子监的名称保持到唐末五代，后来的元明清又继续使用这一名称，直到清末设立学部为止。教育管理体制不是由个人主观设计而成的，它是适应教育事业发展的需要，逐步演变完善的。

其四，采取多种形式办学是专门教育发展的重要途径。

唐朝中央集权的政府机构开展各项事务活动，需要更多的各专业人才，促使专门教育有较快发展，其特点是采取多种形式办学，培养专门人才，按需培养，供需协调。唐既有集中办学的国子监，又有附设于事务部门的各种专门学校，培养方式有以讲读为主的，也有参与实际工作而学习知识技能的，还有边劳作边学习技艺的。其优点是可利用政府属下部门已集中的专门人才为师资，利用相关部门所掌管的图书资料和器械设备，有较好的见习或实习条件，有利于将理论学习与实际问题相联系，学生的学习目的明确，学用一致，可提高学习的积极性。

其五，政府官学与民间私学并举是发展学校教育的有效办法。

隋朝与唐朝的中央政府虽然也实行文化专制主义，但并未垄断一切教育事业，没有以法令禁止民间私学，政府只办培养候补官吏的官学，并在政府下属的事务部门附设一些培养专门的实用人才的机构。至于面向儿童的基础教育，其他一些专门的学术传授因难以全面过问而开放，由民间私学进行传授。因为子弟的教育关系到各阶级、各阶层、各行业的实际利益，因此必然会有士绅、地主、市民、农民关心子弟的教育，自发或组织起来办私学。私学除了传授初等的读、写、算之外，最主要的是灌输封建伦理道德思想，从根本上讲符合封建统治的利益，成为官学的重要补充。

所以,有远见的当政者鼓励民间办学。唐朝武德七年(624年)下诏:"州县及乡里,并令置学。"开元二十六年(738年)下诏:"令天下州县,每乡之内及里各置一学,选择师资令其教授。"政府既要利用民间办学的积极性教化民众,又要利用私学培养出一部分优秀人才为其服务。所以,政府虽容许私学自由设置,但并非完全放任。政府用政策法令来影响私学,通过规定或推荐教材来控制培养方向,用科举考试来诱导和选拔优秀人才。因此,私学也在政府掌握之中,并未脱离政治轨道。

其六,教学内容要适应时代政治生活、社会生活、文化生活的发展需要而更新。

隋唐虽有朝代政权更替,但政治上仍然是封建等级制度,社会依旧要保持"三纲五常"的封建伦理,需要以儒学经典为基本教材来灌输政治、道德观念。因此,教材不仅要统一文字,而且要统一解释,以达到统一思想的目的,于是就出现了《五经定本》和《五经正义》。隋唐建立科举制度,依照文化考试的成绩选拔人才,以充实政府机构,这是政治制度上的一大变革。参加科举考试,不仅要有经学、史学、文学的知识,还要有文章、诗赋的写作技能。这就要求当时的学校教育适应政治变革的需要,对教学内容进行相应的变革,凡是科举考试需要的,都不同程度地先后进入课堂。社会的安定、经济的繁荣、科举考试的需要,这些条件的综合促使唐朝文化发展达到新高峰,文化发展的新成果又转为教学的新内容。科技的新成果,如《十部算经》《唐新本草》等,也充实了专门教育的内容。

隋唐五代教育在其他方面的经验教训,也值得我们继续思考。

附录　唐代教育大事记（618—907）[*]

说　明

一、《唐代教育大事记》是我近年学习唐代教育史断断续续积累的笔记，现为教学方面的需要，先整理成初稿付印，以供同学们参考。

二、唐代教育史实，大部分出自《旧唐书》《新唐书》《唐会要》《唐大诏令集》《唐摭言》《资治通鉴》《册府元龟》等古籍，均一一注明出处，以便有志于研究者追踪查阅原文。

三、上述古籍，记录时间的办法不一致，现照旧未改，但对历史事件已按先后次序排列，使之不致混乱。

四、由于学识有限，再加上材料整理比较匆促，疏漏之处肯定很多，恳请读者批评指正，待收集各方志以后，当再继续补充修正。

孙培青

一九八二年二月

---

[*] 相关年份所记"大事"的文字，或直接摘录其下所标出处的原文，或综合相关文献略作调整。——编校者

618 年　　武德元年

李渊自太原起兵攻取长安后,自为大丞相,开大丞相府,掌握军政大权。五月甲子,始正式即皇帝位,改隋义宁二年为唐武德元年。

《旧唐书》卷一《高祖本纪》

五月壬申,初令置国子学、太学、四门生,合三百余员。郡县学亦各置生员。

《资治通鉴》卷一八五《唐纪一》

国学始置生七十二员,取三品以上子、弟若孙为之;太学百四十员,取五品以上;四门学百三十员,取七品以上。郡县三等,上郡学置生六十员,中、下以十为差;上县学置生四十员,中、下亦以十为差。皆有经学博士及助教,以经学教授诸生。

《新唐书》卷一九八《儒学传上》

《新唐书》卷四九上《百官志四上》

十一月四日,诏于秘书外省别立小学,以教皇族子孙及功臣子弟。

《唐会要》卷三五《学校》

武德初,国子监改称国子学,隶属太常寺。

《新唐书》卷四八《百官志三》

619 年　　武德二年

六月一日,下诏兴化崇儒,令有司于国子学立周公、孔子庙各一所,四时致祭。这是文教政策上崇儒的重要标志。

《册府元龟》卷五〇《帝王部》

《唐会要》卷三五《褒崇先圣》

621年　　武德四年

正月，于门下省置修文馆。修文馆设学士，掌详正图籍，教授生徒，朝廷制度沿革、礼仪轻重，皆得参议。

《唐会要》卷六四《宏文馆》

四月一日，令诸州学士及早有明经及秀才、俊士、进士，明于理体，为乡里所称者，委本县考试，州长重覆，取其合格，每年十月随物入贡。这是唐代正式实行贡士制度的开端。

《唐摭言》卷一《统序科第》

十月，其时海内渐次平定，秦王李世民乃锐意经籍，于宫城西作文学馆，收聘四方贤才，以大行台司勋郎中杜如晦、记室考功郎中房玄龄及于志宁、军谘祭酒苏世长、天策府记室薛收、文学褚亮及姚思廉、太学博士陆德明及孔颖达、主簿李玄道、天策仓曹参军事李守素、王府记室参军事虞世南、参军事蔡允恭及颜相时、著作郎摄记室许敬宗及薛元敬、太学助教盖文达、军谘典签苏勖等十八人，并以本官兼文学馆学士，分三番轮值于阁下，访以政事得失，讨论典籍深意，评议前王成败，或至夜分而罢。

《旧唐书》卷二《太宗本纪上》
《新唐书》卷一〇二《褚亮传》

624年　　武德七年

二月，颁发《置学官备释奠礼诏》。诏令中强调，四方诸州，吏民子弟有识性开敏、志希学艺者，应具名状，申送入京，量其差品，并即配学，明设考课，各使厉精。州县及乡里，并令置学。官僚牧宰，或不存意，普便颁下，早遣修立。又释奠之礼，更宜详备，具为条式,以时宣下。

《唐大诏令集》卷一〇五《置学官备释奠礼诏》

二月,唐高祖亲临国子学观释奠礼,颁《兴学敕》,学令中特申:"自古为政,莫不以学为先。学则仁义礼智信五者俱备,故能为利深博。朕今欲敦本息末,崇尚儒宗,开后生之耳目,行先王之典训。……朕今亲自观讲,仍征集四方胄子,冀日就月将,并得成业,礼让既行,风教渐改。……诸公王子弟,并宜率先,自相劝励。"

《唐大诏令集》卷一〇五《兴学敕》

设太医署。太医署有医博士、针博士、按摩博士等,分科教授医学生。

北京中医学院医史教研组《中国医学史讲义·中国医学大事年表》

626年　　武德九年

三月,修文馆改为宏文馆。

《唐会要》卷六四《宏文馆》

六月甲子,立李世民为皇太子,断决机务。

八月癸亥,李世民即皇帝位。

《旧唐书》卷二《太宗本纪上》

九月,于弘文殿聚四部群书,就殿左置弘文学馆,精选天下文儒之士虞世南、褚亮、姚思廉等,各以本官兼署学士,令更日宿直。又召勋贤三品以上子孙,为弘文馆学生。

《旧唐书》卷一八九上《儒学传上》

627 年　　贞观元年

正月丁亥，唐太宗对臣下说："朕虽以武功定天下，终当以文德绥海内。文武之道，各随其时。"

《旧唐书》卷二八《音乐志一》

五月，国子学改称国子监。国子监同时成为独立的教育行政机构。

《唐会要》卷六六《国子监》

令京官五品以上子欲学书者，听于宏文馆内学书。其年有二十四人入馆，令虞世南、欧阳询教示楷法。

《唐会要》卷六四《宏文馆》

国子监博士陆德明，广采汉、魏、六朝音切凡二百三十家，兼载各家训诂，考证各本异同，撰成《经典释文》三十卷。

《旧唐书》卷一八九上《陆德明传》
《全唐文》卷一四六《经典释文序》

黄门侍郎王珪奏请：宏文馆学生学书之暇，应兼肄习经史，请置博士为之讲授。令太学助教侯孝遵授其经典，著作郎许敬宗授以《史》《汉》。后并准依条例参加贡举。

《唐会要》卷六四《宏文馆》

628 年　　贞观二年

十二月，停以周公为先圣，始立孔庙于国学。以孔丘为先圣，颜回为先师。大征天下儒士，以为学官。

《旧唐书》卷一八九上《儒学传上》
《唐会要》卷三五《褒崇先圣》

十二月二十一日，置书学，隶国子监。书学有博士二人。以

《石经》《说文》《字林》为专业,其余字书亦兼习之。

《唐会要》卷六六《广文馆》
《旧唐书》卷四四《职官志三》

629 年　　贞观三年

九月癸丑,诸州置医学,有医药博士及学生。

《旧唐书》卷二《太宗本纪上》
《新唐书》卷四九下《百官志四下》

630 年　　贞观四年

诏州县学皆立孔庙。

《新唐书》卷一五《礼乐志五》

太宗以经籍去圣久远,文字讹谬,诏前中书侍郎颜师古于秘书省考定"五经"。

《贞观政要》卷七《崇儒学》

632 年　　贞观六年

二月二日,国子监置司业一员。

《唐会要》卷六六《国子监》

二月戊子,初置律学。律学有博士一人,助教一人。以律令为专业,格式法例亦兼习之。

《旧唐书》卷三《太宗本纪下》
《旧唐书》卷四四《职官志三》

633 年　　贞观七年

颜师古考定"五经"告成,太宗诏尚书左仆射房玄龄召集诸儒重加详议。诸儒拘守所习师说,皆共非之。师古引晋宋以来古今本,随加解答,援据详明,皆出诸儒意表,诸儒莫不叹服。皇帝称善,赐帛五百匹,加授通直散骑常侍,于十一月丁丑颁其所定书于天下,令学者习之。

《旧唐书》卷三《太宗本纪下》
《旧唐书》卷七三《颜师古传》

634年　　贞观八年

诏加进士科试读经史一部。原先进士科只试时务策五道,此时除试策外,加试读经史。

《册府元龟》卷六三九《贡举部·条制》

637年　　贞观十一年

正月庚子,颁新律令于天下。甲寅,房玄龄等进所修五礼,诏所司行用之。

《旧唐书》卷三《太宗本纪下》

四月丙寅,诏河北、淮南举儒术该通,可为师范,并志行修立,为乡闾所推者,给传诣洛阳宫。

《旧唐书》卷三《太宗本纪下》

638年　　贞观十二年

二月丁丑,唐太宗亲临国学观释奠礼,对学官及学生高第精勤者,分别加级、赐帛。

《册府元龟》卷五〇《帝王部》

任命孔颖达为国子祭酒,仍侍讲东宫。以章句繁杂、训释不一,诏孔颖达与颜师古、司马才章、王恭、王琰等名儒撰定"五经"

义训,企求对经文有统一的解释。

《旧唐书》卷七三《孔颖达传》

639 年　　贞观十三年

东宫置崇贤馆,设学士,掌经籍图书,教授诸生,课试举送如弘文馆。

《新唐书》卷四九上《百官志四上》

于国学增筑学舍一千二百间。国子、太学、四门并增置生员,书、算二学各置博士、学生,诸生计三千二百六十员。玄武门屯营飞骑,亦给博士,授以经业;有能通经者,听之贡举。

《新唐书》卷四四《选举志上》

《旧唐书》卷一八九上《儒学传上》

640 年　　贞观十四年

二月丁丑,唐太宗亲临国子学观释奠,命国子祭酒孔颖达讲《孝经》,学官及学生高第精勤者加一级,并分别赐帛。

《旧唐书》卷三《太宗本纪下》

《旧唐书》卷七三《孔颖达传》

641 年　　贞观十五年

六月戊申,诏天下诸州,举儒术通明、学堪师范者,具以名闻,来年二月总集泰山。

《唐大诏令集》卷一○二《求访贤良限来年二月集泰山诏》

是时四方儒士,多抱负典籍,云会京师。四邻如高丽及百济、新罗、高昌等诸国酋长,相继遣子弟请入国学。是年春,文成公主入藏,吐蕃赞普慕唐文化,遣贵族子弟至长安,入国学受《诗》《书》。内外诸生,鼓箧而升讲筵者,八千余人,济济洋洋,盛况空前。

《旧唐书》卷一八九上《儒学传上》
《旧唐书》卷一九六上《吐蕃传上》

"五经"义疏撰成,合一百八十卷,奏上,命名《五经正义》。太宗诏曰:"卿等博综古今,义理该洽,考前儒之异说,符圣人之幽旨,实为不朽。"付国子监施行,赐孔颖达物三百段。

《旧唐书》卷七三《孔颖达传》

642年　　贞观十六年

《五经正义》由孔颖达主持编撰,实成于众手。虽包贯异家为详博,然而颇为繁杂,间有差谬,太学博士马嘉运驳正其失,互有辩难。因有诏令前修疏人与增派诸学官,重加复审裁定。

《新唐书》卷一九八《孔颖达传》
孔颖达《五经正义序》

643年　　贞观十七年

国子祭酒孔颖达以年老致仕。

《旧唐书》卷七三《孔颖达传》

647年　　贞观二十一年

二月丁丑,皇太子李治于国学释菜。国子司业赵宏智开讲《孝经》。李治对学官、学生分别赐帛。

《旧唐书》卷三《太宗本纪下》
《资治通鉴》卷一九八《唐纪十四》

648 年　　贞观二十二年

新罗国相金春秋及其子来朝,至国学观释奠及讲论,唐太宗赠其新编《晋书》。金春秋回国后,于652年继位为王。

《旧唐书》卷一九九上《新罗传》

649 年　　贞观二十三年

正月二十日,唐太宗自编《帝范》十三篇,赐皇太子。他对诸王公说:"圣躬阐政之道,备在其中矣。"其中有《崇文》一篇,主张文武二途,舍一不可。在群雄争夺政权的时候,当用武力扫平天下;而到了巩固政权的时候,就要着重"文术"。"夫功成设乐,治定制礼。礼乐之兴,以儒为本。弘风导俗,莫尚于文;敷教训人,莫善于学。"这就是他在文教方面的指导思想。

《唐会要》卷三六《修撰》
《帝范·崇文篇》

650 年　　永徽元年

六月,诏:"儒官员缺,即宜补授其馆,博士、助教,节级赐物,三馆学士有业科高第、景行淳良者,所司简试,具以名闻。"

《册府元龟》卷五〇《帝王部》

651 年　　永徽二年

停秀才科。

《新唐书》卷四四《选举志上》

三月十四日,令太尉长孙无忌等召国子三馆博士、弘文馆学士,刊定故国子祭酒孔颖达所撰《五经正义》。

《册府元龟》卷六〇八《学校部·刊校》

《唐会要》卷七七《论经义》

闰九月辛未,颁新定律、令、格、式于天下。

《旧唐书》卷四《高宗本纪上》

652年　　永徽三年

五月,诏:"律学未有定疏,每年所举明法,遂无凭准。宜广召解律人修义疏奏闻,仍使中书、门下监定。"于是太尉长孙无忌、司空李勣、尚书左仆射于志宁、刑部尚书唐临、大理卿段宝玄、尚书右丞刘燕客、御史中丞贾敏行等,参撰《律疏》。

《旧唐书》卷五〇《刑法志》

《唐会要》卷三九《定格令》

653年　　永徽四年

二月二十四日,《五经正义》复审刊定已毕,奏上。

《全唐文》卷一三六《长孙无忌·进五经正义表》

三月壬子,颁孔颖达《五经正义》于天下,每年明经令依此考试。

十一月癸丑,颁新《律疏》于天下,明法科试,据此为准。

《旧唐书》卷四《高宗本纪上》

656年　　显庆元年

三月十六日,从皇太子李弘所请,崇贤馆置学士,并置生徒二十员。东宫三师三少、宾客詹事、左右庶子、左右卫率,及崇贤馆三品学士子孙,可通取为生徒。

《唐会要》卷六四《崇文馆》

十二月十九日,尚书左仆射于志宁奏置律学。

《唐会要》卷六六《广文馆》

十二月乙酉,置算学。算学有博士二人。以十部算经分两组各为专业,学《缀术》《缉古》为一专业,学其余八经为一专业,而《记遗》《三等数》皆兼习之。

《旧唐书》卷四《高宗本纪上》
《旧唐书》卷四四《职官志三》

658年　　显庆三年

正月戊子,修《新礼》成,总一百三十卷,诏颁于天下。

《旧唐书》卷四《高宗本纪上》

废律、书、算学,以律学博士以下隶大理寺,书学博士以下隶秘书省,算学博士以下隶太史局。

《唐会要》卷六六《广文馆》
《新唐书》卷四八《百官志三》

659年　　显庆四年

正月十七日,苏敬等编成《唐新本草》,共收药物八百余种,并图合成五十五卷,颁行天下,这是世界上第一部由国家制定的药典。先是显庆二年,右监门府长史苏敬上言,陶弘景所撰《本草》,事多舛谬,请加删补,于是诏令检校中书令许敬宗、太常寺丞吕才、太史令李淳风、礼部郎中孔志约、尚药奉御许孝崇,并诸名医等二十人,增损旧本,征天下郡县所出药物,并录写绘图附载之。

经两年,书成,大行于代。医学亦以《唐新本草》教诸生。

《唐会要》卷八二《医术》

660 年　　显庆五年

六月,诏内外官举游泳儒术、沉研册府、下帷不倦、博物驰声者,精加搜访,各以名荐。

《册府元龟》卷六七《帝王部》

661 年　　显庆六年、龙朔元年

正月二十七日,崇贤馆直学士李善献上所注《文选》六十卷。

《唐会要》卷三六《修撰》

662 年　　龙朔二年

正月丙午,东都初置国子监,并增加学生员额,均分于两都教授。

《旧唐书》卷四《高宗本纪上》

正月,东都置国子监丞、主簿、录事各一员,四门助教博士、四门生三百员,四门俊士二百员。

《旧唐书》卷二四《礼仪志四》

二月甲子,改百司及官名,国子监为司成馆,国子祭酒为大司成,司业为少司成,博士为宣业。

《旧唐书》卷四二《职官志一》

五月乙巳,复置律、书、算三学。

《旧唐书》卷四《高宗本纪上》

九月,令学生在学,各以长幼为序。初入学皆行束脩之礼,国子、太学生各绢三匹,四门生各绢二匹,俊士及律、书、算学生各绢一匹,皆有酒脯。又国子监所管学生,国子监试;州县学生,当州试。并以艺业优长者为试官,由长官监试。

《唐摭言》卷一《两监》

663 年　　龙朔三年

二月十日,诏以书学隶兰台,算学隶秘阁,律学隶详刑寺。

《旧唐书》卷四《高宗本纪上》
《唐会要》卷六六《广文馆》

668 年　　总章元年

二月丁巳,皇太子李弘释奠于国学。

《新唐书》卷三《高宗本纪》

670 年　　咸亨元年

五月丙戌,诏曰:"诸州县孔子庙堂及学馆有破坏并先来未造者,遂使生徒无肄业之所,先师阙奠祭之仪,久致飘露,深非敬本。宜令所司速事营造。"

《旧唐书》卷五《高宗本纪下》

咸亨元年,司成馆复为国子监。

《新唐书》卷四八《百官志三》

咸亨初年,改司成馆复为国子监,大司成复为祭酒,少司成复为司业。

《册府元龟》卷五九七《学校部·总序》

674年　上元元年

十二月壬寅,皇后武则天奏上意见十二条,请令王公以下内外百官皆习《老子》,每岁明经依《孝经》《论语》例策试。上依其所请行之。

《旧唐书》卷五《高宗本纪下》

刘晓上疏论选举,指出礼部选士专以文章分甲乙,所以士人皆舍德行而趋文艺。他认为这是制度造成的,应当改变,取士应以德行为先,文艺为末。

《资治通鉴》卷二〇二《唐纪十八》

675年　上元二年

正月,令明经加试《老子》策二条,进士亦加试帖三条。

《册府元龟》卷六三九《贡举·条制》

国子监置大成二十人,取已及第而聪明者为之。试书日诵千言,并日试策,所业十通七,然后补其禄俸,同直官。通四经业成,上于尚书,吏部试之,登第者加一阶放选。其不第则习业如初,三岁而又试,三试而不中第,从常调。

《新唐书》卷四四《选举志上》

八月二十七日,避太子李贤名,改崇贤馆为崇文馆。

《唐会要》卷六四《崇文馆》

676年　仪凤元年

十二月二日,皇太子李贤上所注《后汉书》。同注《后汉书》的有太子右庶子张太安,洗马刘纳言,洛州司户参军格希元,学士许叔牙、成元一、史藏诸、周宝宁等人。

《唐会要》卷三六《修撰》

678 年　　仪凤三年

五月,诏:"自今已后,《道德经》并为上经,贡举人皆须兼通。其余经及《论语》,任依常式。"

《旧唐书》卷二四《礼仪志四》

680 年　　永隆元年

十二月,太史令李淳风进所注《五曹》《孙子》等十部算经,计二十卷。① 先是,太子监候王思辩上表称《五曹》《孙子》十部算经理多踳驳。于是,诏令李淳风与国子监算学博士梁述、太学助教王真儒等,共注《五曹》《孙子》十部算经。书成,令国学行用。

《唐会要》卷三六《修撰》

《旧唐书》卷七九《李淳风传》

681 年　　永隆二年

考功员外郎刘思立建言,明经多抄义条,进士唯背诵旧策,皆无实才。考官以人数未满,听其及第。欲革流弊,考试方法应适时变更。八月,诏:"自今已后,考功试人,明经每经帖试,录十帖得六已上者,进士试杂文两首,识文律者,然后并令试策日仍严加捉搦,必材艺灼然、合升高第者,并即依令。其明法并书、算贡举人,亦量准此例,即为恒式。"

《新唐书》卷四四《选举志上》

《唐大诏令集》卷一〇六《条流明经进士诏》

---

① 该事件所记与李淳风卒年相矛盾,疑当是他人进李淳风所注算经。——编校者

682年　　永淳元年

吏部侍郎魏玄同，上疏言选举流弊，指出：从政为官，不可以无学。今贵戚子弟，一皆早仕；童卯之岁，已袭朱紫。弘文、崇贤之生，千牛、辇脚之类，课试既浅，技能自薄，而门阀有素，资望自高。少仕则废学，轻试则无才，用不学无才的人为官，故众官未能称职，这是取人之道未完善。疏上，不纳。

《新唐书》卷一一七《魏玄同传》

684年　　文明元年、光宅元年

二月，武则天临朝称制。九月，又进一步改元变制，诸司官名又改。

《旧唐书》卷六《则天皇后本纪》

武则天临朝称制以后，多以武氏诸王及驸马都尉为成均祭酒，博士、助教亦多非儒士。又因郊丘、明堂、拜洛、封嵩，取弘文国子生为斋郎，因得选补。由是学生不复习业，二十年间，学校殆废。

《资治通鉴》卷二〇六《唐纪二十二》

685年　　光宅二年、垂拱元年

梓州人陈子昂上疏，指出"国家太学之废，积以岁月久矣。学堂芜秽，略无人踪，诗书礼乐，罕闻习者"，请"诏天下胄子，使归太学而习业"。疏上，不纳。

《唐会要》卷三五《学校》

二月，改国子监为成均监，改祭酒为成均祭酒。

《旧唐书》卷四二《职官志一》
《册府元龟》卷五九七《学校部·总序》

686 年　　垂拱二年

二月,新罗遣使来请《唐礼》一部并杂文章,武则天令所司写《吉凶要礼》,并于《文馆词林》采其词涉规诫者,勒成五十卷以送之。

《旧唐书》卷一九九上《新罗传》

《册府元龟》卷九九九《外臣部·请求》

689 年　　永昌元年

六月,下诏求贤,八科取材。其有抱儒素之业,可以师范国胄者,文武官五品以上,可各举所知。

《文苑英华》卷四六二《求访贤良诏》

690 年　　载初元年、大授元年

正月,凤阁侍郎宗秦客为迎合武则天改国号、称皇帝的需要,制作"天""地"等十二个新字以献。武则天下令天下行用。

《新唐书》卷七六《则天武皇后传》

《资治通鉴》卷二〇四《唐纪二十》

二月十四日起,武则天亲试贡士于洛城殿前,数日方毕,贡士殿试自此始。

《册府元龟》卷六三九《贡举部·条制》

691 年　　天授二年

其时,武则天实行高度集权,事无大小皆要亲自决定可否。太学生王循之上表请假还乡,武则天准之。

《资治通鉴》卷二〇四《唐纪二十》

693 年　　长寿二年

武则天颁《臣轨》两卷,令贡举人习业,停习《老子》。

《旧唐书》卷二四《礼仪志四》

699 年　　圣历二年

十月,凤阁舍人韦嗣立因学校久废,上疏极言:"国家自永淳已来,二十余载,国学废散,胄子衰缺,时轻儒学之官,莫存章句之选。贵门后进,竞以侥幸升班;寒族常流,复因凌替弛业。考试之际,秀茂罕登,驱之临人,何以从政?"请皇帝下令广开庠序,大敦学校,追集三馆生徒,王公以下子弟皆入国学,崇饰馆庙,尊尚师儒。武则天不能从。

《旧唐书》卷八八《韦嗣立传》

《唐会要》卷三五《学校》

702 年　　长安二年

正月,始置武举,令天下诸州有练习武艺者,每年准明经、进士例举送。

《册府元龟》卷六三九《贡举部・条制》

703 年　　长安三年

三月,四门博士王元感上其所撰《尚书纠缪》十卷、《春秋振滞》二十卷、《礼记绳愆》三十卷,并所注《孝经》《史记》稿草,请官给纸笔,写上秘书阁。诏令弘文、崇贤两馆学士及成均博士议其可否。王元感应答不穷,于是武则天下诏褒扬,并命为崇贤馆学士。

《旧唐书》卷一八九下《王元感传》

今天下诸州宜教人武艺,每年准明经、进士例申奏。

《旧唐书》卷二四《礼仪志四》

704 年　　长安四年

四月四日,令成均监置直讲四人,四考听选。

《唐会要》卷六六《国子监》

705 年　　神龙元年

二月甲寅,唐中宗恢复唐国号,并恢复永淳以前的礼仪和职官名称。于是,成均监复为国子监,成均祭酒复为国子祭酒。

《旧唐书》卷七《中宗本纪》

《册府元龟》卷五九七《学校部·总序》

二月五日,下令修复京都两学。京都学馆及先圣庙堂,所有破坏未营造者,逐要修葺,速令毕功,不得多增劳扰。

《唐大诏令集》卷二《中宗即位赦》

二月己未,令贡举人停习《臣轨》,依旧习《老子》。

《旧唐书》卷七《中宗本纪》

四月,任命术士叶静能为国子祭酒,宰相桓彦范、崔玄暐皆极言不可,左拾遗李邕也上疏劝止,不能从。

《资治通鉴》卷二〇八《唐纪二十四》

武后之乱,改易旧制颇多。中宗反正,诏:"宗室三等以下、五等以上未出身,愿宿卫及任国子生,听之。……三卫番下日,愿入学者,听附国子学、太学及律馆习业。蕃王及可汗子孙愿入学者,附国子学读书。"

《新唐书》卷四四《选举志上》

十月十九日,改弘文馆为昭文馆。

《唐六典》卷八《弘文馆》

《唐会要》卷六四《宏文馆》

706 年　　神龙二年

又改昭文馆为修文馆。

《唐六典》卷八《弘文馆》

《唐会要》卷六四《宏文馆》

708 年　　景龙二年

四月二十二日,修文馆增置大学士四员、学士八员、直学士十二员,征攻文之士以充之。

《唐会要》卷六四《宏文馆》

710 年　　景龙四年、景云元年

四月二十八日,令国子监学生于麦熟后返监复业。由于上一年京畿歉收,乏粮供膳,暂停课业,遣散学生,此时始令返监。

《唐大诏令集》卷一〇五《集学生制》

六月庚子,李隆基举兵诛韦后及其党羽,滥充国子祭酒的术士叶静能亦被诛。

《旧唐书》卷七《睿宗本纪》

七月十九日,唐睿宗下令劝导礼俗,强调:"庠序者,风化之本,人伦之先,仰州县劝导,令知礼节。……先圣庙及州县学,即令修理,春秋释菜,使敦讲诵之风。"

《唐大诏令集》卷一一〇《诫励风俗敕》

711 年　　景云二年

二月己未,改修文馆为昭文馆。

《旧唐书》卷七《睿宗本纪》

八月丁巳,皇太子李隆基释奠于太学。

《旧唐书》卷七《睿宗本纪》

712 年　　太极元年、先天元年

二月丁酉,国子监增置司业一员。

《旧唐书》卷七《睿宗本纪》

二月丁亥,皇太子李隆基释奠于国学。

《旧唐书》卷七《睿宗本纪》

其时,学徒渐弛,国子祭酒阳峤严于学政,课率经业,稍行鞭箠,学生怨之,颇有喧谤,乃结伙乘夜于街中加以辱打。政府令杖杀无理肇事者,使风波平息。

《旧唐书》卷一八五下《阳峤传》

713 年　　先天二年、开元元年

改府州医药博士为医学博士,诸州置助教,写《本草》《百一集验方》藏之,医药博士以百药救疗平人有疾者。

《新唐书》卷四九下《百官志四下》

714 年　　开元二年

五月,令天下有业擅专门、学优重席、□堪师授者,所在具以名闻。贡举人宜取实才,如有义疏未详,习读未遍,辄充举选,以希侥幸者,举官依法受处分。

《唐大诏令集》卷一〇六《令贡举人勉学诏》

十二月二十二日,令自今以后,蕃客入朝,并引向国子监,令观礼教。

《唐大诏令集》卷一二八《令蕃客国子监观礼教敕》

置内教坊于蓬莱宫侧,有音声博士、第一曹博士、第二曹博士。京都置左右教坊,掌俳优杂技。自是不隶太常,以中官为教坊使。

《新唐书》卷四八《百官志三》

715年　开元三年

十月甲寅,制曰:"朕听政之暇,常览史籍,事关理道,实所留心,中有阙疑,时须质问。宜选耆儒博学一人,每日入内侍读。"以光禄卿马怀素为左散骑常侍,与右散骑常侍褚无量并充侍读。

《旧唐书》卷八《玄宗本纪上》

717年　开元五年

九月,令诸州乡贡明经、进士见讫,并引就国子监谒先师,学官为之开讲,质问其义。两馆及监内得举人亦同。清资官五品以上及朝集使,并往观礼,即为常式。

《唐大诏令集》卷一〇五《令明经进士就国子监谒先师敕》

令于东都乾元殿东厢写四部书,以褚无量为乾元院使,负责整理图籍,并采天下书以补遗缺。

《新唐书》卷四七《百官志二》

《新唐书》卷二〇〇《褚无量传》

十月,日本国遣使来朝。乙酉,日本国使请谒孔庙,从之。又请儒士授经,因令四门助教赵玄默就鸿胪寺教之。所得赏赐,尽购文籍而归,唯仲满留学未去。

《册府元龟》卷九七一《外臣部》
《新唐书》卷二二〇《日本传》

718年　　开元六年

迁乾元院书至丽正殿,更号为丽正修书院,褚无量继续为院使,改修书官为丽正殿直学士。这是封建政府使用"书院"名称的开始。

《新唐书》卷四七《百官志二》

719年　　开元七年

九月甲子,改昭文馆依旧为弘文馆。补弘文馆(崇文馆同)学生例:皇缌麻以上亲,皇太后大功以上亲,散官一品、中书门下三品、同中书门下平章事,六尚书,功臣身食实封者,京官职事正品,供奉官三品子孙,京官职事从三品,中书黄门侍郎子,并听预简,选性识聪敏者充。

《旧唐书》卷八《玄宗本纪上》
《唐会要》卷六四《宏文馆》

十月戊寅,皇太子至国学行齿胄礼,陪位官及学生分别赐帛。

《旧唐书》卷八《玄宗本纪上》

令弘文、崇文、国子监学生季一朝参。又令州县学生年二十五以下,八品子或庶人年二十一以下通一经及未通经而聪悟有文辞、史学者,入四门学为俊士。诸州贡举省试不第,愿入学者亦听。这是下第举人入国学的开始。

《新唐书》卷四四《选举志上》

720 年　　开元八年

三月,国子司业李元瓘,以两监及州县学生学习《周礼》《仪礼》《公羊》《穀梁》者绝少,请求鼓励学生兼习。习此四经者,要求略为降低,帖十通五,即可参加策试。从之。

《册府元龟》卷六〇四《学校部·奏议》

722 年　　开元十年

六月辛丑,唐玄宗注《孝经》,元行冲为疏,颁于天下。

《旧唐书》卷八《玄宗本纪上》
《新唐书》卷二〇〇《元行冲传》

723 年　　开元十一年

九月己巳,颁《广济方》于天下,仍令诸州各置医博士一人。

《旧唐书》卷八《玄宗本纪上》

725 年　　开元十三年

四月,改丽正修书院为集贤殿书院,内五品以上为学士,六品以下为直学士,中书令充学士,知院事。

《旧唐书》卷八《玄宗本纪上》
《唐会要》卷六四《集贤院》

726 年　　开元十四年

六月,颁《求儒学诏》。诏称:"承平日久,趋竞岁积,谓儒官为冗列,视之若遗;谓吏职为要津,求如不及。"虽许献书自举,儒学之人尚隐而未现,故令内外官举"有精于经史、道德可尊、工于著述、文质兼美者",录状送闻,将加明试,以观其能,分别擢用。

《唐大诏令集》卷一〇五《求儒学诏》

727 年　　开元十五年

五月一日,集贤学士徐坚等编《初学记》上之,供皇太子及诸王学文之用。

《唐会要》卷三六《修撰》

728 年　　开元十六年

七月丙辰,新罗遣使请派子弟就中国学问经教,许之。

《旧唐书》卷八《玄宗本纪上》
《旧唐书》卷一九九上《新罗传》

十二月二十四日,国子祭酒杨玚奏言:今之明经帖试,主司曲求文句之难,必取年头年月,孤经绝句。请自今以后,帖经考试,尽帖平文。从之。

《册府元龟》卷六三九《贡举部》

729 年　　开元十七年

三月,国子祭酒杨玚上疏称:按例,国子监每年应举者,常有千数,简试取其精者,不过二三百人。省司重试,但经明行修,即与及第,不限其数。近年以来,省司定限,明经、进士及第,每年不过百人,两监惟得一二十人。明经、进士,服道日久,请益无倦,经策既广,文辞极难,监司课试,十已退其八九,考功及第,十又不收其一二。若长为限额,未能劝进,恐三千学徒,虚废官廪,儒风渐坠,小道将兴。

《册府元龟》卷六〇四《学校部》

731年　　开元十九年

正月辛未,吐蕃使者言,金城公主请《毛诗》《礼记》《左传》《文选》各一部,令秘书省写送之。

《资治通鉴》卷二一三《唐纪二十九》

《旧唐书》卷一九六上《吐蕃传上》

732年　　开元二十年

九月,《大唐开元礼》编成,合一百五十卷,下令所司行用之。

《旧唐书》卷八《玄宗本纪上》

733年　　开元二十一年

正月一日,令士庶家藏《老子》一本,习读而知其指要。贡举人量减《尚书》《论语》一两道策,准数加《老子》策。

《唐大诏令集》卷八六《岁初处分德音》

五月,令诸州县学生年二十五以下,八品、九品子弟或庶人并年二十一以下通一经以上、未通经而精神通悟有文词史学者,每年铨量举选,所司简试,听入四门学充俊士。诸州贡人省试不第,愿入学者亦听。国子监所管学生,尚书省补;州县学生,州县长官补。诸州县学生习本业之外,仍令兼习吉凶礼,公私有礼事,令示仪式,余皆不得辄使。诸百姓立私学,其欲寄州县学授业者,亦听。

《唐会要》卷三五《学校》

734年　　开元二十二年

四月,令两监生在外者,宜即赴学。因去秋歉收,曾暂令生员归家。

《册府元龟》卷五〇《帝王部》

735年　开元二十三年

三月二十七日,《开元文字音义》三十卷编成,颁示公卿。又颁《老子》注并疏义八卷。

《唐会要》卷三六《修撰》

闰十一月,日本国使名代来朝,请求《老子》经本及天尊像以归于国发扬圣教,许之。

《册府元龟》卷九九九《外臣部·请求》

736年　开元二十四年

三月,令自今以后贡举考试,并集于礼部,委礼部侍郎专负其责。礼部选士始于此。侍郎亲故移试考功,谓之别头。

《册府元龟》卷六三九《贡举部》

737年　开元二十五年

正月,规定官员假期。内外官五月给田假,九月给授衣假,分为两蕃,各十五日。其田假,若风土异宜,种收不等,通随便给之。这种假期制度也适用于官学,学生并按二百里外给路程假。

《唐会要》卷八二《休假》

正月,颁布明经进士考试新条规。明经每经试十帖,取通五以上,比旧试减一帖;问大义十条,试通六以上,免旧试经策十条;答时务策三道,取粗通文理者,与及第。进士停试小经,改试大经十帖,取通四以上,然后试杂文及策,考通,与及第。明经口问大义时,需对举人公开考试,使众人共知,取舍公平。进士揭榜之后,把及第者杂文及策的试卷送中书门上复审。

《册府元龟》卷六三九《贡举部》

738年　开元二十六年

正月丁丑,令天下州县,每乡之内,各置一学,选择师资,令其教授。诸州乡贡明经、进士,每年引见之后,并令就国子监拜谒先师,学官为之开讲,质问疑义。又弘文、崇文学生,因是贵族子孙,多有不专经业,便给及第,实为不当,自今以后,应依条令考试。

《唐大诏令集》卷七三《亲祀东郊德音》
《册府元龟》卷六三九《贡举部》

六月二十七日,渤海遣使求写《唐礼》及《三国志》《晋书》《三十六国春秋》,许之。

《唐会要》卷三六《蕃夷请经史》

739年　开元二十七年

二月七日,敕:十万户以上州置医生二十人,十万户以下置十二人,各于当界巡疗。

《唐会要》卷八二《医术》

二月,张九龄等撰《六典》三十卷成,奏上。书中对教育制度撮要概述,成为此后教育行政的依据。

《唐会要》卷三六《修撰》

八月甲申,制追赠孔丘为文宣王。

《旧唐书》卷九《玄宗本纪下》

740年　　开元二十八年

二月,应国子祭酒刘瑗所请,释奠日群官道俗皆应赴国子监观礼,定为常制。

《通典》卷五三《释奠》

《唐会要》卷三五《释奠》

741年　　开元二十九年

正月,诏两京及诸州各置玄元皇帝庙一所,并置崇玄学。设崇玄博士一员。其生,京、都各百人,诸州无定额,令习《道德经》及《庄子》《列子》《文子》等,每年准明经例举送。

《旧唐书》卷二四《礼仪志四》

《新唐书》卷四四《选举志上》

《唐会要》卷六四《崇元馆》

742年　　天宝元年

二月丙申,庄子号为南华真人,文子号为通玄真人,列子号为冲虚真人,庚桑子号为洞虚真人。其四子所著书改为真经。崇玄学置博士、助教各一员,学生一百人。

《旧唐书》卷九《玄宗本纪下》

四月,以道经为上经,德经为下经,除崇玄学生仍旧习业考试外,其他人并停习《道德经》,另选择小经代之。后以《尔雅》代《道德经》。

《册府元龟》卷六四〇《贡举部》

七月,令国子监只准生徒问难经典,经典之外问题严加禁止。其时,每月例行释菜,学官开讲,生徒质问疑难。中有生徒,夹杂诙谐,出言不经,违犯尊严,故下令禁止。

《册府元龟》卷五〇《帝王部》

743 年　　天宝二年

正月丙辰,追尊玄元皇帝为大圣祖玄元皇帝,两京崇玄学改为崇玄馆,博士为学士,助教为直学士,更置大学士员。天下诸郡崇玄学改为通道学,博士为学士。

《旧唐书》卷九《玄宗本纪下》
《旧唐书》卷二四《礼仪志四》
《唐会要》卷六四《崇元馆》

二月,以门下侍郎陈希烈兼崇玄馆学士。

《唐会要》卷六四《崇元馆》

五月二十二日,唐玄宗又重注《孝经》,再颁于天下。

《唐会要》卷三六《修撰》

744 年　　天宝三载

七月,以《尚书》原是古体文字,传写渐讹,使后学生疑,必因时制宜,求其简易,令依今字缮写施行,旧本仍旧藏之书府。

《册府元龟》卷五〇《帝王部》

十二月,令天下家藏《孝经》一本,精勤诵习。乡学之中,倍增教授,郡县官史,明申劝课。

《唐大诏令集》卷七四《亲祭九宫坛大赦天下敕》

748 年　　天宝七载

五月,令郡县长官先置乡学,申明条式,切加训导,以兴礼教,委采访使加以检察,按实明为褒贬。

《册府元龟》卷五九《帝王部》

750年　　天宝九载

七月十三日,国子监新置广文馆,以教诸生习进士业者,博士、助教各一人,任郑虔为博士,秩同太学博士。

《旧唐书》卷二四《礼仪志四》
《唐会要》卷六六《广文馆》

752年　　天宝十一载

七月,令举人帖试及口试,公开对众考定,宣布通否。

十二月,令改革帖试办法。帖试的流弊由来已久,帖经首尾,不出前后,复取"者也之乎"颇相类似之处下帖,以难举人。其时,应礼部之请,改为每帖前后各出一行,相类之处,不得作为帖题。令下之后,礼部侍郎杨浚主试,始开为三行。

《册府元龟》卷六四〇《贡举部》

753年　　天宝十二载

七月壬子,令天下举人不得乡贡,须补国子及郡县学生,然后听举。此令实行两载,至十四载又恢复乡贡。

《旧唐书》卷九《玄宗本纪下》
《新唐书》卷四四《选举志上》

十月十九日,鉴真和尚等人从扬州出发,东渡日本。十二月二十日到达日本,翌年二月初四到达日本奈良,此后在日本传授佛学、医学、书学,对日本文化发展作出重要贡献。

真人元开《唐大和上东征传》

755年　天宝十四载

二月,颁弘文馆学生考试条规。弘文馆学生依国子监学生例帖试,要求较低,帖经减半,杂文及策只须粗通,便可及第。

《册府元龟》卷六四〇《贡举部》

十月甲午,颁《御注老子》并《义疏》于天下,令传写。

《旧唐书》卷九《玄宗本纪下》

《唐会要》卷三六《修撰》

756年　天宝十五载、至德元载

六月,京城弃守,唐玄宗奔蜀,安禄山叛军占据长安。旧例,两京国子监生二千余人。弘文馆、崇文馆、崇玄馆学生,皆供廪食。自京城失守之后,兵事相继,国学不能供应廪食,生徒尽散,国子监堂室颓坏,常任由军士居住。

《旧唐书》卷二四《礼仪志四》

758年　乾元元年

四月十四日,诏:国子监学生,明经、明法,帖、策、口试各十并通四以上,进士通三,与及第。乡贡明经准常式。州县学生放归营农,待贼平之后,任依常式。

《唐大诏令集》卷六九《乾元元年南郊赦》

《册府元龟》卷六四〇《贡举部》

礼部侍郎李揆试行考试改革,试进士文章时,设床于庭,置"五经"、诸史及《切韵》等书,召集贡士宣告说:"大国选士,但务得才,经籍在此,请恣寻检。"此举获社会舆论赞扬。

《旧唐书》卷一二六《李揆传》

760年　乾元三年、上元元年

正月十日,右金吾长史王淑奏:以医术入仕者,请同明法选人例处分。自今以后,各试医经方术策十道,《本草》二道,《脉经》二道,《素问》十道,张仲景《伤寒论》二道,诸杂经方义二道。通七以上留,以下不留。

《唐会要》卷八二《医术》

763年　宝应二年、广德元年

六月,礼部侍郎杨绾上疏极言科举考试杂文、填帖的流弊,建议恢复乡举里选。上令朝臣详议。尚书左丞贾至献议说:"今京有太学,州县有小学,兵革一动,生徒流离,儒臣师氏,禄廪无向。贡士不称行实,胄子何尝讲习?"主张恢复乡举里选,同时扩充学校,居乡土的由乡里选举,流寓在外的由学校推选。由于赞成保留科举的力量较大,朝廷乃决定选孝廉与科举考试兼行。

《旧唐书》卷一一九《杨绾传》

七月二十六日,令宏文、崇文两馆学生,所习经业,务须精熟,楷书字体,皆得正样。通者与出身,不通者罢之。

《唐会要》卷七七《宏文崇文生举》

764年　广德二年

七月丙午,诏曰:"顷年以来,戎车屡驾,天下转输,公私匮竭。

带甲之士,所务赢粮,鼓箧之徒,未能仰给,由是诸生辍讲,弦诵蔑闻。……宜令所司,量追集贤学生,精加选择,使在馆习业。仍委度支,准给厨米,敦兹儒术,庶有大成。"

《唐大诏令集》卷一〇五《追集学生敕》

765年　　永泰元年

府州复置医学博士。

《新唐书》卷四九下《百官志》

复置两监生徒,而每馆无定员。

《新唐书》卷四四《选举志上》

766年　　永泰二年、大历元年

正月,国子祭酒萧昕言:"崇儒尚学,以正风教,乃王化之本也。"二十九日,因下敕:"理道同归,师氏为上,化人成俗,必务于学。……顷以戎狄多难,急于经略,太学空设,诸生盖寡。弦诵之地,寂寥无声,函丈之间,殆将不扫。上庠及此,甚用悯焉。……其诸道节度、观察、都防御使等,……并宰相、朝官及神策六军军将子弟欲习业者,自今已后,并令补国子生。……其中身虽有官,欲附学读书者,亦听。其学官,委中书、门下即简择行业堪为师范者充。"这项诏令规定了恢复国学的具体措施。

二月丁亥,释奠于国学,宰相及常参官、六军军将就国子学听讲论,赐钱五百贯。集诸儒、道、僧,质问竟日。

《旧唐书》卷二四《礼仪志四》
《唐大诏令集》卷一〇五《崇太学诏》
《旧唐书》卷一一《代宗本纪》

二月辛卯,令修文宣王庙及国子监廨宇。

《册府元龟》卷五〇《帝王部》

八月,国子学成祠堂、论堂、六馆院及官吏所居厅宇修复,用钱四万贯。四日,释奠于国学,宰相、常参官、军将尽会于讲堂,听宦官军容使鱼朝恩说《易》。二十三日,令观军容宣慰处置使鱼朝恩判国子监事。二十四日,贷钱一万贯,五分收钱,以供监官学生之费。不久,又请青苗地头取百文资课以供费用。

《旧唐书》卷二四《礼仪志四》

768 年　　大历三年

免去观军容宣慰处置使鱼朝恩所兼判国子监事。

《旧唐书》卷一八四《鱼朝恩传》

770 年　　大历五年

八月,国子司业归崇敬建议更改国子监及学官名,诏尚书省集百官议,其事不行。

《新唐书》卷一六四《归崇敬传》
《唐会要》卷六六《东都国子监》
《册府元龟》卷六〇四《学校部》

以名儒杨绾为国子祭酒。

《旧唐书》卷一一九《杨绾传》

775 年　　大历十年

六月,国子监言"五经"文字紊乱。诏委国子儒官勘校经本,送尚书省审定。

《全唐文》卷四五八《张参·五经文字序例》

776 年　　大历十一年

六月七日，国子司业张参等勘校"五经"文字完毕，并以所刊正"五经"文字，书于论堂东西厢之壁，供学者共观以为准，因作《五经文字序例》记其事。

《全唐文》卷四五八《张参·五经文字序例》

《刘禹锡集》卷八《国学新修五经壁本记》

777 年　　大历十二年

十一月二十五日，刑部尚书颜真卿撰《韵海镜原》三百六十卷，表献之，诏付集贤院。

《唐会要》卷三六《修撰》

779 年　　大历十四年

十二月五日，诸州府学博士，改为文学，品秩同参军，位在参军上。

《唐会要》卷六九《判司》

781 年　　建中二年

十月，中书舍人赵赞奏请以箴、论、表、赞代诗赋，并改口问大义为笔试，奏书说："承前问义，不形文字，落第之后，喧竞者多。臣今请以所问录于纸上，各令直书其义，不假文言，既与策有殊，又事堪征证，凭此取舍，庶归至公。"依其所请。

《册府元龟》卷六四〇《贡举部》

782 年　　建中三年

十一月,令补宏文、崇文学生,先补皇缌麻以上亲,及次宰辅子孙。其余依官荫高下类例处分。

《唐会要》卷七七《宏文崇文生举》

783 年　　建中四年

十月,泾原兵在京城哗变,朱泚被拥为首。国子监学生将从乱,太学生何蕃严叱止之,故诸生无从乱者。

《韩昌黎集》卷一四《太学何蕃传》

785 年　　贞元元年

四月十一日,以所习《尔雅》多是鸟兽草木之名,无益理道,令停《尔雅》,改习《道德经》。进士亦宜同大经略例帖试。

《唐会要》卷七五《明经》

十一月,令百官对国学乡校的改革问题详加考虑,提出书面建议,送交中书门下研究,择善而行。

《唐大诏令集》卷六九《贞元元年南郊大赦天下制》

786 年　　贞元二年

二月,释奠。自宰臣以下,毕集于国学,学官升讲座,陈五经大义及先圣之道。

《唐会要》卷三五《释奠》

六月,令习《开元礼》。有能习《开元礼》者,同一经例举道,选人不限额,但问大义一百条,试策三道。义通七十条,策通两道以上者,与及第。

《唐会要》卷七六《开元礼举》

787 年　　贞元三年

正月,右补阙宇文炫上疏,请京畿诸县乡村废寺并为乡学。未获批答。

《唐会要》卷三五《学校》

788 年　　贞元四年

正月,重申旧令,补宏文、崇文生,先补皇亲,其余依官荫高下类例处分。

《唐会要》卷七七《宏文崇文生举》

789 年　　贞元五年

四月,以举人所习《尔雅》多是草木鸟兽之名,无益理道,令习老子《道德经》以代《尔雅》。

《册府元龟》卷六四〇《贡举部》

790 年　　贞元六年

九月,令两馆依法考试学生,定其升黜,如有假代,以法论处。其时两馆隐弊已多,生徒未补者,务取阙员以补,求速于登第,而虚极冒荫,至有假市门资、变易昭穆者,且有雇人试艺者,故令依法考试查处。

《册府元龟》卷六四〇《贡举部》

793 年　　贞元九年

五月二日,令有习三礼者,依科目例赴选。每经问大义三十条,试策三道。全通为上等,每经通二十五条、策通两道为次等,分别与官。诸馆学生，愿习三礼及《开元礼》者，并听。

《唐会要》卷七六《三礼举》

五月二十日，令习《开元礼》人，问大义一百条，试策三道。全通者为上等；大义通八十条以上，策通两道以上为次等；其余依三礼例处分。

《唐会要》卷七六《开元礼举》

795 年　　贞元十一年

七月，以右谏议大夫阳城为国子司业。阳城初见学生即说："凡学者，所以学为忠与孝也。诸生有久不省亲者乎？"于是，准学生还乡省亲，三年不归省亲者斥退，违犯学规不改者罢去。他表扬有德行者，亲自讲论经籍，一时学中整肃，顿改旧观。

《新唐书》卷一九四《阳城传》
《旧唐书》卷一三《德宗本纪下》

796 年　　贞元十二年

正月，颁特编《贞元广利药方》五百八十六首于天下。

《旧唐书》卷一三《德宗本纪下》

三月十五日，令诸州所缺医博士，由长史各自访求选试，取艺业优长可堪效用者，列名上报。

《唐会要》卷八二《医术》

三月十七日，国子司业裴肃奏请复习《尔雅》。令依天宝元年四月敕处分，以《尔雅》代《老子》。

《唐会要》卷七五《明经》

797 年　　贞元十三年

十二月,尚书左丞顾少连请改口试为笔试。奏书说:"至于帖书及以对策,皆形文字,并易考寻,试义之时,独令口问,对答之失,覆视无凭,黜退之中,流议遂起。"依其所请,恢复建中二年规定的笔试。

《册府元龟》卷六四〇《贡举部》

798 年　　贞元十四年

九月丁卯,太学生薛约因言事得罪,被徙连州,国子司业阳城送之城外。上以阳城党罪人,己巳,贬阳城为道州刺史。太学生何蕃等百数十人,诣阙上书请愿,乞留阳城,守数日,为吏所抑,书不得上。集贤殿正字柳宗元闻讯,致书太学诸生,称太学生"奋志厉义,出乎千百年之表"加以慰勉,并对攻击阳城"过于纳污,无人师之道"的言论进行驳斥。

《资治通鉴》卷二三五《唐纪五十一》

《柳宗元集》卷三四《与太学诸生喜诣阙留阳城司业书》

《柳宗元集》卷九《国子司业阳城遗爱碣》

799 年　　贞元十五年

西川节度使韦皋接纳南诏王异牟寻所派遣的贵族子弟至成都就学,教以书数,业成则归,复以他子弟继之。如是五十年不断,南诏贵族子弟就学于成都者约有千人。由此,汉族的文化科学源源流入南诏。

《新唐书》卷二二二上《南诏传上》

《资治通鉴》卷二四九《唐纪六十五》

801年　　贞元十七年

五月,国子监学生何㻋、曹寿因被疑谈禁中事,被禁军收捕审问。国子司业武少仪上疏请公布罪状,二人因而得释。

《册府元龟》卷六○四《学校部》

十月辛未,宰相贾耽上《海内华夷图》及《古今郡国县道四夷述》四十卷。

《旧唐书》卷一三《德宗本纪下》

十月庚戌,淮南节度使杜佑进《通典》,凡九门,共二百卷。

《旧唐书》卷一三《德宗本纪下》

802年　　贞元十八年

五月,规定明经、进士每年限额。每年考试所收,明经不得超过一百人,进士不得超过二十人。

《册府元龟》卷六四○《贡举部》

四门博士韩愈为扭转不尊师的社会风气,不顾流俗反对,奋然作《师说》,提出"学者必有师""师者,所以传道受业解惑也""道之所存,师之所存""不耻相师""学无常师""弟子不必不如师,师不必贤于弟子"等观点,引起极大的思想震动。

《韩昌黎集》卷一二《师说》

《柳宗元集》卷三四《答韦中立论师道书》

804年　　贞元二十年

日本国遣使来朝,学生橘逸势、学问僧空海留习业。

《册府元龟》卷九九九《外臣部·请求》

805年　　贞元二十一年、永贞元年

二月甲子,令内外官举经术精深,可为师法者,具名奏闻。若无人推荐,亦许其至朝自举。

《唐大诏令集》卷二《顺宗即位赦》

《旧唐书》卷一四《顺宗本纪》

806年　　元和元年

正月丁卯,令自今以后,国子监祭酒、司业及学官,并先取有德望学识者充,东都国子监诸馆共置学生百员。

《唐大诏令集》卷五《改元元和赦》

正月,日本国使判官高阶真人奏,前留住学生橘逸势、学问僧空海等,艺业稍成,愿归本国,请准共归国。从之。

《册府元龟》卷九九九《外臣部·请求》

《旧唐书》卷一九九上《日本传》

四月,国子祭酒冯伉奏请严肃学规。奏书提出:"有其艺业不勤,游处非类,樗蒲六博,酗酒喧争,凌慢有司,不修法度,有一于此,并请解退。又有文章帖义不及格限,频经五年,不堪申送者,亦请解退。其礼部所补学生,到日亦请准格帖试,然后给厨。后每月一度试,经年等第不经者停厨,庶以止奸,示其激劝。又准格九年不及第者,即出监。访闻比来多改名却入,起今已后,如有此类,请送法司准式科处。"从其所请。

《册府元龟》卷六〇四《学校部》

807年　　元和二年

八月二十四日,诸州府乡贡明经、进士,就国子学馆讲论,质

定疑义,令百官观礼。

《唐会要》卷六六《东都国子监》

十二月,国子监奏定每馆学生员额。西监学生五百五十员:国子馆八十员,太学馆七十员,四门馆三百员,广文馆六十员,律馆二十员,书馆十员,算馆十员。东监学生一百员:国子馆十员,太学十五员,四门五十员,广文馆十员,律馆十员,书馆三员,算馆二员。

《册府元龟》卷六〇四《学校部》
《唐摭言》卷一
《新唐书》卷四四《选举志上》

十二月壬申,令礼部举人,罢试口义,试墨义十条,五经通五,明经通六,即放进士。

《旧唐书》卷一四《宪宗本纪上》

809年　　元和四年

元稹献上《论教本书》,认为中才之人,取决于自幼的教育。唐皇帝若要传之万代,必须重视皇太子及诸王的教育,慎选师保及宫寮,使之就学问道,这比修国学选学官更为重要。

《元稹集》卷二九《论教本书》

812年　　元和七年

十二月,礼部侍郎韦贯之奏,明经科试,请停墨义,依旧格问口义。从之。

《册府元龟》卷六四〇《贡举部》
《唐会要》卷七五《明经》

813 年　　元和八年

柳宗元在永州作《答韦中立论师道书》,抨击流俗不重师道。在社会习惯势力的重压下,他采取"取其实,去其名"的态度,开展文学教育活动。他还传授文学创作的经验,介绍继承文学遗产的观点。

《柳宗元集》卷三四《答韦中立论师道书》

舒元舆参观国子监,见论堂、国子、广文、太学、四门等,堂上长苔草,庭院垦为圃,数年无讲论,呈衰凉景象,因作《问国学记》,叹国学荒废,责有司未尽其职。

《全唐文》卷七二七《舒元舆·问国学记》

814 年　　元和九年

十一月,礼部贡院奏:旧例,贡举人见讫,谒先师,准格,学官为开讲,质定疑义,常参及致仕官观礼。诏:"宜谒先师,余着停。"后虽每年至时举奏,并不复行。

《唐会要》卷三五《释奠》

819 年　　元和十四年

十一月四日,令以墨义代口义。

《册府元龟》卷六四一《贡举部》

十二月庚戌,国子祭酒郑余庆,以国学荒毁日久,生徒不振,奏请抽取文官俸给修两京国子监。现任文官一品至九品,外使兼京正员官者,每月于所请料钱中每贯抽十文,以充国子监修造先师庙及诸室宇缮壁。从之。

《旧唐书》卷一五《宪宗本纪下》
《旧唐书》卷一五八《郑余庆传》
《册府元龟》卷六〇四《学校部》

潮州刺史韩愈修复荒废已久的州学，请赵德为学官，教督生徒课业，并捐俸百千，作为学本，以给学生厨馔。

《韩昌黎集》外集卷五《潮州请置乡校牒》

820 年　　元和十五年

九月，征袁州刺史韩愈为国子祭酒。

《旧唐书》卷一六《穆宗本纪》

821 年　　长庆元年

正月辛丑，委国子祭酒访择精通一经、堪为师法者，具以名闻，将加试用。

《唐大诏令集》卷七〇《长庆元年正月南郊改元赦》

正月，国子祭酒韩愈以国子监规章已受破坏，"至使公卿子孙耻游太学，工商凡冗或处上庠"，须加整顿。因请国子馆入学资格仍依《六典》规定，太学馆许取常参官八品以上子弟补充，四门馆许无资荫有才学人补充。若有资荫而不入补学生，不准参加礼部科举考试。如果学生是冒荫入补的，送法司判罪。

《韩昌黎集》卷三七《请复国子监生徒状》

三月己未，令当年进士及第十四人重试。当年礼部侍郎钱徽主持科举考试，因朝臣请托，取舍不严，遂受抨击，故上令重试。

四月丁丑，令进士重试者，只准粗通者三人及第，其余十一人皆落选，礼部侍郎钱徽及关联者皆贬官。

《旧唐书》卷一六《穆宗本纪》

《旧唐书》卷一六八《钱徽传》

国子祭酒韩愈提出，近年吏部所注学官，多循资叙，不考艺能,难于起劝励生徒的作用。因请非专通经传、博涉坟史及进士五经诸色登科人,不能派任。新任学官报到之日,必须考试合格,然后才正式任用。

《韩昌黎集》卷四〇《国子监论新注学官牒》

822年　　长庆二年

二月,谏议大夫殷侑奏设三传科。《左传》问大义五十条,《公羊》《穀梁》各问大义三十条,策三道。又奏设史科,每史问大义一百条,策三道。义通七、策通二以上及第。

《册府元龟》卷六四〇《贡举部》

闰十月,国子祭酒韦乾度奏请定四馆学生补阙条规等事。四馆学生有阙额时,请补学生者,须先经监司陈状,考试合格,然后具名申送礼部,才算补充为学生。监中学生有喧争或过失,由监司议加科决,"如有悖慢师长,强暴斗打,请牒府县,锢身递送乡贯"。从之。

《册府元龟》卷六〇四《学校部》

823年　　长庆三年

夔州刺史刘禹锡,奏记丞相府论学事,指出人才缺少,是由于培养人才的学校没有很好地办理。"今之膠庠不闻弦歌,而室庐圮废,生徒衰少。非学官不欲振举也,病无赀财以给其用。"学校缺少经费是最重要的问题,这个问题有办法解决。只要依照开元中的仪制,县邑释奠礼不用牲宰衣币,取其节省的费用,一半供州学,一半供国学,缺费的情况即可改善。

《刘禹锡集》卷二〇《奏记丞相府论学事》

824 年　　长庆四年

李湛即位,三月壬子,赦书令内外官举经学优深、可为人师者,限来年正月送至京城。

《册府元龟》卷六八《帝王部》

825 年　　宝历元年

正月辛亥,委国子祭酒访择能精通一经、堪为师法者,具名闻奏。委天下州县刺史、县令,招延儒学,明加训诱。

《唐大诏令集》卷七〇《宝历元年正月南郊赦》

五月庚辰,新罗国请先在太学生崔利贞、金叔贞、朴季业等四人还国;新赴朝贡金允夫、金立之、朴亮之等十二人,请留宿卫,仍请配国子监习业,鸿胪寺给资粮。从之。

《册府元龟》卷九九九《外臣部·请求》

国子祭酒卫中行擅用当司新赐钱一百八十五贯,为分察使所劾。中行称是假借。敕罚两月俸料。

《册府元龟》卷六二五《卿监部·废黜》

827 年　　大和元年

二月乙巳,令内外官举经学优深、可为师法者,无人举者,亦听自举,并限来年正月到上都。

《唐大诏令集》卷五《改元太和赦》

五月十七日,令官阶至品,便许用荫,与子孙补两馆生出身。

《唐会要》卷七七《宏文崇文生举》

829年　　大和三年

八月,礼部奏请停诗赋改试议、论。进士举人,先试帖经并略问大义,取经义精通者,次试议、论各一首,文理高者便与及第,所试诗赋并停。从之。

《册府元龟》卷六四一《贡举部》

830年　　大和四年

正月,委常参官及方牧郡守举经术优深,可为师法者,无人举者,亦听自举,限来年正月至上都。(五年正月十七日诏,以兵戈未息,权停。)

《唐会要》卷七六《制科举》

831年　　大和五年

十二月,国子祭酒裴通奏请重申《六典》规定的学令,依令考试在学诸生。从之。

《册府元龟》卷六〇四《学校部》

833年　　大和七年

正月己亥,忽汗都督国王大彝震奏请送学生解楚卿、赵孝明、刘宝俊三人随使者赴上都习学;先遣学生李居正、朱承朝、高寿海三人事业稍成,请准例送归本国。许之。

《册府元龟》卷九九九《外臣部·请求》

二月五日,令复定九经字体。

《册府元龟》卷六〇四《学校部》

国子祭酒齐皞,新修国子监论堂东西厢五经壁,以土壁不能持久,乃易为木板,令通书法者重新缮写,使之焕然一新。生徒皆喜而歌："我有学宇，既倾而成之。我有壁经，既昧而明之。……俾我学徒，弦歌以时。"

《刘禹锡集》卷八《国学新修五经壁本记》

八月甲申，令国子监搜访名儒，置五经博士各一人。其公卿士族子弟，明年以后，不先入国学习业，不得明经、进士之限。进士科宜先试帖经，并略问大义，取经义精通者，次试议、论各一首，文理高者便与及第，其所试诗赋并停。其试帖经官，便以国子监学官充。

《唐大诏令集》卷二九《太和①七年册皇太子德音》

十二月，令于国子监创立石壁九经。其时皇帝敬重郑覃，郑覃建议："经籍讹谬，博士相沿，难为改正。请召宿儒奥学，校定六籍，准后汉故事，勒石于太学，永代作则，以正其阙。"从之，故有此令。

《册府元龟》卷六〇四《学校部》
《旧唐书》卷一七三《郑覃传》

835 年　　大和九年

十一月癸丑，以右仆射郑覃判国子祭酒事。

《旧唐书》卷一七下《文宗本纪下》

836 年　　开成元年

正月辛丑，令边州置译语学官，常令教习，以达异意。

《唐大诏令集》卷五《改元开成赦》

五月庚申，宰相兼判国子祭酒郑覃奏："太学新置五经博士各一人，请依王府官例，赐以禄粟。"从之。

《旧唐书》卷一七下《文宗本纪下》

---

① 原书如此。"太和"又作"大和"。

六月，新罗王子金义宗等请留住学生员，上令准旧例留二人，并支给衣粮。

《唐会要》卷三六《附学读书》

十月，令举人于礼部纳家状后，依前五人互保。如有缺孝悌之行、资朋党之势、迹由邪径、言涉多端者，并不在就试之限。如容情故，自相隐蔽，有人纠举，其同举人并三年不得赴举。

《唐会要》卷七六《进士》

837年　　开成二年

三月，令新罗住学生留七人，其余可送还本国。住学生员依例给时服粮料。又渤海请求送生徒习学，令青州观察使送六人至上都。

《唐会要》卷三六《附学读书》

十月癸卯，宰相判国子祭酒郑覃进《石壁九经》一百六十卷。初，太学欲创《石壁九经》，令起居郎周墀、水部员外郎崔球、监察御史张次宗、礼部员外郎温业等校定"九经"文字，又令翰林待诏唐玄度为覆定石经字体官，复校字体。以校勘尚有舛误，再令率更令韩泉为详定石经官，就集贤审校勘，然后才送国子监上石。事毕，覃进《石壁九经》。

《旧唐书》卷一七下《文宗本纪下》
《旧唐书》卷一七三《郑覃传》
《册府元龟》卷六〇四、卷六〇八《学校部》

839年　　开成四年

二月，中书门下奏，请定五经博士选任条规。奏书云："朝廷兴复古制，置五经博士，以奖颛门之学，为训胄之资，必在得人，不限官次，今定为五品俸入。四方有经术相当，而秩卑身贱者，不可以超授；有官重而通诗达礼者，不可以退资。从今已后，并请敕本色人中选择，据资除授，令兼博士，其见任博士，且仍旧。"从之。

《唐会要》卷六六《东都国子监》

840年　　开成五年

四月，鸿胪寺奏称，新罗国告哀，质子及年满合归国学生等共一百零五人，并送归本国。

《旧唐书》卷一九九上《新罗传》

845年　　会昌五年

正月三日，令公卿百僚子弟及京畿内士人寄客修明经进士业者，并隶名太学或所在官学。每季一度，据名籍分番于国子监或所在官学试帖，三度帖经全通者，即是经艺已熟，向后更不用帖试。如三度全不通及三度托事故不就试者，便除名，不在贡举之限。其意在使"人皆向道，学务通经"。

《文苑英华》卷四二九《会昌五年正月三日南郊赦文》

852年　　大中六年

五月，敕：天下军府有兵马处，选会兵法、能弓马等人充教练使，每年合教习时，常令教习。

《旧唐书》卷一八下《宣宗本纪》

863年　　咸通四年

二月，皮日休上疏，提出《庄周》《列子》实为荒唐之文，读之不能救时补教,而可为方外之士,设为科目,极为不当。而《孟子》之文,通圣人之道,粲若经传,反不设科目。因请去《庄》《列》之书,以《孟子》为主,有能精通其义者,其科目选试同于明经。疏上,不答。

《全唐文》卷七九六《皮日休·请孟子为学科书》

《唐会要》卷七七《科目杂录》

868年　咸通九年

国子祭酒刘允章建言:"群臣输光学钱治庠序,宰相五万,节度使四万,刺史万。"诏可。

《新唐书》卷一六〇《刘允章传》

872年　咸通十三年

五月乙亥,国子司业韦殷裕,呈状论淑妃弟郭敬述不法事,皇帝怒甚,即日令京兆府决杀韦殷裕,籍没其家。

《旧唐书》卷一九上《懿宗本纪》

880年　广明元年

十二月,黄巢领军入京城,唐僖宗出奔成都。国学虽停顿,但堂室保存完好。

《旧唐书》卷一九下《僖宗本纪》

883年　中和三年

黄巢军队留长安首尾三年,至中和三年四月军败,撤离长安。诸道兵进入长安,争货相攻,纵火焚剽,宫室闾里,十焚六七,国子监馆舍也受到重大破坏。

《旧唐书》卷一九下《僖宗本纪》

890 年　　大顺元年

二月丁巳,宰臣兼国子祭酒孔纬,以孔子庙经兵火,有司释奠无所,请内外文臣自观察使、制使下及令佐,于本官料钱上缗抽十文,助修国学。从之。

《旧唐书》卷二〇上《昭宗本纪》

904 年　　天祐元年

正月,强藩朱全忠以武力胁迫唐昭宗迁都洛阳,令长安居民按籍迁居。闰四月,迁都完成,国子监也随之迁至洛阳,东西监并而为一。

《旧唐书》卷二〇上《昭宗本纪》

906 年　　天祐三年

正月,国子监生郭应图等六十人连名呈状,称国学每年与诸道等一例解送两人,名额太少。国子监同情学生要求,奏请改变规定。敕旨下令国子监及河南府所试明经,准常年例解送。

《旧唐书》卷二〇下《哀帝本纪》

参考文献

白居易.白居易集[M].北京:中华书局,1979.

岑仲勉.隋唐史[M].北京:中华书局,1982.

陈子昂.陈伯玉文集[M].上海:商务印书馆,四部丛刊本.

董诰,等.全唐文[M].北京:中华书局,1983.

独孤及.毗陵集[M].上海:商务印书馆,四部丛刊本.

杜牧.樊川文集[M].上海:上海古籍出版社,1978.

杜佑.通典[M].北京:中华书局,1988.

高明士.东亚教育圈形成史论[M].上海:上海古籍出版社,2003.

高明士.隋唐贡举制度[M].台北:文津出版社,1999.

韩愈.韩昌黎集[M].上海:商务印书馆,1933.

胡如雷.李世民传[M].北京:中华书局,1984.

皇甫湜.皇甫持正文集[M].上海:商务印书馆,四部丛刊本.

黄永武.敦煌宝藏[M].台北:新文丰出版公司,1985.

贾公彦,等.仪礼注疏[M].北京:中华书局,《十三经注疏》影印本,1980.

贾公彦,等.周礼注疏[M].北京:中华书局,《十三经注疏》影印本,1980.

孔颖达,等.春秋左传正义[M].北京:中华书局,《十三经注疏》影印本,1980.

孔颖达,等.礼记正义[M].北京:中华书局,《十三经注疏》影印本,1980.

孔颖达,等.毛诗正义[M].北京:中华书局,《十三经注疏》影印本,1980.

孔颖达,等.尚书正义[M].北京:中华书局,《十三经注疏》影印本,1980.

孔颖达,等.周易正义[M].北京:中华书局,《十三经注疏》影印本,1980.

李翱.李文公集[M].上海:商务印书馆,四部丛刊本.

李昉,等.文苑英华[M].北京:中华书局,1966.

李国钧.历代教育制度考[M].武汉:湖北教育出版社,1994.

李国钧,王炳照,李才栋.中国书院史[M].长沙:湖南教育出版社,1994.

李林甫,等.大唐六典[M].西安:三秦出版社,1991.

李商隐.樊南文集[M].上海:上海古籍出版社,1988.

李商隐.义山杂纂[M].上海:上海古籍出版社,1988.

林慎思.伸蒙子[M].上海:扫叶山房,百子全书本.

刘轲.刘希仁文集[M].上海:商务印书馆,丛书集成初编本.

刘昫,等.旧唐书[M].北京:中华书局,1975.

刘禹锡.刘禹锡集[M].北京:中华书局,1990.

刘知幾.史通[M].上海:上海古籍出版社,1978.

柳宗元.柳宗元集[M].北京:中华书局,1979.

吕思勉.隋唐五代史[M].上海:上海古籍出版社,1984.

孟宪承,等.中国古代教育史资料[M].北京：人民教育出版社,1961.

木宫泰彦.日中文化交流史[M].胡锡年,译.北京：商务印书馆,1980.

欧阳修,宋祁.新唐书[M].北京：中华书局,1975.

欧阳修,等.新五代史[M].北京：中华书局,1974.

欧阳詹.欧阳行周文集[M].上海：商务印书馆,四部丛刊本.

彭定求,等.全唐诗[M].北京：中华书局,1960.

皮日休.皮子文薮[M].上海：上海古籍出版社,1981.

皮锡瑞.经学历史[M].北京：中华书局,1967.

钱大群.唐律译注[M].南京：江苏古籍出版社,1988.

瞿林东.唐代史学论稿[M].北京：北京师范大学出版社,1989.

权德舆.权载之文集[M].上海：商务印书馆,四部丛刊本.

任继愈.汉唐佛教思想论集[M].北京：人民出版社,1973.

任继愈.中国道教史[M].上海：上海人民出版社,1990.

任继愈.中国佛教史[M].北京：中国社会科学出版社,1981.

沈灌群,毛礼锐.中国教育家评传[M].上海：上海教育出版社,1988.

司马光.资治通鉴[M].北京：中华书局,1956.

宋敏求.唐大诏令集[M].北京：商务印书馆,1959.

孙培青,裘士京,杜成宪.中国考试通史(卷一)[M].北京：首都师范大学出版社,2004.

孙培青.隋唐五代教育论著选[M].北京：人民教育出版社,1993.

孙培青.中国教育管理史[M].北京:人民教育出版社,1996.

孙樵.孙樵集[M].上海:商务印书馆,四部丛刊本.

汤用彤.隋唐佛教史稿[M].北京:中华书局,1982.

唐太宗.唐太宗集[M].西安:陕西人民出版社,1986.

万曼.唐集叙录[M].北京:中华书局,1980.

王定保.唐摭言[M].上海:古典文学出版社,1957.

王溥.唐会要[M].北京:中华书局,1955.

王溥.五代会要[M].上海:上海古籍出版社,1978.

王钦若,等.册府元龟[M].北京:中华书局,1960.

王通.中说[M].北京:中华书局,四部备要本.

魏徵,令狐德棻.隋书[M].北京:中华书局,1973.

魏徵.魏郑公谏录[M].上海:商务印书馆,丛书集成初编本.

吴兢.贞观政要[M].上海:上海古籍出版社,1978.

武伯纶.西安历史述略[M].西安:陕西人民出版社,1979.

武则天.武则天集[M].太原:山西人民出版社,1987.

徐松.登科记考[M].北京:中华书局,1984.

徐松.唐两京城坊考[M].北京:中华书局,1985.

薛居正,等.旧五代史[M].北京:中华书局,1976.

颜真卿.颜鲁公文集[M].上海:商务印书馆,四部丛刊本.

元稹.元稹集[M].北京:中华书局,1982.

张国刚.唐代官制[M].西安:三秦出版社,1987.

张晋藩,王超.中国政治制度史[M].北京:中国政法大学出版社,1987.

张九龄.唐丞相曲江张先生文集[M].上海:商务印书馆,四部丛刊本.

张说.张燕公集[M].上海：商务印书馆,丛书集成初编本.

长孙无忌,等.唐律疏议[M].北京：中华书局,1983.

中国历史大辞典·隋唐五代史编纂委员会.中国历史大辞典·隋唐五代史卷[M].上海：上海辞书出版社,1995.

图书在版编目（CIP）数据

隋唐五代教育研究/孙培青著.—上海：上海教育出版社，
2021.12
（隋唐五代教育与考试研究丛书）
2021年度国家出版基金资助项目
ISBN 978-7-5720-1288-4

Ⅰ.①隋… Ⅱ.①孙… Ⅲ.①教育史-研究-中国-隋唐时代②教育史-研究-中国-五代十国时期 Ⅳ.①G529.4

中国版本图书馆CIP数据核字(2021)第274072号

责任编辑　董　洪　汪海清　朱　彦
书籍设计　陆　弦

隋唐五代教育与考试研究丛书
SUI TANG WUDAI JIAOYU YANJIU
隋唐五代教育研究
孙培青　著

出版发行	上海教育出版社有限公司
官　　网	www.seph.com.cn
地　　址	上海市闵行区号景路159弄C座
邮　　编	201101
印　　刷	上海盛通时代印刷有限公司
开　　本	890×1240　1/32　印张25.5　插页5
字　　数	550千字
版　　次	2021年12月第1版
印　　次	2022年1月第1次印刷
书　　号	ISBN 978-7-5720-1288-4/G·1009
定　　价	168.00元

如发现质量问题，读者可向本社调换　　电话：021-64373213